Victoria Forner

# HISTOIRE PROSCRITE
*Le rôle des agents juifs dans l'histoire contemporaine*

# I

# BANQUIERS ET RÉVOLUTIONS

OMNIA VERITAS.

Victoria Forner

**HISTOIRE PROSCRITE**
*Le rôle des agents juifs*
*dans l'histoire contemporaine*
I
Banquiers et révolutions

Illustration de couverture :
*"La famille Rothschild en prière"*.
Peint par Moritz Daniel Oppenheim (1800-1882).
Londres, Roy Miles Gallery

*HISTORIA PROSCRITA I*
*La actuación de agentes judíos en la Hª Contemporánea*
*Los banqueros y las revoluciones*
Première publication par Omnia Veritas en 2017

Traduit de l'espagnol et publié par
**Omnia Veritas Ltd**
**OmniaVeritas**®
**www.omnia-veritas.com**

A Ernst Zündel, Robert Faurisson, Germar Rudolf, Fredrick Töben, Horst Mahler, Sylvia Stolz et à tous les révisionnistes harcelés et emprisonnés pour avoir dénoncé la falsification de la réalité historique. Parmi eux, en Espagne, le libraire et éditeur Pedro Varela, victime de la haine et de la violence de groupes sectaires et d'une persécution judiciaire ignominieuse qui viole la Constitution et pervertit la démocratie espagnole.

# INTRODUCTION

"Que cette vie était sérieuse, on commence à le comprendre plus tard...". Dans ces vers, le poète mettait en garde, et il avait raison. Il est certain que beaucoup de choses dans la vie sont comprises "plus tard". J'ai commencé à me rendre compte que je prenais ce travail au sérieux il y a déjà un certain temps. Aujourd'hui, au moment où j'écris ces lignes, je ne peux pas dire si neuf ou dix ans se sont écoulés depuis que je l'ai commencé sans savoir exactement comment il se terminerait. Je me suis rendu compte que j'étais sérieux pour deux raisons : premièrement, parce qu'au fur et à mesure que j'avançais, le chemin que je suivais n'offrait pas de raccourcis, mais s'élargissait et s'allongeait, obligeant à un voyage accablant, dont la fin, à un horizon lointain, semblait presque inaccessible ; deuxièmement, le risque que comportait le fait d'aller jusqu'au bout. Le fait de savoir que les pensées et les réflexions qui m'animaient sont interdites, qu'elles sont considérées comme des crimes dans de nombreux pays européens, m'invitait à ne pas aller de l'avant afin d'éviter des contingences inutiles. Oui, ce n'est que plus tard que j'ai compris que j'étais sérieux, que je n'allais pas faire marche arrière et que j'étais déterminé à poursuivre la route de cette *Histoire Proscrite*.

Le fait que ceux qui osent critiquer les Juifs soient harcelés sans relâche par des accusations éculées d'antisémitisme laisse penser que notre livre ne sera pas bien accueilli par ceux qui se sentent intouchables et persécutent la liberté d'expression et de pensée, car il révèle le rôle joué par d'innombrables Juifs au service d'une élite de banquiers juifs et d'autres capitulards qui ont façonné l'histoire moderne. Le sous-titre, *L'action secrète des agents juifs dans l'histoire contemporaine*, était une hypothèse de travail qui, si elle était bien fondée, allait devenir une thèse au fur et à mesure que les événements relatés la confirmaient dans les plus de 250 ans d'histoire contenus dans l'ouvrage. La présentation continue des actions des agents juifs sur des centaines de pages n'aurait pas été possible si elles n'avaient pas eu lieu.

Ce à quoi servaient ces hommes et ces femmes et quelles étaient leurs missions est expliqué en détail dans le livre. Nous indiquons déjà que les révolutions française et bolchevique ont été menées à bien par l'intermédiaire de ces agents. Dans la première, la franc-maçonnerie a été utilisée, imprégnée et gérée par les Illuminati fondés par Adam Weishaupt, un agent de la dynastie Rothschild. Quant au communisme internationaliste, on verra qu'il s'agissait dès le départ d'une supercherie d'exploitation et d'oppression des masses laborieuses, d'une gigantesque mystification destinée à perpétrer un vol à l'échelle planétaire, le plus grand de l'histoire. Pour réaliser ce coup d'État ambitieux, les plus grands massacres de mémoire d'homme ont été perpétrés en Russie et en Chine. Si le communisme avait été imposé en Asie et en Europe comme prévu, le mondialisme néolibéral n'aurait pas été nécessaire, car les ressources et les richesses du monde entier auraient fini entre les mains de ceux qui avaient financé les révolutions à cette fin.

Puisque nous sommes susceptibles d'être accusés d'antisémitisme, de haine raciale, de négationnisme et autres, il va de soi que nous ne sommes pas antisémites et que nous ne haïssons personne, même si nous remettons en question la réalité historique de l'Holocauste. Notre travail regorge de noms d'auteurs juifs, il en est rempli. Nous ne partageons rien avec certains d'entre eux et nous ne nous sommes tournés vers leurs livres et leurs articles que pour connaître leur point de vue ou pour obtenir des informations et apprendre d'eux. En revanche, nous embrassons fraternellement tous ces Juifs non racistes qui, loin de se considérer comme des êtres choisis par un dieu exclusif, souhaitent partager leur vie avec le reste de l'humanité. Nous utiliserons une partie de cette introduction pour mentionner ceux avec lesquels nous nous identifions le plus et avec lesquels nous partageons des idées et des attitudes. Nous leur sommes reconnaissants, car ils ont été des sources indispensables auxquelles nous avons puisé au cours de nos années de travail. Nous voulons leur rendre hommage en admirant leur courage et leur honnêteté, leur contribution à la vérité historique et leur volonté de se "contaminer" avec d'autres êtres humains.

Le milliardaire juif Benjamin H. Freedman, personnage étonnant, est l'une de ces sources qui mériterait un paragraphe à lui seul. Ayant vécu avec les principaux responsables des deux guerres mondiales (il a même collaboré avec Bernard Mannes Baruch), Freedman s'est converti au christianisme et a consacré le reste de sa vie et une partie de sa fortune à dénoncer les juifs talmudistes et le sionisme. Il met en garde le monde contre une tyrannie cachée (*The Hidden Tyranny*) qui a falsifié l'histoire. Il a annoncé que ce sont les sionistes qui ont entraîné l'Amérique dans la Première Guerre mondiale pour obtenir la Palestine (Déclaration Balfour). Freedman a été l'un des premiers à révéler publiquement l'origine khazare des Juifs ashkénazes (*Facts are facts*). En 1961, il a prononcé un discours historique à l'hôtel Willard de Washington D.C., qui est devenu célèbre sous le titre "A Jewish Defector Warns America" (Un transfuge juif met en garde l'Amérique). En tant que patriote américain, il y mettait en garde contre le fait que les États-Unis seraient utilisés comme le bras armé du sionisme pour les futures guerres au Moyen-Orient, ce qui pourrait déclencher la Troisième Guerre mondiale.

Un autre juif qui a dénoncé la conspiration mondiale avant sa mort en 1955 est Henry H. Klein, qui, comme Freedman, s'est converti au christianisme. Il a été avocat lors du grand procès pour sédition de 1944, un procès que nous avons été tentés d'évoquer dans le chapitre consacré à la Seconde Guerre mondiale. Il s'agissait d'un procès orchestré par l'American Jewish Committee et la loge juive B'nai B'rith dans le but d'emprisonner une centaine de patriotes américains anticommunistes qui s'opposaient à la politique de Roosevelt. Klein est condamné par le juge à quatre-vingt-dix jours de prison pour avoir manqué de respect au tribunal et doit quitter le procès après avoir reçu plusieurs menaces de mort. En 1946, il dénonce dans un opuscule de 24 pages le plan de domination mondiale décrit dans les *Protocoles des Sages de Sion,* dont il considère l'authenticité comme indiscutable. Klein évoque l'existence d'un Sanhédrin politique et financier international contrôlé par les maîtres de l'argent, à la tête desquels se trouvent les Rothschild.

Nos sources juives sont dispersées tout au long des treize chapitres ; mais dans ce paragraphe, nous voulons regrouper en quelques lignes les noms de ceux qui nous sont les plus chers, et ils ne sont pas rares. En voici quelques-unes : Israël Shamir, converti au christianisme, auteur des *Maîtres du discours,* une trilogie traduite en espagnol dans laquelle il démasque le sionisme et le lobby juif international. Israël Shahak, qui a dénoncé depuis Jérusalem le talmudisme, le messianisme sioniste et la politique impérialiste d'Israël. Gilad Atzmon, ancien militaire, philosophe, jazzman, militant pro-palestinien, auteur de plusieurs ouvrages. Joseph Ginsburg, révisionniste connu sous le nom de Joseph Burg, qui s'est vu refuser le droit d'être enterré dans un cimetière juif. Haviv Schieber, révisionniste, ancien maire de Beersheba, persécuté par l'État sioniste, activiste et combattant infatigable pour l'égalité des droits et la coexistence pacifique des musulmans, des juifs et des chrétiens en Palestine. David Cole, jeune révisionniste contraint de se rétracter face aux intimidations dont sa famille fait l'objet. Ilan Pappé, historien exilé en Angleterre après avoir été menacé de mort en Israël pour avoir dénoncé le nettoyage ethnique en Palestine dans un livre désormais classique. Alfred Lilienthal, auteur d'ouvrages majeurs sur Israël et le Moyen-Orient, ami du peuple palestinien et critique extrême du sionisme. Paul Eisen, révisionniste qui dénonce la religion séculière de l'Holocauste, fondateur d'une association pour la mémoire du massacre des Palestiniens à Deir Yassin. Jeffrey Blankfort, journaliste et militant pro-palestinien, très critique à l'égard de Noam Chomsky, qu'il considère comme un crypto-sioniste, a identifié l'État d'Israël comme la plus grande menace pour la planète. Jonathan Cook, journaliste primé qui écrit depuis Nazareth pour plusieurs médias occidentaux et dont les articles dans *The Electronic Intifada* témoignent de son engagement sans équivoque en faveur du peuple palestinien. Roger Guy Dommergue Polacco de Menasce, qui a collaboré avec Ernst Zündel et a pris publiquement la défense de Robert Faurisson.

Nous pourrions écrire un autre long paragraphe avec des noms de Juifs qui méprisent le suprémacisme sioniste et talmudiste, dont les textes ont apporté des idées à notre travail : Frère Nathanael Kapner, converti au christianisme, dont le site *Real Jew News* est un véritable trésor d'informations ; Henry Makow, Jonathan Offir, Miko Peled, fils du général Matti Peled. Et il y en a d'autres. Les révisionnistes tels que Ditlieb Felderer ou David Irving passent généralement pour des auteurs gentils ; cependant, leurs mères étaient juives et, par conséquent, ils le sont aussi. Nous nous sentons redevables envers eux. Ils ne peuvent être qualifiés d'antisémites, mais les sionistes les accusent souvent d'être des Juifs qui se détestent eux-mêmes parce qu'ils sont Juifs.

Avant de passer à autre chose, il est également pertinent de noter que les plans de domination mondiale n'ont pas seulement été révélés par des juifs critiques. Ils ont également été reconnus à partir de positions militantes. En 1924, par exemple, l'intellectuel sioniste Maurice Samuels a publié le célèbre livre *You Gentiles*, dans lequel il proclame la supériorité absolue de sa race sur les autres et l'impossibilité d'une réconciliation entre Juifs et Gentils, car l'assimilation serait perçue comme une humiliation. Un autre cas célèbre est celui de Harold W. Rosenthal, dont les déclarations sont contenues dans une interview qui est entrée dans l'histoire sous le nom de "Document Rosenthal". Le 12 août 1976, trente jours après avoir parlé à tort et à travers, naïvement et pour de l'argent, ce jeune homme fort en gueule est tué à Istanbul lors d'une tentative présumée de détournement d'un avion de la compagnie El-Al. Rosenthal, 29 ans, voyageait dans l'entourage du sénateur sioniste Jacob Javits, dont il était l'assistant personnel à New York. L'interview, réalisée par Walter White, rédacteur en chef du mensuel *Western Front*, est à ne pas manquer. Elle a été publiée après l'assassinat et éditée sous la forme d'un livret de dix-sept pages. White et d'autres observateurs ont interprété l'assassinat comme une opération sous fausse bannière. Les lobbies juifs se sont empressés, comme toujours, de disqualifier White et de le qualifier d'imposteur. Rosenthal a admis dans l'interview que la Réserve fédérale était entre leurs mains, que les médias étaient entre leurs mains, que le président Franklin D. Roosevelt était l'un des leurs, qu'ils étaient le super-gouvernement du monde..., et d'autres choses plus sérieuses que nous préférons taire aujourd'hui.

En ce qui concerne le contenu et la structure de notre ouvrage, nous avons dit qu'il couvrait environ 250 ans d'histoire, mais en réalité la période étudiée est plus longue, puisque le premier chapitre, qui sert de toile de fond permanente tout au long du parcours historique, présente des faits fondamentaux concernant l'origine des Juifs, indispensables à une compréhension approfondie des faits et de l'ampleur du mensonge historique qui a été imposé. Ainsi, sur les treize chapitres, le premier est consacré à la présentation de la genèse d'une imposture. Il montrera que les Juifs sémites représentent aujourd'hui une minorité, puisque plus de quatre-vingts pour cent des Juifs actuels sont d'origine ashkénaze. Ce pourcentage est plus élevé en Israël, où environ 90% de la population juive serait d'origine ashkénaze. Cela signifie que les ancêtres des sionistes n'ont jamais été en Palestine, car les Juifs ashkénazes ne sont pas des sémites, ils ne descendent pas des anciens Hébreux, mais d'un peuple d'origine turco-mongole, les Khazars, qui sont entrés en Europe depuis l'Asie quelques siècles après Jésus-Christ. La source principale de ce premier chapitre est une fois de plus un auteur juif, Arthur Koestler, dont le livre *La treizième tribu* est un classique.

Ce premier chapitre est suivi de douze autres chapitres, dans lesquels sont examinés les événements allant de la fondation de l'Ordre bavarois des Illuminati en 1776 aux attentats du 11 septembre 2001 et à leurs conséquences. La première partie du chapitre, intitulée "Cromwell, agent des banquiers juifs d'Amsterdam", est consacrée le plus brièvement possible aux cinquante années qui vont de la prise de pouvoir d'Oliver Cromwell à la création de la Banque d'Angleterre. Nous sommes conscients que, dans les quatre pages qui composent cette partie, nous n'offrons qu'un bref aperçu de ce qui s'est passé ; mais nous ne pouvions pas faire plus si nous voulions éviter une longueur démesurée de cette *Histoire proscrite*. En tout état de cause, nous avons estimé qu'elles pouvaient servir de préliminaire au chapitre, et c'est pourquoi elles sont là.

Les chapitres se composent de plusieurs parties lorsque cela est nécessaire, et celles-ci sont divisées en sections qui découpent le texte en fonction du sujet traité ou d'autres aspects. Afin d'économiser des pages dans un ouvrage déjà trop long, nous avons choisi de renoncer aux abréviations telles que "ib/ibid.", "op.cit.", "cf/cfr.", typiques du travail scientifique, qui renvoient sans cesse à des comparaisons ou des rapprochements fastidieux, à des citations ou à d'autres notes, augmentant ainsi inutilement le nombre de pages. Les titres des ouvrages de référence apparaissent en italique dans le texte, et si l'utilisation d'un ouvrage est récurrente, nous y faisons référence afin que l'on ne puisse pas nous attribuer le mérite ou le démérite de choses qui ont été écrites par d'autres. Les citations textuelles, si elles sont longues, sont insérées dans un paragraphe séparé, entre guillemets, et leur longueur est quelque peu réduite. Ce n'est que dans le chapitre II que les citations de l'œuvre de John Robison ont été insérées dans le texte, malgré leur longueur, parce que la section "Robison" l'exigeait.

Quant aux notes, dont le but est d'étoffer ou de compléter le texte, nous les désignons par un numéro et nous avons choisi de les placer en bas de la page où elles figurent. Nous invitons le lecteur à ne pas s'en passer, car en général, mais pas toujours, leur contenu est nécessaire et utile pour une meilleure compréhension de ce qui est raconté. Nous sommes conscients que certains d'entre eux nous ont échappé et sont exagérément longs. Nous nous en excusons, mais nous les avons trouvés intéressants et avons décidé de les conserver.

En ce qui concerne les autres aspects formels du texte, il convient de noter que l'index onomastique ne comprend pas les noms de lieux, d'institutions ou d'organisations. Seuls les noms de famille des personnages y figurent. Pour cette raison, il arrive qu'un nom de famille englobe des personnes différentes. Nous aurions aimé préciser les noms propres, mais cela n'a pas été possible dans cette édition. Le lecteur devra donc prendre un peu de temps dans ses recherches. Nous avons eu des doutes quant à l'accentuation des noms, car nous nous sommes demandé s'il était plus pratique de les conserver sans accent lorsqu'ils sont homographes des noms espagnols et qu'ils ne le sont pas dans leur langue d'origine. Finalement, peut-être à tort, nous avons choisi de les accentuer conformément à nos règles orthographiques. De toute façon, il y aura des cas où nous ne saurons pas comment maintenir le critère. Nous avons également décidé de marquer la syllabe accentuée dans de nombreux noms et prénoms russes afin d'indiquer leur prononciation correcte. Ainsi, par exemple, dans les noms de famille "Kamenev" ou "Zinoviev", les syllabes accentuées sont respectivement la première et la deuxième syllabe. Pour le souligner, "Kamenev" et "Zinoviev" ont été écrits comme "Kamenev" et "Zinoviev". Le fait que les noms et prénoms s'écrivent différemment dans les différentes langues que nous avons lues fait que certains d'entre eux peuvent apparaître dans le texte avec quelques variations formelles, ce dont nous nous excusons. Prenons un exemple de nom. Nikita Khrouchtchev, par exemple, apparaît dans la transcription anglaise comme "Khrouchtchev" ; en anglais, il apparaît comme "Khrushchev" ; en français, "Khrouchtchev" ; en allemand, "Chruschtschow". Nous pensons que dans ce cas, nous avons pu conserver la même orthographe, mais nous craignons que cela n'ait pas toujours été le cas.

Comme nous avons lu des ouvrages et utilisé des sources écrites en anglais, en français et en allemand, les titres des livres dans la langue originale dans laquelle ils ont été consultés sont indiqués dans le texte et dans la bibliographie à la fin de l'ouvrage. Dans le cas de *Der erzwungene Krieg* de David L. Hoggan, *ouvrage fondamental pour la compréhension de la guerre.* Dans le cas de Der erzwungene Krieg, a fundamental work for understanding the beginning of the Second World War de David L. Hoggan, nous avons utilisé l'édition allemande, mais comme notre maîtrise de la langue allemande ne nous permettait pas de lire cet ouvrage de plus de 800 pages couramment et dans son intégralité, nous avons également utilisé l'édition anglaise, *The Forced War : When Peaceful Revision Failed*, publiée par l'Institute for Historical Review (IHR). Ce n'est que lorsque les titres des ouvrages cités dans le texte ne sont pas facilement compréhensibles par des lecteurs ayant un niveau de langue élémentaire que nous avons choisi d'en proposer une traduction entre parenthèses.

Enfin, nous voudrions anticiper en quelques mots ce qui pourrait se passer à l'avenir en conséquence de la libre exposition du résultat de tant d'années de travail intellectuel. Il est certain que les organisations juives et/ou sionistes auront recours aux stéréotypes habituels pour disqualifier le travail : justification du génocide, antisémitisme, haine raciale, néo-nazisme, etc. Bien entendu, nous ne pourrions accepter aucune de ces imputations car elles sont fausses. Notre christianisme est un vaccin contre la haine et la justification de tout crime, aussi petit soit-il. D'autre part, le Tribunal constitutionnel (STC 235/2007) a statué le 7 novembre 2007 que la remise en question de l'Holocauste n'est pas un délit en Espagne, alors que la justification d'un génocide le serait. Des années plus tard, le 12 avril 2011, le Tribunal suprême a publié l'arrêt 259/2011, selon lequel la publication d'œuvres comme la nôtre n'implique pas la justification d'un génocide ou l'incitation à la haine. Quoi qu'il en soit, dans la partie du chapitre XII consacrée à la persécution des révisionnistes en Europe pour délit d'opinion, nous avons exposé clairement la triste réalité dans de nombreux pays.

Nous sommes bien conscients du pouvoir exercé par ceux qui, sous des prétextes banals, n'acceptent pas la critique, attaquent la liberté d'expression et persécutent impitoyablement ceux qui osent exposer des faits historiques objectifs, qui sont démontrables si l'on accepte les preuves existantes. Nous tenons donc à remercier Omnia Veritas pour l'accueil qu'ils ont réservé à notre travail et pour leur détermination à le publier dans son intégralité, sans aucune objection quant à son contenu.

Nous reconnaissons en revanche que l'histoire est interprétable et que les points de vue des auteurs sur certains épisodes varient. Nous revendiquons donc le droit d'exprimer notre interprétation. Tous les historiens, par exemple, s'accordent à dire qu'Hitler ne voulait pas emprisonner les Britanniques à Dunkerque et qu'il leur a permis d'évacuer. C'est un fait objectif que personne ne nie. Ce qui est discutable ou sujet à interprétation, c'est la raison pour laquelle il l'a fait. Prenons un deuxième cas : les camps de la mort d'Eisenhower sont une réalité historique, même si elle est largement méconnue car ignorée ou occultée par l'historiographie officielle. C'est un fait objectif que le futur président des États-Unis a facilité la mort de près d'un million de prisonniers allemands en 1945. Ce qui admet des opinions différentes et peut être débattu, c'est la raison pour laquelle le général a autorisé les camps de la mort, mais pas leur existence. Le lecteur connaîtra notre point de vue sur ces événements et bien d'autres et aura l'occasion de juger de leur pertinence.

La présentation et la dénonciation des agissements des agents juifs dans tous les événements historiques relatés ont pour but principal d'offrir aux lecteurs une version révisionniste ignorée par les historiens orthodoxes. C'est ce seul désir qui nous a poussés, au fil des ans, à écrire cette *Histoire Proscrite*. Il va sans dire que nous avons la satisfaction d'avoir travaillé honnêtement à la recherche de la vérité historique. Comme l'a si bien dit Rémy de Gourmont, "Ce qu'il y a de terrible quand on cherche la vérité, c'est qu'on la trouve".

# CHAPITRE I

## LES SIONISTES NE SONT PAS DES SÉMITES

### PARTIE 1 - LES JUIFS SÉMITES

Deux groupes principaux composent le judaïsme mondial : les Sépharades ou Sephardim (Sepharad signifie Espagne en hébreu) et les Ashkénazes ou Ashkénazes (Askenaz est le mot hébreu pour l'Allemagne). Les premiers descendent des Juifs expulsés d'Espagne par les Rois Catholiques ; ils sont d'origine cananéenne et donc sémite. Les seconds, en revanche, ne sont pas ethniquement juifs, mais proviennent d'une tribu asiatique d'origine turco-mongole, les Khazars, qui se sont convertis au judaïsme au VIIIe siècle après J.-C. et ne sont pas sémites. Il s'agit là d'une des grandes confusions de l'histoire, sans doute étonnante pour le lecteur qui l'entend pour la première fois. Les sionistes, usurpateurs de la Palestine, sont pour la plupart (90%) d'origine ashkénaze et aucun de leurs ancêtres n'est donc originaire de Canaan. Nous sommes donc face à une supercherie historique, à une imposture macabre : ceux qui accusent d'antisémitisme ceux qui osent critiquer le sionisme et l'État juif ne sont pas des sémites.

Avant d'aborder l'histoire des Juifs ashkénazes et donc des Khazars, il est utile d'esquisser très succinctement, mais avec des traits profonds et significatifs, l'histoire des vrais Juifs, les Sémites. Et la première chose à dire est que la Bible n'est pas écrite par une série de chroniqueurs qui ont raconté les événements peu de temps après qu'ils se soient produits, mais par une secte de prêtres de la tribu de Juda, les Lévites, qui, plusieurs siècles après les prétendus événements racontés, ont proposé leur version en fonction de leurs propres objectifs et de leurs propres intérêts. En tout état de cause, il ne reste aucune trace des textes originaux, et les plus anciennes copies existantes sont des versions partielles trouvées dans les manuscrits de la mer Morte (200 av. J.-C. à 100 ap. J.-C.).

L'archéologie apporte aujourd'hui des preuves qui obligent à réviser les récits bibliques. Paradoxalement, les fouilles archéologiques en Palestine ont été lancées par des chrétiens et des juifs militants qui voulaient prouver la véracité des récits bibliques, mais les découvertes servent l'objectif inverse. Ze'ev Herzog, un éminent archéologue israélien de l'université de Tel Aviv, affirme que les Israélites n'ont jamais été en Égypte, qu'ils n'ont pas conquis le pays par une campagne militaire et que la "monarchie unie"

(Israël et Juda) de David et Salomon n'était au mieux qu'une petite chefferie avec peu de territoire et d'influence. Ce dernier point doit être très dur pour les sionistes israéliens, dont le drapeau symbolise leur illusion expansionniste : l'étoile de David entourée de deux barres bleues représentant le Nil et l'Euphrate fait allusion au prétendu empire de la "monarchie unie". Les juifs ultra-orthodoxes, soutenus par les sionistes laïques, affirment que la terre d'Israël, de l'Égypte à la Mésopotamie, leur a été donnée par Dieu (leur Jéhovah) et qu'elle ne peut pas tomber entre d'autres mains. "Toute tentative de remettre en question la fiabilité des descriptions bibliques est perçue par la conscience publique d'Israël comme une tentative de saper nos droits historiques sur la terre", explique le professeur Herzog.

Mais si les Hébreux ne sont pas venus d'Égypte, d'où vient l'idée de l'Exode et comment sont-ils apparus en Palestine ? Niels Peter Lemche, professeur d'études de l'Ancien Testament au département d'études bibliques de l'université de Copenhague, répond à la première partie de la question : "les auteurs des récits bibliques ont dû puiser l'histoire dans les souvenirs d'un petit groupe de personnes qui se trouvaient autrefois en Égypte". D'autres auteurs proposent qu'il puisse y avoir plus d'un groupe venu d'Égypte en Canaan et suggèrent que Moïse soit le chef de l'un de ces groupes, bien qu'il puisse également être le chef d'une tribu nomade, les 'Apiru', qui était entrée en Canaan depuis la Mésopotamie. Cette seconde hypothèse repose sur une base historique plus solide.

John C. H. Laughlin précise qui étaient ces "apiru" ou "habiru" dans son ouvrage *Archaeology and the Bible*. Il écrit que la situation politique au Proche-Orient durant la période 1400-1200 avant J.-C. (âge du bronze tardif II) a été éclairée par un groupe de tablettes d'argile écrites en akkadien, découvertes en 1887 à Tell el-Amarna, un site situé sur la rive orientale du Nil, à quelque 305 km du Caire. L'importance de cette découverte a valu à cette période le nom d'"époque amarnienne". Parmi ces tablettes, 350 sont des lettres échangées entre divers rois et vassaux et le pharaon. Environ 150 d'entre elles proviennent de Palestine. Les lettres des vassaux palestiniens décrivent "un tableau de rivalités constantes, de coalitions changeantes, d'attaques et de contre-attaques entre les petites cités-états". Dans une lettre d'Abdu-Heba de Jérusalem, Lab'ayu est accusé d'avoir donné la terre de Sichem aux Apiru, qui à leur tour sont accusés de piller "toutes les terres du roi". Les lettres brossent ainsi le tableau d'une détérioration politique, avec des chefs locaux qui se battent entre eux, parfois incités par un groupe identifié comme "apiru". Ces références aux Apiru (à l'origine Hab/piru), poursuit C. H. Laughlin, ont immédiatement attiré l'attention des érudits, dont beaucoup pensaient que les Apiru étaient liés aux Hébreux (F. Bruce, 1967 ; N. P. Lemche, 1992). Certains (E. F. Campbell, 1960) ont assimilé les attaques des Apiru au récit biblique de Josué et de l'invasion de Canaan. La relation phonétique hapiru>habiru>hébraïque ou hébreu semble évidente. M.

L. Chaney (1983) a conclu que "le meilleur paradigme pour décrire les Apiru dans les lettres d'Amarna et dans d'autres textes est le banditisme social". Chaney soutient qu'il existe une continuité sociopolitique entre les Apiru de l'époque amarnienne et les "Israélites" prémonarchiques de l'âge du fer I (1200 à 1000 av. J.-C.), qui occupaient le même territoire en Palestine que celui précédemment habité par les Apiru. John C. H. Laughlin conclut que le désordre politique et militaire associé aux Apiru dans les lettres d'Amarna a certainement contribué à générer le bouleversement social et politique qui a rendu possible l'émergence d'Israël environ 200 ans plus tard.

Le tableau est donc le suivant : Amorites et Cananéens, dont les Palestiniens sont originaires, constituaient la population autochtone du pays, à laquelle se sont ensuite ajoutées des vagues successives de peuples voisins ou de groupes nomades tels que les Apirous. Les Philistins, peuple de la mer qui contrôlait la région côtière de la Palestine au XIIe siècle avant J.-C., doivent également être pris en compte. *Les Juges* disent : "Les Israélites habitèrent au milieu des Cananéens, des Héthiens, des Amorites, des Phéréziens, des Héviens et des Jébusiens ; ils épousèrent leurs filles, donnèrent leurs filles à leurs fils, et adorèrent leurs dieux. Ici, la Bible est en accord avec les savants que nous avons cités, c'est-à-dire que les Hébreux ne se sont pas échappés d'Égypte et ne sont pas entrés dans la région avec une religion reçue au cours de leur errance dans le désert. Ils n'ont pas non plus conquis Canaan, ni même tenté de le faire. Pour une raison ou une autre, ils se sont installés dans les hauts plateaux du centre de la Palestine. Israël Finkelstein, figure de proue de la recherche archéologique actuelle au Moyen-Orient et directeur du département d'archéologie de l'université de Tel-Aviv, dans *From Nomadism to Monarchy. Archeological and Historical Aspects* (1994), déclare : "Israël n'a pas existé avant le 11e siècle avant J.-C., lorsque de nouvelles monarchies (Moab, Ammon, Philistie) ont également été fondées de part et d'autre du Jourdain". Cependant, dans *The Archaeology of the Israelite Settlement* (1996), il parle de proto-Israélites, repousse les dates et rectifie en disant que le "véritable Israël" n'a pas vu le jour avant les 9e-8e siècles av.

Ces principes étant posés, la question de la monarchie unie de David et Salomon reste à éclaircir. Les conteurs bibliques affirment que le royaume du nord d'Israël, avec sa capitale à Samarie, et le royaume du sud de Juda, avec sa capitale à Jérusalem, se sont unis pour créer le grand empire entre le Nil et l'Euphrate. Mais Thomas L. Thompson, professeur d'études bibliques à l'université de Copenhague, dans son ouvrage *The Mythic Past. Biblical Archaeology and the Myth of Israel*, Thomas L. Thompson, professeur d'études *bibliques à l'université de Copenhague*, affirme qu'"il n'y a aucune preuve d'une monarchie unie, ni d'une capitale à Jérusalem, ni d'une force politique cohérente et unifiée qui aurait dominé l'ouest de la Palestine". Thompson s'étonne qu'il y ait eu un empire entouré de voisins et de vassaux et qu'il n'y ait pas un seul document qui en fasse état. Il n'y a pas d'espace ou de contexte", ajoute-t-il, "d'artefact ou d'archive qui renvoie aux récits décrits dans la Bible à propos de la Palestine du dixième siècle".

Quoi qu'il en soit, il n'y a pas d'autre choix que d'essayer d'interpréter ce que dit la Bible pour suivre la trajectoire historique des Juifs cananéens, ce qui est l'objet de cette première partie. Nous partirons donc de l'union entre les royaumes d'Israël et de Juda, qui a certainement eu une existence éphémère, puisqu'à la mort de Salomon, il y a eu un schisme et qu'en 937 avant J.-C., les dix tribus d'Israël se sont séparées de celles de Juda et de Benjamin, qui ont formé un royaume séparé dans le sud d'Israël qui a duré jusqu'en 587-86 avant J.-C., date à laquelle elles ont été déportées à Babylone. Il convient de rappeler que Juda, dont la tribu porte le nom, était le quatrième fils de Jacob, qui vendit son frère Joseph aux Ismaélites pour vingt pièces d'argent (bien plus tard, Judas, le seul apôtre de la tribu de Juda, trahit Jésus pour trente pièces d'argent). La petite tribu de Juda était identifiée comme les Lévites, la secte sacerdotale qui prétendait avoir reçu son pouvoir directement de Jéhovah au Sinaï.

## La source du problème

Dans son ouvrage *Histoire et destin des Juifs*, le Dr Josef Kastein écrit : "Les deux États n'avaient rien de plus en commun, pour le meilleur et pour le pire, que deux pays séparés par une frontière. De temps en temps, ils se faisaient la guerre ou signaient des traités, mais ils étaient complètement séparés. Les Israélites avaient cessé de penser qu'ils avaient un destin différent des autres peuples voisins, et le roi Jéroboam s'est complètement séparé de Juda, tant sur le plan politique que religieux". Le Dr Kastein dit ensuite ce qui suit à propos des Judéens : "Ils ont décidé qu'ils étaient destinés à développer une race distincte... ils ont exigé un mode de vie différent de celui des peuples voisins qui les entouraient. Ces différences leur interdisaient tout processus d'assimilation avec les autres. Ils revendiquaient pour eux-mêmes une différenciation et une séparation absolues".

Voici en quelques mots l'origine d'un problème qui dure depuis trois mille ans. La secte sacerdotale des Lévites a imposé un credo de discrimination raciale et de ségrégation inconnu des autres tribus à l'époque de l'association entre Israël et Juda. Rappelons que la Bible nous donne de multiples exemples de fraternisation raciale. En effet, les Israélites les plus éminents ont donné l'exemple à maintes reprises : Abraham a cohabité avec Agar, une Égyptienne. Joseph a épousé Ashtoreth, qui était non seulement égyptienne mais aussi la fille d'un prêtre. Moïse a épousé une Madianite, Zipporah, l'une des sept filles de Jethro, qui était également prêtre et initiateur de Moïse. La mère du roi David était moabite et il a lui-même épousé une princesse de Geshur. Salomon, dont la mère était une Hittite, aima de nombreuses femmes étrangères, dont la fille de Pharaon, qu'il épousa, se maria avec des Moabites, des Edomites, des Hittites, des

Ammonites et eut des centaines d'épouses. C'est ainsi que la "chronique scandaleuse" se poursuit.

En 722 avant J.-C., le royaume du Nord, Israël, a été attaqué et conquis par l'Assyrie et les Israélites ont été emmenés en captivité. Selon Finkelstein, le royaume du Nord était un État riche, contrairement à Juda, qui était si pauvre et isolé qu'il n'avait même pas développé d'organisation administrative. Selon Finkelstein, Juda a soudainement reçu un grand nombre de réfugiés, à tel point qu'en quinze ans, sa démographie a été multipliée par quinze. Juda fut donc épargné à cette époque et resta pendant plus d'un siècle vassal d'abord de l'Assyrie puis de l'Egypte. La secte des Lévites continua à faire de Juda son fief. Le Dr Kastein interprète qu'Israël a été "totalement perdu, à juste titre, parce qu'il a rejeté le credo des Lévites et choisi le rapprochement avec les peuples voisins", des mots qui révèlent son idéologie sioniste.

Au cours des années qui ont suivi la conquête assyrienne d'Israël, les lévites de Juda ont commencé à compiler la loi écrite. En 621 avant J.-C., ils rédigent le *Deutéronome* et le lisent au peuple dans le temple de Jérusalem. C'est ainsi qu'est née la loi mosaïque, que Moïse n'a jamais connue. Elle est appelée ainsi parce qu'elle est attribuée à Moïse, mais les autorités s'accordent à dire qu'elle est le fruit des lévites qui, dès lors, n'ont eu de cesse de faire dire à Moïse (et à travers lui à Jéhovah) ce qui leur convenait. En réalité, on devrait donc parler de la loi lévitique ou de la loi judaïque. Avant la compilation du *Deutéronome*, il n'y avait que la tradition orale de ce que Dieu avait dit à Moïse. Les Lévites ont prétendu être consacrés comme dépositaires et gardiens de cette tradition. Dès lors, *le Deutéronome* devient la base de la Torah, la Loi, contenue dans le Pentateuque, qui est aussi la matière brute du *Talmud*. La nouvelle orthodoxie combattit farouchement les cultes concurrents de Jéhovah et extermina leurs prêtres. Vers 587 avant J.-C., une trentaine d'années après la lecture de la Loi à Jérusalem, Juda est conquis par le roi de Babylone et tout laisse à penser que l'affaire sera réglée.

Cependant, l'épisode babylonien a eu des conséquences décisives non seulement pour la tribu de Juda de l'époque, mais aussi pour le monde occidental d'aujourd'hui. Pendant la période babylonienne, les Lévites ajoutèrent au *Deutéronome* les quatre livres qui allaient constituer le Pentateuque et composèrent ainsi une loi d'intolérance raciale et religieuse qui, renforcée comme il se doit, allait séparer les Judéens du reste de l'humanité. C'est là que se forgent les chaînes qui lieront à jamais le peuple juif. À Babylone, les Lévites trouvèrent, par l'expérimentation, des mécanismes pour renforcer la Loi et réussirent à maintenir leurs adeptes dans la ségrégation, séparés de ceux parmi lesquels ils vivaient. On a tendance à penser que la captivité babylonienne a été une période noire, sans possibilité de liberté. Rien n'est plus faux. Le comportement bienveillant des conquérants babyloniens à l'égard des prisonniers judéens leur a permis, selon les termes du Dr Kastein, "une totale liberté de résidence, de culte, de travail et d'administration".

Douglas Reed, maître journaliste et historien révisionniste accusé d'antisémitisme, comme tous ceux qui, tout en étant amis des Juifs, osent dénoncer les crimes du sionisme et le racisme d'exclusion d'Israël, écrit dans son ouvrage *La controverse de Sion* que "la liberté qui leur était accordée permettait aux Lévites de contraindre leur propre peuple dans des communautés fermées et de faire l'expérience de l'auto-ségrégation. C'est ainsi que sont nés le ghetto et le pouvoir de la secte sacerdotale".

Bien que *la Genèse* et l'*Exode* aient été composés après le *Deutéronome*, le thème du fanatisme tribal y est plus faible. Le crescendo se produit dans le *Deutéronome*, le *Lévitique* et les *Nombres*. Dans l'*Exode*, cependant, un événement d'une grande importance apparaît : la promesse de Jéhovah à "son peuple" est scellée par le sang. À partir de ce moment, le sang coule à flots dans tous les livres de la Loi. Un bon exemple est celui où les Lévites écrivent comment ils ont été choisis par Moïse après l'adoration du veau d'or. Voici le passage de l'*Exode* :

"Tous les fils de Lévi se rassemblèrent autour de lui. L'Éternel, le Dieu d'Israël, leur dit : "Que chacun de vous mette son épée à la cuisse. Parcourez le camp d'un bout à l'autre, et tuez chacun son frère, son ami et son parent. Les Lévites exécutèrent l'ordre de Moïse et, ce jour-là, environ trois mille hommes tombèrent. Moïse dit : "Vous vous êtes consacrés aujourd'hui comme prêtres de Yahvé, car chacun de vous a tué son fils, son frère ; c'est pourquoi Yahvé vous accorde aujourd'hui une bénédiction."

Douglas Reed réfléchit à l'image des prêtres couverts de sang et se demande, à distance, pourquoi les livres de la Loi insistent encore et toujours sur les sacrifices sanglants. La réponse semble résider, écrit-il, dans le génie mystérieux de la secte pour instaurer la peur par la terreur.

C'est dans le dernier livre, *Nombres*, que Jéhovah fixe toutes les fonctions des Lévites et met la dernière main à la Loi. On rappelle alors que Moïse lui-même est devenu un transgresseur, puisque dans l'*Exode*, on raconte qu'il s'est réfugié chez les Madianites, qu'il a épousé la fille du grand prêtre et qu'il a reçu des instructions du grand prêtre quant à ses rites sacerdotaux. Puisque toute la structure de la Loi réside en Moïse, au nom duquel les injonctions contre de telles actions ont été établies, il faut faire quelque chose avec lui avant que les Livres ne soient achevés. Dans ces derniers chapitres, Moïse, après avoir montré qu'il s'était conformé à tous les statuts et commandements de la Loi, doit, pour racheter ses iniquités et ses transgressions, massacrer toute la tribu des Madianites, à l'exception des vierges. Il déshonore ainsi ses sauveurs, sa femme, ses deux fils et son beau-père, mais il est racheté de son péché et peut valider le dogme racial et religieux que les Lévites ont inventé. Ainsi, le patriarche bienveillant des légendes orales primitives antérieures à la Loi écrite, celui qui reçoit les dix commandements repris par toute l'humanité, celui qui est reconnu par l'Islam et le Christianisme, celui du Tu ne tueras point que Jésus rappelle sans cesse tout au long de sa vie, se transforme en père fondateur de la Loi de haine raciale et d'exclusion, puisque celui qui n'appartient pas à la tribu cesse d'être son prochain, comme le *Talmud* l'entérinera scandaleusement des centaines d'années plus tard.

## Nettoyage ethnique

Après la chute de Babylone, les Judéens reviennent à Jérusalem vers 538 et l'impact de la Loi sur les autres peuples commence. Cela a été possible parce que Cyrus, roi des Perses et fondateur d'un empire qui s'est étendu à toute l'Asie occidentale, a laissé aux nations qu'il a soumises la liberté de pratiquer leur religion et de maintenir leurs institutions. Le livre historique qui relate la chute de Babylone, également composé plusieurs siècles après les faits, est celui attribué à Daniel. Il s'agirait d'un captif qui aurait accédé à la plus haute fonction de la cour de Nabuchodonosor grâce à sa capacité à interpréter les rêves.

Lorsque le roi Cyrus a conquis Babylone et permis aux Juifs de retourner en Judée, les cinq livres de la Loi n'étaient pas achevés et la secte des Lévites y travaillait encore. C'est pourquoi un groupe restreint n'est pas revenu et est resté à Babylone pour terminer la rédaction. La masse des Judéens ne connaissait pas encore la loi d'intolérance raciale qui avait été préparée pour eux, même si l'intolérance religieuse leur était familière. Les premiers à ressentir l'impact de la loi mosaïque furent les Samaritains, qui accueillirent chaleureusement les rapatriés et, en signe d'amitié, leur offrirent leur aide pour reconstruire le temple détruit par les Babyloniens ; mais ils furent rejetés par ordre des Lévites et la restauration fut ainsi retardée jusqu'en 520 av. Ils adoraient Jéhovah, mais ne reconnaissaient pas la suprématie de Jérusalem, ce qui explique peut-être la méfiance des Lévites, qui craignaient d'être à nouveau absorbés. Les Samaritains étaient donc proscrits, à tel point qu'en prenant un morceau de pain de la main d'un Samaritain, un Juif enfreignait la Loi et se souillait de manière abominable. La haine raciale à leur égard s'est poursuivie au cours des siècles jusqu'à nos jours.

On estime à environ quarante mille le nombre de personnes qui revinrent de Babylone en Judée, ce qui n'est pas très élevé, peut-être dix ou vingt pour cent du nombre total de personnes qui s'étaient volontairement dispersées dans d'autres pays. Selon Reed, les Lévites ont eu les mêmes difficultés que les sionistes du 20e siècle à convaincre leurs coreligionnaires de se rendre en Terre promise. De plus, les dirigeants eux-mêmes n'étaient pas les fers de lance du retour, mais voulaient rester à Babylone, tout comme les dirigeants sionistes d'aujourd'hui veulent rester à New York. La solution est similaire à celle trouvée en 1946 : les zélotes sont prêts à partir et quelques malheureux, trop pauvres pour pouvoir choisir, sont recrutés pour accompagner les masses. Ceux qui demandent le privilège de rester à Babylone avec leur prince, l'Exilarque, doivent verser de l'argent, exactement comme les millionnaires juifs américains à qui l'on demande de verser des fonds à la cause sioniste.

L'une des sources de Douglas Reed est le professeur J. Welhausen qui, dans son *Histoire des Israélites et des Judéens*, publiée en allemand en 1897, souligne que la nation juive était désespérément dispersée et ne pouvait évidemment pas être regroupée en Canaan. Welhausen insiste sur le fait que "l'exil n'a pas ramené la nation, mais seulement une secte religieuse" ; mais ce "retour" symbolique était de la plus haute importance pour les prêtres qui pouvaient ainsi asseoir leur pouvoir sur les masses effrayées. Ainsi, la secte qui "revenait" à Jérusalem était aussi le cœur de la nation dans la nation, de l'Etat dans l'Etat. La secte sacerdotale s'était montrée capable de maintenir sa théocratie sans territoire propre et sous un roi étranger. Elle avait gouverné les siens avec sa propre loi. Le Dr Kastein déclare : "À la place du pouvoir de l'État, un autre pouvoir, plus sûr et plus durable, a finalement été établi : le régime sévère et inexorable renforcé par l'obligation d'obéissance inconditionnelle aux règles du rituel.

Parmi les prêtres les plus importants, il y a Ezéchiel, qui a vécu la chute de Juda et le départ pour Babylone. Il fut sans doute l'un des architectes de la Loi, car son livre est l'un des plus importants de l'Ancien Testament. Il contient les peines les plus sévères pour ceux qui ne respectent pas la Loi. Page après page, Jéhovah maudit et promet d'utiliser les païens comme instrument de punition. La vénération d'autres dieux entraîne des représailles implacables. Ce passage en est l'illustration :

> "Le Dieu d'Israël appela l'homme vêtu de lin, qui avait à la ceinture la bourse du scribe, et il lui dit : "Va dans la ville, va dans Jérusalem, et marque au front les hommes qui gémissent et qui pleurent à cause des abominations qui s'y commettent". Et j'entendais ce qu'il leur disait : "Traversez la ville à sa suite et frappez. Ne vous apitoyez pas sur vos yeux et n'ayez pas de pitié. Tuez les vieillards, les jeunes gens, les jeunes filles, les enfants et les femmes, jusqu'à l'extermination. Mais ne touchez pas à ceux qui ont le signe sur le front'".

Tandis que l'école de scribes fondée par Ezéchiel poursuit pendant quatre-vingts ans à Babylone la compilation de la Loi, les Judéens rapatriés, qui n'avaient jamais connu le régime de bigoterie et d'exclusion qu'on leur préparait, développent peu à peu des relations normales avec leurs voisins. Puis survient un événement d'une importance capitale : la secte sacerdotale de Babylone va obtenir d'un souverain étranger, le roi perse qui est leur suzerain, qu'il mette à leur disposition des soldats et de l'argent pour qu'ils puissent faire appliquer leur Loi. C'était la première fois qu'ils le faisaient.

Par la suite, ils ont répété le même stratagème : au cours du vingtième siècle, ils ont réussi à plusieurs reprises, comme nous le verrons dans d'autres chapitres, et au vingt-et-unième siècle, la guerre d'Irak est le dernier exemple de l'utilisation de soldats et d'argent étrangers.

En 458 av. J.-C., les Lévites s'apprêtent à mettre en application leur Loi, déjà achevée. À partir de cette date, les Judéens de Jérusalem sont définitivement mis à l'écart, exclus du reste de l'humanité. Ce fut le véritable début d'une affaire qui dure encore aujourd'hui. L'histoire est racontée dans les livres d'Esdras et de Néhémie, les lévites émissaires de Babylone envoyés à Jérusalem pour faire respecter la Loi. Esdras, grand prêtre, arrive avec quelque mille cinq cents fidèles et le fait au nom du roi perse Artaxerxès Ier, surnommé Longimanus dans les sources latines, avec des soldats perses et de l'or perse. Nul ne sait aujourd'hui par quels moyens la secte parvint à faire plier Artaxerxès à sa volonté. Esdras apporta avec lui la nouvelle loi raciale, qui entra en vigueur parmi ses compagnons de voyage, lesquels ne purent l'accompagner qu'après avoir prouvé qu'ils étaient descendants de Juda ou de Lévites. À quiconque n'observe pas la loi de ton Dieu et la loi du roi", dit le texte d'Artaxerxès, "qu'une justice rigoureuse soit appliquée : la mort, le bannissement, une amende pécuniaire ou l'emprisonnement". Le Dr Kastein écrit que lorsqu'Esdras arriva à Jérusalem, "il découvrit avec consternation et horreur que les mariages mixtes prédominaient...". En tolérant les mariages raciaux avec les tribus voisines, ils avaient établi des relations pacifiques basées sur les liens familiaux". Le texte biblique le raconte ainsi :

> "...Ils ont épousé, eux et leurs fils, les femmes de ces gens, et les conseillers ont été les premiers à transgresser". Quand j'ai entendu cela, j'ai déchiré mes vêtements et mon manteau, j'ai brossé mes cheveux et ma barbe, et j'ai été bouleversé. Devant les tergiversations des rapatriés, tous ceux qui craignaient les paroles du Dieu d'Israël vinrent à moi, et je restai accablé jusqu'au sacrifice du soir."

Le Dr Kastein admet que les Judéens, en se mariant entre eux, "observaient leur tradition telle qu'ils la comprenaient à l'époque". En tant qu'émissaire du roi de Perse, Esdras réunit les habitants de Jérusalem et annonce que tous les mariages mixtes doivent être dissous ; désormais, les "étrangers" et les étrangers doivent être strictement exclus. Une commission d'anciens est mise en place pour rompre les mariages et mettre fin aux "relations pacifiques fondées sur les liens familiaux". Kastein reconnaît que "la mesure d'Esdras était sans doute réactionnaire et ne figurait pas alors dans la Torah".

Treize ans plus tard, en 445 av. J.-C., les anciens de Babylone envoient Néhémie, l'échanson d'Artaxerxès, nommé gouverneur perse de Judée, avec encore plus de pouvoirs pour achever les réformes commencées par Esdras. Il arrive à Jérusalem avec un pouvoir dictatorial et suffisamment d'argent pour reconstruire les murs de la ville. Lorsqu'ils furent terminés,

Néhémie ordonna que chaque dixième Judéen soit tiré au sort pour résider à l'intérieur. Puis, en 444 avant J.-C., Néhémie et Esdras ont introduit dans la Torah l'interdiction des mariages mixtes. Les chefs de clans et de familles ont été rassemblés et ont dû signer un engagement à respecter les lois et les commandements de la Torah, en particulier cette dernière interdiction.

Dans le *Lévitique*, on trouve cette insertion nécessaire : "Je vous ai séparés des autres peuples pour que vous soyez à moi". Désormais, aucun Juif ne peut épouser une étrangère sous peine de mort. Dans Néhémie, il est dit que tout homme qui épouse une étrangère commet un péché contre Dieu (c'est ainsi que la loi demeure aujourd'hui dans l'État sioniste). Les étrangers étaient interdits d'entrée dans la ville afin que les Judéens soient purifiés de tout ce qui leur était étranger. C'est ainsi qu'est né le premier ghetto. Néhémie reste douze ans à Jérusalem, puis retourne à la cour de Babylone.

La structure artificielle qu'il avait mise en place commença immédiatement à se désintégrer et, des années plus tard, il dut redescendre dans la ville, où des mariages mixtes avaient à nouveau été contractés. Il les a dissous de force et a ordonné des punitions sévères pour les transgressions futures. Ensuite, afin d'appliquer rigoureusement le principe sélectif, il étudie à nouveau le registre des naissances et expulse tous ceux dont la descendance présente la moindre imperfection ou le moindre défaut. Enfin, il purgea impitoyablement la communauté de ceux qui avaient transgressé la loi sur les mariages mixtes et les obligea tous à renouveler leur engagement. Lorsqu'il estima son travail terminé, il retourna chez lui à Babylone. Ces événements constituent "la nouvelle alliance". Ainsi, l'insignifiante tribu de Juda, autrefois reniée par les Israélites, a produit un credo racial plus dévastateur dans ses effets que n'importe quelle épidémie ; ainsi, la théorie de la race élue est devenue "la Loi".

Douglas Reed dénonce avec lucidité le fait que l'on prétend souvent que les chrétiens, les musulmans ou d'autres religieux doivent respecter le judaïsme en raison du fait prétendument incontestable qu'il a été la première religion universelle, au sens où toutes les religions universelles en sont issues. En réalité, écrit Reed, l'idée d'un Dieu unique pour tous les hommes était connue bien avant la formation de la tribu de Juda et le judaïsme est devenu avant tout la négation de cette idée. *Le Livre des morts* (dont les manuscrits ont été retrouvés dans les tombes de pharaons égyptiens ayant vécu 2600 ans avant J.-C.) contient le passage suivant. J.-C.) contient le passage suivant : "Tu es l'unique, le Dieu du commencement des temps, l'héritier de l'immortalité, originaire et né de toi-même, tu as créé la Terre et tu as fait l'homme". Précisément, poursuit Reed, la secte qui a forgé les chaînes de la tribu de Juda s'est emparée de ce concept d'un Dieu unique pour tous les peuples et l'a détruit pour forger un credo fondé sur sa négation. Le Dieu universel est subtilement mais dédaigneusement nié, et comme leur credo est basé sur la théorie de la race élue, sa négation est nécessaire et inévitable. Une race élue, s'il y en avait une, devrait elle-même être Dieu".

La tradition orale des Israélites contenait l'idée d'un Dieu unique pour toute l'humanité, celui dont la voix a été entendue brièvement dans le buisson ardent ; mais tout au long des cinq livres de la Loi, elle se transforme en un autre Dieu racial, Jéhovah, qui leur promet territoire, trésor, sang et pouvoir sur les autres en échange d'un sacrifice rituel à accomplir en un lieu et sur une terre déterminés. Ils ont ainsi trouvé le contre-mouvement permanent à toutes les religions universelles et ont identifié Juda à la doctrine de l'auto-exclusion de l'humanité et de la haine raciale.

## Apparition de Jésus

L'événement le plus important des trois cents ans qui ont suivi a été la traduction des écritures juives (l'Ancien Testament) dans une langue étrangère, le grec, qui a permis aux païens de prendre partiellement connaissance de la Loi qui ordonnait leur esclavage et la suprématie de Juda. Il est donc assez surprenant que la traduction ait été faite, selon la tradition, par soixante-douze savants juifs à Alexandrie entre 275 et 150 avant Jésus-Christ. L'encyclopédie juive note que le *Talmud* interdisait même l'enseignement de la Torah aux Gentils. Quiconque l'enseigne serait donc "digne de mort". Il est certain que le *Talmud* voyait un danger à ce que les Gentils acquièrent la connaissance de la Loi.

La traduction grecque est très certainement due au fait que les Juifs eux-mêmes en avaient besoin. Les Judéens avaient perdu leur langue hébraïque à Babylone et parlaient le chaldéen. Cependant, la plus grande concentration de Juifs se trouvait à Alexandrie, où ils adoptèrent le grec comme langue quotidienne. La plupart d'entre eux ne pouvaient plus comprendre l'hébreu, de sorte qu'une version grecque de la Loi devint nécessaire pour servir de base aux interprétations rabbiniques. Les anciens rabbins ne pouvaient pas prévoir que, quelques siècles plus tard, naîtrait une nouvelle religion qui intégrerait leurs écritures dans sa propre Bible. S'ils l'avaient su, la traduction grecque n'aurait peut-être jamais vu le jour.

À l'approche de l'apparition de Jésus en Palestine, il est nécessaire de prêter attention à un autre événement particulièrement significatif : la montée des pharisiens, qui allaient former le principal parti politique de la petite province romaine de Judée. Le mot pharisien signifie "celui qui se sépare" ou qui se tient à l'écart des personnes ou des choses impures. Ils constituaient la secte dominante et se réclamaient de l'idéologie des Lévites dans sa forme la plus fanatique. "Ils avaient juré - dit l'Encyclopédie juive - d'observer strictement la pureté lévitique. Cependant, l'impulsion instinctive de se libérer de cette servitude s'est toujours reflétée dans un parti modéré, qui était à l'époque celui des Sadducéens, ennemis déclarés des Pharisiens, bien que les Esséniens s'opposaient également à eux. Aujourd'hui, les rabbins de Neturei Karta sont des ennemis déclarés de l'Etat sioniste, qu'ils accusent d'opprimer les Juifs. Neturei Karta dénonce les crimes d'Israël et exige sa disparition. Durant la première moitié du XXe siècle, les communautés juives de Grande-Bretagne, d'Allemagne et des États-Unis étaient hostiles aux sionistes de Russie, mais le sionisme a réussi à faire taire toute opposition. En d'autres termes, malgré l'existence de tendances modérées, les partisans de la ségrégation et de la destruction ont toujours prévalu, comme nous le verrons.

C'est dans ce contexte qu'apparaît Jésus de Galilée, le Nazaréen. Les sionistes affirment, pour des raisons politiques, que Jésus était juif : "Jésus était juif". De manière incompréhensible, des prêtres et des théologiens chrétiens souscrivent également à cette affirmation. Les érudits juifs, en revanche, rejettent cette idée. Avant de poursuivre notre périple historique, une mise au point s'impose à ce sujet. L'abréviation anglaise "jew" est récente et ne correspond pas à ce que les Grecs et les Romains entendaient par "Judaïste" ou "Judéen", terme dérivé de la Judée. D'ailleurs, certains dictionnaires proposent des définitions absurdes du mot "juif", telles que : "Personne de race hébraïque". L'affirmation "Jésus était juif" pouvait signifier trois choses à l'époque : que Jésus était de la tribu de Juda (donc un Judéen), qu'il était domicilié en Judée (donc un habitant de la Judée) ou qu'il pratiquait la religion juive (comme les Khazars, qui n'étaient pas des Hébreux, pas plus que leurs descendants sionistes). L'encyclopédie juive insiste sur le fait que Jésus était originaire de la ville de Nazareth et il est admis sans contradiction qu'il était Galiléen, même s'il est né à Bethléem en Judée. La Galilée, où il a passé la plus grande partie de sa vie, était politiquement séparée de la Judée, avait son propre tétrarque romain et sa relation avec la Judée était équivalente à celle d'un "pays étranger" (Heinrich Graetz). Le mariage entre une Judéenne (supposée être la vierge Marie) et un Galiléen (Joseph) était interdit. De plus, avant la naissance de Jésus, les membres de la tribu de Juda vivant en Galilée avaient été contraints par Shimon Tharsi, l'un des princes maccabéens, d'émigrer en Judée. Les Galiléens étaient donc racialement et politiquement distincts des Juifs de Judée.

Le fils d'un charpentier de Galilée était manifestement sans instruction et on ne comprenait pas comment Jésus pouvait savoir sans avoir étudié. Ses ennemis, les pharisiens, demandaient : "D'où vient la sagesse de cet homme ?". Douglas Reed estime que ce qui donne à l'enseignement de Jésus une lumière sans précédent, pour la première fois révélée, c'est le fond noir de la loi lévitique et de la tradition pharisienne, contre lesquelles il a pris position lorsqu'il s'est rendu en Judée, et ajoute : "Aujourd'hui encore, la soudaine plénitude de la lumière du Sermon sur la montagne étonne l'étudiant qui sort de la lecture critique de l'Ancien Testament ; c'est comme si minuit devenait midi." Jésus réduit toute la Loi à deux commandements : "Aime Dieu de tout ton cœur et ton prochain comme toi-même". Cela revient à démasquer et à condamner l'hérésie fondamentale que les lévites et les pharisiens avaient, au fil des siècles, tissée dans la Loi. Dans le *Lévitique*, il y a le commandement : "Aime ton prochain comme toi-même" ; mais le prochain, dans le judaïsme orthodoxe classique et moderne, est limité à ceux de ta propre race. Jésus est allé encore plus loin : "Vous avez appris qu'il a été dit : "Hais ton ennemi". Mais moi, je vous dis : aimez vos ennemis". Il s'agissait certainement d'un défi total à la Loi que représentaient les Pharisiens. La fin est connue.

Après la mort de Jésus, les Pharisiens, selon l'Encyclopédie juive, trouvèrent en Agrippa Ier, dernier roi de Judée, l'appui nécessaire pour se débarrasser des Sadducéens, qui disparurent de la scène. C'est ainsi que tout le pouvoir leur échut, comme il était échu aux lévites lors de la séparation de Juda et d'Israël. Avant la destruction du second temple de Jérusalem en l'an 70, prévoyant ce qui allait se passer, les pharisiens s'installèrent dans le nouveau quartier général de Jamnia (toujours en Palestine), d'où la secte dirigeante exercerait son pouvoir. Dès le début, ils comprirent que la nouvelle religion devrait être détruite si leur Loi devait prévaloir, et ils ne se laissèrent pas décourager par les voix qui s'élevaient dans leurs propres rangs. Gamaliel, par exemple, lorsque les prêtres et le conseil se demandaient s'il fallait fouetter Pierre et Jean pour avoir prêché dans le temple, leur dit : "Réfléchissez bien à ce que vous allez faire. Si c'est l'œuvre des hommes, elle sera vite réduite à néant ; mais si c'est l'œuvre de Dieu, vous ne pourrez pas la détruire". La majorité des pharisiens, en gardant leur Loi, se sentaient la force de la détruire, même s'ils devaient travailler pendant des siècles pour y parvenir.

## Le Talmud

La Loi devait être constamment réinterprétée afin d'être appliquée en fonction des événements. Les pharisiens de Jamnia invoquèrent à nouveau leur prétention à détenir les secrets oraux de Dieu et commencèrent à réinterpréter les lois et les commandements. C'est ainsi qu'est né *le Talmud*, prolongement antichrétien de la Torah, qui deviendra au fil des siècles "la clôture autour de la Loi". Le Dr Kastein explique l'importance de Jamnia :

"Un groupe d'enseignants, d'érudits et d'éducateurs sont partis pour Jamnia, portant sur leurs épaules le destin de leur peuple, dont ils seront responsables à travers les siècles... C'est à Jamnia qu'a été créé l'organisme central chargé de l'administration des Juifs... En règle générale, lorsqu'une nation a été complètement vaincue, comme ce fut le cas des Juifs à cette occasion, tous périssent. Mais le peuple juif n'a pas péri... Ils avaient appris à changer d'attitude pendant la captivité babylonienne... Et ils ont suivi un chemin similaire maintenant".

L'ancien Sanhédrin, source de toute autorité législative, administrative et judiciaire, est établi à Jamnia. Une académie fut également créée pour le développement de la Loi. Les scribes y poursuivaient la révélation de la pensée de Jéhovah et l'interprétation de la Loi, qui était administrée de là et érigée en barrière infranchissable contre le monde extérieur. La discipline est renforcée dans le but de rendre la vie des Juifs complètement différente de celle des païens. Toute loi adoptée à la majorité par le Sanhédrin s'impose à toutes les communautés dispersées. Les opposants étaient menacés d'un édit qui signifiait l'exclusion de la communauté. La période de domination de Jamnia dura environ un siècle et fut ensuite transférée à Usha en Galilée, où le Sanhédrin fut installé. De là, des lois ont continué à émaner qui, selon le Dr Kastein, "ont fixé de nouvelles limites au judaïsme qui l'ont rendu encore plus exclusif".

En 320, l'empereur Constantin se convertit au christianisme et promulgue des lois interdisant aux Juifs de posséder des esclaves chrétiens. Constantin interdit également le mariage entre juifs et chrétiens. Cette mesure répondait à la loi d'exclusion administrée par le gouvernement d'Usha. Puis, sous prétexte de persécution, ils déplacèrent le centre à Babylone, où la colonie qui, huit siècles plus tôt, avait préféré rester plutôt que de retourner à Jérusalem, était toujours intacte. Le gouvernement talmudique finit par s'installer à Sura. Des académies y sont établies ainsi qu'à Pumbedita.

*Le Talmud* prend la place de la Torah, tout comme la Torah avait auparavant supplanté les traditions orales. Les chefs spirituels ou les directeurs des académies de Sura et de Pumbedita furent appelés gaonim (gaon signifiant éminence ou excellence) et commencèrent à exercer une autorité autocratique. En fait, les écoles talmudiques de Sura et de Pumbedita, le long de l'Euphrate, ont été appelées les universités d'Oxford et de Cambridge du judaïsme mésopotamien. Les exilarques de l'ombre (plus tard Nasim ou Prince) dépendaient de l'approbation des gaonim et même le Sanhédrin abandonnait ou peut-être était privé de ses fonctions. Cette période est connue sous le nom de période gaonite.

A ce stade, il est essentiel d'expliquer de la manière la plus concise possible ce qu'est le *Talmud*, car l'expérience montre que peu de gens sont conscients de son contenu et de son importance pour le judaïsme. Dans *Histoire juive, religion juive*, Israël Shahak nous avertit que "la première chose à savoir est que la source d'autorité pour toutes les pratiques du judaïsme classique et du judaïsme orthodoxe d'aujourd'hui, la base déterminante de sa structure juridique, est le *Talmud*". Il s'agit plus précisément du *Talmud de* Babylone, mais il existe également un Talmud palestinien. L'interprétation juridique des textes sacrés est fixée de manière rigide par le *Talmud* plutôt que par la Bible.

*Le Talmud* se compose de deux parties. La première, la *Mishna*, écrite en hébreu et en araméen alors que le pharisaïsme était déjà devenu le talmudisme, a été rédigée en Palestine vers 200 après J.-C. à partir d'un matériel oral beaucoup plus important accumulé au cours des deux premiers siècles de notre ère. Il se compose de six volumes, chacun subdivisé en plusieurs traités. La deuxième partie, la plus importante, la *Gemarah*, est une collection volumineuse de discussions sur la Mishnah. Il existe deux collections de *Gemarah* : l'une composée en Babylonie entre 200 et 500 après J.-C. et l'autre en Palestine entre 200 après J.-C. et une date inconnue bien avant 500 après J.-C. *Le Talmud de* Babylone, c'est-à-dire la *Mishnah* mésopotamienne et la *Gemarah* mésopotamienne, est beaucoup plus vaste et mieux organisé que le Talmud palestinien. Il est considéré comme définitif et son autorité est incontestée. La langue prédominante du *Talmud de* Babylone est l'araméen. Ceci étant dit, la prochaine chose à dire est que dans le *Talmud*, le racisme est répugnant au-delà de toute croyance et la haine du christianisme est viscérale. Nous ne pouvons pas maintenant donner de longs exemples, puisque notre but est de démontrer l'imposture raciale des sionistes. Cependant, voici quelques exemples de la déclaration ci-dessus.

Les allégations sexuelles insidieuses à l'encontre de Jésus sont nombreuses. Le *Talmud* affirme que son châtiment en enfer est d'être immergé dans des excréments brûlants. Un précepte ordonne aux Juifs de brûler, si possible en public, tout exemplaire du Nouveau Testament qui leur tombe sous la main. Ceux qui pensent que le chemin est encore long se trompent : le 23 mars 1980, des centaines d'exemplaires du Nouveau Testament ont été brûlés publiquement et cérémonieusement à Jérusalem sous les auspices de Yad Le'akhin, une organisation religieuse juive subventionnée par le ministère israélien des religions. Plus récemment, le 22 mai 2008, le révérend Ted Pike a publiquement dénoncé aux États-Unis le fait que le 20 mai 2008, conformément à l'obligation imposée par le *Talmud* (Shabbethai 116), des exemplaires du Nouveau Testament ont été brûlés dans la ville israélienne d'Or Yehuda. L'événement a eu lieu en réponse à un ordre du maire, Uzi Aharon, qui a parcouru la ville dans une voiture munie d'un haut-parleur, ordonnant aux jeunes de collecter tous les livres qu'ils pouvaient trouver et les sommant de les brûler en public. On imagine aisément le tollé qu'aurait soulevé la presse soumise (dans sa quasi-totalité) si un État quelconque (antisémite bien sûr) avait brûlé publiquement *le Talmud*. Dans l'État sioniste, les enfants apprennent aujourd'hui le précepte talmudique selon lequel, lorsqu'ils passent devant un cimetière juif, ils doivent dire une bénédiction, mais si le cimetière n'est pas juif, ils doivent maudire les mères des défunts. Il ne faut pas oublier que les enfants juifs d'Israël apprennent *le Talmud* à l'école. Le professeur Daniel Bar-Tal de l'université de Tel-Aviv a récemment mené une étude sur cent vingt-quatre manuels d'enseignement primaire, secondaire et supérieur et a conclu que la haine raciale était à la base de l'enseignement.

Les exemples de racisme dans le *Talmud* sont innombrables. Nous, les gentils, sommes également appelés goyim. Le mot viendrait de l'onomatopée goy, destinée à reproduire le grognement des porcs. Prenons quelques exemples : "une femme juive se souille si elle fréquente des chrétiens" (Iore Dea 198,48). "Les chrétiens et les animaux sont comparables" (Orach Chaiim 225,10). "La semence des chrétiens a la même valeur que celle des animaux" (Kethuboth, 3b). "Les juifs possèdent une dignité que même les anges ne peuvent partager" (Chullin, 91b). "Un juif est considéré comme bon malgré les péchés qu'il peut commettre" (Chagigah, 15b). "Les biens d'un chrétien appartiennent au premier qui les réclame" (Babha Bathra, 54b). "Il est permis de tromper les chrétiens (Babha Kama, 113b). "Un juif peut mentir et se parjurer pour condamner un chrétien" (Babha Kama, 113a). "Ne pas sauver les chrétiens en danger de mort" (Hilkkoth Akun, X,1). "Les chrétiens doivent être détruits par les idolâtres" (Zohar I, 25a). "Même les meilleurs des goyim doivent être tués" (Abhodah Zarah (26b)T.). "Si un juif tue un chrétien, il ne commet pas de péché" (Sepher Or Israel, 177b.). "L'extermination des chrétiens est un sacrifice nécessaire" (Zohar II, 43a). Ces dechados traduits de l'anglais sont tirés de l'édition Soncino (Londres 1935).

Un mouvement comme le hassidisme, d'inspiration clairement talmudiste, compte des centaines de milliers d'adeptes dans le monde qui suivent fanatiquement leurs saints rabbins, dont certains - commente Israël Shahak dans son ouvrage *Jewish History, Jewish Religion* - ont acquis une influence politique considérable en Israël parmi les dirigeants de tous les partis, et plus encore parmi les hauts gradés de l'armée (Tsahal). Leur livre phare, la fameuse *Hatanya*, enseigne que "tous les non-Juifs sont des créatures totalement sataniques dans lesquelles il n'y a absolument rien de bon". Même un embryon non juif est qualitativement différent d'un embryon juif. L'existence même d'un non-Juif est "inessentielle", alors que toute la création a eu lieu exclusivement pour les Juifs. En Israël, insiste Israël Shahak, ces idées sont répandues dans le grand public, dans les écoles et dans l'armée.

L'honnêteté intellectuelle et la rigueur morale d'Israël Shahak, l'un des nombreux Juifs antisionistes dignes d'admiration qui figurent dans cet ouvrage visant à dévoiler les grandes impostures de l'histoire, l'amènent à dénoncer dans ses observations sur le hassidisme le philosophe Martin Buber (Prix Goethe de l'Université de Hambourg 1951. Prix de la paix de la Chambre allemande du livre 1953. Prix Erasmus 1963). Shahak écrit ces mots à propos de Buber :

"Un imposteur de premier ordre dans ce cas, et un bon exemple du pouvoir de la tromperie, était Martin Buber. Les nombreux ouvrages dans lesquels il fait l'éloge de l'ensemble du mouvement hassidique ne font même pas allusion aux véritables doctrines du hassidisme à l'égard des non-Juifs. Le crime d'escroquerie est d'autant plus grand si l'on tient compte du fait que l'éloge du hassidisme par Buber a été publié pour la première fois en Allemagne à l'époque de la montée du national-socialisme... Mais tout en s'opposant ostensiblement au nazisme, Buber a glorifié un mouvement qui tenait et, en fait, enseignait des doctrines concernant les non-Juifs qui n'étaient pas différentes des doctrines nazies concernant les Juifs".

## Espagne, centre du judaïsme talmudique

Après cette digression nécessaire sur le *Talmud*, nous pouvons reprendre le fil du récit là où nous l'avons laissé. Pendant des centaines d'années, le gouvernement talmudique, à Jamnia, à Usha, à Sura, est resté proche de son climat oriental d'origine, mais avec l'arrivée de l'Islam, il devait être transféré en Europe, et plus précisément en Espagne. Les instructions du calife aux conquérants arabes en 637 étaient les suivantes : "Vous n'agirez pas par traîtrise ou malhonnêteté, vous ne commettrez aucun excès ou mutilation, vous ne tuerez ni enfants ni vieillards, vous ne couperez ni ne brûlerez de palmiers ou d'arbres fruitiers, vous ne tuerez ni mouton, ni vache, ni chameau et vous laisserez tranquilles ceux que vous trouverez en train de prier dans leurs cellules". Comparez ce commandement avec celui de Jéhovah dans le *Deutéronome :* "Dans les villes de ces nations que le Seigneur ton Dieu te donne en héritage, tu ne laisseras en vie rien de ce qui respire". Ainsi, grâce à l'humanité des Arabes, les habitants natifs de la Palestine, les Palestiniens, qui vivaient là depuis deux mille ans avant l'arrivée des Hébreux, se sont convertis librement à l'Islam ou ont continué à être chrétiens sans entrave.

Les Juifs espagnols, les séfarades qui vivaient en Espagne au début du VIIIe siècle, ont joué un rôle décisif dans la conquête arabe de la péninsule. Dans *Orígenes de la Nación Española. Le royaume des Asturies*, Claudio Sánchez Albornoz écrit :

> "Sans la collaboration des Juifs et des Vitiens [...], même après la défaite de Guadalete, la conquête musulmane aurait été beaucoup plus difficile et beaucoup plus lente et n'aurait peut-être pas été achevée. Si Tariq n'avait pas pu laisser Tolède garnie par les Juifs et une poignée de ses hommes, aurait-il pu poursuivre les patriciens réfugiés à Amaya et traverser ensuite les champs gothiques ? Il est douteux qu'Abd al-Aziz, fils de Muza, soit parvenu à conquérir le sud-est sans l'aide des Juifs de Grenade et des autres villes de la région ? Muza n'aurait pas pu avancer sur Mérida, la capitale de la Lusitanie, s'il n'avait pas sécurisé la citadelle de Séville avec une garnison hébraïque".

Les Juifs ont soutenu la conquête de l'Espagne non seulement avec des hommes mais aussi avec de l'argent et ont donc été traités de manière très spéciale par les Arabes, qui ont pris le contrôle des villes les unes après les autres. Grâce aux circonstances très favorables qui ont suivi l'invasion, le gouvernement talmudique a finalement été transféré de Babylone en Espagne. Le Dr Kastein explique que le judaïsme, dispersé sur la surface de la terre, a toujours voulu s'établir dans un État fictif pour remplacer celui qu'il avait perdu, et a donc aspiré à un centre à partir duquel il pourrait guider les Juifs. Ce centre se trouvait alors en Espagne, explique le Dr Kastein, où l'hégémonie nationale a été transférée de l'Orient. Tout comme Babylone avait pris la place de la Palestine, l'Espagne remplaçait opportunément Babylone qui, en tant que centre du judaïsme, n'était plus en mesure de fonctionner".

Ainsi, le gouvernement de la nation au sein des nations s'est poursuivi à Cordoue, où le gaonate s'est installé et a créé l'académie talmudique. Il est probable qu'à un moment donné, un exilarque fantôme a régné sur la communauté juive. Tout cela a pu se faire sous la protection de l'Islam. Les Arabes et les Maures, comme cela s'était déjà produit en Babylonie et en Perse, se sont montrés extrêmement bienveillants à l'égard d'une force intégrée parmi eux, qui s'est progressivement emparée de plus en plus de pouvoir. Sous le califat d'Abd-al-Rahman III, le plus haut pouvoir en Espagne est détenu par un juif, Hasdai Ibn Shaprut. Il est le créateur de l'école d'études talmudiques de Cordoue, qui finira par briser l'hégémonie des écoles babyloniennes de Sura et de Pumbedita. L'école se déplacera ensuite à Lucena et enfin à Tolède. Ce personnage est une figure clé de la deuxième partie de cette narration, dans laquelle nous finirons de commenter le sort des Juifs séfarades après l'expulsion décrétée par les Rois Catholiques.

Un document révélateur de la haine que l'expulsion allait susciter se trouve dans la *Silva curiosa*, de Julián de Medrano, publiée à Paris en 1583 par Nicolas Chesneau. C'est de ce document, dont l'orthographe a été mise à jour, que provient cette correspondance :

> "La lettre suivante a été trouvée par l'Ermite de Salamanque dans les archives de Tolède, en recherchant les antiquités des royaumes d'Espagne ; et comme elle est sincère et remarquable, je veux vous l'écrire ici.
> Lettre des Juifs d'Espagne aux Juifs de Constantinople.
>
> Honorables Juifs, santé et grâce. Vous savez que le roi d'Espagne nous fait devenir chrétiens par proclamation publique, qu'il nous enlève nos biens et nos vies, qu'il détruit nos synagogues et qu'il nous fait subir d'autres humiliations, ce qui nous rend confus et incertains quant à ce que nous devons faire. En vertu de la loi de Moysen, nous vous prions instamment d'avoir la bonté de tenir un conseil municipal et de nous envoyer rapidement la délibération que vous avez prise à ce sujet.
> CHAMORRA, prince des Juifs d'Espagne".
>
> Réponse des Juifs de Constantinople aux Juifs d'Espagne.

Frères bien-aimés de Moysen, nous avons reçu votre lettre, dans laquelle vous nous faites part des troubles et des malheurs dont vous souffrez, et dont nous faisons partie tout autant que vous. L'opinion des grands satrapes et des rabbins est la suivante.

A ce que vous dites que le roi d'Espagne vous fait devenir chrétiens, faites-le, car vous ne pouvez faire autrement. À ce que vous dites qu'ils vous ordonnent de vous dépouiller de vos biens, faites de vos fils des marchands, afin qu'ils vous dépouillent peu à peu des leurs. À ce que vous dites qu'ils vous ôtent la vie, faites de vos fils des médecins et des apothicaires, afin qu'ils vous ôtent la leur. À ce que vous dites qu'ils détruisent vos synagogues, faites de vos fils des ecclésiastiques et des théologiens, afin qu'ils détruisent leurs temples. Et à ce que vous dites qu'ils vous font des vexations, faites en sorte que vos fils soient des avocats, des avoués, des notaires, des conseillers qui comprennent les affaires des républiques, afin qu'en les soumettant vous puissiez gagner des terres et vous venger d'eux, et ne quittez pas cet ordre que nous vous donnons, car par expérience vous verrez qu'à force d'être déprimés, vous en viendrez à être retenus par quelque chose.

USSUS FF., Prince des Juifs de Constantinople'".

Pour de nombreux historiens, l'expulsion des Juifs d'Espagne marque le début du mystère, car le gouvernement talmudique a été transféré en Pologne. Mais pourquoi a-t-il été transféré en Pologne ? Aucun document ne fait état d'une importante migration de Juifs d'Europe occidentale vers la Pologne. Après avoir quitté Sepharad, les Sépharades se sont principalement répandus en Afrique du Nord, en Italie, en Grèce et en Turquie. Des colonies se sont également formées en France, en Angleterre, en Hollande et en Allemagne. Cependant, lorsque le centre du gouvernement s'est installé en Pologne au XVIe siècle, plus d'un demi-million de Juifs se trouvaient déjà dans la région. Des populations d'une telle ampleur n'apparaissent pas par magie : d'où viennent-elles ?

Le Dr Kastein comprend que quelque chose ne va pas et qu'une explication est nécessaire, mais il hésite à la chercher, excluant toute cause à ce fait "mystérieux" autre que l'immigration en provenance de France, d'Allemagne et de Bohême. Lorsqu'un historien sioniste passe sous silence un fait aussi important par des conjectures hasardeuses, on pourrait penser qu'il cache quelque chose. Et ce que l'on cache, c'est que le gouvernement talmudique, après avoir fait du credo racial le fondement de sa doctrine, est incroyablement passé entre les mains d'une importante communauté de "Juifs" qui n'avaient aucun sang sémite : les Khazars d'origine turco-mongole, un peuple dont les ancêtres n'avaient jamais connu la Judée, mais qui s'était converti au judaïsme au huitième siècle. Ce gouvernement talmudique autonome s'appelait le Kahal. Sur son propre territoire, le Kahal était un gouvernement habilité à exercer son pouvoir sous la souveraineté polonaise : il avait la capacité indépendante de lever ses propres impôts dans ses ghettos et ses communautés, dont il devait reverser une partie au gouvernement polonais. Mais tout cela sera abordé dans la deuxième partie, qui raconte l'histoire des Khazars.

# PARTIE 2 - JUIFS NON SÉMITES : LES KHAZARS

Pendant des siècles, tout, ou presque, sur les Khazars a été dissimulé. Douglas Reed raconte dans *The Controversy of Zion* qu'en 1951, un éditeur new-yorkais a subi des pressions de la part du chef juif d'un bureau politique pour ne pas publier l'un de ses livres, au motif que Reed avait inventé les Khazars. C'est un transfuge juif, le multimillionnaire Benjamin Freedman, qui, après s'être converti au catholicisme en 1945, a révélé publiquement l'un des secrets les mieux gardés de l'histoire. Dans sa célèbre et importante lettre au Dr David Goldstein, datée du 10 octobre 1954 et publiée plus tard en anglais sous le titre *Facts are facts*, Freedman explique qu'en 1948, au Pentagone à Washington, il s'est adressé à une grande assemblée d'officiers de haut rang de l'armée américaine, dont beaucoup appartenaient à une branche du renseignement militaire, pour discuter de la situation explosive qui régnait en Europe et au Moyen-Orient. Il a parlé aux militaires présents du royaume de Kazaria et des Khazars. À la fin de son discours, un colonel s'est approché de lui et lui a dit qu'il dirigeait le département d'histoire d'un des plus grands établissements d'enseignement supérieur d'Amérique du Nord, qu'il avait enseigné l'histoire pendant seize ans et qu'il n'avait jamais entendu le mot Khazars au cours de sa carrière d'enseignant. Cette anecdote nous donne, écrit Freedman dans sa lettre, "une idée du succès obtenu par cette mystérieuse puissance secrète dans sa conspiration visant à dissimuler l'origine et l'histoire des Khazars afin de cacher au monde la véritable origine des Juifs d'Europe de l'Est".

Les informations que Benjamin Freedman propose sur les Khazars dans *Facts are facts*, tirées principalement de la *Jewish Encyclopaedia*, ont déjà été largement dépassées, mais ses appréciations n'en demeurent pas moins intéressantes, comme nous le verrons. En tout état de cause, l'ouvrage fondamental pour une connaissance détaillée de l'histoire de ces Khazars ou Khazars est *The Thirteenth Tribe* d'Arthur Koestler, publié en 1976. C'est à partir de cet ouvrage que nous résumerons les informations pertinentes pour la thèse. Il convient tout d'abord de préciser que Koestler était lui-même sioniste dans sa jeunesse. Né dans une famille juive à Budapest en 1905, sa première idole fut Wladimir Jabotinsky (le fondateur de la Légion juive et des groupes terroristes Irgun Zvai Leumi et Stern). Le 14 mai 1948, il a même assisté à la proclamation de l'État d'Israël à Tel Aviv. Heureusement, il finit par prendre ses distances avec la folie sioniste et écrit dans son ouvrage *L'ombre du dinosaure* : "Je me considère comme un membre de la communauté européenne, citoyen britannique naturalisé, d'origine raciale incertaine et mélangée. J'accepte les valeurs éthiques, mais je renonce aux dogmes de notre tradition gréco-latine-judéo-chrétienne. Je ne me considère pas comme un hébreu de race et je ne crois pas en la religion juive". Depuis lors, il n'est jamais retourné en Israël, bien qu'il ait continué à défendre le droit à l'existence de l'État juif, ce qui implique qu'il n'a jamais cessé d'être sioniste dans l'âme. Atteint de leucémie et de la maladie de Parkinson et ayant prôné l'euthanasie, il se suicide avec sa femme en 1983.

Qui étaient donc ces Khazars, d'origine turque, et où ont-ils bâti leur empire, c'est la première chose à savoir pour examiner leur histoire. Trois magnifiques frontières naturelles délimitent le territoire de la Kazarie : au sud, la grande barrière montagneuse du Caucase ; à l'ouest, la mer Noire et la mer d'Azov ; à l'est, la Caspienne ou mer des Khazars. Les steppes et les fleuves Volga, Don et Dniepr s'ouvrent au nord, où ils étendent leur domaine. À l'apogée de leur puissance, ils contrôlent ou imposent un tribut à plus de trente nations et tribus différentes qui habitent les vastes territoires situés entre le Caucase, la mer d'Aral, l'Oural, la ville de Kiev et les steppes ukrainiennes. Depuis le nord, les principales villes de l'empire étaient accessibles par l'étroit passage entre le Don et la Volga, connu sous le nom de route des Khazars. Grâce à cette position stratégique, elles servaient de tampon à Byzance, car elles barraient la route aux tribus barbares des steppes : Bulgares, Pechénègues, Magyars et, plus tard, Russes et Vikings, qui descendaient les fleuves depuis le nord. En outre, ils ont également protégé les Byzantins des Arabes.

Parmi les auteurs que Koestler cite dans sa bibliographie sélective figure le célèbre orientaliste Douglas Morton Dunlop. Dans son ouvrage *The History of the Jewish Khazars* (Princeton, 1954), il reproduit ce qui suit :

"Le pays des Khazars s'étendait le long de la ligne de progression naturelle des Arabes. Quelques années après la mort de Mahomet, les armées du califat ont déferlé vers le nord entre les ruines de deux empires... et ont atteint la grande barrière montagneuse du Caucase. Une fois cette barrière franchie, la voie est ouverte vers les terres de l'Europe de l'Est. C'est ainsi qu'aux frontières du Caucase, les Arabes se heurtèrent aux forces bien organisées d'une puissance militaire qui les empêcha effectivement d'étendre leurs conquêtes dans cette direction. Les guerres entre Arabes et Khazars, qui ont duré plus de cent ans, bien que peu connues, sont d'une importance historique considérable... Les musulmans victorieux ont été arrêtés par les forces du royaume de Khazarie... Sans l'existence des Khazars dans la région du Caucase du Nord, Byzance, le rempart de la civilisation européenne à l'est, se serait retrouvée flanquée des Arabes et l'histoire du christianisme et de l'islam aurait pu être très différente".

Dans ces conditions, il n'est pas surprenant qu'en 732, après une victoire éclatante des Khazars sur les Arabes, le futur empereur Constantin V ait épousé une princesse khazare. Le fils né de ce mariage deviendra l'empereur Léon IV, connu sous le nom de Léon le Khazar. Ironiquement, la dernière bataille de la guerre, en 737, s'est soldée par une défaite pour les

Khazars ; mais à ce moment-là, l'élan de la guerre sainte était passé et le califat était déjà ébranlé par des dissensions internes.

Quelques années plus tard, probablement en 740, rapporte Koestler, le roi, sa cour et la classe militaire dirigeante embrassèrent le credo juif et le judaïsme devint la religion des Khazars. Il ne fait aucun doute que ses contemporains étaient aussi perplexes face à cette décision", écrit Koestler, "que le sont les chercheurs modernes lorsqu'ils vérifient les preuves dans les sources arabes, byzantines, russes et hébraïques. Toutes ces sources ne diffèrent que par des détails mineurs et la plupart des faits sont incontestés.

Le sort des Juifs khazars après la destruction de leur empire aux XIIe et XIIIe siècles est en revanche contesté, les sources à ce sujet étant rares. On connaît des colonies khazars en Crimée, en Ukraine, en Hongrie, en Pologne et en Lituanie. Je reproduis ici le texte de Koestler : "L'image générale qui se dégage des informations fragmentaires est celle d'une migration des tribus et communautés khazars vers ces régions d'Europe de l'Est - principalement la Russie et la Pologne - où, au début de l'histoire moderne, se trouvaient les plus grandes concentrations de Juifs. Cela a conduit plusieurs historiens à conjecturer qu'une partie substantielle, voire la majorité, des Juifs d'Europe de l'Est - et donc des Juifs du monde entier - seraient d'origine khazare et non sémite.

L'ampleur des implications de cette hypothèse pour les croyants au dogme de la race élue expliquerait la grande prudence des historiens dans leur approche de cette question, quand ils ne cherchent pas à l'éviter. Parmi les partisans les plus véhéments de cette idée de l'origine khazare des Juifs, on trouve le professeur d'histoire juive médiévale A. N. Poliak , professeur d'histoire juive médiévale. A. N. Poliak,[1] de l'université de Tel Aviv. Extrait de son livre *Kazaria* (hébreu), publié à Tel Aviv en 1944 et réédité en 1951. Koestler cite cet extrait de l'introduction :

> "Les faits exigent une nouvelle approche, à la fois du problème des relations entre les Juifs khazariens et les autres communautés juives, et de la question de savoir dans quelle mesure nous pouvons considérer les Juifs khazariens comme le noyau de la vaste colonie juive de l'Europe de l'Est... Les descendants de cette colonie - ceux qui sont restés sur place, ceux qui ont émigré aux États-Unis ou dans d'autres pays, et ceux qui sont allés en Israël - constituent aujourd'hui la grande majorité du judaïsme mondial".

---

[1] Abraham N. Poliak est né en 1910 à Kiev. Il est arrivé avec sa famille en Palestine en 1923. Titulaire de la chaire d'histoire juive médiévale à l'université de Tel-Aviv. Auteur de nombreux ouvrages. Son essai *The Khazar Conversion to Judaism* (*La conversion des Khazars au judaïsme*), paru dans le journal hébreu *Zion* en 1941, a suscité une vive controverse. Il en est de même pour son livre *Kazaria*, accueilli avec hostilité et considéré comme une tentative de saper la tradition sacrée reliant la descendance du judaïsme mondial à la tribu biblique. Sa théorie n'est pas mentionnée dans l'édition 1971-72 de l'*Encyclopaedia Judaica*.

Si tel est le cas, cela signifierait que les ancêtres des sionistes ne viennent pas du Jourdain mais de la Volga, pas de Canaan mais du Caucase. Génétiquement, ils sont plus proches des Huns et des tribus magyares que de la descendance d'Abraham, d'Isaac et de Jacob, auquel cas, selon Koestler, le terme d'antisémitisme serait dépourvu de sens. Selon lui, telle qu'elle émerge du passé, l'histoire de l'empire khazar serait à l'origine de la plus cruelle farce jamais perpétrée par l'histoire.

## Les chroniques

Les premiers documents proviennent de scribes géorgiens ou arméniens, dont les pays, de culture plus ancienne, avaient été dévastés à plusieurs reprises par les cavaliers khazars. Un chroniqueur géorgien les décrit comme des "sauvages aux visages effrayants et aux manières de bêtes indomptées, buveurs de sang". Un scribe arménien parle d'"horribles multitudes de Khazars à l'expression insolente et imperturbable et aux cheveux longs comme des femmes". Plus tard, le géographe arabe Istakhri, l'une des principales sources arabes, écrit : "Les Khazars ne ressemblent pas aux Turcs. Ils ont les cheveux noirs et sont de deux sortes : les Kara-Kazars (Khazars noirs), qui sont aussi bruns que les Hindous, et les Ak-Kazars (Khazars blancs), qui sont d'une beauté frappante".

L'anthropologie et la linguistique apparaissent comme des sciences essentielles pour clarifier les nombreuses questions sur les origines de dizaines de tribus telles que les Huns, les Alans, les Avars, les Bulgares, les Magyars, les Ouïghours, les Kirghizes, les Pechenegs, etc. qui ont été liées à un moment ou à un autre à l'Empire khazar dans leurs migrations. Dans *The Thirteenth Tribe*, Koestler note que même les Huns, que nous connaissons le mieux, ont une origine incertaine. Apparemment, leur nom dériverait du chinois Hiung-un, qui désignerait les guerriers nomades en général. À partir du Ve siècle, bon nombre de ces tribus se déplaçant vers l'ouest ont été appelées de manière générique "Turcs". Le terme est également supposé être d'origine chinoise et était utilisé pour désigner toutes les tribus parlant des langues ayant des caractéristiques communes à ce groupe linguistique. Ainsi, le terme "Turc", dans le sens où il était utilisé par les auteurs médiévaux, se référait essentiellement à la langue et non à la race. En ce sens, les Huns et les Khazars étaient des peuples turcs, mais pas les Magyars, dont la langue appartient au groupe finno-ougrien (et non indo-européen). La langue des Khazars était donc probablement un dialecte turc. Le nom Khazars est probablement dérivé de la racine turque gaz, qui signifie nomade.

L'une des premières références aux Khazars se trouve dans une chronique syriaque du milieu du VIe siècle de Zacharia Rhetor, qui les mentionne comme habitants de la région du Caucase. D'autres sources indiquent cependant qu'ils étaient déjà arrivés dans la région un siècle plus tôt et qu'ils étaient étroitement liés aux Huns. En 448, l'empereur byzantin Théodose II envoya une ambassade à Attila, accompagnée d'un célèbre rhéteur nommé Priscus. Grâce à lui, nous disposons d'informations sur les us et coutumes des Huns. Mais Koestler le cite parce que Priscus a aussi quelque chose à dire sur un peuple soumis aux Huns qu'il appelle Akatzirs, qui ressemble beaucoup aux Ak-Kazars (Khazars blancs). Selon Priscus, l'empereur de Byzance a tenté de gagner cette race de guerriers, mais un chef khazar cupide nommé Karidach a jugé insuffisant le pot-de-vin qui lui a été offert et a choisi de rester avec les Huns. Attila vainquit le chef rival de Karidach et fit de lui le seul chef des Akatzirs. En résumé, conclut Koestler dans son ouvrage, la chronique de Priscus confirme que les Khazars apparaissent sur la scène européenne au milieu du Ve siècle comme une tribu subordonnée à la souveraineté des Huns et qu'ils doivent être considérés, aux côtés des Magyars et d'autres tribus, comme des descendants tardifs de la horde d'Attila.

Après la mort d'Attila, l'effondrement de l'empire hun a laissé un vide de pouvoir en Europe de l'Est. À cette époque, les Khazars effectuent des raids et des pillages dans les riches régions transcaucasiennes de Géorgie et d'Arménie, où ils récoltent un énorme butin. C'est au cours de la seconde moitié du VIe siècle qu'ils sont devenus la force dominante parmi les tribus du Caucase du Nord. Ce sont peut-être les puissants Bulgares qui leur opposent la plus forte résistance, mais ils finissent eux aussi par être écrasés par la défaite (vers 641). À la suite de cette débâcle, la nation bulgare se scinda en deux : certains émigrèrent vers l'ouest jusqu'au Danube et s'installèrent dans la région où se trouve aujourd'hui la Bulgarie moderne. D'autres ont migré vers le nord-est, jusqu'au milieu de la Volga, et se sont soumis aux Khazars.

Mais avant d'accéder à la pleine souveraineté, les Khazars ont fait leur apprentissage sous une autre puissance éphémère dont ils ont été la principale force de choc, l'Empire turc occidental, qui était une confédération de tribus gouvernées par un Kagan ou Khagan, titre que les futurs monarques khazars allaient adopter à l'avenir. Ce premier État turc, qui a précédé les dynasties turques seldjoukides et ottomanes qui ont dominé l'Asie mineure et le Moyen-Orient à partir du XIe siècle, a duré environ un siècle (vers 550-650). Les Khazars ont donc été sous la tutelle des Huns et des dits Turcs. Après l'éclipse de ces derniers au milieu du VIIe siècle, c'est à leur tour de devenir le Royaume du Nord, comme l'appelaient les Perses et les Byzantins.

Arthur Koestler y voit le début de la montée en puissance des Khazars, qui commence pour lui en 627. Cette année-là, l'empereur romain de Byzance, Héraclius, conclut avec eux une alliance militaire - la première d'une série à venir - afin de préparer sa campagne décisive contre la Perse de Cosroes, alliée aux Avars. Les Khazars fournissent à Héraclius une force de 40 000 hommes montés, commandés par un chef nommé Ziebel. Koestler reproduit un passage du volume V de l'*Histoire du déclin et de la chute de l'Empire romain* d'E. Gibbon, qui, d'après Théophane, décrit la première rencontre entre l'empereur byzantin et ce Ziebel. Les quarante mille guerriers auraient été obtenus après qu'Héraclius eut promis d'offrir sa fille unique, Eudocia, en mariage au chef barbare, ce qui indiquerait la grande valeur que la cour byzantine accordait à l'alliance avec les Khazars. Cependant, le mariage n'eut pas lieu car Ziebel mourut alors qu'Eudocia et sa suite étaient en route pour le rencontrer.

Koestler rapporte également un ordre de mobilisation pour une seconde campagne contre les Perses émis par le souverain des Khazars et reproduit un extrait d'un chroniqueur arménien, Moïse de Kalankatuk, cité par D. M. Dunlop dans l'ouvrage précité. L'ordre est adressé "à toutes les tribus et à tous les peuples (il est entendu qu'ils sont soumis à l'autorité des Khazars) qui habitent dans les montagnes ou dans les grandes plaines, qui vivent sous un toit ou à ciel ouvert, qui ont le crâne rasé ou portent les cheveux longs". Ce texte donne une idée de la mosaïque ethnique hétérogène qui constituait l'empire khazar. Les vrais Khazars, la classe dirigeante, estime Koestler, étaient probablement une minorité, comme c'était le cas des Autrichiens dans la monarchie austro-hongroise.

L'État perse ne s'est jamais remis de ses défaites contre l'empereur Héraclius. Il y eut une révolution et le roi fut assassiné par son propre fils, qui mourut à son tour quelques mois plus tard. Un enfant fut élevé sur le trône et, après dix ans de chaos, les premières armées arabes firent irruption et donnèrent le coup de grâce à l'empire sassanide. Vingt ans après l'Hégire, les musulmans avaient conquis la Perse, la Syrie, la Mésopotamie, l'Égypte et encerclé Byzance dans un demi-cercle allant de la Méditerranée au Caucase et aux rives méridionales de la Caspienne. Un triangle de trois puissances était ainsi formé : le califat islamique, la Byzance chrétienne et le royaume païen de Kazaria au nord.

Les Arabes ne s'arrêtaient pas au formidable obstacle naturel du Caucase, pas plus qu'ils ne s'arrêtaient aux Pyrénées. La formidable chaîne de montagnes était traversée par deux portes traditionnelles : le col de Dariel, au centre, et les gorges de Darband, à l'est. La porte de Darband, près du rivage de la mer Caspienne, appelée par les Arabes Bab al-Abwab, la porte des portes, est le passage par lequel les musulmans ont pénétré à plusieurs reprises entre 642 et 652 à l'intérieur de la Kazarie avec l'intention de prendre la ville de Balanjar. Leur intention était de s'installer dans la partie européenne du Caucase. Ils n'y parvinrent pas. Des documents font état d'une grande bataille en 652, au cours de laquelle les deux camps ont utilisé l'artillerie (catapultes). Quatre mille Arabes furent tués, y compris leur commandant, Abd-al-Rahman ibn-Rabiah ; les autres s'enfuirent en désordre à travers les montagnes. Après cette défaite, les Arabes ne tentèrent plus de raids pendant trente ou quarante ans. Leurs principales attaques étaient alors dirigées contre Byzance et, à plusieurs reprises, ils ont assiégé Constantinople par mer et par terre.

Pendant ce temps, les Khazars, après avoir soumis les Bulgares et les Magyars, achèvent leur expansion vers l'ouest, en Crimée et en Ukraine. Il ne s'agit plus de raids aléatoires pour amasser du butin et capturer des prisonniers, mais de guerres de conquête qui intègrent les peuples vaincus à l'Empire, lequel s'est doté d'une administration stable et est dirigé par un Kagan tout-puissant. Au début du VIIIe siècle, son État est suffisamment consolidé pour lancer une offensive contre les Arabes.

La deuxième période de guerre (entre 722 et 37) répète inlassablement le même scénario : la cavalerie khazare, par la porte de Darband ou par le col de Dariel, pénètre dans le domaine du califat au sud et les Arabes répondent par des contre-attaques par les mêmes cols en direction de la Volga. C'est le retour à la case départ. Lors d'un des raids les plus importants, les Khazars envahissent la Géorgie et l'Arménie, infligent une défaite retentissante aux armées arabes lors de la bataille d'Ardabil (730) et atteignent Mossoul en direction de Damas, la capitale du califat. La mobilisation d'une nouvelle armée musulmane a renversé le cours des événements et les Khazars ont été contraints de battre en retraite à travers les montagnes. L'année suivante, Maslamah ibn-Abd-al-Malik, le plus prestigieux général arabe de son temps, qui avait mené le siège de Constantinople quelques années auparavant, traversa le Caucase, prit finalement la ville de Balanjar et atteignit même Samandar, une autre ville importante plus au nord, mais il ne parvint pas à établir des garnisons permanentes et dut battre en retraite. Il est possible que la place forte de Balanjar, dans les contreforts du Caucase du Nord, ait été la première capitale des Khazars et qu'à la suite de ces raids, elle ait été déplacée à Samandar, sur les rives occidentales de la Caspienne. Plus tard, la capitale sera Itil, sur l'estuaire de la Volga, une ville construite sur les deux rives du fleuve et abondamment décrite par les chroniqueurs.

La dernière campagne arabe fut menée par le futur calife Marwan II et se termina par une victoire à la Pyrrhus. Marwan proposa une alliance au Kagan khazar, puis lança une attaque surprise par les deux cols. L'armée khazare, incapable de se remettre de la surprise initiale, a dû battre en retraite vers la Volga et le Kagan a été contraint de demander des conditions de paix. Marwan, suivant le schéma habituel des conquêtes précédentes, exigea que le Kagan se convertisse à l'islam. Le Kagan s'exécute, mais sa conversion doit être de pure forme, car les sources arabes et byzantines ne mentionnent plus cet épisode, contrairement aux effets durables de l'adoption du judaïsme comme religion d'État, qui survient quelques années plus tard (vers 740), comme nous le verrons.

Quoi qu'il en soit, ce qui s'est passé peut se résumer ainsi : Marwan, satisfait des résultats obtenus, prend congé de Kazaria et retourne avec son armée en Transcaucasie sans laisser derrière lui de garnison, de gouverneur ou d'appareil administratif. Les raisons de sa magnanimité sont sujettes à conjectures. Peut-être les Arabes ont-ils compris que, contrairement aux Perses, Arméniens ou Géorgiens civilisés, ces farouches barbares du Nord ne pouvaient être gouvernés par un prince musulman fantoche et une petite garnison. Il faut également tenir compte du fait que Marwan avait besoin de tous les hommes de son armée pour faire face aux rébellions qui se produisaient en Syrie et dans d'autres parties du califat omeyyade. Marwan dirigea lui-même la guerre civile qui s'ensuivit et devint le dernier calife omeyyade en 744. Six ans plus tard, il fut assassiné et le califat passa aux mains de la dynastie abbasside.

Cette brève introduction nous permet de comprendre qui étaient les Khazars et dans quel contexte historique s'est déroulée leur conversion au judaïsme. Toutefois, avant d'aborder la question principale, il convient d'examiner quelques points finaux qui peuvent aider à mieux comprendre. Koestler affirme sans ambages que le Kagan s'est vu attribuer un rôle divin qui a conduit à une sorte de vénération de sa personne. Ainsi, le Kagan vivait dans un isolement jaloux et ses contacts avec le peuple étaient extrêmement limités jusqu'au moment de son enterrement, qui était entouré d'un cérémonial extraordinaire. Les affaires de l'État, y compris la direction de l'armée, étaient confiées à un Bek (sorte de premier ministre), parfois appelé Kagan Bek, qui détenait de facto le pouvoir effectif. Les historiens modernes sont d'accord avec les sources arabes. Ils décrivent le système de gouvernement comme une "double royauté", c'est-à-dire une double dignité ou une double royauté ou monarchie dans laquelle le Kagan représenterait le pouvoir divin et le Bek, le pouvoir séculier ou laïc. Ce système, selon Koestler, pourrait être comparé au système japonais du Moyen Âge jusqu'en 1867, où le pouvoir séculier était concentré entre les mains du Shogun, tandis que le Mikado était vénéré à distance comme une figure divine.

Paulus Cassel, théologien protestant d'origine juive, propose une analogie entre ce système de gouvernement et le jeu d'échecs. La double dignité est représentée par le roi (le Kagan) et la reine (le Bek). Pendant la durée du jeu, le roi est tenu à l'écart et protégé autant que possible. Il a peu de pouvoir et ne peut se déplacer que de façon très limitée. La reine, en revanche, est la pièce la plus puissante de l'échiquier et domine. La reine peut être perdue et le jeu continue ; mais si le roi tombe, c'est le désastre ultime et tout est fini. Ce système de double dignité indique donc une distinction catégorique entre le sacré et le profane dans la mentalité des Khazars. Les attributs divins du Kagan sont mis en évidence dans le texte suivant d'Ibn Hawkal, historien et géographe arabe du Xe siècle :

"Le Kagan doit toujours être de la race impériale (famille de notables). Personne ne peut l'approcher, sauf pour une affaire de grande importance : s'il le faut, ils se prosterneront devant lui et se frotteront le visage contre la terre jusqu'à ce qu'il leur donne la permission de l'approcher. Lorsqu'un Kagan... meurt, quiconque passe près de sa tombe doit le faire à pied et lui rendre hommage ; et lorsqu'il s'en va, il ne doit pas monter à cheval avant d'être à une distance d'où la tombe n'est pas visible. L'autorité de ce souverain est si absolue, et ses ordres si obéis, que s'il lui semble opportun que l'un de ses nobles meure, en lui disant : "Va te faire tuer", celui-ci rentrera immédiatement chez lui et se tuera sans hésiter."

Le Kagan devait donc être choisi parmi les membres de la "race impériale" ou de la "famille des notables". C'est également le point de vue de M. I. Artamanov, un archéologue qui a fouillé la forteresse khazare de Sarkel en Russie dans les années 1930. Artamanov affirme que les Khazars et d'autres peuples turcs étaient dirigés par des descendants de la dynastie Turkut, une dynastie du défunt Empire du Turc occidental (550-650), mentionné ci-dessus. D'autres chercheurs suggèrent que la "race impériale" ou la "famille de notables", à laquelle le Kagan doit appartenir, fait référence à l'ancienne dynastie Asena mentionnée dans les sources chinoises, une sorte d'aristocratie basée sur le mérite dont les dirigeants turcs et mongols prétendaient être les descendants. Cependant, selon Koestler, tout cela n'expliquerait pas de manière satisfaisante la division des pouvoirs (divins et séculiers) propre à la région à l'époque.

Artamanov lui-même propose une réponse spéculative à cette allégation. Il suggère que l'acceptation du judaïsme comme religion d'État a été le résultat d'un coup d'État, qui a en même temps réduit le Kagan, descendant d'une dynastie païenne dont l'allégeance à la loi de Moïse était incertaine, à un rôle symbolique. Pour Koestler, il s'agit là d'une hypothèse tout à fait valable, mais peu étayée. Il admet cependant qu'il semble probable que les deux événements - l'adoption du judaïsme et la double dignité - soient liés d'une manière ou d'une autre. Quoi qu'il en soit, avant la conversion, on dispose d'informations sur le rôle actif joué par le Kagan, comme ses relations avec Justinien.

## Conversion au judaïsme

La conversion des Khazars au judaïsme est un événement unique dans l'histoire. La façon dont elle s'est produite et les raisons qui l'ont motivée font l'objet de la présente section. Nous verrons que les raisons de cette décision capitale s'expliquent de manière plausible en termes de pouvoir politique. Au début du VIIIe siècle, le monde était polarisé entre deux grandes superpuissances représentant le christianisme et l'islam. Ces deux religions sont idéologiquement liées à des pouvoirs politiques qui procèdent selon les méthodes classiques de la propagande, de la subversion et de la conquête militaire. L'empire khazar représentait la troisième force, mais il ne pouvait rester indépendant, selon Koestler, que s'il rejetait à la fois le christianisme et l'islam, car l'acceptation de l'une des deux religions impliquait automatiquement la subordination à l'autorité du calife de Bagdad ou de l'empereur romain. Les deux cours avaient tenté à plusieurs reprises de convertir les Khazars : alliances militaires, mariages et même, comme nous l'avons vu, impositions. S'appuyant sur sa puissance militaire et la vassalité des tribus des steppes (son "hinterland"), dépourvu d'engagement religieux, le royaume de Kazaria est déterminé à maintenir sa position de troisième force.

En même temps, les contacts étroits avec Byzance et le Califat avaient appris aux Khazars que leur chamanisme primitif était non seulement barbare et dépassé par rapport aux grandes religions monothéistes, mais aussi incapable de conférer à leurs chefs l'autorité spirituelle et juridique dont jouissaient les dirigeants des deux puissances théocratiques. Puisque la conversion à l'une ou l'autre religion impliquait la soumission et la perte de l'indépendance, l'adoption d'une troisième croyance sans compromis avec l'une ou l'autre des deux autres a certainement semblé la solution la plus logique.

Bien que la conversion ait été motivée par des raisons politiques, il serait absurde d'imaginer que les Khazars ont adopté aveuglément, du jour au lendemain, une religion dont les dogmes leur étaient inconnus. En fait, affirme Koestler, ils entretenaient des relations avec les Juifs et connaissaient leurs préceptes religieux depuis au moins un siècle avant la conversion, grâce au flux continu de réfugiés fuyant les persécutions religieuses de Byzance. Ces persécutions, qui avaient commencé sous Justinien (527-565) et s'étaient durcies sous Héraclius au VIIe siècle, se sont poursuivies sous Léon III au VIIIe siècle et Léon IV au IXe siècle. En effet, Léon III, qui a régné pendant les deux décennies précédant la conversion au judaïsme, a voulu mettre fin d'un seul coup à l'anomalie du statut toléré des Juifs, en ordonnant le baptême de tous ses sujets juifs. Cet ordre a sans aucun doute contribué à l'augmentation de l'émigration vers la Kazaria. Ces exilés possédaient une culture supérieure et ont largement contribué à créer une atmosphère de tolérance et de cosmopolitisme. Leur influence et leur zèle prosélyte se sont surtout fait sentir à la cour et parmi la noblesse régnante. Dans leurs efforts missionnaires, les réfugiés ont combiné des arguments théologiques et des prophéties messianiques avec des évaluations astucieuses des avantages politiques de l'adoption d'une religion "neutre".

Ces Juifs auraient apporté avec eux l'artisanat, l'art byzantin, des méthodes supérieures de commerce et d'agriculture et, en outre, l'alphabet hébreu. On ne sait pas quel type d'écriture les Khazars utilisaient auparavant, mais Dunlop et Poliak, auxquels Koestler fait souvent référence, citent le *Kitab al Fihrist* d'Ibn Nadim, une sorte d'encyclopédie bibliographique rédigée vers 987, pour confirmer qu'à la fin du 10e siècle, les Khazars utilisaient l'alphabet hébreu. Cet alphabet avait une double fonction : le discours savant (analogue à l'utilisation du latin en Europe occidentale) et l'alphabet écrit pour les différentes langues parlées en Kazarie (tout comme l'alphabet latin était utilisé pour les langues vernaculaires d'Europe occidentale). Depuis la Kazarie, l'écriture hébraïque semble s'être répandue dans les pays voisins. Des épitaphes ont été trouvées en Crimée dans deux tombes écrites en caractères hébraïques, mais avec des contenus correspondant à des langues non sémitiques qui n'ont pas pu être déchiffrées. Nous, hispanistes, comprenons bien ces questions linguistiques, puisqu'il existe en Espagne une littérature appelée aljamiada (aljamía, de l'arabe ayamiya : langue étrangère) qui fait référence à des écrits en castillan ou en mozarabe avec des caractères arabes. Nos jarchas mozarabes sont le meilleur exemple de ce dont nous venons de parler, car ils sont considérés comme les premières manifestations lyriques de la langue romane. Écrites en mozarabe, elles sont transcrites en caractères arabes ou hébreux et ont été retrouvées dans des moaxajas hébraïques (Stern 1948) et dans des moaxajas arabes (E. García Gómez 1951).

La conversion a donc été inspirée par l'opportunisme et conçue comme une manœuvre politique astucieuse ; mais en même temps, elle a entraîné des développements qui auraient difficilement pu être prévus par ceux qui l'ont initiée. L'alphabet hébreu a été le point de départ ; mais trois siècles plus tard, rapporte Koestler, le déclin de l'État khazarien a été marqué par des explosions de sionisme messianique, comme dans le cas de David El-Roi, héros du roman de Benjamin, Disraeli, qui a mené des croisades de juifs fanatiques pour reconquérir Jérusalem.[2]

---

[2] Benjamin Disraeli (1804-1881), né dans une famille séfarade, a été Premier ministre de Grande-Bretagne à deux reprises pour le parti Tory (1867-68 et 1874-80). Ses mandats se caractérisent par une politique étrangère agressive : contrôle du canal de Suez, guerres coloniales en Afghanistan et en Afrique du Sud, frein à l'expansionnisme russe en soutenant l'Empire ottoman, qui compense par la cession de Chypre en 1878, etc... On peut dire que Disraeli, comme le héros de son roman, était un sioniste "avant la lettre". Considéré comme le dirigeant juif le plus puissant et le plus influent à avoir jamais dirigé les destinées d'une nation de gentils, on raconte qu'à une occasion, la reine lui a demandé : "Êtes-vous juif ou chrétien ?" et qu'il a répondu : "Madame, je suis la page manquante entre l'Ancien et le Nouveau Testament". Dans les milieux sionistes, on affirme sans ambiguïté qu'il aspirait à la restauration des Juifs sur la Terre promise. Benjamin Disraeli a écrit The Wondrous Tale of Alroy (1833) et Coningsby (1844). Alroy (El-Roi), merveilleux personnage pour Disraeli, était en fait le chef d'un mouvement messianique né à Kazaria au XIIe siècle qui mena une croisade juive pour reconquérir la Palestine par les armes. Ce juif khazarien, Salomon ben Duji (ou Ruhi ou Roy), écrit des lettres aux juifs des pays voisins pour leur annoncer que le temps est venu où Dieu les amènera en Israël. Au Kurdistan, il réunit une armée de Juifs locaux, probablement renforcée par des Khazars, et réussit à prendre la forteresse d'Amadie, près de Mossoul. De là, il comptait entrer en Terre promise en passant par la Syrie. Il semble qu'un de ses messagers se soit rendu à Bagdad, où la hiérarchie rabbinique, craignant des représailles de la part des autorités, adopta une attitude hostile envers le faux Messie et le menaça d'un édit d'expulsion. Comme on pouvait s'y attendre, David El-Roi fut finalement assassiné. Dans Coningsby, Disraeli présente un tableau dans lequel les Juifs dirigent le monde derrière les trônes. Dans un passage significatif, Sidonia, qui représente Lionel Rothschild, raconte à Coningsby un voyage à travers plusieurs pays européens au cours duquel elle rencontre des Juifs qui détiennent le pouvoir dans chacun d'entre eux.

Les circonstances de la conversion sont obscurcies par la légende, mais les principaux récits arabes et hébreux de l'événement en partagent les traits essentiels. L'une des sources arabes citées par Koestler est al-Masudi, qui confirme que, sous le califat de Harum al-Rashid (786-809), le roi des Khazars s'était déjà converti au judaïsme et que des Juifs de toutes les terres d'Islam et de la terre des Grecs (Byzance) avaient convergé vers lui. Il semble qu'un livre antérieur d'al-Masudi décrivant exactement ce qui s'était passé ait été perdu ; cependant, il existe des récits basés sur ce livre. Koestler reproduit celui d'al-Bakri, contenu dans un livre du XIe siècle intitulé "*Livre des royaumes et des routes*".

La raison de la conversion au judaïsme du roi des Khazars, auparavant païen, est la suivante. Il avait adopté le christianisme (Koestler souligne ici qu'il ne connaît aucune autre source mentionnant ce fait et considère qu'il s'agit d'une version plus acceptable pour les lecteurs musulmans qui remplacerait la courte période d'adoption de l'islam imposée par Marwan II dont il a été question plus haut). Il reconnaît alors sa fausseté et discute de cette question qui le préoccupe beaucoup avec un haut fonctionnaire qui lui dit : "Ô roi, ceux qui possèdent les saintes écritures forment trois groupes. Rassemble-les et demande-leur de t'informer chacun de leur croyance. Suis alors celui qui possède la vérité". Puis il envoya chercher un évêque parmi les chrétiens. Le roi avait auprès de lui un juif habile à la discussion, qui entra en conflit avec lui. Il demanda à l'évêque : "Que dis-tu de Moïse, fils d'Amran, et de la Torah qui lui a été révélée ?" L'évêque répondit : "Moïse est un prophète et la Torah dit la vérité." Le Juif dit alors au roi : "Il vient d'admettre la vérité de mon credo : demandez-lui maintenant ce qu'il croit." Le roi l'interrogea et il répondit : "Je dis que Jésus, le Messie, est le fils de Marie, qu'il est le Verbe et qu'il a révélé les mystères de la part de Dieu". Le Juif dit alors au roi des Khazars : "Il prêche une doctrine que je ne connais pas, alors qu'il accepte mes propositions". L'évêque était alors incapable de prouver ce qu'il prêchait. Le roi ordonna alors qu'on lui amène un musulman. On lui envoya un savant, un homme intelligent, habile dans l'argumentation. Mais le juif engagea quelqu'un qui l'empoisonna pendant le voyage et il mourut. Le juif réussit ainsi à gagner le roi à sa foi et à lui faire embrasser le judaïsme.

Certes, les historiens arabes, prévient Koestler, avaient le don de faire passer la pilule. Si le savant musulman avait pu participer au débat, il serait tombé dans le même piège que l'évêque, puisque tous deux auraient accepté l'Ancien Testament, alors qu'ils auraient été opposés l'un à l'autre, l'un défendant le Coran et l'autre le Nouveau Testament. Selon lui, l'acceptation

---

Lorsqu'il arrive en Espagne en provenance de Russie, le personnage avec lequel il doit négocier un prêt est Mendizábal (président du gouvernement entre 1835-36 et ministre des finances à deux reprises, lié à la franc-maçonnerie, il est l'auteur de la loi de désaisissement des biens ecclésiastiques, qui a dépouillé l'Église de ses biens). "Un nouveau chrétien - dit Sidonie - fils d'un juif d'Aragon".

de ce raisonnement par le roi est symbolique : il n'accepte que les doctrines partagées par les trois - leur dénominateur commun - et refuse de s'engager dans les revendications des rivaux qui vont au-delà. Il s'agit une fois de plus du principe du monde intransigeant, appliqué à la théologie. Koestler s'appuie sur John Barnell Bury qui, dans son *Histoire de l'Empire romain d'Orient*, souligne que toute cette histoire de conversion implique que l'influence juive à la cour de Kazaria devait être très forte avant même la conversion formelle, puisque l'évêque et l'érudit musulman devaient être recherchés, alors que le juif était déjà auprès du roi.

Une autre version moderne des détails de la conversion est donnée par Alfred Lilienthal, historien et journaliste d'origine juive, éminent antisioniste et ami du peuple palestinien, qui était consultant auprès de la délégation américaine à la réunion fondatrice de l'ONU à San Francisco. Lilienthal, dans son ouvrage *What Price Israel ?* confirme que le nom du Kagan qui s'est converti au judaïsme était Bulan, et qu'il a été suivi d'abord par ses nobles, puis par son peuple. La correspondance entre Joseph de Kazaria et le juif cordouan Hasdai Ibn Shaprut, premier ministre du calife d'Espagne Abd-al-Rahman III, que nous verrons longuement plus loin, lui sert de source pour une légère variante du déroulement du débat. Lilienthal explique que Bulan a réuni des représentants des trois religions monothéistes et les a fait discuter en sa présence ; mais aucun d'entre eux n'a pu convaincre les autres ou le souverain lui-même que sa religion était la meilleure. Bulan décide alors de s'adresser à chacun d'entre eux séparément. À l'évêque chrétien, il demande : "Si vous n'étiez pas chrétien ou si vous deviez cesser de l'être, que choisiriez-vous, l'islam ou le judaïsme ? L'évêque a répondu : "Si je devais quitter le christianisme, je choisirais le judaïsme". Il a ensuite posé la même question au musulman, qui a lui aussi choisi le judaïsme. Bulan décide donc de se convertir à la religion des Juifs.

Le successeur de Bulan avait déjà adopté un nom hébreu et s'appelait Obadiah. Sous son règne, le judaïsme devint très fort à Kazaria. Des synagogues et des écoles furent construites pour enseigner la Bible et le *Talmud*. Lilienthal ajoute que le professeur H. Graez, dans son *Histoire des Juifs*, confirme qu'Obadiah fit de sérieux efforts pour promouvoir la nouvelle religion en invitant des érudits juifs à s'installer dans son domaine et en les récompensant généreusement. Il a également établi une loi fondamentale selon laquelle il était indispensable d'être juif pour accéder au trône.

## La correspondance de Khazara : Hasdai Ibn Shaprut

La principale source juive est donc la correspondance dite de Khazara, un échange de lettres en hébreu entre Hasdai Ibn Shaprut, premier ministre du calife de Cordoue, et Joseph, le roi de Kazaria. Cet échange épistolaire a eu lieu entre 954 et 61, selon Koestler, qui décrit Hasdai Ibn Shaprut comme la figure la plus brillante du "Siècle d'or" (900-1200) des Juifs d'Espagne.

En 929, Abd-al-Rahman III de la dynastie des Omeyyades fonde le califat occidental, dont la capitale, Cordoue, avec sa bibliothèque de 400 000 volumes catalogués, devient la gloire de l'Espagne et un centre de la culture européenne. Hasdai, né en 910 à Cordoue dans une famille juive distinguée, a d'abord attiré l'attention d'Abd-al-Rahman pour ses connaissances pratiques en médecine et l'a nommé médecin de sa cour. Ce dernier fait tellement confiance à ses jugements et à ses opinions qu'il fait appel à Hasdai pour mettre de l'ordre dans les finances de l'État et, plus tard, pour agir en tant que ministre des affaires étrangères du califat. Koestler considère Ibn Shaprut comme un véritable "uomo universale" des siècles avant la Renaissance, car parmi les affaires compliquées de l'État, il trouvait encore le temps de traduire des ouvrages médicaux en arabe, de correspondre avec les rabbins les plus érudits de Bagdad et de parrainer des poètes et des grammairiens hébraïques.

Ce juif éclairé et pieux (on a déjà mentionné dans la première partie qu'il avait fondé l'académie talmudique de Cordoue) utilisait ses contacts diplomatiques pour obtenir des informations sur les communautés juives dispersées dans le monde et pour intervenir en leur faveur lorsque c'était possible. Les persécutions dans l'Empire byzantin sous Romanus le préoccupent. Ibn Shaprut usa de son influence pour intercéder en faveur de ses coreligionnaires et y parvint apparemment car la cour byzantine était intéressée par la neutralité bienveillante de Cordoue lors des campagnes de Byzance contre les musulmans à l'est. Selon son propre récit, Hasdai Ibn Shaprut entendit pour la première fois parler d'un royaume juif indépendant par des marchands perses, mais il douta de la véracité de l'histoire. Il interrogea ensuite les membres d'une mission diplomatique byzantine à Cordoue, qui non seulement confirmèrent l'information, mais lui fournirent de multiples détails, dont le nom de Joseph, alors roi. Il décide alors d'envoyer des courriers avec une lettre.

La lettre contient une série de questions sur l'État khazar, son peuple, son mode de gouvernement, ses forces armées, etc. Elle contient également une question sur l'appartenance à l'une des douze tribus. Cette question indique qu'Ibn Shaprut pensait que les Juifs khazars venaient de Palestine, comme c'était le cas pour les Juifs espagnols, et qu'ils pouvaient peut-être faire partie des tribus perdues. Logiquement, n'étant pas d'origine juive, ils n'appartenaient à aucune des tribus. Dans sa réponse à Hasdai, Joseph lui fournit des informations généalogiques, mais la question principale est celle de la conversion, survenue deux cents ans plus tôt, et des circonstances dans lesquelles elle s'est déroulée.

Le texte de Joseph commence par faire l'éloge de son ancêtre, le roi Bulan, grand conquérant et homme intelligent qui chassa de son pays les sorciers et les idolâtres (Benjamin Freedman précise qu'ils adoraient le phallus parmi d'autres cultes pratiqués en Asie par des peuples païens). Plus tard, selon l'histoire, un ange lui est apparu en rêve et l'a exhorté à adorer le seul vrai Dieu, lui promettant en retour de multiplier sa descendance, de mettre ses ennemis entre ses mains et de faire durer son royaume jusqu'à la fin des temps. Tout cela s'inspire bien sûr de l'histoire de l'Alliance dans la Genèse et implique que les Khazars aussi, bien que n'étant pas les descendants d'Abraham, revendiquaient le statut de race élue qui avait conclu sa propre Alliance avec Dieu. À ce stade, prévient Koestler avec une subtile perspicacité, l'histoire prend une tournure inattendue. Bulan se montre prêt à servir le Tout-Puissant, mais il entrevoit une difficulté. Koestler reproduit cet extrait de la lettre : "Mon seigneur connaît les pensées secrètes de mon cœur et la profondeur de ma confiance, mais le peuple sur lequel je règne a un esprit païen et je ne sais pas s'il me croira. Si je suis digne à vos yeux de faveur et de miséricorde, je vous prie d'apparaître aussi à son Grand Prince pour le persuader de me soutenir. L'Eternel accéda à la demande de Bulan, apparut en songe à ce prince et, à son lever, alla trouver le roi pour lui faire part de sa décision...

Koestler remarque que ni la Genèse ni les récits arabes de conversion ne parlent d'un grand prince dont il faut obtenir le consentement. Selon lui, il s'agit d'une référence indubitable au système khazarien de double dignité ou de double royauté. Le grand prince est apparemment le Bek, mais il est également possible que le roi ait été le Bek et le prince le Kagan. D'autre part, rappelle Koestler, selon des sources arabes et arméniennes, le chef de l'armée arabe qui a envahi la Transcaucasie en 731 (quelques années avant la conversion) s'appelait Bulkan.

A notre humble avis, si la thèse de la motivation politique de la conversion et de la manœuvre astucieuse face à la pression des deux autres puissances (Byzance et le Califat) a été maintenue jusqu'à présent, il est plus logique de penser que la décision a été prise dans la sphère politique, donc dans la sphère de décision du Bek, responsable de l'armée et de la gestion des affaires de l'Etat. Bulan serait donc le Kagan Bek, et le Grand Prince qu'il faudrait convaincre de l'opportunité de la mesure serait le Kagan, symbole incontesté aux yeux du peuple, indispensable au Bek pour la crédibilité et l'acceptation de la décision à prendre.

La lettre d'Ibn Shaprut, largement commentée par Koestler, commence par un poème hébreu (piyut) contenant des allusions cachées ou des énigmes. Le poème vante les victoires militaires du roi Joseph et, en même temps, les lettres initiales des vers forment un acrostiche dans lequel on lit le nom complet de Hasdai bar Isaac bar Ezra bar Shaprut, suivi du nom de Menahen ben-Sharuk. Ce dernier, célèbre poète, lexicographe et grammairien, secrétaire et protégé d'Ibn Shaprut, aurait été chargé de rédiger l'épître au roi khazar et de l'embellir avec les meilleurs ornements calligraphiques. Ben Sharuk n'a pas manqué l'occasion de s'immortaliser en insérant son propre nom dans l'acrostiche après celui de son protecteur.

Après le poème, les compliments et autres fioritures diplomatiques, la lettre fait un compte rendu élogieux de la prospérité de l'Espagne arabe et des excellentes conditions de vie des Juifs sous le calife Abd-al-Rahman. Le pays dans lequel ils vivent s'appellerait Sepharad en hébreu, mais les Ismaéliens qui y vivent l'appellent al-Andalus.

Hasdai Ibn Shaprut raconte ensuite au roi Joseph ses premiers efforts pour le contacter. Il avait d'abord envoyé un messager, Isaac bar Nathan, avec pour instruction de se présenter à la cour de Khazara ; mais Isaac ne parvint qu'à Constantinople, où, bien que traité avec courtoisie, on l'empêcha de poursuivre son voyage (Koestler commente ici que cela est compréhensible étant donné l'attitude ambivalente de l'empire byzantin à l'égard du royaume juif). Il ne fait aucun doute que l'empereur Constantin n'était pas du tout intéressé à faciliter une alliance entre Kazaria et le califat de Cordoue avec son premier ministre juif). Le messager d'Ibn Shaprut dut donc retourner en Espagne sans avoir rempli sa mission. Mais une nouvelle opportunité se présente bientôt avec l'arrivée à Cordoue d'une ambassade d'Europe de l'Est dont font partie deux Juifs, Mar Saul et Maar Joseph, qui se proposent de remettre la missive au roi khazar. C'est toutefois une troisième personne, Isaac ben Eliecer, qui finit par présenter la lettre, selon la réponse du roi Joseph.

Le contenu de l'épître est extrêmement intéressant. Hasdai pose une série de questions qui témoignent d'un désir d'information sur de nombreux sujets, dont les rites de l'observance du sabbat. Voici l'un des paragraphes que Koestler reproduit dans son ouvrage :

"Je ressens un besoin urgent de connaître la vérité et de savoir s'il existe réellement dans ce monde un endroit où Israël, harcelé, peut se gouverner lui-même, où il n'est soumis à personne. Si j'apprenais que c'est effectivement le cas, je n'hésiterais pas à abandonner tous les honneurs, à démissionner de mes hautes fonctions, à quitter ma famille et à voyager par monts et par vaux, par mer et par terre, jusqu'à ce que j'atteigne l'endroit où mon seigneur le roi règne... Et j'ai encore une question à poser, à savoir s'il existe des informations sur (une date possible) pour le Miracle final (la venue du Messie), que nous attendons tous, en errant de pays en pays. Déshonorés et humiliés dans notre dispersion, nous devons écouter en silence ceux qui disent : chaque nation a sa terre, seulement vous ne possédez même pas un semblant de pays sur cette terre".

Koestler commente après la citation : "Le début de la lettre fait l'éloge du bien-être des Juifs en Espagne ; la fin respire l'amertume de l'exil, la ferveur sioniste et l'espoir messianique. Mais ces attitudes opposées ont toujours coexisté dans les cœurs divisés des Juifs tout au long de leur histoire. La contradiction de la lettre de Hasdai lui confère une touche d'authenticité supplémentaire. Dans quelle mesure l'offre implicite d'entrer au service du roi de Kazaria doit-elle être prise au sérieux est une autre question à laquelle nous ne pouvons répondre. Peut-être lui-même ne pouvait-il pas le faire.

Celui qui répondit avec fierté fut le roi Joseph, qui assura à Ibn Shaprut que le royaume de Khazarie réfutait tous ceux qui disaient que le sceptre de Juda était tombé pour toujours des mains des Juifs et qu'il n'y avait pas de place sur terre pour leur propre royaume. Toutefois, en retraçant la généalogie des Khazars, il ne peut revendiquer et ne revendique pas l'ascendance sémite de son peuple. Il fait allusion à leur ascendance non pas de Shem, mais du troisième fils de Noé, Japhet, ou plus précisément d'un petit-fils de Japhet, Togarma, l'ancêtre de toutes les tribus turques. "Nous avons trouvé dans les registres familiaux de nos pères", déclare hardiment Joseph, "que Togarma avait dix fils dont les noms sont : Uigur, Dursu, Avars, Huns, Huns, Basili, Tarniakh, Kazars, Zagora, Bulgares, Sabir. Nous sommes les fils de Kazar, le septième".

Le règne d'Abdias, dont, comme nous l'avons déjà noté, des détails sont donnés dans la lettre du roi Joseph, semble marquer un tournant dans le processus de judaïsation des Khazars, qui s'est déroulé en plusieurs étapes. La conversion du roi Bulan et de ses partisans aurait été une étape intermédiaire, une étape au cours de laquelle une forme primitive ou rudimentaire de judaïsme, fondée exclusivement sur la Bible, aurait été adoptée. *Le Talmud* et toute la littérature rabbinique, ainsi que les enseignements qui en découlaient, ont donc été abandonnés. À cet égard, les premiers Juifs khazars ressembleraient aux Karaïtes, une secte fondamentaliste apparue en Perse au VIIIe siècle, qui n'acceptait d'autre doctrine que la Bible et ignorait le *Talmud* et la littérature rabbinique. Ces karaïtes se sont répandus parmi les Juifs du monde entier et ont abondé en Crimée. Dunlop et d'autres autorités supposent qu'entre les règnes de Bulan et d'Obadiah (vers 740-800), une certaine forme de karaïsme prévalait dans le pays, de sorte que le judaïsme orthodoxe, talmudique et rabbinique n'a été introduit qu'après les réformes religieuses d'Obadiah.

La judaïsation des Khazars a donc été un processus graduel, déclenché par l'opportunisme politique, qui a ensuite lentement pénétré l'esprit des Khazars et a finalement produit des phénomènes messianiques au cours de la période de déclin. L'engagement religieux a survécu à l'effondrement de l'État khazar et a persisté, comme nous le verrons, dans les colonies de Juifs khazars en Russie et en Pologne.

Concernant la question d'Ibn Shaprut sur les nouvelles de l'éventuelle venue du Messie, la lettre du roi Joseph précise : "Nous avons les yeux sur les sages de Jérusalem et de Babylone, et bien que nous vivions loin de Sion, nous avons néanmoins entendu dire que les calculs sont faux à cause de la grande profusion de péchés, et nous ne savons rien (de l'avènement du Messie). Seul l'Eternel sait calculer le temps qui reste".

L'échange de lettres entre l'homme d'État espagnol et le roi de Kazaria, la "correspondance de Khazara", a longtemps fasciné les historiens et son authenticité est aujourd'hui incontestée. Les premières mentions de la correspondance remontent aux XIe et XIIe siècles et proviennent du rabbin Jehuda ben Barzillai de Barcelone qui, vers 1100, a écrit en hébreu son *Livre des fêtes*, auquel il est fait longuement référence. La première impression se trouve dans un pamphlet hébreu, *Kol Mebaser*, publié à Constatinopla vers 1577 par Isaac Abraham Akrish. Deux exemplaires appartenant à deux éditions différentes sont conservés à la Bodleian Library. La seule version manuscrite contenant les deux lettres, celle d'Ibn Shaprut et la réplique du roi Joseph, se trouve à la bibliothèque de Christ Church à Oxford.

## Autres sources hébraïques et chrétiennes

Examinons d'autres sources hébraïques citées par Koestler qui font allusion aux Khazars juifs. Un siècle après la correspondance khazare, un autre juif espagnol, Jehuda Halevi (1085-1141), considéré comme le plus grand poète hébreu d'Espagne, a écrit en arabe le livre intitulé *Kuzari* (les Khazars), traduit plus tard en hébreu. Halevi était également un sioniste avant la lettre qui mourut lors d'un pèlerinage à Jérusalem. *Le Kuzari*, écrit un an avant sa mort, est un traité philosophique qui affirme que la nation juive est le seul médiateur entre Dieu et le reste de l'humanité. Toutes les nations finiront par se convertir au judaïsme. La conversion des Khazars est pour Halevi un symbole, une prémonition. Malgré le titre, on parle peu des Khazars, mais ils servent de toile de fond à une autre version de l'histoire légendaire de la conversion : l'ange, le roi, l'érudit juif et les dialogues philosophiques et religieux entre le monarque et les représentants des trois religions.

Il existe cependant des références indiquant que Halévi avait lu la correspondance entre Ibn Shaprut et Joseph ou, à défaut, qu'il disposait d'autres sources d'information sur les Khazars. Halévi raconte qu'après l'apparition de l'ange, le roi révéla le secret de son rêve au premier général de son armée, et que ce dernier joua un rôle décisif ou majeur par la suite. Koestler est d'avis qu'il s'agit là encore d'une référence évidente à la double dignité du Kagan et du Bek. Halevi mentionne également les histoires et les livres des Khazars, ce qui rappelle les allusions de Joseph à "nos archives" où sont conservés les documents d'État. Enfin, à deux reprises, dans différentes parties du livre, Jehuda Halevi donne la date de la conversion, qui aurait eu lieu "400 ans plus tôt", en l'an 4500 selon le calendrier juif, ce qui nous ramène à la date déjà donnée de 740.

Sur l'idée exposée ci-dessus qu'une secte karaïte de Juifs khazars se serait installée en Crimée, on trouve le témoignage d'un célèbre voyageur juif allemand, le rabbin Petachia de Ratisbonne, qui a visité l'Europe orientale et l'Asie occidentale entre 1170 et 1185. Dans son ouvrage *Sibub Ha'olam* (*Voyage autour du monde*), il raconte son étonnement devant les pratiques primitives des Juifs khazars du nord de la Crimée, qu'il attribue à leur adhésion à l'hérésie karaïte. Un autre auteur juif du XIe siècle, Japhet ibn-Ali, qui participait également aux croyances de la secte karaïte, explique que les Khazars juifs étaient appelés mamzer (bâtards), car ils étaient devenus juifs sans appartenir à la race élue.

Des sources chrétiennes rapportent également que les Khazars étaient des Juifs. L'une d'entre elles est encore plus ancienne que celles qui viennent d'être citées. Quelque temps avant 864, le moine westphalien Christian Druthmar d'Aquitaine écrit *Expositio in Evangelium Mattei*, un traité en latin dans lequel il rapporte qu'"il y a sous le ciel, dans les régions où il n'y a pas de chrétiens, des gens qui s'appellent Gog et Magog et qui sont des Huns ; parmi eux, il y en a qui sont appelés Gazari, qui sont circoncis et qui pratiquent le judaïsme dans son intégralité".

À l'époque où le moine westphalien écrivait ces lignes, un missionnaire chrétien de renom, envoyé par l'empereur de Byzance, tentait de convertir les Khazars juifs au christianisme. Il s'agit de saint Cyrille, apôtre des Slaves, à qui l'on attribue la création de l'alphabet cyrillique. L'empereur Michel III lui confia, ainsi qu'à son frère aîné, saint Métodius, des missions de prosélytisme. Comme on le sait, les efforts de prosélytisme de Cyrille ont été couronnés de succès parmi les peuples slaves d'Europe de l'Est, mais pas parmi les Khazars, chez qui il s'est rendu en passant par Cherson, en Crimée, où il s'est arrêté pendant six mois pour préparer sa mission et apprendre l'hébreu. Il s'engage ensuite sur la route khazare (le passage entre le Don et la Volga) jusqu'à la capitale Itil. On sait qu'il rencontra le Kagan et qu'il y eut les fameuses discussions théologiques, qui n'eurent que peu d'impact sur les Khazars juifs. Cyrille a toutefois fait bonne impression sur le Khagan : quelques personnes ont été baptisées et environ 200 prisonniers chrétiens ont été libérés en signe de bonne volonté.

## Les Vikings apparaissent

Les historiens s'accordent à dire que dans la seconde moitié du VIIIe siècle, entre la conversion de Bulan et les réformes religieuses d'Obadiah, l'empire khazar a atteint l'apogée de sa gloire. Cependant, selon les sources arabes, des incidents avec les Arabes se répètent à la fin de ce siècle. Le plus grave se produit vers 798 : le calife ordonne au gouverneur d'Arménie, membre de la puissante famille Barmecide, d'épouser la fille du Kagan afin de sécuriser les frontières septentrionales. La princesse kazarienne lui est envoyée avec sa suite et sa dot dans une luxueuse cavalcade, mais elle meurt en couches avec l'enfant qu'elle a mis au monde. À son retour en Kazarie, ses coursiers laissèrent entendre qu'elle avait été empoisonnée. Le Kagan n'a pas le temps d'envahir l'Arménie et, selon des sources arabes, il fait environ 50 000 prisonniers. Cette incursion obligea le calife à libérer des milliers de criminels de leurs prisons et à leur donner des armes pour contenir l'avancée des Khazars.

C'est ainsi que le siècle s'est achevé sans que l'on ait plus de nouvelles des combats entre Arabes et Khazars. Les relations amicales avec Byzance et un pacte tacite de non-agression avec les Arabes ont conduit à des décennies de paix dans la première moitié du IXe siècle. Au cours de cette période idyllique, un événement mérite d'être mentionné. En 833, les Khazars envoyèrent une ambassade à l'empereur byzantin, Théophile, et lui demandèrent de bons architectes et ouvriers pour leur construire une forteresse sur les rives du Don. L'empereur se montra très enthousiaste et envoya une flotte traverser la mer Noire et la mer d'Azov jusqu'à l'embouchure du Don pour remonter le fleuve jusqu'à l'endroit stratégique où la fortification devait être construite. C'est ainsi que naquit Sarkel, la célèbre forteresse qui allait devenir un site d'une valeur archéologique inestimable, fournissant des indices sur l'histoire des Khazars. Constantin Porphyrogénitus raconte l'épisode en détail et nous apprend que, faute de pierres disponibles dans la région, Sarkel a été construite en briques durcies dans des fours spécialement conçus à cet effet. Il ne mentionne toutefois pas le fait (découvert par des archéologues soviétiques) que les bâtisseurs ont également utilisé des colonnes de marbre du VIe siècle récupérées dans une ruine byzantine.

Les ennemis potentiels contre lesquels, grâce aux efforts conjugués des Byzantins et des Khazars, cette impressionnante fortification a été construite étaient des nouveaux venus sur la scène internationale : les Vikings pour les Occidentaux, les Varangiens pour les chroniqueurs arabes, ou les Rus pour les historiens d'Europe de l'Est. Alors que la Sarkel était érigée sur les rives du Don pour prévenir les attaques vikings venant de l'est, la branche viking venant de l'ouest avait percé les voies maritimes de l'Europe et conquis la moitié de l'Irlande. Au cours des décennies suivantes, ils ont colonisé l'Islande, conquis la Normandie, mis Paris à sac à plusieurs reprises, mené des raids en Allemagne, dans le delta du Rhin et dans le golfe de Gênes, contourné la péninsule ibérique et attaqué Constantinople par la Méditerranée et les Dardanelles. Il n'est donc pas étonnant qu'une prière spéciale ait été insérée dans les litanies de l'Europe occidentale : "A furore Normannorum, libera nos Domine". Il n'est pas non plus étrange que Constantinople ait eu besoin de ses alliés khazars comme bouclier protecteur contre les dragons sculptés sur les proues des navires vikings, comme elle en avait eu besoin des siècles auparavant contre les bannières vertes du Prophète. Les Khazars devront donc résister à l'attaque et finiront, comme nous le verrons, par voir leur capitale en ruines.

La branche des Vikings que les Byzantins appelaient Rus et les Arabes Varangiens venait de l'est de la Suède, tandis que ceux qui sont venus en Espagne et ont fait des ravages dans les Asturies, la Galice, Lisbonne, Algésiras, Murcie et ont ravagé les îles Baléares venaient de Norvège et du Danemark, selon C. Sánchez Albornoz dans l'ouvrage cité dans la première partie. Le mot rus rapporte A. J. Toynbee, dont l'ouvrage *Constantine*

*Porphyrogenitus and His World* est l'une des sources de Koestler pour raconter cette période historique, viendrait du mot suédois "rhoder" (rameur). Le mot finlandais "Ruotsi", qui signifie Suède en finnois, viendrait peut-être du lexème rus. Enfin, ce sont ces Vikings, d'abord installés près du lac Ladoga, qui soumettent au IXe siècle les Slaves de la ville de Novgorod (852) puis ceux de Kiev (858). C'est à partir de Kiev, en 860, qu'ils lancent leur première attaque contre Constantinople, après avoir pénétré dans la mer Noire par le Dniepr. La plus ancienne chronique russe, la *Chronique de Nestor*, rapporte que les Varangiens exigeaient des tributs de la part des tribus slaves et finno-ougriennes du centre et du nord de l'actuelle Russie.

Avec l'arrivée du beau temps et du dégel, les convois de la Rus' naviguent sur les fleuves vers le sud et constituent à la fois des flottes commerciales et des armées militaires. Il est impossible de savoir à quel moment les marchands sont devenus des guerriers. La taille de ces flottes était redoutable. Masudi, le chroniqueur arabe, parle d'une armada d'environ cinq cents navires, chacun avec cent hommes à bord, qui, en 912-13, pénètre dans la Caspienne par la Volga, sur l'estuaire de laquelle se trouve Itil, la capitale de la Kazarie, mais n'anticipons pas sur les événements.

Face à la menace redoutable des nouveaux envahisseurs, Byzantins et Khazars doivent faire preuve d'une grande prudence. Pendant un siècle et demi après la construction de la forteresse de Sarkel, les accords commerciaux et les échanges d'ambassades alternent avec des guerres sauvages. Peu à peu, les Russes construisent des colonies permanentes et deviennent de plus en plus slaves au fur et à mesure qu'ils se mêlent à leurs vassaux soumis. Finalement, grâce aux efforts de saint Cyrille, ils adoptent la foi de l'Église byzantine. À la fin du 10e siècle, les Russes étaient devenus des Russes. Les premières princesses et nobles russes, note Koestler pour renforcer cette thèse qui a fait l'objet de plusieurs discussions entre historiens, portaient des noms scandinaves qui avaient été slavisés : de Hrörekr, Rurik ; de Helgi, Oleg ; de Ingvar-Igor ; de Helga, Olga, et ainsi de suite. Toynbee, dans l'ouvrage précité, fait référence à un traité commercial de 945 entre les Byzantins et le prince Ingvar-Igor, qui contient une liste de noms des compagnons du prince : seuls trois sont d'origine slave, contre cinquante d'origine scandinave. Selon Koestler, qui suit Toynbee, les Varangiens ont progressivement perdu leur identité en tant que peuple et leur tradition nordique s'est effacée dans l'histoire russe.

Sarkel a été construit juste à temps. Il permettait aux Khazars de surveiller les flottilles russes sur le cours inférieur du Don et de contrôler le passage entre le Don et la Volga (la route des Khazars). Au cours du premier siècle de leur apparition, les raids de pillage des farouches Russes visaient principalement Byzance, où un butin évidemment plus riche pouvait être obtenu. Entre-temps, leurs relations avec les Khazars étaient basées sur le commerce. Malgré cela, il y eut des frictions et quelques affrontements. Toutefois, Koestler souligne qu'au début, les Khazars ont pu contrôler les routes commerciales de la Russie au point d'exiger une taxe de passage de dix pour cent sur les marchandises passant par leur pays pour se rendre à Byzance ou dans les pays arabes.

Les Khazars ont également exercé une certaine influence culturelle sur ces habitants du Nord qui, malgré leurs manières violentes et grossières, se sont montrés désireux d'apprendre des peuples avec lesquels ils entraient en contact. Le fait que les premiers souverains de Novgorod aient adopté le titre de Kagan témoigne de l'ampleur de cette influence. Les sources arabes et byzantines le confirment. Par exemple, Ibn Rusta rapporte qu'ils avaient un roi qui s'appelait Kagan Rus. De plus, Ibn Fadlan affirme que Kagan Rus avait un général qui commandait l'armée et le représentait. Cette délégation du commandement de l'armée était inconnue des peuples germaniques du nord, chez qui le roi devait être le premier guerrier. Certains historiens pensent que la Rus a imité le système khazar de la double dignité. Cela n'est pas improbable, étant donné que les Khazars étaient le peuple le plus prospère et le plus avancé culturellement avec lequel les Russes sont entrés en contact dans les premières années de leurs conquêtes. Ces contacts ont dû être assez intenses, puisqu'il y avait une colonie de marchands varangiens à Itil, et qu'une communauté de juifs khazars s'est également installée à Kiev.

L'intensité des échanges commerciaux et culturels n'empêche pas les Russes d'éroder progressivement le territoire des Khazars tout en s'emparant de leurs vassaux slaves. Selon la *Chronique de Nestor,* en 859, soit environ 25 ans après la construction du Sarkel, le tribut des peuples slaves est réparti entre les Khazars et les Varangiens. Ces derniers percevaient le tribut des tribus slaves du Nord : Krivichi, Chuds, etc., tandis que les Khazars l'exigeaient des Vyatichi, des Severyane et surtout des Polyane de la région centrale de Kiev, mais pas pour longtemps. Trois ans plus tard, si l'on accepte les dates de la première chronique russe, Kiev, la ville clé du Dniepr sous souveraineté khazare, passe aux mains des Russes.

Selon la *Chronique de Nestor,* Novgorod était alors gouvernée par le semi-légendaire prince Rurik (Hrörekr), qui avait sous sa coupe les Slaves du Nord, plusieurs tribus ethniques finlandaises et toutes les colonies vikings. Deux hommes de Rurik, Oskold et Dir, naviguant sur le Dniepr, virent une place fortifiée sur une montagne qui leur plut. Ils découvrirent qu'il s'agissait de Kiev, tributaire des Khazars. Ils s'installèrent dans la ville avec leurs familles et rassemblèrent autour d'eux de nombreux hommes venus du nord. Ils réussirent bientôt à dominer leurs voisins slaves, bien que Rurik continuât à régner sur Novgorod. Une vingtaine d'années plus tard, le fils de Rurik, Oleg (Helgi), descendit dans la ville, tua Oskold et Dir et annexa Kiev à son domaine. Très vite, Kiev éclipse Novgorod, la dépasse en importance et devient la capitale des Varangiens et la mère des villes russes. La principauté de Kiev devint le berceau du premier État russe.

La lettre du roi Joseph mentionnée plus haut, écrite près d'un siècle après l'occupation de Kiev par les Rus sans combat, ne mentionne pas la ville dans la liste des possessions. Cependant, l'influence des communautés juives khazares a survécu tant dans la ville que dans la province de Kiev. Après la destruction définitive du royaume de Kazaria, ces communautés ont été renforcées par de nombreux émigrants qui se sont déplacés vers l'ouest.

## Les Magyars et les Khazars

*La treizième tribu* d'Arthur Koestler, l'ouvrage que nous avons suivi, éclaire non seulement les origines obscures des Juifs ashkénazes, mais aussi les vicissitudes d'un autre peuple européen : les Magyars, qui constituent l'actuelle Hongrie. Ce qui leur est arrivé se produit parallèlement à la montée en puissance des Rus et influe sur l'histoire des Khazars. Avant d'expliquer la chute de l'empire kazar, il est donc nécessaire d'examiner brièvement ce que Koestler, lui-même né dans une famille juive à Budapest en 1905, dit d'eux.

Les Magyars ont été les alliés et les vassaux des Khazars depuis le début. Leur origine est une énigme historique qui a toujours troublé les chercheurs. Ce que l'on sait avec certitude, c'est qu'ils étaient apparentés aux Finlandais et que leur langue appartient au groupe finno-ougrien. À l'origine, ils n'étaient donc apparentés ni aux peuples slaves des steppes, ni aux peuples d'origine turque. Avec les Finlandais, leurs lointains cousins dans le temps et dans l'espace, ils constituent une curiosité ethnique qui perdure encore aujourd'hui. À une date inconnue, peut-être vers le début de l'ère chrétienne, cette tribu nomade a migré de l'Oural vers le sud à travers les steppes et s'est installée dans la région située entre le Don et le Kouban, à proximité de la mer d'Azov. Elle était donc voisine des Khazars avant même que ces derniers ne prennent de l'importance. Du milieu du VIIe siècle à la fin du IXe siècle, ils ont fait partie de l'empire khazar. Koestler souligne le fait qu'au cours de cette période, il n'y a pas eu un seul conflit entre les Magyars et les Khazars et cite à nouveau Toynbee pour préciser que les Magyars dominaient les tribus slaves voisines et que les Khazars les utilisaient comme agents pour collecter des tributs, dont ils profitaient sans aucun doute.

L'arrivée des Russes a radicalement changé la donne. À l'époque de la construction de la forteresse de Sarkel, on assiste à un important mouvement de Magyars vers l'ouest, de l'autre côté du Don. À partir de 830, la majeure partie de la nation magyare s'installe dans une région située entre le Don et le Dniepr, connue plus tard sous le nom de Lebedia. Toynbee affirme que cette décision a été prise en accord avec les Khazars pour des raisons tactiques et défensives liées à la construction du Sarkel.

Pendant un demi-siècle, ce réalignement fonctionne plutôt bien : il améliore les relations entre les deux peuples et culmine avec deux événements qui marqueront durablement la nation hongroise. Le premier est que les Khazars leur donnent un roi qui fonde la première dynastie magyare.

Le second est que plusieurs tribus khazares se joignent aux Magyars et transforment profondément leur caractère ethnique. Le premier événement est décrit par Constantin Porphyrogenitus dans *De Administrando Imperio* (vers 950) et est confirmé par le fait que les noms qu'il mentionne apparaissent indépendamment dans la première Chronique hongroise (XIe siècle). Constantin nous apprend qu'avant l'intervention des Khazars dans leurs affaires intérieures, les tribus magyares n'avaient pas de roi suprême, mais seulement des chefs de tribus, dont le plus important s'appelait Lebedia (d'où le nom de la région où ils se sont installés). En ce qui concerne le deuxième événement, Constantin rapporte qu'il y a eu une rébellion (apostasie) contre les dirigeants. Les insurgés étaient trois tribus, appelées Kavars ou Kabars, de la propre race des Khazars. Certains de ces rebelles ont été tués et d'autres ont fui le pays et se sont installés chez les Magyars.

L'influence de ces Kabars sur les Magyars a été considérable : non seulement ils leur ont enseigné la langue kazar, qu'ils partageaient avec la leur, mais les Magyars ont également adopté, comme les Rus, une forme modifiée du système de double dignité ou de double monarchie, ce qui indique que les Kabars exerçaient une certaine autorité de facto sur les tribus magyares. Il existe des preuves que parmi les tribus kabars dissidentes se trouvaient des Juifs ou des adeptes du judaïsme. Artamanov, l'historien et archéologue russe déjà cité, a suggéré que l'apostasie des Kabars était d'une certaine manière liée aux réformes religieuses lancées par le roi Obadiah, ou constituait une réaction à ces réformes. La loi rabbinique, les règles quotidiennes strictes, le *Talmud* auraient été trop exigeants pour ces guerriers des steppes. Koestler spécule en suggérant que s'ils professaient la religion juive, il devait s'agir d'un judaïsme proche de la foi des anciens Hébreux et très éloigné de l'orthodoxie rabbinique. Il en conclut qu'ils étaient peut-être karaïtes et donc considérés comme des hérétiques.

La coopération entre les Khazars et les Magyars a pris fin lorsque ces derniers ont quitté définitivement les steppes eurasiennes à la fin du IXe siècle, franchi les Carpates et conquis le territoire qu'ils occupent aujourd'hui. Les circonstances de cette migration ont fait l'objet de controverses. Selon Koestler, un autre acteur a fait irruption dans les dernières décennies du IXe siècle, les Pechenegs. Ce que l'on sait de cette tribu d'origine turque, une de plus, est résumé par Constantin, qui les décrit comme une tribu barbare à l'avidité insatiable, qui pour de l'argent pouvait combattre les Rus ou d'autres barbares. Ils vivaient entre la Volga et l'Oural sous la souveraineté des Khazars, qui les razziaient souvent pour les obliger à payer un tribut.

Vers la fin du IXe siècle, une catastrophe s'est abattue sur les Pechenegs : ils ont été chassés de leur territoire par leurs voisins orientaux, les Ghuzz, une autre des innombrables tribus d'origine turque qui, de temps à autre, se déplaçaient vers l'ouest à partir de l'Asie centrale. Les Pechenegs déplacés tentèrent de s'installer chez les Khazars, qui les rejetèrent et les forcèrent à poursuivre leur migration. Ils ont finalement traversé le Don et envahi le territoire des Magyars, qui ont été repoussés vers l'ouest dans la région située entre le Dniepr et le Sereth. Cependant, les Pechenegs, désormais alliés aux Bulgares du Danube, continuèrent à les presser, et les Magyars finirent par se retirer à travers les Carpates vers les territoires qui constituent l'actuelle Hongrie.

Malgré tout, c'est-à-dire l'intégration des Kabars et près de soixante ans d'assauts et de migrations, les Hongrois ont pu conserver leur identité et, après une période de bilinguisme, ont également réussi à préserver leur langue finno-ougrienne d'origine, bien qu'ils soient entourés de peuples germaniques et slaves. Les Bulgares, par exemple, qui ont perdu leur langue turque d'origine et parlent aujourd'hui une langue slave, n'ont pas connu le même succès. Néanmoins, l'influence des Kabars s'est poursuivie et, de l'autre côté des Carpates, le lien entre les Khazars et les Magyars n'a pas été entièrement rompu. Au Xe siècle, le duc hongrois Taksony invita un nombre indéterminé de Khazars à s'installer dans son domaine. Il est probable que parmi eux se trouvait une majorité de Khazars juifs.

## Des Rus aux Russes

Nous pouvons maintenant reprendre l'histoire de la montée en puissance des Rus là où nous l'avons laissée : l'annexion sans effusion de sang de Kiev vers 862. À la même époque, les Magyars étaient repoussés vers l'ouest par les Pechenegs et les Khazars se retrouvaient sans leur protection sur le flanc occidental. Cela explique peut-être pourquoi les Russes ont pris si facilement le contrôle de Kiev. D'autre part, l'affaiblissement de la puissance militaire des Khazars a exposé les Byzantins aux attaques des Rus, dont les navires, descendant le Dniepr depuis la ville nouvellement annexée, ont pénétré dans la mer Noire et attaqué Constantinople. À ce stade des événements historiques, Arthur Koestler réintroduit un commentaire de Toynbee, qui écrit qu'en 860, les Russes (notez qu'il ne fait plus allusion aux Rus, mais aux Russes), étaient sur le point de conquérir Constantinople. Toynbee partage la thèse, avec d'autres historiens russes, que "l'attaque de la flottille des hommes du Nord à travers la mer Noire a été coordonnée avec une attaque simultanée de l'armada viking de l'Ouest, qui s'est approchée de Constantinople par la Méditerranée et les Dardanelles".

La diplomatie byzantine s'aperçoit de l'ampleur de la nouvelle puissance qui émerge. Constantinople, en fonction de la situation, joue un double jeu alternant entre la guerre, à défaut d'autre chose, et l'apaisement dans l'espoir que les Russes finissent par se convertir au christianisme et soient incorporés dans le giron du patriarche d'Orient. Les juifs khazars se retrouvent dans une situation délicate. Pendant près de deux cents ans, les relations entre Byzantins et Russes alternent ainsi traités amicaux et conflits armés. Après le siège de Constantinople, ils se font la guerre en 907, 941, 944, 944, 969-71, affrontements qui se terminent par des traités d'amitié.

Pendant cent ans, le processus de christianisation des Russes n'a pas progressé de manière significative, mais leurs visites à Constantinople et leurs contacts avec Byzance ont fini par porter leurs fruits. Au début du Xe siècle, des marins scandinaves ont été recrutés pour servir dans les flottes byzantines. Les souverains de Kiev ont même fourni des troupes à l'empereur byzantin. La "garde varangienne", un corps d'élite composé de mercenaires rus et autres nordiques, était célèbre à l'époque. Au milieu du 10e siècle, il était courant de voir les voiles des marines de la Principauté de Kiev déployées sur le Bosphore. Le commerce était minutieusement réglementé, et les traités prévoyaient même que les Russes pouvaient accéder à Constantinople par une porte spécifique, que pas plus de cinquante personnes ne pouvaient franchir à la fois. Pour s'assurer que toutes les transactions étaient propres et décentes, les transactions sur le marché noir étaient punies par l'amputation d'une main.

En 957, un événement important se produit enfin : la princesse Olga de Kiev, veuve du prince Igor, est baptisée à l'occasion de sa visite d'État à Constantinople. Un nouveau revers survient lorsque le fils d'Olga, Svyatoslav, rejette les appels insistants de sa mère et retourne au paganisme. Svyatoslav organise une flotte aguerrie et lance plusieurs campagnes, dont une guerre décisive contre les Khazars et une autre contre les Byzantins. Ce n'est qu'en 988, sous le règne de son fils Vladimir, comme nous le verrons plus loin, que la dynastie régnante des Russes adopte définitivement la foi de l'Église orthodoxe grecque. À la même époque, Hongrois, Polonais et Scandinaves se convertissent au christianisme de l'Église de Rome.

Le rapprochement croissant entre Kiev et Constantinople entraîne une diminution progressive de l'importance d'Itil, et la présence transversale des Khazars sur les routes commerciales, exigeant le paiement de dix pour cent sur le flux toujours croissant de marchandises, finit par irriter à la fois le trésor byzantin et les marchands-guerriers russes. La politique d'alliances avec les Khazars touche à sa fin. En 988, Vladimir occupe la ville byzantine de Cherson, le port le plus important de la péninsule de Crimée, disputée depuis des siècles entre les Khazars et les Byzantins.

## L'effondrement de l'empire khazar

Les relations russo-byzantines aux IXe et Xe siècles disposent de deux bonnes sources, la *Première Chronique* russe et le *De Administrando Imperio*. Mais pour l'affrontement russo-kazar, qui a lieu au cours de la même période, il n'existe pas de documents de ce type. Les archives de l'Itil, s'il y en a eu, n'existent pas, et ce n'est qu'à travers des sources arabes que l'on en connaît quelques épisodes. La période en question s'étend de 862, date de l'occupation russe de Kiev, à 965, lorsque Svyatoslav, le fils d'Olga qui a rejeté le christianisme, détruit Itil. Après la perte de Kiev et le mouvement des Magyars vers la Hongrie, les Khazars perdent peu à peu le contrôle des territoires occidentaux et le prince de Kiev peut s'adresser sans entrave aux tribus slaves, leur enjoignant de ne plus verser d'argent aux Khazars.

Mais l'accès à la Caspienne est contrôlé par les Khazars, puisqu'il passe inévitablement par la capitale kazakhe d'Itil, dans le delta de la Volga. Les Russes devaient donc demander l'autorisation de passage à leurs flottilles et s'acquitter d'un droit de douane de 10%. Pendant un certain temps, le modus vivendi est précaire. C'est en 912-13 qu'eut lieu un incident important, décrit avec force détails par Masudi. Comme nous l'avons vu plus haut, une armada de cinq cents navires avec cent personnes à bord de chacun d'eux, soit cinquante mille hommes, s'approcha du territoire khazar. Ils envoient une lettre au roi des Khazars pour lui demander l'autorisation de descendre la Volga et d'entrer dans la mer des Khazars (comme ils appelaient la Caspienne) à condition de lui remettre la moitié du butin qu'ils avaient pris aux dépens des peuples côtiers. Ayant obtenu l'autorisation, les navires russes se répandent sur la mer et attaquent le Khilan, le Jurjan, le Tabaristan, l'Azerbaïdjan... Les Russes, écrit Masuki, ont versé du sang, tué des femmes et des enfants, pris du butin, ravagé et brûlé dans toutes les directions. Ils ont même pillé la ville d'Ardabil, située à trois jours de route à l'intérieur des terres.

Selon Masudi, lorsqu'ils voulurent remettre au roi des Khazars la part du butin qui leur avait été promise et retourner au nord, les choses ne se passèrent pas comme prévu : les Arsiyah (mercenaires arabes de l'armée khazare) et d'autres musulmans vivant à Kazaria, après avoir appris les massacres et les outrages commis contre leurs frères, demandèrent au roi de les laisser régler leurs comptes avec les Russes. Le roi ne put refuser, mais il envoya un message aux Norvégiens pour les informer de la détermination des musulmans à les combattre. Les musulmans de Kazaria, rejoints par quelques chrétiens vivant à Itil, rassemblent alors une armée d'environ 15 000 hommes à l'estuaire de la Volga et affrontent les Russes. Les combats ont duré trois jours. Dieu a aidé les musulmans", raconte Masudi. Les Russes ont été passés au fil de l'épée. Certains ont été tués, d'autres se sont noyés. Trente mille morts ont été dénombrés sur les rives du fleuve des Khazars". Une fois de plus, Koestler considère que les informations provenant de la source arabe sont biaisées, même s'il admet qu'elles donnent une image claire du dilemme auquel les Khazars devaient faire face.

En 943, une flotte encore plus importante répéta le raid et, à cette occasion, les sources arabes ne mentionnent pas que les Khazars devaient partager le butin. En revanche, la lettre du roi Joseph à Ibn Shaprut, écrite quelques années plus tard, indique : "Je garde l'embouchure du fleuve et je ne permets pas aux Rus, qui viennent avec leurs navires, d'envahir les terres des Arabes... Je leur livre des guerres féroces". Je leur livre des guerres féroces". La campagne qui a marqué le début de l'effondrement de Kazaria s'est déroulée en 965 et a été menée, comme indiqué plus haut, par le prince Svyatoslav, fils d'Igor et d'Olga. La Chronique russe se lit comme suit :

> "Svyatoslav se rendit sur la Volga, contacta les Vyatichiens (une tribu slave habitant une région au sud de l'actuelle Moscou) et leur demanda à qui ils payaient un tribut. Ils répondirent qu'ils payaient un tribut aux Khazars pour labourer la terre. Lorsque les Khazars apprirent l'approche, ils allèrent à la rencontre de leur prince, le Kagan... Lors de la bataille, Svyatoslav vainquit les Khazars et s'empara de leur ville de Biela Viezha".

Biela Viezha était le nom slave de la célèbre forteresse de Sarkel sur le Don. La Chronique rapporte que Svyatoslav a également conquis les Ossètes et les Circassiens tout en battant les Bulgares sur le Danube ; mais les Byzantins l'ont vaincu et, sur le chemin du retour vers Kiev, il a été tué par une horde de Pechenegs, qui "lui ont coupé la tête, ont fait une coupe de son crâne, l'ont recouverte d'une couche d'or et ont bu dans cette coupe". La destruction de Sarkel en 965 marque la fin de l'empire khazar, mais pas de l'État khazar. Le contrôle des tribus slaves a pris fin, mais le cœur territorial de la Kazarie, entre le Caucase, le Don et la Volga, est resté intact.

Après la mort de Svyatoslav, une guerre civile éclate entre ses fils et le plus jeune, Vladimir, en sort vainqueur. D'abord païen comme son père, il finit par accepter le baptême comme sa grand-mère Olga. Si la conversion des Khazars au judaïsme a été capitale pour l'histoire du monde, le baptême de Vladimir en 989 l'a été tout autant, précédé d'une série de manœuvres diplomatiques et de discussions théologiques similaires à celles des Khazars.

La Chronique russe raconte qu'après une victoire contre les Bulgares de la Volga (rappelons que des siècles plus tôt, la nation bulgare s'était scindée en deux), un traité d'amitié fut signé, dans lequel les Bulgares déclaraient : "Que la paix règne entre nous jusqu'à ce que les pierres flottent et que les pailles coulent". Vladimir est ensuite retourné à Kiev et, peu après, les Bulgares ont envoyé une mission religieuse musulmane dans le but de le convertir à l'islam. Ils lui ont décrit les délices du Paradis, où chaque homme jouirait de soixante-dix belles femmes, mais lorsqu'on l'a averti qu'il devait s'abstenir de manger du porc et de boire du vin, il a répondu : "Boire est la joie des Russes. Nous ne pouvons exister sans ce plaisir. Une délégation germanique de catholiques pratiquants de rite latin venus de Rome s'est ensuite présentée et n'a pas eu plus de chance lorsqu'elle a abordé le sujet du jeûne. Vladimir leur a répondu : "Sortez d'ici, nos pères n'accepteraient pas un tel principe". La troisième mission était celle des juifs khazars. Vladimir leur a demandé pourquoi ils ne régnaient plus à Jérusalem. Ils lui répondent que Dieu s'est mis en colère contre leurs ancêtres et les a dispersés parmi les païens à cause de leurs péchés. Le prince leur demanda alors : "Comment pouvez-vous prétendre enseigner aux autres alors que vous avez été vous-mêmes rejetés et dispersés par Dieu ? Avez-vous l'intention de nous faire subir ce sort ?" Enfin vint la quatrième et dernière délégation envoyée par les Grecs de Byzance, dont les savants accusèrent les musulmans de saleté eschatologique, les juifs d'avoir crucifié le Christ et les catholiques de Rome d'avoir modifié les rites. Ce n'est qu'après ces préliminaires qu'ils ont commencé à exposer leur credo. Vladimir n'est finalement pas convaincu et exprime sa volonté de tergiverser un peu. Il a alors envoyé une délégation d'hommes sages et vertueux dans différents pays pour observer leurs pratiques religieuses. Le moment venu, cette commission l'informa que le rite byzantin surpassait les cérémonies des autres nations "et nous ne savions pas si nous étions au ciel ou sur terre".

Vladimir envoya des messages aux empereurs Basile et Constantin, qui régnaient conjointement à l'époque, et leur demanda de lui donner sa sœur pour qu'il l'épouse. Les empereurs lui ont répondu : "Si tu te fais baptiser, nous te la donnerons comme épouse, tu hériteras du royaume de Dieu et tu seras notre compagnon dans la foi". Vladimir accepte donc le baptême et épouse la princesse byzantine Anna. Quelques années plus tard, le christianisme des orthodoxes grecs devint non seulement la religion des souverains, mais aussi celle du peuple russe, et à partir de 1037, l'Église russe fut dirigée par le patriarche de Constantinople. Indépendamment des récits naïfs de la Chronique russe, il ne fait aucun doute que la perte par Byzance de l'important port de Cherson faisait partie du prix que la diplomatie byzantine acceptait de payer pour la nouvelle alliance contre les Khazars.

En discutant de l'importance de la prise de Sarkel par Svyatoslav ci-dessus, il reste à savoir ce qu'il est advenu de la capitale de la Kazarie, Itil. Il existe une certaine confusion quant à la destruction d'Itil, car les sources ne s'accordent pas sur l'explication des événements. La Chronique russe ne mentionne que la destruction de Sarkel, mais pas celle d'Itil. En revanche, diverses sources arabes nous apprennent que la capitale des Khazars a été mise à sac et dévastée, même si les avis divergent quant à la manière et à la date de l'événement. Ibn Hawkal, principale source de Koestler, affirme que ce sont les Rus qui ont ravagé Itil et Samandar en 965, mais un autre historien, J. Marquart, suggère qu'Itil n'a pas été ravagé par Svyatoslav, qui ne serait allé que jusqu'à Sarkel, mais par une autre vague de ravitaillement viking. Pour compliquer encore les choses, d'autres sources font état d'une tribu d'origine turque, les Pechenegs, dont une horde se serait abattue sur la capitale en cette année critique pour les Khazars.

Bien que les sources s'accordent sur le fait qu'Itil a été rasée en 965, il ressort des écrits ultérieurs que la ville a été plus ou moins reconstruite. Mais la faiblesse de Kazaria était déjà évidente et, en 1016, les Khazars furent à nouveau vaincus lors d'une campagne conjointe entre Byzantins et Russes. Au cours du XIe siècle, malgré le déclin qui devait conduire à leur effondrement final, les Khazars ont continué à apparaître sur la scène sous une forme ou une autre. La Chronique russe, par exemple, mentionne brièvement qu'en 1079, ils se sont emparés du prince russe Oleg et l'ont emmené à Constantinople. Koestler spécule sur les intrigues latentes dans cette action, mais les anecdotes et les digressions n'ont plus d'intérêt.

Les sources qui parlent des Khazars au XIIe siècle sont de plus en plus rares, ce qui indique qu'ils avaient de moins en moins d'influence sur les événements internationaux. En revanche, de nouveaux acteurs continuent d'émerger. Les Seldjoukides, une tribu d'origine turque installée près de la mer d'Aral et qui a embrassé l'islam au 10e siècle, ont été les principaux protagonistes à l'est et au sud de la Kazarie. Au cours du XIe siècle, ils ont édifié un empire dont la capitale est Téhéran, occupé Jérusalem, pénétré en Anatolie et même menacé Constantinople. Ils seront les véritables fondateurs de la Turquie musulmane que les Turcs ottomans consolideront des siècles plus tard. Leurs relations avec les Khazars ont connu des épisodes intéressants, mais ils ne sont pas directement liés à notre histoire et nous ne pouvons pas nous y attarder. Au XIIe siècle, l'empire seldjoukide est démembré et les Seldjoukides deviennent les vassaux des Mongols.

En ce qui concerne les Mongols, il convient de noter brièvement que l'empire créé par Gengis Kahn en 1206 s'étendait de la Hongrie à la Chine et était, au moment de sa plus grande expansion, l'un des plus vastes de l'histoire de l'humanité. Selon certaines sources, il englobait près de la moitié de la population mondiale de l'époque. Dans sa progression irrésistible vers l'ouest, tous les territoires du royaume de Kazaria sont passés sous sa domination dans les années 1250. Il n'est donc pas surprenant que les sources d'information sur les Khazars, déjà peu nombreuses, se soient presque totalement taries au 13e siècle.

La dernière référence connue à leur sujet date de 1245-47. À cette date, le pape Innocent IV envoya une mission à Batu Khan, le petit-fils de Gengis Khan, qui régnait sur la partie occidentale de l'empire mongol, afin d'explorer les possibilités d'entente avec la nouvelle puissance mondiale. Le chef de cette mission, rapporte Koestler, était un franciscain de soixante ans, Jean de Plano Carpini, contemporain et disciple de saint François d'Assise, voyageur expérimenté et diplomate chevronné qui avait occupé de nombreux postes dans la hiérarchie ecclésiastique. La mission est partie de Cologne à Pâques 1245 et est arrivée un an plus tard à la capitale de la horde de Batu Khan, dans l'estuaire de la Volga. La ville s'appelait Sarai Batu, c'est-à-dire l'ancienne Itil. Les Mongols établissent ainsi le centre de leur empire sur le territoire khazar. De retour en Europe, Carpini rédigea l'*Historia Mongolorum*, qui contient une liste des peuples qui habitaient les régions qu'il a visitées. Il y mentionne plusieurs peuples du Caucase du Nord et, avec les Alans et les Circassiens, les Khazars qui professaient la religion juive. C'est la dernière fois qu'ils sont mentionnés avant que le rideau ne tombe définitivement.

## Migration et mentalité de ghetto

De même que les Juifs sémites avaient déjà commencé leur diaspora avant la destruction de Jérusalem, de même, avant le cataclysme mongol, les Juifs khazars avaient commencé à se déplacer vers les terres des peuples slaves insoumis de l'Ouest. C'est là qu'ils établirent les grands centres juifs d'Europe de l'Est, qui allaient devenir la partie la plus importante et la plus culturellement dominante de la juiverie mondiale. Leur religion, fondée comme nous l'avons vu sur l'exclusivisme, a favorisé la tendance à se regrouper pour établir leurs communautés avec leurs propres lieux de prière, leurs propres écoles, leurs propres quartiers, c'est-à-dire les quartiers ou ghettos juifs, qu'ils se sont eux-mêmes imposés, de leur plein gré, dans les pays ou les villes où ils se sont installés. Tant les Juifs sémites que les Juifs khazars partageaient donc la mentalité du ghetto, que les deux groupes renforçaient par des espoirs messianiques et la fierté de se considérer comme la race élue, même si cette dernière n'était pas issue de Sem, comme nous l'avons vu, mais de Japhet. Les significations de certains dictionnaires qui définissent le ghetto comme un quartier dans lequel les Juifs étaient contraints de vivre sont donc erronées.

Arthur Koestler part sur les traces des premiers Khazars juifs, ses propres ancêtres, dans sa Hongrie natale. Comme il le rapporte, les Kabars, les tribus kazars qui ont émigré avec les Magyars et qui, rappelons-le, ont été invitées par le duc Taksony à s'installer dans son domaine au Xe siècle, ont joué un rôle important dans les débuts de l'histoire de la Hongrie. John Cinnamus, chroniqueur byzantin, écrit deux siècles plus tard que des troupes observant la loi juive se sont battues en 1154 contre l'armée hongroise en Dalmatie. Koestler affirme qu'il y aurait très peu de "vrais Juifs" de Palestine vivant en Hongrie, et il ne doute pas que ce sont les Khazars-Kabars qui étaient au centre des combats. Le fait que la Grande Charte hongroise de 1222, promulguée par Endre II (André), interdise aux Juifs d'exercer les fonctions de frappeur de monnaie, de collecteur d'impôts et de contrôleur du monopole royal du sel, indique qu'avant l'édit, des Juifs khazars occupaient ces fonctions et peut-être même d'autres encore plus influentes.

L'origine khazare de la population juive de Hongrie au cours du Moyen Âge est relativement bien documentée et il pourrait sembler que la Hongrie constitue un cas particulier compte tenu de la connexion Magyar-Kazar, mais ce n'est pas le cas. Au XIIe siècle, on trouve déjà des établissements et des colonies de Khazars dans diverses régions d'Ukraine et de Russie méridionale. Il a déjà été mentionné qu'une communauté de juifs khazars a prospéré à Kiev. En Ukraine et en Pologne, de nombreux noms de lieux sont dérivés de "kazar" ou "zhid" (juif) : Zydovo, Kozarzewek, Kozara, Kozarzov, Zhydowska Vola, Zydaticze, etc. Ces lieux étaient probablement, selon Koestler, des villages ou des camps temporaires de communautés de Juifs khazars en route pour leur long voyage vers l'ouest.

On trouve également des noms de lieux similaires dans les Carpates et dans les provinces orientales de l'Autriche. Si la route principale de l'exode khazar menait vers l'ouest, certains groupes sont restés en arrière, notamment en Crimée et dans le Caucase, où ils ont formé des enclaves juives qui subsistent encore aujourd'hui. Mais le principal flux migratoire des Khazars s'est installé en Pologne et en Lituanie, comme nous l'avons vu dans la première partie de ce chapitre.

Sur la question de la migration khazare en Pologne, Koestler fournit des informations importantes qui nous permettent de consolider certaines évaluations et affirmations antérieures concernant la Pologne en tant que centre du judaïsme après l'expulsion des Juifs d'Espagne en 1492. Dans *The Thirtenth Tribe*, il explique que vers 962, plusieurs tribus slaves ont formé une alliance dirigée par la plus forte, les Polans, qui allait devenir le noyau de l'État polonais. L'importance des Polonais a donc commencé au moment où le pouvoir des Khazars a décliné avec la destruction de Sarkel en 965. Il est significatif, remarque Koestler, que les Juifs aient joué un rôle important dans l'une des premières légendes qui font allusion à la fondation du royaume polonais. Il semble que lorsque les tribus coalisées voulurent élire un roi, elles choisirent un juif nommé Abraham Prokownik (la source de Koestler est le professeur A. N. Poliak), qui devait être un riche marchand khazar. Prokownik renonça à la couronne en faveur d'un paysan autochtone nommé Piast, qui devint ainsi le fondateur de la dynastie historique des Piast, qui régna sur la Pologne de 962 à environ 1370.

Que la légende soit vraie ou non, que Prokownik ait existé ou non, est relativement peu important, car il est certain que les immigrants juifs de Kazaria ont été bien accueillis pour leur contribution à l'économie et à l'administration du pays. Les pièces de monnaie frappées aux XIIe et XIIIe siècles portaient des inscriptions en langue polonaise rédigées en caractères hébraïques. Sous la dynastie des Piast, les Polonais et leurs voisins baltes, les Lituaniens, qui, par une série de traités, firent partie du royaume de Pologne à partir de 1386, étendirent rapidement leur territoire et eurent besoin d'immigrants pour coloniser les territoires et développer les villes. Ils encouragent d'abord les agriculteurs, les bourgeois et les artisans allemands, puis les émigrants des territoires occupés par les Mongols, parmi lesquels les Khazars abondent (la Pologne et la Hongrie n'ont été que brièvement envahies par les Mongols en 1241-42, mais n'ont pas été occupées).

Dès le début, la Pologne s'est tournée vers l'ouest et a adopté le catholicisme, ce qui n'a pas empêché l'octroi de toutes sortes de privilèges aux Juifs khazars. Dans la Charte promulguée par Boleslav le Pieux en 1264 et confirmée par Casimir le Grand en 1334, les Juifs se voient accorder le droit d'entretenir leurs propres synagogues, écoles et tribunaux, de posséder leurs propres domaines et d'exercer toutes les activités commerciales qu'ils souhaitent. Sous le règne d'Étienne Bathory (1575-86), ils obtinrent leur propre parlement, qui se réunissait deux fois par an et avait le pouvoir de prélever un tribut sur leurs propres coreligionnaires. Pour Koestler, il ne fait aucun doute que le judaïsme kazar est entré dans un nouveau chapitre de son histoire.

Un document papal, un bref de la seconde moitié du XIIIe siècle, probablement du pape Clément IV, adressé à un prince polonais anonyme, montre que l'Église de Rome était consciente de la puissance des Juifs en Pologne. Ce document indique que les autorités ecclésiastiques de Rome ont connaissance de l'existence de nombreuses synagogues dans plusieurs villes polonaises, dont pas moins de cinq dans une seule ville. Le pape déplore que ces synagogues soient plus hautes que les églises, plus majestueuses et mieux décorées, avec des plafonds couverts de plaques peintes, ce qui fait paraître pauvres les églises catholiques adjacentes. Les plaintes contenues dans le mémoire papal sont ensuite confirmées par une décision du légat papal, le cardinal Guido, datée de 1267, stipulant que les Juifs ne devraient pas être autorisés à avoir plus d'une synagogue par ville. Grâce à ces documents contemporains de la conquête mongole de la Kazarie, il est certain que dès le XIIIe siècle, les Juifs khazars étaient très nombreux en Pologne.

On sait qu'au XVIIe siècle, le nombre de Juifs dans le royaume polono-lituanien dépassait le demi-million. Selon l'article "Statistiques" de l'*Encyclopédie juive*, au XVIe siècle, la population juive dans le monde s'élevait à un million de personnes, ce qui indique, selon Koestler, qui cite Poliak et Kutschera, qu'au Moyen Âge, la plupart des Juifs non séfarades qui professaient le judaïsme étaient des Khazars.[3] Une grande partie de cette majorité s'est rendue en Pologne, en Lituanie, en Hongrie et dans les Balkans, où elle a fondé la communauté des Juifs orientaux qui allait devenir la majorité du judaïsme mondial. Il y a tout lieu d'attribuer le leadership à la communauté juive de Pologne, d'origine khazare, et non aux immigrants venus d'Occident après l'expulsion d'Espagne, comme nous le verrons plus loin.

---

[3] Hugo Baron de Kutschera (1847-1910) a été l'un des premiers à proposer la théorie de l'origine khazare des Juifs orientaux. Diplomate de carrière, il étudie à l'Académie orientale de Vienne, où il devient un linguiste expert qui parle couramment le turc, l'arabe, le persan et d'autres langues orientales. Après avoir été attaché à l'ambassade austro-hongroise à Constantinople, il est devenu directeur de l'administration à Sarajevo. Après avoir pris sa retraite en 1909, il consacre ses derniers jours à ce qui a été la préoccupation de toute sa vie : le lien entre les Juifs d'Europe et les Khazars. Dans sa jeunesse, il avait été impressionné par le contraste entre les Juifs séfarades et les Juifs ashkénazes en Turquie et dans les Balkans. Son étude des sources anciennes sur l'histoire des Khazars l'a conduit à la conviction qu'elles offraient au moins une réponse partielle au problème. Son étude de l'histoire des Khazars a été publiée à titre posthume et est rarement mentionnée par les historiens.

# Les Sépharades en Europe occidentale

La transformation des Juifs khazars en Juifs polonais n'a pas été une rupture brutale avec leur passé. Il s'agit d'un processus de changement progressif qui leur a permis de préserver des modes de vie qui corroborent leur origine, des modes de vie que l'on ne retrouve nulle part ailleurs dans la diaspora mondiale. Les petites villes juives sont appelées "ayarah" en hébreu, "shtetl" en yiddish, "miastecko" en polonais. Ces trois noms sont des diminutifs ; cependant, dans certains cas, il s'agissait de villes assez importantes.

Le shtetl ne doit pas être confondu avec le ghetto, qui, comme nous l'avons vu plus haut, était un quartier de la ville des gentils dans lequel les Juifs étaient contraints de vivre pour éviter d'être contaminés par des croyances et des modes de vie qu'ils répudiaient. Le shtetl, qui n'existe qu'en Pologne-Lituanie et nulle part ailleurs dans le monde, était un village dont la population était exclusivement juive. Ses origines remontent au XIIIe siècle et il est certainement le lien entre les villes marchandes khazars et les colonies juives de Pologne. Les fonctions économiques et sociales de ces agglomérations semi-urbaines et semi-rurales étaient similaires en Kazarie et en Pologne, c'est-à-dire qu'elles constituaient un réseau de centres commerciaux répondant aux besoins des grandes villes et des campagnes.

Selon Poliak, ces villes sont nées de la migration générale résultant de la conquête mongole, lorsque les villes slaves et les shtetl khazars se sont déplacés vers l'ouest. Les pionniers de ces établissements étaient probablement de riches marchands khazars qui se rendaient constamment en Hongrie en empruntant les routes commerciales de la Pologne, qui devenait ainsi un territoire de transit entre les deux communautés juives. Poliak affirme que c'est ainsi que le shtetl khazar a été transplanté et est devenu le shtetl polonais, qui a progressivement abandonné l'agriculture.

La disparition de la nation kazare de son habitat historique et l'apparition simultanée d'importantes concentrations de Juifs dans les régions adjacentes du nord-ouest sont deux faits liés. Les historiens s'accordent à dire que l'immigration en provenance de la Kazarie a contribué à l'augmentation du nombre de Juifs en Pologne. La question est de savoir si ces Juifs khazariens constituaient réellement le gros des colonies. Pour répondre à cette question, Koestler examine les possibilités et l'importance d'une éventuelle migration de "vrais Juifs" d'Europe occidentale vers la Pologne.

Vers la fin du premier millénaire, les communautés juives d'Europe occidentale résidaient en France et dans les environs du Rhin (les Juifs d'Espagne ne doivent pas être pris en compte dans cette recherche historique, car ils vivaient alors leur "âge d'or" en Séfarade et n'ont participé à aucun mouvement migratoire jusqu'en 1492). Certaines de ces communautés avaient probablement été établies à l'époque romaine, puisqu'entre la destruction de Jérusalem et la chute de Rome, des Juifs s'étaient installés dans de nombreuses grandes villes de l'Empire. Ces communautés ont ensuite été renforcées par de nouveaux immigrants venus d'Italie et d'Afrique du Nord. Dès le IXe siècle, des communautés juives sont recensées dans toute la France, de la Normandie à la Provence et à la Méditerranée. Un groupe a même traversé la Manche lors de l'invasion normande, à l'invitation de Guillaume le Conquérant, qui avait besoin de leurs capitaux et de leur esprit d'initiative. Leur histoire a été résumée par A. W. Baron :

"Ils ont ensuite été transformés en une classe d'usuriers royaux dont la fonction principale était de fournir des crédits aux entreprises politiques et économiques. Après avoir accumulé de grandes richesses à des taux d'intérêt élevés, ces prêteurs étaient obligés de les rembourser d'une manière ou d'une autre au profit du trésor royal. Le bien-être prolongé de nombreuses familles juives, la splendeur de leurs résidences et leur influence dans les affaires publiques ont aveuglé même les observateurs expérimentés, qui n'ont pas vu le danger caché dans le ressentiment croissant des débiteurs de toutes les classes et dans la dépendance exclusive de la maison royale à l'égard de leur protection... Le mécontentement grandit et culmine dans les explosions de violence de 1189-90 qui annoncent la tragédie finale : l'expulsion de 1290. L'ascension fulgurante et le déclin encore plus rapide du judaïsme anglais en l'espace d'un peu plus de deux siècles (1066-1290) ont mis en lumière les facteurs fondamentaux qui ont façonné le destin du judaïsme occidental au cours de la première partie cruciale du deuxième millénaire".

La principale leçon que Koestler tire des événements d'Angleterre est que l'influence sociale et économique des Juifs était totalement disproportionnée par rapport à leur faible poids démographique. Il n'y avait apparemment pas plus de 2 500 Juifs en Angleterre au moment de leur expulsion, et cette minuscule communauté de l'Angleterre médiévale a joué un rôle de premier plan dans l'économie du pays. Ce qui s'est passé résume les événements qui allaient se produire plus tard, lorsque les Juifs de France et d'Allemagne ont été confrontés à la même situation. Cecil Roth écrit que le commerce en Europe occidentale était en grande partie entre les mains des Juifs, y compris le commerce des esclaves, et que dans les cartulaires carolingiens, les termes "Juif" et "marchand" étaient interchangeables. La période de prospérité en France s'est achevée en 1306 lorsque Philippe le Bel a banni les Juifs de son royaume. Certains revinrent, mais il y eut d'autres expulsions et, à la fin du siècle, la communauté juive de France s'était éteinte. La communauté juive moderne de France a été fondée par des exilés d'Espagne fuyant l'Inquisition aux XVIe et XVIIe siècles.

Il existe des références incomplètes sur l'histoire des Juifs en Allemagne. *La Germanica judaica* est l'un des ouvrages qui fournit des références historiques sur certaines communautés en 1238. Grâce à elle, nous connaissons la répartition territoriale de ces groupes de Juifs allemands à l'époque où l'immigration des Juifs khazars en Pologne était à son apogée. On sait qu'aux Xe, XIe et XIIe siècles, il y avait des Juifs à Spira, Worms, Trèves, Metz, Strasbourg, Cologne, c'est-à-dire dans une étroite bande en Alsace et le long du Rhin. Benjamin de Tudela a visité ces villes au 12ème siècle et a écrit qu'il y avait beaucoup d'Israélites instruits et riches dans ces villes. Koestler se demande combien ils étaient et finit par répondre qu'ils étaient en fait très peu nombreux.

Koestler affirme qu'à la fin du XIe siècle, les Juifs des communautés d'Allemagne, à la suite de la première croisade (1096), ont été persécutés et tués en masse par la foule, dont les accès d'hystérie étaient incontrôlables. Il cite une source hébraïque qu'il considère comme fiable, le chroniqueur Solomon Bar Simon, pour mettre en lumière le cas des Juifs de Mayence qui, confrontés à l'alternative du baptême ou de la mort aux mains de la foule, ont décidé de se suicider collectivement, donnant ainsi l'exemple à d'autres groupes. Les sources hébraïques donnent le chiffre de 800 morts entre massacres et suicides à Worms et entre 900 et 1200 à Mayence, même si sans doute beaucoup ont préféré le baptême. Là encore, il faudrait savoir combien ils étaient, mais les sources ne mentionnent pas le nombre de survivants, bien qu'A. W. Baron les estime à plusieurs centaines. Nous ne pouvons pas non plus être sûrs, admet Koestler, que le nombre de martyrs n'est pas exagéré.

Quoi qu'il en soit, il semble évident qu'avant la première croisade, le nombre de Juifs dans les régions d'Allemagne susmentionnées était faible. Il n'y avait pas de communautés juives en Allemagne centrale et septentrionale, et il n'y en aurait pas pendant longtemps. Koestler rejette totalement la thèse traditionnelle de nombreux historiens juifs selon laquelle la croisade de 1096 a entraîné une migration massive des Juifs allemands vers la Pologne. Il considère qu'il s'agit simplement d'une légende ou d'une hypothèse inventée ad hoc, étant donné que l'on ne savait rien ou presque de l'histoire des Khazars et qu'il n'y avait pas d'autre moyen d'expliquer l'impressionnante concentration de Juifs en Europe de l'Est. De plus, conclut Koestler, "il n'existe aucune source contemporaine d'une migration, grande ou petite, du Rhin vers l'Allemagne de l'Est, et encore moins vers la lointaine Pologne".

À cet égard, un groupe de généticiens juifs est récemment venu en aide aux historiens traditionnels. Harry Oster de la Yeshiva University a publié en 2012 le livre *Legacy : A Genetic History of the Jewish People*, qui maintient la thèse de l'appartenance des Juifs à un seul groupe ethnique. Ces scientifiques, attachés à l'historiographie officielle, ont insisté pour maintenir la théorie selon laquelle les Juifs d'Europe de l'Est sont venus de la région du Rhin. Ils ont reçu une vive réponse d'un jeune chercheur juif de l'université Johns Hopkins, Eran Elhaik, spécialisé dans la génétique moléculaire, qui a qualifié les affirmations d'Oster et compagnie de "non-sens". Le 4 décembre 2012, Elhaik a publié *The Missing Link of Jewish European Ancestry : Contrasting The Rhineland and the Khazarian Hypotheses*, un article de recherche d'une quarantaine de pages publié dans la revue en ligne *Genome Biology and Evolution*, dans lequel il apporte des preuves irréfutables de la provenance khazare des Juifs ashkénazes. L'article d'Elhaik a été commenté en décembre 2012 par Shlomo Sand, professeur d'histoire à l'université de Tel-Aviv. Auteur du livre *The Invention of the Jewish People (L'invention du peuple juif)*, Sand a salué la contribution scientifique d'Elhaik qui confirme sa thèse. "Il est évident pour moi, a déclaré M. Sand, que certaines personnes, des historiens et même des scientifiques, ferment les yeux sur la vérité. Parfois, dire que les Juifs étaient une race était antisémite, maintenant dire qu'ils ne sont pas une race est antisémite. C'est absurde de voir comment l'histoire se joue de nous". Dans son article, M. Elhaik affirme que la conversion des Khazars au judaïsme au huitième siècle devait nécessairement être généralisée, car les huit millions de Juifs présents en Europe au début du vingtième siècle ne peuvent s'expliquer par les petites populations du Moyen-Âge.

Simon Dubnov, l'un des historiens de la vieille école, va jusqu'à dire que la première croisade a déplacé des masses de chrétiens vers l'Asie de l'Est et, en même temps, des masses de juifs vers l'Europe de l'Est. Cependant, il admet par la suite qu'il n'existe aucune information sur ce mouvement migratoire, si important pour l'histoire juive, et il est clair que ses affirmations ne sont que pure spéculation. En revanche, on sait ce que les communautés juives harcelées ont fait au cours des croisades successives qui ont suivi celle de 1096. Ceux qui parvenaient à échapper aux foules en colère se réfugiaient, pendant les périodes d'urgence, dans le château fortifié de l'évêque, qui était théoriquement responsable de leur protection. Après le passage des hordes de croisés, les survivants retournaient invariablement dans leurs maisons saccagées pour repartir à zéro. Ce comportement est documenté à plusieurs reprises dans diverses chroniques : à Trèves, à Metz et dans bien d'autres endroits. À l'époque des croisades, ce comportement est devenu presque routinier. Lorsque l'agitation pour une nouvelle croisade a commencé, de nombreux Juifs de Mayence, Worms, Spira, Strasbourg, Würzburg et d'autres villes se sont enfuis dans les châteaux voisins, laissant leurs biens à la garde de gentils considérés comme des amis. L'une des principales sources citées par Koestler est le *Livre du souvenir* d'Ephraïm Bar Jacob, qui, à l'âge de treize ans, faisait partie des réfugiés de Cologne qui s'étaient réfugiés sous la protection du château de Wolkenburg. Solomon Bar Simon rapporte que lors de la deuxième croisade, les survivants de Mayence ont trouvé refuge à Spira, puis sont retournés dans leur ville et ont construit une nouvelle synagogue. C'est ce que les chroniques répètent à l'envi, sans que l'on trouve un seul mot sur des groupes émigrant vers l'Allemagne de l'Est, qui est restée sans population juive pendant plusieurs siècles.

Le XIIIe siècle est une période de reprise partielle, et les Juifs sont recensés pour la première fois dans les régions adjacentes au Rhin : le Palatinat (1225), Fribourg (1230), Ulm (1243), Heildelberg (1255), etc... Mais au début du XIVe siècle, les choses se compliquent en France, comme nous l'avons vu plus haut, avec l'expulsion décrétée par Philippe le Bel. Les réfugiés émigrèrent vers d'autres régions françaises telles que la Provence, la Bourgogne, l'Aquitaine, qui se trouvaient en dehors du domaine du roi ; mais aucun document historique ne permet de conclure que l'Allemagne a connu une augmentation du nombre de Juifs avec des coreligionnaires venus de France. Bien entendu, aucun historien n'a jamais suggéré la possibilité que des Juifs français aient émigré en Pologne via l'Allemagne à cette occasion ou à toute autre occasion.

La pire catastrophe du XIVe siècle a été la peste noire qui, entre 1348 et 1350, a tué un tiers de la population européenne et, dans certaines régions, les deux tiers. Les Juifs, accusés de sacrifices rituels d'enfants chrétiens, sont accusés d'empoisonner les puits pour propager la peste noire. La rumeur s'est répandue et les Juifs ont été brûlés dans toute l'Europe. La population décimée de l'Europe occidentale n'a retrouvé son niveau démographique d'avant la peste qu'au XVIe siècle. Quant à la population juive, qui avait subi l'assaut des rats et des hommes, seule une fraction survécut. Selon Kutschera, qui cite des historiens contemporains, il ne restait pratiquement plus de Juifs en Allemagne lorsque l'épidémie s'est résorbée. Il note qu'ils n'y ont jamais prospéré, qu'ils n'ont jamais pu y établir de communautés significatives, et se demande comment, dans ces conditions, on peut soutenir la thèse selon laquelle ils ont pu établir des colonies densément peuplées en Pologne.

Koestler considère qu'après les croisades et la peste noire, le nombre de Juifs en Europe occidentale était négligeable. Seuls l'Espagne et le Portugal comptaient une population juive importante. Ce sont donc les Séfarades qui, après avoir été expulsés de la péninsule, ont fondé les communautés modernes en France, en Hollande et en Angleterre aux XVIe et XVIIe siècles. L'idée traditionnelle d'un exode vers la Pologne via l'Allemagne est historiquement indéfendable.

Avant de proclamer que cent pour cent des Juifs d'Orient sont d'origine khazare, il reste un dernier groupe de Juifs d'Europe à examiner : ceux qui, à la fin du Moyen Âge, se trouvaient à Vienne, à Prague, dans les Balkans, dans les Alpes de Carinthie et dans les montagnes de Stirie. Koestler se demande d'où ils viennent. Il répond : "Certainement pas de l'Ouest". Koestler admet que parmi les immigrants juifs en Autriche, il y avait certainement une composante de Juifs sémites authentiques en provenance d'Italie, un pays qui, comme la Carinthie, avait reçu sa part d'immigrants hébreux en provenance de Byzance. Cependant, il n'existe aucune preuve documentaire de cette migration et il faut donc supposer qu'elle a été insignifiante. Au contraire, il existe de nombreuses preuves d'une migration en sens inverse, c'est-à-dire de Juifs entrés en Italie à la fin du XVe siècle à la suite de leur expulsion des provinces alpines. Les contours du processus migratoire sont clairement perceptibles pour Koestler, pour qui les colonies alpines étaient très probablement des ramifications de la migration générale des Khazars vers la Pologne, qui s'est étendue sur plusieurs siècles et a suivi différents itinéraires : à travers l'Ukraine, les régions slaves, le nord de la Hongrie et peut-être aussi les Balkans. L'*encyclopédie juive* fait état d'une invasion de la Roumanie par des Juifs armés.

Il existe également une légende sur les Juifs d'Autriche, lancée par des chroniqueurs chrétiens au Moyen-Âge, mais reprise très sérieusement par d'autres historiens au début du XVIIIe siècle. Selon cette légende, les provinces autrichiennes auraient été gouvernées par une succession de princes juifs. La *Chronique autrichienne*, compilée par un scribe viennois sous le règne d'Albert III (1350-95), contient une liste de pas moins de vingt noms, dont certains dénotent phonétiquement une origine ouralo-altaïque, mentionnant même l'étendue du règne et le lieu de leur sépulture. La légende est reprise avec quelques variantes par Henricus Gundelfingus en 1474 et par plusieurs autres, dont le dernier est Anselmus Schram dans ses *Flores Chronicorum Austriae* de 1702.

L'origine de la légende est claire pour Koestler, qui rappelle que pendant plus d'un demi-siècle, jusqu'en 955, une partie de l'Autriche a été sous la domination des Magyars, qui étaient arrivés dans leur nouveau pays en 896 en compagnie des tribus de Khazars-Kabars, qui, comme on l'a vu, ont eu beaucoup d'influence sur la nation magyare. Les Hongrois de l'époque ne s'étaient pas encore convertis au christianisme, ce qui arriva un siècle plus tard, et la seule religion monothéiste qu'ils connaissaient était le judaïsme khazar. Rappelons que le chroniqueur byzantin Jean Cinnamus mentionne l'affrontement des troupes juives avec l'armée hongroise. Tout semble s'imbriquer.

## Contribution de la linguistique : éléments lexicaux du yiddish

La structure du yiddish, la langue populaire de millions de Juifs encore utilisée aujourd'hui par certaines minorités traditionalistes aux États-Unis et en Russie, constitue une preuve supplémentaire contre la théorie de l'origine occidentale des Juifs d'Europe de l'Est. Le yiddish est un curieux amalgame d'hébreu, d'allemand médiéval, de caractères slaves et autres, écrits en caractères hébraïques. En voie d'extinction, il a fait l'objet de nombreuses études aux États-Unis et en Israël, mais jusqu'au 20e siècle, il était considéré par les linguistes occidentaux comme un jargon bizarre. À l'exception de quelques articles de journaux, il n'a pas fait l'objet d'une grande attention jusqu'en 1924, lorsque M. Mieses publie la première étude scientifique sérieuse, *Die Jiddische Sprache*, une grammaire historique.

À première vue, la prédominance des emprunts allemands dans le yiddish semble contredire la thèse de Koestler sur l'origine des Juifs d'Europe de l'Est. Koestler cherche d'abord à savoir quels dialectes allemands sont entrés dans le lexique yiddish, et il s'adresse pour cela à M. Mieses, déjà cité, qui a été le premier à s'intéresser à cette question. Sur la base de l'étude du vocabulaire, de la phonétique et de la syntaxe en comparaison avec les principaux dialectes allemands du Moyen Âge, Mieses conclut qu'il n'y a pas d'éléments linguistiques provenant des régions allemandes limitrophes de la France, ni des régions centrales de la région de Francfort, et il exclut donc toute influence des régions ouest-allemandes sur le yiddish. Il écrit ensuite : "Se pourrait-il que la théorie généralement admise, selon laquelle les Juifs allemands ont, à un moment donné dans le passé, migré de l'autre côté du Rhin vers l'est, soit erronée ? L'histoire des Juifs allemands, des Juifs ashkénazes, doit être révisée. Les erreurs historiques sont souvent rectifiées par la recherche linguistique. La vision conventionnelle de la migration des Juifs ashkénazes de France et d'Allemagne appartient à la catégorie des erreurs historiques qui doivent être révisées".

C'est précisément l'erreur commise par Joan Ferrer, professeur à l'université de Gérone, qui, dans un ouvrage intitulé "*Histoire de la langue yiddish*", tente d'expliquer son origine sur la base de la théorie traditionnelle de l'émigration des Juifs d'Europe occidentale, dont beaucoup auraient parlé des langues romanes. Il est probable que ce professeur ne connaisse même pas les Juifs khazariens, puisqu'il ne les mentionne pas dans son étude.

Mieses confirme que la composante allemande du yiddish provient des régions d'Allemagne de l'Est adjacentes à la ceinture slave d'Europe de l'Est, ce qui constitue une preuve supplémentaire contre l'origine occidentale du judaïsme polonais et du judaïsme d'Europe de l'Est en général. Cela n'explique cependant pas comment un dialecte est-allemand combiné à des éléments slaves et à l'hébreu est devenu la langue des Juifs khazariens.

L'évolution du yiddish a été un processus long et complexe qui a vraisemblablement commencé avant le 15e siècle. Le yiddish est longtemps resté une langue orale, une sorte de lingua franca, qui n'est apparue à l'écrit qu'au XIXe siècle. Il n'y avait donc pas de grammaire et les individus étaient libres d'introduire des mots étrangers à leur guise. Il n'y avait pas de règles de prononciation ou d'orthographe. Les règles établies par la *Jüdische Volks-Bibliothek* illustrent le chaos orthographique : (1) Écrire comme on parle. (2) Écrire de manière à ce que les Juifs polonais et lituaniens puissent vous comprendre. (3) Écrire différemment les mots qui se prononcent de la même manière et qui ont des significations différentes.

C'est ainsi que le yiddish s'est développé sans entrave au fil des siècles, absorbant avec avidité les mots, les expressions idiomatiques, les constructions syntagmatiques ou phrastiques des environnements sociaux qui l'entouraient. Sur le plan social et culturel, l'élément dominant de la Pologne médiévale était les Allemands. Eux seuls, parmi les populations immigrées, étaient plus influents que les Juifs d'un point de vue intellectuel et économique. Kutschera affirme que pas moins de quatre millions d'Allemands se sont installés en Pologne et ont constitué une classe moyenne urbaine telle que le pays n'en avait jamais connue auparavant. Non seulement la bourgeoisie instruite, mais aussi le clergé étaient majoritairement allemands, ce qui était une conséquence naturelle de l'adoption du catholicisme et de l'inclinaison de la Pologne vers l'ouest. La première université polonaise a été fondée en 1364 à Cracovie, ville alors majoritairement allemande (Koestler rappelle qu'un siècle plus tard, Nicolas Copernic y a étudié, et que Polonais et Allemands le considèrent comme l'un des leurs). Bien que les colons allemands aient d'abord été considérés avec méfiance, ils ont rapidement pris pied et ont introduit le système éducatif allemand en Pologne. Les Polonais ont appris à apprécier les avantages de la culture supérieure introduite par ces immigrants et les ont imités. L'aristocratie se prit d'affection pour les coutumes allemandes et trouva beau et agréable tout ce qui venait d'Allemagne.

On comprend dès lors que les immigrés khazariens qui se sont installés dans le pays aient dû apprendre l'allemand s'ils voulaient prospérer. Ceux qui avaient des relations avec la population locale devaient certainement apprendre un peu de polonais, d'ukrainien, de lituanien ou de slovène. Cependant, l'allemand était une nécessité absolue pour tout contact dans les villes. À tout cela s'ajoutent la synagogue et l'étude de la Torah en hébreu. Il est facile d'imaginer, écrit Koestler, un artisan dans un Shtetl ou un marchand de bois essayant de parler allemand avec ses clients, polonais avec ses voisins et, à la maison, mélangeant les deux langues avec un peu d'hébreu. C'est ainsi qu'une langue intime s'est formée. La question de savoir comment ce méli-mélo a pu devenir un code commun standardisé est une question pour les linguistes.

Koestler rappelle que les descendants des douze tribus sont un exemple d'adaptabilité linguistique. Ils ont d'abord parlé l'hébreu. Dans l'exil babylonien, le chaldéen. À l'époque de Jésus, l'araméen. À Alexandrie, le grec. En Espagne, l'arabe, puis le ladino, mélange d'espagnol et d'hébreu écrit avec des graphies hébraïques : pour les juifs séfarades, le ladino serait l'équivalent du yiddish. Les Khazars n'étaient pas des descendants des douze tribus, mais, comme nous l'avons vu, ils partageaient avec leurs coreligionnaires la possibilité de changer de langue à leur guise.

Aujourd'hui, la maison d'édition Santillana inclut imprudemment le yiddish parmi les langues germaniques dans ses manuels de lycée. Paul Wexler, de l'Université de Tel Aviv, qui a publié plusieurs études (les plus importantes en 1992 et 2002), dont Arthur Koestler n'a pas eu connaissance, nie catégoriquement que le yiddish soit un dialecte de l'allemand. Ce n'est ni le lieu ni le moment d'approfondir les questions linguistiques, mais examinons très brièvement certaines de ses conclusions. Selon Wexler, le yiddish ne peut provenir que des Khazars turco-iraniens, car le lexique et la grammaire du yiddish révèlent des liens avec les langues turco-iraniennes qui n'ont pas été évalués. Ce linguiste affirme que le yiddish est à l'origine une langue slave qui présente la particularité d'avoir un lexique essentiellement allemand. Il est intéressant de noter que la seule composante majeure du yiddish qui n'a pas développé d'innovations significatives dans ses caractéristiques formelles ou sémantiques est la composante slave, ce qui suggère que le yiddish était une langue slave qui n'exploitait que ses deux composantes non slaves : l'allemand et l'hébreu (nous avons vu avec Koestler comment et pourquoi c'était le cas). Wexler soutient que plusieurs études sur la morphosyntaxe et la phonologie du yiddish ont démontré les similitudes entre les grammaires yiddish et slaves et affirme que la considération de l'allemand comme composante originale du yiddish et de la composante slave comme non originale est erronée.

Bien qu'il ne soit pas linguiste, Benjamin Freedman avertit dans *Facts are facts* que, pour des raisons évidentes, de nombreuses personnes tiennent à ce que le yiddish soit considéré comme un dialecte allemand et pose la question suivante : "Si le yiddish est un dialecte allemand acquis auprès des Allemands, alors quelle langue les Khazars ont-ils parlée pendant près de mille ans ? Les Khazars ont dû parler une certaine langue lorsqu'ils ont pénétré en Europe de l'Est. Quelle était cette langue ? Quand l'ont-ils rejetée ? Comment l'ensemble de la population khazare a-t-elle pu soudainement abandonner une langue pour en adopter une autre ? L'idée est trop absurde pour être discutée. Le yiddish est le nom moderne de l'ancienne langue maternelle des Khazars, à laquelle ont été ajoutées l'allemand, les langues slaves et baltes".

Après avoir exposé l'apport de la linguistique au sujet, il ne reste plus qu'à commenter en quelques lignes la dernière phase de la migration des Juifs khazariens, dont les communautés, que ce soit dans les ghettos ou dans les shtetls, ont dû faire face à des problèmes de surpopulation, puisqu'elles ont dû absorber de nouveaux immigrants fuyant les cosaques dans les villes ukrainiennes. La détérioration des conditions de vie entraîne une nouvelle vague d'émigration massive vers la Hongrie, la Bohême, l'Allemagne et la Roumanie, où les Juifs qui ont survécu à la peste noire sont dispersés en petits groupes. C'est ainsi que le grand voyage vers l'ouest, qui devait se poursuivre pendant encore trois siècles, a repris et est devenu la principale source des populations restantes de Juifs sémites en Europe, en Amérique et en Palestine.

Les faits sont clairs et les historiens autrichiens, israéliens et polonais modernes s'accordent à dire que la majeure partie de la communauté juive mondiale n'est pas d'origine palestinienne, mais caucasienne. Le courant principal de la migration juive ne va pas de la Méditerranée à l'est du continent, en passant par la France et l'Allemagne, pour revenir ensuite. Le courant se déplace sans inversion en direction de l'ouest, du Caucase à la Pologne en passant par l'Ukraine, et de là vers l'Europe centrale et l'Amérique. Le voyage vers l'est (Palestine) des sionistes au 20e siècle est un sujet qui sera traité séparément. Ces "Juifs" d'origine turco-mongole ont fini par imposer complètement leurs thèses aux Sépharades qui, au 19ème siècle, étaient majoritairement favorables à l'émancipation et à l'assimilation progressive dans les sociétés où ils résidaient.

# CHAPITRE II

## BANQUIERS ET RÉVOLUTIONS (1)

### PARTIE 1 - CROMWELL, AGENT DES BANQUIERS JUIFS D'AMSTERDAM

Après avoir expliqué les origines raciales des sionistes, nous allons voir comment une élite de juifs séfarades et ashkénazes, unis dans leur volonté d'assujettir et de dominer le monde, ont formé une puissance cachée qui a été déterminante dans tous les événements historiques. Ce pouvoir agit désormais au grand jour, car il considère son hégémonie mondiale comme irréversible.

Les pages qui suivent vont explorer comment cette force cachée, dont rien n'est dit dans les livres d'histoire utilisés dans les lycées et les universités, est devenue un pouvoir omnipotent, une tyrannie absolue, qui s'exerce à travers son pouvoir économique, les médias et l'enseignement manipulé de toutes les disciplines académiques qui créent l'opinion, en particulier l'histoire, qui a été complètement dénaturée. Comme l'a écrit George Orwell, "Celui qui contrôle le passé contrôle l'avenir. Celui qui contrôle le présent contrôle le passé". L'examen historique entrepris dans ce livre commence en fait avec l'émergence des Rothschild sur la scène politique et financière européenne ; cependant, pour voir comment une élite de juifs talmudiques conditionnait et programmait depuis longtemps les événements historiques en fonction de leurs intérêts, nous verrons brièvement comment, au XVIIe siècle, Cromwell a pris le pouvoir en Angleterre.

Pour la plupart des Européens, Cromwell est surtout connu pour avoir décapité le roi Charles Ier et pour avoir abrogé en 1655 l'édit d'expulsion des Juifs, promulgué par Édouard Ier en 1290 (ils avaient été expulsés sur le papier, mais n'avaient jamais réellement quitté l'Angleterre et leur "réadmission" nécessitait un formalisme juridique). Les étudiants les plus éclairés savent peut-être aussi que Cromwell a ordonné le massacre de 40 000 catholiques irlandais ; mais voyons qui en est à l'origine.

Profitant d'un désaccord opportunément préparé entre le roi et le Parlement, le plan qui devait mettre fin quelques années plus tard à la dynastie des Stuart et à l'établissement de l'Orange hollandaise fut échafaudé en Hollande. Le rabbin Manasseh Ben Israel, l'un des barons de l'argent alors installé à Amsterdam, contacte Oliver Cromwell par l'intermédiaire de ses agents et lui propose d'énormes sommes d'argent s'il ose prendre la tête d'une conspiration visant à renverser le roi. Dès que Cromwell a accepté le plan, Manasseh Ben Israel et d'autres prêteurs juifs d'Allemagne et de France ont financé Cromwell. Selon John Buchan, auteur d'*Oliver Cromwell*, les Juifs d'Amsterdam contrôlaient le commerce en Espagne, au Portugal et dans une grande partie du Levant, ainsi que les flux de lingots d'or.[4]

Dans son ouvrage *Pawns in the Game*, William Guy Carr explique que le juif portugais Antonio Fernández Carvajal, connu sous le nom de "The Great Jew", est devenu l'entrepreneur militaire de Cromwell. C'est lui qui réorganise les parlementaires opposés au roi (principalement des puritains et des presbytériens). Grâce à son argent, il en fait une armée moderne, dotée du meilleur équipement et des meilleures armes. Une fois la conspiration mise en place, des centaines de révolutionnaires formés se rendent clandestinement en Angleterre et se camouflent dans la clandestinité juive, dont le principal dirigeant est l'ambassadeur portugais Francisco de Sousa Coutinho, qui, après avoir été le représentant du Portugal à La Haye dans les années 1640, avait été envoyé à Londres grâce à l'influence exercée par Fernández Carvajal. C'est dans sa maison que, protégés par l'immunité diplomatique, les dirigeants révolutionnaires juifs se réunissent pour tisser secrètement les fils du complot.

La preuve absolue qui confirme sans aucun doute que Cromwell était un pion dans les intérêts du complot révolutionnaire juif est contenue dans une publication hebdomadaire éditée par Lord Alfred Douglas, *Plain English*, un hebdomadaire publié par la North British Publishing Co. Dans un article daté du 3 septembre 1921, Lord Alfred Douglas explique comment son ami L. D. Van Valckert d'Amsterdam était en possession d'un volume d'archives de la synagogue de Mulheim qui avait été égaré. Ce volume, perdu pendant les guerres napoléoniennes, contenait des documents, notamment des lettres, adressées aux directeurs de la synagogue et auxquelles ceux-ci répondaient. William Guy Carr, dans l'ouvrage précité, en reproduit deux in extenso. La première, datée du 16 juin 1647, est adressée par O. C. (Oliver Cromwell) à Ebenezer Pratt. Elle se lit comme suit :

---

[4] Les Juifs étaient venus en Angleterre en 1066 et avaient installé Guillaume Ier sur le trône, qui, pour récompenser leur soutien, avait autorisé et protégé la pratique de l'usure, ce qui a eu des conséquences désastreuses pour le peuple, puisqu'en l'espace de deux générations, un quart des terres anglaises était entre les mains d'usuriers juifs. Le roi Offa, l'un des sept rois de l'heptarchie anglo-saxonne, avait interdit l'usure en 787. Les lois contre l'usure ont ensuite été renforcées par le roi Alfred le Grand (865-99), qui a ordonné la confiscation des biens des usuriers. En 1050, Édouard le Confesseur décréta non seulement la saisie des biens, mais aussi que l'usurier devait être déclaré bandit et banni à vie. Après l'expulsion des 16 000 juifs d'Angleterre par Édouard Ier en 1290, de nouvelles mesures ont été prises contre l'usure : en 1364, Édouard III a accordé à la ville de Londres une "Ordinatio contra Usurarios". Une nouvelle loi est adoptée en 1390.

"En échange d'une aide financière, nous plaiderons en faveur de l'admission des Juifs en Angleterre, mais cela est impossible tant que Charles est en vie. Charles ne peut être exécuté sans procès, ce qui n'est pas justifié à l'heure actuelle. Je conseille donc que Charles soit tué, mais nous n'aurons rien à voir avec les préparatifs pour trouver un assassin, bien que nous soyons prêts à l'aider à s'échapper."

En réponse à cette dépêche, E. Pratt a écrit une lettre à Oliver Cromwell datée du 12 juillet 1647 :

"Nous garantissons une aide financière dès que Carlos sera éliminé et que les Juifs seront admis. L'assassinat, c'est trop dangereux. Nous devrions donner à Charles une chance de s'échapper. Sa capture rendrait alors possible le procès et l'exécution. L'aide sera généreuse, mais il est inutile de discuter des conditions avant le début du procès."

Le 12 novembre de la même année 1647, Charles Ier a la possibilité de s'échapper. Naturellement, il est immédiatement repris. Après sa réarrestation, les événements s'enchaînent rapidement. Cromwell entreprend de purger le Parlement des membres fidèles au roi. Malgré cette action drastique, lorsque la Chambre des communes se réunit pendant la nuit du 5 décembre 1648, la majorité des députés estime que "les concessions offertes par le roi sont satisfaisantes pour un règlement".

Un tel accord aurait empêché Cromwell de recevoir le prix du sang qui lui avait été promis par les barons internationaux de l'argent par l'intermédiaire de leur agent Ebenezer Pratt. Il ordonne au colonel Pryde de procéder à une nouvelle purge, la "purge de Pryde", des députés qui ont voté en faveur de l'accord. Après la purge, il ne reste plus que cinquante députés, "le Parlement croupion", qui usurpe le pouvoir absolu. En janvier 1649, une "Haute Cour de justice" est proclamée pour juger le roi d'Angleterre, dont les deux tiers des membres sont issus de l'armée de Cromwell. Les conspirateurs ne trouvent aucun avocat anglais capable de porter une accusation criminelle contre le roi. Fernandez Carvajal charge alors un juif étranger, Isaac Dorislaus, agent de Manasseh Ben Israel en Angleterre, de rédiger un acte d'accusation permettant de juger Charles Ier. Comme on pouvait s'y attendre, Charles est reconnu coupable des accusations portées contre lui par les prêteurs juifs internationaux, mais pas par le peuple anglais. Le 30 janvier 1649, le roi d'Angleterre est décapité en public. Cromwell, comme Judas, obtient son argent et reçoit également de nouveaux fonds pour étendre la guerre à l'Irlande catholique.

Du 7 au 18 décembre 1655, Cromwell organise une conférence à Whitehall (Londres) afin d'obtenir le feu vert pour une immigration massive de Juifs. Bien que la conférence soit remplie de fervents partisans de Cromwell, les délégués, qui sont principalement des prêtres, des avocats et des marchands, décident à une écrasante majorité que les Juifs ne doivent pas être autorisés à entrer en Angleterre. Malgré les vives protestations de la sous-commission du Conseil d'État, qui avait déclaré que ces Juifs "constitueraient une grave menace pour l'État et la religion chrétienne", les premiers Juifs ont été subrepticement autorisés à entrer en Angleterre en octobre 1656. A. M. Hyamson, dans son ouvrage *A History of the Jews in England,* confirme que "les marchands, sans exception, se sont prononcés contre l'admission des Juifs. Ils déclarèrent que les immigrants proposés seraient moralement préjudiciables à l'État et que leur admission enrichirait les étrangers aux dépens des Anglais".

L'Angleterre et la Hollande sont bientôt impliquées dans une série de guerres qui se terminent par la proclamation de Guillaume d'Orange comme roi d'Angleterre. Lorsque Cromwell, qui s'était proclamé Lord Protecteur de l'Angleterre en 1653, meurt en 1658, c'est au tour de son fils Richard, également appelé Protecteur ; mais en 1659, après neuf mois de mandat et dégoûté par tant d'intrigues, il démissionne. En 1660, le général Monk occupe Londres et Charles II, fils du monarque décapité, est proclamé roi. Les Juifs hollandais continuèrent à apporter un soutien financier temporaire, mais ils durent bientôt supporter les coûts de l'expédition de Guillaume d'Orange contre le frère et successeur de Charles II, le duc d'York, qui régna sous le nom de Jacques II de 1685 à 1688.

Pour résumer, les choses se sont passées comme suit. Lorsqu'en 1674, l'Angleterre et la Hollande font la paix, les artisans des guerres civiles anglaises se font entremetteurs : ils élèvent William Stradholder au rang de capitaine-général des forces hollandaises, et celui-ci devient prince d'Orange. Tout était prévu pour qu'il rencontre Marie, la fille aînée du duc d'York, frère du roi, qui devait lui succéder sur le trône. En 1677, Mary et William Stradholder, prince d'Orange, se marient. Pour placer ce dernier sur le trône d'Angleterre, il fallait se débarrasser à la fois de Charles II et du duc d'York. En 1683, le complot visant à les assassiner tous les deux en même temps, "The Rye House Plot", avait déjà été ourdi, mais n'avait pas abouti. En 1685, Charles II meurt et le duc d'York, qui s'est converti au catholicisme, règne sous le nom de Jacques II. Une campagne d'infamie commence immédiatement, suivie d'insurrections et de rébellions orchestrées par les "Puissances secrètes", qui tirent à nouveau les ficelles de la nouvelle conspiration par leurs moyens favoris d'hier et d'aujourd'hui : la corruption et le chantage. Le premier à succomber fut le duc de Marlborough, John Churchill, l'ancêtre de Winston Churchill, qui était à la tête de l'armée, ce qui rendait son soutien crucial. Eustace Mullins, dans son ouvrage *The Curse of Canaan,* affirme que John Churchill a été soudoyé à hauteur de 350 000 livres sterling par Medina et Machado, deux banquiers séfarades d'Amsterdam. Le fiel du duc de Marlborough était tel que le 10 novembre 1688, il signa un nouveau serment d'allégeance au roi et deux semaines plus tard, le 24 du même mois, il rejoignit les forces de Guillaume d'Orange.

L'*Encyclopédie juive* rapporte que "pour ses nombreux services, le duc de Marlborough a reçu du banquier juif hollandais Solomon Medina pas moins de 6000 livres sterling par an". Guillaume d'Orange débarque en Angleterre en 1688 et, en 1689, il est proclamé roi d'Angleterre avec sa femme Marie. Jacques II ne voulait pas abandonner le trône sans combattre et avait débarqué en Irlande le 15 février. Le roi étant catholique, Guillaume d'Orange est proclamé champion de la foi protestante calviniste. Le 12 juillet de la même année eut lieu la célèbre bataille de la Boyne, que les Orangistes célèbrent depuis lors chaque année par des défilés commémoratifs provocateurs.

L'un des objectifs de l'importation du calvinisme en Angleterre était de creuser un fossé entre l'Église et l'État. Le calvinisme mettait l'accent sur le fait que les prêts usuraires et l'accumulation de richesses étaient de nouvelles façons de servir le Seigneur. La grande nouvelle pour les prêteurs et la nouvelle classe marchande émergente était que Dieu voulait que nous nous enrichissions. "S'enrichir", tel était le cri de guerre lancé par les calvinistes. Le prophète de la secte était un crypto-juif français nommé Jean Cauin, qui a fondé le calvinisme à Genève, où il était d'abord connu sous le nom de Cohen (prononcé Cauin). Il a ensuite donné une forme anglaise à son nom et est devenu John Calvin. Le calvinisme était fondé sur l'interprétation juive littérale des commandements et de l'Ancien Testament. Les premiers disciples étaient connus sous le nom d'hébraïsants chrétiens. Le calvinisme a facilité le travail des prêteurs juifs et leur expansion dans le commerce européen. D'où l'expression : "Calvin a béni les Juifs". Dès le début, le calvinisme a été brutalement despotique et s'est avéré être la secte la plus tyrannique et la plus autocratique d'Europe. En novembre 1541, Calvin publie ses Ordonnances ecclésiastiques, un ensemble d'instructions imposant une discipline absolue aux citoyens sous peine de mort. Son principal critique, Jacques Gruet, est décapité pour blasphème. Michael Servetus, un autre de ses opposants, est brûlé sur un bûcher. En règle générale, les détracteurs sont torturés et décapités.

Toutes les guerres et rébellions survenues entre 1640 et 1689 ont été fomentées par les prêteurs juifs internationaux dans le but de contrôler la politique et l'économie britanniques. Leur principal objectif était d'obtenir l'autorisation de fonder la Banque d'Angleterre (1694), afin de garantir les dettes que la Grande-Bretagne leur devait pour les prêts qu'ils leur avaient accordés afin de mener des guerres dont ils étaient les instigateurs. Les livres d'histoire attribuent sa fondation à William Patterson et à Sir John Houblen, mais en réalité, tous deux ont agi en tant que représentants du gouvernement dans les négociations avec les prêteurs. Dès que le général hollandais s'est assis sur le trône d'Angleterre, il a persuadé le Trésor britannique d'emprunter 1 250 000 livres sterling aux banquiers juifs qui l'avaient placé là. Les prêteurs internationaux acceptent de placer cette somme dans les coffres du Trésor, mais imposent leurs conditions.[5] L'une d'entre elles est l'octroi d'une charte pour la création de la Banque d'Angleterre. Une autre condition était le secret des noms de ceux qui accordaient le prêt. L'identité des personnes qui contrôlent la Banque d'Angleterre reste secrète. Un comité, le comité Macmillan, a été mis en place en 1929 pour tenter de faire la lumière sur cette affaire, mais il a échoué en raison de l'attitude toujours évasive de son chef de l'époque, Norman Montagu. En conclusion, il convient d'ajouter que les prêteurs internationaux ont exigé que les directeurs de la Banque d'Angleterre aient le droit d'adopter l'étalon-or et le privilège spécial d'émettre des billets de banque. De même, afin de consolider la dette de la nation et d'assurer le paiement des montants et de leurs intérêts, ils ont réussi à imposer des taxes directes au peuple. C'est ainsi qu'est né le système actuel, basé sur la dette et les impôts de toutes sortes sur le peuple. Depuis lors et jusqu'à aujourd'hui, ceux qui contrôlent le crédit et spéculent sur l'argent ont progressivement usurpé les fonctions des États souverains. La démocratie est le nom donné à un système qui, en réalité, n'est que le régime corrompu qui permet de couvrir le paradis des prêteurs et des spéculateurs internationaux. Entre 1698 et 1815, la dette nationale de la Grande-Bretagne a été portée à 885 000 000. Livres sterling.

Outre la Banque d'Angleterre, première banque centrale privée du monde moderne, deux autres sociétés par actions associées aux finances de l'État sont créées : en 1698, la nouvelle Compagnie des Indes orientales, qui doit monopoliser le commerce au-delà du cap de Bonne-Espérance, et en 1711, la Compagnie du Pacifique, qui doit avoir le privilège de commercer dans les eaux sud-américaines.

---

[5] En 1694, la Chambre des communes comptait 512 membres : 243 Tories, 241 Whigs et 28 personnes d'affiliation inconnue. Les deux tiers sont des propriétaires terriens et l'on pense que 20% des députés sont analphabètes. Le projet de loi est débattu en juillet, alors que la plupart des députés sont dans les champs en train de récolter. Le 27 juillet, lors du vote sur l'octroi de la charte de la banque, seuls 42 députés sont présents, tous des Whigs qui votent en faveur de la loi. Les Tories s'opposent au projet de loi.

# PARTIE 2 - ADAM WEISHAUPT, AGENT DES ROTHSCHILD

Liberté, démocratie, indépendance sont des mots prestigieux auxquels personne n'associe de connotations négatives. Le terme de révolution fait également partie de ces mots dont les connotations sont positives et qui jouissent donc d'un prestige généralement accepté. Qui n'a pas pensé un jour ou l'autre qu'une révolution était nécessaire pour tout changer ? L'histoire enseigne aux élèves que les révolutions se produisent parce que le peuple, lassé de la souffrance et de l'arbitraire, se soulève contre une série d'événements ou de choses inacceptables qui provoquent la révolution. Peu importe le nombre de crimes que les révolutionnaires ont dû commettre pour atteindre leurs objectifs, la fin justifiera les moyens. L'histoire explique que les révolutions conduisent à l'établissement d'un nouvel ordre qui met fin à l'injustice antérieure et constitue une avancée vers la liberté, la démocratie ou l'indépendance.

Isaac Disraeli, père de Benjamin Disraeli (Lord Beaconsfield), dont nous avons déjà cité quelques textes dans le premier chapitre et sur lequel nous reviendrons plus tard, écrit en détail sur la révolution anglaise dans son ouvrage en deux volumes *The Life of Charles I.* Le deuxième volume commence par cette phrase énigmatique : "Il était prédestiné que l'Angleterre serait la première d'une série de révolutions, qui n'a pas encore pris fin". Comme la Révolution française avait déjà eu lieu lorsqu'il a écrit ces mots, il semble évident qu'il faisait allusion à une révolution ultérieure, qui allait être connue sous le nom de révolution bolchevique. Dans cet ouvrage, Disraeli déclare que lorsque les calvinistes ont pris le pays en main, "il semblait que la religion consistait principalement dans les rigueurs du sabbat et que le Sénat britannique avait été transformé en une compagnie de rabbins hébraïques". Plus loin, il déclare : "En 1650, après l'exécution du roi, une loi a été adoptée pour sanctionner la violation du sabbat". Isaac Disraeli souligne les grandes similitudes entre les activités qui ont précédé les révolutions anglaise et française, découvrant ainsi, en quelque sorte, les préparatifs des directeurs secrets du Mouvement Révolutionnaire Mondial.

Comme nous l'avons vu dans le cas de la révolution anglaise, les choses ne sont parfois pas ce qu'elles semblent être. Les processus révolutionnaires ont besoin d'agents, d'organisation et surtout de financement, d'argent. Nous verrons en temps voulu que l'exemple paradigmatique est la révolution bolchevique, financée par les banquiers juifs de Wall Street. Cependant, la gauche internationale est incapable d'entrevoir la vérité. Marx, Trotsky, Lénine restent pour les "progressistes" du monde entier des saints intouchables, des bienfaiteurs de l'humanité. Pourtant, Trotski (Bronstein) était un agent du banquier sioniste Jacob Schiff, qui déclarait fièrement en public que la révolution avait réussi grâce à son aide financière. Max Warburg, un autre banquier sioniste, a ouvert le 21 septembre 1917 par câble depuis Hambourg un compte à la Nya Banken de Stockholm (banque de Rothschild) au nom de Trotski. Olaf Aschberg, juif lui aussi et haut responsable de la Nya Banken, fondera en 1921 la Russian Commercial Bank et deviendra ainsi le chef de la finance soviétique. Tout cela sera raconté en détail dans le chapitre consacré à la révolution en Russie. Voyons maintenant, étape par étape, comment s'est préparée la révolution en France.

Les Rothschild, une famille de talmudistes juifs de Francfort, sont entrés en scène dans le dernier tiers du XVIIIe siècle. Ils sont rapidement devenus les maîtres de la finance et de la politique internationales au cours du 19e siècle. Mayer Amschel Bauer (1744-1812), un homme d'une intelligence extraordinaire, fonde la dynastie et adopte le nom de Rothschild. Avant sa mort, il contraint ses cinq fils à la consanguinité entre eux et avec leurs descendants. Tout cela sera raconté en détail plus loin. Selon William Guy Carr (*Pawns in the Game*), Mayer Amschel Rothschild aurait organisé en 1773 une réunion à Francfort à laquelle participaient douze autres personnes très riches et très influentes. Leur objectif était de convaincre les familles représentées que si elles mettaient leurs ressources en commun, elles pourraient financer et diriger le Mouvement révolutionnaire mondial et l'utiliser comme un manuel d'action pour obtenir le contrôle total des richesses, des ressources naturelles et du pouvoir dans le monde entier. L'analyse de l'organisation de la révolution britannique a révélé les erreurs et les fautes commises : la période révolutionnaire a été trop longue et l'élimination des réactionnaires n'a pas été assez rapide. Selon Guy Carr, qui ne cite pas sa source, c'est lors de cette réunion qu'est élaboré un plan d'action qui sera affiné au fil des années. De nombreuses idées essentielles du projet devaient apparaître dans les documents qui, des années plus tard, ont été saisis chez les Illuminati de Bavière et sont réapparus depuis dans les manuels de diverses sociétés secrètes. Enfin, élargi et peu modifié, le programme sera concrétisé dans les *Protocoles des Sages de Sion*, composé de vingt-quatre sections et publié au début du vingtième siècle. On peut donc en déduire qu'en réalité les fameux *Protocoles* ne sont que la paraphrase d'une conspiration de contrôle du monde latente depuis la fin du XVIIIe siècle.

Le plan d'action proposé repose sur l'hypothèse que la fin justifie les moyens. Par conséquent, l'honnêteté et la moralité sont considérées comme des vices politiques, et la violence et la terreur sont utilisées pour atteindre les objectifs et le libéralisme pour obtenir le pouvoir politique. L'idée de liberté devait être utilisée pour provoquer la lutte des classes. Une autre idée fondamentale concerne la nécessité de cacher le pouvoir (le leur) jusqu'au triomphe final. Selon Guy Carr, la réunion de Francfort aurait considéré pour la première fois l'importance de comprendre la psychologie des masses afin de modifier leur comportement et de les contrôler de manière despotique.

Parmi les idées les plus pertinentes émises par les treize familles et qui sont devenues des pratiques courantes depuis lors, on retiendra les suivantes : le droit de s'emparer de la propriété par tous les moyens ; le financement des deux parties en guerre et le contrôle des conférences de paix qui s'ensuivent ; l'utilisation du pouvoir de l'argent pour placer des politiciens soumis et obéissants dans les gouvernements ; l'utilisation de la propagande par le contrôle de la presse et des livres ; l'utilisation de la franc-maçonnerie pour mener à bien la subversion et diffuser l'idéologie matérialiste et athée ; la révolution et le règne de la terreur qui s'ensuit comme moyen le plus économique de soumettre rapidement le peuple ; le contrôle des nations et des affaires internationales par la diplomatie des agents secrets ; la création de grands monopoles et de réserves colossales de richesses afin d'établir un gouvernement mondial ; l'adaptation des lois nationales et internationales aux intérêts de la "puissance secrète".

Trois ans après la réunion de Francfort, le 1er mai 1776, naissait à Ingolstadt l'Ordre des Perfectibilistes, plus connu sous le nom d'Ordre des Illuminés de Bavière, les Illuminati, la société secrète qui devait mettre en œuvre le programme révolutionnaire conçu à Francfort et que Rothschild avait chargé Adam Weishaupt (1748-1830), un crypto-juif, fils du rabbin George Weishaupt, mort alors qu'il n'avait que cinq ans, de fonder. En 1771, Adam avait rencontré un kabbaliste juif danois, Kölmer, qui venait d'arriver d'Égypte et qui l'avait profondément impressionné par ses connaissances occultes et l'avait initié aux secrets de la magie d'Osiris et de la Kabbale. Weishaupt choisira plus tard la pyramide comme symbole des Illuminati, dont l'emblème, aujourd'hui célèbre dans le monde entier, est "l'œil qui voit tout". La cérémonie de fondation a eu lieu dans les forêts bavaroises lors de la fameuse nuit de Walpurgis (30 avril - 1er mai). Cette date n'est pas une coïncidence, car pour les kabbalistes juifs, le 1er mai symbolisait le nombre sacré de Yahvé et était devenu un jour férié caché. Selon Johann Wolfgang Goethe, le 1er mai, le lendemain de la nuit de Walpurgis, est le jour où les forces mystiques obscures sont célébrées. On sait que parmi le groupe d'étrangers qui assistaient à l'événement se trouvaient plusieurs étudiants, subjugués par les idées de leur maître : Weishaupt, né dans la même ville, était devenu professeur de droit canon et civil à l'université d'Ingolstadt en 1772. En 1773, après la dissolution de la Compagnie de Jésus par le pape Clément XIV, Weishaupt devient doyen de la faculté de droit, détenue par les jésuites depuis quatre-vingt-dix ans. Le fait que Weishaupt ait été éduqué par les Jésuites, ce qui lui a permis de pénétrer leur système d'organisation et de connaître en détail les rouages de l'ordre, a certainement contribué à lui confier la création de l'ordre des Illuminati de Bavière. En effet, il adopta pour les Illuminati l'organigramme de la Compagnie, dont il devint le pire ennemi.

## Frankistes et Illuminati

Qu'Adam Weishaupt ait été un agent des banquiers de Francfort est un fait sur lequel s'accordent de nombreux auteurs auxquels nous nous référerons au cours de notre discussion. Cependant, il existe une source qui a été peu citée et qui est d'un grand intérêt parce qu'elle constitue une autorité très importante. Il s'agit du rabbin Marvin S. Antelman, qui, à partir de 1974, a exercé les fonctions de juge en chef de la Supreme Rabbinic Court of America (SRCA). Dans son ouvrage *To Eliminate the Opiate* (deux volumes publiés à vingt-huit ans d'intervalle, en 1974 et 2002), Antelman affirme que c'est le fondateur de la dynastie Rothschild, Mayer Amschel, qui a convaincu Adam Weishaupt d'accepter la doctrine de Jacob Frank (Frankistes) et qui a financé par la suite les Illuminati bavarois. Les Frankistes, secte pré-Illuminati à laquelle appartenaient les financiers et intellectuels juifs les plus influents d'Europe, étaient eux-mêmes des adeptes de Shabbetay Zeví et ne se mariaient qu'entre eux.[6] Jacob Frank (1726-1791), dont le nom d'origine était Jacob Leibowicz, est né en Galicie, en

---

[6] Les doctrines de Shabbetay Zeví (1626-1676) et de Jacob Frank sont considérées par des rabbins tels que Marvin S. Antelman comme un mouvement satanique qui a bouleversé les enseignements juifs. Shabbetay Zeví, d'origine séfarade, est né à Smyrne en 1626. Il étudie pour devenir rabbin, mais s'intéresse rapidement à la Kabbale. Yitshac Luria avait annoncé au XVIe siècle que le Messie régnerait à partir de 1648. À la même date, dans la synagogue de sa ville natale, Shabbetay Zeví proclame qu'il est le Messie attendu. Excommunié, il se rend à Thessalonique, d'où il est expulsé. Il se rendit en Égypte et entra en contact avec un groupe de kabbalistes dirigé par le juif Raphaël Joseph, qui était trésorier du vice-roi et contrôlait les activités bancaires en Égypte, une province ottomane. En 1662, avec beaucoup d'argent, il arrive à Jérusalem où il reste deux ans. En 1664, il retourne en Égypte et épouse une prostituée juive, Sarah, qui, sept ans plus tôt, avait affirmé à Amsterdam que Dieu lui avait ordonné d'épouser le nouveau Messie. Ce mariage fut consommé pour accomplir la légende selon laquelle le Messie épouserait une femme impure. Shabbetay avait besoin d'un prophète et ce fut Nathan de Gaza, qui prétendait avoir des visions dans lesquelles Dieu confirmait que Shabbetay Zeví était le Messie. En 1665, les deux se réunirent et commencèrent à enseigner aux rabbins de Jérusalem et à leurs disciples que Shabbetay avait la permission divine d'enfreindre les commandements de Moïse et que l'inceste et la fornication n'étaient pas un péché. Il est à nouveau expulsé, mais de nombreux Juifs commencent à croire en lui. Il se rend à Alep, puis retourne à Smyrne, où une scission s'opère entre ceux qui suivent les rabbins et ceux qui le proclament Messie. Le 30 décembre 1665, il s'embarque pour Constantinople car, selon une prophétie, le sultan doit se rendre et commencer ainsi son règne. À son arrivée, le 8 février 1666, le sultan l'attend et l'emprisonne. Il lui pose alors un ultimatum : soit il se convertit à l'islam, soit il est exécuté. Shabbetay, devant le sultan et sa cour, enlève son chapeau, lui crache dessus et renonce à sa foi juive. Sa femme et ceux qui l'accompagnent en prison se convertissent également. Il y eut un émoi mondial parmi ceux qui l'avaient accepté. C'est Nathan de Gaza qui expliqua qu'en commettant l'apostasie, Shabbetay avait sauvé tous les Juifs qui croyaient qu'il était le Messie. Shabbetay mourut le jour de l'Expiation en 1676 et son entourage fit savoir qu'il était ressuscité le troisième jour.

Pologne, dans une famille shabbétaïste. À l'âge de 25 ans, il se proclame réincarnation de Zeví.

Dans son ouvrage *Le messianisme juif,* Gershom Scholem définit Frank comme "le cas le plus épouvantable de l'histoire du judaïsme". La pensée de Frank, explique Scholem, se situe dans l'interprétation kabbalistique de Shabbetay Zeví : la rédemption cosmique (ticún) se réalise par le péché (Erlösung durch Sünde) : "c'est en violant la Torah qu'elle s'accomplit". Sa doctrine est résumée dans son livre *The Words of the Lord,* dans lequel il affirme que le Dieu créateur n'est pas le même que celui qui s'est révélé aux Israélites. Frank croit que Dieu est Satan et jure de ne pas dire la vérité et de rejeter toute loi morale. Il déclare que la seule voie vers une nouvelle société passe par la destruction de la civilisation actuelle. Le meurtre, le viol, l'inceste et la consommation de sang sont des actes rituels parfaitement acceptables et nécessaires.

Frank fonda sa propre secte, manifestement satanique, basée sur la transgression et la débauche orgiaque. En 1752, il épousa une belle femme juive d'origine bulgare, Hanna, qu'il utilisa, selon la coutume des membres de la secte, pour captiver et piéger des dizaines d'hommes qui se livraient avec elle à des activités licencieuses. Hanna eut deux fils, Joseph et Jacob, et une fille, Eva, qui, selon l'*encyclopédie juive,* suivant l'exemple de sa mère, devait coucher des années plus tard avec les hommes les plus en vue de l'époque, dont l'empereur d'Autriche, Joseph II. En Turquie, à l'instar de Shabbetay Zeví, Frank se convertit à l'islam et devient un "doenmé".[7] Il organise ensuite un réseau clandestin shabbétaïque en Pologne, qui s'étend à l'Ukraine et à la Hongrie. Pour se protéger des rabbins orthodoxes, Jacob Frank demande même la protection de l'Église catholique. Selon lui, pour mener à bien la mission messianique, il faut tenir un double langage : on agit comme on croit, mais on ne dit pas ce que l'on croit (Weishaupt dirait exactement la même chose). Cette stratégie du mensonge va jusqu'à le faire baptiser dans le rite catholique. Ainsi, alors qu'en 1683 le sabbatéisme pénètre l'islam, les frankistes font de même avec le catholicisme en 1759. Frank fut baptisé dans la cathédrale de Varsovie, et son parrain n'était autre que le roi Auguste III,. Jacob Frank conçoit même un plan pour pénétrer l'Église orthodoxe et subvertir le régime impérial russe.

---

[7] En Espagne, le nom de Marranos était donné aux juifs convertis, souvent infiltrés dans l'Église et l'État, qui continuaient à pratiquer le judaïsme. En Turquie, suite à la célèbre conversion à l'islam de Shabbetay Zeví, le nom de doenmé (apostat) a été donné aux crypto-juifs qui se comportaient extérieurement comme des musulmans, mais restaient en réalité fidèles à la religion juive. Mustafa Kemal Atatürk et les Jeunes Turcs qui ont établi l'État laïque en Turquie en 1923 étaient des Shabbetayens, des Doenmés. Pour Shabbetay Zeví et Jakob Frank, l'apostasie et le marranisme sont nécessaires, avec l'obligation de secret sur la vraie foi juive gardée par le faux converti. Frank expliquait à ses disciples que "le baptême serait le début de la fin de l'Église et de la société, et eux, les Frankistes, avaient été choisis pour provoquer la destruction de l'intérieur, comme des soldats prenant d'assaut une ville en passant par les égouts".

Les autorités polonaises découvrent rapidement son double jeu et l'emprisonnent dans la citadelle de Czenstockova. Libéré en 1773 par les Russes, à la veille du premier partage de la Pologne, Jakob Frank prend alors le nom de Dobrushka et s'installe à Brno. Jakob Frank prend alors le nom de Dobrushka et s'installe à Brno. Maître de la subversion politique et de la manipulation de la propagande, il organise à Brno un mouvement avec des camps d'entraînement paramilitaires où 600 de ses partisans sont formés au terrorisme. On peut donc supposer qu'il avait beaucoup d'argent, et tout porte à croire qu'il provenait de son ami Mayer Amschel Rothschild. Gershom Scholem reconnaît que Frank avait créé en 1786 un centre international de subversion spécialisé dans l'infiltration, le terrorisme et l'enrichissement par le chantage dans les environs de Francfort, au château d'Offenbach. Dans un article intitulé "The Deutsch Devils" daté du 31 décembre 2003, Barry Chamish, un autre auteur juif et sioniste, le confirme : "À cette époque, Francfort était le siège de l'empire Rothschild et d'Adam Weishaupt, fondateur des Illuminati. Lorsque Jacob Frank entre dans la ville, l'alliance entre les deux a déjà commencé. Weishaupt fournit les ressources conspiratoires des Jésuites, tandis que les Rothschild fournissent l'argent.[8] Il ne restait plus qu'à trouver les moyens d'étendre le programme des Illuminati. Les Frankistes ajoutent alors leur réseau d'agents disséminés dans les pays chrétiens et islamiques. Jacob Frank est soudain devenu riche parce qu'il a reçu un beau cadeau des Rothschild. Il n'y a pas d'autre explication.

Le rabbin Antelman précise : "Il faut souligner que lorsque les Illuminati et les Frankistes ont infiltré les Francs-maçons, cela ne signifie pas qu'ils nourrissaient un sentiment particulier d'amour pour la Franc-maçonnerie. Au contraire, ils la détestaient et ne souhaitaient qu'utiliser sa couverture comme moyen de diffusion de leur doctrine révolutionnaire et comme lieu où ils pouvaient se réunir sans éveiller de soupçons". Il convient de garder ces mots à l'esprit, car nous expliquons ci-dessous comment l'infiltration s'est déroulée.

Des années plus tard, en 1818, Mary Shelley, épouse du poète Percy Bysshe Shelley, placera également le professeur Victor Frankenstein, personnage de roman créateur d'un autre monstre incontrôlé, à l'université d'Ingolstadt. Voyons, bien que la citation soit un peu longue, ce que dit le rabbin Antelman à ce sujet dans *To Eliminate the Opiate* :

"Notre étude des Frankistes et de leur élite nous montre qu'ils étaient de véritables monstres. Le concept a d'ailleurs été retenu, et ce n'est pas un hasard, dans le roman *Frankenstein*. Mary Shelley et son mari, le célèbre poète Shelley, étaient membres des Illuminati. Le symbolisme inhérent au nom Frankenstein est le suivant : Le nom Frank vient de Jacob Frank,

---

[8] Barry Chamish, décédé le 23 août 2016, a popularisé les révélations du rabbin Antelman sur les juifs sabbatéistes et les Illuminati. Dans son livre *Who Murdered Yitzhak Rabin ?* Chamish a révélé l'implication du "Shin Bet" dans l'assassinat d'Yitzhak Rabin.

fondateur des Frankistes. EN est une abréviation anglaise du mot hébreu à trois lettres "Ayin", qui signifie "œil". Stein, en allemand, signifie pierre. Dans le symbole du culte de l'œil qui voit tout et dans le sceau du dollar américain, l'œil se trouve sur les pierres qui forment la base de la pyramide. Mais quel est le symbolisme du monstre de Frankenstein ? Comme nous l'avons souligné, les Frankistes étaient liés au kabbalisme mystique et il existe une tradition kabbalistique de monstres appelés Golems. Le concept du Golem est discuté en détail dans le livre du professeur Scohlem intitulé *Kabbalah and its Symbolism (La Kabbale et son symbolisme)*. [Dans la construction classique d'un Golem, les kabbalistes forment une figure humaine avec de la terre ou de l'argile, écrivent l'un des noms secrets de Dieu sur un parchemin et le placent dans une cavité de la tête du Golem. Après avoir écrit le code correspondant, le Golem prend vie. Le symbolisme cryptique du monstre de Frankenstein est que les sages mystiques, les pourvoyeurs de sagesse, utilisant les grands secrets de l'univers, doivent donner une nouvelle vie aux idées mortes et décrépites de l'ancien monde".

Le célèbre auteur juif Bernard Lazare a écrit dans son ouvrage *L'Antisémitisme* (1894) que des cabalistes principalement juifs entouraient Weishaupt. Des documents confisqués montrent sans équivoque que la moitié des Illuminati occupant des postes importants étaient juifs, une proportion qui augmente avec le rang. Comme le rapporte *La Vieille France* dans son édition du 31 mars 1921, quatre Juifs particulièrement importants faisaient partie de la direction des Illuminati de Bavière : Naphtali Herz, Moses Mendelssohn, Isaac Daniel von Itzig (banquier) et son gendre David Friedländer. Itzig et Friedländer étaient tous deux d'éminents frankistes. Il est intéressant de noter que les Itzig fournissaient à la Prusse l'argent nécessaire à la frappe de la monnaie. Le rabbin Antelman retrace les mariages successifs de cette famille de frankistes éclairés dans l'ouvrage précité afin de démontrer les intrigues politiques de cette élite, dont la stratégie de liaison entre eux a joué un rôle clé dans leur prise de pouvoir. Entre 1773 et 1775, Weishaupt s'est rendu en France, où il s'est lié d'amitié avec deux francs-maçons, Maximilien Robespierre, qui finira guillotiné en 1794 après avoir osé dénoncer la conspiration des Illuminati, et le marquis de Lafayette, qui interviendra plus tard dans la Révolution américaine et jouera un rôle prépondérant pendant les trois premières années de la Révolution en France. Lafayette a également accusé publiquement la secte, comme nous le verrons plus loin. En 1777, près de deux ans après avoir fondé l'Ordre bavarois des Illuminati, Weishaupt devient franc-maçon et rejoint la loge munichoise Théodore du Bon Conseil grâce à son amitié avec le baron protestant Adolph Franz Friedrich Ludwig von Knigge. Toutes ces expériences ont sans doute servi à imprégner la franc-maçonnerie du programme des Lumières bavaroises, car dès 1778, Weishaupt fait part de son projet de fusionner les deux sociétés.

Treize membres composent le Conseil suprême de l'Ordre des Illuminati, qui constitue l'organe exécutif du Conseil des Trente-trois. Le Conseil suprême décide que la loge d'Ingolstadt servira à organiser la campagne de pénétration de la franc-maçonnerie continentale par l'intermédiaire de ses agents ou cellules, qui pourront même fonder de nouvelles loges dans le but de faire du prosélytisme et de contacter des non-Juifs riches ou bien établis dans l'Église ou dans l'État. Les loges fondées en France doivent s'associer au Grand Orient, qui regroupe la quasi-totalité des loges du pays et a pour Grand Maître le duc d'Orléans, cousin du roi Louis XVI. L'événement qui va marquer un tournant dans la réalisation de l'objectif de contrôle de la franc-maçonnerie est le congrès de Wilhelmsbad.

## Mirabeau

Parmi les contacts notables établis, on peut citer Honoré-Gabriel Riquetti, comte de Mirabeau (1749-1791), qui, à la mort de son père en 1789, devint le quatrième marquis de Mirabeau. Quelques brèves notices biographiques permettent de comprendre son recrutement par les agents de Weishaupt. Les mauvaises relations d'Honoré-Gabriel avec son père, le troisième marquis, ont marqué sa vie. Lorsqu'il s'engage dans l'armée en 1767, son père refuse de lui acheter une commission et il commence à accumuler les dettes. Après une intrigue avec la maîtresse de son colonel, il est arrêté et emprisonné. Néanmoins, en 1771, il est reçu à la cour de Versailles, mais après une grave querelle avec son père, il la quitte. En 1772, il épouse sans dot Émilie de Marignane, fille du marquis de Marignane. Espérant hériter à la mort de la belle-mère d'Émilie, il contracte des dettes scandaleuses, ce qui lui vaut un procès en interdiction de la part de son père et un nouvel emprisonnement. Lorsqu'il retrouve sa liberté, il se bat en duel avec un noble de Grasse et, à nouveau poursuivi par son père, se retrouve en semi-liberté au fort de Joux. Il est bientôt séduit par les charmes de la marquise Sophie de Monnier, une jeune femme mariée à un quinquagénaire, qu'il suit à Dijon lorsqu'elle quitte son mari. Là, il est arrêté. Son père demande qu'il soit interné à Lyon. Après bien des vicissitudes, il s'embarque pour la Hollande et est reçu par les membres de la loge "Le Bien-Aimé" à Amsterdam, où il rédige un *Plan de réorganisation de la franc-maçonnerie*, dans lequel il déconseille l'admission de personnes sans importance et sans pouvoir d'achat. Après une violente dispute avec son père, Mirabeau est condamné à être décapité par la justice de Pontarlier et à payer une amende de 40 000 livres pour "rapt" au marquis de Monnier. La pauvre Sophie est condamnée à la prison à vie dans une maison de correction et son contrat de mariage est annulé. Mirabeau échappe de peu à l'exécution grâce à une extradition qui entraîne un nouvel emprisonnement. Enfin, en 1782, par des "transactions" avec Monnier, il obtient l'annulation de la condamnation de Pontarlier. Un an plus tard, il intente un procès à sa femme, qui a enfin hérité d'une grande fortune, pour abandon du domicile conjugal. Malheureusement pour lui, il est débouté.

On comprend que des gens comme Mirabeau aient été des proies idéales pour les agents de Weishaupt. Il n'est pas facile de dire quand Mirabeau a été recruté par les Illuminati, car dans le tourbillon des événements décrits ci-dessus, il n'est pas fait mention de ses évasions et de ses voyages à l'étranger : Amsterdam, Genève, Potsdam, Vienne et Berlin, où le ministre Calonne l'avait envoyé en mission officielle, ce qui fit beaucoup parler de lui. En tout cas, il est certain que Mirabeau appartenait à l'Ordre et qu'il en connaissait le chef. John Robison, dont l'ouvrage *Proofs of a Conspiracy Against All the Religions and Governments of Europe* sera évoqué plus loin, précise que Weishaupt lui-même le surveillait et qu'il décida finalement de le contacter par l'intermédiaire d'un lieutenant-colonel nommé Mauvillon, qui était au service du duc de Brunswick. Robison explique que Mirabeau publia effrontément un pamphlet aux intentions ambiguës, *Essai sur la secte des illuminés*, dans lequel il semble ne pas s'être rendu compte de ce dans quoi il s'était embarqué, car il qualifie imprudemment les Illuminati de fanatiques absurdes et pleins de superstitions et commente même certains des rituels et cérémonies de l'Ordre. Dans cet essai, il montre même qu'il était conscient de l'intention de Weishaupt d'infiltrer les loges et de ses motivations. Dans un autre ouvrage controversé qui lui a également valu des ennemis en Allemagne, *Histoire secrète de la cour de Berlin*, il fait référence à Weishaupt et aux illuminati et déclare : "La loge Théodore du Bon Conseil à Munich, où se trouvaient quelques hommes avec une tête et un cœur, était fatiguée d'être à la merci des vaines promesses et des querelles de la franc-maçonnerie. Les dirigeants décidèrent d'y greffer une autre association secrète à laquelle ils donnèrent le nom d'Ordre des Illuminati. Ils prirent pour modèle la Compagnie de Jésus, bien que leurs buts fussent diamétralement opposés". Ces paroles de Mirabeau invitent à penser qu'il savait pratiquement dès le début ce qui se préparait, car il savait que l'intention de la société secrète était de prendre le contrôle de la franc-maçonnerie et de l'utiliser pour susciter et diriger la révolution par son intermédiaire. Grâce à des documents saisis plus tard par la police bavaroise, on a appris que le nom secret de Mirabeau dans l'Ordre était d'abord Arcésilas, puis Léonidas. Il est probable que Mirabeau, aigri par les problèmes sociaux qu'il avait connus et peut-être par esprit de vengeance, ait même prêté le serment d'obéissance illimitée sous peine de mort.

Le Suprême Conseil de l'Ordre a dû considérer que Mirabeau pouvait leur être d'une grande utilité pour parvenir à leurs fins : il appartenait à la noblesse, connaissait les milieux de la cour, était un orateur extraordinaire, et était l'intime de Louis Philippe Joseph, l'un des hommes les plus riches de France, qui avait été duc de Montpensier jusqu'à l'âge de cinq ans, puis duc de Chartres jusqu'en 1785, date à laquelle son père mourut et où il devint enfin duc d'Orléans. Le duc de Chartres avait signé le 5 avril 1772 un acte par lequel il acceptait la proclamation "de Grand Maître de tous les Conseils, Chapitres et Loges écossaises du grand globe de France, fonctions que Son Altesse Sérénissime a daigné accepter pour l'amour de l'art royal et afin de concentrer toutes les opérations maçonniques sous une seule autorité". Louis-Philippe d'Orléans (1747-1793) a été choisi comme chef d'orchestre de la révolution française et Mirabeau est l'agent de liaison idéal. Sous couvert d'amitié et d'admiration, les agents des banquiers prêteurs qui financent les Lumières proposent certainement à Mirabeau de l'aider à sortir de ses difficultés financières. Lorsqu'ils l'ont en leur possession, il est présenté à Moïse Ben Mendel, qui a germanisé son nom et se fait appeler Moïse Mendelssohn (1729-1786), qui devient son mentor. À tel point que peu après sa mort en 1787, Mirabeau publie un mémoire sur *Moïse Mendelssohn et la réforme politique des Juifs*. C'est peut-être Mendelssohn lui-même qui lui fait rencontrer Henriette de Lemos, épouse du docteur Herz, juive d'origine séfarade célèbre pour sa beauté et son charme personnel. Pour un homme comme Mirabeau, le fait que cette femme séduisante soit mariée ne fait que la rendre plus intéressante et désirable. Madame Herz reçoit ses amis dans des salons ouverts à Berlin, Paris et Vienne. Les disciples de Moses Mendelssohn qui faisaient partie de la conspiration les fréquentaient.

Dans *Sous le signe du scorpion*, Jüri Lina accorde une grande importance à Moses Mendelssohn au sein de l'Ordre des Illuminati. Selon lui, Mendelssohn était "le guide invisible de Weishaupt". En 1776, il avait fondé le mouvement Haskala (nous reviendrons sur l'importance de ce mouvement dans un autre chapitre), dont le but ostensible était de moderniser le judaïsme afin que les gens acceptent les juifs lorsqu'ils abandonnent le talmudisme et assimilent la culture occidentale. L'ouvrage que Mirabeau consacre à son projet de réforme politique vise en même temps à consacrer la figure de Mendelssohn qui, selon Lina et d'autres auteurs, est le chef des Illuminati à Berlin. Si Mendelssohn prêche officiellement l'assimilation, il continue secrètement à encourager ses coreligionnaires à maintenir fidèlement les croyances raciales talmudiques de leurs pères.

Tout indique que la tâche essentielle de Mirabeau est de convaincre le duc d'Orléans, grand maître de la franc-maçonnerie française, qui s'appellera plus tard Philippe Egalité, de se mettre à la tête du mouvement révolutionnaire en France. Il était entendu qu'une fois le roi contraint d'abdiquer, il deviendrait le souverain démocratique de la nation. Il faut ajouter ici qu'en 1780, Louis-Philippe d'Orléans est également très endetté et que, malgré son manque de scrupules face aux affaires qu'on lui propose, ses dettes ne cessent de croître. Des banquiers et des prêteurs lui ont également proposé des conseils et une aide financière. Bien entendu, pour garantir leurs emprunts, ils lui ont demandé ses biens (domaines, palais, maisons et Palais Royal) en garantie. Le duc d'Orléans a même signé avec ses financiers juifs un accord par lequel ils étaient autorisés à administrer ses propriétés ou ses domaines afin de lui assurer les fonds suffisants pour faire face à ses obligations financières et vivre convenablement en même temps. Eustace Mullins (*The Curse of Canaan*) et William Guy Carr (*Pawns in the game*) s'accordent pour rapporter que Choderlos de Laclos, auteur des *Liaisons Dangereuses*, fut chargé d'administrer et de gérer le Palais Royal et les domaines du duc d'Orléans. Laclos fit venir à Paris, pour l'aider, un juif de Palerme, le célèbre Cagliostro (Giuseppe Balsamo), qui avait eu pour maître kabbaliste un certain Altotas, qui, selon certains auteurs, était celui-là même qui avait initié Weishaupt, c'est-à-dire Kölmer. Cagliostro était le grand maître des chevaliers rosicruciens de Malte. Selon Mullins et Guy, ils ont transformé le palais en "l'un des plus beaux bordels du monde" et l'ont utilisé comme quartier général de la propagande révolutionnaire. Des milliers de pamphlets incendiaires y sont imprimés et inondent Paris. Lorsque la révolution éclate, le palais devient le centre des opérations. Hippolyte Taine raconte dans son *Histoire de la Révolution française* que les agitateurs y sont en session permanente : "Le Palais Royal est un club à ciel ouvert où jour et nuit les agitateurs s'excitent les uns les autres et provoquent la foule à des explosions de violence. Dans son enceinte, protégée par les privilèges de la Maison d'Orléans, la police n'ose pas pénétrer. [...] Le palais, centre de prostitution, de jeu, de loisirs et de pamphlétaires, attire toute la population déracinée qui circule dans la grande ville sans domicile ni occupation".

Dans ses *Mémoires pour servir à l'Histoire du Jacobinisme*, l'abbé Augustin Barruel affirme également l'appartenance de Mirabeau aux Illuminati. Barruel affirme qu'en 1788, Mirabeau et Charles-Maurice de Talleyrand-Périgord, directeurs de la loge "Amis Reunis", écrivent à leurs frères d'Allemagne pour leur demander aide et instruction. L'infatigable Talleyrand, dit "le diable boiteux", sera le découvreur de Napoléon et c'est lui qui le mettra en contact avec Mayer Amschel Rothschild. Deux grands sectateurs de l'Ordre, Bode, dit Amelius, et le baron de Busche, alias Bayardo, se rendent en France pour les aider à introduire l'illuminisme dans les loges de leur pays. Barruel raconte qu'à la loge des "Amis Réunis", où étaient réunis les membres de toutes les loges maçonniques de France, les émissaires de Weishaupt firent connaître les mystères de l'Illuminisme. Il confirme ainsi que, sans que les maçons en général connaissent même le nom de la secte, puisque seul un petit nombre avait été initié aux vrais secrets, au début de l'année 1789, les deux cent soixante-six loges relevant du Grand Orient avaient été éclairées.

## Le congrès de Wilhelmsbad

Selon Nesta Webster, l'importance du congrès de Wilhelmsbad pour la compréhension de l'évolution historique n'a jamais été appréciée à sa juste valeur par les historiens. Lors du congrès de Wilhelmsbad, qui s'est tenu dans un couvent près de Hanau, en Hesse, l'alliance entre les Lumières et la franc-maçonnerie a été définitivement scellée. Jüri Lina affirme dans *Sous le signe du scorpion* que les locaux du congrès se trouvaient en fait dans un château appartenant à Mayer Amschel Rothschild. Le congrès, qui s'est ouvert le 16 juillet 1782 et s'est achevé début septembre, a réuni des représentants de sociétés secrètes du monde entier, regroupés en trois grandes tendances : les martinistes, les francs-maçons et les Illuminati. Un juif portugais nommé Martinez Pasqualis aurait fondé en 1754 la société secrète des Martinistes, basée sur un système inspiré du christianisme judaïsant et des philosophies gréco-orientales. Selon Nesta Webster, la secte s'était scindée en deux branches : les adeptes de Saint Martin, d'où le nom, et une branche plus révolutionnaire qui avait fondé la loge des Philalèthes à Paris. Dans son livre *Des erreurs et de la vérité*, publié en 1775, Saint-Martin mentionne la formule "liberté, égalité, fraternité" et la considère comme "la triade sacrée". David Livingstone, dans *Terrorism and the Illuminati*, renforce cette thèse en affirmant que Pasqualis était un mystique juif connu pour avoir organisé un mouvement du nom d'*Ordre des Chevaliers Maçons Elus-Coën de L'Univers*. Selon Livingstone, l'œuvre de Pasqualis fut poursuivie par son disciple Louis-Claude de Saint Martin, qui fonda plus tard l'ordre des Martinistes.

A Wilhelmsbad, les idées sur l'émancipation des Juifs ne tardent pas à faire surface. En août 1781, sous l'influence de Moses Mendelssohn, Christian Wilhelm von Dohm (1751-1820) avait publié *De l'amélioration de la condition civile des Juifs*, un ouvrage d'une grande influence sur le mouvement révolutionnaire qui, selon l'historien juif Heinrich Graetz, "décrivait les chrétiens comme de cruels barbares et les Juifs comme d'illustres martyrs". Dohm, habitué des salons d'Henriette de Lemos, où il se lie d'amitié avec Mirabeau, démontre avec cet ouvrage l'existence d'un projet complet en faveur du judaïsme. Toujours en 1781, le baron prussien Jean Baptiste Cloots (Anacarsis), un illuminé d'origine juive qui s'était déclaré "ennemi personnel du Christ" et que Robespierre avait fait décapiter, avait publié un pamphlet prosémite, *Lettres sur les Juifs*. La première conséquence d'une telle propagande en faveur des Juifs est leur admission immédiate dans toutes les loges.

Les Illuminati bavarois savaient très bien comment manœuvrer lors du congrès, puisqu'ils étaient les seuls à y être venus avec le projet préconçu de prendre le contrôle de la franc-maçonnerie. Cushman Cunningham, dans *The Secret Empire*, considère qu'après 1782, la franc-maçonnerie européenne a été dominée par les Illuminati. Une recrue notable à Wilhelmsbad fut le duc Ferdinand de Brunswick, grand maître de la franc-maçonnerie allemande, appelé Isch Zadik (homme juste), bien qu'il se soit repenti par la suite. Une autre personnalité qui a confirmé son appartenance aux Illuminati est le prince Karl de Hesse-Kassel, qui, avec Daniel Itzig, le banquier frankiste de Berlin, étaient les principaux dirigeants des Frères asiatiques ou de l'Ordre asiatique, dont le nom complet était l'Ordre des Frères de Saint Jean l'Évangéliste d'Asie en Europe ("Die Brüder St. Johannes des Evangelisten aus Asien in Europa"), composé en grande partie de Juifs, de Turcs, de Persans et d'Arméniens. Quatre des loges des Illuminati à Vienne appartenaient à l'Ordre asiatique, également connu sous le nom d'Ordre d'Abraham. Selon le rabbin Marvin S. Antelman, le Frankiste Moses Dobrushka (1753-1794), cousin au second degré de Jacob Frank, alias Schönfeld, alias ben Joseph, alias Junius Frey, qui fut l'un des fondateurs de l'Ordre Asiatique à Vienne en 1780-81, est l'un des hommes clés de la connexion entre les Illuminati, les Jacobites et l'Ordre Asiatique.

Dans le premier volume de *To Eliminate the Opiate*, le rabbin Antelman, s'appuyant sur *Paris in the Terror* de Stanley Loomis et *Jews and Freemasons in Europe 1723-1939* de Jacob Katz, attribue la création de l'Ordre asiatique au frankiste Moses Dobrushka. Dobrouchka, apparenté à Jacob Frank, suit l'exemple du chef de la secte et se convertit au catholicisme en 1775 afin de pouvoir prospérer à la cour de Joseph II d'Autriche, où il prend le nom de Franz Thomas von Schönfeld. En tant que franc-maçon, il se fait appeler Isaac ben Joseph. Il rejoint ensuite la Révolution française sous le nom de Junius Frey et est un fervent jacobin. Accusé d'espionnage et d'être au service de la Compagnie des Indes orientales, il fut finalement guillotiné avec les dantonistes en 1794. Un livre quasi définitif sur Jacob Frank et son parent Moses Dobrushka est *Le Messie Militant ou la Fuite du Ghetto (The Militant Messiah or the Flight from the Ghetto)* d'Arthur Mandel. Cet ouvrage fondamental explique en détail les vicissitudes de Dobrouchka-Schönfeld-Frey, qui était le fils d'un cousin de Jacob Frank nommé Sheindel Hirschel. Jacob Frank est entré en contact avec eux lorsqu'il s'est installé à Brno, après avoir séjourné chez sa cousine, que le rabbin ultra-orthodoxe Jacob Endem appelle "cette grosse putain de Brünn". Dans cet ouvrage, il est pleinement confirmé que Dobrushka, sous le nom de Franz Thomas von Schönfeld, est cité comme l'un des fondateurs de l'Ordre Asiatique. Son rôle était de la plus haute importance, car c'est lui qui a traduit les textes originaux écrits en hébreu et en chaldéen, d'où provenaient les mystères orientaux et kabbalistiques qui ont tant ébloui certains nobles. Après le Congrès de Wilhelmsbad, la direction de l'Ordre est exercée par un Sanhédrin qui comprend le banquier Daniel Itzig et Charles de Hesse. Au-dessous de ce sanhédrin tout-puissant se trouvait le chapitre général. Charles de Hesse, désigné dans l'Ordre comme Ben Our Ben Mizram, était le frère de Wilhelm (1743-1821), qui fut Landgrave de Hesse-Kassel à partir de 1785 sous le nom de Wilhelm IX et Prince Électeur de Hesse-Kassel de 1803 à 1821 sous le nom de Wilhelm I. Les Rothschild doivent leur suprématie aux Rothschild. Les Rothschild doivent leur suprématie absolue dans le monde de la finance et de la banque à leur relation avec Guillaume IX. C'est ce que nous expliquerons dans le chapitre suivant.

Nesta Webster explique comment les Lumières se sont répandues en Allemagne après le congrès de Wilhelmsbad : "La loge d'Eichstadt a éclairé Bayreuth et d'autres villes impériales. Berlin a éclairé les provinces de Brandebourg et de Poméranie. Francfort a éclairé Hanovre, etc. Toutes ces sections étaient dirigées par Weishaupt qui, depuis la loge de Munich, tenait en main toutes les ficelles de la conspiration." Les professeurs Cossandey et Renner, contraints de témoigner en raison de la saisie par la police bavaroise de documents révélant le complot, déclarent à Munich en avril 1785 que "tous les Illuminati étaient francs-maçons, mais que tous les francs-maçons n'étaient pas des Illuminati". Le professeur Renner a avoué au tribunal que "les Illuminati ne craignaient rien tant que d'être connus sous ce nom". En effet, ceux qui ne gardaient pas le secret étaient menacés de terribles châtiments.

Parmi les décisions importantes prises à Wilhelmsbad figure celle de déplacer le siège de la franc-maçonnerie éclairée à Francfort, où vivaient les membres les plus éminents de la finance juive : Rothschild, Oppenheimer, Wertheimer, Speyer, Stern. Eustace Mullins mentionne comme membres de la loge de Francfort en 1811 Sigismund Geisenheimer, chef administratif de la maison Rothschild, les banquiers Adler, Speyer, Hanauer, Goldschmidt et Zevi Hirsch Kalisher (1795-1874), l'un des pionniers du sionisme qui deviendra plus tard le grand rabbin de Francfort. Niall Ferguson, dans son ouvrage *The House of Rothschild*, ajoute que Salomon Rothschild lui-même, deuxième fils de Mayer Amschel, assistait aux séances. Il peut paraître surprenant que Zevi Hirsch Kalisher, en 1811, à l'âge de seize ans, ait déjà assisté à des réunions de la loge, mais c'est crédible. Quoi qu'il en soit, son *Drishal Zion* (*La quête de Sion*), ainsi que *Rome et Jérusalem* de Moses Hess, sont considérés comme les deux livres précurseurs du sionisme, dont il sera question au chapitre quatre du présent ouvrage. Dans *The World Revolution*, Nesta Webster, qui cite à son tour *The X-Rays in Freemasonry* and the *Israelite Archives* d'A. Cowan, affirme que c'est dans la grande loge de Francfort, siège des Rothschild, que le gigantesque plan de la révolution mondiale a été mis en œuvre et que c'est là, à l'occasion du congrès maçonnique de 1786, que la mort de Louis XVI et de Gustav III a été définitivement décrétée, ainsi que la création de la Garde nationale républicaine pour la protection du nouveau régime. Jüri Lina ajoute que l'assassinat de l'empereur Léopold II d'Autriche, frère de la reine Marie-Antoinette de France, empoisonné le 1er mars 1792 par le juif Martinowitz, a également été décidé, selon l'auteur estonien.

Gustave III de Suède, qui était franc-maçon, a effectivement été assassiné : il a été abattu par un autre franc-maçon, Jacob Johan Anckarström, le 16 mars 1792 au Théâtre royal de Stockholm. L'opéra de Verdi, *Un ballo in maschera*, est basé sur ce crime. Gustave III, allié de la famille royale française, envisageait de combattre les Jacobins en organisant une coalition des monarchies d'Europe. Le roi Louis XVI, comme on le sait, est guillotiné le 21 janvier 1793.

## La conspiration mise au jour

Les premières révélations sur l'existence de l'ordre bavarois des Illuminati datent de 1783. Johann Baptist Strobl, un libraire munichois dont la candidature avait été rejetée, dépose la première plainte. Weishaupt l'accuse d'être un calomniateur mal informé ; mais la même année, selon une publication suédoise (*Guidance for Freemasons*) parue à Stockholm en 1906 et citée dans *Under the Sign of the Scorpion*, le professeur Westenrieder, la duchesse Maria Anna et le professeur Utzschneider, qui avaient quitté la secte, tirent eux aussi la sonnette d'alarme.

Une autre personnalité des Illuminati, Freiherr von Knigge, alias Philo, qui avait rejoint l'organisation en 1780 et était devenu l'un des hommes clés dans les tentatives d'infiltration de la franc-maçonnerie par Weishaupt, entra en conflit avec le chef et quitta temporairement l'organisation, mais la rejoignit par la suite. Knigge avait conclu un pacte avec Weishaupt selon lequel les Illuminati recevraient les trois premiers degrés de la franc-maçonnerie, mais il ne parvint pas à obtenir de Weishaupt qu'il révèle ses secrets. Le 20 janvier 1783, il écrit ces mots à Cato, le nom secret de l'avocat Zwack : "La cause de nos divisions est le jésuitisme de Weishaupt et la tyrannie qu'il exerce sur des hommes qui ne sont peut-être pas aussi imaginatifs et rusés que lui. [Je déclare que rien ne pourra me faire traiter avec Spartacus (Weishaupt) de la même manière qu'auparavant". Plus tard, peut-être dès 1784, une autre lettre de Philon à Caton confirme que les relations avec Spartacus se sont dégradées : "J'ai horreur de la perfidie et de la méchanceté, et c'est pourquoi je l'abandonne, lui et son ordre, au piège".

En 1784, l'Ordre comptait plus de trois mille membres dispersés dans toute l'Europe et, comme on pouvait s'y attendre, certains décidèrent de faire marche arrière. Parmi eux, les professeurs Grünberg, Renner, Cossandey et Utzchneider de l'Académie mariale de Munich, dont les déclarations ne laissent aucun doute sur la nature diabolique de l'Illuminisme. La maison du libraire Strobl commence à publier des articles polémiques contre les Illuminati. Jüri Lina en cite un en exemple, intitulé *Babo, Gemälde aus dem menschlichen Leben (Babo, impressions de la vie humaine)*. Cette période coïncide avec l'arrivée au pouvoir en Bavière du duc Charles-Philippe Théodore, un régent plus patriote et conservateur, qui interdit le 22 juin 1784 toutes les sociétés secrètes.

Un livre publié à Moscou en 2000, *Les frères de la nuit*, écrit par la comtesse Sofia Toll, est la source que Jüri Lina cite dans son livre pour les informations ci-dessous. Toutes les sources font allusion à la foudre qui a frappé le facteur des Illuminati à Ratisbonne (Regensburg) en 1785, mais aucune ne donne de détails. Examinons ces détails inédits. Le 11 février

1785, Weishaupt avait été démis de ses fonctions et interdit de séjour à Ingolstadt. En même temps, l'université avait été informée de son arrestation. Le 16 du même mois, il entre dans la clandestinité et est caché par son frère éclairé Joseph Martin, qui est serrurier. Quelques jours plus tard, il s'enfuit d'Ingolstadt à Nuremberg, déguisé en artisan. Il y resta peu de temps, puis se rendit dans la ville libre de Ratisbonne, où il poursuivit son travail. Au cours de l'enquête, de plus en plus de preuves ont été apportées contre les Illuminati, qui ont poursuivi leurs activités malgré l'interdiction. Le 2 mars, un nouveau décret est donc promulgué, qui permet de confisquer les biens de l'ordre des Illuminati. Comme par hasard, le 20 juillet 1785, un événement survient qui met définitivement la police sur la piste. Jakob Lanz, un prêtre, coursier de l'Ordre qui voulait se rendre à Berlin et en Silésie, est foudroyé à Ratisbonne et meurt. Tout porte à croire que Weishaupt, qui vivait caché dans la ville, et Lanz s'étaient vus et que Lanz avait reçu des instructions de son chef. Des papiers compromettants et une liste de noms ont été retrouvés cousus dans les vêtements de Lanz. La police locale perquisitionne alors la maison du prêtre et découvre d'autres documents importants, dont des instructions concernant la révolution en France adressées au Grand Maître du Grand Orient. Le tout est remis aux autorités bavaroises qui, le 4 août 1785, promulguent une nouvelle interdiction des sociétés secrètes. Le 31 du même mois, elles ordonnent l'arrestation de Weishaupt et mettent même sa tête à prix en Bavière. Weishaupt s'enfuit à Gotha où l'éclairé Ernest, grand-duc de Saxe-Gotha, lui accorda le titre de conseiller privé et put le protéger dans son sanctuaire jusqu'à sa mort, le 18 novembre 1830. Un buste de Weishaupt est exposé au musée germanique de Nuremberg.

Jüri Lina indique dans son livre qu'au cours de l'été 1986, il a travaillé aux archives d'Ingolstadt et a pu étudier attentivement certains documents relatifs à l'affaire. Elle a découvert que la recherche d'autres membres importants de l'Ordre avançait lentement. Les documents trouvés chez Lanz étaient compromettants pour le Dr Franz Xaver Zwack, Cato, dont la maison à Landshut, où les Illuminati conservaient d'importants documents, a été perquisitionnée les 11 et 12 octobre 1786. En 1787, le château du baron Bassus, Hannibal, fut également perquisitionné par la police. On y confisqua d'autres documents relatifs à la conspiration des Illuminati de Bavière, dans lesquels étaient exposés les plans d'une révolution mondiale menée par des sociétés secrètes. La correspondance privée trouvée à Landshut et dans le château du baron Bassus a été publiée et commentée dix ans plus tard par le professeur écossais John Robison. Nous aurons l'occasion de l'examiner ci-dessous

Parmi les textes et documents publiés dans ces années-là sur les Illuminati, deux ouvrages se distinguent en 1786 : *Drei merkwürdige Aussagen (Trois exposés curieux),* contenant les déclarations des professeurs Grünberg, Cossandey et Rener, et *Grosse Absichten des Ordens der*

*Illuminaten (Grandes intentions de l'Ordre des Illuminati),* avec le témoignage du professeur Joseph Utzschneider. L'électeur de Bavière, Karl Theodor, ordonne également en 1787 l'impression de deux ouvrages contenant les documents secrets confisqués : *Einige Originalschrifften des Illuminaten-Ordens (Quelques documents originaux de l'Ordre des Illuminati)* et *Nachtrag von weitern Originalschrifften (Supplément de nouveaux documents originaux).* Enfin, le libraire Johann Baptist Strobl a également publié en 1787 un nouveau recueil de documents concernant les Illuminati. Ces livres ont été envoyés par les autorités bavaroises aux gouvernements de Paris, Londres, Saint-Pétersbourg et autres, mais ils n'ont été pris au sérieux que lorsqu'il était trop tard.

A Ingolstadt et à Munich, les documents sont donc à la disposition de tous ceux qui veulent les voir. On ne peut nier l'existence d'une puissante organisation secrète qui planifiait une révolution mondiale devant supprimer toutes les religions et tous les gouvernements. Il est évident que les sociétés secrètes ne peuvent être supprimées par décret. C'est pourquoi, après avoir été découverts, les conspirateurs se sont cachés dans leurs tanières et ont apparemment disparu, bien que leur plan ait survécu, comme nous le verrons au fur et à mesure de notre exposé. Les objectifs fondamentaux des Illuminati de Bavière étaient les suivants : 1. Abolition de tous les gouvernements établis. 2. Abolition de la propriété privée. 3. 3. l'abolition de l'héritage 4. l'abolition de toute religion Abolition du patriotisme. 6. 6. abolition de la famille 7. création d'un nouvel ordre mondial ou d'un gouvernement mondial. Il ne faut pas être très méfiant pour remarquer que ces points réapparaissent en 1848 dans le *Manifeste communiste,* écrit par le juif Karl Marx, franc-maçon au 31e degré, au nom de la Ligue des Justes ("Der Bund der Gerechten"), une société secrète parrainée par les Illuminati, dont est issu le Parti communiste. Ces mêmes points étaient en 1917 l'aspiration des internationalistes qui ont mis en œuvre le programme en URSS. Aujourd'hui, l'objectif du "nouvel ordre mondial" (Novus Ordo Seclorum) est la plus haute aspiration des banquiers qui détiennent le véritable pouvoir dans le monde. Paul Warburg, le banquier sioniste qui a conçu le projet de la Réserve fédérale, l'a exprimé en ces termes le 17 février 1950 lors d'un témoignage devant le Sénat américain : "Nous aurons un gouvernement mondial, que cela vous plaise ou non. La seule question est de savoir si ce gouvernement sera obtenu par la conquête ou par le consentement" ("We will have a world government whether you like it or not. La seule question est de savoir s'il sera établi par concession ou par contrainte").

Peut-on croire qu'un plan aussi gigantesque, le plan de la Révolution mondiale, ait pu être conçu dans l'esprit d'un seul homme, qui, de plus, est resté pratiquement inconnu ? Il ne fait aucun doute qu'Adam Weishaupt était un super-agent, comme nous l'avons expliqué tout au long de ces pages, qui travaillait pour des hommes puissants, principalement des banquiers juifs, auxquels nous nous référerons désormais assidûment, car ils sont à l'origine de tous les événements décisifs de l'histoire contemporaine.

## Robison , Barruel et Scott

Au fur et à mesure qu'il prenait forme, le Mouvement Révolutionnaire Mondial a laissé, comme nous venons de le voir, des preuves de son existence, mais peu ont osé le dénoncer et l'exposer publiquement. Parmi les contemporains qui ont laissé à la postérité des ouvrages qui révèlent la véritable nature des événements révolutionnaires, il y a trois grands intellectuels qui ont eu le courage d'écrire ce qu'ils savaient de la conspiration. Ils sont aujourd'hui des sources incontournables vers lesquelles les chercheurs doivent se tourner.

Le premier est John Robison (1739-1805), professeur de philosophie naturelle à l'université d'Édimbourg et secrétaire général de la Royal Society of Edinburgh. Des Griffin, dans *Fourth Reich of the Rich*, affirme qu'Adam Weishaupt lui-même, voyant en ce professeur la personne idéale pour développer l'Illuminisme en Grande-Bretagne, a invité Robison à rejoindre son organisation. Selon Griffin, "Weishaupt s'est complètement mépris sur le caractère de Robison. Au lieu de découvrir un homme vaniteux avec une soif de pouvoir inextinguible, il a trouvé une personne d'une grande intégrité, profondément attachée au bien-être des êtres humains et à celui de sa propre nation en particulier. Robison était un homme qu'on ne pouvait pas acheter". En d'autres termes, John Robison, qui était un franc-maçon de haut niveau et avait fréquenté sur le continent diverses loges en Belgique, en France, en Allemagne et en Russie, n'est pas tombé dans le piège et n'a pas cru que les objectifs des Illuminati étaient propres et honorables. Il garda cependant ses pensées pour lui et rencontra les conspirateurs. À la suite de cette expérience, Robison écrit un livre surprenant et inattendu : *Proofs of a Conspiracy Against All the Religions and Governments of Europe Carried on in the Secret Meetings of Freemasons, Illuminati and Reading Societies (Preuves d'une conspiration contre toutes les religions et tous les gouvernements d'Europe menée dans les réunions secrètes des francs-maçons, des Illuminati et des sociétés de lecture)*. L'ouvrage est publié à Londres en 1797 et à New York en 1798.

Le second est l'abbé Augustin Barruel (1741-1820), un jésuite qui publia également en 1797 *des Mémoires pour servir à l'Histoire du Jacobinisme*, ouvrage qui fut traduit en anglais et publié à Londres en 1798. Robison et Barruel, sans se connaître, offrent une vision similaire de l'organisation de la secte ou de l'Ordre des Illuminati de Bavière. Le livre de Barruel a été traduit en espagnol par un religieux de Santoña, Simón Antonio de Rentería (1762-1825), qui est mort à Saint-Jacques-de-Compostelle en tant qu'archevêque. À notre connaissance, cette traduction est introuvable, mais Raymundo Strauch i Vidal, évêque de Vich, a fait une seconde traduction en espagnol et l'œuvre de l'abbé Barruel a été publiée à Vich en 1870 en deux volumes.

Le troisième homme est Sir Walter Scott (1771-1832), le célèbre romancier écossais, qui, soit dit en passant, était également franc-maçon. Scott propose dans *The Life of Napoleon Buonaparte* (1820) une étude préliminaire de la Révolution française, dans laquelle il révèle que les événements qui ont conduit à la révolution et inauguré le règne de la terreur ont été orchestrés par les banquiers de Francfort, dont les agents ont guidé les masses. Walter Scott révèle que le pouvoir secret à l'origine de la conspiration était d'origine juive et souligne que les principaux acteurs de la révolution étaient des étrangers. Scott note que des mots typiquement juifs étaient utilisés, tels que "directeurs" ou "anciens", et utilise les termes "Sanhédrin" pour désigner la Députation de Paris lors des massacres de septembre 1792 et "synagogue" pour désigner les clubs jacobins, dont les dirigeants étaient Danton, Marat et Robespierre. Les *Archives israélites* admettent avec une ambiguïté calculée ou peut-être avec une fierté déguisée la main juive derrière les événements et reconnaissent textuellement : "La Révolution française a un caractère hébraïque très expressif". Curieusement, cet ouvrage de Walter Scott, dont la renommée en tant que romancier est universelle, est pratiquement inconnu.

Les livres de Robison et de Barruel, en revanche, ont connu de nombreuses éditions et mérité l'attention de leurs contemporains, bien qu'ils aient été rapidement attaqués par des disqualifications et des insultes destinées à les discréditer. Les deux écrivains sont accusés d'être des chasseurs de sorcières, des alarmistes, des bigots qui persécutent la liberté d'opinion ou la liberté académique. À cette époque, les journaux dépassaient leur stade de naissance ou de développement précoce et commençaient à être convoités par ceux qui cherchaient à créer et à contrôler l'opinion des gens. Les attaques concentrées contre ces deux auteurs pour avoir dit que les Illuminati bavarois avaient déclenché la révolution en France montrent que le contrôle de la presse, qui est aujourd'hui absolu, commençait à être efficace en Amérique et en Angleterre. Si l'on cherche aujourd'hui sur Wikipedia, par exemple, des informations sur Barruel, les accusations de mensonge et d'antisémitisme ne tardent pas à apparaître. Aujourd'hui encore, les chercheurs qui tentent de réviser l'histoire sont immédiatement accusés d'être antisémites, réactionnaires ou néo-nazis.

C'est précisément dans le chapitre de l'ouvrage de John Robison où il explique tout sur les sociétés de lecture que l'importance accordée par les Illuminati au contrôle de l'écriture, de l'édition et de la vente des livres apparaît clairement. Voici les paroles d'Adam Weishaupt : "Avec nos écrivains, nous devons veiller à les gonfler et à ce que les critiques ne les rabaissent pas ; nous devons nous efforcer par tous les moyens possibles de gagner les critiques et les journalistes ; et nous devons aussi nous efforcer de gagner les libraires, qui, avec le temps, trouveront qu'il est dans leur intérêt de se ranger de notre côté. [...] Si un écrivain publie quelque chose qui attire l'attention et que ce qu'il dit est bon, mais ne correspond pas à nos plans, nous devons nous efforcer de le gagner ou de le discréditer". Les idées de Weishaupt ont été reprises un siècle plus tard dans les *Protocoles des Sages de Sion*, dont l'authenticité a été contestée en vain par les sionistes tout au long du XXe siècle. Ils déclarent : "Nous tiendrons les rênes de la presse entre nos mains. Nous nous efforcerons également de contrôler toutes les autres publications. [...] De toutes les parties du monde, toutes les nouvelles sont reçues par quelques agences où elles sont concentrées. Lorsque nous aurons acquis le pouvoir, ces agences seront entièrement nôtres et ne publieront que les nouvelles que nous leur permettrons de publier. [...] Aucun de ceux qui essaieraient de nous attaquer avec leur plume ne trouverait quelqu'un pour les publier à leur place. [...] Si quelqu'un veut écrire contre nous, il ne trouvera pas d'éditeur."

## Robison

La disponibilité d'une réimpression en fac-similé du livre de Robison en anglais nous permet de traduire certains textes qui nous aideront à comprendre le projet mis en œuvre par les Illuminati. Voyons donc quelques idées essentielles qui montrent la véritable nature de la conspiration et ses objectifs profonds. Dans l'introduction, Robison prévient que, bien qu'officiellement dissous, l'Ordre des Illuminati était toujours actif en 1797 : "J'ai vu cette Association fonctionner systématiquement avec enthousiasme et devenir presque irrésistible. Et j'ai vu que les chefs les plus actifs de la Révolution française étaient membres de cette Association et dirigeaient les premiers mouvements selon ses principes, par ses instructions et par l'assistance, préalablement demandée et obtenue. Et enfin j'ai vu que cette Association existe toujours, qu'elle travaille toujours en secret...". Le professeur écossais confirme que les illuminati se sont élevés en profitant des loges et de leur protection ; il dénonce le fait qu'ils y ont introduit des innovations empreintes de corruption et de violence ; il constate que l'incertitude et l'obscurité planent sur la mystérieuse Association, qui est différente de la franc-maçonnerie.

Comme nous l'avons souligné, les membres de la secte portaient des noms secrets qui dissimulaient leurs véritables noms. De même, tous les dirigeants bolcheviques de 1917 ont dissimulé leurs noms juifs et les ont remplacés par des noms russes. Robison donne la liste des principaux "alias" adoptés par les membres les plus en vue de la secte et explique également le schéma organisationnel sous forme de structure pyramidale, si souvent reproduit dans de nombreuses publications. Le fonctionnement est le suivant : au sommet, le "général" de l'Ordre a deux hommes de confiance, qui ont chacun deux autres hommes de confiance, qui ont chacun deux autres hommes de confiance, et ainsi de suite. Aux échelons inférieurs, chaque individu ne connaissait qu'une seule personne ou mentor à qui il rendait compte et de qui il recevait formation et instructions. On pouvait savoir qu'il existait des supérieurs de différents rangs, mais on ne les voyait ni ne les connaissait généralement jamais. L'ensemble du processus d'information et de formation était filtré au fur et à mesure que l'on montait et descendait dans la structure pyramidale. Logiquement, les membres des échelons inférieurs de la pyramide ne savaient rien de l'organisation pour laquelle ils travaillaient et ne devenaient plus dignes de confiance qu'au fur et à mesure qu'ils gravissaient les échelons, par leur mérite et après une observation minutieuse.

Parmi les idées inculquées aux novices ou aux ménétriers figure celle du bonheur universel, qui doit être atteint par l'abolition des nations et l'union de la race humaine et de tous les habitants de la terre en une seule grande société. Des notions telles que le patriotisme ou la loyauté sont considérées comme des préjugés étroits incompatibles avec la bienveillance universelle. Le suicide était justifié : il fallait introduire dans l'esprit des hommes que l'acte de se priver de la vie procurait un certain plaisir voluptueux (de nos jours, les réseaux sociaux ou les clubs faisant la promotion du suicide chez les jeunes prolifèrent sur internet). À un certain moment, on pouvait déjà dire à ceux qui avaient été admis à des rangs plus élevés que les Illuminati allaient gouverner le monde.

Dans la correspondance entre les dirigeants, les choses sont beaucoup plus claires. Dans une lettre du 6 février 1778 à Cato (Zwack), Spartacus (Weishaupt) écrit : "Seuls ceux qui sont sûrement aptes seront choisis parmi les classes inférieures pour connaître les mystères supérieurs, qui contiennent les principes et les moyens de parvenir à une vie heureuse... En aucun cas les principes religieux ne doivent être acceptés parmi eux. En aucun cas, les principes religieux ne doivent être acceptés parmi eux. [...] Chacun doit devenir l'espion d'un autre et de tous ceux qui l'entourent. Rien ne doit échapper à notre regard. [...] Aucun homme n'est digne de notre Ordre s'il n'est pas un Brutus ou un Catiline" (c'est-à-dire capable des pires crimes). Dans une autre lettre de mars 1778, Spartacus propose à Caton une série d'"inventions" propres aux "bienfaiteurs de l'humanité", parmi lesquelles se distinguent les suivantes : une boîte-bombe qui exploserait lorsqu'on la force, une boisson qui provoquerait des fausses couches, un liquide qui aveuglerait ou tuerait lorsqu'on le jette au visage, des recettes pour une sorte d'"aqua toffana" aux effets mortels, des parfums empoisonnés qui rempliraient les pièces de vapeurs pestilentielles, et une recette "ad excitandum furorem uterinum".

Dans un autre texte de Spartacus à Caton, dont la date n'est pas précisée, mais qui est déjà postérieur aux années d'interdiction de l'Ordre, Weishaupt écrit : "...Par ce plan, nous conduirons l'humanité entière. De cette manière et par les moyens les plus simples, nous mettrons tout en marche et en feu. Les emplois (fonctions) doivent être attribués et conçus de manière à ce que nous puissions, en secret, influencer toutes les opérations politiques". Les faits historiques montrent que cet objectif a été absolument atteint : les agents qui entouraient Wilson et Roosevelt, comme on le verra en temps voulu, ont obéi aux ordres du Pouvoir secret et ont provoqué l'entrée des Etats-Unis dans les deux guerres mondiales. Il s'agissait d'hommes placés à des postes clés, conçus et préparés à ces fins. Dans la même lettre, Spartacus dit : "J'ai tout envisagé et tout préparé pour que, si l'Ordre tombe en ruine aujourd'hui, je le restaure dans un an, plus fort et plus brillant que jamais". Le professeur Robison interrompt ici le texte et fait un aparté pour souligner qu'il a effectivement réapparu comme prévu dans les temps annoncés sous le nom de "Deutsche Union" (Union allemande) et la forme de "Reading Societies" (sociétés de lecture). Il faut donc comprendre que cette nouvelle société secrète était une extension des Illuminati. La lettre continue : "Je suis tellement sûr de réussir, malgré tous les obstacles, qu'il m'est indifférent qu'il m'en coûte la vie ou la liberté. [...] Mais je possède l'art de profiter même du malheur ; et quand vous me croirez coulé à pic, je me relèverai avec une énergie nouvelle. Qui aurait cru qu'un professeur d'Ingolstadt deviendrait l'instructeur des professeurs de Göttingen et des plus grands hommes de l'Allemagne ?".

Dans un autre texte, Spartacus, après avoir rappelé la nécessité de faire comprendre à ceux qui invoquent des prétextes moraux que la fin justifie les moyens, reconnaît l'importance de Knigge (Philon) pour infiltrer la franc-maçonnerie et faire des prosélytes. Spartacus explique à Diomède (le marquis de Constance) que Philo est l'un des hommes les plus utilisables et les plus pratiques de l'Ordre, et que c'est principalement grâce à ses efforts parmi les francs-maçons des pays protestants que le "système éclectique" a été introduit et qu'ils ont été amenés à accepter la direction des Illuminati, une réussite dont le mérite est entièrement attribuable aux vastes relations de Philo dans la franc-maçonnerie. Spartacus admet que Knigge, avant son illumination, voyageait comme philosophe de ville en ville, de loge en loge, et même de maison en maison.

Weishaupt développait l'idée que les sociétés de lecture seraient un élément structurel de base de l'Union allemande. Le texte suivant, cité par Robison sans préciser la date ni le destinataire, est très significatif : "La grande force de notre Ordre réside dans sa dissimulation. Il ne doit jamais apparaître nulle part sous son vrai nom, mais toujours caché sous un autre nom et une autre tâche. [...] A cet égard, la forme d'une société savante ou littéraire est celle qui convient le mieux à nos desseins ; et si la franc-maçonnerie n'avait pas existé, cette couverture aurait été employée ; mais elle doit être beaucoup plus qu'un écran, elle peut être entre nos mains une machine puissante. En créant des sociétés de lecture, en souscrivant à des librairies, en les plaçant sous notre direction et en leur fournissant nos ouvrages, nous pouvons modeler la pensée publique à notre guise. C'est ainsi que nous devons essayer d'influencer les académies militaires (cela peut avoir des conséquences énormes), les imprimeries, les librairies, les mairies, bref, partout où nous pouvons avoir un effet sur la formation ou la gestion ou même la direction des esprits. L'imprimerie et la gravure méritent notre plus grande attention. Une Société Littéraire est la forme la plus convenable pour introduire notre Ordre dans un Etat où nous n'avons pas encore été introduits (notez-le !)". En voyant comment fonctionne aujourd'hui l'industrie culturelle et en particulier le commerce littéraire et son marché, il est évident que tout a été accompli : il est objectivement prouvé que les chaînes de télévision, les agences d'information et les maisons d'édition, qui comprennent les journaux, les magazines et les livres, sont pour la plupart entre les mains de capitalistes juifs et de leurs amis. Il est indéniable que nous lisons ce que nous lisons, c'est-à-dire ce qu'ils veulent que nous lisions.

En ce qui concerne la façon dont les Illuminati occupent des postes clés dans diverses institutions, Robison reproduit une lettre manuscrite de Cato (Zwack) adressée à un destinataire inconnu, qui pourrait bien être Spartacus lui-même. Il y est dit qu'ils ont acheté une maison à Munich et que le jardin est occupé par des espèces botaniques qui donnent à la maison (un pavillon) l'aspect d'une société de naturalistes enthousiastes. C'est dans cette maison que le système des Illuminati a été établi et que les loges de Pologne ont été accueillies. La lettre se lit comme suit : "Grâce à l'activité de nos frères, les Jésuites ont été déchargés de toutes leurs fonctions à Ingolstadt et tous les professeurs appartiennent à l'Ordre. Cinq d'entre eux sont excellents et les étudiants seront préparés par nous. [...] Nous avons eu beaucoup de succès contre les Jésuites et les choses en sont arrivées au point que leurs revenus, comme la mission, les aumônes d'or, les exercices et les archives des conversions sont maintenant sous le contrôle de nos amis. Toutes les écoles allemandes et la Société de bienfaisance sont enfin gérées par nous. Nous avons plusieurs membres solides dans les cours de justice et nous pouvons nous permettre de leur donner un salaire et d'autres bons avantages. Nous avons récemment réussi à placer un jeune ecclésiastique dans la fondation de Saint-Barthélemy et nous nous sommes ainsi assuré ses soutiens. Nous pourrons ainsi fournir des prêtres convenables à la Bavière. Grâce à une lettre de Philo, nous avons appris que nous avons obtenu une des plus hautes fonctions de l'Église pour un fervent éclairé, malgré l'opposition de l'évêque de Spire, qui se trouve être un prêtre intolérant et tyrannique."

Deux publications de l'époque sont citées par le professeur Robison en relation avec l'Union allemande et la création des sociétés de lecture. Le premier, *More notes than text or the German Union of the XXII, a new secret society for the good of mankind*, est publié par le libraire Goschen à Leipzig en 1789, qui dit que le texte lui est parvenu par une main inconnue et qu'il l'a publié rapidement compte tenu des dommages que cette société, dont il avait déjà entendu certains rapports, pourrait produire dans le monde et dans le commerce si on la laissait travailler en secret. C'est également en 1789 qu'est publié le deuxième livre, dont le titre allemand est *Nähere Beleuchtung der Deutsche Union (Plus d'informations sur l'Union allemande)*. La première publication contenait des plans et des lettres destinés uniquement aux membres de confiance ou sûrs, dont l'impression avait été autorisée par les vingt-deux Frères unis. Les premières pages présentent le plan des Vingt-deux : "Nous nous efforçons tout d'abord d'attirer tous les bons écrivains dans notre association. Nous pensons que cela sera facile à réaliser, car ils peuvent obtenir des avantages évidents. En outre, nous nous proposons de gagner à notre cause les maîtres et les commis des postes, afin qu'ils facilitent notre correspondance". Plus loin, les énormes bénéfices que l'humanité obtiendra grâce aux buts "altruistes" de l'Union sont énoncés : "Chacun pourra constater l'influence morale progressive que l'Union acquerra au sein de la nation. Voyons quelle superstition sera perdue et quel apprentissage sera acquis lorsque : 1. dans chaque société de lecture, les livres seront choisis par notre Fraternité ; 2. nous aurons des personnes dignes de confiance pour nous aider dans notre tâche. 2. lorsque nous aurons dans chaque quartier des personnes dignes de confiance, soucieuses d'étendre à chaque foyer l'objectif d'éclairer l'humanité 3. lorsque nous aurons la voix du public de notre côté, et que nous pourrons éliminer les écrits fanatiques qui paraissent dans les revues habituellement lues, ou mettre le public en garde contre eux ; et, d'autre part, lorsque nous pourrons faire connaître et recommander les ouvrages qui éclairent l'esprit des hommes. 4° Quand nous aurons peu à peu entre nos mains tout le commerce du livre (car c'est par nous que les bons écrivains mettront leurs ouvrages sur le marché), nous ferons en sorte que les écrivains qui travaillent à la cause de la superstition et de la modération n'aient ni éditeurs, ni lecteurs. 5° Lorsque notre Confrérie sera enfin répandue, et que tous les cœurs sensibles et les gens de bien adhéreront à nous, nous les mettrons à même de travailler tranquillement à influencer les administrateurs, les intendants, les secrétaires, les officiers de justice, les curés, les fonctionnaires publics, les précepteurs privés..."

Il est surprenant de constater que de grands écrivains et des artistes de talent ont d'abord été séduits par les Illuminati. Le poète anglais Percy Bysshe Shelley et son épouse Mary Shelley, comme nous l'avons vu plus haut, ont été éblouis par la propagande. Par chance, un livre de Barruel tombe entre les mains de Shelley. Découvrant la véritable nature de la conspiration, il prit soin de prévenir ses amis, parmi lesquels le poète et essayiste Leigh Hunt. Le grand Johann Wolfgang Göthe, alias Abaris, tomba lui aussi dans le piège, comme le révéla en 1906 un illuminé de premier plan, Leopold Engel, dans *Geschichte des Illuminaten Ordens (Histoire de l'Ordre des Illuminati)*. Heureusement, lui aussi se méfiait de la véritable nature de la secte. Dans une lettre à Bode, alias Amelius, il écrit : "Croyez-moi, notre monde moral est miné par des tunnels souterrains, des caves et des égouts, comme l'est généralement une grande ville, sans que personne n'en soupçonne les liens. Il est compréhensible pour moi ou pour toute autre personne éclairée que de la fumée s'infiltre parfois par les fissures ou que des voix étranges se fassent entendre..." Friedrich von Schiller, poète et dramaturge également embobiné par l'Ordre, projetait d'écrire une pièce, *Démétrius,* qui devait dévoiler certaines atrocités. Weishaupt l'apprend par Heinrich Voss, un "hinting brother" (les "hinting brothers" étaient en quelque sorte la police secrète de Weishaupt), et veut l'empêcher à tout prix. Schiller meurt après une longue maladie le 9 mai 1805. Dans son livre *Mehr Licht (Plus de lumière),* Hermann Ahlwardt affirme que Schiller a été assassiné par les Illuminati.

L'ouvrage de John Robison et les textes qui y sont publiés mériteraient peut-être plus de place, mais il faut passer à autre chose. Il est clair que des loups déguisés en brebis ont cherché à encadrer et à contrôler la création littéraire et intellectuelle. Ils envisagent d'ostraciser ceux qui ne sont pas d'accord avec leurs idées, sous prétexte qu'ils produisent des écrits pernicieux pour l'humanité, qu'eux, philanthropes éclairés, entendent améliorer. Or, chacun peut constater que dans leurs écrits, il n'y a pas un mot pour les pauvres, pour les souffrants. Nous ne lisons rien non plus sur la réforme sociale qui ne soit lié au désir de domination pour obtenir le pouvoir mondial. L'objectif principal était d'acquérir à tout prix richesse, pouvoir et influence. Pour y parvenir, ils ont cherché à abolir le christianisme et à remplacer les principes moraux par un libertinage déguisé en humanité et en bienveillance. Un demi-siècle plus tard, ils ont compris que pour conquérir les masses ouvrières, il fallait adapter et réadapter leur discours. À la mort de Weishaupt, en 1830, son Ordre est sans doute plus fort que jamais, mais il va changer de nom et se présenter en public sous le nom de communisme.

# PARTIE 3 – LA RÉVOLUTION FRANÇAISE

L'histoire officielle explique la Révolution française comme le choc inévitable entre une structure féodale et une réalité sociale qui lui était opposée. Elle nous apprend que les écrivains et philosophes encyclopédistes ont déclenché une tempête idéologique qui a remis en cause l'Église et l'État et a fait voler en éclats les vieilles idées morales, politiques et économiques. Rousseau, qui dans son *Discours sur l'inégalité des conditions sociales* exprimait son mépris pour la monarchie de Louis XV, soutenait les griefs des pauvres contre les riches et attaquait les privilégiés, proclamait dans le *Contrat social,* à la différence de Voltaire qui s'attardait sur les réformes administratives, le droit des nations à modifier leur gouvernement. Rousseau s'adresse aux masses et les pousse à la révolution politique. En 1770, il écrit : "Nous approchons de l'état de crise du siècle des révolutions. Il me paraît impossible que les monarchies de l'Europe durent longtemps". Il faut certes admettre que ses œuvres et celles d'autres penseurs ont influencé le développement des idées révolutionnaires et des théories républicaines, mais elles n'ont en aucun cas été décisives dans le déclenchement d'événements planifiés, organisés et financés à l'étranger. En effet, les idées de Rousseau avaient fait prendre conscience à une grande partie de la noblesse de la nécessité d'une réforme. Le premier à être convaincu de l'importance de la mise en œuvre d'une politique réformatrice est le roi Louis XVI qui, en 1774, à l'âge de vingt ans, a succédé à son grand-père Louis XV.

En tout état de cause, la France n'était pas différente des autres nations européennes. Parmi les maux généraux du siècle en Europe, on peut citer : une mauvaise administration, des codes pénaux dépassés et très injustes, une mauvaise organisation du Trésor, la corruption dans la collecte des impôts, les privilèges et les franchises du clergé et de la noblesse, la distribution et l'exploitation injustes des terres, l'absence de libertés individuelles, la négligence, voire l'abandon, de la santé, de l'éducation et de l'instruction du peuple. Il est donc indéniable que de profondes réformes sont nécessaires en France et dans tous les pays. Cependant, selon l'homme politique socialiste Louis Blanc, auteur d'une *Histoire de la Révolution française* en douze volumes, même le socialiste Babeuf, alias Gracchus, homme éclairé et disciple de Weishaupt, avait déclaré que la France n'était pas plus mal lotie que les peuples des autres nations. Malgré les défauts signalés, l'ancien régime français était peut-être le meilleur du continent. Au cours du XVIIIe siècle, la France a décuplé ses exportations et les progrès de l'industrie et de l'agriculture sont évidents. Sur le plan des communications, elle faisait l'admiration du continent, avec un réseau de plus de quarante mille kilomètres de routes pavées.

Pendant les deux premières années du règne de Louis XVI, des ministres comme Turgot et Malesherbes s'engagent résolument dans la voie des réformes. Turgot, qui, au lieu d'emprunter de l'argent frais, réussit à rembourser plus de 100 millions de la dette publique en vingt mois sans augmenter les impôts, tente d'abolir la corvée, qui constitue un abus pour les paysans, lesquels peuvent être contraints de travailler pour les nobles. Il prévoit également un plan de décentralisation, et veut mettre en place un vaste plan d'instruction publique. Son collaborateur Malesherbes réforme la justice en supprimant la censure, en abolissant la torture comme épreuve judiciaire et en adoptant un système de soins dans les prisons. Malheureusement, en 1776, les adversaires des deux ministres imposent leur départ du gouvernement et, contrairement aux souhaits de Turgot, la France, qui a besoin de la paix pour rétablir ses finances, va prendre la décision meurtrière de soutenir les colonies révoltées d'Amérique. Necker, banquier suisse calviniste, est nommé nouveau ministre des finances et, pour payer la guerre, il augmente terriblement la dette publique. En 1781, pour renforcer la confiance du public, il publie pour la première fois les budgets de l'État, truqués avec un excédent de dix millions de livres alors qu'ils affichent en réalité un déficit annuel de soixante-dix millions. Necker est remplacé, bien qu'il soit reconduit dans ses fonctions de ministre des finances à deux autres reprises, en 1788 et 1789. Il est curieux de constater que Necker, malgré sa mauvaise gestion, jouit d'une étrange popularité : la presse soutient son action et ses nominations sont accueillies avec enthousiasme par le peuple. Son successeur, Calonne, s'enfonce dans le gouffre de la dette, dont les intérêts absorbent 50% des recettes de l'État. Le déficit budgétaire atteint 126 millions, soit 20% du budget global et met la France au bord de la faillite. Calonne tente alors une réforme fiscale fondée sur l'égalité devant l'impôt et l'abolition des privilèges qui exonèrent de l'impôt les secteurs les plus puissants. Logiquement, la tentative échoue et le ministre, ayant perdu la protection du monarque, émigre en Angleterre en avril 1787. La tactique des révolutionnaires, qui, au lieu de faire adopter des réformes, avait consisté à les retarder afin d'accroître le mécontentement populaire, porte désormais ses fruits : l'agitation sociale s'accroît et la catastrophe se profile.

La révolution qui a conduit à l'indépendance américaine a consisté en l'accession à la propriété de ceux qui avaient travaillé au développement du pays et qui estimaient ne rien devoir aux propriétaires terriens de la Couronne britannique. La révolution n'a donc pas connu de règne de la terreur, de foules dirigées par des agents, ni les atrocités associées aux révolutions française et bolchevique, bien que Lord Shelburne ait tenté, comme il le ferait plus tard avec succès en France, de placer ses agents à des postes cruciaux parmi les révolutionnaires américains. Les hommes de Lord Shelburne apparurent aux moments critiques et se présentèrent comme des patriotes audacieux. Selon Eustace Mullins, tout comme les banquiers suisses ont influencé la cour de France pour placer le financier Necker au ministère des Finances, un poste clé pour précipiter la dépression économique, Lord Shelburne a joué un rôle important dans la manipulation des forces américaines pendant la révolution. Le plus célèbre de ces agents est Benedict Arnold, un général américain qui a trahi les siens et a passé les années d'après-guerre confortablement installé en Angleterre.

La France et l'Espagne jouent la carte de l'indépendance pour des raisons différentes. La France envoie rapidement de l'aide aux rebelles qui, en décembre 1774, tiennent un congrès à Philadelphie et décident d'abolir les impôts, d'adopter des lois, de créer du papier-monnaie et de confier le commandement de leurs forces à George Washington. Le 4 juillet 1776, en pleine guerre avec l'Angleterre, les États-Unis d'Amérique proclament leur indépendance. L'un des premiers actes de souveraineté consiste à envoyer des diplomates dans les principaux pays européens. La France les accueille, mais ne les accepte pas encore officiellement. C'est deux ans plus tard, en mars 1778, que Paris reconnaît l'indépendance de l'Amérique du Nord sur la promesse des rebelles de ne jamais se soumettre à la couronne d'Angleterre. La notification de ce fait à la Grande-Bretagne équivaut à une déclaration de guerre. Aussitôt, des batailles navales s'engagent en Amérique et en Europe entre les flottes des deux pays. Charles III et son ministre Floridablanca, bien que le comte d'Aranda, ambassadeur à Paris, soit favorable à la guerre contre les Anglais, résistent d'abord à la pression des Bourbons français. Finalement, dans l'espoir de récupérer Minorque et Gibraltar et de mettre fin aux tracasseries commerciales de Londres avec les colonies, l'Espagne, après avoir accusé les Britanniques d'avoir menacé ses dominions en Amérique, déclare la guerre à l'Angleterre en juin 1779. Les péripéties de l'affrontement sortent du cadre de ce récit. En fin de compte, l'intervention de la France et de l'Espagne a empêché les Britanniques d'étouffer à temps la révolution dans leurs colonies américaines. Lorsque la paix de Versailles est signée en septembre 1783, l'indépendance américaine est irréversible.

Benjamin Franklin, l'un des pères de la Constitution américaine, lui-même franc-maçon de haut rang, a prononcé des paroles prophétiques lors de l'une des séances de rédaction du texte constitutionnel concernant le rôle historique joué par les Juifs dans la politique des États qui les ont accueillis. Deux cents ans plus tard, ces paroles ont été pleinement réalisées. Les voici, tirées du document original conservé au Franklin Institute de Philadelphie :

"Il existe un grand danger pour les États-Unis d'Amérique. Ce grand danger, c'est le Juif. Messieurs, partout où les Juifs se sont installés sur terre, ils ont abaissé le niveau moral et le degré d'honnêteté commerciale, ils se sont tenus à l'écart et ne se sont pas assimilés, ils ont créé un État dans l'État. Et ils ont essayé d'étrangler économiquement ceux qui s'opposaient à eux, comme ce fut le cas en Espagne et au Portugal.
Pendant plus de 1700 ans, ils se sont lamentés sur leur triste sort, à savoir qu'ils ont été chassés de leur patrie, mais messieurs, si le monde civilisé leur donnait aujourd'hui la propriété de la Palestine, ils chercheraient immédiatement des raisons impérieuses de ne pas y retourner. Pourquoi ?

Parce que ce sont des vampires et qu'ils ne peuvent pas vivre entre eux. Ils doivent vivre parmi les chrétiens et d'autres personnes qui n'appartiennent pas à leur race.

S'ils ne sont pas exclus des États-Unis par la Constitution, dans moins de cent ans, ils entreront dans notre pays en si grand nombre qu'ils nous gouverneront et nous détruiront. Ils changeront notre forme de gouvernement, pour laquelle nous, Américains, avons versé notre sang et sacrifié notre vie, nos biens et notre liberté personnelle. Si les Juifs ne sont pas exclus, dans moins de deux cents ans, nos enfants travailleront dans les champs pour nourrir les Juifs, tandis qu'ils resteront dans la "Maison des Comptes" à se frotter les mains avec joie. Je vous préviens, Messieurs, si vous n'excluez pas le Juif pour toujours, les enfants de vos enfants vous maudiront depuis leur tombe.

Leurs idées ne sont pas celles des Américains, même s'ils vivent parmi nous depuis des générations. Le léopard ne peut pas changer ses taches. Les Juifs sont un danger pour ce pays, et s'ils sont autorisés à y entrer, ils mettront en péril ses institutions. Ils doivent être exclus par la Constitution"

Plus tard, lorsqu'il s'agira d'expliquer le coup d'État déguisé qui a conduit à la création de la Réserve fédérale en 1913, il sera possible de commenter l'avertissement de B. Franklin.

## La révolution est servie

Un pamphlet anglais menaçant adressé à Louis XVI l'avertit clairement que ses jours en tant que monarque sont comptés et anticipe d'une certaine manière le rôle que l'Angleterre jouera dans la révolution à venir. Après avoir reproché au roi de France son intervention en faveur des Américains et contre l'Angleterre, le pamphlet conclut : "Quel danger y a-t-il à mettre l'élite de vos officiers en communication avec des hommes enthousiastes pour la liberté ? Comment se fait-il qu'après avoir versé leur sang pour la cause de ce qu'ils disent être la liberté, ils exécutent vos ordres absolus ? D'où vient cette assurance quand en Amérique la statue du roi de Grande-Bretagne est mise en pièces, quand son nom est injurié et vilipendé ? L'Angleterre sera bien vengée de ses desseins hostiles lorsque votre gouvernement sera examiné, jugé et condamné selon les principes professés à Philadelphie et applaudis dans votre capitale".

Après un bref rappel du contexte, nous pouvons maintenant détailler quelques-uns des événements révolutionnaires qui allaient renverser la monarchie et l'Ancien Régime en l'espace de quelques années. Le 5 mai 1789, l'ouverture des États généraux a lieu à Versailles dans le salon des Menus, devenu le salon des Trois États généraux. La rupture entre le trône et le tiers état est immédiate. Le 17 juin, sur proposition de Sieyès, la majorité des députés se constitue en Assemblée nationale. Après plusieurs jours de querelles entre les trois états, l'Assemblée nationale proclame le principe de la souveraineté de la nation sur le roi lui-même.

Le 11 juillet 1789, Necker, nommé directeur général des finances le 25 août 1788, est révoqué pour la seconde fois ; mais cinq jours plus tard, le roi, sous la pression des orléanistes, est contraint de le remettre à la tête des finances de la France. Au Palais Royal du duc d'Orléans, centre névralgique de l'agitation déjà évoquée, Camille Desmoulins, piètre avocat qui bégaie quand il parle et qui finira sur la guillotine le 13 avril 1794, juché sur une chaise, un pistolet à la main, harangue le peuple le 12 juillet en ces termes : "Citoyens, il ne faut pas perdre de temps ; le renvoi de Necker est le coup de clairon d'une Saint-Barthélemy de patriotes, et cette nuit même les bataillons étrangers sortiront du Champ de Mars pour nous égorger. Il ne nous reste qu'une ressource, c'est de prendre les armes !". Le peuple réagit en s'emparant des bustes de Necker et du duc d'Orléans et les fait défiler en triomphe dans les rues de la capitale. C'est le premier acte, la répétition de ce qui se passera deux jours plus tard. Les troupes tentent de disperser la foule et la violence éclate, bientôt encouragée par des brigands à gages qui prennent le peuple pour des pillards et des terroristes. En réalité, malgré sa bonne presse, Necker, le sorcier financier de ces années-là et père de la célèbre Madame de Staël, qu'il tenta de marier au Premier ministre anglais William Pitt, avait déclenché l'inflation par sa politique économique et était l'instrument des banquiers suisses et britanniques qui comptaient bien tirer de beaux profits de la débâcle qui s'annonçait. Edmund Burke est allé jusqu'à dire à la Chambre des communes que Necker était le meilleur ami de l'Angleterre sur le continent.

Après la proclamation destinée à lui conférer le rôle de monarque constitutionnel, Louis XVI tente de dissoudre l'Assemblée au moyen des troupes du duc de Broglie. La rumeur de cette tentative s'ajoute à l'agitation générale qui s'est installée à Paris après les événements du 12 et conduit au soulèvement bourgeois de la capitale le 14 juillet 1789, qui culmine avec la fameuse prise de la Bastille. Selon l'histoire officielle, le peuple libéra de nombreux prisonniers politiques qui étaient torturés dans cette prison ; mais en réalité, il n'y eut que sept prisonniers : deux fous nommés Tabernier et Whyte ; le comte de Solanges, un libertin condamné pour divers crimes ; et quatre fraudeurs nommés Laroche, Bechade, Pujade et La Corrége, emprisonnés pour avoir falsifié des lettres de change. M. Gustave Bord, dans *La prise de la Bastille*, affirme qu'"une main invisible a payé le désordre et l'a payé généreusement". La répartition de l'argent entre les mutins qui prirent la Bastille est largement confirmée par de nombreux auteurs contemporains. Le seul désaccord porte sur le montant versé aux émeutiers, qui varie de six à douze francs par jour. Ces événements permettent de transférer le pouvoir politique à l'Assemblée, qui deviendra la Constituante. Lorsque le duc de la Rochefoucauld-Liancourt annonce le soir au roi la prise de la Bastille, celui-ci demande : "C'est donc une révolte ? Ce à quoi le duc répondit : "Sire, c'est une révolution ! La révolution avait éclaté et, comme par enchantement, dans toute la France en même temps, grâce à l'action des sociétés secrètes. Le roi comprend aussitôt qu'il est inutile de résister et qu'il ne peut qu'essayer de la contrôler. Il se rend alors à pied et sans escorte à l'Assemblée et s'en remet à elle.

Huit jours après la prise de la Bastille, le 22 juillet, les agents de la franc-maçonnerie illuminati, parmi lesquels Adrian Dupont est cité comme le principal instigateur du stratagème, déclenchent ce qui est entré dans l'histoire sous le nom de "Grande Peur". Simultanément, dans toutes les provinces de France, profitant de la famine qui sévit dans le pays, on diffuse des nouvelles alarmant la population et l'invitant à s'armer : on rapporte que des groupes de bandits vagabonds violent et tuent femmes et enfants. On crée également la panique en annonçant l'attaque imminente des troupes allemandes et britanniques. Le même jour et presque à la même heure, des cavaliers à cheval se faisant passer pour des courriers du roi lisent à travers les villes un édit royal ainsi libellé : "Le roi ordonne de brûler tous les châteaux. Il ne veut garder que ses propres châteaux. Le peuple obéit aux ordres, prend les armes et entreprend le travail de destruction. Nesta Webster, qui attribue cette conspiration à la franc-maçonnerie, rappelle qu'avant d'être éclairées, les loges ont planifié une révolution au profit de la bourgeoisie, en utilisant le peuple comme instrument.

À Caen, ville natale de la célèbre Charlotte Cordey, un événement s'est produit dès le 12 août, qui peut être considéré comme un funeste présage de la terreur qui allait se déchaîner en France dans les années à venir. Stanley Loomis le raconte dans son ouvrage *Paris in the Terror, June 1793-July 1794*. À Caen, la formation de l'Assemblée avait été célébrée par l'érection d'une pyramide en bois sur la place principale. Un jeune officier royaliste, Henri de Belzunce, ne comprenant pas l'ampleur des événements, tente de mettre fin aux réjouissances, ce qui fait que son nom se répand de bouche à oreille. Le 11 août, Belzunce incite certains de ses soldats à arracher les médailles de Necker de leur cou. La rumeur se répand bientôt que Belzunce envisage de mettre le feu à la ville et de la détruire. Suite à cette agitation, certains hommes de Belzunce échangent des coups de feu avec une partie de la garde civile de Caen. À la tombée de la nuit, le jeune officier est convoqué à l'hôtel de ville et Belzunce, qui devait être arrogant et plutôt stupide, quitte la sécurité de sa caserne en civil et se présente seul. Dès qu'il est séparé de ses soldats, il est entouré d'une foule en colère. Invoquant "sa propre sécurité", il est enfermé dans la forteresse de la ville, où il passe la nuit. Lorsqu'il quitte la prison le lendemain matin, il doit traverser une foule de gens armés de faux et de mousquets qui réclament sa tête. Avant d'être mis en pièces par la foule", écrit Loomis, "il décida de s'ôter la vie sur-le-champ et tenta d'arracher l'arme d'un de ses gardes, qui le frappa et le jeta à terre. En un instant, la foule est sur lui. Il est battu à mort. La foule l'a découpé en morceaux. Un homme lui ouvre la poitrine avec une paire de ciseaux et en extrait le cœur qui bat encore. L'horrible vêtement est jeté en l'air comme un jouet d'enfant. Une femme l'a finalement attrapé, l'a embroché sur un bâton et l'a dévoré en hurlant. Des atrocités innommables ont été commises sur le reste de son corps.

## La faction orléaniste cherche à prendre le pouvoir

Pendant les trois premières années, le projet des Lumières va être mis à feu et à sang et se frayer un chemin à travers les intrigues des factions politiques. Les orléanistes sont à l'origine de la pénurie artificielle de grains au printemps et à l'été 1789. Il a également joué le rôle principal dans le siège de la Bastille. Le 5 octobre de la même année, la marche sur Versailles expose enfin le duc d'Orléans, convaincu que son heure est venue et que le changement de dynastie va s'opérer. En regardant la fin de ce personnage, il ne fait aucun doute qu'il a été traité dans le véritable esprit de l'Ordre des Illuminati, car il a été utilisé comme un simple outil, trompé, ruiné et exécuté. Examinons ses actions en ces jours d'octobre 1789, qui sont consignées dans les déclarations du Châtelet.

Tout d'abord, le Châtelet de Paris fut l'une des plus éminentes juridictions du royaume de France sous l'Ancien Régime. Aujourd'hui, ses archives sont largement consultées par les historiens, même s'il est difficile de se retrouver dans la série de documents qui y sont conservés. Les délibérations des différentes chambres du Châtelet sont orales et leur compétence peut être civile, criminelle ou de police. En 1789, des voix s'élèvent pour réclamer sa démolition, car il n'a pas bonne presse. Une loi du 24 août 1790 supprime sa juridiction et entraîne la fermeture des archives et la démolition du bâtiment. Le 22 janvier 1791, la municipalité de Paris décide de mettre sous scellés les archives du Châtelet. Six mois plus tard, un ancien scribe de la chambre civile, Jean Charles Gabé, est chargé de lever les scellés et le traitement des archives peut commencer. Les archives du Châtelet entrent au palais Soubise en 1847 et constituent, avec les archives du Parlement et des autres juridictions parisiennes, la section dite judiciaire des Archives nationales.

La discussion sur le droit de veto du roi provoque de vives discussions à l'Assemblée et de violents affrontements dans les rues. Au Palais Royal, on menace de destituer les députés royalistes. En outre, la famine ne cesse de s'aggraver. Marat et Desmoulins réclament dans leurs journaux "un nouvel excès de révolution". C'est dans ce contexte qu'une femme parcourt les rues en battant le tambour et en demandant du pain. Des milliers de femmes la rejoignent ainsi que des hommes armés de haches. Ils saccagent le dépôt d'armes de la milice de la Garde nationale, s'emparent de chariots, de fusils et de canons et se dirigent vers Versailles, où se trouve le tribunal. Il s'agit d'un stratagème des orléanistes. Les déclarations du Châtelet prouvent qu'au cours de ces journées (5 et 6 octobre), Philippe Égalité a été vu à plusieurs reprises et que lorsque la foule le reconnaissait, il était acclamé aux cris de "Vive Orléans" et "Vive notre roi Orléans". Il se retirait ensuite et apparaissait ailleurs. Sa dernière apparition, le 5, eut lieu vers neuf heures du soir, et on le vit converser dans un coin avec des hommes vêtus en femmes et d'autres déguisés en humbles, parmi lesquels se trouvaient Mirabeau, Barnave, Duport, et plusieurs députés du parti républicain. Le lendemain, on le revoit avec les mêmes personnes en habits de femme. Plus tard, il se trouve en haut d'un escalier et indique de la main aux assaillants la direction à prendre. Il a ensuite couru vers un autre chemin pour se tenir à côté du monarque, qui était son cousin. Lorsque le roi est conduit vers Paris au milieu des insultes, Louis-Philippe d'Orléans est à nouveau aperçu, tapi sur le balcon derrière des enfants, alors que le cortège défile.

Deux bataillons du régiment de Flandre sont envoyés à Versallles pour protéger la famille royale. Puis les Orléanistes, en bons disciples de Weishaupt, mettent en pratique ses instructions sur l'utilisation des femmes.[9] John Robison cite les déclarations numéro 177 et numéro 317 du Châtelet comme source des informations qui suivent. Environ trois cents "nymphes" du Palais Royal, payées en escudos et en louis d'or par l'abbé Sieyès, sont envoyées à la rencontre des deux bataillons. Les soldats d'un des régiments informent leurs commandants de la tentative de briser leur loyauté par la corruption. Mademoiselle Théroigne de Méricourt, la favorite du moment au Palais Royal, est l'une des plus actives parmi la foule armée à Paris. Vêtue en amazone, avec toute l'élégance de l'opéra, elle fait perdre la tête à plus d'un jeune homme. La foule qui se rendait à Versailles pour mendier du pain au roi avait les poches pleines de pièces de monnaie. Orléans fut vu par deux gentilshommes avec un sac d'argent si lourd qu'il était attaché à ses vêtements. Le duc d'Orléans lui-même a reconnu avant sa mort qu'il avait dépensé près de 50 000 livres sterling pour soudoyer le régiment des gardes français.

---

[9] Parmi les papiers saisis par la police bavaroise à Cato (Zwack), on a trouvé un projet de sororité de femmes qui pourrait servir les plans des Illuminati. Le texte est le suivant : "Elle sera d'une grande utilité et nous apportera des informations et de l'argent, et en même temps elle fera des merveilles pour satisfaire le goût de beaucoup de nos membres les plus fidèles qui sont friands de sexe. Il devrait y avoir deux sortes de sœurs, les vertueuses et les vicieuses. Elles ne devraient pas se connaître et devraient être dirigées par des hommes, mais sans qu'elles le sachent. On leur donnera des livres convenables et d'autres choses pour exciter leurs passions". Un autre document souligne l'importance d'utiliser les femmes pour atteindre leurs objectifs. "Il n'y a pas de moyen plus puissant que les femmes pour influencer les hommes. Elles doivent donc être l'objet principal de notre étude. Nous devons les gagner en leur conseillant de s'émanciper de la tyrannie de l'opinion publique. Ce sera un réconfort pour leurs esprits asservis d'être libérés de toute servitude ou répression. Cela les excitera et les amènera à travailler pour nous avec plus d'enthousiasme sans qu'elles le sachent, car elles ne feront qu'assouvir leur propre désir d'admiration personnelle".

Le célèbre tableau de Goya, *Saturne dévorant ses enfants*, illustre parfaitement ce qui s'est passé en France lorsque la révolution s'est éteinte et que la main des Illuminati est devenue plus évidente. L'une des premières victimes illustres fut Mirabeau. Seules les contradictions humaines, les erreurs de calcul ou de jugement, l'excès de confiance ou l'auto-illusion peuvent expliquer les actions de ce personnage qui s'est comporté comme un fou tout au long de sa vie et qui, finalement, en contradiction avec ses actions précédentes, a tenté de sauver les principes de la monarchie, ce qui lui a coûté la vie.

Parallèlement aux travaux de la Constituante, des clubs se forment pour contrôler le travail des députés. C'est dans les clubs que commencent à être lancés les appels à la tête de Mirabeau. Selon l'*Encyclopœdia Britannica*, en août 1790, il y en a déjà cent cinquante-deux en activité. Le plus célèbre est le Club breton, où Robespierre dominera plus tard, dirigé à l'époque par Duport, Barnave et les frères Lameth. Ses séances se tiennent dans le couvent des Jacobins, d'où il tire son nom. Les Jacobins établissent un réseau qui couvre toute la France et leurs fonds s'élèvent à trente millions de livres. L'histoire des Jacobins est sans doute liée à celle des Illuminati : ce n'est pas pour rien qu'Adam Weishaupt avait pour titre "Patriarche des Jacobins". Le premier à réclamer la tête de Mirabeau, traître à la révolution, est Marat (Mosessohn), juif d'origine séfarade, dont l'inséparable complice est un autre juif du nom de Jacob Pereira. Dans un article, Marat demande au peuple d'ériger huit cents gibets et de pendre Mirabeau en premier.

De façon incompréhensible, alors qu'il est théoriquement allié au duc d'Orléans, Mirabeau tente à l'Assemblée, dont il devient le président, de modérer par ses brillants talents d'orateur les députés qui veulent priver le roi de la quasi-totalité de ses pouvoirs. Les pamphlets menaçants ne tardent pas à se multiplier. L'un d'eux, intitulé "La grande trahison de Mirabeau", dit : "Prends garde que le peuple ne distille dans ton gosier de vipère l'or, ce nectar brûlant, pour étancher à jamais la soif qui te dévore ; prends garde que le peuple ne se promène avec ta tête comme il porterait celle de Foulon, la bouche pleine de foin". Mirabeau en sait trop. Un procès public n'intéresse pas les conjurés qui l'ont utilisé en tant de circonstances. Le meilleur moyen de l'éliminer sans tapage est de simuler une mort naturelle, et c'est l'empoisonnement qui est choisi. Dans la nuit du 26 mars 1791, il souffre énormément. Le lendemain, malgré les supplications de ses amis, il assiste pour la dernière fois à la séance de l'Assemblée. Le 28, l'agonie commence. Chaque jour, Louis XVI envoie un émissaire pour s'assurer de l'évolution du "malade", qui demande de l'opium pour calmer la douleur. Enfin, dans les atroces souffrances du poison et après une nuit de tourments, Mirabeau meurt le 2 avril à l'âge de quarante et un ans. La version officielle, qui prétend attribuer cette mort brutale à une maladie soudaine, n'est pas crédible. Pouget de Saint-André dans *Les auteurs cachés de la Révolution Française*, ouvrage fort intéressant, révèle que Mirabeau lui-même a cru avoir été empoisonné et cite les noms de sept médecins qui, bien qu'ayant reçu l'ordre d'attribuer la cause de la mort à ses excès, ont conclu qu'il avait succombé à un poison minéral.

La mort de Mirabeau est un signal d'alarme pour la famille royale, qui est déjà en contact avec les puissances étrangères. Louis XVI et Marie-Antoinette tentent de fuir, mais sont arrêtés à Varennes. Ramenés à Paris, ils sont depuis lors confinés aux Tuileries. De son côté, le duc d'Orléans, Philippe d'Orléans, reste persuadé que son heure viendra peut-être, mais les événements vont très vite et ses chances ne tardent pas à s'évanouir. En septembre 1791, l'Assemblée passe de la Constituante à la Législative après une élection à laquelle seuls 10% des électeurs ont participé. Les députés élus sont essentiellement issus de la bourgeoisie. Brissot et les Girondins forment le dernier gouvernement de Louis XVI, dont la part de pouvoir politique se limite à l'élection du Premier ministre et à un droit de veto sur les décisions de l'Assemblée. Dans les étages supérieurs (la Montagne) siègent les représentants des clubs et des gens du peuple. Leur représentation est limitée et leurs hommes forts (Danton, Marat, Robespierre) sont en dehors de l'Assemblée.

L'émigration, concentrée à Coblence et composée principalement de nobles et d'officiers ayant quitté l'armée, constitue le parti royaliste. C'est contre eux que fut pris l'un des premiers décrets de l'Assemblée, dont le texte considérait les Français rassemblés outre-Rhin comme suspects de conspiration et les avertissait que s'ils continuaient à s'assembler le 1er janvier 1792, ils seraient persécutés et punis de mort. Le roi use de son droit de veto et refuse de signer ce décret. Quelques jours plus tard, il ne sanctionne pas un autre décret qui s'attaque aux biens du clergé et à son droit de culte.

Après la mort de Gustave III, assassiné comme on le sait le 16 mars 1792 alors qu'il organisait une coalition de puissances étrangères contre la France, plusieurs pays européens menacent d'intervenir. L'Autriche est la première à rompre les hostilités et l'Assemblée déclare la guerre le 20 avril 1792. L'invasion française de la Belgique, toujours malheureuse sous la domination autrichienne, prend l'Europe par surprise, mais dans l'indiscipline et le chaos, les premières défaites ne tardent pas à arriver. Un exemple de confusion et d'insubordination est l'assassinat du général Dillon, dont l'unité de dragons s'est repliée en désordre sans avoir vu l'ennemi. À Lille, criant à la trahison, les soldats tuent leur général. Après la consternation créée par la nouvelle du retrait des troupes envahissant la Belgique, les Jacobins deviennent chaque jour plus violents. Marat, du fond des souterrains de l'intrigue, où il se soustrait aux investigations des pouvoirs publics, profite des soupçons de trahison et demande que l'armée mette à mort tous ses généraux.

## Pour la terreur de la République

À Paris, l'agitation grandit et tandis que la France mobilise des bataillons de volontaires et de gardes nationaux, l'Autriche-Hongrie, la Prusse et le royaume de Piémont-Sardaigne forment une première coalition. Lafayette, commandant franc-maçon de l'armée du Nord vaincue, qui a connu personnellement Adam Weishaupt et qui, comme Mirabeau, sait qu'une main cachée agit parmi les Jacobins, adresse à l'Assemblée, le 18 juin 1792, une lettre dont sont extraits ces mots : "Cette faction a été la cause de tous les désordres, et je l'en accuse ouvertement ! Organisée en empire séparé, dirigée aveuglément par quelques chefs ambitieux, cette secte constitue une corporation distincte au milieu du peuple français, dont elle a usurpé les pouvoirs à ses représentants et à ses mandataires...". Deux jours plus tard, une foule prend d'assaut le palais des Tuileries, où réside le roi, qui, outragé et menacé, est contraint de coiffer le bonnet phrygien rouge et de boire un verre de vin. Le maire Pétion, qui avait ouvertement favorisé l'insurrection, réussit à la canaliser par ses paroles et à faire évacuer le palais. Le 28, Lafayette, pensant naïvement en finir avec les Jacobins, s'adresse à l'Assemblée et réitère le contenu de sa précédente lettre : "Je demande à l'Assemblée la prompte punition des instigateurs et la destruction d'une secte qui envahit la souveraineté, qui tyrannise les citoyens, et dont les débats publics ne laissent aucun doute sur l'atrocité des projets conçus par ceux qui la dirigent".

Le duc de Brunswick, grand maître de la franc-maçonnerie allemande qui avait assisté au congrès décisif de Wilhelmsbad et dont le nom secret chez les Illuminati était Aaron, était le commandant en chef des armées de la coalition austro-prussienne, dont l'état-major était composé en majorité de francs-maçons militaires. Le 25 juillet 1792, il envoie aux Parisiens le célèbre manifeste de Coblence, rédigé par le prince de Condé (Louis Joseph de Bourbon, cousin du roi). Il menace de marcher sur Paris, d'instaurer la loi martiale et de faire un grand carnage si l'on porte atteinte à la famille royale. Deux ans plus tard, Ferdinand de Brunswick, repenti, dénoncera sans ambages que les Illuminati ont infiltré la franc-maçonnerie pour provoquer la révolution en France et qu'ils seront à l'origine d'autres révolutions. Nous reprenons ici la citation de ses propos, qui est un peu longue, mais très précieuse :

> "...Nous voyons notre édifice (la franc-maçonnerie) s'écrouler et couvrir la terre de ruines ; nous voyons une destruction que nos mains ne peuvent plus arrêter... Il s'est élevé une grande secte qui, sous prétexte de procurer le bien et le bonheur des hommes, a travaillé dans les ténèbres de la conspiration à faire une victime de l'humanité. Cette secte est connue de tous. Ses frères sont aussi connus que son nom. Ce sont eux qui ont sapé les fondements de l'ordre jusqu'à le renverser complètement. C'est à

cause d'eux que l'humanité entière a été empoisonnée et conduite à la perdition depuis plusieurs générations. [...] Le plan qu'ils ont élaboré pour briser tout lien social et détruire tout ordre est manifeste dans tous leurs discours et leurs actes. Ils recrutent des apprentis dans toutes les catégories et dans toutes les positions ; ils trompent les hommes les plus avisés en leur prêtant des intentions différentes. [...] Leurs chefs n'ont en vue que les trônes de la terre, et ils entendent diriger les gouvernements des nations depuis la nuit de leurs clubs. C'est ce qui s'est fait et ce qui se fait encore. Nous constatons cependant que les princes et les peuples ne savent pas de quelle manière et par quels moyens ils y parviennent. C'est pourquoi nous vous disons franchement que l'utilisation de notre Ordre a provoqué tous les bouleversements politiques et moraux auxquels le monde doit faire face aujourd'hui. Vous, qui avez été initiés, devez unir vos voix aux nôtres pour apprendre aux princes et aux peuples que les sectaires, les apostats de l'ordre nouveau, ont été les auteurs de la révolution présente et seront les auteurs des révolutions futures. [Ainsi, pour étouffer dans l'œuf l'abus et l'erreur, il faut dès à présent dissoudre l'Ordre tout entier...".

Le manifeste de Coblence semble destiné à enflammer et à indigner les Français, dont beaucoup s'enrôlent volontairement. Des enrôlements massifs ont lieu dans tout le pays. L'Assemblée, sous la pression croissante des Jacobins et des sans-culottes, est contrainte de voter la mise en accusation du général La Fayette, qui ne cesse de dénoncer la conspiration et la situation d'anarchie dans Paris, et de demander que le maire soit jugé pour avoir collaboré avec les insurgés lors de l'assaut des Tuileries. Pétion, au lieu de reculer, demande la destitution du roi. Les Jacobins réclament la tête des députés constitutionnels et déclarent ouvertement qu'on ne peut plus compter sur l'Assemblée pour mener à bien la révolution. C'est dans cette atmosphère que Danton, qui avait appelé au détrônement du roi depuis le club des Cordeliers, organise la seconde prise des Tuileries, véritable coup d'État qui a lieu le 10 août 1792 et permet de renverser Louis XVI.

Les commissaires des sections de Paris, parfaitement organisés, s'emparent de l'Hôtel de Ville et les chefs des mutins se constituent aussitôt en Municipalité. Le roi et sa famille, sur les conseils de Roederer et prévoyant le carnage qui devait résulter des combats aux Tuileries, se réfugièrent à l'Assemblée, où environ trois cents députés, presque tous complices ou partisans de l'insurrection, s'étaient rassemblés dans la salle des délibérations. À onze heures du matin, le triomphe était complet, et les masses armées, portant les prisonniers et les objets somptueux pris dans la prise du palais, étaient conduites vers l'Assemblée, qui invitait enfin le peuple français à former une convention nationale, c'est-à-dire une république. Le roi et sa famille sont confiés à la garde des citoyens. Au petit matin du 11 août, Danton est réveillé par Camille Desmoulins et Fabre d'Églantine. Ils lui crient : "Vous êtes ministre". Somnolent et épuisé par les efforts de la veille, il les regarde avec incrédulité et leur demande : "Êtes-vous absolument certain que j'ai été nommé ministre ?" Ils lui répondent que les votes ont été en sa faveur et lui confirment qu'ils sont le nouveau ministre de la Justice. Il n'y a plus de doute : Danton est le nouveau héros de l'heure.

La Convention nationale ou Première République française a exercé le pouvoir exécutif en France du 20 septembre 1792 au 26 octobre 1795. Elle a été formée après une élection à laquelle ont participé un peu moins de 15% des électeurs. L'Assemblée peut opposer son veto aux candidats jugés "antipatriotiques" et le vote des députés se fait toujours à haute voix. Les quarante jours qui s'écoulent entre le 10 août et le 20 septembre sont terribles, car à la terreur intérieure s'ajoute la guerre à l'étranger. Pendant cette période, l'Assemblée, qui s'était déclarée en session permanente, déclara qu'elle approuvait tous les actes municipaux. La Municipalité ne conserve l'Assemblée que pour lui dicter ses volontés, c'est-à-dire pour légaliser les usurpations et sanctionner, selon les termes de Danton, "toutes les mesures extraordinaires que le peuple a réunies dans les assemblées primaires". Plus tard, au sommet de son influence, il ira jusqu'à déclarer : "La terreur est à l'ordre du jour". La Commune de Paris revendique alors un pouvoir absolu : elle prend la direction militaire de toute la France et suspend indéfiniment l'inviolabilité des domiciles et des propriétés. Cette commune insurrectionnelle, , est d'une activité fébrile, publiant une centaine de décrets par jour. Le transfert de la famille royale à la Tour du Temple, l'emprisonnement des rédacteurs des journaux royalistes (onze journaux sont fermés dans la seule ville de Paris), la destruction des statues des rois et la création d'un "Conseil de surveillance" de la capitale figurent parmi ses premières décisions. Trois hommes qui ne se connaissaient pas personnellement dirigent le Conseil général : Danton, Robespierre et Marat. Ce dernier, de son propre aveu, "était entré au ministère par la brèche des Tuileries". Marat, dont l'emprisonnement avait été maintes fois décrété pour ses publications sanguinaires et ses calomnies contre tous, était sorti des égouts où il s'était caché pendant trois ans et s'était arrogé la direction du Conseil de surveillance.

## Marat et Danton, agents des Illuminati à Londres

Le crypto-juif Marat était sans aucun doute le plus dépravé et le plus cruel des agents étrangers qui, à cette époque, ont déclenché l'orgie de sang à Paris et dans toute la France. Il est presque certain que Marat connaissait personnellement Lord Shelburne (William Petty) et Jeremy Bentham, les têtes pensantes anglaises qui dirigeaient le processus révolutionnaire en France depuis Londres. Au cours des années 1970, Marat avait déjà voyagé en Hollande et en Angleterre, où il avait trouvé des appuis parmi les francs-maçons anglais. En 1772, il y publie un ouvrage d'inspiration maçonnique intitulé *An Essay on the Human Soul (Essai sur l'âme humaine)*. Son deuxième ouvrage, *Les chaînes de l'esclavage*, suivra en 1774. En 1777, il rentre en France, mais il est mis sous surveillance pour son travail d'agitation incendiaire dans *L'Ami du Peuple*, son journal (qui est subventionné et devient le *Journal de la République* lorsqu'il est au pouvoir), ce qui l'oblige à retourner en Angleterre, où il reste jusqu'en 1790.

Le rôle joué par Lord Shelburne et Jeremy Bentham étant de premier ordre, il convient de prendre un peu de temps pour présenter ces personnages dont les historiens officiels ne disent rien. Lord Shelburne est l'un des Anglais éclairés qui assistent au congrès de Wilhelmsbad, auquel il participe en compagnie de sept autres frères anglais. Shelburne, qui avait été premier ministre pendant une courte période entre 1782 et 1783, puis William Pitt lui avait succédé jusqu'en 1801, était à la tête de l'Intelligence Service britannique pendant les années de la révolution en France. Selon Eustace Mullins (*The Curse of Canaan*), Lord Shelburne et ses associés avaient remboursé les nombreuses dettes qui pesaient sur William Pitt, qui se soumettait en retour aux manœuvres et aux décisions politiques dictées dans l'ombre par Shelburne et Bentham.

Dans un livre paru en 1989, *Les hommes de Londres, histoire secrète de la terreur*, Olivier Blanc explique que William Petty (Lord Shelburne) a semé le chaos en France en finançant à la fois des milliers de réactionnaires et de jacobins. Selon cet auteur, Marat, Danton et Choderlos de Laclos, secrétaire particulier du duc d'Orléans, étaient des agents travaillant pour les services secrets de Lord Shelburne. Dès 1789, alors que Danton était pratiquement inconnu, l'ambassadeur de France à Londres, La Luzerne, avait déjà dénoncé en termes très clairs au ministre des Affaires étrangères, le comte de Montmorin, que deux individus nommés Danton et Paré (secrétaire de Danton) recevaient de l'argent du gouvernement anglais. M. Albert Mathiez (1874-1932), spécialiste de la Révolution française, a également dénoncé Danton en 1916 comme un agent au service de l'Angleterre. Dans *Danton et l'or anglais,* cet historien français révèle que le banquier prusso-suisse Perrégaux aurait été chargé de payer la rétribution. Mathiez cite une lettre officielle du ministère des Affaires étrangères, un document qui faisait partie des papiers saisis chez Danton, et qui dit ceci : "Nous vous prions de continuer vos efforts et d'avancer 3.000 livres à M.C.D., 12.000 à W.T. et 1.000 à de M., pour les services qu'ils nous ont rendus en allumant l'incendie et en poussant les Jacobins au paroxysme de la fureur. [...] Aidez C. à découvrir les voies par lesquelles l'argent pourra être distribué avec le plus grand succès".

Un article de Jeffrey Steinberg paru dans l'*Executive Intelligence Review* du 15 avril 1994, intitulé "The Bestial British Intelligence of Shelburne and Bentham", précise l'étendue des activités des deux hommes et met en évidence leur absence de principes éthiques. Bentham a publié *An Introduction to the Principles of Morals and Legislation* en 1780, *un* ouvrage qui a fondé les principes du radicalisme philosophique britannique et qui, selon Steinberg, "l'a catapulté au centre même du British Foreign Office et du British Intelligence Service, alors remaniés et consolidés par Shelburne, un homme qui était alors de *facto*, sinon *de jure*, le Doge de Grande-Bretagne". En réalité, les opérations de renseignement étaient aux mains de la Compagnie des Indes orientales et étaient depuis passées sous le contrôle du Secret Intelligence Service (SIS). En fait, Lord Shelburne était l'homme des oligarques financiers anglo-néerlandais et présidait le tout-puissant Comité secret de la Compagnie des Indes orientales, composé de trois personnes. Bernard Lazare, juif sioniste et ami de Theodor Herzl, donne dans *L'Antisémitisme* les noms des financiers juifs qui ont soutenu depuis l'Angleterre les visées révolutionnaires de leurs collègues continentaux : Benjamin Goldsmid, son frère Abraham Goldsmid, Moses Mocatta et Moses Montefiore. Selon Pouget de Saint-André, qui cite les Archives nationales, deux autres banquiers juifs opérant à Paris, Boyd et Kerr, étaient des agents secrets au service de l'Angleterre.

Bentham, qui rejette toute différence entre l'homme et les bêtes inférieures et a écrit un essai pour défendre la pédérastie en 1785, impressionne Shelburne qui le finance, l'installe dans un appartement à Bowood et lui attribue des éditeurs en Suisse et en Angleterre pour assurer une large diffusion de ses œuvres en anglais et en français. En 1787, Jeremy Bentham publie un pamphlet très important intitulé *In Defence of Usury*, dans lequel il reproche à Adam Smith, qui travaillait également pour Lord Shelburne au sein de la Compagnie des Indes orientales, de ne pas avoir été à la hauteur dans son ouvrage *La richesse des nations* et de ne pas être absolument favorable à la dictature débridée de l'argent. Smith a immédiatement reconnu par écrit que l'œuvre de Bentham "était l'œuvre d'un homme supérieur".

Jeffrey Steinberg, qui partage l'avis d'Olivier Blanc et d'Eustace Mullins dans son article, écrit : "Shelburne avait pour objectif de détruire la France en tant que rivale économique et militaire sur le continent. Dès le début, la terreur jacobine a été orchestrée par la Compagnie des Indes orientales et les services secrets britanniques. Le massacre sanglant de l'élite scientifique française a été systématiquement exécuté par des mains françaises, mais les guides étaient britanniques". Mullins et Steinberg soutiennent tous deux que la crise économique parrainée par Necker était la condition préalable à la provocation du chaos politique et de l'insurrection, à laquelle Shelburne a contribué en créant un atelier d'écrivains radicaux, une sorte de "laboratoire d'idées", dans sa propriété de Bowood. Steinberg écrit : "les textes ont été préparés par Bentham, traduits et transportés par la valise diplomatique et d'autres moyens à Paris, où les chefs de la terreur jacobine, Jean-Paul Marat et Georges Jacques Danton, ont prononcé les discours féroces. Des documents de la Compagnie des Indes orientales confirmant des paiements à ces chefs jacobins se trouvent toujours dans les archives du British Museum". Dans *Les auteurs cachés de la Révolution*

*Française,* Pouget de Saint-André affirme que le juif Étienne Clavière, ministre des Finances entre le 10 août 1792 et le 13 juin 1793, était également un agent londonien. Pouget de Saint-André explique que Clavière, après son emprisonnement, a reçu de fréquentes visites du banquier Bidermann, un coreligionnaire qui était trésorier du ministère des Affaires étrangères en 1792.

Le 25 novembre 1791, Bentham, qui sera récompensé par une citoyenneté d'honneur dans la France jacobine, avait même écrit une lettre au député de l'Assemblée, J. P. Garran, dans laquelle il proposait de se rendre à Paris pour prendre en charge le système pénitentiaire français. Sa proposition consistait à construire des centres de détention et de travail forcé sur le modèle de son célèbre Panopticon (prédécesseur de Big Brother), où les détenus, grâce à un système d'observation global (optique), se sentiraient anxieusement surveillés à tout moment, même dans leurs gestes les plus élémentaires, par un gardien qui, depuis une pièce conçue avec des miroirs, pourrait tout voir (pan).

Sachant alors qui et d'où a orchestré la terreur, nous pouvons revenir à Marat qui, selon son médecin, le docteur Cabanes, "souffrait d'un eczéma répugnant et très douloureux qui l'affectait du scrotum au péritoine et suintait sans cesse. Fréquemment, un mal de tête atroce, de la fièvre et de violentes douleurs dans les bras et les jambes ajoutaient au supplice qu'il endurait". Marat illustre mieux que quiconque tous les excès. Placé à la tête du Comité de salut public avec l'appui des sections parisiennes, il ordonne l'arrestation de près de quatre mille personnes et le carnage commence.

## Les massacres de septembre

Les massacres étaient parfaitement planifiés, comme en témoignent les documents des registres de la Commune. Ces registres ont été détruits par une autre Commune, celle de 1871 ; mais auparavant, ils ont pu être examinés, copiés et publiés sous forme d'extraits par certains chercheurs. C'est ainsi que l'on a appris que les assassins avaient été engagés pour vingt-quatre livres chacun. M. Granier de Cassagnac a publié une liste de leurs noms, adresses et professions. Stanley Loomis, dans *Paris in the terror, june 1973 - july 1974,* indique que beaucoup d'entre eux étaient déjà arrivés à Paris à la fin du mois de juillet 1792 et souligne que la plupart d'entre eux n'étaient pas français. Ils obéissaient à un chef de nationalité polonaise appelé Lazowski. Rappelons ici qu'en 1772, Jacob Frank, protégé de Mayer Amschel Rothschild, avait reçu de l'argent pour organiser des camps d'entraînement paramilitaires à Brno, où il forma six cents de ses disciples à la terreur. Outre le groupe de terroristes étrangers, la Commune disposait dans les prisons de dizaines d'hommes condamnés pour des crimes de violence, libérés quelques jours avant le début des massacres. Les responsables les plus directs de l'organisation sont les hommes qui, avec

Marat, sont à la tête de la Junta de Vigilance : Billaud-Varenne, Collot d'Herbois, Danton, Tallien et Panis.

Parmi les premières victimes, vingt-quatre prêtres qui, le 2 septembre 1792, sont poignardés et battus à mort par un groupe de deux cents têtes brûlées. Au couvent des Carmélites, 150 personnes sont massacrées dans un bain de sang. Les bourreaux refusent d'utiliser des armes à feu et se contentent d'achever leurs victimes à la hache, à la pelle et au couteau. Un chroniqueur de l'époque, Philippe Morice, écrit que les cris de douleur et de terreur des victimes se mêlaient aux cris de joie et de plaisir des criminels. Cette scène soulève à nouveau le soupçon que les terroristes de Jakob Frank auraient pu faire partie des meurtriers. Les prisons du Châtelet et de la Conciergerie sont envahies par deux groupes d'hommes entraînés à tuer, qui exécutent deux cent vingt-cinq prisonniers pour la première et trois cent vingt-huit pour la seconde, soi-disant parce qu'ils sont des ennemis du peuple. Lors de ces massacres perpétrés dans les prisons, les assassins font des signes maçonniques à leurs victimes et gracient ceux qui savent répondre. Billaud-Varenne, marchant au milieu des cadavres, cria aux criminels : "Vous sauvez la patrie, continuez votre œuvre, braves citoyens !

Le Dr John Moore, un voyageur anglais vivant à Paris, a écrit un journal passionnant. Pour lui, il ne fait aucun doute que les massacres ont été planifiés de sang-froid par certains hommes politiques. Le schéma, écrit-il, était répété sans interruption comme une toxine pour exciter la population". En réalité, le peuple de Paris a répondu aveuglément à l'agression perpétrée par des criminels et des agitateurs à la solde de l'étranger. Un an plus tard, peu avant d'être guillotiné, Robespierre devait dénoncer cela en termes très clairs. John Moore et Stanley Loomis ont tous deux dénoncé les crimes commis à la prison de Bicêtre, où étaient enfermés 170 détenus issus des couches les plus marginalisées de la société. Tous sans exception ont été assassinés. Parmi les victimes figurent trente-trois garçons âgés de douze à quatorze ans.

Madame Roland, épouse de celui qui, quelques semaines auparavant, était ministre de l'Intérieur, dénonce par écrit les atrocités commises à la prison de la Salpetrière, où sont enfermées les prostituées et les femmes dénoncées par leurs maris ou leurs parents. Si vous saviez", écrit-il, "les détails terribles. Les femmes étaient sauvagement violées avant d'être mises en pièces par ces tigres". L'exemple le plus célèbre qui prouve la véracité des propos de Madame de Roland est celui de Marie Louise de Savoie-Carignan, princesse de Lambelle. Cette aristocrate d'âge mûr s'était réfugiée en Angleterre, mais par fidélité à son amie Marie-Antoinette, elle revint à Paris pour être près d'elle. La princesse est capturée à la Tour du Temple, où elle accompagne la famille royale en captivité, et conduite à la prison de La Force, où les criminels, excités à l'extrême par l'alcool, font preuve d'une férocité inouïe et vont jusqu'au cannibalisme. Avant d'être tuée, la princesse est interrogée par Hébert qui lui demande : "Jurez d'aimer la liberté et l'égalité, jurez de haïr le roi, la reine et la monarchie". Héroïquement, la pauvre femme dit : "Je ferai aisément le premier serment, mais je ne puis faire le second, parce qu'il n'est pas dans mon cœur". Quelqu'un dans l'assistance lui crie de jurer si elle ne veut pas mourir, mais elle ne peut que se cacher le visage dans ses mains. Hébert prononce alors la phrase fatale : "Emmenez la dame". Deux hommes la traînent dans la rue, où se trouve un tas de cadavres déjà dépouillés. Sans plus attendre, un sabre est passé sur son cou et plusieurs piques lui sont enfoncées dans le corps. Elle est ensuite déshabillée et abandonnée dans la rue. Peu après, on lui arrache le cœur, on la met en pièces et on l'éventre. Ses parties intimes ont été exhibées en triomphe comme des trophées. Sa tête est portée devant les fenêtres de la cellule de la reine au Temple et exposée pour que Marie-Antoinette puisse voir son amie intime. À noter qu'un juif nommé Rosenthal était le commandant des troupes qui gardaient le Temple et qu'il n'a pas empêché cette action macabre. La tête est ensuite présentée au duc d'Orléans qui, attiré par les cris, se lève de table et salue sans broncher les assassins de la princesse, sa belle-sœur, du haut d'un balcon du Palais Royal.

Pendant que ces horreurs se déroulent, le 30 septembre 1792, les armées françaises qui ont chassé Lafayette, commandées par Dumouriez et Kellermann, parviennent à vaincre les Prussiens et les Autrichiens lors de la victoire décisive de Valmy. La performance des Prussiens suscite de nombreux doutes, car alors qu'ils auraient pu écraser l'armée de Dumouriez, largement supérieure en nombre, ils lui ont laissé le temps de recevoir des renforts et du ravitaillement. Pour certains critiques, Valny fut "une comédie". Le lendemain, la Convention proclame la République comme seul gouvernement de la France. Le duc Ferdinand de Brunswick entend ouvrir des négociations malgré la défaite, mais la République refuse d'écouter toute proposition avant que les troupes ennemies n'aient complètement évacué le territoire. Les victoires françaises se confirment plus au nord, le long du Rhin, où le général Custine est également passé à l'offensive et a pris les villes de Spire, Worms et Mayence. Dans les Alpes, le général Montesquieu conquiert la Savoie.

La Convention se composait de sept cent quarante-neuf membres, dont soixante-quinze avaient été membres de la Constituante et cent soixante-quatorze du Corps législatif. La Gironde formait le côté droit, et la Montagne, soutenue par les clubs et la Commune, le côté gauche. Entre les deux partis se trouve le centre, appelé la Plaine ou le Verger. Bien que le roi soit inviolable selon les lois acceptées, et que rien ne puisse être fait contre lui une fois qu'il a été destitué, les Montagnards ne tardent pas à exiger la tenue d'un procès. Danton déclare : "Puisque les nations nous menacent, jetons-leur la tête d'un roi comme un gantelet de défi". La Convention s'érige ainsi en juge, alors qu'elle est en même temps l'accusatrice, et convoque le roi devant elle. Seul Malesherbes ose accepter la dangereuse défense de Louis XVI. Mais, comme nous l'avons déjà dit, la mort du roi a été décidée à l'avance au congrès maçonnique de Francfort en 1786, et l'heure de l'exécution a sonné. Les Jacobins réclament sa mort comme mesure de salut public. Le 17 janvier 1793, à 7 heures du soir, le vote par appel nominal commence. Il dure vingt-cinq heures et se déroule au milieu des menaces et des insultes, dans une atmosphère d'extrême agitation. Camille Desmoulins s'exprime ainsi : "Un roi mort n'est pas un homme moins bon. Je vote pour la mort". Barère s'exprime en ces termes : "L'arbre de la liberté ne peut croître sans être arrosé du sang des rois". Sieyès condamne : "La mort sans phrases". L'attente est à son comble lorsque le duc d'Orléans, Philippe Egalité, monte à la tribune. Tout le monde pensait que le fait qu'il soit parent du roi servirait d'excuse ; mais il dit calmement : "Je ne suis occupé que de mon devoir, et convaincu que tous ceux qui ont attaqué ou qui attaqueront à l'avenir la souveraineté du peuple méritent la mort, je vote la mort". Finalement, par trois cent quatre-vingt-sept voix contre trois cent trente-trois, il est décidé d'exécuter la sentence dans les vingt-quatre heures. Louis XVI demande trois jours "pour se préparer à paraître devant Dieu", ce qui lui est refusé.

Le 21 janvier 1793, Samson, franc-maçon juif, chef des exécutions, qui se vante d'avoir coupé vingt et une têtes en trente-huit minutes, guillotine le roi, dont les dernières paroles exprimées d'une voix ferme devant tout le monde sont celles-ci : "Je meurs innocent des crimes dont on m'accuse. Je pardonne aux auteurs de ma mort, et je souhaite que le sang que vous allez verser ne retombe pas sur la France. Un jeune homme de la garde nationale ramasse la tête saignante et la montre au peuple. La Marseillaise commence à être chantée et certains dansent en cercle autour de l'échafaud. D'autres ramassent le sang qui coule à travers les poutres de l'échafaud et certains le boivent. Il est inévitable de repenser aux francistes dépravés, qui buvaient du sang lors de leurs rituels macabres. Il est peut-être pertinent de noter ici que les assassins du tsar Nicolas II étaient également juifs, comme nous le verrons, de même que le bourreau qui a exécuté les dirigeants nazis condamnés lors du honteux procès de Nuremberg.

## La terreur continue

Après l'exécution du roi, les alliances contre la France se reforment en Europe et la guerre reprend. Dumouriez, le héros de Valmy, qui avait entamé seul des négociations secrètes avec l'ennemi, est dénoncé comme traître devant la Convention par Marat et Francisco de Miranda. Ce général vénézuélien, proche des Illuminati et considéré comme le père de la franc-maçonnerie latino-américaine, est aussi un agent de Lord Shelburne qui a connu une ascension fulgurante dans l'armée française. Un climat de méfiance s'installe peu à peu, qui conduit à l'annulation de l'inviolabilité des députés et à la décision que la Convention peut agir contre n'importe lequel de ses membres. Avec ce décret fatal, les partis ne tardent pas à se décimer l'un l'autre. L'emprisonnement de Philippe d'Orléans, malgré son vote en faveur de la mort du roi, est le premier acte de la guerre intestine. Dans un climat d'accusations et de calomnies, Marat, que le peuple idolâtre, est dénoncé par un député girondin, Gaudet. Les Girondins parviennent à faire voter son arrestation par la Convention. C'est une erreur, car les membres du Tribunal révolutionnaire nouvellement créé pour le juger sont tous des agents de la Commune et l'acquittent. Immédiatement, le 24 avril 1793, Marat est couronné de lauriers et, sous les acclamations de la foule, il est transporté à travers Paris dans une chaise sur les épaules de quatre hommes, qui le portent jusqu'à la Convention au milieu d'une pluie de fleurs et de rubans tombant des fenêtres. Ce qui aurait pu être un triomphe pour les Girondins allait se retourner contre eux, car Marat se retourna alors contre eux et, le 2 juin, fit arrêter vingt-neuf de leurs députés, ainsi que leurs ministres, Clavière et Lebrun Tondu.

Tandis que les armées ennemies attaquent sur toutes les frontières, des insurrections éclatent dans différentes parties du pays. La situation de la République, encerclée sur terre et sur mer et déchirée par des révoltes internes, devient désespérée. Une mention spéciale doit être faite de la terrible rébellion de la Vendée, une guerre civile qui a conduit à l'un des plus grands massacres de l'histoire contemporaine. Dans ces départements de l'ouest de la France, si différents du reste du pays, le régime féodal était patriarcal et bienfaisant : les seigneurs, peu riches, simples et vertueux, vivaient avec leurs vassaux comme des pères et des amis ; le clergé était ignorant, mais pieux et d'habitudes simples. Les paysans ne peuvent comprendre une révolution totalement étrangère à leur situation. Une conscription massive de trois cent mille hommes fut le déclencheur d'un soulèvement général de la paysannerie qui balaya ses seigneurs. Les rebelles s'organisent au sud de la Loire en Armée Catholique et Royale, et la guerre qui va donner lieu à une répression féroce commence. Dans la proclamation de la Convention, l'intention des Jacobins est clairement exprimée dès le départ : "Il s'agit d'exterminer les brigands de la Vendée pour purger le sol de la liberté de cette race maudite". Le problème, c'est que les "brigands", c'est toute la population. Les professeurs Reynald Secher et Pierre Chaunu (1986) s'accordent sur l'existence d'une volonté génocidaire dans les massacres perpétrés par les Jacobins. En 1992, Michel Ragon voit un programme dans les massacres et dénonce les intentions officielles d'anéantir tout un peuple. De plus en plus d'historiens considèrent aujourd'hui l'extermination d'au moins 120 000 paysans vendéens comme le "premier génocide de l'histoire moderne". Les survivants ont été déportés en masse, les cultures rasées, les maisons détruites et les forêts brûlées. Cette région fertile est restée pratiquement inhabitée pendant vingt-cinq ans. Dès 1795, Gracchus Babeuf, premier précurseur du communisme moderne, avait jugé opportun d'utiliser le terme de "populicide" pour qualifier le massacre.

L'assassinat de Marat est un événement inattendu qui survient alors que la France est en proie à des guerres intérieures et extérieures. Charlotte Corday, une belle Girondine convaincue que son action peut sauver la France, réussit à s'introduire le 13 juillet 1793 dans la maison du chef jacobin sous prétexte de le tenir au courant des réunions des chefs girondins à Caen. Marat ne sait comment refuser l'offre et ordonne qu'on la fasse entrer dans la chambre où, à cause des douleurs que lui cause l'altération de sa peau par l'eczéma, il passe une grande partie de son temps le corps immergé dans un baquet d'eau chaude. Marat l'invite à s'asseoir sur un tabouret et lui demande ce qu'il peut faire pour elle. Charlotte lui dit qu'elle vient de Caen et qu'elle peut lui fournir des informations intéressantes sur le soulèvement de cette ville. Marat prend aussitôt un papier et, trempant sa plume dans l'encre, lui demande les noms des Girondins qui se trouvent dans la ville. Elle les énumère : Gaudet, Barbaroux, Pétion, Buzot ? Lorsqu'elle a terminé, Marat sourit et dit : "Excellent ! Dans quelques jours, je les aurai tous guillotinés à Paris". Alors Charlotte Corday se lève et, prenant dans sa poitrine un couteau de cuisine à lame de six pouces, elle le plonge dans sa poitrine jusqu'à la garde et l'en retire. Au cours de l'interrogatoire auquel elle a été soumise par la police, on lui a demandé pourquoi elle avait tué Marat. Elle a répondu : "Parce que c'est lui qui a organisé les massacres de septembre". À la question de savoir quelle preuve elle avait, elle a répondu : "Je ne peux pas vous donner de preuve. C'est l'opinion de la France entière. L'avenir découvrira un jour les preuves". Après l'exécution, le 17, le corps de Charlotte Corday est transporté à l'hôpital, où il est autopsié et déclaré vierge. Le peintre néoclassique Jacques-Louis David, comme on le sait, a immortalisé l'assassinat de son ami dans la peinture à l'huile intitulée *La mort de Marat*, signée la même année. Lors des funérailles, organisées et conçues par David lui-même, de grandes quantités d'encens ont été brûlées et des pyramides symboliques en papier ont été déployées dans tout Paris dans un acte d'exaltation maçonnique.

Après la disparition de Marat, un nouveau Conseil de Salut Public, composé de Robespierre, Saint-Just, Collot-d'Herbois, Billaud-Varennes, Saint-André, Couthon, Hérault de Séchelles, est mis en place comme pouvoir dictatorial en France jusqu'en juillet 1794. Parmi les mesures prises immédiatement, on peut citer la répression sanguinaire des Vendéens et le procès de Marie-Antoinette ; mais on découvre enfin que le gouvernement britannique paie des assassins et des incendiaires. Bien que les agents de Lord Shelburne soient internationaux et même français, l'emprisonnement des sujets britanniques est ordonné. Le 23 août 1793, le service militaire obligatoire est décrété pour tous les Français jusqu'à ce que les ennemis soient expulsés du territoire national. La dictature de la Junte dispose de toutes les fortunes et condamne tous ceux qui refusent de s'armer ou de se soumettre à ses diktats. La Convention, utilisée pour donner un semblant de légalité à l'action de la Junte, voit avec terreur se multiplier les décrets d'emprisonnement contre ses propres membres. La terreur, comme l'avait dit Danton, est à l'ordre du jour : le sang coule sur les échafauds et près de cent mille "suspects" se pressent dans les cachots du pays.

Parmi les exécutions les plus marquantes de cette époque figure celle de Marie-Antoinette, décapitée le 16 octobre 1793. La procédure verbale engagée contre elle est signée par le maire de Paris, Jean-Nicolas Pache, un Français d'origine suisse surnommé "Papa Pache". Selon l'historien Paul Thureau Dangin dans *Royalistes et Républicains* (1874), les rapports du ministère de l'Intérieur le désignèrent plus tard comme l'un des agents anglais. Le discrédit de la reine auprès du peuple français avait été atteint par la campagne du fameux collier de diamants, orchestrée avant la Révolution contre elle depuis Londres par un juif nommé Ephraïm. Les premiers pamphlets y sont publiés par un autre juif nommé Angelucci, qui se fait appeler W. Hatkinson. Fouquier Tinville, l'accusateur public, dans son empressement à la présenter devant le tribunal révolutionnaire comme une femme monstrueuse et impitoyable, fit témoigner contre elle le Dauphin, manipulé par ses tuteurs révolutionnaires. Le pauvre enfant accuse faussement sa mère et sa tante de l'avoir incité à se masturber devant elles et à se livrer à certains jeux sexuels. Hébert lui-même l'accuse d'avoir abusé sexuellement de son fils. Marie-Antoinette, indignée, fait appel en vain aux mères présentes dans la salle d'audience pour la défendre. Quelques jours après la mort de la reine, une vingtaine de chefs girondins sont accusés et montent à l'échafaud en chantant la Marseillaise.

L'exécution du malheureux duc d'Orléans, Philippe Égalité, qui avait été pendant vingt ans Grand Maître du Grand Orient de France, mérite une mention spéciale. Il en savait sans doute trop sur les préparatifs de la révolution, et ce fut aussi son tour de passer sous la guillotine, inventée par le franc-maçon Joseph-Ignace Guillotin. Philippe d'Orléans expliqua son départ du Grand Orient de France en ces termes : "Je ne sais plus qui appartient au Grand Orient. Je pense donc que la République ne doit plus permettre l'existence de sociétés secrètes. Je ne veux plus rien savoir du Grand Orient et des réunions maçonniques". Les loges maçonniques avaient déjà joué leur rôle et les Jacobins avaient commencé à les fermer. En 1794, seules douze loges fonctionnent, celles qui sont encore utiles aux Illuminati. Le duc d'Orléans meurt en pleine désillusion le 6 novembre 1973. Le juif Benjamin Calmer, agent du changement et frère du violent Isaac Calmer, est nommé commissaire à la liquidation des biens de "Philippe Égalité".

En province, des massacres sont perpétrés par des malades mentaux qui semblent avoir été spécialement recrutés à cet effet. Plusieurs auteurs font état d'un certain Carrier, peut-être le plus célèbre de ces criminels. Eustace Mullins écrit à son sujet ce qui suit :

"Il en était de même pour son assistant, le bossu DuRel, un maniaque homicide qui prenait plaisir à massacrer des enfants en leur assénant des coups de bâtons aiguisés à répétition. Ces deux fous ont rassemblé plus de cinq cents jeunes paysans des deux sexes dans un champ près de Nantes, où, avec l'aide enthousiaste d'aliénés comme eux, ils les ont matraqués à mort. Carrier est célèbre pour avoir inventé les tristement célèbres noyades sur la Loire. De grands radeaux de victimes étaient mis à flot sur le fleuve, puis coulaient et les personnes à bord se noyaient. Carrier a également pratiqué le rituel connu sous le nom de "mariages républicains". Des hommes et des femmes étaient déshabillés, attachés en position d'accouplement et jetés dans le fleuve."

Le fleuve a englouti tant de victimes qu'il était interdit de boire dans ses eaux. En réalité, et Mullins n'a pas dû le savoir car il n'en dit rien, les bourreaux étaient une horde de bandits, la compagnie de Marat, qui se rassasiaient de viols, de vols et de meurtres. Les Nantais, accusés de fédéralisme, et les Vendéens sont systématiquement anéantis. Le nombre de victimes de Carrier et de ses sbires, qui ont trouvé de dignes complices dans la junte révolutionnaire nantaise, s'élève à environ quinze mille. En mars 1919, les tchékistes juifs-bolcheviques imitent Carrier, car après avoir emprisonné des milliers de grévistes de la ville d'Astrakhan, ils les chargent sur des barges, d'où ils sont jetés dans la Volga avec une pierre autour du cou. Du 12 au 14 mars 1919, entre 2000 et 4000 ouvriers sont noyés et fusillés.

À Arras, ville natale de Robespierre, Mullins trouve un autre criminel notoire, Joseph Lebas, un partisan de Robespierre. Cet individu et sa femme, ancienne infirmière, connaissent une sorte de frénésie orgiaque avec les exécutions à la guillotine. Lebas exécute d'abord tous les riches qui lui tombent sous la main afin de les dépouiller de leurs caves et de leurs bijoux. Il s'installe ensuite dans une maison réquisitionnée sur la place de la ville. Ne trouvant plus de riches, il se rabat sur des pauvres qu'il fait battre à mort sous ses yeux et ceux de ses amis qui le regardent avec amusement depuis les balcons.

À Lyon, ville qui s'était soulevée contre les Jacobins de Paris, deux hébertistes, Collot d'Herbois et Joseph Fouché, dirigent les massacres. Tous deux sont les auteurs de l'*Instruction de Lyon*, un texte quasiment inconnu et passé sous silence par l'historiographie socialiste, qui est le premier manifeste communiste de l'histoire. Le 9 octobre 1793, la ville capitule. La Convention décide la destruction de Lyon, mais Couthon, bras droit de Robespierre, prétend pratiquer une politique de modération et d'indulgence, ce qui s'avère impossible : le Comité de salut public passe outre, ordonne le retour de Couthon à Paris, et Collot et Fouché sont envoyés à Lyon. Pendant l'hiver 1793-94, les hécatombes se succèdent dans la deuxième ville de France. Le 4 décembre, c'est le début des horreurs à grande échelle. Fouché, dit "le mitrailleur de Lyon", jugeant la guillotine trop lente, décide de fusiller les détenus sur une esplanade. Les corps des blessés amenés mutilés ou déchiquetés sont achevés à coups de sables ou de coups de pioche, de houe ou de hache. De nombreux cadavres ensanglantés sont ensuite jetés dans le Rhône. Dès le mois de décembre, alors que le carnage est à son comble, les premiers rapports sur les brutalités commises dans la ville parviennent à la capitale : une députation lyonnaise convoquée par les robespierristes se présente à la Convention. Collot d'Herbois doit retourner à Paris pour s'expliquer. Le 21 décembre, il entre à la Convention en vainqueur et, loin de s'excuser, fait approuver ses crimes. Le camarade Collot ne revenant pas et restant dans la capitale, où devait éclater la lutte entre hébertistes, dantonistes et robespierristes, Fouché resta aux commandes à Lyon. Dès lors, il est le seul responsable des atrocités qui continuent à s'y commettre.

## Les factions jacobines se déchirent

Les haines politiques ne tardent pas à se manifester entre les membres de la Montagne, qui a donc sa droite, menée par Danton et Desmoulins, et sa gauche, menée par Jacques-René Hébert, successeur de Marat et rédacteur de la revue radicale *Le Père Duchesne*, qui préconise de faire de la terreur le système de gouvernement de la France. Entre les deux se trouvent Robespierre, Couthon et Saint-Just, censés constituer le centre du parti. Hébert et son parti, qui compte, outre les deux précités, le juif Jacob Pereira, ancien lieutenant de Marat, Chaumette (l'illuminé Anaxagore) et Cloots (l'illuminé Anacarsis), poussent à l'extrême la campagne contre la religion. Les Hébertistes encouragent la démolition des temples, la fonte des cloches, des urnes, des ostensoirs et des reliquaires, qui s'entassent à la Convention et dans les Hôtels de Ville. Les sculptures des églises sont mutilées. L'athéisme triomphe et l'on instaure les fêtes de la déesse Raison, à qui l'on donne pour temple la basilique de Notre-Dame de Paris. Il est significatif que ceux qui appelaient à un comportement rationnel se soient comportés en esclaves des instincts les plus violents et les plus condamnables. Chaumette, érigé en pontife suprême de la nouvelle religion, entre dans l'église le 10 novembre 1793 pour instituer le nouveau culte. Tous les corps constitués de la République occupent l'estrade magnifiquement décorée. Des femmes vêtues de blanc escortent la déesse, une jeune femme prénommée Maillard, pieds nus et légèrement vêtue d'une tunique blanche. Dans *The World Revolution*, Nesta Webster souligne que les festivités de la déesse Raison n'étaient qu'une conséquence de l'enseignement de Weishaupt selon lequel "la raison doit être la seule loi de l'homme". John Robison affirme que lorsque "des femmes corrompues ont été intronisées déesses, le plan conçu par Weishaupt dans son *Eroterion* ou festival en l'honneur du dieu de l'Amour a été mis en pratique". Le député girondin Louis Sébastien Mercier, qui a passé un an en prison, confirme que des femmes ont dansé dans l'église les seins nus et ajoute que "dans l'obscurité de la sacristie, les désirs excités toute la journée ont été satisfaits".

Au début de l'année 1794, le parti des Montagnards avait détruit tous ses adversaires, et les requins qui le composaient étaient prêts à s'entredéchirer. Robespierre, après tant de moratoires et de capitulations, semble enfin décidé à engager la lutte contre la faction hébertiste. Fouché, qui bénéficie de la protection de Collot au sein du Comité de Salut Public, reçoit un soutien pour ses opérations ; mais un sixième sens lui fait voir le danger : la corde à Paris devient trop tendue et risque de se rompre à tout moment. Lentement, il change d'attitude et finit par arrêter la répression criminelle à Lyon : le 6 février 1794, il ordonne l'arrêt des assassinats et, le 18, il prend un décret interdisant les arrestations. En effet, la popularité d'Hébert est à bout et, effrayé, il a lâchement renié les illuminés de la Chaumette, l'athéisme et le communisme. Danton, qui semble avoir le soutien de la majorité de la Convention, est dégoûté. Finalement, le 13 mars, Robespierre, soutenu par le Centre et une partie des dantonistes, réussit à faire arrêter Hébert et, le 18, Chaumette. Dès lors, les événements de la journée s'enchaînent rapidement. Accusés par Danton, Desmoulins et Robespierre d'avoir tenté un coup d'État, les Hébertistes, au nombre d'une vingtaine, sont exécutés sur la place de la Révolution le 24 mars. Hébert, qui avait envoyé sans scrupules tant de gens à la guillotine, provoqua les moqueries de la population, qui hurla d'amusement au fait qu'il criait plus fort que la pauvre Mme Du Barry, qui avait été décapitée en décembre. Hébert s'est donc comporté comme un lâche de la pire espèce, et a montré sa bassesse devant tous. Parmi les papiers saisis chez Jacob Pereira se trouvent quatre-vingt-seize lettres et des centaines de textes et d'articles écrits en anglais, qui constitueront les preuves de l'action du gouvernement anglais contre Pereira et ses amis. Collot d'Herbois et Joseph Fouché, resté à Lyon, ont échappé à la guillotine.

Quatre jours plus tard, le marquis de Condorcet, éminent philosophe, mathématicien, historien et politologue, se suicide. Condorcet, qui était avec les Girondins et avait voté contre l'exécution de Louis XVI, a été accusé et condamné pour trahison. Il s'enfuit et se cache pendant cinq mois chez Mme Vernet. Le 25 mars, il tente de quitter Paris, mais il est arrêté et emprisonné. Le 28, il est retrouvé mort dans sa cellule après avoir ingéré du poison.

Le 5 avril, Danton, Desmoulins et leurs partisans sont conduits à la guillotine. Robespierre et Saint-Just, qui s'étaient appuyés sur l'un et l'autre pour se débarrasser des hébertistes, les accusent, entre autres, d'entretenir des contacts secrets avec des puissances étrangères et d'être impliqués dans les malversations de la Compagnie des Indes orientales, dont les établissements avaient été fermés par un décret de la Convention.[10] Dans son

---

[10] Le 3 avril 1790, l'Assemblée nationale décrète que le commerce au-delà du cap de Bonne-Espérance est libre pour tous les Français, privant ainsi la Compagnie des Indes de son monopole. Mais les actionnaires, réunis en assemblée générale le 10 avril,

ouvrage *Paris in the Terror*, Stanley Loomis mentionne parmi les guillotinés les frères Frey, Junius et Emmanuel, deux neveux de Jacob Frank qui vivaient à Paris et jouaient le rôle de leaders jacobins. Rappelons que Junius Frey avait été l'un des fondateurs de l'Ordre asiatique en 1781, qui prospéra à la cour d'Autriche avec le titre de baron Thomas von Schönfeld. Les frères Frey, qui, en bons frankistes, étaient apparemment des apostats du judaïsme, évoluèrent au sein de la Compagnie des Indes orientales.

François Chabot, qui contrôle la police politique et qui est marié à Léopoldine Frey, est également conduit à l'échafaud. François Chabot, ancien moine capucin, "premier révolutionnaire d'Europe", est un démagogue qui se présente à la Convention en pantalon usé, sabots de bois et chemise ouverte sur son torse velu, bien qu'il soit capable de s'habiller en dandy dans certaines circonstances. Chabot est membre du tout-puissant Comité de sécurité et a la police politique sous ses ordres. Le franciste éclairé Junius Brutus Frey voit en lui la dupe présomptueuse qui pourrait lui donner accès à de précieuses informations. Il lui offre donc en mariage sa sœur Léopoldine, qu'il fait passer pour une vierge de seize ans, alors qu'elle en a vingt et un. Il lui offre également une pension annuelle de quatre mille francs, le gîte et le couvert pendant cinq ans et une dot de deux cent mille francs, à verser sur la même période. Une telle générosité indique sans doute que ce franciste "révolutionnaire" disposait de bonnes sources de financement et maniait l'argent en abondance. C'est Chabot lui-même qui, pour sauver sa peau, a donné à Robespierre tous les détails du complot. Le rabbin Antelman confirme que tous trois, en plus d'être frankistes, étaient des princes éclairés au service de la Compagnie des Indes.

Après la mort de Danton, la France entre dans une brève période de son histoire connue sous le nom de Grande Terreur. Le 8 mai, c'est au tour d'Antoine-Laurent de Lavoisier, considéré comme le père de la chimie moderne. Le président du tribunal qui le condamne prononce bêtement la célèbre phrase : "La République n'a pas besoin de savants". Entre le 12 juin et le 28 juillet, pas moins de 1285 personnes sont guillotinées à Paris, dont les généraux Noailles, Beauharnais et Mouchy, les poètes André Chenier et Jean Antoine Roucher, et même un garçon de seize ans. La mort de Chenier à l'âge de trente et un ans a interrompu une carrière littéraire de grande envergure, la critique estimant que sa maîtrise et sa sensibilité sont évidentes

---

nomment huit commissaires chargés de maintenir néanmoins ses activités. La Convention accuse la Compagnie de financer des actions contre-révolutionnaires et décrète, le 26 avril 1793, la fermeture préventive de ses établissements. Un second décret soumet la cession des actions à une forte taxe. Fabre d'Églantine, secrétaire de Danton lorsqu'il était ministre de la Justice, saisit l'occasion pour se lancer dans une affaire lucrative. Tenté par les caisses de la Compagnie, Fabre, en falsifiant documents et signatures, modifie le décret ordonnant la liquidation de la Compagnie et la saisie de tous ses biens, qui s'élèvent à plus de 28 millions de livres. Lorsque la fraude est découverte, Robespierre et Saint-Just dénoncent une conspiration et accusent Danton d'y être mêlé.

dans les œuvres qu'il a léguées à la postérité. Céline désigne Chenier comme l'un des meilleurs poètes français. La campagne de persécution contre les hommes de talent faisait partie des plans des Illuminati. La maxime favorite de Weishaupt, "La fin justifie les moyens", mise sur les lèvres des Jacobins, s'exprime ainsi : "Tout est permis à quiconque agit dans le sens de la Révolution".

## Joseph Fouché arrive à Paris

Le 6 avril 1794, au lendemain de l'exécution de Danton, Joseph Fouché arrive à Paris en provenance de Lyon. Ce personnage mystérieux, rescapé de l'épuration qui a conduit à la guillotine des Hébertistes, va jouer un rôle décisif dans la chute de Robespierre. Sa figure politique est l'un des mystères les mieux gardés de l'histoire, qui se prête à toutes les spéculations. Deux ouvrages de référence pour comprendre son action sont *Joseph Fouché : Portrait d'un homme politique*, de Stefan Zweig, et *Fouché*, de Louis Madelin. Une édition espagnole de ce dernier est disponible auprès d'Espasa-Calpe. Fouché, qui faisait partie des hébertistes radicaux et avait écrit l'*Instruction de Lyon*, ce qui le place inévitablement dans l'orbite des Illuminati, est resté dans l'ombre pendant les années du Directoire après s'être débarrassé de Robespierre. En 1799, il réapparaît à l'improviste pour être nommé ministre de la Police de la République. Après la prise de pouvoir de Napoléon, il devient l'homme clé dont Bonaparte ne peut se débarrasser, malgré ses multiples tentatives. En 1802, avec un don de 1,2 million de francs, il veut l'écarter de la scène. Fouché s'installe à Ferrières, un beau domaine qui, en 1829 - quelle coïncidence - devient la propriété de James Rothschild, qui l'achète aux héritiers. En quelques années, l'homme qui a écrit le premier manifeste communiste devient l'un des plus riches capitalistes et propriétaires terriens du pays. En 1804, Napoléon le nomme à nouveau ministre. Il apparaît rapidement que, malgré leur méfiance réciproque, les deux hommes ont besoin l'un de l'autre. Fouché, à qui l'empereur avait donné le titre de duc d'Otrante, est à nouveau nommé ministre de la Police pendant les Cent-Jours, mais c'est de ce poste qu'il finit par négocier la restauration de la monarchie des Bourbons. En 1815, Louis XVIII le ratifie à la tête du ministère. Stefan Zweig l'a décrit comme "un traître né, un misérable intrigant, un pur reptile, un travesti professionnel, une âme vile de tire-bouchon, un immoraliste déplorable". Selon l'auteur, son secret était toujours de "changer rapidement de veste, en suivant la direction du vent".

Après avoir ainsi présenté le personnage, voyons le peu que l'on sait de ses actions et de sa confrontation avec Robespierre après son arrivée à Paris après neuf mois d'absence. Le 7 avril, au lieu de se présenter devant le Comité de salut public pour expliquer son action à Lyon, jugée trop modérée par certains membres du Comité, Fouché se rend directement à la

Convention, ce qui revient à déprécier l'autorité de Robespierre. Un député lui conseille immédiatement de transmettre le rapport au Comité de Salut Public. Parmi les qualités de Fouché, il y a celle de savoir s'excuser ou de feindre l'humilité si nécessaire. C'est dans ce but qu'il se rend le lendemain chez le menuisier Duplay, rue St Honoré, où habite Robespierre. On ne connaît pas le contenu de l'entretien entre les deux hommes, mais tout indique que Fouché fut traité avec le mépris que l'on accorde aux vaincus. Sans doute Robespierre a-t-il considéré que la bataille contre les hébertistes était déjà gagnée et n'a-t-il pas pris la mesure de l'homme qu'il avait en face de lui.

Le 6 mai 1794, Robespierre annonce à la Convention qu'au nom du peuple français, le Comité de Salut Public a décidé de reconnaître l'existence de Dieu. Dans son discours, il s'adresse à Fouché dans les termes les plus durs, reproduits par Stanley Loomis. "Dites-nous, dit-il en fixant Fouché, qui vous a chargé d'annoncer au peuple que Dieu n'existe pas ? De quel droit volez-vous à des innocents le sceptre de la raison pour le remettre entre les mains du crime ? Seul un scélérat qui se méprise et qui est horrible aux yeux des autres sent que la nature ne peut lui donner rien de mieux que l'anéantissement". Il ne fait aucun doute que ces paroles constituent une déclaration publique d'hostilité. En sortant de la Chambre des séances, les députés amis de Fouché cherchent à l'éviter, car pour beaucoup d'entre eux, c'est un homme mort.

Dans les semaines qui suivirent l'annonce du retour imminent de Dieu en France, Fouché disparut. Robespierre a peut-être pensé que, comme tant d'autres victimes qu'il avait marquées à mort, il se cachait par peur. Si c'est le cas, il se trompait. Fouché commença à travailler dans l'ombre, où il prit probablement contact avec Collot d'Herbois et les Jacobins qui haïssaient Robespierre. Le 6 juin, il est prêt à répondre aux accusations du 6 mai car, par des manœuvres, il a réussi à se faire élire président du Club des Jacobins. Lorsqu'il apprend que Fouché s'est réfugié dans le sanctuaire de la révolution, le "sancta sanctorum" des autels qu'il est censé présider, Robespierre reconnaît le coup et comprend qu'il l'a sous-estimé. Le mouvement est plus qu'un défi, c'est une menace. Alarmé par tant d'audace, il décide de prendre deux mesures non moins audacieuses avant d'arracher la présidence aux Jacobins : la première sera la célébration de la Fête de l'Être Suprême, qui aura lieu le 8 juin. La seconde est la loi du 22 pradéal (10 juin), qui prive les conspirateurs du droit de défense.

## Le tour de Robespierre

Nesta Webster dénonce un fait systématiquement ignoré par les historiens. Sous le règne de Robespierre, le Comité de Salut Public divise le mois en trois décades. Ainsi, les dimanches et toutes les fêtes religieuses disparaissent, ce qui ne fait qu'aggraver la triste condition des ouvriers, contraints de travailler plus qu'avant. Selon Nesta Webster, "à l'époque de la monarchie, non seulement le jour d'une fête religieuse, mais aussi le suivant, était un jour férié, et aucun travail n'était effectué le dimanche ou le lundi. En remplaçant le dimanche par les décades, c'est-à-dire un jour sur dix, et en n'accordant qu'un demi-jour férié, les nouveaux maîtres de la France ont ajouté trois jours et demi de travail par quinzaine".

Robespierre, malgré le fait qu'après la disparition des hommes qui auraient pu lui faire de l'ombre, il semblait avoir tous les pouvoirs entre les mains, fut finalement guillotiné lui aussi. Avant de relater les événements inattendus qui ont conduit à son exécution, il est intéressant de rappeler quelques faits concernant ce personnage déroutant. Tout d'abord, il convient de noter que tant le comte Cherep-Spiridovich, dans *Le gouvernement mondial secret ou "La main cachée"*, que Yüri Lina, déjà cité, citent Louis Joseph Marchand pour révéler que Robespierre était un juif alsacien, du nom de Ruban. Spiridovitch, probablement assassiné le 22 octobre 1926, bien que, comme presque toujours en pareil cas, sa mort ait été officiellement attribuée à un suicide, a manipulé la première édition de l'ouvrage de Marchand (1895). Juri Lina cite le même ouvrage, réédité à San Francisco en 1998 sous le titre *In Napoleon's Shadow*. Ce livre de 791 pages est la première édition anglaise des mémoires complets de Louis Joseph Marchand, valet de chambre, ami et exécuteur testamentaire de Napoléon. Décédé en 1876, Marchand est entré au service de l'empereur en 1811, qui a tout de suite apprécié son intelligence et son abnégation et l'a nommé valet de chambre. Il l'accompagne dans l'exil de Sainte-Hélène, où il lui sert de lecteur, de copiste et de secrétaire. La fiabilité de la source est donc extrêmement élevée, car il faut supposer que Marchand a obtenu l'information sur les origines de Robespierre de la part de Napoléon lui-même, qui, selon divers auteurs, s'était lié d'amitié en 1793 à Toulon avec Augustin, le frère cadet de Robespierre.

Si Kropotkine affirme catégoriquement que Maximilien Robespierre, qui était sans doute franc-maçon, appartenait à l'une des loges des Illuminati fondées par Weishaupt, il existe des divergences sur le fait qu'il ait été initié. Quoi qu'il en soit, tout porte à croire que Robespierre, comme Mirabeau avant lui, a cru pouvoir agir seul et n'a pas su apprécier à leur juste valeur les limites imposées à son action par le pouvoir occulte. Le comte Cherep-Spiridovitch cite un ouvrage de 1851, *Mémoires et correspondance de Mallet du Pan pour servir à l'Histoire de la Révolution française [1794-1800] Recueillis et mis en ordre par A. Sayons* et en extrait ces paroles de Robespierre adressées à Amar, membre du Comité de Salut Public : "J'ai le sentiment que nous sommes poussés par une "Main cachée" au-dessus de notre volonté. Le Comité de Salut Public fait tous les jours ce que la veille il avait décidé de ne pas faire. Il y a une faction dont le comportement ruine tout et dont nous n'avons pas pu découvrir les dirigeants".

Mais les paroles qui vont coûter la vie à Robespierre, parvenu au sommet de sa puissance et présidant la Convention, sont celles prononcées devant la chambre dans un discours de plus de deux heures, le 26 juillet 1794. Résolument, il déclare : "Je me méfie de tous ces étrangers dont le visage se couvre de masques de patriotisme et qui cherchent à paraître plus républicains et plus énergiques que nous. Ce sont des agents des puissances étrangères, car je sais bien que nos ennemis n'ont pas manqué de dire : 'nos émissaires doivent feindre le patriotisme le plus exacerbé' pour s'installer dans nos assemblées. Ces agents doivent être écrasés malgré leur perfide prétention et les masques qu'ils adoptent toujours". À un autre moment du discours plein d'accusations contre les ultra-terroristes, il a ajouté : "Je n'ose pas les nommer en ce moment et en ce lieu. Je ne peux pas me permettre de déchirer le voile qui recouvre ce profond mystère d'iniquité. Mais je peux affirmer avec la plus grande certitude que parmi les auteurs de ce complot se trouvent les agents d'un système de corruption et d'extravagance, le plus puissant de tous les moyens inventés par les étrangers pour ruiner la République. Je veux parler des apôtres impurs de l'athéisme et de l'immoralité qui en est la base". S'il ne cite pas de noms, il fait une allusion très claire aux frères Frey, et en particulier à Junius Brutus Frey, parent de Jacob Frank : "Depuis les premiers jours de la Révolution, il est venu habiter Paris deux scélérats dont l'art de simuler fait des instruments parfaits entre les mains des tyrans, deux méchants habiles que l'Autriche a jetés au milieu de nous. L'un d'eux a ajouté à son prétendu nom de famille celui du fondateur de la liberté de Rome". L'allusion à "Junius Brutus" est indéniable. De plus, Robespierre semble savoir que le nom de famille Frey est un faux nom. Tout au long du discours, l'allusion aux Illuminati, que Kropotkine prétendait connaître et auxquels il appartenait, est très claire. G. J. Renier, auteur de l'ouvrage *Robespierre, d'*où sont extraites les citations, commente que s'il n'avait pas prononcé ce discours, il aurait peut-être encore pu triompher.

Confusion et manque de rigueur prédominent dans les textes qui tentent d'expliquer les derniers jours de Robespierre. L'ouvrage de John Goldworth Alger, *Paris in 1789 to 1794,* est, parmi les ouvrages consultés, celui qui donne le récit le plus détaillé de ce qui s'est passé. Une grande partie de ce qui suit en est tirée. Le 7 mai, Robespierre, qui, comme nous l'avons vu, avait attaqué les tendances athées et les slogans déchristianisants des Hébertistes, réussit à faire passer à la Convention un décret sur l'existence de l'Être suprême. Le 8 juin, la fête susmentionnée fut célébrée en l'honneur de l'existence de ce Dieu qui influençait l'Univers, ce qui vint évidemment contrebalancer celle de la déesse Raison des Hébertistes à Notre-Dame de Paris. En tant que président de la Convention, Robespierre préside les débats. Après un interminable discours et suivant le scénario de la représentation, dont le décor a été une nouvelle fois conçu par le peintre David, il se saisit d'une torche et met le feu à une effigie représentant l'athéisme. Du haut du lieu où il officie, il regarde 300 000 personnes qui crient "Vive la République" et "Vive Robespierre" !

Deux jours plus tard, le 10 juin 1794, Robespierre présente à la Convention la loi précitée du 22 pradéal, véritable bombe pour ceux qui osent conspirer contre la République et dont l'arrestation équivaut à la mort. Pour des intrigants comme Fouché, c'est la bonne réponse. Avec cet outil en main, il pouvait l'expulser des Jacobins et le détruire au moment opportun. C'est dans cette intention qu'il se présenta le lendemain au Club pour dénoncer son ennemi. Son attaque fut si violente qu'il faillit renverser Fouché le soir même. Ce dernier, qui présidait la séance, usa de sa prérogative de clore le débat au motif qu'il était déjà tard. Il en profita pour se retirer précipitamment et ne réapparut plus. Robespierre se rend au Club pour y prononcer un discours dans lequel il demande que Fouché soit convoqué à la prochaine séance afin qu'il soit jugé comme chef d'une conspiration qu'il faut faire avorter. Les Jacobins l'applaudissent avec conviction et décident à l'unanimité d'expulser Fouché du Club. Craignant d'être arrêté à tout moment, et sans doute bien protégé par des personnes échappant à la police de Robespierre, Fouché réussit non seulement à se soustraire à la capture, mais aussi à préparer son dernier coup.

Certains historiens pensent qu'au cours de la deuxième quinzaine de juin, une grave dispute a éclaté au sein du Comité de Salut Public. Selon cette version, Robespierre aurait exigé les têtes de Tallien, Barras et Fouché, mais ses collègues, craignant ses intentions ultimes, n'auraient pas accédé à sa demande. Furieux, Robespierre ne revient pas au Comité et disparaît de la scène publique pour se retirer pendant six semaines chez les Duplay, dont il est amoureux de la fille aînée. Selon John Goldworth Alger, "cette absence de six semaines fut honteuse. Elle annonçait sans aucun doute un appel à la Convention ou, comme certains le craignaient, aux masses, de sorte qu'il fut convoqué au Comité le 22 juillet et contraint de montrer ses cartes". Quelques semaines plus tôt, le 1er juillet, Robespierre avait parlé de conspirations contre lui au Club des Jacobins et avait déclaré : "Si j'étais obligé de renoncer à une partie des fonctions qui me sont confiées, je resterais dans ma qualité de représentant du peuple et je ferais la guerre à mort aux tyrans et aux conspirateurs."

Le 26 juillet, il se présente enfin à la Convention et prononce le célèbre discours cité plus haut, dans lequel il demande la fin de la terreur et le renouvellement des comités de salut public et de sûreté générale. L'agitation est grande et beaucoup se demandent à qui pense Robespierre. La Convention, émue par l'éloquence de l'orateur, adopte d'abord la proposition ; mais certains membres du Comité réagissent, notamment le financier Joseph Cambon, Vadier, Billaud-Varenne et Amar. Cambon l'accuse d'avoir paralysé la Convention, et Billaud-Varenne demande que le discours soit imprimé et transmis aux comités. Panis le presse de dire si lui-même et Joseph Fouché, qui n'a pas assisté à la séance, figurent sur la liste des proscrits. Il est décidé d'imprimer le discours pour le distribuer aux députés, mais Robespierre dit au secrétaire qu'il le lui remettra le lendemain. La Convention annule les décrets et renvoie les propositions aux commissions. Le soir, Robespierre se rend au club des Jacobins et y lit le discours. Quand il eut fini, il dit : "Si je dois abjurer ces vérités, qu'on m'offre la ciguë."

Le lendemain, 9 Termidor (27 juillet), la Convention se réunit à dix heures du matin. La crise est dans l'air et les tribunes se remplissent depuis cinq heures du matin. Selon Pouget de Saint-André, le public des tribunes est souvent soigneusement recruté et reçoit trois livres par séance, alors que les chefs peuvent demander de dix à cinquante livres. Maximilien Robespierre porte le même manteau violet foncé que sept semaines plus tôt lors de la célébration de l'Être suprême. Saint-Just commence à prendre la parole pour défendre les motions de Robespierre, mais de violentes interruptions montrent qu'en vingt-quatre heures les choses ont changé. "A bas le tyran", "Le sang de Danton vous noie", tels sont les cris entendus. La convulsion s'accentue au point que Robespierre n'a même pas le droit de parler. À cinq heures de l'après-midi, son arrestation est ordonnée, ainsi que celles de Couthon, Saint-Just, Lebas et Augustin Robespierre. La séance est alors levée pour permettre aux députés de se restaurer.

Tout n'était pas encore perdu, car les détenus furent extraits de la prison par les troupes de la Commune et conduits à l'Hôtel de Ville, où Robespierre était entouré de ses fidèles. Là, dans ces heures fiévreuses où tout se décide, il a pu envisager la possibilité d'un triomphe de la Commune ou d'un procès devant un tribunal qui l'acquitterait ; mais les jours où la Convention était soumise aux desseins de la Junte étaient révolus. Dès la nouvelle de la mise en liberté des détenus, la Convention reprit ses débats à sept heures du soir, et, bien que la suspension imprudente de la séance eût compromis sa position, elle déclara Robespierre et ses partisans hors la loi. L'attitude de la garde nationale sera déterminante. Les allées et venues de leurs chefs de bataillon et de leurs délégués sont constantes. Les doutes quant à la personne à qui ils doivent obéir ne sont pas levés. Dans les sections de la capitale aussi, les débats se poursuivent jusque tard dans la nuit. Outre le Club des Jacobins, onze autres restent fidèles à la Commune, mais trente-neuf optent pour la Convention, qui déclare également la Commune hors-la-loi. Vers une heure du matin, Barras conduit une colonne à l'Hôtel de Ville où, en résumé, il se passe ce qui suit : Augustin Robespierre se jette par une fenêtre et est grièvement blessé. Lebas se tire un coup de feu et offre probablement un second pistolet à Robespierre. Couthon, en essayant de descendre d'une échelle, tombe et perd connaissance en se cognant la tête contre le mur. Robespierre est retrouvé par terre près d'une table, la mâchoire brisée par un coup de feu. Il ne portait ni cravate ni chaussures. Sa chemise et son costume sont tachés de sang et son pantalon est déboutonné. Goldworth Alger s'interroge. "Avait-il tenté de se suicider ou Merda lui avait-il tiré dessus ? Nous ne le saurons jamais."[11] Le gendarme Merda fit deux déclarations et dans la seconde il revendiqua la responsabilité de la fusillade, alors qu'un communiqué de la Convention rapportait en ces termes : "Robespierre s'est tiré une balle dans la bouche et a été abattu en même temps par un gendarme. Le tyran tomba baigné dans son sang et un sans-culotte s'approcha de lui et prononça froidement ces mots : "Il y a un Être suprême"". Il est possible que Merda ait échoué, car Barras et Barère insistent sur la tentative de suicide.

Avant qu'il ne soit présenté à un tribunal, après une nuit d'agonie, un médecin a pansé sa blessure et ses dents cassées ont été extraites. Sa bouche a été maintenue ouverte à l'aide d'une clé. Déjà devant les juges, il a demandé à plusieurs reprises de quoi écrire, ce qui lui a été refusé. Le tribunal considère qu'il est prouvé qu'il est un hors-la-loi et, sans autre délai ni procès, le condamne à mort. Avec lui, Couthon, Saint-Just, son frère Augustin et dix-sept de ses partisans sont exécutés le 28 juillet. Dans les deux jours qui suivent, soixante-treize membres de la Commune connaissent le même sort.

La mort de Robespierre marque la fin d'une époque. Pendant plus de 25 ans, de 1789 à 1815, les Français ont été victimes d'une conspiration organisée par les banquiers internationaux et mise en œuvre par leurs agents, dont le plus connu est Adam Weishaupt, fondateur des Illuminati. Lors de la séance du Parlement français du 1er juillet 1904, la discussion suivante a eu lieu et est consignée dans le Journal des séances :

M. de Rosanbo : "La franc-maçonnerie a travaillé tranquillement mais sûrement à la préparation de la Révolution.
M. Junel : C'est en effet une chose dont nous nous vantons !
M. Alexandre Zevaés : C'est le plus bel éloge que vous puissiez faire.
M. Henri Michel - C'est la raison pour laquelle vous et vos amis la détestez.
M. de Rosanbo : Nous sommes donc parfaitement d'accord sur le point que la franc-maçonnerie a été l'auteur principal de la Révolution, et les applaudissements que je reçois de la gauche, auxquels je ne suis pas habitué, prouvent, messieurs, que vous reconnaissez avec moi qu'elle a été l'auteur de la Révolution française.
M. Junel : "Nous faisons plus que le reconnaître, nous le proclamons".

[11] Charles André Merda, 21 ans, est gendarme à l'escadron des "Hommes du 14 Juillet". Il est ensuite nommé sous-lieutenant au 5e chasseur. Il participe des années plus tard aux campagnes de Napoléon et est promu colonel en 1806. Il meurt des suites de ses blessures à Moscou en 1812. Il changea son nom en Méda. Il n'a pas laissé de descendance. Son petit-fils, Meng, adopte le nom de Méda en 1867.

Ce que les députés maçons de la IIIe République française n'ont pas proclamé, c'est qu'après le congrès de Wilhelmsbad, les loges européennes de la franc-maçonnerie ont été pénétrées par les Illuminati.

La Révolution a été suivie de guerres interminables en Europe, dont les principaux bénéficiaires ont été le même groupe de financiers allemands, anglais et hollandais, pour la plupart d'origine juive. Un nouvel ordre fondé sur le libéralisme économique et politique était alors leur principal objectif. La France perd à jamais le rôle dominant qu'elle avait tenu au XVIIIe siècle au profit de l'Angleterre ; mais une nouvelle dynastie non couronnée, comme nous le verrons plus loin, va régner sur le continent tout au long du XIXe siècle : les Rothschild.

# CHAPITRE III

## LES ROTHSCHILD

Dans les pages précédentes, nous avons déjà noté le rôle central des Rothschild dans les événements historiques décrits ci-dessus. Il est maintenant temps de leur accorder l'attention qu'ils méritent. Tout d'abord, Rothschild signifie "bouclier rouge" en allemand, bien que ce nom composé ait été traduit par "drapeau rouge". Moses Amschel Bauer, le père du fondateur de la dynastie, avait déjà adopté un blason rouge comme emblème (il était également l'emblème des révolutionnaires juifs ashkénazes en Europe de l'Est). Le véritable créateur de la saga fut le fils de Moïse, Mayer Amschel, qui non seulement adopta les armoiries rouges et les plaça au-dessus de la porte de son immeuble de la Judengasse de Francfort, où vivait d'ailleurs la famille de Jacob Schiff, mentor de Trotski et principal financier de la révolution bolchevique, mais changea également le nom de Bauer en Rothschild. Pendant la Révolution française, le drapeau rouge a été vu flotter à des moments précis de l'extrémisme révolutionnaire, et depuis lors, sa présence dans les rues d'Europe et du monde n'a cessé d'augmenter. Lorsque les judéo-bolcheviks l'ont adopté comme drapeau, ils y ont ajouté la faucille et le marteau, emblème des Maccabées, les protagonistes de la révolte qui a abouti à la création du deuxième État juif en 67 avant Jésus-Christ.[12]

Depuis que John Reeves a publié en 1887 *The Rothschilds : the Financial Rulers of Nations*, le premier ouvrage de référence sur cette famille de banquiers juifs, on a beaucoup écrit sur eux. *The Rothschilds, Portrait of a Dynasty*, de Frederic Morton, Autrichien d'origine juive, a été pendant un certain temps l'ouvrage le plus consulté. En 1928, les deux volumes du comte Egon Caesar Corti, *The Rise of the House of Rothschild*, couvrant la période jusqu'à 1830, et *The Reign of the House of Rothschild*, couvrant la période de 1830 à 1871, ont été publiés en anglais. 1998 a vu la publication de *The House of Rothschild. The prophets of money 1798-1848* et, en 1999, *The House of Rothschild. The World's Banker 1848-1999*, une biographie de plus de mille pages publiée en deux volumes. Rédigée par Niall Ferguson, un ami de la famille, elle aurait pu constituer l'ouvrage définitif si elle n'avait

---

[12] Le poète romantique Heinrich Heine, ami proche des Rothschild, rappelle qu'en 1827, la veuve de Mayer Amschel, Guttle, a décoré les fenêtres de la vieille maison de la Judengasse avec des rideaux blancs et des bougies pour célébrer le jour de la victoire de Judas Maccabee et de ses frères (Hanoukka).

pas été aussi favorable et peu critique. Il s'agit néanmoins d'un ouvrage fascinant et d'une source d'information inestimable et incontournable, à laquelle nous nous référerons à plusieurs reprises dans ce chapitre et dans d'autres. Plus récemment, en 2009, Michael Collins Piper a publié *The New Babylon, Those Who Reign Supreme,* un ouvrage critique dénonçant l'empire de cette dynastie, la plus riche du monde, qui est, selon cet auteur, "la famille royale de la juiverie internationale". Collins Piper les place au premier rang des forces internationales à l'origine du Nouvel Ordre Mondial et expose l'impact des Rothschild sur le cours de l'histoire, leur manipulation de la finance, de l'industrie et de la politique dans presque tous les Etats du monde, ainsi que leur influence dévastatrice sur les médias, l'éducation et les autres moyens de contrôle de l'opinion publique depuis plus de deux cents ans.

Mayer Amschel Bauer (1744-1812), le fondateur de la dynastie, a douze ans lorsque son père, Amschel Moses Bauer, meurt. Jusque-là, les études *talmudiques* étaient sa priorité, car son père le destinait au rabbinat. Cependant, il est bientôt envoyé à Hanovre pour apprendre les rudiments du commerce dans la maison de Wolf Jakob Oppenheim, supposé être un associé de son père. Le grand-père d'Oppenheim, Samuel, avait été un juif de la cour et un agent de l'empereur d'Autriche, et son oncle était un agent de l'évêque de Cologne. C'est à Hanovre que Mayer Amschel acquiert l'expérience nécessaire pour devenir lui-même juif de cour. Il y devient expert en monnaies et médailles rares, un domaine dans lequel les clients sont invariablement des collectionneurs aristocratiques. En 1764, de retour à Francfort, il entre en contact avec le prince héritier de Hesse-Kassel, Wilhelm, à qui il vend des médailles et des pièces anciennes. Le conseiller financier du prince, Carl F. Buderus, que Mayer connaît bien, joue un rôle important dans la relation qui s'établit alors. Dans *The Rothschild Dynasty,* John Coleman, citant des documents du British Museum, écrit : "Carl Buderus, qui était égal dans ses ambitions et énormément tenace, patient et secret, eut une réunion avec Mayer Amschel au cours de laquelle il y eut une communion mentale à travers laquelle un pacte d'assistance mutuelle émergea". En 1769, Mayer Amschel était devenu le juif de la cour de Wilhelm de Hesse-Kassel. En août 1770, à l'âge de vingt-six ans, il épouse Guttle Schnapper, la fille de seize ans de Wolf Salomon Schnapper, lui-même agent de la cour du prince de Saxe-Meiningen.

Guttle a accouché chaque année de 1771 à 1792. De ces dix-neuf enfants, dix ont survécu. Les cinq qui nous intéressent ici sont Amschel (Anselm) Mayer (1773), Salomon Mayer (1774), Nathan Mayer (1777), Carl ou Kalman (1778) et Jakob ou James (1792). C'est après la naissance de son premier fils que Mayer Amschel se lance dans les affaires bancaires. Très vite, la banque devient le centre de ses activités et il devient l'un des Juifs les plus riches de Francfort. Rappelons que, selon William Guy Carr, en 1773, les treize familles les plus riches de Francfort se sont réunies et ont décidé de financer le Mouvement révolutionnaire mondial et de l'utiliser pour s'emparer des richesses et des ressources de la planète. La société secrète des Illuminati, dont il a été question dans le chapitre précédent, a été créée en 1776 pour mettre en œuvre le grand programme révolutionnaire.

La Révolution française et la guerre européenne offrent à Mayer Amschel de nouvelles occasions de s'enrichir. Dès le début des hostilités, il obtient un contrat pour fournir à l'armée autrichienne des céréales et de l'argent pour ses opérations dans la région du Rhin. En 1798, Mayer Amschel décide d'envoyer son troisième fils, Nathan, en Angleterre, une décision qui s'avérera déterminante, car c'est là, comme nous le verrons, que se forge la suprématie des Rothschild en Europe et dans le monde. C'est également à la fin du XVIIIe siècle que Seligman Geisenheimer, comptable de talent originaire de Bingen et polyglotte, devient le chef administratif de la Maison Rothschild. Il faut également rappeler que Geisenheimer et Solomon Rothschild étaient en 1811 des membres éminents de la loge de Francfort où, après le congrès de Wilhelmsbad, résidait le siège de la franc-maçonnerie éclairée.

## Le trésor de l'électeur de Hesse-Kassel

Les spécialistes des Rothschild s'accordent à dire que le trésor de l'électeur de Hesse-Kassel est à l'origine de la fortune de la famille. Cependant, tous n'interprètent pas les faits de la même manière. Wilhelm de Hesse-Kassel avait presque le même âge que Mayer Amschel et tous deux partageaient un intérêt non seulement pour les pièces de monnaie anciennes, mais aussi pour l'argent sous toutes ses formes. Son père, Frédéric II de Hesse-Kassel, Landgrave de 1760 à 1785, s'était converti au catholicisme en 1747, ce qui avait consterné sa famille protestante et son beau-père, George II d'Angleterre. William est arraché à son père et envoyé au Danemark pour y être formé aux principes du protestantisme. Il y épouse la princesse Caroline, fille du monarque danois Frédéric V. Le couple réside au Danemark jusqu'en 1785, date à laquelle Guillaume hérite du landgraviat et de l'une des plus grandes fortunes d'Europe à l'époque. *Selon l'Encyclopédie juive*, Mayer Amschel "était l'agent de la cour de Guillaume IX, Landgrave de Hesse-Kassel, qui, à la mort de son père, avait hérité de la plus grande fortune privée d'Europe, constituée principalement en louant des troupes au gouvernement britannique pour combattre la révolution américaine pour l'indépendance". Avant même de succéder à son père, William était déjà impliqué dans le commerce des soldats et avait vendu un régiment de quelque 2 000 mercenaires pour combattre pour George III contre la rébellion dans la colonie américaine. En conséquence, écrit Niall Ferguson, "les finances de Hesse-Kassel ressemblaient davantage à celles d'une grande banque qu'à celles d'un petit État". Il n'est donc pas étonnant que Mayer Amschel ait ressenti une attirance magnétique pour Wilhelm.

Les hostilités entre les forces révolutionnaires françaises et la Hesse-Cassel, qui avaient commencé au début des années 1790, culminèrent avec le bombardement de Francfort par l'armée de Kléber en 1796. Les murs du quartier juif, qui datait du XVIe siècle, furent détruits, ainsi qu'une partie des maisons de la "Judengasse", la rue où Mayer Amschel avait acheté un immeuble entier. Les liens traditionnels entre Hesse-Kassel et Londres se renforcent et Wilhelm, comme à l'accoutumée en échange d'argent, envoie huit mille soldats sur le champ de bataille pour lutter contre la France. John Coleman affirme que, certaines années, entre 15 000 et 17 000 Hessois ont été engagés par le gouvernement britannique. En 1801, le Landgrave accepta les termes de la paix de Lunéville, par laquelle la rive gauche du Rhin était transférée à la France. Lorsque la guerre éclate à nouveau entre la France et l'Angleterre en 1803, l'année où Guillaume IX devient prince électeur de Hesse-Cassel et prend le nom de Guillaume Ier, le compromis avec les Britanniques est trop étroit et Guillaume ne peut rejoindre les seize États allemands qui forment la Confédération rhénane francophile au cours de l'été 1806. Lorsque l'armée prussienne est défaite à Iéna et à Auerstadt à l'automne 1806, le prince électeur est à la merci de Napoléon. Ni la démobilisation précipitée de ses troupes, ni sa demande tardive d'adhérer à la Confédération du Rhin n'apaisent la colère de Bonaparte, dont l'objectif ouvertement déclaré est "d'écarter la Maison de Hesse-Kassel du gouvernement et de la rayer de la liste des puissances en Europe".

Il n'y a pas d'autre solution que la fuite et Wilhelm se réfugie dans le territoire danois du Holstein, d'abord au château de Gottorp, où son frère est gouverneur, puis dans la ville d'Itzehoe. Le 2 novembre, le général Lagrange s'installe à Cassel en tant que gouverneur général et, deux jours plus tard, publie une proclamation annonçant que tous les biens de l'Électeur sont confisqués et menaçant de cour martiale quiconque tenterait de les dissimuler.

C'est le début de la controverse sur ce qu'il est advenu du trésor de l'Electeur. Selon une version sans doute inspirée par les Rothschild eux-mêmes, au moment critique de sa fuite, Wilhelm aurait confié en toute hâte à Mayer Amschel Rothschild, son "fidèle juif de cour", la garde de toutes ses richesses. En 1827, *l'Encyclopédie générale allemande pour les classes cultivées* explique ce qui s'est passé :

"L'armée française entrait dans Francfort au moment où Rothschild réussit à enterrer le trésor du prince dans un coin du petit jardin de sa propre maison, qui valait, en marchandises et en argent, environ 40 000 thalers. Il ne se cacha pas, sachant que s'il le faisait, des recherches frénétiques seraient lancées et que tant ses biens que le trésor du prince seraient découverts et pillés. Les Français, comme les Philistins dans l'Antiquité, se jetèrent sur Rothschild et ne lui laissèrent pas un seul thaler de ses biens. En fait, il fut, comme tous les autres Juifs et citoyens, réduit à la pauvreté absolue, mais le trésor du prince fut sauvé".

Un tel altruisme, un tel désintéressement, une telle générosité sont touchants. Le but de tout cela était certainement de souligner l'exceptionnelle probité de la famille en tant que dépositaire, prête à tout risquer plutôt que d'échouer et de ne pas payer les intérêts à ses clients.

L'*Encyclopédie juive* rapporte qu'en 1806, l'Électeur s'est enfui au Danemark en laissant sa fortune à Mayer Rothschild et ajoute : "Selon la légende, cet argent a été caché dans des bouteilles de vin et a ainsi échappé à la poursuite des soldats de Napoléon lorsqu'ils sont entrés dans Francfort. En 1814, l'argent fut restitué intact dans les mêmes coques, une fois l'électeur rentré en Allemagne". L'*Encyclopédie* elle-même reconnaît cependant que la réalité était moins romantique que la légende et avait beaucoup plus à voir avec les affaires.

Dans son ouvrage *The Rothschild Money Trust*, George Armstrong explique que la réalité était bien moins romantique. Il explique que Mayer Amschel Rothschild a détourné les fonds dont il avait la garde et les a dépensés. Au lieu de mettre l'argent dans des bouteilles de vin, il l'a envoyé à Londres, où son fils Nathan était déjà installé et grâce auquel il a pu construire son empire économique. Selon Armstrong, c'est avec cet argent que les fils de Mayer Amschel se sont installés à Paris, Vienne et Naples. Nathan lui-même a déclaré plus tard que lorsque le prince de Hesse-Kassel a remis l'argent à son père, il n'y avait pas de temps à perdre et qu'il l'a reçu à l'improviste à Londres.

Bien des années plus tard, en 1861, la famille Rothschild est toujours soucieuse de soigner son image en Europe, où une partie de la presse est pleine de critiques sous forme de dessins, de pamphlets et d'écrits. À cette fin, elle commande au peintre Moritz Daniel Oppenheim deux peintures à l'huile qui reflètent sa version des faits. Dans la première, qui représente le moment où le prince électeur de Hesse-Kassel confie son trésor à Mayer Amschel Rothschild, on voit Wilhelm toucher l'épaule gauche de Mayer Amschel qui, la main gauche sur le cœur, s'incline respectueusement devant lui. Deux serviteurs transportent des caisses en bois de bonne taille hors de la pièce, à l'arrière-plan de laquelle apparaissent Guttle et sa fille Henrietta. Le second tableau dépeint le moment où le trésor est restitué. Mayer Amschel est déjà décédé. Au centre de la composition, le prince-électeur est assis dans un fauteuil, un bâton dans la main gauche, et fait un geste de la main droite vers l'aîné des frères, Amschel Mayer, qui s'incline à nouveau et lui rend hommage. Sur le côté gauche du tableau, derrière Amschel, se trouvent les quatre autres frères, dont l'un, Jacques, accroupi, place des vases de valeur dans une commode. Derrière le prince-électeur se trouve un serviteur perdu qui marche vers la droite du tableau avec deux boîtes de bonne taille, une dans chaque main.

En réalité, la fortune de Wilhelm était très dispersée. Certains des titres les plus importants, principalement des obligations, ont été passés en contrebande avec succès par Buderus, qui agissait en étroite collaboration avec Mayer Amschel. Les relations étroites entre Rothschild et Buderus von Carlshausen se reflètent dans un accord écrit entre les deux. Selon ce document, Buderus devint un associé secret de la firme Rothschild. Dans *L'essor de la maison Rothschild,* Corti transcrit ce document :

> "L'accord confidentiel suivant a été signé aujourd'hui entre le conseiller privé Buderus von Carlshausen et la maison d'affaires Meyer Amschel à Francfort : considérant que Buderus a remis à la maison d'affaires Meyer Amschel Rothschild le capital de 20.000 gulden (florins néerlandais) 24 florins et a promis de conseiller ladite maison dans toutes les affaires au mieux de ses capacités et de promouvoir ses intérêts autant qu'il le jugera possible, la maison Meyer Amschel Rothschild promet de remettre à Buderus un bilan authentique des bénéfices réalisés par rapport au capital susmentionné de 20 000 gulden, et de lui permettre d'accéder à tout moment à tous les livres, afin qu'il puisse être satisfait de sa provision."

Entre 1808 et 1809, Carl Friedrich Buderus von Carlshausen entreprend des voyages risqués à travers les lignes françaises jusqu'à Itzehoe, où le prince électeur réside depuis la fin novembre 1806. Au cours de ces années, le conseiller privé de Guillaume de Hesse-Cassel a été détenu temporairement à plusieurs reprises sur ordre de Napoléon. Buderus est sans doute l'homme clé qui permet à Mayer Amschel Rothschild de consolider de plus en plus sa position vis-à-vis de Wilhelm. En tout état de cause, les Français, qui avaient réussi à se procurer un inventaire de l'argenterie du prince-électeur, auraient pu s'emparer d'une partie importante de ses biens sans le pot-de-vin versé au général Lagrange qui, pour la modique somme de 260 000 francs, consentit à la disparition de quarante-deux caisses contenant divers objets de valeur. Rapidement, Lagrange se rend compte qu'il a été soudoyé pour une somme insignifiante au regard des circonstances. Il réussit alors à intercepter quelques-unes des caisses qu'il avait précédemment laissé disparaître et demanda plus d'argent. Fergusson explique comment un deuxième accord a été conclu en échange, cette fois d'une somme substantielle. La corruption et le chantage ont été et restent les moyens favoris des Rothschild, comme nous le verrons dans les pages suivantes.

## L'héritage de Mayer Amschel Rothschild

A la mort de Mayer Amschel Rothschild, le 19 septembre 1812, le trésor de l'Electeur avait permis à Nathan de devenir le banquier en vogue à Londres et aux autres frères de s'implanter dans les grandes capitales européennes. L'aîné, Amschel, reste à Francfort ; Salomon dirige la maison de Vienne ; Nathan, comme on l'a dit, opère depuis Londres ; Carl s'établit à Naples ; James va organiser l'importante place forte de Paris. En septembre 1810, la société "Mayer Amschel Rothschild & Sons" est créée.

Le "Old Mann", le Vieil Homme, selon les mots de Salomon, a posé avant sa mort les principes fondamentaux que ses enfants et leurs descendants devaient inexcusablement observer. Ces préceptes ont été strictement maintenus pendant plus d'un siècle. Il a exclu les femmes de façon répétée et catégorique. Examinons l'extrait du testament cité par Fergusson :

> "Je décrète et souhaite que mes filles et gendres et leurs héritiers n'aient aucune part dans le capital de la société "Mayer Amschel & Sons" et encore moins qu'ils puissent ou soient autorisés à faire une réclamation dans quelque circonstance que ce soit. Ladite entreprise appartiendra exclusivement à mes enfants et sera gérée par eux. Ni mes filles, ni leurs héritiers n'ont donc aucun droit sur ladite entreprise et je ne pourrais jamais pardonner à un fils qui, contre ma volonté paternelle, leur permettrait de troubler mes enfants dans la possession paisible de leur entreprise".

Les dispositions les plus importantes du testament sont les suivantes :

1. Le fils aîné du fils aîné prend la direction de l'entreprise, sauf si la majorité des membres de la famille en décide autrement. Au cours du 19e siècle, en raison de la supériorité de Nathan, il y a eu quelques exceptions à cette règle, puisqu'après la mort de Nathan, la direction est passée à Jacques, puis à Lionel, le fils de Nathan.

2. la nécessité de pratiquer l'endogamie, c'est-à-dire le mariage entre cousins et même entre neveux, afin de conserver intacte la fortune familiale. Cette règle était surtout respectée par les hommes, mais les femmes ne la respectaient pas toujours, car on envisageait la possibilité de mariages avantageux avec d'autres familles de banquiers juifs. Quoi qu'il en soit, cinquante-huit mariages entre cousins sont enregistrés. Le cas de James, le plus jeune des cinq frères, qui épousa en 1824 sa nièce Betty (1805-86), fille de son frère Solomon, et dont le fils aîné Anselm (1803-74) épousa en 1826 sa cousine Charlotte (1807-59), fille de Nathan, est particulièrement digne d'intérêt. Le fils aîné de Nathan, Lionel (1808-79), épouse à son tour en 1836 une autre cousine nommée Charlotte (1819-84), fille de Carl. Le troisième fils de Nathan, Nathaniel (1812-70), a épousé une autre cousine également nommée Charlotte (1825-99), mais elle était la fille de James. Une fille de Nathan, Louise (1820-94), a épousé son cousin Mayer Carl, héritier de Carl, en 1842. Et ainsi de suite jusqu'à cinquante-huit mariages consanguins. Chaque mariage était accompagné d'accords juridiques détaillés sur la gestion des biens des parties contractantes, afin d'éviter que les cinq maisons ne se divisent et que des étrangers n'aient accès à l'immense fortune des cinq frères.

3. L'obligation de s'affirmer sans équivoque comme membres de la nation juive. Mayer Amschel Rothschild prône les réformes politiques qui vont permettre l'émancipation des Juifs et la modernisation du judaïsme, mais comme nous l'avons vu dans le chapitre précédent, il s'agit d'un stratagème politique nécessaire. Mayer Amschel, comme Mosses Mendelssohn, exhortait secrètement ses coreligionnaires, et plus particulièrement ses fils, à rester fidèles aux croyances talmudiques, selon lesquelles la supériorité des Juifs sur les Gentils (goyim) équivaut à la supériorité de l'homme sur l'animal. Sur ce point, comme sur bien d'autres, l'influence du fondateur de la dynastie a été profonde et durable jusqu'à aujourd'hui. En fait, Mayer Amschel a engagé comme tuteur de ses enfants Michael Hess, un adepte et disciple de Moses Mendelssohn, qui, comme nous le savons, était le chef des Illuminati à Berlin. Aujourd'hui, aux États-Unis et en Europe, nous avons de multiples exemples de Juifs qui jouissent de droits de citoyenneté à part entière dans leur pays de résidence, mais qui se considèrent avant tout comme des membres de l'État sioniste d'Israël.

La conviction de la supériorité de la race juive (suprémacisme juif) est absolue chez Mayer Amschel. En 1813, S. J. Cohen publie un mémoire intitulé *The Exemplary Life of the Immortal Banker Mr. Meyer Amschel Rothschild, une* sorte de biographie autorisée. Cohen y évoque une anecdote marquante, selon laquelle un gamin des rues lui aurait crié un jour : "Juif ! Mayer Amschel, très calme, s'est approché de lui et lui a offert de l'argent à condition qu'il répète ce qu'il avait dit. Le cancre prend l'argent et crie de toutes ses forces : "Juif, Juif ! Plusieurs jeunes gens s'approchèrent et se mirent à crier à leur tour. Rothschild les écouta avec un plaisir évident et dit en hébreu : "Loué soit Celui qui a donné les lois à Son peuple d'Israël.

Parmi les nombreux conseils qu'il donnait à ses fils en matière d'affaires, écrit Niall Ferguson, l'un d'entre eux, relatif aux relations avec les hommes politiques et les personnalités non juives, était fréquemment cité par Solomon : "Notre défunt père nous a enseigné que si une personne occupant une position élevée s'associe financièrement avec un Juif, cela appartient au Juif" ("gehört er dem Juden"). Carl insiste sur cette idée en 1817 : "La meilleure chose au monde est d'être au service des Juifs".

4. L'obligation de rester perpétuellement uni dans l'association familiale. Un faisceau de flèches ne peut être brisé, mais une seule flèche peut l'être. Niall Fergusson cite un article de 1827 de l'*encyclopédie Brockhaus, qui* dit : "Mayer Amschel a obligé les cinq frères à gérer l'ensemble de leurs affaires comme une communauté d'intérêts ininterrompue. Telle était la règle léguée par le père mourant à ses fils. Depuis sa mort, toute proposition, d'où qu'elle vienne, fait l'objet d'une discussion collective ; toute transaction, même si elle est d'importance mineure, est résolue selon un plan convenu par leurs efforts conjugués et chacun d'eux a une part égale dans les résultats".

La plupart des auteurs s'accordent sur le caractère indéfectible de l'unité imposée par Mayer Amschel Rothschild à ses enfants et convergent sur l'idée que jamais les dernières volontés d'un père n'ont été consciemment mises en pratique de manière plus profitable. Sur les mariages consanguins, également pratiqués par l'élite de la secte frankiste, plusieurs auteurs rappellent que chez les juifs ashkénazes s'est développée une maladie appelée Tay-Sachs qui endommage fatalement le cerveau et peut conduire à la mort. Cette maladie est l'héritage de siècles de mariages mixtes entre individus partageant le même sang.

## Nathan, commandant général

"Mon frère à Londres est le général en chef et je suis son maréchal." Ces paroles de Solomon Rothschild sont suffisamment explicites pour montrer à quel point Nathan en est venu à dominer les affaires familiales depuis Londres. Grâce à Cromwell, dont on sait qu'il fut l'agent des Juifs d'Amsterdam, des communautés juives prospères et sûres d'elles-mêmes s'étaient établies à Londres à partir du XVIIe siècle. Il s'agissait de familles d'origine séfarade, comme les Montefiores et les Mocattas, et d'origine ashkénaze, comme celle du marchand Levi Barent Cohen. À la fin des années 1790, Benjamin et Abraham Goldsmid, qui avaient financé avec d'autres banquiers juifs la révolution en France, ont également joué un rôle important dans la finance.

Le premier document que nous ayons de la présence de Nathan à Londres date de 1800, une lettre de lui datée du 29 mai, bien que l'on sache qu'il était déjà dans la capitale anglaise en 1798. Il s'installe rapidement à Manchester, où il exerce d'abord une activité dans le domaine du textile. Il ne tarde cependant pas à diversifier ses activités. En 1805, il s'associe avec un autre immigrant juif de Francfort, Nehm Beer Rindskopf (fils d'un associé de son père), et tous deux se lancent dans le commerce de perles, d'ivoire, d'écailles de tortue et d'autres marchandises en provenance des colonies de l'empire. Comme son père, Nathan passe en peu de temps du statut de marchand à celui de banquier.

Pour Nathan, qui, après six ans passés en Angleterre, est devenu citoyen britannique, l'incursion dans la banque commence en 1806, lorsqu'il reçoit inopinément de l'argent de la part du prince-électeur. En octobre de la même année, il épouse Hannah Barent Cohen, la fille du grand marchand londonien Levi Barent Cohen, qui, en 1812, a marié une autre fille, Judith, à Moses Montefiore, l'un des chefs de file de la communauté sépharade. Par ce mariage, Nathan devient l'associé de l'une des figures les plus éminentes de la communauté juive londonienne. Cohen encourage son gendre à élargir la gamme des produits qu'il exporte vers le continent. C'est ainsi qu'en 1807, au plus fort du blocus continental, Nathan se lance dans la contrebande. Les ports de la Baltique et la petite île allemande d'Helgoland comptent parmi ses itinéraires de contrebande préférés. Bien entendu, les expéditions ne pouvant être assurées légalement, le risque encouru est considérable, mais les bénéfices le sont tout autant. En 1808, Nathan s'était forgé une réputation de contrebandier et était considéré comme un homme qui parvenait toujours à livrer la marchandise grâce à ses contacts et à sa perspicacité. En 1809, une importante cargaison destinée à Riga fut capturée et Nathan ne put être libéré que grâce à des pots-de-vin, comme à l'accoutumée. Tous ces épisodes ne sont au fond que des anecdotes pour Nathan, qui a déjà décidé que son activité principale serait la banque. Il est déjà banquier au début de l'année 1808, bien qu'il ne soit pas encore connu comme tel à Londres avant 1810, lorsqu'il fonde la société "N. M. Rothschild and Sons". M. Rothschild and Sons". En bref, Nathan utilise l'argent du prince-électeur comme s'il s'agissait de son propre capital.

C'est dans la guerre d'indépendance espagnole ou guerre péninsulaire que Nathan, grâce aux difficultés financières de Wellington, trouve l'une des opportunités décisives de sa carrière. En effet, de la guerre d'indépendance américaine à nos jours, comme nous le verrons, les guerres ont toujours été la meilleure affaire des Rothschild. Niall Fergusson, dans *The House of Rothschild*, reconnaît que les historiens n'ont jamais suffisamment expliqué comment un obscur marchand juif qui s'était enrichi grâce à la contrebande a pu devenir, du jour au lendemain, le principal canal d'acheminement de l'argent du gouvernement britannique vers les champs de bataille. En 1812, le marché ibérique était saturé de lettres de change du gouvernement britannique et Wellington avait du mal à les faire accepter par les marchands espagnols. Pour financer le duc, il faut envoyer des lingots sous forme de guinées d'or en Espagne ou au Portugal. En cas d'échec, Wellington doit emprunter de l'argent aux banquiers locaux en leur vendant des lettres de change. Le blocus continental rendait l'option de l'envoi d'or à grande échelle extraordinairement risquée. Si la deuxième solution est choisie, les banquiers péninsulaires exigent des remises excessives pour acheter les lettres de change.

À l'époque, les frères Baring étaient les banquiers de prédilection du gouvernement britannique, mais la concurrence était féroce et non seulement Nathan Rothschild essayait de les imiter, mais aussi les frères Benjamin et Abraham Goldsmid, ainsi que des banquiers venus d'Allemagne à Londres, comme les Schröder, se disputaient le marché du financement de la guerre et proposaient leurs services au gouvernement. En 1810, Francis Baring est décédé et la direction de l'entreprise est passée à son fils Alexander, à un moment où la City était en proie à une crise provoquée par le rapport du Bullion Committee, qui recommandait (contre l'avis de la Banque d'Angleterre) une reprise rapide des paiements en or. La perspective d'une période de monnaie limitée suscite l'inquiétude et la consternation, car elle entraîne une chute du prix des obligations d'État. La Barings et la Goldsmid se sont retrouvées avec de grandes quantités d'obligations provenant du dernier prêt au gouvernement. La Barings a perdu environ 43 000 livres et Abraham Goldsmid s'est suicidé. En outre, à la même époque, le marché d'Amsterdam s'est effondré en raison de l'annexion des Pays-Bas par Napoléon.

Un autre facteur, encore plus important, a contribué à l'entrée en scène de Nathan. En octobre 1811, John Charles Herries est nommé ministre du Trésor. Ferguson pense que Herries était le Buderus de Nathan, son "premier ami" à un poste important. Herries a connu une ascension politique rapide depuis qu'il a réussi à occuper un poste de commis au Trésor en 1798. En 1801, il est nommé secrétaire privé de Nicholas Vansittart, le secrétaire au Trésor. Herries avait également été secrétaire privé de Spencer Perceval lorsque ce dernier était ministre des Finances en 1807-09. Ancien étudiant à Leipzig, il est probable que son amitié avec les Rothschild ait commencé à cette époque. Lorsqu'il était étudiant, il a entretenu une relation amoureuse avec une femme qui a ensuite épousé un marchand de tabac, le baron Limburger. Cette relation a donné naissance à un enfant illégitime. Les Limbourgeois prétendirent plus tard que c'était grâce à leur recommandation que Herris avait impliqué Nathan dans le financement de la campagne de Wellington. C'était sans doute le cas, car ils réclamèrent plus tard à Nathan une commission de 1%, soit entre 30 000 et 40 000 livres sterling, pour les affaires qu'il avait réalisées. En juin 1814, les Rothschild comptaient toujours sur l'influence de Limburger sur Herris, ce qui suggère, écrit Ferguson, "que Limburger faisait chanter Herris sur l'existence de son fils bâtard". Il est clair que laisser les Rothschild en dehors du chantage ne semble pas crédible, mais Ferguson le prétend "naïvement".[13]

Mais la raison ultime du rôle de Nathan dans le financement de la guerre dans la péninsule est bien sûr liée au trésor du prince-électeur. C'est principalement grâce à l'argent que son père lui avait transféré de Francfort qu'il a pu acheter pour 800 000 livres d'or à la Compagnie des Indes orientales. La compagnie a bien essayé de vendre l'or au gouvernement, mais le prix était trop élevé. En attendant que le prix baisse, Nathan est arrivé et a tout acheté. Voici le récit succinct que fait Nathan de ce qui s'est passé : "Lorsque je me suis installé à Londres, la Compagnie des Indes orientales avait de l'or à vendre pour une valeur de 800 000 livres sterling. Je me suis rendu à la vente et j'ai tout acheté. Je savais que le duc de Wellington en avait besoin. J'avais acheté une grande quantité de ses billets à prix réduit.

---

[13] Un cas similaire de chantage a été exercé sur le président américain Woodrow Wilson, expliqué en détail par Benjamin H. Freedman dans son livre *The Hidden Tyranny (La tyrannie cachée)*. L'avocat juif Samuel Untermayer a surpris le président Wilson en annonçant que sa cliente, l'épouse d'un professeur de Princeton, serait prête à accepter une forte somme d'argent pour garder secrète la relation qu'ils avaient eue avec Wilson lorsqu'il était également professeur à Princeton. L'un des objectifs du chantage était la nomination du talmudiste et sioniste Louis Dembitz Brandeis à la Cour suprême des États-Unis. Nous aurons l'occasion, plus tard, de raconter les détails de cette histoire.

Le gouvernement m'a fait venir et m'a dit qu'il en avait besoin. Lorsqu'ils l'ont reçu, ils ne savaient pas comment le faire parvenir au Portugal. J'ai tout récupéré et je l'ai envoyé en France ; c'est la meilleure affaire que j'aie jamais faite.

Examinons ces faits un peu plus en détail. Le gouvernement fit savoir à Nathan Rothschild qu'il avait besoin de l'or pour financer Wellington et qu'il devait le lui acheter, mais le prix avait déjà augmenté. Nathan propose alors ses services pour contourner le blocus continental et acheminer l'or vers le Portugal. Ce qu'ils ne pouvaient pas deviner, c'est qu'il avait l'intention de le faire en passant par le territoire ennemi, c'est-à-dire par la France. Les Rothschild entreprirent donc, en mars 1811, d'introduire clandestinement l'or en territoire français, ce qui fut toléré par Napoléon lui-même, car James Rothschild avait secrètement informé Bonaparte que son frère envisageait de faire passer l'or en France et que les Britanniques s'y opposaient. Le gouvernement français a mordu à l'hameçon. À Paris, l'or est échangé contre des billets de banque, puis les Rothschild l'acheminent vers l'Espagne. La France a ainsi facilité le financement de la guerre contre elle-même. Napoléon avait suivi les conseils de son ministre du Trésor, François Nicholas Mollien, qui estimait que toute fuite de lingots en provenance de Grande-Bretagne était un signe de faiblesse économique et, par conséquent, avantageait la France. À la mi-mai 1814, le gouvernement britannique doit à Nathan 1 167 000 livres sterling, un chiffre suffisamment important pour terrifier même son frère Salomon.

## Échec et mat à Waterloo

Malgré tant de bons coups, la partie continue et bientôt l'occasion se présente pour un dernier coup, un coup qui permettrait aux Rothschild de gagner une partie qu'ils ont commencée en 1806, ce qui ferait d'eux la famille bancaire la plus puissante d'Europe et, par conséquent, les leaders de la finance internationale...

Les Rothschild ont toujours su l'importance des informations privilégiées. Ils ont donc décidé qu'il était nécessaire d'intercepter et de contrôler les communications, ce qu'ils ont fait en concluant une alliance avec la maison Von Thurn und Taxis, qui détenait le monopole du courrier en Europe.[14] Une anecdote très répandue raconte la première rencontre de

[14] La famille Thurn a Taxis est originaire de Milan, où elle était connue sous le nom de della Torre. Ils ont inventé l'idée d'un service postal et ont introduit un système postal au Tyrol à la fin du 15e siècle. En 1516, l'empereur Maximilien Ier, grand-père du futur empereur Charles Quint, les charge d'organiser un service postal entre Vienne et Bruxelles. Dès cette époque, l'un de ses membres reçoit le rang solennel de maître de poste général. C'est le début du développement impressionnant du système postal de Thurn und Taxis, qui couvrira toute l'Europe. Le siège est à Francfort. Non satisfaits du fonctionnement normal de leur entreprise, ils décident de tirer profit des informations

Mayer Amschel Rothschild avec le prince Carl Anselm, chef de la maison Thurn und Taxis : Rothschild travaillait à son bureau et lorsque le prince entra, il lui dit : "Apportez une chaise". Le visiteur, après quelques secondes d'étonnement, dit : "Je suis le prince de Thurn und Taxis". Mayer Amschel lui répond : "Très bien, alors apportez deux chaises. Blague à part, ce qui compte, c'est qu'une fois de plus, il y a eu une sorte de pot-de-vin ou d'accord secret. Depuis le pacte avec les Rothschild, les Thurn und Taxis ont surveillé et examiné des lettres et des communiqués d'une importance capitale pour eux à des moments historiques cruciaux.

En tout état de cause, les Rothschild eux-mêmes disposaient d'un réseau continental d'agents et d'informateurs. Ils organisaient un service d'espionnage couvrant les principales capitales européennes et utilisaient également des pigeons voyageurs pour se transmettre rapidement les informations susceptibles de les avantager dans leurs spéculations boursières. Frederic Morton écrit : "Les voitures Rothschild filaient sur les routes ; les bateaux Rothschild traversaient la Manche ; les agents Rothschild étaient des ombres rapides dans les rues. Ils apportaient de l'argent, des titres, des lettres de change et des nouvelles. Avant tout, des nouvelles, les plus récentes et les plus exclusives, à traiter vigoureusement à la Bourse".

C'est précisément une manœuvre liée au traitement des informations sur l'issue de la bataille de Waterloo qui a permis à Nathan de prendre le contrôle de la Bourse de Londres. En 1815, l'avenir de l'Europe dépendait de l'issue de la bataille de Waterloo. Si Napoléon sortait vainqueur, la France serait la puissance dominante ; mais si le vainqueur était Wellington, la Grande-Bretagne pourrait alors étendre sa sphère d'influence et contrôler l'équilibre des forces sur le continent. Quant à la façon dont les événements se sont réellement déroulés, il existe plusieurs versions qui diffèrent les unes des autres. La plus fantaisiste place même Nathan lui-même sur le champ de bataille. Dans *The Rothschilds : the Financial Rulers of Nations*, John Reeves affirme que Nathan est apparu sur le champ de bataille et qu'il se trouvait dans une position lui permettant de voir la scène de l'affrontement entre les armées. Voici comment commence son récit romanesque : "La bataille commença. La fumée dense de la canonnade furieuse enveloppa bientôt tout le champ de bataille d'un nuage ; mais les yeux tendus de Nathan Mayer purent voir de temps en temps les charges féroces de la cavalerie française, grâce auxquelles la sécurité des lignes anglaises fut plus d'une fois

inscrites sur les lettres qui leur sont confiées. À la fin du XVIIIe siècle, ils commencent à ouvrir la correspondance et à en noter le contenu qui peut être intéressant. Afin de conserver son monopole, la maison Thurn und Taxis propose de mettre à la disposition de l'empereur les informations obtenues en manipulant secrètement les lettres. Mayer Amschel a vite compris combien il était important pour un banquier ou un marchand de disposer à l'avance de certaines nouvelles et informations, surtout en temps de guerre. Comme sa ville natale était le principal bureau de poste, il prit facilement contact avec la maison de Thurn und Taxis et parvint à un accord satisfaisant pour les deux parties.

mise en danger...". Selon Reeves, certain de la défaite de Bonaparte, Nathan Rothschild se rend à cheval à Bruxelles. Il s'y procure une voiture qui, sans délai et à toute vitesse, le conduit à Ostende, où il arrive épuisé le matin du 19 juillet. Malgré une mer déchaînée, il entreprend de traverser la Manche, mais les pêcheurs eux-mêmes refusent de s'y aventurer. Il leur propose cinq cents, six cents, huit cents francs, mais aucun n'ose. Ce n'est qu'après avoir reçu une offre de deux mille francs que l'un d'eux accepta, à condition que l'argent soit versé à sa femme avant le départ. Dès le départ, le vent tourne et les conditions s'améliorent, ce qui permet de raccourcir la durée du voyage. Le soir, ils atteignirent Douvres. Sans un instant de repos, Nathan prend des chevaux rapides et poursuit son voyage vers Londres. Le lendemain", poursuit Reeves, "on le vit s'appuyer sur son pilier bien connu de la Bourse, apparemment brisé physiquement et spirituellement, comme s'il avait été accablé et écrasé par une terrible calamité. Le plus grand pessimisme et le plus grand découragement régnaient depuis des jours dans la City, et lorsque Rothschild fut vu, on conclut unanimement que le pire était arrivé...".

Plus crédible est l'interprétation de Frederic Morton, qui explique que l'ambiance à la Bourse de Londres était fébrile dans l'attente de la nouvelle. En cas de victoire de Napoléon, les obligations consolidées de la dette publique s'effondreraient ; mais si le vainqueur était Wellington, la valeur des obligations s'envolerait. Dans la version de Morton, les hommes de Nathan Rothschild travaillaient sans relâche dans les deux camps pour tenter d'obtenir des informations. D'autres agents transmettent des bulletins de renseignements à un poste stratégique situé à proximité, où les informations sont traitées. Au crépuscule du 18 juin, un représentant de Rothschild, porteur d'un rapport secret sur la bataille cruciale, saute dans un bateau prévu à cet effet et traverse la Manche. Cet agent est attendu à l'aube à Folkstone par Nathan lui-même qui, après avoir examiné le rapport, se précipite à la Bourse. À son arrivée, il se tient comme d'habitude à côté de sa colonne habituelle, déjà connue sous le nom de colonne Rothschild, "sans aucun signe d'émotion, sans le moindre changement dans l'expression de son visage, le visage impassible". Un autre auteur, Andrew Hitchcock, dans *The History Of The House Of Rothschild*, rapporte que l'agent Rothschild qui a embarqué et traversé la Manche était un certain John Rothworth. Hitchcock, John Coleman et George Armstrong soutiennent que les Rothschild ont travaillé au financement des deux armées (Nathan pour Wellington en Angleterre et James pour Napoléon en France). Selon ces auteurs, c'est ainsi que débuta leur politique de financement des guerres dans les deux camps.

Ce sur quoi presque tous les auteurs s'accordent, c'est ce qui s'est passé une fois que Nathan a atteint sa colonne. Des centaines de milliers de livres sterling d'obligations furent déversées sur le marché et la valeur des obligations consolidées commença à chuter, voire à s'effondrer. Nathan continuait à s'appuyer sur son pilier, le visage inexpressif, sans la moindre émotion. Il continuait à vendre et à vendre. Il ne fallut pas longtemps pour que la rumeur se répande à la bourse que Rothschild savait que Wellington avait perdu à Waterloo. La vente se transforme en panique, les gens se précipitant pour se débarrasser de leurs obligations et les échanger contre de l'or ou de l'argent dans l'espoir de conserver au moins une partie de leur fortune. Après plusieurs heures d'échanges désespérés, les obligations consolidées se sont transformées en obligations ruineuses. Nathan, toujours aussi froid, appuyé sur son pilier, continuait d'émettre des signaux subtils, mais ils étaient quelque peu différents, si légèrement différents que seuls des agents hautement qualifiés pouvaient détecter le changement. Sur les instructions de leur patron, des dizaines d'agents de Rothschild commencèrent à acheter toute la dette publique à des prix dérisoires. Lorsque la nouvelle de l'issue de la bataille de Waterloo est parvenue à Londres, les obligations consolidées ont immédiatement dépassé leur valeur initiale. Nathan Rothschild avait pris le contrôle de l'économie britannique et, selon les auteurs les plus enthousiastes, avait multiplié sa fortune déjà immense par vingt en une nuit, ce qui semble certainement exagéré.

Niall Ferguson est l'un des auteurs qui minimise considérablement les avantages des opérations de Nathan à la Bourse et qui minimise même l'importance de Waterloo. Il est toutefois intéressant de noter que Ferguson parle également de John Rothworth et retranscrit même le récit de Rothworth lui-même sur "un voyage épuisant à pied de Mons à Genappe, marchant le jour dans un nuage de poussière sous un soleil brûlant et dormant la nuit à même le sol sous la bouche des canons". Ferguson rapporte également qu'une semaine après la journée à la Bourse, quelqu'un dit à Rothworth : "Nathan a fait bon usage des informations que vous aviez sur la victoire de Waterloo". Rothworth se risqua alors à demander à Rothschild s'il pouvait participer à l'achat d'obligations d'État "si, à son avis, cela pouvait être avantageux".

Les propres mots de Nathan Rothschild indiquent clairement la perception qu'il avait de son pouvoir quelques années plus tard. En 1818, il négocie un prêt avec la Prusse. Le ministre des Finances, Christian von Rother, tente de modifier les conditions après la signature du prêt. Niall Ferguson cite la lettre de Nathan à von Rother qui, de l'aveu même de Ferguson, montre l'insolence et le manque de respect de Nathan à l'égard de la Prusse et de son ministre :

> "Mon très cher ami, j'ai rempli mes obligations envers Dieu, le roi et le ministre des finances von Rother, mon argent vous a été envoyé à Berlin... C'est à votre tour et à votre obligation de remplir votre rôle, de tenir votre parole et de ne pas venir maintenant avec de nouvelles choses, et tout doit rester comme convenu entre des hommes comme nous, et c'est ce que j'attends, comme vous pouvez le voir par mes livraisons d'argent. Le conseil ne peut rien contre N. M. Rothschild, il a l'argent, la force et le pouvoir. La clique n'a que l'impuissance, et le roi de Prusse, mon prince

Hardenberg et le ministre Rother devraient être heureux et reconnaissants envers celui qui leur envoie tant d'argent, ce qui augmente le crédit de la Prusse.

En 1820, conscient que la Banque d'Angleterre est sous son pouvoir, il se montre encore plus autoritaire. Voici ses propos vantards, cités à nouveau par Ferguson : "Je ne me soucie pas de savoir quelle marionnette est placée sur le trône d'Angleterre pour gouverner l'Empire. L'homme qui contrôle l'approvisionnement en argent de la Grande-Bretagne contrôle l'Empire britannique, et je contrôle l'approvisionnement en argent de la Grande-Bretagne".

## Les Rothschild et Napoléon

Napoléon est l'un des personnages historiques les moins connus. Peu de choses ont été écrites sur son ascension de l'obscurité à la célébrité. Dans *The Rothschild Dynasty*, John Coleman affirme que, comme Disraeli, Bismarck, Trotsky, Kerensky ou Lloyd George, Napoléon était à l'origine un homme des Rothschild. Napoléon était extrêmement pauvre lorsque Talleyrand, franc-maçon éclairé, l'a présenté aux Rothschild. C'est Mayer Amschel, toujours aussi intelligent et perspicace, qui découvrit le nouveau talent. Le feu intérieur et la passion du Corse l'impressionnent et il décide de lui offrir de l'argent pour vivre décemment. En 1796, Napoléon épouse Joséphine de Beauharnais, qui avait déjà payé son uniforme. Créole martiniquaise à la libido insatiable, Joséphine est la maîtresse du vicomte Paul de Barras, homme fort du Directoire. Selon John Coleman, Mayer Amschel Rothschild a arrangé ou négocié ce mariage avec Barras, qui était alors à la recherche "d'une épée à manier commodément pour le recul conservateur de la République". C'est Barras, qui, selon diverses sources, était également membre des Illuminati, qui a nommé Napoléon commandant en chef de l'armée italienne. Il semble que pendant que son mari menait la guerre contre les Autrichiens et les Piémontais, Joséphine faisait l'amour avec Barras et d'autres membres du cercle gouvernemental.

Napoléon est le premier dirigeant européen à avoir eu l'idée de conquérir Jérusalem pour les Juifs et d'accomplir ainsi la prophétie. Curieusement, les historiens ne disent rien à ce sujet ni sur ses motivations, qui ne pouvaient être que de s'attirer les faveurs et le soutien financier des banquiers juifs. En leur promettant la ville trois fois sainte, il adhère à l'idée d'une nation ethniquement pure, comme le fera plus tard Hitler en pactisant avec les sionistes (accord de Haavara). En 1799, année où Napoléon mène l'expédition française contre les Anglais en Égypte, on peut lire dans le *Moniteur de* Paris du 22 mai : "Bonaparte a publié une proclamation invitant tous les Juifs d'Asie et d'Afrique à aller s'établir dans l'ancienne Jérusalem sous la protection de son drapeau". Quelques semaines plus tard, un second texte du *Moniteur* ajoute : "Ce n'est pas seulement pour donner Jérusalem aux Juifs que Bonaparte a conquis la Syrie. Il a des projets plus vastes..."

Cinq ans plus tard, la perception qu'avait Napoléon des Juifs et des relations mutuelles avait considérablement changé. Le couronnement impérial de Napoléon en 1804 fut considéré avec indifférence par Mayer Amschel ; mais pour les talmudistes comme les Rothschild, le fait que le pape ait été invité n'était pas du tout le bienvenu. En 1806, après la victoire d'Austerlitz, les plaintes de Napoléon contre les Juifs et leur terrible usage de l'usure sont reprises lors d'une séance du Conseil d'État. Joseph Pelet de Lozère, l'un des membres du Conseil qui assista à ces séances, publia à Paris en 1833 *les Opinions de Napoléon sur divers sujets de politique et d'administration recueillies par un membre de son Conseil d'État*. Il s'agit d'un ouvrage d'un grand intérêt qui peut être lu intégralement sur Internet. Il contient les notes prises par Pelet de la Lozère. Le chapitre XX, intitulé "Sur les Juifs", contient les notes de la séance du 30 avril 1806. Voici la citation des paroles de Bonaparte :

> "Le gouvernement français ne peut être indifférent au fait qu'une nation avilie, dégradée, capable de toutes les bassesses, soit en possession exclusive des deux beaux départements de l'ancienne Alsace ; les Juifs doivent être considérés comme une nation et non comme une secte. Ils sont une nation dans la nation. Je voudrais leur enlever, au moins pour un certain temps, le droit de prendre des hypothèques, car il est trop humiliant pour la nation française de se trouver à la merci de la plus misérable des nations. Des villages entiers ont été expropriés par les Juifs ; ils ont remplacé la féodalité, ce sont de véritables troupeaux de corbeaux. On les a vus, après les batailles d'Ulm, venir de Strasbourg racheter aux brigands ce qu'ils avaient volé... Il serait dangereux de laisser les clefs de la France, de Strasbourg et de l'Alsace entre les mains d'une population d'espions qui ne se sentent pas attachés au pays".

La question juive est si importante pour l'empereur que, la même année, il conçoit une nouvelle façon de la traiter. Il demande aux Juifs de choisir publiquement entre une nation séparée et l'intégration à la nation dans laquelle ils résident. Il convoque cent douze représentants du judaïsme de France, d'Allemagne et d'Italie pour répondre à une série de questions. Les délégués choisis par les communautés juives arrivent à Paris pour résoudre le dilemme. Napoléon veut simplement savoir s'ils font partie de la nation qu'il dirige ou s'ils se considèrent comme faisant partie d'une nation qui est au-dessus de toutes les nations. La question était comme une flèche tirée sur les principes de la Torah et du Talmud, sur lesquels le mur avait été construit entre les Juifs et les autres hommes, les Gentils. Les questions fondamentales sont les suivantes : la loi juive permet-elle les mariages mixtes, les Juifs considèrent-ils les Français comme des étrangers ou comme des frères, considèrent-ils la France comme leur pays d'origine, leur loi fait-elle des distinctions entre les débiteurs juifs et les débiteurs chrétiens, et fait-elle des distinctions entre les débiteurs juifs et les débiteurs chrétiens ? Napoléon exige la convocation du Grand Sanhédrin afin que le compromis, s'il est conclu, ait une force juridique maximale.

Venus de toute l'Europe, les soixante et onze membres traditionnels du Sanhédrin, quarante-six rabbins et vingt et un laïcs, se rendent à Paris en février 1807. C'est un moment historique, car ils affirment qu'il n'y a plus de nation juive, que les lois du Talmud ne sont plus en vigueur, qu'ils ne veulent plus vivre en communautés fermées et qu'ils sont, à toutes fins utiles, français et rien d'autre. L'illusion fut de courte durée, car les Juifs qui se présentèrent devant Napoléon ne représentaient pas la grande masse des Juifs khazars d'Europe de l'Est, les Juifs ashkénazes de Russie et de Pologne, qui finiraient par annuler la réponse d'un Sanhédrin qui, à ce moment historique, ne les représentait pas. Ce n'est pas pour rien que les Rothschild étaient des talmudistes d'origine ashkénaze et qu'ils détenaient le leadership incontesté.

En 1809, un jeune Allemand nommé Friedrich Stapps, agent des Illuminati selon Bonaparte lui-même, tente d'assassiner l'Empereur à Vienne. Après une conversation avec le jeune homme, Napoléon déclare : "Tels sont les effets des Illuminati allemands. On enseigne à la nouvelle génération que le meurtre est une vertu. Cependant, je crois qu'il y a plus que ce que l'on voit dans cette affaire". Stapps est exécuté par un peloton d'exécution le 17 octobre. En 1810, l'empereur divorce de Joséphine et épouse l'archiduchesse Marie-Louise. C'est le point qui marque clairement le début de la rupture entre Bonaparte et les Rothschild. Dès lors, ses anciens mentors commencent à financer une ligue contre lui et ne cessent d'œuvrer pour l'éloigner du pape. C'est ainsi que Napoléon finit par dénoncer publiquement les Juifs. Voici trois de ses prises de position : "On ne peut pas améliorer le caractère des Juifs par des arguments. Il faut leur établir des lois exclusives". "Tous leurs talents se concentrent dans des actes de rapacité. "Ils ont un credo qui bénit leurs vols et leurs méfaits".

Lorsque Napoléon a commencé son invasion militaire de la Russie, les Rothschild travaillaient déjà à sa défaite. William Guy Carr, auteur de *Pawns in the Game*, explique comment Napoléon a été saboté lors de la campagne de Russie. Guy Carr, officier de renseignement dans la marine royale canadienne, connaissait bien les rouages de ces niveaux. Selon cet auteur, la stratégie secrète utilisée pour vaincre Napoléon et le forcer à abdiquer était très simple. Des agents sont placés à des postes clés dans les services d'approvisionnement, de communication, de transport et de renseignement de l'armée française. De cette manière, les approvisionnements sont sabotés, les ordres sont interceptés, des messages contradictoires sont diffusés, les transports sont détournés ou perdus. La campagne de Russie a été marquée par de tels problèmes.

Les Rothschild se sont non seulement enrichis de la défaite de Napoléon à Waterloo, mais ils ont également fait tout ce qui était en leur pouvoir pour la provoquer. Le comte Cherep-Spiridovitch, dans *The Secret World Government ou "The Hidden Hand"*, et John Coleman, dans l'ouvrage précité, révèlent que Napoléon a été trahi par Soult, qui était juif et recevait des ordres des Rothschild. Bien que Napoléon l'ait promu maréchal", écrit Cherep-Spiridovitch, "l'ait fait duc de Dalmatie et l'ait gratifié d'un revenu de millionnaire, ce juif n'a pas hésité à trahir son généreux empereur". À Waterloo, Soult doit prendre et tenir Genappe, une ville importante pour protéger le flanc de l'armée de l'empereur. Napoléon se plaint amèrement de Soult : "Soult, mon second à Waterloo, ne m'a pas aidé comme il aurait dû le faire... Son état-major, malgré mes ordres, n'était pas organisé. Soult s'est découragé trop facilement... Soult ne m'a été d'aucune utilité, car pendant la bataille il n'a pas maintenu l'ordre à Genappe". Il convient de rappeler ici que, fait intéressant, Genappe est le village où John Roothworth, l'agent de Nathan Rothschild, s'est rendu, comme nous l'avons vu plus haut. John Coleman ajoute que les actions du maréchal Grouchy, qui devait arriver avec des renforts, mais qui s'est présenté avec vingt-quatre heures de retard, alors qu'il avait entendu les coups de canon et savait que la bataille avait commencé, sont également incompréhensibles. Grouchy a été publiquement accusé en 1846 par Georges Dairnvaell d'avoir été soudoyé par les Rothschild. Dans *The Rothschild Dynasty*, Coleman écrit ce qui suit à propos de Soult et de Waterloo :

> ... Tel est le pouvoir des Rothschild et la falsification de l'histoire. Sans la trahison dont il a été victime, Napoléon aurait battu à plate couture Blücher et Wellington. Soult a bien servi ses maîtres, qui lui ont confié les plus hautes fonctions en France. On a suggéré qu'il était le père de Bismarck, mais cela n'a jamais été prouvé. Pendant un certain temps, la mère de Bismarck a été la maîtresse de Soult, comme l'a confirmé Bismarck lui-même : "Je n'ai pas été grand grâce à mon talent ou à mes capacités, mais tout le monde m'a aidé parce que ma mère était la maîtresse de Soult".

Soult, qui réapparaîtra dans un autre chapitre, pourrait faire l'objet d'une longue littérature. Rappelons qu'en Espagne, ce Juif, avide de pouvoir et de richesses, a volé et pillé autant qu'il a pu sans aucun scrupule. Après avoir volé dans toute l'Europe, notamment en Allemagne, en Autriche et en Italie, il se comporta en véritable vice-roi à Séville, préparant le vol des meilleurs tableaux de Murillo et des grands maîtres sévillans, dont beaucoup allèrent grossir ses collections au château de Soultberg. Soult est aidé par un Espagnol, Alejandro Mª Aguado, un potentat sévillan qui fut colonel de son état-major et plus tard un riche banquier parisien. Des années plus tard, Aguado a vendu l'une des plus belles collections de peintures espagnoles. Pendant son séjour à Séville, le maréchal a accumulé suffisamment de tableaux pour en envoyer jusqu'à dix à sa femme. Des transports remplis d'objets précieux ne cessent d'arriver à son domicile, avec lesquels ce voleur et traître peut remplir l'hôtel de Soultberg et de Villeneuve, ses palais à Paris. Dans les caricatures politiques qui circulent tout au long de sa vie, il est souvent représenté entouré de tableaux et d'objets d'art. Dans une caricature de 1834, "Les honneurs du Panthéon", on le voit suspendu avec d'autres dignitaires, le cou à l'intérieur d'un tableau portant la signature de Murillo.

Pendant plus de trente ans, un spécialiste de Napoléon, Ben Weider, a tenté de faire savoir au monde qu'en 1821, Bonaparte était mort empoisonné à Sainte-Hélène. Enfin, le 2 juin 2005, lors d'une conférence de presse à Illkirch-Graffenstandem, le Dr Pascal Kintz, président de l'International Association of Forensic Toxicologists, a confirmé la thèse de Weider et prouvé que de l'arsenic avait été trouvé au cœur des cheveux de Napoléon, ce qui indique une voie digestive et non une contamination externe comme l'a prétendu le magazine *Science & Vie* pour des raisons mystérieuses. Le Dr Kintz a révélé la nature du poison utilisé : l'arsenic minéral, communément appelé mort-aux-rats.

## Les Rothschild règnent sur l'Europe

Jusqu'à sa mort en 1836, Nathan dirige le clan depuis Londres où, après le coup de Waterloo, il continue de compter sur l'aide précieuse de Herris, grâce à laquelle il se rapproche de plus en plus du secrétaire au Trésor, Nicholas Vansittart. Évoquant cette amitié avec Vansittart, Solomon écrit à James : "La relation de Nathan avec ce gentleman du Trésor est comme celle des frères... Notre nouvelle Cour me donne l'impression d'être une loge maçonnique. Celui qui y entre devient Bono-mason". Mais si Nathan Rothschild règne dans la City, flanqué des Mocattas et des Goldsmid, ses quatre frères vont bientôt entamer leurs règnes respectifs sur le continent, dans les différentes capitales européennes à partir desquelles ils opèrent. Selon le professeur Werner Sombart, dans son ouvrage *The Jews and Modern Capitalism*, "la période à partir de 1820 devient l'ère des Rothschild, de sorte qu'au milieu du siècle, il était généralement admis qu'il n'y avait qu'une seule puissance en Europe, et c'était celle des Rothschild".

Pendant vingt-six ans, de 1789 à 1815, l'Europe a été prise dans une spirale de violence. La révolution sanglante en France est suivie d'une succession de guerres qui épuisent les peuples du vieux continent, du Portugal à la Russie. De même que les Rothschild s'étaient énormément enrichis grâce aux guerres qu'ils avaient financées, les Rothschild allaient profiter des conséquences économiques de la paix. Disraeli expliquera plus tard dans son roman *Coningsby* : "après l'épuisement d'une guerre de vingt-cinq ans, l'Europe avait besoin de capitaux pour construire la paix... La France en voulait un peu ; l'Autriche, davantage ; la Prusse, un peu ; la Russie, quelques millions". Bien que leurs concurrents aient d'abord tenté de les retenir, les Rothschild ont fini par prendre le contrôle de toutes les grandes entreprises, y compris les chemins de fer : la construction de chemins de fer à travers l'Europe allait bientôt devenir l'une des meilleures entreprises, et ils en ont eu le monopole.

Ils disposaient d'un certain nombre de noms allemands pour désigner leurs rivaux, tels que "Schurken" (crapules, canailles), Bösewichte (coquins, méchants) et "Spitzbuben" (voleurs). Avant même Waterloo, ils avaient déjà beaucoup discuté des moyens de mettre des bâtons dans les roues de leurs "méchants" concurrents, et c'est ce qu'ils firent à partir de 1818 avec les Barings, Labouchère et autres banquiers qui cherchaient à s'opposer à eux. James Rothschild aspire à devenir en France l'équivalent de son frère Nathan en Grande-Bretagne ; mais le gouvernement français a négocié en 1817 un prêt important avec la prestigieuse banque française d'Ouvrard et les frères Baring à Londres. L'année suivante, le gouvernement français a besoin d'un nouvel emprunt. Les obligations émises en 1817 ayant pris de la valeur sur la place de Paris et sur d'autres places financières européennes, il semblait certain que la France continuerait à s'appuyer sur les services des mêmes banques. Les Rothschild utilisent leur vaste répertoire de moyens pour influencer le gouvernement français, mais en vain. Les Français, quant à eux, ignorent ou méconnaissent la ruse et la capacité des banquiers juifs à spéculer et à manipuler l'argent. Le 5 novembre 1818, un événement inattendu se produit : après une année d'appréciation constante, la valeur des obligations françaises commence à baisser. Jour après jour, la dépréciation s'accentue. Bientôt, d'autres titres d'État commencent également à se dévaluer. La tension monte à la cour de Louis XVIII. Peu à peu, les observateurs se rendent compte que les Rothschild y sont pour quelque chose. Ils ont une fois de plus semé la panique en manipulant secrètement le marché boursier. Au cours du mois d'octobre 1818, leurs agents, utilisant leurs réserves illimitées, ont acheté d'énormes quantités d'obligations d'État françaises émises par leurs rivaux, ce qui a entraîné une hausse de leur valeur. Puis, le 5 novembre, ils commencent à inonder les marchés (dumping) de grandes quantités de titres de la dette française. Ce faisant, ils déstabilisent toutes les bourses européennes et créent la panique. Ils sont rapidement traduits devant Louis XVIII. C'est ainsi que la France passe progressivement sous le contrôle des Rothschild qui, fin 1822, sont également devenus les banquiers de la Sainte-Alliance : "Le Haut Trésor de la Sainte-Alliance".

Les relations de Salomon Rothschild avec Metternich, l'homme qui fit la politique autrichienne de 1809 à 1848, méritent une mention spéciale. Non seulement il était son banquier, mais ils se comprenaient mutuellement sur le plan émotionnel et intellectuel. Bien qu'issu d'une famille aristocratique, le prince Klemens Wenzel Nepomuck Lothar von Metternick n'avait pas d'argent. Lors des négociations de paix à Paris en 1815, la possibilité d'un premier prêt de la part des Rothschild s'est présentée, notamment auprès de Carl et Amschel à Francfort. Metternich s'était révélé être un allié utile des Rothschild : il leur avait fourni des informations politiques à Paris, les avait aidés à conclure des affaires financières en

Autriche et avait sympathisé avec leur campagne pour l'émancipation des Juifs à Francfort. En octobre 1821, accompagné de sa maîtresse, la princesse Dorothée de Lieven, il rencontre Amschel à Francfort, en signe de soutien à la communauté juive de la ville. Moins d'un an plus tard, il obtient un second prêt, six jours avant que les frères ne reçoivent le titre de baron de l'empereur autrichien François Ier. Ce prêt scelle l'amitié entre les Rothschild et Metternich. En 1823, à Vérone, Salomon lui fournit des liquidités pour faire face à ses importantes dépenses personnelles. Deux ans plus tard, James le convie à un dîner grandiloquent à Paris. C'est à cette époque que Metternich commence à utiliser le service postal des Rothschild pour sa correspondance importante. Dès lors, Salomon et lui échangent régulièrement des informations : Metternich l'informe des intentions politiques de l'Autriche et le banquier lui transmet les nouvelles qu'il reçoit de ses frères à Paris, Londres, Francfort et Naples. Les Rothschild utilisent souvent le mot "oncle" pour désigner Metternich.

L'une des victimes de l'alliance entre Salomon et Metternich fut le banquier David Parish, dont la banque viennoise "Fries & Co" fut sacrifiée. En 1820, Parish avait été le partenaire de Salomon à l'occasion d'un prêt pour l'organisation d'une loterie qui fut largement critiquée et qualifiée de "honteuse usure juive". Six ans plus tard, c'est Parish lui-même qui tient des propos virulents à l'encontre des Rothschild qui l'ont lâché, lui et sa banque. Avant de se suicider en se jetant dans le Danube, il écrit quatre lettres : à son frère John, au banquier Geymüller, à Metternich et à Salomon lui-même, dans lesquelles il impute sa chute aux Rothschild et promet de les discréditer publiquement. Metternich, dit Parish, m'a sacrifié à l'avidité d'une famille qui, malgré toute sa richesse, n'a pas de cœur et ne s'intéresse qu'à la tirelire. Parish regrette d'avoir été trompé par Salomon de la manière la plus honteuse qui soit et "d'avoir été payé avec la plus noire ingratitude pour ses services". Dans sa lettre à Metternich, il se plaint en ces termes : "Les Rothschild ont compris mieux que moi comment vous piéger dans leur sphère d'intérêts et comment s'assurer votre protection spéciale". Dans sa lettre à Salomon, il dit que la nouvelle alliance entre eux (les Rothschild) et Metternich l'a ruiné : "Sous la protection du prince Metternich, vous avez réussi à vous assurer le contrôle exclusif de multiples transactions dans lesquelles j'avais légalement et moralement droit à une part...". Metternich était donc l'homme clé des Rothschild en Autriche. Une boîte en argent a récemment été retrouvée à Moscou, contenant des documents montrant que Salomon conservait les comptes bancaires et la correspondance financière de Metternich. L'importance de cette relation a clairement conditionné la politique étrangère autrichienne. Dans le prochain chapitre, nous verrons comment Salomon a fait fructifier sa relation étroite avec le prince.

Les flagorneurs de Rothschild étaient à l'ordre du jour. Selon l'économiste Friedrich List, ils étaient "la fierté d'Israël, devant laquelle les rois et les empereurs s'inclinaient humblement". En 1835, le *Niles Weekly*

*Register*, le magazine le plus diffusé en Amérique, qualifie les Rothschild d'admirateurs de la banque moderne et affirme sans ambages qu'ils dirigent le monde chrétien, car aucun gouvernement ne bouge sans leur avis. Ils tendent la main avec la même facilité", disait-il, "de Saint-Pétersbourg à Vienne, de Vienne à Paris, de Paris à Londres, de Londres à Washington". Le baron Rothschild, chef de la maison, est le véritable roi de Judée, le prince des captifs, le Messie tant attendu par ce peuple extraordinaire. Il détient les clés de la paix et de la guerre, de la bénédiction et de la malédiction... Ils sont les agents et les conseillers des rois d'Europe et des chefs républicains d'Amérique, que peuvent-ils désirer de plus ?

Il n'entre pas dans le cadre de ce chapitre d'examiner la manière dont les différents peuples européens ont été réduits en esclavage par le biais de la dette. Les Rothschild ont établi avec un certain nombre de personnages clés de la scène politique européenne un réseau de relations privées contraires à l'éthique et motivées par des considérations financières. À tel point qu'ils se sont rapidement retrouvés au centre d'un réseau de corruption. Leur image, également entachée par de nombreuses affaires de corruption et de chantage, s'est dégradée aux yeux du grand public. Les plaisanteries et les caricatures le dénoncent et prolifèrent dans une grande partie de la presse qui, dans le premier tiers du siècle, n'est pas encore totalement contrôlée. Mais ce qui compte, c'est qu'avant même 1830, les Rothschild sont devenus un colosse dont les ressources, selon leur biographe Niall Ferguson, se sont accrues au point d'être dix fois plus importantes que celles de leur plus proche concurrent.

## Juifs talmudistes

Le premier chapitre de ce livre a déjà expliqué l'importance du *Talmud* pour le judaïsme, plus grande encore que celle de la *Torah*, et a commenté la haine viscérale que ses textes expriment à l'égard du christianisme. Il est donc nécessaire de réfléchir maintenant aux implications du fait que les banquiers les plus puissants du monde sont des talmudistes (il n'y a pas que les Rothschild qui sont des talmudistes). Mayer Amschel Rothschild était rabbin et a été éduqué selon les principes du *Talmud*, selon lesquels seuls les Juifs ont le droit de dominer les autres peuples, puisque les non-Juifs sont créés pour servir les Juifs. *Le Talmud* enseigne qu'il est permis de piller les non-Juifs et d'être hypocrite à leur égard. Les conséquences de l'application de ces doctrines, non seulement dans le secteur bancaire mais dans tous les domaines des relations interpersonnelles, sont évidemment catastrophiques. August Rohling, professeur à l'université de Prague à la fin du 19e siècle et traducteur du *Talmud*, affirme qu'en attendant la venue du Messie, les Juifs vivent dans un état de guerre permanent avec les autres peuples. Lorsque la victoire viendra, tous les peuples accepteront la religion juive, mais les chrétiens n'auront pas ce privilège et seront exterminés, car ils appartiennent au diable. Dans cette optique, il est concevable que les origines du grand projet du Nouvel Ordre Mondial proviennent du *Talmud*, et que le Gouvernement Mondial tant attendu ne soit rien d'autre que la réalisation de ce que l'on appelle "l'utopie juive".

*L'utopie juive* est le titre d'un livre de 135 pages publié en 1932 par le sioniste Michael Higger, qui le dédie à l'Université hébraïque de Jérusalem, qui représente, selon Higger, "le symbole de l'utopie juive". Le texte est accessible en PDF. Il passe en revue l'ensemble du plan de domination mondiale des sionistes. Robert H. Williams, écrivain nationaliste américain qui a organisé pendant la Seconde Guerre mondiale un service de contre-espionnage pour l'American Air Force (AAF), a étudié le livre et l'a paraphrasé dans son ouvrage *The Ultimate World Order as pictured in "The Jewish Utopia"*, publié en 1957, qui est également disponible en anglais sur l'internet. Williams décrit le livre comme un recueil de prophéties, d'enseignements philosophiques, de plans et d'interprétations du *Talmud* qui sous-tendent ce qu'il appelle "l'Ordre Mondial Ultime". Higger cite les termes du *Talmud*, selon lesquels les "justes" seront les Juifs et ceux qui choisissent de s'aligner sur eux pour les servir, tandis que les "méchants" seront ceux qui sont perçus par les Juifs comme des opposants à leurs intérêts. Higger souligne que dans l'utopie juive, "tous les trésors et toutes les ressources naturelles du monde seront en possession des justes, conformément à la prophétie d'Isaïe". L'accumulation de toutes les richesses de l'humanité fait donc partie intégrante de l'ancien programme juif visant à constituer un nouvel ordre mondial. Certains auteurs affirment qu'aujourd'hui les Rothschild posséderaient la moitié des richesses de la planète.

Mayer Amschel Rothschild a donc élevé ses cinq enfants selon les principes du *Talmud*. Dès l'époque de Moses Amschel Bauer, des prières et d'autres rituels religieux étaient observés dans la famille. La religiosité des Rothschild a été immortalisée par Moritz Daniel Oppenheim. Ce peintre, qui a également réalisé les tableaux décrits ci-dessus de la remise et de la restitution du trésor de l'Electeur de Hesse-Kassel, est également l'auteur d'une œuvre quelque peu dérangeante intitulée *The Rothschild Family at Prayer (La famille Rothschild en prière)*. Niall Ferguson reproduit le tableau dans *The House of Rothschild. Les prophètes de l'argent*. Douze personnes sont représentées enveloppées jusqu'à la tête dans les traditionnelles robes blanches des lévites, qui couvrent tout leur corps. L'atmosphère fantomatique confère au tableau une aura énigmatique. Onze d'entre elles sont assises autour d'une table sur laquelle brûlent six bougies. Presque tous tiennent des livres et lisent. La douzième personne, enveloppée de la tête aux pieds dans le grand manteau blanc caractéristique de la tribu, se tient debout, le dos tourné à la porte menant à une autre pièce où brûlent également des bougies. Sur son lit de mort, Mayer Amschel lit à ses fils des passages du *Talmud* et leur impose une série d'obligations. Il est donc évident qu'en dehors des affaires, les Rothschild étaient religieusement talmudiques. En 1820, le tout-puissant Nathan Rothschild était membre d'une société de *Torah* et de *Talmud* à Londres, à laquelle il contribuait financièrement.

## Les Rothschild dans la littérature. Leurs écrivains : Heine et Disraeli

Au XIXe siècle, les livres et les journaux étaient des moyens de propagation des idées. Comme nous l'avons vu, l'une des priorités des Illuminati était de sélectionner et de contrôler ce qu'il fallait lire et ce qu'il ne fallait pas lire. Par le biais des sociétés de lecture, créées par l'Union allemande, ils cherchaient à favoriser les écrivains qui leur étaient favorables et à ruiner ceux qui s'opposaient à eux. Dans le premier tiers du siècle, le projet est encore en gestation et les choses ne sont pas encore tout à fait en place, car toutes les critiques ne peuvent être réduites au silence. Ferguson, qui qualifie les Rothschild de Médicis du XIXe siècle, cite parmi leurs protégés plusieurs auteurs ainsi que les musiciens Chopin et Rossini. Les Rothschild avaient donc des écrivains qui travaillaient servilement pour leurs "protecteurs". Le secrétaire de Metternich, Friedrich von Gentz, est l'un des premiers à écrire des articles élogieux sur les banquiers. Gentz envoya même des instructions à des journaux tels que l'*Allgemaine Zeitung*, ordonnant de ne pas critiquer les Rothschild.

Cependant, certains écrivains les ont dénoncées. L'un des premiers à avoir osé les critiquer sous la forme d'une fiction romanesque est Honoré de Balzac qui, en dehors de ses œuvres littéraires, nous a laissé la phrase suivante : "Il y a deux histoires : l'histoire officielle, mensongère, qu'on enseigne ad usum delphini, et l'histoire réelle, secrète, où l'on trouve les vraies causes des événements : une histoire honteuse". Dans son roman *La maison de Nucingen* (1837), il met en scène un banquier allemand véreux qui a fait fortune grâce à une série de faillites frauduleuses et en forçant ses créanciers à accepter du papier déprécié en guise de paiement. Les similitudes entre Nucingen et James Rothschild sont trop évidentes pour être des coïncidences. Dans un autre ouvrage, *Les splendeurs et les misères des courtisanes* (1838-47), Balzac conclut que toute richesse accumulée trop rapidement est le résultat d'un vol légal. Plus sévère est la critique de Georges Dairnvaell qui, dans son pamphlet *The Edifying and Curious History of Rothschild I, King of the Jews* (1846), insiste sur le fait que Nathan, à la nouvelle de la défaite de Napoléon à Waterloo, a gagné une énorme somme d'argent en spéculant à la Bourse de Londres et l'accuse également d'avoir soudoyé le général français Grouchy pour s'assurer de la victoire de Wellington. Un autre écrivain et journaliste, Alphonse Toussenel, auteur de *Les Juifs, rois du siècle : histoire de la féodalité financière* (1846), dénonce dans cet ouvrage que la France a été vendue aux Juifs et que les lignes de chemin de fer sont contrôlées par le baron Rothschild, roi de France. Toussenel soutenait que le réseau ferroviaire français ne pouvait pas être entre les mains de capitalistes spéculatifs.

L'écrivain juif Ludwig Börne, né à Francfort comme les Rothschild, accusait ses amis banquiers d'être les pires ennemis des nations parce qu'ils avaient prêté leur argent à des autocrates opposés au libéralisme. L'hypocrisie de la critique de Börne est évidente lorsque ce champion du libéralisme demande pathétiquement plus tard : "Ne serait-ce pas une grande bénédiction pour le monde si tous les rois étaient destitués et si la famille Rothschild prenait leurs trônes ? L'hypocrite Börne devait certainement savoir que les Rothschild ne faisaient que des affaires lorsqu'ils prêtaient de l'argent, même s'ils le faisaient sans jamais oublier la priorité du Mouvement révolutionnaire mondial, qu'ils avaient mis en branle par l'intermédiaire des Illuminati. Comme toujours, ils financent les deux camps, les monarchies et le libéralisme, dont l'idéologie politique leur permettra de déclencher les révolutions en Europe.

Lord Byron l'a bien compris, lui qui, dès 1823, dans le douzième chant de son *Don Juan*, posait la question *suivante :* "Qui tient la balance du monde ? Qui domine les royalistes ou les libéraux au Parlement ? Qui élève les patriotes torse nu en Espagne ? Qui cause la douleur ou le plaisir dans l'ancien et le nouveau monde ? Qui fait des charlatans de tous les politiciens ?". La réponse qu'il donna fut : "Le juif Rothschild et son collègue chrétien Baring". Byron semble avoir ignoré que les frères Baring étaient également d'origine juive ; mais ce qui est important dans ces lignes, c'est que Byron a clairement vu que Rothschild influençait à la fois les royalistes et les libéraux, et qu'il soutenait la révolution en Espagne et l'insurrection dans ses républiques d'Amérique latine. Un autre écrivain, William Tackeray, avait lui aussi parfaitement compris ce qui se passait et estimait que "N. M. Rothschild jouait avec les nouveaux rois comme les petites filles jouent avec leurs poupées".

Deux noms juifs se distinguent parmi les piliers Rothschild : Heinrich Heine (1797-1856), le célèbre poète romantique allemand qui, selon les critiques, a eu une influence décisive sur notre G. A. Bécquer, et Benjamin Disraeli (1808-1881), qui a servi deux mandats en tant que Premier ministre de Grande-Bretagne, un poste à partir duquel il a poursuivi une politique servile et décisive dans l'intérêt des banquiers juifs. Tous deux méritent une attention particulière.

Passons au premier. Heinrich Heine était un ami proche de Karl Marx et de James Rothschild. Marx disait de lui qu'il était "le plus endurci des exilés allemands, le plus inflexible et le plus intelligent". Heine et Börne ont tous deux été représentés par Moritz Daniel Oppenheim, le peintre de la famille Rothschild. Les contacts de Heine avec les Rothschild remontent à son soutien de toujours, le riche banquier Salomon Heine, connu sous le nom de Rothschild de Hambourg, avec lequel il travaillait déjà à Hambourg en

1816. On sait qu'à cette époque, Heine et son père fréquentaient la loge maçonnique *Zur aufgehenden Morgenröte* (*Vers l'aube rouge future*) à Francfort. En 1822, en Pologne, il fait la connaissance du hassidisme, un mouvement de juifs fondamentalistes talmudistes, et en est captivé. Heine, qui appartient aux Carbonarii, arrive en exil à Paris le 19 mars 1831 et entame une relation personnelle avec James, le plus jeune des cinq frères Rothschild, avec qui il a l'habitude de se promener la nuit dans les rues de la ville, bras dessus, bras dessous.

Les références de Heine aux Rothschild et au communisme sont très importantes et significatives. La profondeur de ses remarques suggère qu'il savait très bien de quoi il parlait. En mars 1841, il déclare : "Les Rothschild ont remplacé l'ancienne aristocratie et représentent une nouvelle religion matérialiste. L'argent est le dieu de notre temps et Rothschild en est le prophète". Sur la direction des mouvements révolutionnaires, il écrit des mots très éclairants : "Personne ne fait plus pour le progrès de la révolution que les Rothschild eux-mêmes... et, bien que cela puisse paraître encore plus étrange, les Rothschild, les banquiers des rois, ces splendides gestionnaires d'argent, dont l'existence devrait être considérée comme menacée si le système actuel des États européens devait s'effondrer, ont avant tout dans leur esprit la conscience de leur mission révolutionnaire...".

Mais là où il est le plus inquiétant, c'est dans ses prédictions sur le communisme. Il ne faut pas être très perspicace pour comprendre que son amitié avec Marx et les Rothschild lui a fourni toutes les informations que, six ans avant la parution du *Manifeste communiste*, il a dévoilées dans le drame *Programme*, qui n'est généralement pas cité dans les bibliographies, mais qui a été publié en juillet 1842 dans une revue de Hambourg intitulée *Französiche Zustände* (*Positions françaises*) et douze ans plus tard dans le livre *Lutezia*. La citation est longue, mais elle vaut la peine :

"Le communisme, qui n'est pas encore apparu, mais qui apparaîtra puissant et qui sera sans peur et désintéressé comme la pensée... s'identifiera à la dictature du prolétariat. Ce sera un duel terrible. Comment se terminera-t-il ? Les dieux et les déesses qui connaissent l'avenir le savent. Nous savons seulement ceci : le communisme, même si on en parle peu aujourd'hui et qu'il repose sur des paillasses dans des greniers inconnus, est le héros obscur qui joue un rôle important mais passager dans la tragédie moderne et qui n'attend que l'ordre d'entrer en scène. C'est pourquoi nous ne perdrons jamais de vue cet acteur, ni les répétitions secrètes avec lesquelles il prépare son entrée en scène. C'est peut-être plus important que toutes les informations sur les enjeux électoraux, les querelles de partis et les intrigues de cabinets.

... La guerre entre la France et l'Allemagne ne sera que le premier acte du grand drame, c'est-à-dire le prologue. Le second acte, c'est la révolution européenne, universelle, le grand duel des dépossédés avec l'aristocratie de la propriété ; et alors il ne sera plus question de nation ni de religion, il n'y aura plus qu'une patrie, la Terre, et qu'une foi, le bonheur sur la Terre. Les doctrines religieuses du passé s'élèveront-elles dans tous les pays en une résistance désespérée, et cette tentative sera-t-elle peut-être le troisième acte ? La vieille tradition absolue reviendra-t-elle sur le devant de la scène, mais avec de nouveaux uniformes, de nouveaux slogans et de nouveaux mots de passe ? Comment ce drame se terminera-t-il ? Peut-être ne restera-t-il qu'un berger et un troupeau ; un berger libre avec un bâton de fer, et un troupeau humain tondu et bêlant en uniforme. Des temps sauvages, atroces, nous menacent. Et le prophète qui voudra écrire cette nouvelle apocalypse devra inventer des bêtes totalement nouvelles, et si horribles que les vieux animaux symboliques de saint Jean se révéleront, comparés à elles, de gentils petits popcorns et de gentils chéris. Les dieux cachent leur visage par compassion pour les humains et peut-être aussi par peur de leur propre sort".

Le texte est incontournable. Heinrich Heine, juif touché par le talmudisme hassidique, neveu du banquier Salomon Heine, ami intime de James et Nathan Rothschild, qu'il décrit comme "assis comme sur un trône et parlant comme un roi entouré de courtisans", ami intime de Karl Marx, qu'il met en contact avec Nathan dans son exil londonien, est historiquement le premier à utiliser le terme de "dictature du prolétariat", ami proche de Karl Marx, qu'il a mis en contact avec Nathan dans son exil londonien, est historiquement le premier homme à utiliser en public le terme de "dictature du prolétariat" (Proletarienherrschaft). Ses sources d'information sont évidentes, de sorte qu'il ne faut pas le considérer comme un prophète, mais comme quelqu'un qui savait ce que les "dieux" préparaient pour l'humanité. Il a dit que l'argent était le dieu de notre époque et Rothschild son prophète. Nous savons donc qui étaient les dieux pour lui. Tout aussi significative est son allusion aux "procès secrets" et au rôle transitoire du communisme "qui n'attend que l'ordre d'entrer en scène". Pour le reste, tout se passera comme Heine l'avait prédit : d'abord la guerre franco-prussienne, qui se termine par la "Commune" de Paris, où les palais de James Rothschild sont gardés et préservés du pillage par les révolutionnaires eux-mêmes ; ensuite les révolutions en Russie, en Hongrie, en Bavière, en Chine et en Espagne, et un monde dans lequel la moitié de l'humanité bêlera de manière uniforme. Une nouvelle apocalypse dont même les "dieux" craignent les conséquences.

Il ne fait donc aucun doute, et nous aurons l'occasion de le démontrer dans un chapitre ultérieur, que les liens de Heine avec les véritables dirigeants communistes étaient si forts et si intimes qu'ils lui ont permis d'apprendre leur plan. Les raisons qu'il avait de le révéler à l'avance sont peut-être à chercher dans l'idiosyncrasie du personnage, un homme dont le désir démesuré des feux de la rampe le poussait à l'exhibitionnisme. Les archives d'État de Vienne conservent un rapport des services secrets autrichiens sur les révolutionnaires allemands à Paris, daté du 28 octobre 1835. Le comte Egon Caesar Corti cite dans *Le règne de la maison*

*Rothschild* le texte faisant référence à Heine, considéré comme un "caméléon politique et un lâche moral par nature". Le rapport poursuit en ces termes amers : "menteur et homme déloyal envers son meilleur ami, changeant comme une poule, il est totalement instable ; malicieux comme un serpent, il a toute la beauté et l'éclat de cet être, et tout son venin ; sans aucun instinct noble ou authentique, il est incapable d'émotion sincère. Il est si vaniteux qu'il voudrait jouer un rôle important, mais il a déjà joué son rôle, il ne le prend plus au sérieux, mais son talent demeure."

L'autre cas d'écrivain et d'homme politique fervent des Rothschild est celui de Disraeli, qui a publié en 1837 *The Wondrous Tale of Alroy*, une histoire dont le protagoniste est un Khazar qui, comme l'explique la note 2 du premier chapitre, cherche à conquérir la Palestine au XIIIe siècle. Benjamin Disraeli (Lord Beaconsfiled), fils d'Isaac Disraeli, est Premier ministre de Grande-Bretagne à deux reprises (1867-68 et 1874-80) et se montre totalement soumis aux intérêts des banquiers juifs qui l'ont porté au sommet. Dans *Coningsby* (1844), que l'*Encyclopédie juive* décrit comme un portrait idéalisé de l'empire Rothschild, Sidonia, un personnage qui représente à la fois Nathan Rothschild et son fils Lionel, confirme que le monde est dirigé par des personnes qui se cachent dans les coulisses et n'apparaissent pas sur la scène publique. À cet égard, Sidonie, bien qu'elle confesse l'inimitié de sa famille à l'égard des tsars russes, se vante d'avoir rencontré à Saint-Pétersbourg le ministre russe des finances, le comte Cancrin, fils d'un juif lituanien. Lors de sa tournée européenne pour négocier des emprunts, les interlocuteurs sont toujours des Juifs occupant des postes clés : en Espagne, son interlocuteur est Mendizabal, fils d'un Marrane d'Aragon ; à Paris, il est reçu par le président du Conseil des ministres, lui aussi fils de Juif.[15] Sidonie se vante d'avoir réussi à placer le comte Arnim, juif prussien, dans le cabinet prussien. À la question de savoir si le maréchal Soult (déjà cité, qui a trahi Napoléon) était juif, elle répond qu'il l'était, ainsi

---

[15] Le nom de Juan de Dios Álvarez Mendizábal était en fait Méndez, mais pour mieux cacher son origine, il s'est donné un nom basque. Les Rothschild ont rencontré Mendizábal par l'intermédiaire de Vicente Bertrand de Lys, un banquier madrilène ayant des liens avec la puissante famille juive. Mendizábal travaille en étroite collaboration avec les Rothschild et, en 1835, il obtient pour eux un prêt de 2 millions de livres sterling au Portugal. Par l'intermédiaire de Nathan Rothschild, il spécule sur les titres de créance et gagne beaucoup d'argent. En juin 1835, il est nommé ministre des Finances en remplacement du comte de Toreno, avec lequel Nathan s'est brouillé à cause de la négociation confuse d'un prêt après avoir obtenu les droits d'exploitation des mines de mercure d'Almadén. Lors d'une réunion de famille, les Rothschild décident de provoquer l'effondrement de la dette espagnole sur les marchés. Avant de lancer l'attaque boursière, Nathan prévient son ami Mendizábal de ce qui va se passer afin que le nouveau ministre des Finances ait le temps de se débarrasser de ses titres et de ne pas faire faillite. Pendant la période de Mendizábal, considéré en Europe comme un agent des banquiers londoniens, la dette publique augmente considérablement. Pour trouver de l'argent, il annonce la suppression des ordres religieux et décrète le désamortissement de leurs biens, la "Desamortización de Mendizábal".

que d'autres maréchaux français, dont le plus célèbre est Massena, de son vrai nom Mannaseh. Sidonie affirme que son père (Nathan) et ses frères, grâce à des prêts accordés à des États européens, sont devenus les maîtres de la bourse mondiale.

En 1847, Disraeli publie un nouvel ouvrage, *Tancred ou la nouvelle croisade*. Dans un passage du roman, Eva Besso, personnage inspiré de Charlotte Rothschild, fille de Carl et épouse de Lionel, le fils aîné de Nathan, demande : "Qui est l'homme le plus riche de Paris ?", ce à quoi Tancred répond : "Le frère, je crois, de l'homme le plus riche de Londres". Tancrède fait alors remarquer qu'ils appartiennent tous deux à la même race et à la même foi. Ces personnages romanesques de Disraeli, inspirés des Rothschild, expliquent parfaitement la puissance financière et politique de cette élite de juifs talmudiques. Ils constituent donc des éléments d'une valeur historique incontestable.

Il est curieux que Disraeli, qui a sans doute dû toute sa carrière politique à l'influence des Rothschild, ait pu avertir que des sociétés secrètes contrôlées par les Juifs étaient à l'origine de la révolution mondiale. En 1852, quatre ans après les explosions révolutionnaires de 1848 et quinze ans avant qu'il ne devienne premier ministre pour la première fois, il prononça à la Chambre des communes ces mots, cités par Douglas Reed dans *The Controversy of Zion* : "L'influence des Juifs peut être décelée dans la dernière explosion du principe destructeur en Europe. Une insurrection se produit contre la tradition et l'aristocratie, contre la religion et la propriété... L'égalité naturelle des hommes et l'abolition de la propriété sont proclamées par les sociétés secrètes qui forment des gouvernements provisoires, et des hommes de race juive se trouvent à la tête de chacune d'entre elles". Et dans sa biographie politique *Life of Lord George Bentinck*, il ajoute : "Le peuple de Dieu coopère avec les athées, les plus habiles accumulateurs de biens s'allient aux communistes, la race élue particulière touche les mains de la racaille et des classes inférieures de l'Europe, et tout cela parce qu'ils veulent détruire l'ingrate chrétienté qui leur doit son nom, et dont personne ne peut plus supporter la tyrannie". Disraeli confirme ainsi sans équivoque la thèse avancée dans le chapitre précédent et ce que nous avons écrit.

Si Heine révèle que les Rothschild sont conscients de leur mission révolutionnaire et annoncent à l'avance l'avènement du communisme, Disraeli fait allusion avec des mots précis à un "principe destructeur" destiné à instaurer un nouvel ordre en Europe. Il est très curieux que deux hommes aussi proches des Rothschild, Heine et Disraeli, n'aient pas fait preuve de discrétion et n'aient pas averti clairement de la nature des événements qui allaient conduire à la révolution bolchevique et, par la suite, à la division du monde en deux blocs.

Enfin, il reste à mentionner un ouvrage d'un auteur anonyme, *Hebrew Talisman*, un pamphlet publié à Londres en 1840, quatre ans après la mort de Nathan. Il attribue la réussite financière de Nathan à la possession d'un talisman magique. La puissance de Nathan Rothschild avait suscité de telles attentes parmi les Juifs européens qu'il était considéré comme l'homme prédestiné à rétablir le royaume de Juda. En effet, dès 1830, un journal américain suggère qu'en raison de difficultés financières, le sultan de Constantinople pourrait décider de vendre Jérusalem aux Rothschild. En 1836, le socialiste français Charles Fourier évoque également cette possibilité dans son ouvrage *La fausse industrie*. Benjamin Disraeli lui-même parle en 1851 de la réintégration des Juifs en Palestine avec l'aide de l'argent des Rothschild.

Il est toutefois significatif que l'auteur du *Talisman hébreu* ait conclu en accusant Nathan de préférer les avantages de l'assimilation en Angleterre aux difficultés et aux rigueurs de sa "mission sacrée". En fait, le mystérieux auteur proclame avec offense que la mort soudaine de Nathan est venue punir sa décision de chercher à obtenir pour lui-même un titre de pair et une loi pour l'émancipation sociale des Juifs en Angleterre, plutôt que de continuer à lutter pour le rétablissement de Jérusalem.

## La mort de Nathan

Le comte Cherep-Spiridovich, se référant aux prétentions sociales inconstantes de Nathan en Angleterre, formule une thèse très audacieuse. Selon lui, Nathan, dépourvu de tout scrupule, désireux d'accumuler davantage de richesses et d'acquérir des titres et du pouvoir en Angleterre, s'est rendu compte que sa croyance religieuse entravait son ascension dans la société londonienne et était prêt à apostasier. Le frère aîné, Anselme, aurait été le premier à apprendre les intentions de Nathan. À Francfort, où trente-six membres de la famille se sont réunis en juin 1836 pour le mariage de Lionel, le fils de Nathan, et de Charlotte, la fille aînée de Carl, la décision a été prise de ne pas tolérer la trahison. Selon le comte Cherep-Spiridovich, se référant au testament de Mayer Amschel Rothschild, Nathan fut condamné par ses frères. Bien entendu, rien ne prouve la véracité de cette théorie qui, à première vue, semble peu plausible.

Niall Ferguson, dont l'ouvrage d'un millier de pages sur les Rothschild fait de lui une source incontournable, voit dans la maladie et la mort inattendues de Nathan une étude de cas sur l'inaptitude des médecins traitants et l'incompétence de la médecine du XIXe siècle. Ferguson écrit qu'au début du mois de juin 1836, Nathan et sa femme Hannah sont arrivés à Francfort en provenance de Londres. Selon lui, le mariage de leur fils Lionel avec Charlotte n'était pas la raison principale de la réunion des cinq frères et sœurs, mais le point le plus important à l'ordre du jour était la prise en charge des relations futures entre eux, qui depuis 1810 n'avaient pas été modifiées en profondeur, bien qu'elles aient été révisées périodiquement afin d'inclure les héritiers dans le partenariat. Les fondements de la société restaient pour l'essentiel ceux établis par leur père. Les négociations entre les frères se déroulent dans le plus grand secret et les autres membres de la famille en sont exclus : "Ils sont maintenant réunis, informe Lionel à son frère Antoine, c'est-à-dire qu'ils sont tous les quatre seuls dans la chambre de papa et que nous sommes restés à l'écart.

Nathan tenait toutes ces réunions alors qu'il était malade, souffrant de douleurs fréquentes dues à un furoncle, probablement un abcès ischio-rectal qui suppurait. Les médecins allemands décidèrent de pratiquer une incision et assurèrent à Nathan qu'il n'était pas en danger. La famille décida de poursuivre les préparatifs du mariage : le 13 juin eut lieu le bal et le 15 juin la cérémonie de mariage, à laquelle Nathan assista. Tandis que les mariés partaient pour Wilhelmsbad, où ils passèrent une journée de lune de miel, Nathan passa pour la deuxième fois sous le bistouri.

Tout le mois de juin, la famille attend son rétablissement, mais les négociations sur le pacte d'associés entre les cinq frères sont reportées, provoquant l'irritation de Jacques, qui veut rentrer à Paris, et l'impatience de Lionel, qui s'adresse à ses frères en ces termes : "Papa va mieux, mais lentement". Malgré cette prétendue amélioration, les médecins continuent d'ouvrir et de drainer la plaie. Enfin, le 24 juillet, Nathan est pris d'une violente fièvre qui met sa vie en danger. Ferguson suppose qu'il s'agit d'un début de septicémie.

Le lendemain, dans un état d'extrême agitation nerveuse, il convoque son fils Lionel et lui ordonne de transmettre à son frère Nathanaël, resté à Londres, les instructions suivantes, qui constituent ses dernières opérations financières : "Il veut que tu continues à vendre les titres anglais et les bons du Trésor, plus 20.000 livres sterling d'actions indiennes. Vous devez également envoyer un rapport sur les différentes actions disponibles. Je ne sais pas si j'ai mal compris, mais je n'ai pas voulu demander d'éclaircissements. Il a également dit que vous deviez vendre [...] les titres que le gouvernement portugais a donnés pour l'argent qu'il nous doit, quelle que soit la différence de un ou deux pour cent".

Trois jours plus tard, le 28 juillet, Nathan meurt. L'intérêt que suscite sa mort en Europe est extraordinaire, car Nathan Rothschild est l'homme le plus riche d'Angleterre "et donc, écrit Ferguson, étant donné le leadership économique de la Grande-Bretagne à l'époque, il est presque certainement l'homme le plus riche du monde". Ferguson reconnaît qu'il s'agissait d'un moment décisif et extrêmement tendu dans l'histoire de la firme Rothschild, puisque le dirigeant mourait sans qu'un nouvel accord de partenariat ait été signé entre les frères. "Il est mort, écrit Salomon au chancelier autrichien Metternich, en pleine possession de ses moyens, et dix minutes avant sa mort, il a dit, en recevant les dernières paroles de consolation habituelles dans notre religion, "il n'est pas nécessaire que je prononce tant de prières, car, croyez-moi, selon mes convictions, je n'ai commis aucun péché". Cinq jours après sa mort, un pigeon voyageur quitta Boulogne et porta la nouvelle à Londres en trois mots : "Il est mort".

Après avoir rappelé brièvement quelques-uns des faits les plus significatifs de l'ascension vertigineuse de la dynastie Rothschild, nous allons maintenant poursuivre notre travail en gardant à l'esprit qu'elle et ses agents sont à l'origine des principaux épisodes de l'histoire contemporaine que nous examinons.

# CHAPITRE IV

## LES ROTHSCHILD ET L'AFFAIRE DE DAMAS

La publication en Italie, en février 2007, de *Pasque di sangue* par Ariel Toaff, fils du grand rabbin de Rome Elio Toaff, a suscité un grand émoi médiatique dans le pays. C'est la première fois que les milieux juifs reconnaissent la véracité des crimes rituels commis sur des enfants chrétiens. Les rabbins réagissent furieusement et les mercenaires de la presse ne tardent pas à s'indigner et à s'arracher les cheveux, à nier, à critiquer l'audace, à demander des explications. Ariel Toaff a été accusé d'avoir fourni à Ahmadinejad la bombe atomique médiatique. La Ligue islamique anti-diffamation a porté plainte contre le professeur Toaff et la maison d'édition Il Mulino. Après plus d'un mois de pressions, d'attaques et de disqualifications en tout genre, y compris de la part de son propre père, Ariel Toaff, qui a même été accusé d'antisémitisme alors qu'il est juif, a été contraint de demander à l'éditeur de bloquer la distribution du livre et a écrit une lettre pour s'excuser publiquement. Il a également promis de se soumettre à la censure juive et a en outre annoncé qu'il reverserait tous les bénéfices de la vente de son livre, une fois expurgé, à la Ligue anti-diffamation du fanatique Abe Foxman. Au moment où il a provoqué le scandale en écrivant sur des faits suffisamment avérés, mais toujours tus, Ariel Toaff travaillait comme professeur à l'université juive de Bar Ilan, près de Tel Aviv, et était reconnu comme un spécialiste de la juiverie du Moyen-Âge.

Israël Shamir, juif d'origine russe converti au christianisme, fervent défenseur du peuple palestinien et auteur de plusieurs ouvrages dénonçant le sionisme, a été l'un des rares à oser déclarer ouvertement, en février 2007, que les propos d'Ariel Toaff étaient véridiques. Shamir a rapidement dénoncé la campagne contre Toaff sur son site web, *Working towards Peace through Education and Information*, où il a publié un article intitulé "Dr Toaff's Bloody Passover", expliquant les crimes rituels contre les chrétiens qui ont été pratiqués continuellement par les juifs à travers l'histoire : des chercheurs internationaux tels que le professeur Toaff ont trouvé et étudié la documentation de plus de 150 cas connus, allant du 12ème au 20ème siècle.

L'un de ces crimes a eu lieu à Damas le 5 février 1840. Un frère capucin, le père Tomaso, a été assassiné dans le quartier juif de la capitale syrienne et tout le sang a été extrait de son corps pour faire du "matzo", un pain azyme fabriqué à l'occasion de la célébration de la Pâque (Pessah).

Israël Shamir écrit dans l'article précité que des "matzos" fabriquées avec du sang étaient vendues sur certains marchés. Selon Shamir, "les marchands juifs les vendaient avec les lettres d'autorisation rabbinique appropriées ; le sang le plus prisé était celui du "goy katan", c'est-à-dire de l'enfant païen". Les répercussions du meurtre du père Tomaso ont atteint une dimension européenne et historique. La presse continentale, comme en 2007 en Italie, couvre l'affaire pendant des mois, et les gouvernements français, britannique, autrichien et turc sont impliqués dans une crise qui est entrée dans l'histoire sous le nom d'"affaire de Damas".

La raison pour laquelle ce livre contient un chapitre sur cette affaire est d'examiner le rôle décisif joué par les Rothschild dans la résolution de l'affaire. Il sera ainsi possible de comprendre le pouvoir qu'ils exerçaient déjà sur la politique européenne à l'époque. Dans la première moitié du XIXe siècle, comme nous l'avons déjà mentionné, le contrôle de la presse et de l'industrie de l'édition par les banquiers juifs internationaux, c'est-à-dire les Illuminati, n'était pas encore aussi absolu qu'il l'est aujourd'hui. Les Juifs étaient déjà très influents, mais pas encore tout-puissants. Comme le dit Shamir dans son article, "ils ne pouvaient pas traiter le monde comme ils l'ont fait en 2002, après le massacre de Jénine. Ils ne pouvaient pas gérer le veto américain au Conseil de sécurité de l'ONU". C'est précisément parce que cette capacité à contrôler les médias n'était pas encore absolue que l'étude de ce qui s'est passé en 1840 revêt une importance significative.

## Origines de Pourim et de Pessah

Avant de passer en revue quelques cas célèbres de ces crimes rituels et de passer à une étude approfondie des répercussions de l'affaire de Damas, il est utile d'éclairer le lecteur sur l'historique de cette tradition barbare pratiquée par les Juifs. Pourim est célébré en mars et parfois à la fin du mois de février. L'origine de cette fête est relatée dans les dix chapitres du livre d'*Esther*, l'un des derniers livres à avoir été intégré à la Bible. L'histoire raconte que Xerxès, appelé Assuérus dans la Bible, avait une concubine juive nommée Esther, qui déplaça l'épouse du roi. Haman, qui pour certains était le frère du roi et pour d'autres un ministre important, bien qu'il n'ait probablement été qu'un personnage créé pour la commodité des Lévites, la secte sacerdotale qui écrivait l'Ancien Testament, s'est plaint à Xerxès que les Juifs avaient leurs propres lois et ne respectaient pas les lois du royaume comme le faisaient les autres peuples. Alors, selon la *version d'Esther*, Haman demande un ordre permettant leur destruction, ce que Xerxès accepte. Des lettres sont envoyées à tous les gouverneurs de province, ordonnant que tous les Juifs soient tués en un jour.

C'est alors qu'intervient Esther, qui avait caché au roi qu'elle était juive. Non seulement le roi annule l'ordre, mais il ordonne que Haman et ses dix fils soient pendus à la potence qu'il a lui-même construite pour le juif

Mordekhaï, parent et tuteur d'Esther. Comme si cela ne suffisait pas, le roi donne carte blanche à Mordekhaï pour donner des instructions aux gouverneurs des cent vingt-sept provinces de l'empire, qui s'étend de l'Inde à l'Éthiopie. Mordekhaï ordonne alors le massacre de soixante-quinze mille sujets du roi, hommes, femmes et enfants, supposés ennemis des Juifs. Il ordonna ensuite que ce massacre soit célébré chaque année, ce qui n'a jamais cessé depuis. À Londres, par exemple, les boulangers juifs préparent des gâteaux en forme d'oreilles humaines, qui sont consommés ce jour-là, et les appellent les "oreilles de Haman". En Palestine et dans certaines régions de Russie, des processions publiques sont organisées, en tête desquelles le personnage d'Haman est porté, lapidé, poignardé et frappé à coups de bâton. Les Juifs de Monastyr (Russie) ont célébré Pourim en 1764 avec un Haman vivant. Il s'agissait d'un fermier nommé Adam-ko qui mourut le lendemain. Il avait été enivré par l'aubergiste juif Moscho. L'affaire a été jugée. Les autorités de Kammetz ont conservé les documents jusqu'à ce que les Juifs bolcheviques les fassent disparaître.

Haman, Esther et Mordekhaï sont probablement des personnages imaginaires, nés du besoin des scribes lévites. Historiquement, il n'y a pas eu de roi nommé Assuérus. Si le roi était Xerxès, alors il serait le père d'Artaxerxès, qui, comme nous l'avons vu dans le premier chapitre, est le roi qui a envoyé Néhémie à Jérusalem, gardé par des soldats perses, pour faire appliquer les lois d'exclusion raciale. Si toute l'histoire est vraie, Artaxerxès aurait favorisé les Juifs après avoir vu soixante-quinze mille Perses massacrés dans son royaume. En dehors du récit biblique, il n'y a pas une seule référence historique à ces événements, aucun texte qui puisse servir de base. Tout porte à croire qu'il s'agit d'une propagande chauvine. À propos de ce récit biblique, Martin Luther, dont l'*encyclopédie juive*, volume VIII, p. 213, dit qu'il a associé les Juifs aux meurtres rituels, écrit : "Oh, comme ils aiment le *livre d'Esther*, qui est tellement en harmonie avec leur soif de sang et leurs espoirs et désirs de haine vengeresse. Le soleil n'a jamais brillé sur un peuple plus assoiffé de sang et de vengeance que celui qui se croit le peuple élu et qui a envie d'assassiner les Gentils".

La Pâque, qui est célébrée un mois après Pourim, concerne également le salut du peuple juif et le génocide d'un autre peuple, en l'occurrence les Égyptiens. Elle commémore le passage de l'ange exterminateur dans les maisons des Égyptiens et le massacre des premiers-nés. L'ange passe au-dessus, ou saute au-dessus, des maisons des Hébreux, d'où le nom de Pâque, dérivé du mot hébreu Phase ou Phazahah, qui signifie "passage" ou "saut". Comme nous le verrons plus loin en examinant quelques cas marquants, c'est à l'occasion de ces fêtes que la plupart des crimes rituels ont été commis historiquement.

## Quelques informations sur le crime de Damas

Entre le IVe et le Ve siècle, saint Augustin qualifie les Juifs de "servi regis" (serviteurs du roi) et ils bénéficient de la protection des monarques chrétiens, qui cherchent à les loger à proximité du palais royal ou de la cathédrale de chaque ville importante. De plus, les quartiers juifs étaient souvent protégés par des murs percés de plusieurs portes. Ils avaient donc leur propre monde, comme l'avaient ordonné Esdras et Néhémie lorsqu'ils avaient imposé la ségrégation raciale après le retour de Babylone. Outre leur statut juridique et civil particulier, ils avaient également leurs propres cimetières qui, comme le prescrit le *Talmud*, ne devaient pas se trouver à l'intérieur des murs, mais en dehors des limites habitées de la ville chrétienne, de préférence dans la partie la plus proche des quartiers juifs, qui disposaient de leurs propres établissements : synagogues, centres d'études, bains publics, hôpital pour la communauté, abattoirs, fours à pain et même, dans les plus importants, leur propre prison, puisque les rabbins possédaient des pouvoirs juridiques sur leur communauté et pouvaient même infliger la peine de mort. Pour comprendre à quel point les rabbins voulaient maintenir la ségrégation et conserver le pouvoir, voici une citation tirée de *Jewish History, Jewish Religion* d'Israël Shahak : "Les femmes juives qui cohabitaient avec des gentils se faisaient couper le nez sur ordre des rabbins, qui expliquaient qu'elles perdraient ainsi leur beauté et que leurs amants non juifs finiraient par les haïr. Les Juifs qui avaient le culot d'attaquer un juge rabbinique avaient les mains coupées. Les adultères sont emprisonnés après avoir été harcelés par tout le quartier juif. Dans les querelles religieuses, ceux qui étaient soupçonnés d'hérésie avaient la langue coupée".

Dans l'Espagne chrétienne, où, selon Shahak, "la position des Juifs était la plus élevée jamais atteinte dans un pays avant le XIXe siècle", les Juifs étaient particulièrement protégés par des lois spécifiques promulguées dans les différents royaumes. En témoignent les fueros, tels que le Fuero de Castrojeriz, le Fuero de León, le Fuero de Nájera. D'une manière générale, les ordonnances prévoyaient donc l'égalité des droits entre les chrétiens et les juifs. Comme ils disposaient d'importantes sommes d'argent, ils devinrent les prêteurs des monarques. Parfois, les autorités, comme à Barcelone au XIe siècle, les chargent de battre monnaie. C'est à partir des XIVe et XVe siècles que, dans les royaumes chrétiens, ils sont obligés de porter sur leurs vêtements un signe qui les distingue de la population gentille ou, au contraire, qu'ils sont interdits de porter certains vêtements. Ceci est à mettre en relation avec l'atmosphère de rejet qui se développe au sein des sociétés chrétiennes.

Comme nous l'avons déjà mentionné, le *Talmud*, qui pour les Juifs est encore plus important que la *Torah*, enseigne tout ce qui peut et doit être fait contre les Chrétiens. C'est dans le domaine des enseignements talmudiques qu'il faut chercher une explication à la cruauté et à l'impitoyabilité avec lesquelles les Juifs ont massacré des enfants chrétiens pour leur sang. Selon la loi juive, le Gentil est un animal et, en tant que tel, il peut être sacrifié. Seul le sacrifice d'un juif serait un péché, selon la loi talmudique. Il n'est donc pas étonnant que le célèbre Maïmonide, talmudiste enragé, ait tenté d'empêcher les Gentils de lire le *Talmud* et ait déclaré : "Si un non-croyant lit le Talmud, il est digne de mort".

Des documents permettent d'étudier plusieurs crimes rituels commis en Europe au XIIe siècle, tous au moment de Pâques : en 1144 à Norwich (Angleterre), un garçon de douze ans nommé William est le premier cas connu. D'autres enfants sont sacrifiés tout au long du siècle à Gloucester, Blois, Pontoise et Londres. Au XIIIe siècle, une vingtaine de cas sont portés à la connaissance du public. Celui de Fulda (Hesse), survenu le jour de Noël 1235, est particulièrement célèbre. Deux juifs ont attaqué cinq enfants dans un moulin alors que le meunier et sa femme étaient à la messe. Ils leur ont prélevé du sang et l'ont recueilli dans des récipients qu'ils avaient apportés à cet effet. Ils mirent ensuite le feu au moulin pour effacer les traces de leur bestiale atrocité ; mais les corps des enfants furent apportés comme pièces à conviction, "corpora delicti", devant l'empereur Frédéric II, qui se trouvait à Hagenau. Ce dernier, qui avait été généreusement soudoyé, prononça, à la stupéfaction du peuple, ces mots : "si morti sunt, ite, sepelite eos, quia ad aliud non valent", c'est-à-dire "s'ils sont morts, allez les enterrer, puisqu'ils ne servent plus à rien". Bien entendu, les citoyens de Fulda n'étaient pas du même avis et, avec l'aide de quelques croisés présents dans la ville, ils firent "justice" eux-mêmes et tuèrent trente-deux Juifs.

En Espagne, et plus précisément à Saragosse, les Juifs s'étaient donné une loi selon laquelle quiconque enlevait et livrait un enfant gentil était exempté de tout paiement et de toute dette. C'est dans ce contexte que le 31 août 1250, sous le règne de Jacques Ier et avec Arnaldo de Peralta comme évêque de Saragosse, un garçon de sept ans, Domingo del Val, qui chantait dans le chœur de la cathédrale de Saragosse, fils du notaire Sancho del Val, a été trompé par un juif appelé Albayuceto, qui l'a livré à d'autres coreligionnaires pour qu'ils renouvellent en lui la passion du Christ. Le garçon fut crucifié sur un mur avec trois clous et son côté fut ouvert. Après lui avoir coupé la tête et les pieds, ils ont caché son corps sur les rives de l'Ebre. Aujourd'hui, les enfants du chœur de la ville le considèrent comme leur protecteur et leur saint patron.

Au même XIIIe siècle, Alphonse X le Sage (1252-1284), devant l'évidence que les Juifs assassinaient des enfants chrétiens dans son royaume, plusieurs cas de crimes rituels étant attestés judiciairement, ordonna d'écrire ce qui suit dans le volume 24 de *Las Partidas, le* code pénal élaboré sous sa direction : "Puisqu'il a été légalement établi et prouvé que les Juifs assassinent chaque année des enfants chrétiens avant leur fête de Pâque pour se moquer et humilier le christianisme et aussi pour faire un sacrifice de sang, j'ordonne que tout Juif qui sera reconnu coupable d'un tel crime ou qui, même pour se moquer symboliquement du christianisme, crucifiera une figure reproduite en cire représentant un chrétien, sera mis à mort."

Il existe des preuves documentaires d'une douzaine de crimes rituels au cours du XIVe siècle, mais c'est parmi la vingtaine de cas connus au cours du XVe siècle que se trouvent les plus célèbres, dont celui commis en juillet 1462 sur la personne de l'enfant Andreas von Rinn, martyr de l'Église catholique, protecteur des enfants et des enfants à naître, protecteur du Tyrol et de la maison de Habsbourg. Le pape Benoît XIV, après un examen personnel minutieux des documents relatifs au martyre, a confirmé son culte le 17 décembre 1752. Cependant, à la suite du concile Vatican II (1962-1965), sous la pression des milieux juifs, l'Église a déclaré la béatification nulle et non avenue, a interdit son culte officiel et a calomnié ceux qui le vénéraient en les qualifiant d'antisémites. Les reliques de l'enfant martyr tyrolien ont été vénérées sur le maître-autel de l'église Judenstein (pierre des Juifs), construite sur ordre de l'empereur Maximilien Ier à l'emplacement de la pierre sur laquelle l'enfant a été sacrifié. En 1985, l'évêque d'Innsbruck, malgré l'opposition de la population locale, a interdit son culte et retiré ses reliques, qui ont été placées dans un mur dans lequel a été placée une dalle portant l'inscription suivante : "Ici repose l'enfant innocent Anderl (diminutif d'Andreas), qui, selon la tradition, a été assassiné en 1462 par des inconnus. Sa mort a malheureusement été attribuée pendant des siècles à un crime rituel commis par des Juifs en transit. Cette accusation, alors courante et totalement infondée, a conduit à considérer à tort Anderl comme un martyr de la foi. L'enfant Anderl ne repose pas ici en tant que martyr de l'Église, mais en tant que rappel des nombreux enfants victimes de la violence et du mépris de la vie jusqu'à aujourd'hui. Nous n'entrerons pas dans les détails du crime de ce petit garçon de trois ans. Ce qui est arrivé à son culte est une preuve sans équivoque de la capitulation et de la soumission du Vatican au pouvoir des Juifs dans le monde.

Puisque ce livre est écrit en Espagne et en espagnol, nous retournons dans la péninsule ibérique, plus précisément dans la ville de Sepúlveda (Ségovie) en 1468. Là, toujours au moment de la Pâque, à la demande du rabbin Salomon Pecho, les Juifs ont cloué une jeune fille sur une croix et l'ont piquée sur tout le corps jusqu'à ce qu'elle se vide de son sang. Cet événement est documenté dans l'*Historia de la insigne ciudad de Segovia* et dans le *Synopsis episcoporum Segoviensum* (p. 650). Sur ordre de l'évêque Juan Arias de Ávila, les coupables furent amenés à Ségovie, une procédure judiciaire fut engagée contre eux et les principaux responsables furent condamnés à mort sur le bûcher, certains de ceux qui avaient participé à la torture de la jeune fille furent pendus et un groupe fut expulsé de la ville.

Le cas le plus célèbre de crime rituel au XVe siècle est celui de Simon Gerber, Simon de Trente, âgé de deux ans. Les faits se sont déroulés en 1475 et il existe des informations exhaustives sur tout ce qui s'est passé. Des gravures, des pierres taillées, des sculptures sur bois et un tableau du prestigieux peintre de la Renaissance Gandolfino d'Asti reproduisent artistiquement le meurtre cruel. Les aveux des huit principaux accusés, qui ont été mis au secret et interrogés séparément, coïncident jusque dans les moindres détails.

Dans les premiers jours de la semaine sainte, des représentants des familles juives de Trente se réunirent dans la maison du plus respectable d'entre eux, nommé Samuel, dans le domaine duquel se trouvaient également la synagogue et l'école juive. Ils déplorent que les matzos de la Pâque ne puissent être préparés, faute de sang d'un enfant chrétien. Samuel offre alors cent ducats d'or pour une victime sacrificielle. Le juif Tobie sortit dans les rues, qui étaient désertes, car c'était l'heure de la messe du soir, le jeudi saint. Devant la maison de ses parents, un garçon de vingt-huit mois, Simon Gerber, jouait. Attiré par la ruse, il est emmené dans la maison de Samuel et enfermé jusqu'à ce qu'il fasse complètement nuit. Le plus âgé des Juifs, un vieillard de quatre-vingts ans, Moïse "l'Ancien", commence le sacrifice en arrachant un morceau de chair de la pommette droite du garçon à l'aide d'une pince. Les autres Juifs font de même. Le sang qui coulait était recueilli dans un bac en fer-blanc. La jambe droite est mutilée de la même façon. Les autres parties du corps sont piquées avec de longues aiguilles épaisses afin de recueillir tout le sang de l'enfant. Enfin, il a été circoncis. Enfin, les bourreaux ont tenu le petit Simon, encore pris de convulsions, et l'ont crucifié la tête en bas, tandis que le reste des Juifs le piquaient à nouveau avec des aiguilles et des instruments tranchants. Les meurtriers s'écrient : "C'est ce que nous avons fait à Jésus, que nos ennemis parviennent toujours à cette fin". L'enfant, qui respirait encore faiblement, a été achevé en lui broyant les os du crâne. À ce moment-là, les personnes présentes ont commencé à chanter un hymne de louange à Yahvé. Le sang de l'enfant est distribué aux familles juives. La fête de la Pâque peut maintenant être préparée.

Le corps de l'enfant fut exposé sur l'autel de la synagogue le vendredi saint, où il fut raillé et profané par tous les Juifs de Trente. Après l'avoir caché temporairement sous la paille d'un entrepôt, il fut finalement jeté dans un fossé qui coulait près de la maison. Afin de détourner les soupçons, les malfaiteurs décident d'être les premiers à informer l'évêque de Trente de l'horrible découverte de l'enfant, recherchée en vain par les parents et de nombreux habitants de la ville. Les preuves contre les Juifs s'accumulent et ils sont bientôt traduits en justice. Huit d'entre eux furent inculpés et donnèrent tous les détails du meurtre honteux. Les épouses de deux des accusés ont admis que des crimes similaires avaient été commis des années auparavant, mais n'avaient pas été découverts. Au cours du procès, des témoignages ont été présentés concernant le meurtre de quatre enfants dans le diocèse de Constance, de deux autres à Endingen, d'un à Ravensburg (1430) et d'un à Pfullendorf (1461). Le procès, mené avec la plus grande rigueur et minutie par les autorités de Trente, dure plus de trois ans. Ce n'est que le 7 juillet 1478 que la mention suivante est inscrite dans les documents : "causa contra judaeos finita".

Les raisons de la longue durée du processus méritent d'être expliquées. L'article précité d'Israël Shamir et le livre d'Ariel Toaff expliquent ce qui s'est passé, mais notre source est *Der jüdische Ritual mord. Eine historische Untersuchung (Le crime rituel juif. Une enquête historique)*, un ouvrage du professeur Hellmut Schramm publié en 1941 et contenant une multitude de citations et de documents. En 2001, R. Belser a traduit le texte en anglais et le livre est disponible en ligne au format PDF. Ce qui s'est passé, c'est que les riches Juifs d'Italie ont remué ciel et terre pour obtenir la libération des détenus. Ils ont d'abord obtenu du duc Sigismond d'Autriche qu'il ordonne l'arrêt du procès quelques semaines après son ouverture. Ils font ensuite appel au pape, qui interrompt à nouveau le procès au motif qu'il faut attendre l'arrivée de son légat. Hinderbach, l'évêque de Trente chargé de l'enquête, reçoit une lettre de Sixte IV lui annonçant qu'il ne doit pas poursuivre la procédure contre les Juifs car certains princes désapprouvent totalement l'affaire. Enfin, le "commissaire" papal, l'évêque Baptista dei Giudici di Ventimiglia, se présente, recommandé avec enthousiasme comme "professeur de théologie" et "vir doctrina ac integritate praeditus", c'est-à-dire un homme d'une grande érudition et d'une grande intégrité. Avant d'arriver à Trente, Vintimille s'arrêta à Venise, où il apparut en compagnie de trois juifs, montrant ainsi leur influence à la cour papale.

Hinderbach, évêque de Trente, accueille Vintimille et le loge dans les dépendances de son château, où il entre bientôt en contact avec l'espion envoyé par les Juifs, Wolfgang. Au bout de trois semaines, pour éviter que Hinderbach n'apprenne ses contacts, il se retire à Roveredo, prétextant que le palais est trop humide et ne convient pas à sa santé. Le 24 septembre 1475, Vintimille informe Hinderbach que "les avocats des Juifs sont venus le trouver pour défendre leur cause...". Ces avocats demandent également les documents du procès. Le 1er octobre, l'évêque de Trente se plaint que "par des intrigues, les juifs et les mauvais chrétiens, achetés avec de l'argent et des cadeaux, tentent de gagner à leur cause les princes et les prélats". L'évêque Hinderbach dénonce le fait que, depuis Roveredo, "ils ont essayé de faire intervenir le doge de Venise, Mocenigo, pour que les détenus soient libérés". Les juifs, a poursuivi Mgr Hinderbach, essayaient de soudoyer tout le monde.

Un soi-disant prêtre, Paul de Noravia, espion juif, réussit à s'introduire dans le château de l'évêque et copia pendant deux mois les pièces du procès que Hinderbach avait refusé de lui remettre. Il les transmet ensuite aux avocats des accusés. Lors du procès, Paul de Noravie a reconnu avoir négocié avec les juifs de Novare, Modène, Brescia, Venise, Basano et Roveredo la possibilité de libérer les prisonniers. Il a également admis avoir reçu de l'argent pour soudoyer le serviteur de l'évêque de Trente afin qu'il l'empoisonne. 400 ducats lui avaient été offerts si le plan réussissait.

Afin de faire basculer le procès, une nouvelle indécence est également tentée. Un citoyen de Trente, Anzelin, un homme au-dessus de tout soupçon et réputé incorruptible, est attiré à Roveredo. Il y fut arrêté et enfermé dans le quartier de Ventimiglia, où il fut torturé quotidiennement pour qu'il accepte d'accuser un couple de Trente (Zanesus Schweizer) du meurtre de l'enfant. Par la suite, ce malheureux rapporta que le légat du pape l'avait soumis à un "interrogatoire douloureux" pour lui faire déclarer quelque chose qu'il ignorait totalement. Finalement, voyant qu'on ne pouvait rien obtenir de lui, on le relâcha à condition qu'il garde le silence sur l'incident. Voyant l'inefficacité de ce remède, Vintimille tenta un dernier recours : utilisant de fausses instructions du Pape, il essaya illégalement d'arracher l'affaire aux autorités de Trente pour que le procès passe entre leurs mains. Son audace est telle que, sous peine d'excommunication, il interdit à l'évêque de Trente de poursuivre le procès contre les juifs.

Finalement, Hinderbach, aidé par des Allemands insensibles aux pots-de-vin, remporte la victoire. Fin octobre, il rédige un rapport qu'il envoie aux princes habilités. Il y consigne tout ce qui concerne l'arrestation des coupables, les enquêtes menées et les aveux concordants des accusés. Il a le courage d'évoquer l'enquête ouverte par le légat du pape, qu'il qualifie de "corruptam inquisitionem". Veintimiglia avait creusé sa propre tombe ; son intervention avait été si scandaleuse que le pape n'eut d'autre choix que de l'abandonner à son sort. La population commença à manifester contre lui en chantant des chansons de dérision, dans lesquelles il était qualifié de Caïphe et de grand prêtre des Juifs. Au grand dam du pape, des épigrammes sont publiées contre lui, ainsi que des reproductions graphiques qui le dénigrent. Dès la fin de l'année 1477, l'évêque Hinderbach, dans une lettre ferme, s'adresse à Sixte IV et lui demande "de mettre fin au scandale et de nommer une autre personne qui aime la vérité".

La Hofbibliotek (bibliothèque du tribunal) de Vienne conserve les documents du procès rédigés en latin : six cent treize folios écrits à la main par Johann von Fatis. La librairie du Vatican possède également le codex de 1476-78. Dans l'autel de Saint-Pierre de Trente est conservé le sarcophage de l'enfant, qui contient le corps du "santo bambino" dans une urne de verre, exceptionnellement bien conservée. Néanmoins, la version officielle juive, qui a été transmise depuis lors, se trouve dans l'*Encyclopédie juive*. Elle affirme que "Simon a été tué par des chrétiens qui cherchaient à mettre tout le mal du monde sur le dos des juifs".

On ne peut laisser passer le XVe siècle sans évoquer le plus célèbre des crimes rituels perpétrés en Espagne : il s'agit du cas de l'enfant de La Guardia. Lope de Vega, le génial créateur du théâtre national, a composé une pièce à sa mémoire intitulée *El niño inocente de La Guardia (L'enfant innocent de La Guardia)*. Dans le volume centesimoctogesimosexto de la

Biblioteca de Autores Españoles se trouve une étude préliminaire de Marcelino Menéndez Pelayo qui nous aide beaucoup à nous référer à cet événement historique. Toutes les informations connues sur ce terrible crime peuvent être consultées dans le volume XI du *Boletín de la Real Academia de la Historia (*1887), dans lequel le père Fidel Fita a publié pour la première fois le *Proceso de Jucé Franco, judío,* quemado en Ávila el 16 de noviembre de 1491 *(Procès de Jucé Franco, juif,* brûlé à Ávila le 16 novembre 1491).

Dans un procès présenté le vendredi 17 septembre 1490, le bachelier Alonso de Guevara, procureur du Saint-Office, accuse Jucé Franco, juif de Tembleque, les convertis Alonso Franco, Lope Franco, García Franco, Juan Franco, Juan de Ocaña et Benito García, voisins de La Guardia, et mosén Abenamias, juif résidant à Zamora, du crime infâme d'avoir crucifié un enfant chrétien le jour du Vendredi saint. La déclaration de Jucé Franco, dont suit un fragment en espagnol castillan de l'époque, nous évitera d'ajouter un seul mot :

"Alors que ce témoin et les personnes susmentionnées... dans la grotte déclarée par lui, ce témoin a vu comment lesdits chrétiens (se référant aux convertis) ont amené avec eux un enfant chrétien, qui était âgé d'environ trois ou quatre ans ; et comme ce témoin et tous les susnommés étaient présents dans ladite grotte, lesdits chrétiens ont crucifié ledit enfant sur des bâtons croisés ; Là, ils lui étendirent les bras, alors qu'il était nu de cuir et la tête haute, lui mirent un bâton dans la bouche, le giflèrent, le battirent, le fouettèrent, crachèrent sur lui, lui mirent des ajoncs épineux sur le dos et sur la plante des pieds, lui lièrent les bras avec des cordes d'alfa tordues et lui infligèrent beaucoup d'autres vitupérations. Et après qu'il fut ainsi placé sur lesdits bâtons et crucifié, ledit Alonso Franco ouvrit les veines des bras dudit garçon deux à deux, et le laissa saigner pendant plus d'une demi-heure ; et qu'il prit le sang dans une *altimie* jaune, une de celles qui sont faites dans le grossier Ocaña. E que Johan Franco susodicho, pendant que ledit garçon était ainsi placé sur lesdits bâtons, il lui coupa le côté avec un couteau ; et que c'était un couteau d'une portée d'un de ces *Bohémiens*. Et ledit Lope Franco le fouetta, et ledit Johan de Ocaña lui mit de l'ajonc, et ledit García Franco lui arracha le cœur sous le mollet, et versa du sel dans ledit cœur. Et ledit Benito García a donné des coups au garçon et l'a giflé".

La déclaration est beaucoup plus longue, mais nous pensons que ce qui est transcrit est suffisant. Menéndez Pelayo écrit que le crime de La Guardia "ne peut humainement être mis en doute", car il est prouvé judiciairement "jusqu'au sommet". Selon l'éminent polygraphe, l'indignation suscitée en Castille par ce crime féroce a été universelle et "a dû accélérer l'édit d'expulsion des juifs, rendu le 31 mars 1492". William Thomas Walsh, dans son ouvrage *Isabella of Spain* (1931), consacre près de trente pages à ses recherches sur ce crime rituel et partage l'avis de

Menéndez Pelayo selon lequel ce meurtre fut "l'un des principaux, sinon le principal facteur" de l'expulsion des Juifs d'Espagne.

En ce qui concerne l'œuvre théâtrale, Menéndez Pelayo considère que Lope de Vega avait à l'esprit et suivait assez rigoureusement l'*Historia de la muerte y glorioso martirio del Sancto Innocente que llaman de La Guardia*, publiée à Madrid en 1583 par l'élégant prosateur Fr Rodrigo de Yepes. Pour Menéndez Pelayo, la crucifixion de l'enfant sur scène a dû marquer l'humeur des spectateurs. Il admet cependant que l'œuvre est grossière et structurellement imparfaite, ce qu'il attribue au fait que Lope suit pas à pas le livre de Yepes. Il reconnaît également que, Lope de Vega étant un parent de la Sainte Cour, il ne peut éviter de transmettre le sentiment de haine à l'égard des Juifs.

Nous pourrions continuer à passer en revue les cas d'assassinat les plus scandaleux des XVIe, XVIIe et XVIIIe siècles qui ont été portés à la connaissance du public, mais cela nous détournerait de notre objectif, qui est d'étudier le rôle joué par les Rothschild dans le crime rituel le plus célèbre du XIXe siècle, ainsi que les implications de l'affaire de Damas pour le renouveau du nationalisme juif, c'est-à-dire le sionisme.

## L'autorité juive au 19e siècle

Ceux qui cherchent à cantonner les crimes rituels au Moyen-Âge devraient chercher une explication à l'augmentation significative du nombre de cas attestés au cours du XIXe siècle. Une cinquantaine de meurtres sont recensés, commis lors de la célébration des fêtes de Pourim et de Pessah. Comme nous l'avons vu au chapitre 2, l'émancipation et l'assimilation dans les sociétés qui les accueillaient étaient censées être les aspirations des intellectuels juifs et de leurs amis gentils. Une législation a donc été élaborée qui tend à abolir la discrimination ou l'exceptionnalité de la population juive dans les États européens, considérée comme médiévale et liée à l'Église. Cette réorganisation juridique a donné aux Juifs le statut de citoyens avec les mêmes droits que les autres nationaux. Une ère de domination juive, incarnée par la dynastie Rothschild, s'installe ainsi en Europe et en Amérique. L'influence de l'or des Rothschild, et le pouvoir économique et politique qu'il leur confère, se fait sentir partout. La presse juive commence à dicter l'opinion publique et les Juifs sont de plus en plus nombreux à occuper des postes clés dans le gouvernement, la magistrature et les universités. Nous avons également déjà vu quel était le plan des Illuminati à cet égard et comment ils étaient en train d'acquérir un pouvoir réel.

Au XXIe siècle, la souveraineté des États n'existe plus : les multinationales de toutes sortes, les institutions telles que le Fonds monétaire international, la Banque mondiale, la Banque des règlements internationaux, la Réserve fédérale, la Banque d'Angleterre, la Banque centrale européenne, l'Organisation mondiale du commerce, etc. exercent un pouvoir et un contrôle absolu sur les pays. Il est bien connu, par exemple, qu'aux États-Unis, on ne peut être président sans le soutien de lobbies tout-puissants tels que l'AIPAC (American Israel Public Affairs Committee), l'ADL (Anti-Defamation League) et d'autres. Dans *The Jewish Century* (2004), Yuri Slezkine affirme que le 20e siècle a sans aucun doute été, dans tous les sens du terme, le siècle juif. Toutefois, c'est au XIXe siècle que les fondements de ce pouvoir ont été solidement posés. On peut dire sans exagérer que le destin des États était déjà de plus en plus déterminé par des organisations juives. Une décision des Rothschild à l'encontre d'un État qui ne répond pas à leurs desseins peut le mettre en faillite.

Il n'est donc pas surprenant que, dans de telles circonstances, la confiance en ce pouvoir de plus en plus évident conduise à la conviction que l'on peut agir sans crainte de châtiment. Ce n'est qu'ainsi que l'on peut expliquer l'augmentation alarmante du nombre de crimes rituels perpétrés avec une incroyable audace et une apparente sécurité. L'impunité est devenue une constante. Si un tribunal engageait des poursuites pour punir les coupables, celles-ci n'aboutissaient à rien, quand elles n'étaient pas étouffées dans l'œuf. Comme nous le verrons dans le cas du crime de Damas, les gouvernements n'ont pas osé affronter le fléau des crimes rituels parce qu'ils se sentaient à la merci des financiers juifs internationaux.

## Le crime de Damas

Les pièces originales du procès ont été déposées au ministère des Affaires étrangères à Paris, mais ont disparu sans laisser de traces en 1870, alors que le juif et franc-maçon haut placé Crémieux, personnage clé de l'histoire que nous allons raconter, était ministre de la Justice. Néanmoins, deux volumes rédigés par Achille Laurent, intitulés *Relation historique des affaires de Syrie depuis 1840 jusqu'en 1842*, sont conservés à la Bibliothèque nationale de Paris. Le second volume contient les documents judiciaires authentiques. En 1843, la revue *L'Univers et l'union catholique* publie un extrait des textes arabes, qui pourraient avoir été conservés dans une traduction allemande réalisée la même année. Certains documents officiels du procès figurent également dans un ouvrage sur le crime de Damas publié par le ministre syrien de la Défense, Mustafa Tlass. Selon des informations publiées le 27 juin 2002 dans le numéro 99 du bulletin MEMRI (The Middle East Media Research Institute), Tlass, l'un des pères fondateurs du régime baasiste en Syrie, a publié une première édition en 1983, mais c'est dans la deuxième édition de 1986 que sont ajoutées des annexes avec des photocopies de documents officiels.

Tout commence le soir du 15 février 1840, jour de la fête de Pourim. Le père Tomaso, un capucin très estimé qui travaillait à Damas depuis 1807 dans le domaine de l'aide aux personnes (surnommé le médecin des vaccins, car il avait lancé un programme de vaccination contre la variole), se rendit dans le quartier juif pour accrocher à la porte de la synagogue un avis concernant une vente aux enchères de charité qui devait avoir lieu dans la maison d'un habitant décédé. Au coucher du soleil, son domestique, Ibrahim Amara, s'inquiète du retard du père Tomaso et décide de partir à sa recherche. Tous deux ont été vus par de nombreux témoins dans le quartier juif avant de disparaître.

Deux jours plus tard, une note semblable à celle que le père Tomaso avait accrochée dans la synagogue apparaît dans le salon de coiffure du juif Soliman, ce qui éveille les soupçons. On lui demande comment l'avis officiel lui est parvenu. Son explication semble tellement incroyable et inventée qu'elle laisse penser qu'il est au courant de l'affaire. Le disparu étant un Européen, Chérif Pacha, gouverneur général à Damas du vice-roi d'Égypte Muhammed Ali, décida de le garder en détention et donna au consul de France à Damas, le comte de Ratti-Menton, les pleins pouvoirs pour diriger les enquêtes préliminaires. Cela fait seulement trois mois que ce consul est arrivé dans la capitale syrienne. Selon le traité franco-turc de 1740, les agents diplomatiques français avaient le droit de protéger les prêtres catholiques dans l'Empire ottoman. Le traité contenait également une clause spécifique concernant la sauvegarde des églises capucines.

Le barbier a nié savoir quoi que ce soit pendant plusieurs jours, mais lorsqu'on lui a assuré qu'il ne serait pas puni et qu'on lui a offert une protection, il a proposé d'aller chercher un certain nombre de coreligionnaires devant lesquels il avouerait ce qu'il savait. Les rabbins Moses Salonicli et Moses Abu-el-Afieh, les trois frères David, Isaac et Aaron Harari, leur oncle Joseph Harari et un certain Joseph Laniado furent amenés devant lui. Tous nient avoir vu le père Tomaso. Les interrogatoires collectifs n'ont pas abouti et il a été décidé de les mettre à l'isolement. Le barbier est à nouveau interrogé, probablement fouetté, et poussé à avouer la vérité.

Selon les protocoles du tribunal, dans ses aveux partiels, le barbier a révélé que les sept personnes susmentionnées avaient emmené le père Tomaso à la maison de David Harari. Une demi-heure après le coucher du soleil, Murad-el-Fattal, le serviteur de David Harari, était allé le chercher chez le barbier. "Sacrifiez cet homme", c'est par ces mots, selon le barbier Soliman, qu'on lui a ordonné de tuer le père Tomaso, qui se trouvait dans la pièce les mains liées. Le barbier a déclaré qu'il avait refusé et qu'Aaron Harari lui avait alors donné la note l'informant de la vente aux enchères à afficher sur la porte du salon de coiffure. Il a ajouté que lors de son arrestation, David Harari lui avait dit d'être prudent, de ne rien avouer et qu'on lui donnerait de l'argent.

La personne suivante arrêtée fut donc le serviteur de David, Harari, Murad-el-Fattal, qui révéla des détails importants. Confronté au chef de la communauté juive de Damas, Raphaël Farhi, le serviteur se rétracte. Ramené en présence du gouverneur Pacha, ce dernier lui demande pourquoi il s'est rétracté. Selon les documents, il donne cette explication : "J'ai été interrogé en présence de Raphael Farhi. J'ai eu peur et c'est pour cela que je me suis rétracté, surtout à cause du regard qu'il m'a jeté. Sherif Pasha réagit alors de la manière suivante : "Quoi, vous avez plus peur de Raphaël que de moi ? Murad-el-Fattal répondit : "Oui, j'ai peur qu'il me tue. J'ai plus peur de Raphaël que de son Excellence, parce que son Excellence me donnera des coups de fouet et me renverra, tandis que lui, si je dis la vérité, me tuera dans le quartier".

Comme les enquêtes indiquaient qu'il était très probable que le coiffeur ait été présent au moment de l'exécution, Soliman a été arrêté à nouveau et soumis à un interrogatoire sévère, impliquant probablement une forme de torture, qui a abouti à des aveux détaillés, faits en présence de plusieurs officiers, d'un médecin et de représentants du consulat. Tous ont confirmé la déclaration en signant le protocole.

En résumé, le barbier a raconté qu'après avoir reçu l'ordre d'exécuter le capucin, ce qu'il a d'abord refusé, le Harari a sorti un couteau. Il a lui-même maintenu le père Tomaso au-dessus d'un grand bol posé sur le sol et David Harari lui a tranché la gorge. Aaron l'achève d'un second coup de couteau et le sang est recueilli dans la cuvette "sans qu'aucune goutte ne soit perdue". Le corps est ensuite traîné dans une autre pièce, où il est déshabillé et les vêtements brûlés. Le serviteur de David Harari, Murad, apparaît aussitôt et reçoit l'ordre, avec le barbier, de démembrer rapidement le corps. Les os sont écrasés sur le sol à l'aide d'un maillet. Ensuite, ils mirent les restes dans un sac et les jetèrent un par un dans les égouts près de la maison du rabbin Abu-el-Afieh. Ils retournèrent ensuite à la maison de David Harari, où ils annoncèrent au serviteur qu'ils le marieraient et prendraient en charge tous les frais de la cérémonie. On promit de l'argent au barbier, mais on l'avertit également qu'il serait tué s'il quittait sa langue. Après cette déclaration, le serviteur Murad a été interrogé et a confirmé le récit du barbier dans tous ses détails.

Devant la coïncidence des rapports des deux témoins, le colonel Hasez Beik propose qu'une inspection immédiate de la maison Harari de David soit effectuée en présence du consul de France, d'un haut fonctionnaire du consulat et du médecin, le docteur Massari. Dans la pièce où le corps a été démembré, des éclaboussures de sang sont découvertes sur les murs. Aux endroits où les os ont été écrasés, le sol est très abîmé. En outre, la masse a été retrouvée ; en revanche, le couteau a disparu et n'a pu être retrouvé.

Il a alors été décidé de procéder à des recherches rigoureuses dans les égouts. Les ouvriers qui sont descendus dans les égouts pour effectuer les recherches ont trouvé des morceaux d'os fracturés avec de la chair encore attachée, des restes du crâne, une partie du cœur et des morceaux de la cagoule du Père Tomaso. Tout cela a été soigneusement recueilli et envoyé au Pacha pour qu'il l'examine avec les médecins. Une déclaration du consul autrichien Merlato, qui a immédiatement reconnu la cagoule noire du père, car il était le seul à la porter. 2. une déclaration de quatre médecins européens, Massari, Delgrasso, Raynaldi et Salina, dans laquelle ils reconnaissent qu'il s'agit des restes d'un corps humain 3. la même déclaration, mais faite par sept médecins syriens 4. un document informatif du barbier qui servait le père Tomaso.

Une fois les restes du père retrouvés, il n'y a plus eu de doute. Les sept accusés ont de nouveau été interrogés sans aucune violence. Ils ont été avertis des circonstances graves qui les liaient inévitablement au crime et ils n'ont pas cherché à nier quoi que ce soit. Par la suite, les détenus ont été interrogés séparément. Certaines de leurs déclarations ont été citées mot pour mot. Isaac Harari a déclaré : "Nous avons emmené le père chez David Harari, mon frère. C'était une affaire arrangée entre nous. Nous l'avons sacrifié pour obtenir son sang, qui a été versé dans une bouteille et donné au rabbin Moïse Abu-el-Afieh, spécifiquement pour des raisons religieuses, car nous avions besoin de sang pour accomplir nos devoirs religieux". Le rabbin Moses Abu-el-Afieh, interrogé à ce sujet, a répondu : "Le grand rabbin de Damas, Jacob Antebi, a eu une conversation avec les frères Harari et le reste des accusés, afin d'obtenir une bouteille de sang humain. Les Harari ont promis de le fournir pour le prix de 12 500 francs français. Lorsque je me suis rendu chez les Harari, on m'a informé qu'ils avaient obtenu un homme pour le sacrifice. Je suis entré et la mise à mort était déjà terminée. Le sang avait été obtenu et on m'a dit de le donner à Rabbi Jacob Antebi. J'ai répondu qu'ils devraient laisser Moses Salonicli le livrer, mais ils m'ont dit que j'étais un homme sensé et qu'il valait mieux que je le prenne". Moses Abu-el-Afieh a ajouté qu'une partie du sang mélangé à de la farine avait été envoyée à Bagdad. Pour sa part, David Harari a confirmé dans un autre interrogatoire que l'auteur spirituel du crime était bien le grand rabbin de Damas, Jacob Antebi, qui, dans la synagogue de Damas, avait communiqué aux sept accusés le plan exact de l'exécution du père. Sur ce plan, Isaac Harari a confirmé lors d'un autre interrogatoire que, pour capturer le capucin, les rabbins Moses Salonicli et Moses Abu-el-Afieh avaient utilisé le prétexte de permettre la vaccination d'un enfant. Ces derniers avaient invité le père Tomaso chez David Harari et le frère avait accepté l'invitation sans aucun soupçon, car il entretenait une relation étroite et amicale avec les frères depuis des années.

## Le rabbin Abu-el-Afieh se convertit à l'islam

Un épisode surprenant de l'affaire a été la conversion à l'islam du rabbin Moses Abu-el-Afieh. Ce rabbin d'une quarantaine d'années, voyant la tournure des événements, craignant de perdre la vie, soit par sentence du tribunal, soit parce que ses coreligionnaires ne lui pardonneraient pas d'avoir mis en cause le grand rabbin de Damas, probablement pour obtenir la protection du pacha, se convertit à l'islam le 10 mai et prend le nom de Mohammed Effendi. C'est le nom qu'avait choisi Shabbetay Zeví, le Messie hérétique, lorsqu'en 1666 il s'était fait musulman à Constantinople pour sauver sa vie. L'une des premières actions du nouveau "croyant" fut d'écrire un rapport au gouverneur général, dont le début était le suivant : "En obéissance à la demande de votre Excellence, j'ai l'honneur de vous informer des circonstances suivantes de l'assassinat du Père Tomaso. Je sais maintenant que je n'ai plus à craindre pour ma vie, en vertu de ma foi en Dieu tout-puissant et en Mohamed, son prophète, que j'implore et loue : je témoigne donc de la vérité comme suit...". S'ensuit la même version des faits que celle qui a déjà été relatée. De plus, dans le rapport, Mohammed Effendi ajoute qu'il ne sait rien de ce qui est arrivé au serviteur du capucin, Ibrahim Amara, bien qu'il note qu'il a subi le même sort que le père Tomaso. Dans cette lettre, il dit avoir entendu Isaac demander à son frère David : "Comment ça va dans cette affaire ? David avait répondu : "N'y pense plus. Lui aussi a reçu sa part".

Mohammed Effendi a non seulement accusé le rabbin Antebi d'être le cerveau du meurtre, mais il a accepté, en tant que musulman loyal, de localiser et de traduire les passages du *Talmud* susceptibles d'expliquer le comportement criminel des Juifs. Cette question des textes rabbiniques avait été portée à l'attention de Sherif Pasha par les chrétiens de Damas, qui étaient particulièrement inquiets et avaient commencé à chercher dans leurs bibliothèques des livres montrant que les sacrifices humains étaient prescrits dans le judaïsme. Un livre du XVIIIe siècle écrit en latin par Lucius Ferraris, *Prompta Bibliotecha*, attirait l'attention sur des passages du *Talmud* exprimant une haine meurtrière à l'égard des chrétiens. Selon Jonathan Frankel, professeur à l'Université hébraïque de Jérusalem et auteur de *The Damascus Affair. "Ritual Murder, Politics and the Jews in 1840*, des extraits de ce livre du XVIIIe siècle ont été traduits en français et en arabe à l'initiative de Ratti-Menton et des copies ont été distribuées à Damas et dans ses environs.

Mohammed Effendi et le grand rabbin de Damas furent confrontés quelques jours plus tard pour tester l'interprétation du *Talmud*. À la fin de la discussion, le pacha ne put s'empêcher de demander au renégat : "Si un Juif fait une déclaration nuisible contre un autre Juif ou contre le peuple juif, quelle est la punition qu'il mérite ? La réponse fut : "Il doit être tué sans pitié. Le *Talmud* ne lui permet pas de vivre. Cette religion est construite sur ce principe ; c'est pourquoi je me suis converti à l'Islam, afin de pouvoir parler...". Interrogé sur les propos de Mohammed Effendi, le grand rabbin Jacob Antebi les a confirmés et a ajouté : "Nous devrions veiller à ce que le gouvernement tue un tel individu. Sinon, nous le tuerions de nos propres mains à la moindre occasion". Après avoir confirmé que Mohammed Effendi avait dit la vérité, le gouverneur général laisse entendre que le gouvernement devrait agir dans leur intérêt et leur demande à nouveau ce qu'ils feraient. Jacob Antebi répète : "Selon les circonstances, nous ferions tout ce qui est possible pour le tuer ; tous les moyens nous conviendraient. C'est l'enseignement de notre foi. Mohammed Effendi n'eut guère le temps d'approfondir sa nouvelle religion et de poursuivre ses traductions du *Talmud*, car il mourut peu après, selon les journaux juifs européens, des suites des dommages causés par les tortures qu'il avait subies.

## Le meurtre du serviteur Ibrahim Amara

Ce qui est arrivé au serviteur du père Tomaso est rapporté par le serviteur de David, Harari, Murad el-Fattal. Arrivé dans le quartier juif, Ibrahim Amara demande aux juifs Aaron Stambuli, Mehir Farhi, Aslan Farhi et Isaac Picciotto, qui sortent dans la rue, des nouvelles de leur maître. Indiquant leur maison, Mehir Farhi a précisé que le père était avec eux en train de vacciner un enfant et que s'il voulait l'attendre, il pouvait entrer. Murad-el-Fattal, qui était la courroie de transmission entre les deux maisons et allait de l'une à l'autre en obéissant aux ordres de David Harari, a témoigné que lorsqu'il s'est rendu une deuxième fois chez Mehir Farhi, la serrure était ouverte. Une fois entré, il a déclaré que son maître l'avait envoyé pour savoir si le serviteur avait été arrêté. On lui a dit qu'ils l'avaient déjà arrêté et on lui a demandé s'il voulait rester ou repartir. Il est resté et a été témoin du crime. Isaac Picciotto et Aaron Stambuli l'ont ligoté et bâillonné, puis l'ont jeté à terre. En plus des personnes susmentionnées, Murad Farhi et Joseph Farhi étaient également présents. Un bol en cuivre a été placé sous sa tête et Murad Farhi l'a poignardé. Murad-el-Fattal a avoué que lui-même et Meir Farhi lui tenaient la tête tandis qu'Aslan Farhi et Isaac Picciotto s'asseyaient sur lui et lui tenaient les jambes. Ils l'ont maintenu fermement jusqu'à ce que le sang cesse de couler. Aaron Stambuli a alors versé le sang dans une longue bouteille blanche pour le donner à Moses Abu-el-Afieh. Cette version a été confirmée plus tard par le jeune Aslan Farhi. Il convient de noter que le père d'Aslan, Raphael Farhi, était l'un des membres les plus éminents de la communauté juive de Damas.

Après l'assassinat des deux victimes, les participants se sont réunis dans la maison de David Harari pour boire et discuter jusqu'à l'aube, selon la déclaration du même serviteur, qui a rempli les pipes des "Juifs distingués et riches". Les massacres ont été discutés en détail et les expériences ont été échangées. En particulier, le temps passé a été discuté, car il pourrait être précieux pour des cas futurs.

Le shérif pacha, accompagné d'officiers supérieurs et du consul Ratti-Menton, se rendit dans le quartier juif, conformément à la convocation du tribunal, et tous les faits purent être vérifiés sur place. Une bouche d'égout du quartier a été ouverte et le foie de la victime, des os et une ceinture ont été retrouvés. Les docteurs Massari et Raynaldi ont déclaré que les restes appartenaient à un être humain. Le seul des détenus à nier les faits est Meir Farhi. Confronté au jeune Aslan Farhi et au domestique Murad-el-Fattal, qui lui ont répété en détail le récit du crime horrible, Farhi s'est mis à crier : "Vous êtes fous, vous avez perdu la tête". Il a ensuite tenté de les attaquer dans un accès de rage et d'impuissance. En tout état de cause, il n'a pu présenter aucun alibi et a été maintenu en détention.

Plusieurs des personnes accusées d'avoir participé à l'assassinat d'Ibrahim Amara parviennent cependant à s'enfuir et, en se cachant, à échapper à l'arrestation. Fin avril 1840, un peu plus de deux mois et demi après les crimes, le procès peut être considéré comme terminé. Seize Juifs ont participé au double meurtre, dont dix sont condamnés à mort. La population de Damas attend l'exécution de ces hommes sanguinaires.

## Les bourreaux deviennent des victimes

Dès que la nouvelle de ce qui se passe à Damas parvient en Europe, la machine se met en marche pour transformer les criminels en victimes innocentes et les justiciables en bourreaux impitoyables animés par la haine des Juifs. Une campagne de diffamation et de calomnie est immédiatement orchestrée contre le consul de France, qui est isolé et perd le soutien de ses collègues européens. Tous les consuls de la région furent, comme nous le verrons, sommés par leurs gouvernements de ne plus soutenir les actions du comte de Ratti-Menton. L'ouvrage de référence pour connaître tous les tenants et aboutissants des négociations et manœuvres menées est l'ouvrage précité de Jonathan Frankel, *The Damascus Affair "Ritual Murder". Politics and the Jews in 1840*. Malheureusement, ce professeur de l'Université hébraïque de Jérusalem disculpe ses frères de Damas du crime et le fait avec l'hypocrisie et la chutzpah que les Juifs adoptent lorsqu'ils mentent et le savent (Chutzpah). Malgré cela, l'ouvrage est bien documenté et d'une grande valeur par le nombre de textes qui y sont reproduits.

Dès le mois de février, les premières lettres arrivant en Europe alertent les Juifs européens. Le riche marchand hollandais d'origine ashkénaze, le rabbin Abraham Zevi Hirsch Lehren, qui avait pris en 1817 à Amsterdam la direction d'une organisation pro-sioniste appelée "Officiers de la Terre d'Israël", fut le premier à prendre contact avec les Rothschild. Le 18 mars, il écrit deux lettres, l'une adressée au ministre néerlandais des Affaires étrangères, le baron V. Van Soelen, l'autre, rédigée en français, à James Rothschild. À ce dernier, il décrit le sort des Juifs de Damas. En voici un extrait : "Les Juifs ne seront jamais à l'abri des persécutions jusqu'à la venue de notre Messie, que nous attendons avec résolution ; mais le bon Dieu [...] nous a toujours donné des hommes éminents et assez influents pour atténuer leurs malheurs. Et à notre époque, il nous a donné la célèbre famille Rothschild, qui a le pouvoir de sauver ses frères persécutés... Voici l'occasion de vous montrer comme l'ange gardien des opprimés et de vous ouvrir les portes du Paradis...".

Une semaine plus tard, le rabbin écrit, en dramatisant la situation : "la vie de plusieurs milliers de nos coreligionnaires est en danger". Hirsch Lehren demande à James Rothschild de lui répondre. Il se trouve cependant qu'à cette époque, James est à Londres pour assister au mariage de son petit-fils Anthony (1810-1876), deuxième fils de Nathan, avec Louise Montefiore (1821-1910), petite-fille de Moïse Montefiore. Apparemment, aucune action n'est donc entreprise à Paris jusqu'à la fin du mois de mars. C'est Montefiore, accompagné d'Isaac Adolphe Crémieux, qui devient le principal représentant des Rothschild dans la gestion de la crise de l'affaire de Damas. C'est Albert Cohn, tuteur des enfants de la famille pour les affaires juives, qui est chargé de contacter l'avocat Crémieux pour préparer une série d'articles destinés à contrer les articles de la presse hostile accusant les Juifs de Damas. Crémieux est depuis des années l'un des hommes de confiance de James Rothschild : en août 1834, lors d'un voyage lié à l'exploitation des mines d'Almaden, il s'est rendu à Madrid avec Lionel, héritier de Nathan, pour négocier avec le ministre espagnol des Finances, le comte asturien de Toreno. James considère alors Toreno comme un "ennemi" et tente de le corrompre.

C'est également à la famille Rothschild que les dirigeants juifs de Constantinople demandèrent de l'aide : Samuel de N. Trèves, I. Camondo et Salomon Fua écrivirent des lettres aux Rothschild de Londres, Naples, Vienne et peut-être aussi à ceux de Paris et Francfort. Les Rothschild sont bien connus dans tout le Moyen-Orient, car ils sont impliqués dans les affaires juives et collaborent avec le rabbin Hirsch Lehren pour soutenir les Juifs ashkénazes en Palestine. En bref, les Rothschild avaient acquis en 1840 un statut mythique parmi les juifs du monde entier.

Avant de poursuivre, il est nécessaire d'expliquer très brièvement la structure hiérarchique et la situation politique de la région. L'autorité suprême en ce qui concerne les événements de Damas était le vice-roi d'Égypte, Muhammed Ali (1769-1849), qui avait incorporé la Syrie à son domaine et avait annoncé en 1838 son désir de devenir indépendant du sultan ottoman, alors Abdulmecit Ier, et de faire de l'Égypte un royaume héréditaire. Cela avait provoqué une guerre turco-égyptienne, déclenchée par un traité entre les Britanniques et les Ottomans que l'Égypte refusait d'accepter. En 1839, l'armée turque est vaincue à Nisibis. Face à la montée en puissance de l'Égypte, la Grande-Bretagne, la Russie et la Prusse soutiennent la cause ottomane, seule la France soutient l'Égypte. Les consuls européens d'Alexandrie ont ainsi l'avantage sur les consuls de Damas et peuvent rencontrer directement le vice-roi. Le consul général de France à Alexandrie est Adrien-Louis Cochelet, un diplomate expérimenté qui a servi Napoléon et occupé des postes de représentation au Brésil, au Mexique, au Portugal et en Moldavie. Il était en poste en Égypte depuis 1837. En revanche, le consul général autrichien auprès de Muhammed Ali était Anton Joseph Laurin. Selon Hellmut Schramm, Laurin était un crypto-juif qui, comme Adam Weishaupt, avait été formé chez les Jésuites dans un centre en Slovénie. Enfin, il convient de noter que la plus haute autorité à laquelle les consuls de Damas et d'Alexandrie rendaient compte était celle des ambassadeurs, qui résidaient à Constantinople.

Le 27 mars, Laurin transmet à son supérieur immédiat, le baron Von Stürmer, ambassadeur d'Autriche à Constantinople, le premier rapport de Merlato qui, comme nous l'avons vu, avait initialement partagé le point de vue de son collègue Ratti-Menton. Von Stürmer rejette le rapport et n'accepte pas que des motifs religieux justifient le crime. Les accusés", écrit-il, "sont les Juifs les plus riches et les plus importants de Damas". Laurin transmet les instructions à Merlato et lui demande de ne plus accepter les accusations. Il est très probable que Solomon Rothschild et son ami le prince Metternich avaient déjà eu des entretiens à Vienne à ce sujet. Il a déjà été mentionné dans le chapitre précédent que les Rothschild avaient accordé des prêts considérables au gouvernement autrichien et qu'ils avaient en main la construction de lignes de chemin de fer dans tout l'empire. Salomon Rothschild était le banquier des grandes familles aristocratiques, y compris celle de Metternich. Melanie Zichy-Farrari, troisième épouse de Metternich, entretient des relations étroites avec les belles-sœurs de Salomon, Betty à Paris et Adelheid à Naples.

Jonathan Frankel révèle que Laurin, qui avait auparavant occupé divers postes consulaires dans le royaume des Deux-Siciles, entretenait une amitié personnelle avec Carl Rothschild, avec qui il partageait un intérêt pour les pièces de monnaie, les bijoux et autres objets anciens. Lors de son séjour en Égypte, où il avait une réputation d'archéologue, il avait fait quelques achats pour Karl , qui le récompensa en lui envoyant des vins napolitains, des pâtes et d'autres fournitures. Au cas où il ne serait pas clair qu'il s'agissait d'un homme de Rothschild, Frankel ajoute que, en tant que consul général à Alexandrie, Laurin travaillait en étroite collaboration avec le rabbin Hirsch Lehren et avait envoyé des fonctionnaires consulaires en Palestine pour obtenir des compensations pour les Juifs ashkénazes installés dans cette région.

Le consul de France se rend vite compte qu'il est livré à lui-même, mais il reste incorruptible, même si des tentatives de corruption parviennent jusqu'à son consulat. Ratti-Menton dénonce le fait que les Juifs ont offert à l'un de ses officiers, Beaudin, 150 000 piastres, et lui ont même proposé d'augmenter la somme s'il parvenait à faire innocenter ses frères du crime rituel. Après l'échec de cette tentative de corruption, les négociateurs juifs tentent d'accéder au consul de France par l'intermédiaire d'un autre consulat. Cette fois, 500 000 piastres sont proposées. Ces tentatives sont dénoncées publiquement par l'Ausburg *Allgemeine Zeitung* qui, bien que cédant peu à peu aux pressions, fait preuve dans les premiers mois d'une indépendance suffisante pour publier ces propos :

> "Le procès contre les Juifs n'est pas terminé et les criminels n'ont pas encore été punis, mais il a été clairement démontré que le Père Tomaso a

été assassiné par les Juifs pour des raisons religieuses. L'examen de plusieurs dossiers auxquels nous avons eu accès ne laisse aucune place au doute. Le consul de France à Damas, le comte de Ratti-Menton, a fait preuve de la plus grande activité dans la recherche de la vérité... Les Juifs y ont montré qu'ils dépassaient tous les autres en fanatisme. Ayant été auparavant constamment utilisés comme hommes d'affaires par le Pacha en raison de leur richesse, ils possèdent une grande influence, et les chrétiens sont terrifiés. Bien que chaque année, à Damas, des enfants chrétiens disparaissent soudainement sans laisser de traces, bien que les Juifs aient toujours été soupçonnés à cause de cela, personne n'a osé les accuser, et même personne n'a osé tenter un procès sur la base d'un soupçon fondé, tant l'influence que leur conférait leur argent auprès des autorités turques corrompues était grande. Les offres d'argent n'ont d'ailleurs pas manqué. Le secrétaire du consul de France s'est vu offrir une forte somme pour tenter de modifier l'attitude du consul dans cette affaire...".

Rapidement, la presse européenne contrôlée par les capitaux juifs fait circuler les récits de torture les plus terribles. Voici un extrait du "rapport officiel", édité et distribué le 13 mai par le missionnaire anglican George Wildon Pieritz, juif déguisé, membre de la "London Society for Promoting Christianity Amongst the Jews", qui fut la première organisation chrétienne à brandir l'étendard de la protection des juifs. Le titre du rapport est le suivant : *"Déclaration de M. G.W. Pieritz, un converti juif, un converti juif".* *(Rapport de M. G.W. Pieritz, converti juif et assistant missionnaire à Jérusalem, concernant la persécution des Juifs à Damas : résultat d'une enquête personnelle sur place). Pieritz, juif converti et assistant missionnaire à Jérusalem, concernant la persécution des Juifs à Damas : résultat d'une enquête personnelle sur place).* Selon Pieritz, les "malheureux prisonniers" et leurs enfants avaient été plongés dans de l'eau glacée, puis lentement rôtis. Leurs yeux avaient été expulsés de leurs orbites par des machines et des fers chauds avaient été insérés dans leur corps. Les "victimes", pincées jour et nuit, ont dû rester debout pendant trois jours entiers, et des bougies allumées ont chatouillé leur nez crochu. Des centaines d'enfants juifs avaient été jetés dans des prisons où ils tombaient comme des mouches, etc. etc. etc. Hellmut Schrammm révèle que G. W. Pieritz était un juif qui a étudié pour devenir rabbin et s'est ensuite converti au christianisme. Ce rabbin s'est rendu à Damas, où il est arrivé le 30 mars, "en considération de la mission chrétienne qui l'obligeait à défendre les droits de l'homme dans les lieux de despotisme". Il y prend contact avec le consul britannique Nathaniel Werry, qui lui propose de le présenter à Ratti-Menton et au shérif pacha, mais il refuse. Le 6 avril, Pieritz quitte Damas pour Beyrouth. Dans une dépêche éclairante adressée à son supérieur John Bidwell le 24 avril 1840, Werry parle de Pieritz comme d'un juif converti qui avait des vues différentes sur ce qui s'était passé et qui prévoyait de publier un pamphlet extrêmement violent contre Ratti-Menton et le Chérif Pacha. Grâce à une citation de Jonatahn Frankel, nous disposons du texte. Werry, qui a partagé la version officielle, écrit : "il me fait comiquement part de son mécontentement en prétendant que je suis le conseiller du consul de France... M. Pieritz m'en veut parce qu'il n'a pas réussi à me convaincre de son point de vue, alors qu'il ignore totalement les preuves et ne s'appuie que sur les informations de ses frères ici présents. Lui qui, j'en suis convaincu en son âme et conscience, est toujours juif, rejette toute information et s'acharne à disculper les juifs et à blâmer les populations chrétiennes et musulmanes. Nous verrons ce qu'il publiera. Je pense que l'affaire est substantiellement correcte".

Au motif que les criminels étaient des victimes innocentes dont les déclarations incriminantes avaient été obtenues par les tortures les plus atroces, la campagne a été lancée dans le but de faire pression sur l'opinion publique et de la désorienter, l'objectif ultime étant d'obtenir une grâce pour les Juifs détenus à Damas. La communauté juive internationale s'est mobilisée simultanément. Dans les synagogues, les rabbins hurlent ou menacent, selon les cas. Les discours les plus enflammés sont prononcés à Marseille, à Smyrne, à Munich, à Magdebourg, à Leipzig, où le rabbin Isaac Levin Auerbach, les larmes aux yeux, en appelle à Sion, à Jérusalem et à l'honneur de sa religion. À Vienne, dans la cathédrale Saint-Étienne, le jour de l'Ascension, le Dr Emmanuel Veith, juif converti et doyen de la cathédrale, connu pour sa brillante éloquence en chaire, a dit ceci à la fin de son sermon devant des milliers de chrétiens fervents : "Vous savez tous, mes chers paroissiens, et si peut-être quelqu'un ne le sait pas, il peut le savoir maintenant, que je suis né juif et que je me suis converti au christianisme. Au cours de mon ministère, j'ai apporté réconfort et espoir à tous les chrétiens. C'est pourquoi je jure ici, au nom de la Trinité, que le mensonge répandu par une ruse diabolique selon lequel les juifs, lors de la célébration de la Pâque, utilisent du sang chrétien, est une calomnie malveillante et blasphématoire, et que rien de tel ne figure dans l'Ancien Testament ou dans les écrits du *Talmud*, que je connais parfaitement et sur lesquels j'ai fait des recherches approfondies. Telle est la vérité. Que Dieu me vienne en aide.

Mais c'est en France que le besoin de changer l'opinion est le plus pressant. En février, le maréchal Soult, le juif qui avait trahi Napoléon à Waterloo, alors ministre des Affaires étrangères, reçoit des rapports de Damas. Le 1er mars, Soult est remplacé par Adolphe Thiers qui, en plus de la présidence du Conseil, se voit confier le portefeuille des affaires étrangères. Il doit faire face aux conséquences de l'affaire de Damas. En France, comme nous le verrons, le rôle de Crémieux, l'homme des Rothschild, est déterminant. Le texte à l'origine du revirement est une longue lettre de huit pages publiée le 8 avril dans deux journaux parisiens, la *Gazette des Tribunaux* et le *Journal des Débats*. Jonathan Frankel affirme qu'elle "fit sensation et entraîna une transformation radicale du traitement du crime rituel dans la presse française". Crémieux y commence par une explication maladroite de l'affaire, suivie d'un chapelet de tortures, et termine en appelant la presse et les Français à protéger les Juifs par des appels de ce type : "Chrétiens français, nous sommes vos concitoyens, vos amis, vos frères ! Vous avez donné au monde l'exemple de la tolérance la plus pure et la plus délicate ; soyez pour nous un bouclier, comme vous avez été nos protecteurs ! Mais surtout, que la presse française reprenne la question sacrée de la vérité et de la civilisation avec le noble zèle que la gloire lui a conféré : c'est un beau rôle qui lui convient et qu'elle joue avec tant de magnanimité !".

## Palmerston reçoit et instruit

Le rôle de la presse méritera plus d'attention par la suite, mais il est pertinent de noter d'abord comment les Rothschild et d'autres banquiers juifs ont demandé aux gouvernements de leurs pays respectifs de faire pression sur les autorités égyptiennes et turques afin de libérer les criminels.

Le 21 avril, à Londres, se réunit le Conseil des représentants des Juifs britanniques, qui comprend les personnalités les plus en vue de l'élite financière juive de Grande-Bretagne. Le baron Lionel de Rothschild, Sir Moses Montefiore, Isaac et Francis Goldsmid, David Salomons et Louis Cohen assistent à cette réunion décisive. Adolphe Crémieux a fait le voyage de Paris pour assister à la session et a été remercié dans une résolution pour avoir écrit la lettre susmentionnée "dans la cause de la vérité et de l'humanité". D'autres résolutions ont été adoptées en vue d'une publication. Elles décrivent le crime rituel comme "un phénomène strictement médiéval qui a disparu depuis longtemps". Il a été décidé de demander aux gouvernements anglais, autrichien et français d'intervenir à Constantinople et à Alexandrie pour faire cesser les atrocités commises contre les Juifs. Un résumé de la réunion, intitulé *Persécution des Juifs en Orient*, est imprimé. Une délégation est nommée pour rencontrer le secrétaire du Foreign Office, Lord Palmerston, et une commission est chargée de diffuser dans la presse les décisions prises lors du Conseil, qui seront publiées dans pas moins de trente et un quotidiens et hebdomadaires.

Le 30 avril, Lord Palmerston reçoit les représentants du Conseil. Son président, Joseph G. Henriques, avait auparavant remis au ministre un dossier contenant des documents sur le Moyen-Orient et les résolutions du Conseil. La délégation est conduite par Lionel Rothschild, Goldsmid, Salomons et Montefiore. Palmerston est même décidé à intervenir par la force si les mesures de persuasion échouent : son idée est d'amener Mohamed Ali à restituer les territoires de Syrie, du Liban et de Palestine au sultan de Constantinople. Palmerston est déterminé à agir au nom des Juifs du Moyen-Orient et n'a aucun mal à assurer les membres de la délégation qu'il enverra les dépêches les plus appropriées au colonel Hodges à

Alexandrie et à Lord Ponsonby à Constantinople. Il se dit "surpris que la calomnie qui a été inventée ait reçu autant de crédit" et promet que "toute l'influence du gouvernement britannique sera exercée pour mettre fin aux atrocités". Cette rencontre entre le Conseil des Juifs britanniques et Palmerston a immédiatement retenu l'attention du public, tant en Angleterre que sur le continent. Cette situation contraste avec celle de l'Autriche, où l'amitié étroite de Solomon Rothschild avec Metternich maintint les négociations dans une sphère strictement privée.

Henry John Temple, 3e vicomte Palmerston (1784-1865), connu sous le nom de Lord Palmerston, a été membre du gouvernement de 1807 à sa mort. Outre le Foreign Office de l'époque, poste qu'il occupa à partir de 1830, il fut Premier ministre à deux reprises, la première fois entre 1855-1858 et la seconde entre 1859-1865. Avant d'aborder son administration, il est intéressant de connaître ce que Monseigneur George F. Dillon a écrit sur lui en 1884, dix-neuf ans après sa mort, dans son ouvrage *The War of Antichrist with the Church and Christian Civilization*, publié à Édimbourg. Selon Mgr Dillon, Palmerston n'était pas seulement Grand Maître de la franc-maçonnerie, mais il est devenu patriarche des Illuminati et a ainsi coordonné des sociétés secrètes dans le monde entier. Dillon affirme qu'il est le successeur de Nubius et le lie aux projets des athées contre le christianisme.[16] À la mort de Nubius en 1837, Mazzini, que l'on soupçonne d'avoir été chargé de sa disparition, s'installe définitivement à Londres. C'est peut-être au cours de ces années que Palmerston a été choisi pour mettre en œuvre les plans des Illuminati, qui prévoyaient la formation d'un empire allemand au centre de l'Europe à partir de l'union des petits États allemands et de l'union de l'Italie. Londres, où les Juifs disposaient de deux loges dans lesquelles les chrétiens n'étaient pas autorisés à entrer, devint ainsi le siège de la révolution. Karl Marx s'y installe en 1849 et ne la quittera

---

[16] Nubius était le pseudonyme du chef de la Haute Vente, une société secrète qui avait dans la terrible secte des Carbonarii son bras exécutant. Les Carbonari avaient pour chef incontesté Giuseppe Mazzini, successeur d'Adam Weishaupt, et faisaient donc tous deux partie des Illuminati. L'un des hommes de confiance de Nubius était un juif connu sous le nom de Piccolo Tigre, qui voyageait sous l'apparence d'un bijoutier et d'un banquier itinérant. Une lettre écrite en 1822 par Piccolo Tigre donnant des instructions de l'Alta Venta aux loges Carbonari du Piémont est retranscrite intégralement par Monseigneur Dillon. Elle souligne la nécessité d'avilir et de dépraver les êtres humains et révèle une fois de plus les visées criminelles déjà dévoilées par Robison et l'abbé Barruel. Une autre lettre citée par différents chercheurs est celle adressée par Vindex, un autre pseudonyme, à Nubius, datée du 9 août 1838 à Castellmare. Il s'agit d'un document qui exprime l'objectif de détruire le catholicisme et qui témoigne d'un mépris absolu pour la vie humaine en prônant le meurtre. Selon l'historien Jacques Crétineau-Joly, la disparition mystérieuse de Nubius s'expliquerait par le fait qu'il a été assassiné par empoisonnement. L'utilisation de pseudonymes, on l'a déjà dit, était utilisée par les Illuminati pour cacher leur identité. Weishaupt, comme on le sait, était Spartacus, le baron Knigge était Philo, etc. L'identité de Nubius n'a pas été établie. Selon Mgr Dillon, un noble italien se cachait derrière Nubius.

plus jusqu'à sa mort. En 1846, deux ans avant que les révolutions de 1848 n'éclatent en même temps dans toute l'Europe, Palmerston redevient ministre au Foreign Office.

Sachant donc qui était Lord Palmerston et qui il servait, il n'est pas surprenant qu'il ait joué un rôle décisif dans l'affaire des Juifs du Moyen-Orient. Le 5 mai 1840, il envoie deux dépêches à Hodges et Ponsonby, les avertissant clairement que les intérêts de la communauté juive du Levant sont en danger et leur ordonnant de faire tout ce qui est en leur pouvoir pour éviter "les persécutions les plus graves". Hodges est notamment chargé de faire comprendre à Muhammed Ali que les "énormes barbaries" perpétrées à Damas renvoient une image honteuse de son administration, qui a étonné les Européens, lesquels ne pouvaient s'attendre à ce que "des atrocités telles que celles qui ont été commises" soient permises sous son règne. Le niveau d'effronterie de la demande adressée à Muhammed Ali est inadmissible. Le texte se terminait ainsi : "Le gouvernement de Sa Majesté ne doute pas que Muhammed Ali non seulement accordera immédiatement la réparation la plus complète aux malheureux Juifs, mais aussi qu'il révoquera et punira les fonctionnaires qui ont abusé de leurs pouvoirs de manière aussi flagrante".

Cependant, les premières dépêches de Nathaniel Werry arrivent sur le bureau de Palmerston peu de temps après. Il s'agit de celles dans lesquelles le consul britannique à Damas exprime sa conviction totale de la culpabilité des Juifs, explique les motivations rituelles du *Talmud* et justifie les actions de Ratti-Menton et du gouverneur Sheriff Pasha. On imagine aisément l'indignation du ministre. Le 21 mai, il s'empresse d'envoyer à Werry un lot de documents relatifs à l'affaire et l'avertit sur le ton le plus impérieux en ces termes : "Je dois vous informer que j'ai lu avec une surprise absolue votre rapport relatant les atrocités... commises sur les Juifs de Damas, et j'ai constaté que... soit il montre que vous n'êtes absolument pas informé de ce qui se passe dans la ville où vous vivez, soit il montre de votre part un manque total des principes et des sentiments qui devraient distinguer un officier britannique". Il poursuit en répétant que Mohammed Ali devra indemniser les Juifs et révoquer les officiers responsables.

## Metternich, sous la direction de Salomon Rothschild

Comme nous l'avons vu plus haut, c'est en Autriche que l'alerte a été donnée pour la première fois sur ce qui se passait à Damas, grâce aux relations étroites entre Salomon Rothschild et Metternich. Les deux hommes travaillent en parfaite harmonie pour aider les "Juifs sans défense". Le professeur Frankel confirme que "l'un sollicitait et l'autre accordait des faveurs personnelles, le tout dans la discrétion et le respect". Ainsi, Metternich ne se contente pas de discuter de l'affaire avec Salomon, mais est prêt à tout pour satisfaire les exigences du banquier.

Parmi ces exigences figure certainement celle de contrôler la presse, comme le montre l'*Österreichischer Beobachter*. Le 11 avril 1840, ce journal, le plus important du pays, consacre sa première page et quelques pages à l'intérieur d'un récit peu glorieux de l'assassinat du père Tomaso par les rabbins et les anciens de la communauté juive de Damas. On imagine aisément la consternation du prince Metternich et de son ami Rothschild. L'intervention du premier fut immédiate et eut un effet fulgurant. Dans l'édition du lendemain, 12 avril, le traitement de la nouvelle change radicalement. Toujours en première page, mais cette fois de façon laconique, on apprend que, selon les rapports officiels de Beyrouth concernant le meurtre, "il n'y a pas de preuve que le crime ait eu lieu ; on n'a pas établi qui était responsable de la disparition... et les médecins et chirurgiens ont déclaré que les ossements trouvés dans les égouts du quartier juif étaient déjà vieux et, de plus, étaient ceux d'animaux". Il se désole ensuite de l'acharnement dont sont victimes les juifs de Damas. Selon le professeur Frankel, dont les travaux relatent cet épisode, le changement soudain de la ligne éditoriale du journal a fait l'objet de commentaires ironiques dans certains journaux allemands, car il montrait clairement que le gouvernement autrichien n'était pas prêt à tolérer des accusations contre les Juifs.

Les dépêches envoyées par Metternich le 10 avril sont sans doute aussi le résultat d'entretiens avec Salomon. Dans sa lettre à Laurin, Metternich lui rappelle qu'il y a en Syrie un certain nombre de Juifs qui bénéficient de la protection autrichienne, dont le consul général d'Alep, et lui demande de prendre des mesures pour éviter que l'affaire ne les accable. Elle lui demande également d'insister auprès de Mohamed Ali "sans entraver le cours de la justice, pour qu'il contrôle les mesures cruelles et stupides prises par les officiers subalternes". Voici un passage significatif de la dépêche de Metternich à Laurin, cité par le professeur Frankel :[17]

"L'accusation selon laquelle des chrétiens sont délibérément tués à l'occasion d'une prétendue Pâques sanglante est absurde par nature et les moyens choisis par le gouverneur de Damas pour prouver ce crime contre nature sont totalement inappropriés ; il n'est pas étonnant que les vrais coupables n'aient pas été découverts... Les autorités égyptiennes sont tenues d'assurer une justice rapide et rigoureuse. L'abus de pouvoir, les persécutions et les mauvais traitements infligés à des innocents pourraient

---

[17] Il se trouve qu'Isaac Picciotto, accusé du meurtre du domestique Ibrahim Amara, en plus d'appartenir à l'une des familles les plus influentes de la région, avait un parent, son oncle Elias Picciotto, qui occupait le poste de consul général autrichien à Alep, de sorte que le crime de Damas constituait une menace directe contre la famille d'un diplomate autrichien. L'Autriche avait déjà pris l'habitude, dans ces années-là, de nommer des Juifs à des postes consulaires. C'est pourquoi Isaac Picciotto fut transféré de la prison du consulat français à celle du consul autrichien, d'où, entre le 17 et le 27 mars, toujours accompagné d'un officier autrichien, il se présenta quatre ou cinq fois devant le shérif Pacha pour y être interrogé.

cependant être connus en Europe et seraient sans aucun doute en contradiction flagrante avec ce que l'on attend du vice-roi.

Ces mots montrent que Metternich considérait comme une bonne tactique de faire pression sur Muhammed Ali et de le menacer de perdre sa réputation soigneusement cultivée, qui le présentait à l'Europe comme le champion de la civilisation contre la barbarie. Dans sa réponse envoyée le 5 mai, Laurin se réjouit que son point de vue soit pleinement partagé à Vienne.

Le 7 mai, Salomon reçoit une lettre de son frère James, qui le presse depuis Paris de demander à Metternich de l'aider à orchestrer une campagne de presse. Le diplomate autrichien Laurin lui ayant envoyé des lettres, James Rothschild demande à son frère d'obtenir du gouvernement autrichien l'autorisation de publier des extraits de ces lettres dans la presse française. Metternich, qui ignore que Laurin, par ailleurs ami de Carl Rothschild, a lui-même envoyé des lettres à James, n'apprécie pas l'initiative de son consul à Alexandrie et lui adresse, le 27 mai, une dépêche dans laquelle, outre l'approbation de son "action vigoureuse dans la poursuite de la justice", il regrette qu'on lui ait "permis d'entrer en correspondance directe avec la maison Rothschild à Paris" et lui rappelle que "les différends entre consuls à Damas sont du ressort du gouvernement impérial".

Laurin est manifestement abasourdi par cette réprimande, mais il ne se dérobe pas. Le fait que Laurin ait envoyé des lettres à James Rothschild avait une certaine logique, puisque James était le consul autrichien dans la capitale française et, en quelque sorte, un agent autrichien. Laurin répondit immédiatement qu'il avait écrit aux Rothschild à Paris parce qu'Isaac Picciotto avait été menacé d'une exécution imminente et que Cochelet, le consul général français à Alexandrie, avait refusé de l'aider. Pour éviter cette disgrâce, écrit-il à Metternich, je me suis senti obligé de demander l'aide de quelqu'un qui, en tant que coreligionnaire, serait personnellement intéressé.

## James Rothschild ne parvient pas à battre Thiers

Comme Laurin l'avait bien compris, seul le gouvernement français pouvait apporter une solution rapide à l'affaire de Damas. Adolphe Thiers en est, on l'a dit, le premier ministre et il est également à la tête du ministère des Affaires étrangères. De plus, la France est le pays qui, cinquante ans plus tôt, a émancipé les Juifs et qui, après la révolution de 1830 qui a porté sur le trône Louis-Philippe d'Orléans, le "roi citoyen", a renforcé le principe de l'égalité des Juifs. De plus, Thiers a des relations obligées avec James Rothschild, puisque dès ses débuts de Premier ministre, il négocie avec la banque Rothschild le financement des lignes de chemin de fer qui doivent relier la France à Bruxelles et au Havre.

Néanmoins, Thiers n'a pas cédé aux demandes et aux pressions dans un premier temps. Il déclare avoir besoin de plus de temps pour examiner les rapports en provenance du Moyen-Orient et ne donne aucune autre explication. La presse progouvernementale adopte également une position de silence et les demandes de Crémieux restent sans réponse. Le 17 avril, Thiers avait répondu au premier rapport de Ratti-Menton en provenance de Damas. C'est cette dépêche qui est la seule qu'il ait envoyée personnellement à son consul. Thiers y écrit que le rapport semble avoir été rédigé sous l'effet d'impressions encore très récentes, de sorte qu'il ne peut se faire une opinion sur "une question aussi grave et encore enveloppée d'obscurité". Il dit au consul qu'il attend avec impatience d'autres rapports qui lui permettront de dissiper cette obscurité. Thiers ne reproche cependant pas à Ratti-Menton de préconiser l'exécution de l'accusé, mais loue sa détermination, qu'il estime "fondée sur des raisons de sagesse et d'humanité". Dans la dépêche, le consul est invité à s'efforcer d'éviter qu'une affaire aussi malheureuse ne dégénère en "prétexte pour attaquer les Juifs".

Ce texte, dont le ton diffère grandement de ceux utilisés par Palmerston et Metternich, indique la voie que Thiers entend suivre dans cette affaire. Il entend la contrôler et en limiter les dégâts, sans pour autant désavouer le comte de Ratti-Menton. Quant à l'accusation de crime rituel, Thiers tend à attribuer le meurtre à une poignée de fanatiques religieux. Il décide néanmoins d'envoyer un fonctionnaire consulaire à Damas pour préparer un rapport sur l'assassinat du père Tomaso. La presse apprend rapidement que l'homme désigné pour cette tâche est le comte de Meloizes, un diplomate de vingt-six ans qui sert à Alexandrie en tant que vice-consul sous la direction de Cochelet. Les protocoles que de Meloizes est censé rédiger sur l'affaire doivent confirmer ou remettre en cause ce qu'a fait le consul Ratti-Menton.

Naturellement, les Rothschild n'attendent rien du futur rapport de Meloizes, comme le montre cette lettre de James Rothschild à son frère Solomon, écrite le 7 mai :

"Malheureusement, les démarches que j'ai entreprises n'ont pas eu les résultats escomptés, puisque le régime est inactif. Le fait est que, compte tenu de la conduite louable du consul autrichien, celui-ci ne sera pas réprimandé comme il se doit de ce côté-ci. L'affaire est trop lointaine et n'attire pas suffisamment l'attention. Tout ce que j'ai pu obtenir est publié aujourd'hui en quelques mots dans le *Moniteur*. Le vice-consul d'Alexandrie examinera la conduite du consul de Damas. Mais ce n'est qu'une mesure évasive, car le vice-consul est un subordonné du consul et il ne faut pas s'attendre à ce que ce dernier soit réprimandé pour sa conduite. Dans ces conditions, il ne reste plus qu'à demander l'aide d'un élément omnipotent ici, à savoir la presse".

Dans une autre lettre, envoyée la semaine suivante, James Rothschild se montre encore plus pessimiste. Il y regrette que Thiers ait permis à un journal du soir ministériel, le *Messager*, de publier une information selon laquelle le Premier ministre français avait personnellement dit au banquier "que l'affaire était fondée sur la vérité, qu'il valait mieux ne pas s'en préoccuper, que les Juifs du Moyen Âge étaient assez fanatiques pour avoir exigé du sang chrétien pour leur Pâque, que les Juifs d'Orient avaient encore de telles superstitions, etc. En d'autres termes, quoi que les Rothschild aient pu dire ou penser, Thiers croyait sincèrement que ses diplomates au Moyen-Orient lui disaient la vérité, et il en avait fait part à James Rothschild.

## Disparition d'un jeune chrétien à Rhodes

Alors que la campagne visant à discréditer le consul Ratti-Menton commençait à prendre forme, un autre crime rituel présumé a eu lieu à Rhodes. Le fait que l'enquête ait été interrompue ne nous permet cependant pas d'affirmer catégoriquement, comme dans le cas du père Tomaso, que les auteurs étaient juifs, bien que les chances soient extrêmement élevées qu'ils l'aient été. Voici les faits connus.

Quelques semaines après le meurtre du père Tomaso, un jeune Grec de douze ans, originaire de la ville de Trianda, dans le nord de l'île, disparaît sans laisser de traces pendant la Pâque. Sa mère signale sa disparition au gouverneur turc de l'île, Yusuf Pasha, qui ouvre une enquête. La mère a signalé la disparition au gouverneur turc de l'île, Yusuf Pasha, qui a ouvert une enquête. Deux témoins rapportent que le jour de sa disparition, ils l'ont vu s'entretenir avec le chef de la communauté juive, Stamboli, et qu'il est entré dans la maison du juif. Stamboli est amené devant les autorités et déclare, en larmes, qu'il ne sait rien. Il tente de présenter un alibi, mais en vain. L'enquête révèle également que trois étrangers juifs ont été vus alors qu'ils se rendaient à Trianda. La police réussit à les localiser et ils furent amenés devant le gouverneur qui les interrogea en présence de plusieurs consuls étrangers. Eux aussi déclarèrent ne rien savoir. Le rabbin de Rhodes, Jacob Israel, explique que ni les lois juives ni les livres religieux ne disent quoi que ce soit des crimes dont les chrétiens les accusent. "Nous sommes absolument incapables d'un tel crime. Nous ne mériterions pas d'être des enfants de Dieu si, par notre conduite, nous pouvions causer le moindre trouble au gouvernement..." Il est alors interrompu par l'un des consuls qui lui ordonne de terminer, car "ils ne veulent pas entendre de justifications apparentes ou de longues explications, mais savoir où ils peuvent trouver l'enfant". Le rabbin lui assure également qu'il ne sait rien.

Sur ordre de Yusuf Pacha, une unité militaire boucle le quartier juif de Rhodes afin de dresser une liste des Juifs présents et de fouiller leurs maisons. La mesure suscite de grandes lamentations. Plusieurs consuls étrangers, un juge civil et des représentants de la population islamique sont chargés de prendre une décision. Néanmoins, le gouverneur refuse de lever le cordon tant que l'enfant n'a pas été retrouvé.

Pendant ce temps, les agents juifs de l'île se précipitent à Londres pour signaler les "calomnies et les cruautés" dont sont victimes les Juifs de Rhodes. Des ordres arrivent bientôt de Lord Palmerston à Constantinople, appelant à la "protection des Juifs affligés". Les pressions exercées sur Yusuf Pacha pour qu'il lève le siège du quartier ont un effet ; mais le gouverneur maintient les suspects en isolement et les interrogatoires se poursuivent en présence de plusieurs consuls. D'importantes contradictions apparaissent bientôt, ce qui ne fait qu'accroître les soupçons sur l'implication de ces Juifs dans la disparition de l'enfant.

Le grand rabbin de Constantinople négocie alors avec le gouvernement turc et parvient à faire amener à Constantinople la mère de l'enfant et les trois citoyens grecs inculpés, ainsi qu'une importante délégation de Juifs de l'île. Quatorze jours après le départ du groupe, la capitale turque a ordonné au gouverneur Yusuf Pasha de libérer les prisonniers.[18] Bien que la mère de l'enfant disparu et les trois plaignants aient maintenu leur position vis-à-vis des autorités turques, la Haute Cour de justice de Constantinople a annoncé peu après, dans une déclaration publique, "l'innocence des Juifs rhodésiens". Les Juifs ont été "totalement acquittés de l'accusation d'enlèvement et de meurtre d'un enfant et, à titre de compensation, ils ont eu droit à une aide...". Ceux qui les avaient illégalement accusés devaient payer une compensation...".

La mère de l'enfant a été renvoyée à Rhodes et n'a même pas eu la possibilité de poursuivre l'enquête. Contrairement à ce qui se passait à Damas, les enquêtes judiciaires à Rhodes pouvaient être interrompues brusquement et, le 20 juillet, les auteurs présumés de la disparition du garçon chrétien avaient été innocentés. Yusuf Pacha est ensuite officiellement rétrogradé et remplacé par un gouverneur proche des Juifs. Quoi qu'il en soit, la population n'a pas oublié : les protestations et les troubles liés à la résolution de l'affaire ont été nombreux et les Juifs, selon le correspondant du journal *Orient*, n'ont pas été autorisés à s'aventurer en dehors des portes de la ville.

---

[18] Jonathan Frankel commente dans *The Damascus Affair* que depuis 1830, les Rothschild étaient en contact avec le sultan au sujet de la possibilité d'un prêt, un projet soutenu par Metternich lui-même, Lord Ponsonby et George Samuel, un petit-fils de Moses Montefiori qui représentait les intérêts des banquiers à Constantinople. Le régime turc connaît de graves problèmes de financement et a un besoin urgent d'argent, mais le prêt n'est pas accordé car le gouvernement ottoman n'offre pas les garanties adéquates exigées par les Rothschild. Le bruit courut même que l'île de Crète (alors en possession du vice-roi Muhammed Ali) avait été offerte dans le cadre des négociations. Cela permet peut-être de comprendre l'attitude des autorités turques à l'égard du crime de Rhodes.

## Thiers résiste

Paris, Londres et Alexandrie sont les lieux où se déroulent, en juin et juillet, divers événements qui, d'une manière ou d'une autre, détermineront l'issue de l'affaire. À Paris, les débats parlementaires montrent la volonté d'Adolphe Thiers de résister aux pressions et de soutenir les consuls de France à Damas et à Alexandrie. Le 2 juin, Benoît Fould, grand banquier juif et membre de la Chambre des députés, s'en prend vertement à Ratti-Menton. Ses propos méritent d'être cités :

> "Messieurs, il s'agit d'une question qui concerne non seulement l'honneur national de la France, mais l'humanité tout entière. Deux millions de personnes sont aujourd'hui sous le joug de la persécution... Le devoir du consul est de savoir ce qu'il est advenu des religieux... Mais face au meurtre, il a choisi d'accuser non pas un individu, non pas une famille, mais toute une nation, rien de moins... Il s'agit d'une persécution religieuse sous prétexte qu'un religieux a disparu. Le consul de France a incité à la torture... alors que la nation française représente un exemple non seulement d'égalité devant la loi, mais aussi d'égalité religieuse".

Comme on le voit, dès 1840, on gonfle les chiffres et on évoque la persécution de millions de personnes, alors qu'on n'accuse qu'un groupe de criminels. Benoît Fould déclare aux députés que tous les consuls sont unis dans leur opposition à Ratti-Menton et critique avec véhémence la décision prise par Thiers d'envoyer le jeune vice-consul de Meloizes enquêter sur l'affaire au nom du gouvernement. "Je pense qu'un diplomate de haut rang aurait dû être déplacé lorsque le sort de deux millions de personnes est en jeu", déclara-t-il, en dramatisant à nouveau le chiffre de deux millions. M. Fould n'a pas résisté à la tentation de renvoyer l'Assemblée au discours (cité plus haut) de Johann Emmanuel Veith, converti juif et prédicateur habsbourgeois, qui, dans la cathédrale de Vienne, avait juré par le Christ que les accusations portées contre les Juifs de Damas étaient fausses et absurdes.

Dans sa réponse au banquier, Thiers en appelle à la nécessité d'examiner la question objectivement et déclare aux députés qu'il dispose d'informations secrètes qu'il ne veut pas révéler. Le débat a pris une virulence inattendue et Thiers a répliqué :

> "Bien que j'aie lu tous les interrogatoires et que je connaisse donc les documents, j'estimerais répréhensible d'exprimer à cette tribune mon opinion sur l'innocence ou la culpabilité de l'accusé. Quelle que soit mon opinion, il est de mon devoir de ne pas l'exprimer ici. Je ne veux faire qu'une chose... c'est donner raison à un diplomate qui s'est comporté comme un officier faisant son devoir... Contre le souhait exprimé ici d'être juste envers les Juifs d'Orient, il faut permettre d'être juste envers les diplomates français qui sont dans une situation difficile".

Thiers a le dernier mot dans le débat et fait appel au patriotisme. Il défend le consul en décrivant le harcèlement dont il fait l'objet de la part des autres acteurs européens. Conscient que la crise prend des proportions inattendues et que la France risque d'être isolée, il élève progressivement le ton de son discours. Il déplore que certains parlementaires prétendent connaître l'affaire sans en avoir l'information et leur reproche de se préoccuper davantage des juifs de Damas que des représentants français injustement attaqués. À ceux qui protestent au nom des Juifs, il répond qu'il proteste au nom d'un agent français qui a fait son devoir "avec honneur et loyauté". Thiers termine son discours en s'adressant aux Juifs d'Europe :

"...Ils (les Juifs) se sont levés dans toute l'Europe et se sont consacrés à cette question avec un enthousiasme qui les honore profondément. Et, si je puis dire, ils sont plus puissants dans le monde qu'ils ne le prétendent. Ils présentent en ce moment même leurs revendications dans toutes les chancelleries d'Europe. Et ils le font avec une vigueur extraordinaire et une passion difficile à imaginer. Il faut du courage à un ministre pour défendre ses agents attaqués ? Messieurs, sachez, je le répète, que les juifs se pressent en ce moment dans toutes les chancelleries et que notre consul n'a que l'appui du ministère français des Affaires étrangères".

A la lumière de ces propos naïfs : "ils sont plus puissants dans le monde qu'ils ne le prétendent", il est clair que Thiers n'a pas bien mesuré la portée des faits et n'a pas eu conscience des intentions réelles de ceux qui utilisaient les pays européens contre son gouvernement.

Un mois plus tard, le 10 juillet, le débat a lieu au Sénat. De nouveaux documents confirmant la version officielle ont été envoyés à Paris et le chef du gouvernement a encore renforcé son soutien à l'action de Ratti-Menton. Je dois vous dire, dit Thiers, qu'après avoir lu les protocoles de l'affaire qui m'ont été envoyés, je ne trouve rien à reprocher à notre consul. En outre, Thiers déclare aux sénateurs que Cochelet, qu'il décrit comme l'un des diplomates français les plus précieux et les plus prestigieux, soutient pleinement le consul de Damas. Thiers avait certainement des mois pour changer de position et, comme Palmerston et Metternich, il aurait pu passer outre ses subordonnés en Orient, mais il ne l'a pas fait. Sa conviction que les Juifs de Damas étaient les assassins du Père Tomaso était telle qu'il en parla franchement en privé à James Rothschild et à Crémieux. Crémieux note dans son journal que le ministre lui a dit en face, sans pitié : "Ils sont coupables. Ils voulaient le sang d'un prêtre. Vous ne connaissez pas l'étendue du fanatisme des Juifs d'Orient. Ce n'est pas le premier cas d'un tel crime".

Alors qu'en Grande-Bretagne et en Autriche, la presse est presque entièrement contrôlée, en France, les publications catholiques et proches du gouvernement maintiennent leurs positions. Ainsi, le *Journal des débats*, après la séance parlementaire du 2 juin, demande d'attendre les résultats définitifs de l'enquête avant de se prononcer dans un sens ou dans l'autre. Un journal catholique qualifié de bonapartiste, *Commerce*, accuse publiquement James de Rothschild de s'immiscer dans les affaires diplomatiques françaises. L'*Univers, quant à lui,* défend sans équivoque Ratti-Menton et salue le courage de Thiers qui l'a protégé, malgré les attaques des Juifs et des chancelleries d'Europe. Le journal légitimiste *Quotidienne* insiste après le débat parlementaire sur le fait que la cause de Ratti-Menton est "la cause de la justice, la cause de la France". Il se fait également l'écho de rumeurs persistantes accusant les Juifs d'avoir tenté de corrompre le consul de France. La *Quotidienne* s'en prend également à James de Rothschild, qu'elle accuse d'arrogance et d'avoir dépensé des sommes importantes pour soutenir les accusés. Nous devons avertir M. Rothschild", dit le journal, "que par son incroyable persistance, non seulement il ne justifie pas ses coreligionnaires de Damas, mais qu'il se compromet lui-même et peut-être aussi ses coreligionnaires de France. Attention. Nous ne savons pas s'il peut acheter un certain nombre de hauts fonctionnaires, mais nous sommes sûrs qu'il ne peut pas acheter l'opinion publique". Un autre journal catholique, la *Gazette de Languedoc,* reprend mot pour mot, le 12 juin, l'avertissement de la *Quotidienne* à James de Rothschild.

Le *Leipziger Allgemeine Zeitung,* journal protestant, publie également un article de son correspondant parisien sur le débat à la Chambre des députés. L'article relate l'affrontement entre les consuls européens et fait état d'un rejet en France de James de Rothschild, considéré comme l'instigateur d'une ligue juive contre le gouvernement Thiers. Le texte souligne que, malgré leur émancipation, les Juifs français sont incapables de subordonner leurs intérêts ethniques et religieux à l'intérêt national de leur pays d'adoption et ont pris position contre leur gouvernement, auquel ils ont déclaré la guerre. Le correspondant du journal allemand a également fait état des sommes d'argent utilisées par les Juifs français pour acheter la position politique de divers journaux, ainsi que des tentatives de corruption des correspondants allemands en France pour qu'ils écrivent en faveur de leur cause.

Dès le mois de juillet, le 4 précisément, la *Gazette de Languedoc* insistait sur l'existence d'une chaîne ininterrompue d'assassinats reliant les crimes rituels juifs du Moyen-Âge à nos jours. Dans cette édition, le journal français détaillait longuement le crime de Hagenau, qui s'est déroulé au XIIIe siècle et dont nous avons donné des informations succinctes dans les premières pages de ce chapitre. Comme on s'en souviendra, l'empereur allemand Frédéric II avait été soudoyé à l'époque et les hommes assoiffés de sang étaient restés impunis. Pour la *Gazette,* il y avait une analogie exacte avec le meurtre du Père Tomaso.

## La mission à l'Est

La situation est beaucoup plus favorable à Londres, où le pouvoir de l'élite financière juive est presque absolu depuis la création de la Banque d'Angleterre et de la Compagnie des Indes orientales. C'est là qu'une mission a été organisée pour se rendre de Marseille à Alexandrie et Damas afin d'obtenir la libération de toutes les personnes accusées des meurtres du frère capucin et de son serviteur.

Les événements commencent à être relatés au début du mois de juin, lorsque Adolphe Crémieux écrit à Lionel Rothschild pour lui dire que ce qui s'est passé lors du débat à la Chambre des députés n'est pas exactement "merveilleux pour nos pauvres juifs de Damas". Crémieux confirme dans cette lettre son départ immédiat pour Londres. Nathaniel Rothschild, Nat, le frère cadet de Lionel, qui se trouve alors à Paris, peut-être pour épouser sa cousine Charlotte, la fille aînée de son oncle James, écrit également à ses frères le 3 juin pour leur annoncer le voyage de Crémieux. C'est précisément dans une autre lettre de Nathanaël à Lionel, écrite le 4, que l'on apprend les préparatifs du voyage en Orient. Nat y demande à son frère de commencer à organiser une grande souscription pour payer les frais du voyage de Crémieux en Orient. Il suggère de commencer par un don de 1000 livres et avoue qu'il est curieux de connaître le montant de la contribution d'Isaac Goldsmid.

Crémieux arrive à Londres le 8 juin et apprend rapidement que Sir Moses Montefiore, un incorrigible imbécile avec un penchant pour la pompe et l'autopromotion, également lié aux Rothschild, a été choisi pour l'accompagner dans son voyage à Alexandrie. Le fait qu'en 1839, Montefiore ait passé les mois de mai et juin en Palestine a probablement joué un rôle dans son choix. Il connaissait donc personnellement le vice-roi d'Égypte, puisqu'il était rentré en Europe par Alexandrie, où il avait rencontré Mohamed Ali le 13 juillet. L'annonce est faite le 15 lors de la réunion de l'assemblée du Conseil des Juifs britanniques. Le Conseil décide que Lionel Rothschild lui-même recevra les contributions et convoque à cet effet une réunion publique dans la Grande Synagogue, dite Duke's Place.

La réunion à la Grande Synagogue a eu lieu le 23 et a été une démonstration impressionnante de l'unité des Juifs de Londres. La réunion est présidée par Moses Montefiore lui-même, président du Comité londonien de la Députation des Juifs britanniques. Le plus haut représentant des Juifs français était Adolphe Crémieux, et le représentant des Juifs allemands était le rabbin Löwe. Des remerciements sont d'abord adressés au colonel Hodges, consul de Sa Majesté à Alexandrie, au prince Metternich, Son Altesse, à Merlato, consul d'Autriche à Damas, à Laurin, consul général d'Autriche à Alexandrie, et à James Rothschild. L'assemblée décide alors d'envoyer Crémieux et Montefiore en Syrie au nom des Israélites. Le Premier ministre Thiers est accusé par l'un des orateurs de "manquer d'humanité devant le forum de l'Europe civilisée". Montefiore a confirmé qu'il voyagerait avec Crémieux et a déclaré qu'ils iraient "défendre les exigences de l'humanité, qui était offensée dans leurs frères persécutés et affligés. Nous partons", a-t-il ajouté, "pour faire la lumière sur le sombre chaos des actes diaboliques, pour découvrir la conspiration et faire honte aux conspirateurs... en outre, nous voulons essayer d'inculquer aux gouvernements de l'Est des principes progressistes de législation et d'administration de la justice".

Un jour plus tôt, le 22 juin, la Chambre des Communes s'était réunie en présence de Lord Palmerston. Lors de cette réunion, Sir Robert Peel, qui dans une lettre personnelle avait assuré à Nathaniel qu'il "rendrait Thiers un peu plus prudent dans les instructions qu'il envoyait en Orient", prit la parole pour évoquer les persécutions abusives dont les Juifs de Damas étaient l'objet. Il fait part à la chambre des récits de cruauté et de torture que Merlato et Pieritz ont fait circuler et demande l'intervention de l'Angleterre : "les Juifs d'Angleterre, comme ceux des autres nations, auraient confiance dans l'intervention de l'Angleterre pour la découverte de la vérité". Palmerston répond que le sujet qu'il a porté devant la Chambre mérite depuis longtemps l'attention du gouvernement, "qui ne perdra pas de temps à prendre les mesures appropriées".

Une autre des grandes réunions qui ont eu lieu à Londres a été annoncée sur trois colonnes dans le *Times*. Le titre est : "Persécution des Juifs à Damas : grande réunion à Mansion House". La réunion a lieu le 3 juillet, alors que l'entourage de Crémieux et Montefiore est déjà à Paris. Quelque deux cents personnalités chrétiennes importantes, parmi lesquelles des banquiers, des marchands, des universitaires et des experts financiers de la City de Londres, y ont participé. Le maire de la ville de Londres était également présent. L'objectif de la réunion était de "manifester une fervente sympathie à l'égard de la terrible oppression des Juifs". Bien qu'il s'agisse d'une réunion de gentils, les Rothschild, les Goldsmid et d'autres financiers et hommes d'affaires juifs de premier plan sont présents dans la salle.

Ces "chrétiens", dont les intérêts sont certainement liés au pouvoir économique de l'élite financière juive, ont rivalisé d'ardeur pour défendre la cause des pauvres juifs de Damas, dont les souffrances, a déclaré un orateur, "serviront à améliorer la situation des juifs partout dans le monde". Le torrent de verbiage hypocrite qui a traversé la réunion a été accueilli par des applaudissements soutenus. Bien entendu, le rapport du révérend Pieritz a été relu. Au sujet de Lionel Rothschild, il a été dit qu'il était un bienfaiteur de Londres et que son nom serait lié à celui de la ville aussi longtemps qu'elle existerait. Un pasteur anglican, B. Noel, dans son empressement à disculper l'accusé, dit : "ne serait-il pas logique de supposer que le père Tomaso a été assassiné par son serviteur, soucieux de s'enfuir avec une partie de son argent ? Samuel Capper, un autre orateur, exprime sa satisfaction de voir des hommes comme Lord Palmerston et Sir Robert Peel défendre cette grande cause, et déclare que "l'Angleterre ne s'est jamais montrée aussi prête à délivrer l'humanité souffrante de la cruauté, de la persécution et de la torture".

## Muhammed Ali et les consuls d'Alexandrie

Pendant ce temps, à Alexandrie, le consul français Cochelet et le consul autrichien Laurin mènent une lutte acharnée contre Muhammed Ali, qui craint que la grâce des Juifs inculpés n'entraîne une révolte en Syrie et espère qu'en cas de conflit avec Constantinople et ses alliés européens, la France lui viendra en aide. À tel point que le colonel Hodges, qui s'est présenté à deux reprises devant le vice-roi, le 28 mai et le 18 juin, pour lui transmettre les messages de Palmerston, a quitté le palais à chaque fois sans espoir que l'affaire puisse être résolue facilement. La seconde fois, Muhammed Ali déclara à Hodges qu'il ne prendrait aucune décision avant de connaître le rapport officiel préparé par le vice-consul français, Maxime des Meloizes, qui se trouvait à Damas. Nous savons que ni les Rothschild, ni Palmerston, ni Metternich n'attendaient rien de bon de ce rapport.

Cochelet, pour contrer la campagne de Laurin et familiariser les Européens vivant à Alexandrie avec les protocoles du procès de Damas, fait publier un long document en arabe par Sibli Ayub, traduit par Jean Baptiste Beaudin, l'interprète du consulat, et annoté par Ratti-Menton. Il reprend en détail les déclarations et les confrontations des accusés, ainsi que les preuves médico-légales produites par les experts médicaux. L'impact du texte est considérable, puisque même les consuls de Prusse, von Wagner, et de Russie, le comte Medem, alliés de Laurin, informent leurs supérieurs que les protocoles sont largement lus et que l'opinion publique considère les Juifs comme coupables. Hodges écrit à Palmerston en juillet pour l'informer que même le comte Medem lui a dit personnellement qu'il "craignait que ce soient les Juifs qui aient assassiné le père Tomaso".

De son côté, Laurin, bien informé par Merlato des événements de Damas, poursuit ses pressions sur Mohamed Ali et a réussi à obtenir du vice-roi qu'il ordonne à Chérif Pacha d'améliorer substantiellement les conditions de détention. Dans une lettre datée du 15 juillet, il écrit à Metternich pour l'informer que le vice-roi, lors de sa dernière entrevue, lui a dit que "l'enquête a prouvé que les Juifs étaient coupables, mais pour ne pas blesser les sentiments de ses coreligionnaires, en particulier ceux d'Europe, il était prêt à jeter un voile sur la nature de leur crime, de sorte qu'il essaierait de présenter la vengeance personnelle plutôt que l'approvisionnement en sang chrétien comme le motif de l'assassinat". Une autre des réussites de Laurin dans ses entretiens avec Muhammed Ali fut son accord pour que les amis européens des accusés envoient deux avocats à Damas. Laurin écrivit à son ami Carl Rothschild et les hommes choisis furent Isaac Loria et un certain M. Ventura qui, à la mi-juillet, étaient déjà dans la ville en train d'essayer d'interférer avec le travail du vice-consul français. Constatant qu'au sein de la communauté chrétienne, personne n'était disposé à témoigner en faveur des détenus, ces avocats ont consacré leurs efforts à la recherche de musulmans éminents susceptibles de témoigner dans le sens qui les intéressait. Ils ont rapidement été accusés de tentatives de corruption et, inévitablement, une collision entre eux et l'équipe consulaire française s'en est suivie.

Fin juillet, malgré les pressions de toutes sortes, Maxime des Meloizes, le vice-consul nommé par Thiers, rédige un rapport de cinq cents pages qui est envoyé à Paris. Ce rapport contient les interrogatoires qu'il a menés avec les prisonniers, ainsi que des entretiens avec leurs familles et d'autres enquêtes. Sans surprise, la conclusion est que les détenus juifs sont les meurtriers du père Tomaso. Cependant, la bataille qui se déroulait dans l'ombre commençait à peser sur Sherif Pasha et Muhammed Ali lui-même, qui subissait des pressions de toutes parts, sauf de la France, pour ordonner un nouveau procès, qui, s'il avait lieu, pourrait être mené par des juristes européens ou, peut-être, par les autorités égyptiennes. Lorsque le voyage de Crémieux et Montefiore à Londres a été organisé, on a supposé que Mohamed Ali avait accepté de rouvrir l'affaire et de permettre une nouvelle enquête. De plus, pour bien faire comprendre à Muhammed Ali que d'autres enjeux que l'affaire juive sont en jeu, la Turquie, l'Angleterre, l'Autriche, la Prusse et la Russie signent le 15 juillet un traité dirigé contre l'Égypte. Ponsoby à Constantinople et Hodges à Alexandrie reçoivent début août des lettres de Lord Palmerston expliquant la signification du traité.

## Crémieux, Montefiore et Muhammed Ali

Avant de quitter Marseille, Crémieux rencontre à plusieurs reprises Thiers afin d'obtenir une accréditation gouvernementale, mais ne l'obtient pas. Il n'a même pas apporté de lettre d'introduction au consul général de France en Egypte. En revanche, Montefiore voyage avec l'appui du Foreign Office et apporte des lettres de Palmerston aux consuls britanniques d'Alexandrie, de Damas et de Beyrouth.

Le 4 août, Crémieux, Montefiore et les membres du grand groupe qui les accompagne arrivent à Alexandrie. Ils s'installent dans deux hôtels qu'ils occupent presque exclusivement en attendant leur départ pour Damas. Le 5 août, le colonel Hodges présente Montefiore, en uniforme, à Mohamed Ali. Crémieux n'y assiste pas, n'ayant pas encore contacté Cochelet. Montefiore, qui souhaite manifestement un réexamen de l'affaire, demande officiellement au vice-roi l'autorisation d'interroger des témoins et de recueillir des preuves au nom des prisonniers juifs. Crémieux fait la même demande quelques jours plus tard. Dans le texte, lu à haute voix par Montefiore en anglais, la prétention de flatter le vice-roi est évidente. Voici quelques brèves bribes reproduites par le professeur Frankel : "Les yeux de toute l'Europe sont braqués sur Votre Altesse et... en lui accordant nos prières, le monde civilisé tout entier sera satisfait... Ce grand homme, qui porte déjà un nom si glorieux, doit avoir un grand amour de la justice. Il ne peut y avoir de meilleure façon de rendre hommage au génie de Votre Altesse... que cette mission envoyée par les Israélites dans le monde entier pour demander justice". Muhammed Ali a promis de répondre dans quelques jours.

Il est rapidement apparu que Montefiore et Crémieux étaient en concurrence pour l'obtention de crédits. Ils développent donc des stratégies différentes. Montefiore s'appuie sur Samuel Briggs, un Britannique qui gère les affaires bancaires des Rothschild à Alexandrie et qui a amassé une énorme fortune personnelle. Briggs s'était rendu en Syrie et avait personnellement demandé au shérif Pacha de rouvrir l'enquête.

De son côté, Crémieux a des entretiens tendus avec Cochelet. Le leader juif présente deux exigences non négociables. La première exige que les autorités égyptiennes proclament que l'accusation de crime rituel est fausse et diffamatoire ; la seconde, que les accusés soient libérés après que leur innocence ait été déclarée. En contrepartie, on renonçait pour l'instant à un réexamen de l'affaire. Cochelet, suivant la ligne désormais officielle, semble prêt à accepter la première des conditions, mais refuse d'envisager la seconde. Voyant qu'il n'obtiendra rien du consul, Crémieux décide de jouer son va-tout auprès d'Antoine Clot et de Gaetani, deux médecins réputés qui soignent sans relâche le vieillissant Muhammed Ali. Il leur demande à tous deux de l'aider à le convaincre. Jonathan Frankel révèle qu'avant de quitter l'Egypte, Crémieux a versé à chacun d'eux dix mille francs pour leurs services d'intercession en faveur des Juifs de Damas auprès du vice-roi, ce qui indique qu'ils ont été, pour tout dire, soudoyés.

Le 16 août, Rifaat Bey, l'envoyé du sultan ottoman, débarque à Alexandrie pour présenter à Mohamed Ali l'ultimatum signé le 15 juillet à Londres par la Turquie et quatre puissances européennes, selon lequel il doit évacuer dans les dix jours la plupart des territoires de Syrie et du Liban et renoncer à ses prétentions héréditaires sur la Palestine s'il ne veut pas perdre toutes ses possessions, à l'exception de l'Égypte. Le vice-roi est également averti que lui et ses héritiers perdront même l'Égypte s'il n'accepte pas les conditions exigées à la date limite. Muhammed Ali rejette le traité et déclare à Rifaat Bey que la France est prête à lui venir en aide et qu'elle a plus d'une fois proposé d'intervenir. Le même jour, le 16 août, l'envoyé de Thiers, le comte Walewski, arrive également à Alexandrie et, deux jours plus tard, il informe le président français que le vice-roi d'Égypte a formellement demandé l'intervention diplomatique de la France, c'est-à-dire "la protection et la médiation de la France".

Le 17 août, Montefiore et Crémieux sont reçus en audience par Muhammed Ali, qui s'excuse d'avoir mis si longtemps à répondre à la demande de Montefiore. Il avoue qu'il n'y a pas beaucoup réfléchi car il a beaucoup d'autres chats à fouetter. Brigss, qui était présent, demanda au vice-roi de considérer que "les deux hommes représentaient non seulement la France et l'Angleterre, mais toute la population juive du monde". Muhammed Ali est cependant inflexible et ne veut pas accepter une enquête plus approfondie. Il se contente d'assurer que les prisonniers de Damas sont bien traités.

Lorsqu'il est apparu que la réouverture de l'affaire n'était pas possible, Montefiore a proposé de présenter à Muhammed Ali un plaidoyer lui demandant de signer un décret annonçant l'innocence des prisonniers et leur libération. Il était également prévu que le vice-roi proclame son incrédulité quant au fait que les Israélites avaient commis un crime religieux rituel. Crémieux est sceptique, mais le document est tout de même remis au palais le 22. Mohamed Ali refuse catégoriquement la demande. Le 25 août, Montefiore écrit une lettre à Londres pour raconter la tension du moment face à l'éventualité d'une guerre qui éclaterait après le délai de dix jours. Ici, dit-il, nous attendons l'ordre d'embarquer. Pour autant que nous le sachions, le vice-roi n'est pas disposé à céder. L'amiral anglais (Robert Stopford) navigue déjà avec sa flotte dans le port en compagnie de navires de guerre autrichiens... De tous côtés, nous voyons des préparatifs de guerre...".

Le 26, Mohamed Ali convoque l'émissaire turc, accompagné des consuls généraux des quatre puissances alliées européennes, et l'informe de sa décision de rejeter l'ultimatum. Le même jour, la flotte britannique opérant au large des côtes libanaises intercepte plusieurs navires égyptiens transportant du matériel pour l'armée en Syrie. Lorsque cette nouvelle parvient à Paris, les rumeurs d'une guerre européenne se répandent dans la presse et les valeurs boursières chutent de façon alarmante.

Mais alors que les dés semblent jetés, le vice-roi égyptien revient inopinément sur sa décision. Le 27 août, au cours d'une longue réunion avec ses conseillers, il annonce qu'il est prêt à renoncer à ses prétentions sur la Syrie. Le lendemain, il informe Rifaat Bey et les consuls des puissances alliées qu'il accepte les termes du second Utimatum, qui lui garantit le règne héréditaire sur l'Égypte et le dépossède des territoires restants. Toutefois, il se réservait le droit d'adresser une "humble supplication" au sultan, lui demandant, dans un acte de générosité extrême, de lui permettre de contrôler la Syrie et la Crète aussi longtemps qu'il vivrait. Muhammed Ali demande à Rifaat Bey de partir immédiatement pour Constantinople, mais les consuls interviennent pour rappeler que les paroles ne suffisent pas et que seule l'évacuation de l'armée égyptienne de Syrie peut arrêter la guerre.

Cochelet est consterné d'apprendre que Muhammed Ali a pris une décision aussi importante sans concertation préalable. Son indignation est telle que lorsqu'on lui demande de se rendre au palais, il refuse dans un premier temps. Dans une dépêche adressée à Thiers le 30 août, il regrette l'action du vice-roi égyptien, estimant que la France aurait dû être avertie de ce changement de politique. Cochelet rapporte qu'en se présentant à

Mohamed Ali, il l'a trouvé déprimé, la voix faible et cassée. Selon Cochelet, il avait subi une opération mineure pour des furoncles. "Je ne peux expliquer cette grande concession que par l'affaiblissement de son moral et la crainte d'une lutte acharnée où il redoute la défaite". C'est finalement l'envoyé de Thiers, Walewski, et non Rifaat Bey, qui s'embarque le 30 août pour Constantinople avec la demande de règlement. Walewski accompagne sa demande d'un avertissement : si son offre est rejetée, l'armée égyptienne est prête à envahir l'Anatolie.

Revenons maintenant au sujet de cet article pour voir comment les concessions de Muhammed Ali aux dirigeants juifs européens se sont concrétisées. Les journaux de Crémieux et de Montefiore, édités plus tard par le rabbin Löwe, nous apprennent qu'Adolphe Crémieux et son épouse Amélie Crémieux ont quitté Alexandrie pour le Caire à sept heures du matin le vendredi 28. Une heure plus tard, alors qu'ils s'apprêtaient à monter dans une barge pour traverser le Nil, ils ont vu une voiture approcher à toute allure. Clot et Gaetani, les médecins de Mohamed Ali, s'y trouvent et racontent qu'à l'aube, ils ont travaillé à l'ablation d'un furoncle sur les fesses du vice-roi, avec lequel ils ont discuté des Juifs de Damas. Les médecins avaient fait valoir qu'au plus fort de la crise internationale, la voix de six millions de Juifs au nom du vice-roi d'Égypte pouvait être d'une importance vitale. Au cours de la conversation, Mohamed Ali avait soudain annoncé : "Je vais libérer les prisonniers et permettre aux fugitifs de revenir. Je vais aller donner les ordres appropriés". Crémieux et sa suite retournent immédiatement à Alexandrie.

Jonathan Frankel, professeur à l'Université hébraïque de Jérusalem, estime que Muhammed Ali entendait par cette décision commencer à prendre ses distances avec la France et s'assurer autant que possible une entente avec les autres puissances européennes. La confrontation entre les consuls à Alexandrie avait montré que l'affaire de Damas était un facteur déterminant dans le différend entre les grandes puissances. La libération des prisonniers est évidemment un geste à l'égard de l'alliance anglo-autrichienne", précise Frankel, "dont les navires sillonnent les eaux du port d'Alexandrie".

Le 28, à deux heures de l'après-midi, Montefiore se rend au palais et parvient à s'entretenir avec le vice-roi, qui confirme la véracité des propos tenus par les médecins à Crémieux. Le soir, c'est Crémieux qui vient au palais remercier Mohamed Ali au nom de "six millions de Juifs dispersés dans le monde". Parmi les amabilités qu'il lui fait, il y a celle-ci : "Kebler dit à Bonaparte : "Vous êtes grand comme le monde. Vous, Monsieur, êtes en ce moment aussi grand que Napoléon.

Le samedi 29, des copies des documents officiels en faveur des prisonniers de Damas et des fugitifs sont rassemblées par les membres de la délégation juive. Ils ne tardent pas à trouver dans le document un terme qui ne leur plaît pas. Le décret contient le mot "pardon", qui évoque le sens de la culpabilité. C'est encore Crémieux qui va rencontrer le vice-roi pour lui expliquer que l'ambassade juive estime nécessaire de protester publiquement si le mot en question n'est pas remplacé. La discussion entre les deux hommes dure plus d'une heure, jusqu'à ce que Muhammed Ali accepte de le remplacer par l'expression "libéré".

Avant de quitter Alexandrie, Montefiore et Crémieux cosignent une lettre de remerciement adressée au vice-roi d'Egypte, bien qu'elle soit en réalité rédigée à l'intention de l'opinion publique européenne, qui doit être lue dans les journaux du continent. La lettre dit ceci :

> "Son Altesse a montré au monde qu'elle rejetait avec mépris les calomnies diffamatoires que nos ennemis voulaient jeter sur la religion juive... sur le principe odieux de l'effusion de sang humain pour le mélanger au pain azyme, accusation qui rendrait notre vieille et pure religion barbare et sanguinaire. L'acte que Votre Altesse a accompli prendra place dans l'histoire à côté des deux décrets signés par Soliman II et Amurath (al Murad), qui ont noblement lavé la religion juive de la même accusation... Des princes chrétiens et même des papes ont fait la même chose".

## Liberté pour les assassins du père Tomaso

Le 6 septembre, l'ordre de libération des assassins du Père Tomaso et de son serviteur Ibrahim Amara arrive à Damas. L'édit signé par Muhammed Ali indique que Messieurs Moses Montefiore et Adolphe Crémieux lui ont présenté leurs requêtes et leurs espoirs. Il se poursuit comme suit :

> "Ils nous ont été envoyés par toute la population de la religion mosaïque en Europe et nous ont imploré de décréter la libération de leurs coreligionnaires qui ont été arrêtés et d'assurer la paix de ceux qui, à la suite des enquêtes qui ont suivi la disparition ( !) du Père Tomaso et de son serviteur Ibrahim, ont pris la fuite. Et puisque, étant si nombreux dans la population, nous estimons qu'il n'est pas souhaitable de refuser leur demande, nous ordonnons que tous les juifs emprisonnés soient libérés. Quant à ceux qui ont quitté leurs maisons, j'ordonne qu'on leur garantisse la plus grande sécurité afin qu'ils puissent revenir. Chacun d'entre eux retournera à son métier ou à son entreprise et pourra, comme auparavant, effectuer son travail habituel. J'ordonne qu'ils se sentent à l'abri de tout refus. Telle est notre volonté."

Le comte de Ratti-Menton, stupéfait par la tournure inattendue des événements, exprime son amertume dans une série de lettres privées adressées à son collègue des Meloizes. Il est difficile, écrit-il le 6 septembre, de décrire l'impression... qui a été faite sur la population chrétienne et musulmane. Toute la journée, des chrétiens et de nombreux musulmans sont venus au consulat pour savoir ce qui avait pu motiver cet acte qui leur est incompréhensible". Quelques jours plus tard, il rend compte de la grande fête qui s'est déroulée dans le quartier juif, à laquelle "le père Tomaso et moi avons participé en mauviettes". Ratti-Menton regrette dans une autre lettre du 12 septembre que Sherif Pasha n'ait pas pu éviter les célébrations où l'on criait "Vive l'Autriche ! Vive la France ! Vive les Ottomans ! A bas la Croix !".

Des années plus tard, l'un des hommes les plus érudits *sur le Talmud* et sur le monde juif en général, l'ancien rabbin Simon Drach, qui s'est finalement converti au christianisme, a écrit ce qui suit : "Les assassins du père Tomaso, reconnus coupables de leur crime, ont néanmoins échappé à la condamnation grâce aux efforts des juifs de toutes les nations. Dans cette affaire, l'argent a joué le rôle le plus important... La justice n'a pas été rendue.

La vérité, cependant, est proclamée aujourd'hui sur l'épitaphe d'une humble tombe de l'église de Terre Sainte, mais qui, jusqu'en 1866, se trouvait dans le cimetière du couvent des Capucins de Damas. Le texte, écrit en italien et en arabe, dit : "Qui riposano le ossa del P. Tomaso da Sardegna, Misionario Apostólico Capuchino, assassinato dagli ebrei il giorno 5 di febbraio dell'anno 1840" (Ici reposent les ossements du père Tomaso da Sardegna, missionnaire apostolique capucin, tué par les juifs le 5 février 1840).

Après l'impunité du crime du père Tomaso, ces régions de l'Est sont devenues l'eldorado de nombreux meurtriers assoiffés de sang. Trois ans plus tard, d'autres crimes rituels sur plusieurs enfants sont signalés à Corfou, un nouveau meurtre à Rhodes et d'autres cas dans sept endroits différents. Dans toute l'Europe, l'augmentation des crimes prend des proportions alarmantes. Il n'existe pas de liste définitive, mais des chercheurs ont documenté cinquante-neuf cas qui, entre 1800 et 1933, ont été portés devant les tribunaux. Il est établi qu'entre 1840 et 1888, les meurtres et les plaintes ont explosé. L'abondance de livres, de pamphlets et d'articles pour ou contre est considérable. L'un des crimes les plus médiatisés est celui de Tisza-Eszlár (Hongrie) en 1882. Il existe un roman, *Blood Libel at Tiszaeszlar*, d'Andrew Handler, et un film, *The Raftsmen*, tourné en Hongrie en 1990.

Quant aux crimes rituels juifs aux États-Unis, Eustace Mullins les dénonce dans *Mullin's New History of the Jews*, publié en 1968 par The International Institute of Jewish Studies. Il y attribue la mort du fils de Charles Lindbergh, une petite fille de vingt mois enlevée et assassinée en mars 1932, à des criminels et à des pratiques rituelles juives. Arnold Leese, dans *Jewish Ritual Murder*, fournit également des détails sur le complot juif entourant l'affaire du fils du colonel Lindbergh. Mullins révèle que Chicago est la ville américaine où se déroulent la plupart des cas de crimes rituels et affirme que la ville est l'un des centres fournissant du sang aux communautés juives du monde entier. Le chef de la police a même admis que trois cents enfants disparaissaient chaque mois dans la ville. En octobre 1955, les frères

John et Anton Schuessler, âgés de treize et onze ans, et leur ami Bobby Peterson, âgé de quatorze ans, sont enlevés et assassinés à Chicago. En décembre 1956, toujours à Chicago, les sœurs Barbara et Patricia Grimes ont connu le même sort. Il n'a pas été possible d'empêcher que ces meurtres soient connus du public. *Le Daily News publia* une édition du soir avec la nouvelle que le corps de Bobby Peterson avait été transpercé aux mêmes endroits où le Christ avait été blessé sur la croix. L'édition a été immédiatement retirée des kiosques à journaux. Bien que, comme d'habitude, la version officielle de la police attribue les décès à des crimes sexuels, aucun des corps ne présentait de traces de viol ou d'agression sexuelle. Au contraire, ils portaient tous des marques de ligature aux poignets et aux chevilles et avaient subi des coupures, des piqûres et des perforations : les jeunes hommes s'étaient lentement vidés de leur sang.

## Nationalisme et protosionisme

Bien qu'au cours du XVIIIe siècle, poussés par les prédictions messianiques, de nombreux kabbalistes aient fait des pèlerinages en Palestine, au début du XIXe siècle, il n'y avait plus qu'environ 5 000 Juifs dans cette région. En 1812, la première colonie de Juifs ashkénazes appartenant au mouvement hassidique avait été établie à Hébron, dont le principal protecteur était le rabbin Hirsch Lehren, qui, comme on le sait, dirigeait depuis 1817 l'organisation pro-sioniste des Officiers de la Terre d'Israël à Amsterdam. Dix ans avant la crise déclenchée par l'affaire de Damas, l'hebdomadaire américain *Niles Wekly Register* laissait entendre que le sultan ottoman envisageait de vendre Jérusalem aux Rothschild, dont la puissance et l'influence leur permettraient de réunir leur nation en Judée. Selon cette publication, le territoire n'a que peu de valeur pour le sultan, "mais entre les mains des Juifs, dirigés par des hommes comme les Rothschild, que ne deviendrait-il pas en peu de temps ? En 1836, le rabbin Zeví Hirsch Kalisher lance un appel à Amschel Rothschild pour qu'il achète toute la Palestine, condition préalable à la rédemption du peuple juif. Si cela n'était pas possible, le rabbin demandait au banquier d'acheter au moins la ville de Jérusalem et tous ses environs. En 1839, Kalisher écrit également à Moses Montefiore qui, comme on le sait, se rend pour la première fois en Palestine cette année-là. Il lui demande de louer à Muhammed Ali un vaste terrain pour une période de cinquante ans, afin d'y installer des milliers de familles juives. Lorsque Montefiore est reçu par le vice-roi le 13 juillet, le chef juif lui présente l'ambitieux projet. Il s'agit de louer une ou deux centaines de villages qui seront exempts de taxes ou de contributions. Le bail serait payé annuellement en argent à Alexandrie. Montefiore écrit dans son journal que, si la concession est obtenue, il créera une société pour cultiver la terre et encourager ses frères de toute l'Europe à revenir en Palestine. Les semaines et les mois passent, mais l'Égypte ne répond pas. Au cours de l'été

1840, cependant, le projet de Montefiore de transférer des Juifs en Palestine à grande échelle est devenu de notoriété publique, et des rapports sont publiés sur des projets industriels dans diverses parties de la Judée, dans lesquels seuls des travailleurs juifs seront employés.

Historiquement, les Juifs ont utilisé la conversion à d'autres religions pour travailler au sein de celles-ci dans l'intérêt de leur race et de leur religion. Ce fut le cas des Marranes en Espagne, dont beaucoup ont occupé des postes importants au sein de l'Église. Nous savons déjà que Shabbetay Zeví, le Messie juif du XVIIe siècle, n'a eu aucun mal à adopter l'islam pour sauver sa vie et qu'il a ensuite minimisé la valeur de sa conversion. Jakob Frank s'est lui aussi converti successivement à l'islam et au christianisme afin, selon lui, de détruire le christianisme de l'intérieur, comme le feraient "des soldats prenant d'assaut une ville en passant par ses égouts". En effet, de nombreux ouvrages dénoncent aujourd'hui la pénétration systématique d'agents juifs dans la hiérarchie catholique et vaticane. Citons notamment *Judaïsme et Vatican* du vicomte Léon de Poncins, *La Croix brisée* de Peirs Compton et *Voici un cheval pâle* de Bill Cooper. Un exemple récent de ce que nous avons écrit est celui de l'évêque de la cathédrale Saint-Étienne de Vienne, Johann Emmanuel Veith, un juif converti qui, du haut de la chaire, a juré effrontément par le Christ que les meurtriers du père Tomaso étaient innocents. Les Doenmes, l'équivalent des Marranes espagnols dans le monde musulman, étaient des juifs convertis à l'islam qui, tout en se comportant extérieurement comme des musulmans, restaient fidèles à leur religion. Nous savons que Mustafa Kemal Ataturk et les Jeunes Turcs qui ont mis fin à l'État islamique en Turquie en 1923 étaient des Doenmes. Tout ceci est d'actualité car une organisation chrétienne a également été fondée à Londres en 1809, la "London Society for Promoting Christianity Amongst the Jews", déjà citée, qui a œuvré avec une réelle ferveur pour la cause du retour des Juifs en Palestine.

Si l'on admet que le sionisme est un mouvement qui recherche la réunification d'un peuple dispersé sur un territoire supposé promis par un Dieu qui l'a choisi parmi tous les autres, il faut considérer que la London Society est une organisation pro-sioniste. Elle fourmille de nombreux juifs convertis au christianisme, comme l'ineffable missionnaire George Wildon Pieritz, auteur du pamphlet *Statement of Mr. Pieritz, a Jewish Convert, and assistant missionary at Jerusalem, respecting the persecution of the Jews at Damascus : the result of a personal inquiry on the spot*. L'objectif principal de ces "chrétiens" était de profiter de leur nouveau statut pour travailler avantageusement à la cause du nationalisme juif. En effet, la plupart d'entre eux se considèrent comme des membres de la nation juive. Parmi les figures de proue de la Société de Londres, le théologien Alexander McCaul affirme que la conversion des Juifs au christianisme et leur retour en Palestine constituent un seul et même objectif. Dans une lettre adressée au comité exécutif de la Société en 1839, il décide que dans toutes les branches établies en Méditerranée et en Pologne, les missionnaires devront consacrer au moins deux heures par jour à l'étude du *Talmud*. McCaul considère sans doute que pour être un bon chrétien, la chose la plus appropriée à faire est de lire le livre le plus antichrétien qui soit, qui prêche une haine féroce du Christ et insuffle une soif pathologique de vengeance à l'égard du christianisme.

L'une des figures les plus en vue de la London Society était Lord Ashley, 7e comte de Shaftesbury, qui avait été nommé vice-président de la Society en 1835. Ashley entretenait une relation intime avec le secrétaire du Foreign Office, Lord Palmerston, car sa belle-mère, Lady Emily Cowper, fut la maîtresse de Palmerston jusqu'en 1839, date à laquelle elle devint son épouse. Grâce à ces influences, la London Society a obtenu la nomination du vice-consul britannique à Jérusalem. Ashley veilla à ce que la zone de responsabilité du vice-consul couvre les anciennes frontières de ce qu'il appelait "l'ancien royaume de David et des douze tribus". La personne choisie pour ce poste en 1838 fut W. T. Young, qui devint en même temps membre du Comité général de la Société. Une entrée dans le journal d'Ashley révèle les rapports entre lui et Palmerston :

"Adieu ce matin à Young, qui vient d'être nommé vice-consul de Sa Majesté à Jérusalem... Quel merveilleux événement ! L'ancienne cité du peuple de Dieu est sur le point de retrouver une place parmi les nations, et l'Angleterre est le premier des royaumes des Gentils à cesser de la fouler aux pieds... Dieu m'a mis à cœur de concevoir un plan en Son honneur, m'a donné l'influence nécessaire pour influencer Palmerston, et m'a fourni l'homme qu'il fallait pour la situation."

Lord Ashley considérait la période historique de Cromwell et de Charles II comme un cadeau de "la Providence qui ne dort jamais". Pour lui, le fait que l'Angleterre ait alors accordé sa protection aux Juifs a été le début de sa prospérité et de sa domination commerciale. Ce sioniste avant la lettre publie dans le *Times* un mémorandum signé "au nom de beaucoup de ceux qui espèrent le rétablissement d'Israël", qui est envoyé en privé à tous les chefs des Etats protestants d'Europe et d'Amérique du Nord. Il fait référence à l'Eglise de Rome comme "la grande Babylone sur le point de sombrer dans l'abîme d'un destin insondable... quand son heure viendra (et elle est très proche !)". Faisant appel à l'esprit du roi perse Cyrus, les gouvernements protestants étaient invités à agir pour rétablir le peuple d'Israël dans son héritage. Lord Palmerston lui-même a présenté le document à la reine Victoria.

Toute cette ferveur sioniste ne fit qu'augmenter au cours de l'année 1840 et des années suivantes. Lady Palmerston elle-même, commentant la flambée de nationalisme juif qui s'était produite à la suite de l'affaire de Damas, déclara : "les éléments fanatiques et religieux... dans ce pays... sont absolument déterminés à ce que Jérusalem et toute la Palestine soient réservées au retour des Juifs ; c'est leur seul désir". L'argument principal est que pour éviter que des cas comme celui des "pauvres Juifs de Damas et de Rhodes" ne se répètent à l'avenir, le retour en Palestine est nécessaire. Moses Hess a consacré un chapitre entier de son célèbre livre *Rome et Jérusalem* à l'impact que l'épisode du crime rituel de Damas a eu sur lui. Il y affirme que la manière dont les Juifs ont été persécutés, même en Europe, marque un nouveau départ dans la vie juive. Ce livre de Hess et *Drishal Zion* (*La recherche de Sion*) de Hirsch Kalischer, tous deux publiés en 1862, constituent les premiers exposés du nationalisme juif moderne.

Selon Eustace Mullins, en 1811, Zeví Hirsch Kalisher (1795-1874) n'a que seize ans lorsqu'il fréquente la loge maçonnique de Francfort, siège de la franc-maçonnerie éclairée. Son amitié avec Amschel Rothschild remonte donc à ces années-là. Il y rencontra également Solomon Rothschild et Sigismund Geisenheimer, le chef administratif de la Maison Rothschild, qui assistaient tous deux aux séances. Dans *Drishal Zion*, ce rabbin ashkénaze appelle à la reconstruction d'Eretz Israël. Son plan prévoit la création de colonies, qui seront protégées par des forces de sécurité, comme c'est le cas actuellement, car aujourd'hui le centre d'Hébron, inaccessible aux 130 000 Palestiniens qui vivent dans la ville, est occupé par quelque 500 colons qui bénéficient de la protection de l'armée. Le rabbin Kalisher annonçait dans son ouvrage que le début de la Rédemption se ferait sous les auspices des peuples du monde et que l'installation des Juifs sur leur terre précéderait la venue du Messie. La publication de cet ouvrage provoqua un grand émoi dans le monde juif et fut cité par Moses Hess qui, quelques mois plus tard, publiera *Rome et Jérusalem*, le grand ouvrage du proto-sionisme.

Meyer Waxman, traducteur en 1918 de l'œuvre de Moïse Hess (1812-1875) en anglais, parle de *Rome et Jérusalem* comme d'un livre en avance sur son temps. Hess est pour lui un prophète et considère l'ouvrage comme "le héraut du nationalisme et la trompette du sionisme". Nous ne voulons pas nous attarder, car d'autres sujets requièrent notre intérêt. Nous ne verrons que quelques-unes des idées que ce fanatique nationaliste expose dans son ouvrage. Hess, qui fut l'ami de Marx et Engels pendant les années de gestation du *Manifeste communiste* et participa avec enthousiasme au mouvement révolutionnaire, comme nous le verrons dans le chapitre suivant, envisage un rôle de premier plan pour le futur Etat juif. L'État sioniste, prévoit-il, "assis sur la route de l'Inde et de la Chine, sera le médiateur entre l'Asie et l'Europe". Selon lui, "le but de toute la création ne s'accomplira qu'avec l'établissement du royaume messianique et la venue du Messie". Hess cite Isaïe pour distinguer deux types de nations : "celles qui sont condamnées à la mort éternelle et Israël, dont le destin est de ressusciter". Ayant profité de la Révolution française pour obtenir l'égalité et l'émancipation, Hess prévient que les Juifs qui se sont émancipés et intégrés et qui "nient l'existence d'une nationalité juive, ne sont pas seulement des déserteurs au sens religieux, mais des traîtres à leur peuple, à leur race et même à leur famille..., car la religion juive est avant tout un patriotisme". Au sujet de l'apostasie, évoquée plus haut, il déclare : "En réalité, le judaïsme en tant que nationalité a une base naturelle qui n'est pas perdue par la simple conversion à une autre foi ou à une autre religion. Un juif appartient à sa race et par conséquent au judaïsme, même si ses ancêtres ont été apostats. Le juif converti est toujours juif...". Voici un passage significatif dans lequel, dans son délire nationaliste, Hess croit possible que les banquiers juifs puissent imposer la création d'un super-État sioniste par le biais de l'argent : "Quelle puissance européenne s'opposerait aujourd'hui au projet selon lequel les Juifs, unis par un Congrès, achèteraient leur ancienne patrie ? Qui s'opposerait à ce que les Juifs jettent quelques poignées d'or sur la vieille Turquie décrépite et disent : "Rendez-moi ma maison et utilisez cet argent pour consolider d'autres parties de votre empire chancelant" ? Il n'y aurait aucune objection à la réalisation d'un tel plan, et la Judée serait autorisée à étendre ses frontières de Suez au port de Smyrne, y compris toute la région de la chaîne montagneuse occidentale du Liban". Dans un autre passage particulièrement remarquable, Hess insiste sur la revendication de la Turquie et reconnaît le rôle des Juifs dans la Révolution française et dans le mouvement révolutionnaire en général. S'adressant au peuple juif, il écrit : "Le temps est venu pour vous de reprendre, par voie de compensation ou par d'autres moyens, votre ancienne patrie à la Turquie qui l'a dévastée pendant des années. Vous avez suffisamment contribué à la cause de la civilisation et aidé l'Europe sur la voie du progrès, à faire des révolutions et à les réussir".

Il est regrettable de constater que ce sioniste insinue qu'ils étaient motivés par la philanthropie en déclenchant à leur profit des processus révolutionnaires au cours desquels des millions d'Européens ont perdu la vie et leurs biens. Mais ce qui est peut-être encore plus scandaleux, c'est le cynisme avec lequel il attribue un rôle suprématiste au judaïsme et le mépris avec lequel il se réfère aux autres cultures et religions, surtout lorsqu'on connaît les crimes du sionisme et la ruine que la création d'Israël a signifiée pour tous les peuples du Moyen-Orient. S'adressant toujours au peuple juif, il poursuit en disant : "Vous deviendrez la référence morale de l'Orient. Vous avez écrit le Livre des Livres. Devenez donc l'éducateur des hordes arabes sauvages et des peuples africains. Laisse la vieille sagesse de l'Orient, les révélations du Zend, les Védas, ainsi que le Coran plus moderne, regroupe-les autour de ta Bible". Pour conclure cette brève revue de *Rome et de Jérusalem*, voyons comment Moïse Hess conçoit les étapes de la création de l'Etat. Tout d'abord, les princes juifs, c'est-à-dire les Rothschild, Montefiore et autres, doivent organiser une Société pour la colonisation de la Palestine, dont le programme comprendra les activités suivantes : 1. 2. des juifs de toutes les parties du monde, en particulier de Russie, de Pologne et d'Allemagne, devraient être installés en Palestine, où ils recevraient des prêts et seraient assistés par des techniciens agricoles employés par la Société. 3) Une force de police doit être mise en place pour protéger les colons contre d'éventuelles attaques de Bédouins et pour maintenir l'ordre en général. 4.

sous les auspices de la Compagnie, des écoles seraient ouvertes pour la jeunesse juive, dans lesquelles toutes les sciences et, bien sûr, l'idéologie nationaliste seraient enseignées. Hess précise enfin que cela "ne signifie pas une immigration totale de Juifs en Palestine, car même après la création de l'État juif, la majorité des Juifs vivant à l'époque dans l'Occident civilisé y resteront".

Pour conclure cette section, il est peut-être intéressant de savoir que, dès que la Syrie et la Palestine furent à nouveau sous la domination du sultan de Constantinople, la Société londonienne de Lord Ashley, manifestement avec l'approbation de Palmerston et le soutien de l'archevêque de Canterbury, se lança dans un projet de construction d'une église anglicane en Terre Sainte, qui fut mené à bien avec une rapidité inhabituelle. L'église, que la London Society a commencé à construire sur le mont Sion, est devenue le siège d'un évêque anglican en 1841. Le poste fut attribué à Michael Salomon Alexander, qui, comme on pouvait s'y attendre, avait reçu une éducation juive traditionnelle avant de se convertir au christianisme. Le capitaine Valmont, qui commande l'*Euphrate*, un navire de guerre français opérant au large des côtes libanaises, rapporte à Cochelet, le 9 novembre de la même année, que le prêtre anglais parle librement de la promesse de rétablir le royaume d'Israël en Terre sainte.

## James Rothschild et la chute de Thiers

Reste à connaître les répercussions politiques de l'affaire de Damas, qui a entraîné la chute d'Adolphe Thiers et constitué une grave humiliation diplomatique pour la France. Selon Niall Ferguson, la résolution de cette affaire a été un triomphe personnel pour James Rothschild et a marqué l'un des points culminants du pouvoir politique du banquier. Ferguson affirme que la crise a donné à James l'occasion idéale de saper le Premier ministre, qui n'avait jamais été un grand admirateur. Nathaniel Rothschild, au plus fort de la crise, estime que la défenestration de Thiers, qu'il considère comme "le plus arrogant des arrivistes", serait alors presque impossible et "en fait dangereuse autant qu'imprudente". La question était donc de savoir dans quelle mesure les Rothschild étaient capables d'accélérer sa chute.

L'élément clé était l'impact de la crise sur le prix des recettes publiques. Le 3 août 1840, le prix des obligations d'État a chuté de façon spectaculaire. Ce n'est que le début d'une baisse prolongée qui se poursuit jusqu'en octobre, sous l'effet des craintes suscitées par les événements à l'Est. La clé de la position des Rothschild se trouve à nouveau dans un commentaire de Nat, cité par N. Ferguson : "Thank God, the house had hardly any rent" (Dieu merci, la maison n'avait presque pas de loyer). Cela signifie que le 2 août, la veille de l'effondrement des obligations d'État françaises, les Rothschild français, qui disposaient sans aucun doute d'informations privilégiées sur les maisons de Londres et de Vienne, s'étaient couverts à l'avance et s'en étaient débarrassés. Thiers s'est défendu comme il a pu et, le 12 octobre, il a tiré à boulets rouges sur James Rothschild et ses manœuvres par l'intermédiaire du journal pro-gouvernemental *Constitutionnel*. Voici le texte extrait de l'ouvrage de Niall Ferguson :

> *"Selon le Times*, M. de Rothschild est un financier et ne veut pas la guerre. Rien n'est plus facile à comprendre. Monsieur de Rothschild est un sujet autrichien et le consul autrichien à Paris, et en tant que tel, il se soucie peu de l'honneur et des intérêts de la France. Cela aussi est compréhensible. Mais qu'avez-vous à faire, monsieur de Rothschild, homme de Bourse, monsieur de Rothschild, agent de Metternich, de notre Chambre des députés et de notre majorité ? De quel droit et de quelle autorité le roi des finances se mêle-t-il de nos affaires ? Est-il juge de notre honneur, et ses intérêts pécuniaires doivent-ils prévaloir sur l'intérêt national ? On parle d'intérêts pécuniaires, mais, très étonnamment, si l'on en croit des informations très fiables, le banquier juif ne se contente pas de s'interposer contre les prétentions financières de notre cabinet... Il semble qu'il veuille aussi satisfaire sa vanité blessée. M. de Rothschild a promis à ses coreligionnaires le renvoi de notre consul général à Damas en raison de la position qu'il a défendue lors du procès des Juifs de cette ville. Grâce à la fermeté du président du Conseil [Thiers], ces demandes insistantes du tout-puissant banquier ont été repoussées et M. Ratti-Menton a été maintenu. D'où l'irritation du banquier tout-puissant et l'ardeur avec laquelle il s'adonne à des intrigues qui n'ont rien à voir avec ses affaires.*

James Rothschild a dû être un peu perturbé par cette attaque. En réalité, ce n'était rien d'autre que le droit de se plaindre, car huit jours plus tard, Thiers démissionnait. Le 29 octobre 1840, un nouveau gouvernement est formé, avec à sa tête l'un des plus fidèles soutiens des Rothschild, le traître de Waterloo, l'infatigable maréchal Jean-de-Dieu Soult, duc de Dalmatie, qui prend ses fonctions pour la troisième fois et qui les conservera jusqu'au 19 septembre 1847. Nathaniel Rothschild se félicite que la Bourse ait la plus grande confiance dans le nouveau gouvernement.

Les conséquences de la crise à l'Est montrent que les tensions internationales profitent aux Rothschild. La chute de Thiers entraîne presque immédiatement de nouvelles affaires. Le gouvernement Soult s'empresse de négocier avec la maison Rothschild un nouveau prêt pour la construction d'un système de fortifications autour de Paris. Un prêt de 150 millions de francs est accordé en octobre 1841, démontrant la domination incontestée de James Rothschild sur les finances françaises. D'autres prêts sont accordés en 1842 et 1844. Les tensions internationales entraînent également une augmentation des dépenses d'armement dans les États allemands. "Si la France continue à s'armer, l'Allemagne doit faire de même", explique

Amschel Rothschild. Les Rothschild se lancent alors dans de nouvelles activités.

Par ailleurs, il peut être intéressant pour le lecteur de savoir ce qu'il est advenu de l'incorruptible comte de Ratti-Menton. Au cours de l'été 1841, il reçut l'ordre de se présenter à Paris. Bien que la communauté catholique de Damas ait insisté pour qu'il revienne au consulat, son retour n'a jamais eu lieu. Le gouvernement dirigé par le juif Soult, si étroitement lié aux intérêts des Rothschild, dut estimer qu'un diplomate qui avait montré si peu de compassion envers de pauvres juifs innocents méritait une affectation spéciale : en 1842, Ratti-Menton fut nommé au poste de consul à Canton.

# CHAPITRE V

## "Nos bons maçons, les yeux bandés"

Depuis que les Illuminati ont pénétré la franc-maçonnerie pour l'utiliser et, cachés en son sein, ont fonctionné comme une société secrète dans une société secrète, les francs-maçons du monde entier ont joué le rôle qui leur était assigné par les dirigeants du MRM (Mouvement révolutionnaire mondial). Rappelons les propos du rabbin Antelman : "Lorsque les Illuminati et les Frankistes ont infiltré les Francs-maçons, cela ne signifie pas qu'ils nourrissaient un quelconque sentiment d'amour pour la Franc-maçonnerie. Au contraire, ils la détestaient et ne voulaient que sa couverture comme moyen de diffusion de leur doctrine révolutionnaire et comme lieu de rencontre sans éveiller les soupçons".

Au fil du XIXe siècle, la mainmise de la franc-maçonnerie devient si irréversible qu'en 1861, l'ineffable Adolphe Isaac Crémieux, Maçon du 33e degré et Grand Maître du Grand Orient de France, fondateur en 1860 de l'Alliance israélite universelle, proclame à la page 651 des *Archives israélites*, l'organe de l'Alliance : "A la place des papes et des césars, un nouveau royaume, une nouvelle Jérusalem, va s'élever. Et nos bons francs-maçons, les yeux bandés, aident les Juifs dans le "Grand Œuvre" de la construction de ce nouveau Temple de Salomon, ce nouveau royaume césaro-papiste des kabbalistes !". Ces paroles de Crémieux nous ont semblé idéales pour chapeauter ce chapitre, dans lequel nous verrons comment les bons Maçons, les yeux bandés, ont agi dans les différents épisodes historiques du siècle aux ordres du pouvoir occulte qui les instrumentalisait.

En principe, selon ses statuts, la franc-maçonnerie devait être une association secrète à but philanthropique, humanitaire et progressiste, dont l'objectif était de transformer la civilisation chrétienne en un monde fondé sur l'athéisme rationaliste. Imprégnés des idées des Lumières bavaroises, les francs-maçons, avec les juifs, ont commencé à travailler sans relâche au triomphe de la révolution universelle. Il est établi que, dans les différents pays, la majorité des francs-maçons de haut rang sont juifs. Le 3 août 1866, le rabbin Isaac M. Wise publiait dans le journal *The Israelite*, édité par lui-même aux États-Unis, les mots suivants : "La franc-maçonnerie est une institution juive, dont l'histoire, les degrés, les coûts et les lumières sont juifs du début à la fin.

Albert Pike, infatigable érudit de la Kabbale et de l'occultisme, franc-maçon du 33e degré, chef mondial de la franc-maçonnerie qui s'est déclaré prêtre de Lucifer, personnage incontournable auquel nous consacrerons une attention particulière dans ce chapitre, écrit ce qui suit dans *Morals and Dogma*, son œuvre maîtresse : "Toutes les religions véritablement dogmatiques dérivent de la Kabbale et y reviennent. Tout ce qu'il y a de scientifique et de grand dans les rêves religieux de personnes aussi éclairées que Jacob Böhme, Swedenborg, Saint-Martin et d'autres, a été emprunté à la Cabale. Toutes les associations maçonniques lui doivent leurs secrets et leurs symboles".

Ceux qui cherchent à remettre en cause l'emprise juive sur la franc-maçonnerie affirment qu'au départ, il n'y avait pas de Juifs parmi les francs-maçons et qu'ils ne sont apparus qu'à la fin du XVIIIe siècle. Si cela est relativement vrai, il est indéniable qu'à partir du XIXe siècle, la franc-maçonnerie est devenue une forme de judaïsme kabbalistique à l'usage de gentils plus ou moins sélectionnés. Nous avons vu qu'il existait un plan très élaboré en faveur du judaïsme. Nous avons également vu comment l'admission des Juifs dans les loges s'est faite, et l'importance du Congrès de Wilhelmsbad, où les idées d'émancipation juive ont triomphé. Peu importe donc qu'il y ait eu ou non des Juifs dans les loges à l'origine. Nous savons comment ils se sont introduits dans les loges et, dans ce chapitre, nous continuerons à montrer les résultats, qui ne font aucun doute : les bons Maçons de Crémieux ont été le fer de lance du Mouvement révolutionnaire mondial financé par les Rothschild et d'autres banquiers juifs. Les faits et les affirmations sur la mainmise du judaïsme international sur la franc-maçonnerie sont évidents.

## La Kabbale, l'hérésie mystique du sabbatéisme et du frankisme

La Kabbale fait partie du *Talmud*, mais elle est spécialisée, mystique, occulte et secrète par nature. La tradition kabbalistique ne provient pas seulement de sources juives, mais d'une grande variété de traditions ésotériques préexistantes : indo-iranienne, assyrienne, égyptienne, persane, babylonienne et cananéenne. Pour les kabbalistes, le monde entier est un "corpus symbolicum", et donc la Kabbale, à laquelle toutes les associations maçonniques doivent leurs secrets et leurs symboles. À ce stade, il est nécessaire de retarder notre étude historique pour commenter la Kabbale de manière concise, afin de comprendre son importance dans les sociétés secrètes, dans la franc-maçonnerie et dans le mouvement néo-messianique juif, considéré comme hérétique par de nombreux rabbins orthodoxes, qui trouve son origine dans Shabbetay Zeví et qui a été poursuivi par les Frankistes et les Illuminati. Dans *Les grandes tendances de la mystique juive*, Gershom Scholem, dont les ouvrages sur le sujet sont indispensables, donne une vue d'ensemble de la Kabbale depuis ses origines jusqu'au hassidisme du XIXe siècle, qu'il appelle la dernière étape, puisqu'il y a eu un mouvement hassidique antérieur dans l'Allemagne médiévale. Nous nous tournons donc vers lui pour avoir un aperçu de la compréhension de la Kabbale par Albert Pike, qui déclarait que Lucifer était Dieu, et par d'autres satanistes tels que Jacob Frank. Il a déjà été dit au chapitre 2 que les frankistes, dont la perversion et la duplicité ne connaissaient pas de limites, croyaient qu'en péchant et en violant la *Torah*, la rédemption cosmique (ticun) pouvait être obtenue.

Avant de se cristalliser dans la Kabbale médiévale, la mystique juive s'est étendue sur une période d'environ mille ans, du premier siècle avant J.-C. au dixième siècle après J.-C., que Scholem appelle "mystique de la Merkabah" et qu'il rattache au gnosticisme juif. Les documents les plus remarquables de ce mouvement ont été rédigés aux Ve et VIe siècles. L'étude des mystiques espagnols, saint Jean de la Croix et sainte Thérèse, nous a appris que l'extase ultime de l'expérience mystique consistait en la vision de Dieu et l'union de l'âme avec le Bien-Aimé. Dans le mysticisme juif de ces siècles, cependant, cet ultime délire ou ravissement consistait en la vision du char comme trône de Dieu (la Merkaba). Les voyants connaissaient les armées d'anges célestes et voyaient la Grande Majesté, son trône et son palais. "La mystique juive la plus ancienne est la mystique du trône. Il ne s'agit pas de la contemplation absorbée de la vraie nature de Dieu", écrit G. Scholem, "mais de la perception de son apparition sur le trône, décrite par Ezéchiel, ainsi que de la connaissance des mystères du monde du trône céleste". La sphère du trône - la Merkaba - a ses "demeures" et ses "palais". Il semble qu'il était même d'usage de placer des scribes ou des sténographes de part et d'autre du voyant, qui transcrivaient sa description extatique du trône et de ses occupants. À plusieurs reprises, le mysticisme de la Merkaba a dégénéré en magie pure et simple.

Au IIe siècle, il existait déjà un courant de mystiques juifs hérétiques qui rompaient avec le judaïsme rabbinique. Les idées de cette école ou de ce groupe étaient mêlées à celles du gnosticisme. Au cours du deuxième siècle, la frontière entre les gnostiques juifs et les gnostiques chrétiens était très mince. La plupart des spécialistes du christianisme ancien souscrivent aujourd'hui à la thèse de l'Allemand Walter Bauer (*Orthodoxie et hérésie dans le christianisme ancien*), selon laquelle le christianisme d'Alexandrie était à l'origine de nature gnostique. Il en déduit que les premiers chrétiens connus dans cette ville à l'époque d'Hadrien étaient des enseignants gnostiques. Les chrétiens gnostiques étaient également considérés comme des hérétiques par le courant orthodoxe. Ainsi, à Alexandrie, capitale de la diaspora juive, des groupes de gnostiques juifs et chrétiens vivaient ensemble et échangeaient des idées.

Dans *The Pluriformity of Early Christianity*, Gerard P. Luttikhuizen consacre un chapitre à l'explication de l'idée centrale sur l'origine du mal défendue par les chrétiens gnostiques du deuxième siècle. Ils pensaient que la réalité matérielle n'avait pas été créée par la divinité supérieure, "Deus absconditus", mais par une divinité de second ordre, le dieu créateur ou démiurge, qu'ils considéraient comme un adversaire (le mot "Satan" est d'origine hébraïque et signifie adversaire) du Dieu supérieur et comme un ennemi de l'humanité. Il n'est pas opportun de consacrer plus de temps qu'il n'est strictement nécessaire au développement de ce sujet. Nous nous contenterons donc de dire que c'est dans l'*Apocryphe de Jean*, la "Bible des gnostiques", un livre composé au milieu du IIe siècle et découvert en 1945 parmi les documents de Nag Hammadi, que tous les concepts sont développés. Le manuscrit avait déjà disparu au IVe siècle, car les théologiens et les dirigeants de l'église proto-orthodoxe le considéraient comme un livre hérétique. La première partie de l'écrit traite du Dieu supérieur, de ses pensées ou qualités, appelées "Éons", conçues comme des êtres divins purement abstraits, et se termine par les événements tragiques qui ont donné naissance à la première figure démoniaque, qui s'avère être le créateur du monde matériel. La deuxième partie est consacrée à la création de l'homme et à l'histoire des premières générations. Dans l'*Apocryphon de Jean*, écrit Luttikhuizen, "les trois niveaux de réalité sont décrits, à savoir le monde spirituel pur du Dieu parfait, le niveau astral moyen des puissances planétaires et le domaine matériel du monde sublunaire. Ces trois niveaux seraient également présents dans l'homme : l'esprit de l'être humain (le "Pneuma") est en relation avec la divinité, l'âme avec le monde astral et planétaire, et le corps avec la matérialité du monde sublunaire.

Gershom Scholem, se référant au courant des mystiques juifs qui s'écartent des enseignements rabbiniques, met en garde contre le danger d'introduire la vision dualiste des gnostiques chrétiens, pour qui le Dieu d'Israël, le Dieu de l'Ancien Testament, ne serait pas le vrai Dieu, pur, spirituel et supérieur, mais le démiurge responsable de l'apparition d'un monde matériel et imparfait. De nombreux chercheurs qui se sont penchés sur cette question considèrent même que la gnose mythologique des *Apocryphes de Jean* est née dans un contexte juif. Selon ces chercheurs, la disqualification du Dieu biblique par les gnostiques juifs trouverait son origine dans le désenchantement et la frustration. Scholem reconnaît également que certains groupes gnostiques juifs qui cherchaient à rester fidèles à la communauté religieuse du judaïsme rabbinique ont gardé ces idées vivantes. Il admet également que les spéculations sur les éons et d'autres termes techniques du gnosticisme ont fait partie du bagage lexical des premiers kabbalistes, puisqu'ils sont conservés dans le plus ancien texte kabbalistique, "le livre obscur et énigmatique *Bahir*", publié en Provence au 12e siècle, qui est lui-même basé sur un livre plus ancien d'origine orientale, *Raza rabba* (*Le Grand Mystère*).

En suivant Scholem, nous décrirons très schématiquement les principaux jalons de l'histoire du kabbalisme jusqu'à ce que nous arrivions immédiatement à Shabbettay Zeví et Jacob Frank, car ce qui nous intéresse, c'est de nous relier à l'hérésie du shabbétaïsme et, de là, à l'élite des banquiers juifs internationaux qui, comme nous le savons déjà, ont utilisé les frankistes et les illuminati pour mettre en œuvre le Mouvement révolutionnaire mondial.

Le premier kabbaliste célèbre fut Abraham ben Shemuel Abulafia, né à Saragosse en 1240, qui qualifia son école de mystique pratique de "Kabbale prophétique". Il vivait dans la clandestinité et son expérience extatique consistait en une technique de méditation réservée à quelques privilégiés. Les kabbalistes qui suivirent ce mystique décidèrent de ne pas publier ses écrits, car sa révélation mystique entrait en conflit avec la révélation du Mont Sinaï et donc avec l'orthodoxie rabbinique. Scholem révèle qu'"en l'an 1280, inspiré par sa propre mission, il entreprit une tâche risquée et inexplicable : il se rendit à Rome pour se présenter devant le pape et plaider avec lui au nom de tous les Juifs. Il semble qu'à cette époque, il ait nourri des idées messianiques". L'entrevue n'a jamais eu lieu : alors qu'Abulafia était déjà à Rome, Nicolas III est mort subitement. L'idée centrale de sa théorie mystique était de "défaire" les nœuds qui lient l'âme, de surmonter les barrières qui la séparent du flux de vie cosmique. Il développa également une théorie de la contemplation mystique des lettres et de leurs configurations en tant que parties constitutives du nom de Dieu et exposa une discipline qu'il appela "la science de la combinaison des lettres" ("Hojmat ha-tseruf"). La mystique des nombres et la valeur numérique des mots - "guematria" - étaient d'une importance capitale. La numérologie est devenue un élément essentiel des kabbalistes. "La doctrine des combinaisons d'Abulafia, dit Scholem, a été considérée par les générations suivantes non seulement comme la clé des mystères du Divin, mais aussi comme une initiation à l'exercice des pouvoirs magiques.

Le plus grand des livres de la littérature kabbalistique est sans aucun doute le "Sefer ha-Zohar" ou *Livre de la Splendeur*, écrit quelque part en Castille après 1275. Scholem considère que "sa place dans l'histoire de la Kabbale se mesure au fait qu'il est le seul livre de la littérature rabbinique post-muddhique à être devenu un texte canonique et que, pendant plusieurs siècles, il a été sur le même plan que la Bible et le Talmud". La paternité du Zohar a finalement été attribuée au kabbaliste espagnol Moshe de Leon. Un certain nombre d'idées contenues dans le *Livre de la splendeur* doivent leur développement à l'école gnostique. Le concept d'"émanation gauche" apparaît, c'est-à-dire, citons Scholem, "une hiérarchie ordonnée des forces du mal, du royaume de Satan qui, comme le royaume de la lumière, est organisé en dix sphères ou étapes". Le Zohar s'accorde avec les enseignements talmudiques en considérant les âmes des non-Juifs ou des Gentils comme émanant du royaume des démons. Les dix sefirot (sphères ou régions) "saintes" ont leur contrepartie dans les dix sefirot "impures". Ces dernières se distinguent des premières par leur caractère très personnel. Chacune a un nom qui lui est propre, alors que les "sefirot" divines ne représentent que des qualités abstraites telles que la sagesse, l'intelligence et la grâce. Le Zohar fait allusion au "Deus absconditus" en l'appelant "En-sof", l'"Infini". Il ne possède ni qualités ni attributs. Cependant, dans la mesure où ce Dieu caché agit dans l'univers, il possède également des attributs qui représentent certains aspects de la nature divine. Il existe dix attributs fondamentaux de Dieu qui constituent en même temps dix étapes par lesquelles la vie divine va et vient. Le Dieu caché - "En-sof" - se manifeste aux kabbalistes sous dix aspects différents, qui comprennent à leur tour une variété infinie de nuances et de degrés. Chaque degré a son propre nom symbolique. L'ensemble constitue une structure symbolique très complexe que les kabbalistes appliquent à l'interprétation de la Bible. Le "Sefer ha-Zohar" est un texte très difficile qui a été exploré en profondeur par Yitshak Luria, qui pouvait passer des mois à méditer sur un verset jusqu'à ce qu'il en trouve le sens caché.

Le troisième kabbaliste inexcusable est donc Yitshak Luria, né en 1534 à Jérusalem, où son père, juif ashkénaze d'Europe centrale, avait émigré après avoir épousé une séfarade. Safed, une petite ville de haute Galilée, était devenue le centre d'un nouveau mouvement kabbalistique, et c'est à partir de là que les doctrines particulières de Luria et la nouvelle Kabbale se sont répandues. À Safed, il rencontra Moshe ben Ya'acob Cordovero, que Scholem considère comme le théoricien le plus important de la mystique juive. Cordovero traite du conflit intrinsèque entre les tendances théistes et panthéistes de la théologie mystique de la Kabbale, qui était déjà apparu dans le Zohar. Ses idées sur le sujet sont résumées dans la formule suivante : "Dieu est toute la réalité, mais toute la réalité n'est pas Dieu".

Luria, qui mourut à l'âge de 38 ans en 1572, n'avait pas de facultés littéraires et n'a pas laissé d'écrits. Scholem dit de lui que "c'était un visionnaire qui ne faisait pas de différence entre la vie organique et la vie inorganique, mais qui insistait sur le fait que les âmes étaient présentes partout et qu'il était possible de communiquer avec elles". Trois idées théosophiques importantes, qui rappellent largement les mythes gnostiques de l'Antiquité, ressortent du système qu'il a fait connaître à ses disciples. La première est la théorie du "tsimtsoum", selon Scholem, "l'un des concepts les plus étonnants et les plus vastes jamais formulés dans l'histoire de la Kabbale", qui signifie à l'origine "concentration" ou "contraction", mais qui, dans le langage kabbalistique, est mieux traduit par "retrait" ou "repli sur soi". En bref, cela signifie que l'existence de l'univers est rendue possible par un processus de contraction de Dieu. Pour citer le passage explicatif du professeur Scholem : "Selon Luria, Dieu a été contraint de faire de la place pour le monde en abandonnant, pour ainsi dire, une zone de lui-même, de son intériorité, une sorte d'espace mystique primordial dont il s'est retiré pour revenir dans le monde dans l'acte de création et de révélation. Le premier acte de l'En-sof, l'Être infini, n'est donc pas un pas vers l'extérieur, mais un pas vers l'intérieur, un mouvement de rétraction, de repli sur soi, de retrait en soi. Au lieu de l'émanation, nous avons le contraire : la contraction".

Les gnostiques pensaient que le démiurge qui avait créé le monde n'avait pas réussi à recouvrir complètement la lumière divine en l'homme. Luria parlait également d'un vestige ou d'un résidu de la lumière divine - "reshimu" - demeurant dans l'espace primordial créé par le "tsimtsum", même après le retrait de l'"En-sof". Luria a utilisé l'image du résidu d'huile ou de vin qui reste dans une bouteille dont le contenu a été vidé. Dans l'ouvrage que nous venons d'examiner, le professeur Scholem reconnaît que cette idée de "reshimu" a de nombreux éléments en commun avec le système gnostique de Basilide, qui a prospéré autour de l'an 125. Basilide parle de la relation entre le Fils et le Saint-Esprit ou Pneuma et dit que lorsque le Pneuma s'est vidé et séparé du Fils, ce dernier a conservé l'arôme qui imprègne tout dans le monde supérieur et inférieur, y compris la matière amorphe et notre propre existence. Basilide a également utilisé l'image d'un bol dans lequel le parfum délicat d'un onguent très doux persiste même si le bol a été soigneusement vidé.

Les deux autres idées fondamentales de Luria sont la doctrine de la "shebirat hakelim" ou "rupture des vases" et celle du "tikkun", qui signifie "amendement" ou "réparation". Nous ne nous intéresserons qu'à cette dernière, puisque les shabbétaïstes et les frankistes, comme nous l'avons vu au chapitre 2, ont utilisé ce concept pour justifier la rédemption par le péché. Les mystères du "ticun" constituent - selon Scholem - l'un des principaux thèmes du système théosophique de Luria et représentent le plus grand accomplissement jamais réalisé par la pensée anthropomorphique dans l'histoire de la mystique juive". Dans le processus du "ticun", les lumières dispersées de Dieu seraient réintégrées à leur juste place. Il s'agit manifestement de processus purement spirituels, qui s'apparentent à nouveau aux mythes de la gnose. Le conflit posé par le gnosticisme est latent dans cette doctrine de Luria et, pour tenter de l'expliquer, le professeur Scholem pose une question qui fait allusion au dualisme des gnostiques : "Le 'En-sof' est-il le Dieu personnel, le Dieu d'Israël, ou le 'En-sof' est-il le 'Deus absconditus', la substance impersonnelle ? Pour Luria, la venue du Messie n'est que l'aboutissement du processus continu de restauration, du "ticun". La véritable essence de la rédemption", dit Scholem dans un passage très significatif, "est mystique, et ses aspects historiques et nationaux ne sont que des symptômes secondaires qui constituent un symbole visible de sa consommation. La rédemption d'Israël conclut la rédemption de toutes choses, car la rédemption ne signifie-t-elle pas que chaque chose est à sa place, que la tache du péché originel a été effacée ? Le "monde du ticun" est donc le monde de l'action messianique. La venue du Messie signifie que ce monde du 'ticun' a reçu sa forme finale". La Kabbale lurianique est devenue la théologie mystique du judaïsme au XVIIe siècle. Dans ses aspects les plus populaires, elle enseignait une doctrine du judaïsme qui ne renonçait pas à son pathos messianique. La doctrine du "ticoun", conclut Scholem, élevait chaque Juif, d'une manière jusqu'alors inédite, au rôle de protagoniste du grand processus de restitution. Il semble que Luria lui-même ait cru que la fin était proche et qu'il ait nourri l'espoir que l'année 1575 serait l'année de la rédemption". Malheureusement, conformément aux enseignements du Zohar et du Talmud, Luria a également proclamé la supériorité absolue de l'âme des Juifs sur celle des non-Juifs.

Une brève esquisse biographique de Shabbettay Zeví a déjà été donnée dans la note 6 du chapitre deux. Puisque nous en sommes arrivés à l'hérésie mystique du shabbétaïsme, nous renvoyons le lecteur à une relecture de cette hérésie et nous consacrerons maintenant un espace à l'explication de sa doctrine, mais non sans avoir noté que le professeur Scholem constate que Shabbetay, qui n'a pas laissé d'écrits ou de phrases dignes d'être mentionnés, était un homme physiquement malade et d'un caractère maniaco-dépressif. Scholem considère que sans son prophète, Nathan de Gaza (1644-1680), il ne serait jamais arrivé à rien. Nathan de Gaza, qui admet dans certains textes que les tentations auxquelles Shabbetay était exposé dans ses états dépressifs étaient de nature démoniaque et érotique, explique dans une lettre datée de 1667, récemment découverte dans un cahier shabbétaïque conservé à la bibliothèque de l'université Columbia de New York, comment il a su que Shabbetay était le Messie. Voici une partie du texte :

> "...Cette même année, mes forces ayant été stimulées par des visions d'anges et d'âmes bénies, j'entrepris un long jeûne dans la semaine qui suivit la fête de Pourim. Après m'être enfermé dans une pièce complètement isolée, dans la pureté et la sainteté, et avoir terminé la prière du matin au milieu de nombreuses larmes, l'esprit m'est apparu, mes cheveux se sont hérissés, mes genoux ont tremblé et j'ai vu la Merkaba. J'ai eu des visions de Dieu toute la journée et toute la nuit, et la véritable prophétie m'a été accordée comme à tout autre prophète, lorsque la voix m'a parlé et a commencé par ces mots : "Ainsi parle le Seigneur !Jusqu'à ce jour, je n'avais jamais eu de vision aussi importante, mais elle est restée cachée dans mon cœur jusqu'à ce que le Rédempteur lui-même se révèle à moi à Gaza et se proclame le Messie ; ce n'est qu'alors que l'ange m'a permis de révéler ce que j'avais vu".

Il reste maintenant à clarifier comment Shabbetay Zeví s'est proclamé Messie à Gaza. Un certain Shemuel Gandor écrivit une lettre à Shabbetay, qui se trouvait en Égypte, dans laquelle il lui parlait d'un illuminé qui, à Gaza, avait révélé à tous la racine secrète de son âme et le "tikkun" particulier dont elle avait besoin. Shabbetay se rendit alors à Gaza pour voir Nathan afin de trouver un "ticun" et la paix pour son âme. C'est ainsi que Nathan, qui avait apparemment vu la figure de Shabbetay Zeví dans une autre hallucination, le convainquit, après avoir erré ensemble pendant plusieurs semaines dans les lieux saints de Palestine, de se proclamer Messie. On pourrait en rire si les répercussions n'étaient pas aussi tragiques que nous allons le voir.

Philologue, historien et théologien, Gershom Scholem, considéré comme la plus grande autorité mondiale en matière de mystique juive, paraphrase largement les textes de Nathan de Gaza et des shabbetaïstes tels qu'Abraham Miguel Cardozo, le principal propagandiste de l'école. Selon Scholem, Nathan de Gaza, dans son empressement à faire l'apologie de l'état mental de Shabbetay Zeví, a utilisé le très ancien mythe gnostique des Ophites ou des Naassènes sur le destin de l'âme du Rédempteur, bien qu'il l'ait construit à partir d'idées kabbalistiques, puisque ce mythe se trouvait déjà dans les doctrines du Zohar et de Luria. Il s'agit du symbolisme mystique du serpent. Nous reproduisons mot pour mot la paraphrase dérangeante du professeur Scholem :

> "Après la rupture des vaisseaux, lorsque quelques étincelles de la lumière divine, qui irradie le "En-sof" pour créer des formes dans l'espace primordial, sont tombées dans l'abîme, l'âme du Messie, qui faisait partie de cette lumière divine originelle, est également tombée. Dès le début de la création, cette âme a habité dans les profondeurs du grand abîme, retenue dans la prison de son "kelipot", le royaume des ténèbres. Au fond de l'abîme, avec cette âme absolument sainte, habitent les "serpents" qui la tourmentent et tentent de la séduire. Ces "serpents" reçoivent le "serpent saint" qui est le Messie, car le mot hébreu "serpent" - "nachash" - n'a-t-il pas la même valeur numérique que le mot "Mashiah" - le Messie ? Ce n'est que dans la mesure où le processus de 'ticun' du monde entier aboutit à la séparation du bien et du mal dans la profondeur de l'espace primordial que l'âme du Messie sera libérée de son esclavage".

Le fait que Shabbetay Zeví ait publiquement renoncé à sa foi juive et commis l'apostasie devant le sultan et sa cour aurait dû mettre fin à son auréole, mais ce ne fut pas le cas. Nathan de Gaza vint à nouveau à la rescousse du Messie qu'il avait créé, expliquant que par cet acte, Shabbetay avait sauvé tous les Juifs qui croyaient en lui. C'est à partir de ce moment que commença un conflit avec les dogmes du judaïsme rabbinique qui allait se poursuivre pendant des siècles. Le professeur Scholem, pour qui le shabbétaïsme représente la première révolte sérieuse du judaïsme depuis le Moyen Age, considère que jusqu'à l'apostasie de Shabbetay, le kabbalisme lurianique mettait davantage l'accent sur la nature spirituelle de la Rédemption que sur ses aspects historiques et politiques, puisque, comme l'explique Scholem, "il plaçait la régénération de la vie intérieure bien au-dessus de la régénération de la nation en tant qu'entité politique". En même temps, il exprimait la conviction que la première était la condition essentielle de la seconde. Le progrès moral devait permettre de libérer le peuple de son exil". Cependant, le mouvement religieux qui s'est développé à la suite de l'apostasie du nouveau Messie, poursuit Scholem, "a creusé un fossé entre les deux sphères du drame de la Rédemption : la sphère intérieure de l'âme et la sphère de l'histoire. L'expérience intérieure et extérieure, les aspects intérieurs et extérieurs de la 'Gehulah', de la Rédemption et du Salut, ont été soudainement et dramatiquement divisés". D'importants groupes de shabbétaïstes qui, suivant l'exemple de leur Messie, voyaient dans le marranisme la voie du salut, organisèrent à deux reprises des apostasies massives. En 1683, la secte des Doenmé se forme à Salonique : c'est le nom donné par les Turcs aux Juifs apostats qui se seraient convertis à l'Islam (nous renvoyons le lecteur à la note 7 du chapitre 2).

L'hérésie mystique du sabbatéisme a contribué à créer l'atmosphère morale et intellectuelle propice aux mouvements de réforme qui ont émergé à la fin du XVIIIe siècle et au début du XIXe siècle. En 1776, la même année que la création des Illuminati, Moses Mendelsshon, l'un des dirigeants de la secte d'Adam Weishaupt, fonde la Haskala. En 1807, Israël Jacobson est à l'origine du mouvement réformateur. Le nombre de rabbins, souvent très influents, qui adhèrent au nouveau mysticisme sectaire augmente progressivement. Selon le professeur Scholem, "aucun livre d'histoire juive ne fait référence à cette relation extrêmement importante entre les hérétiques mystiques et ces mouvements rationalistes et réformateurs". Au cours du XVIIIe siècle, la secte s'est établie dans de nombreuses villes allemandes, mais surtout en Bohême et en Moravie, où les Juifs les plus influents, ainsi que des rabbins, des industriels et des commerçants, étaient des adeptes secrets. L'émergence du frankisme, la secte des disciples de Jacob Frank, a joué un rôle décisif dans la propagation du sabbatéisme.

La montée du mouvement frankiste, deuxième phase du sabbatéisme qui se consolide comme doctrine, est sans doute d'une gravité extraordinaire pour la crédibilité morale du judaïsme. Pour de nombreux Marranes, les apostasies de Shabbetay Zeví et de Jacob Frank pouvaient être considérées comme la glorification religieuse de l'acte même qu'ils avaient commis. Scholem prévient : "la doctrine selon laquelle le Messie, de par la nature même de sa mission, pouvait être entraîné dans l'inévitable tragédie de l'apostasie était idéale pour fournir un exutoire émotionnel à la conscience tourmentée des Marranes". La nouvelle liberté messianique subvertit l'ordre ancien et contredit les valeurs traditionnelles. Abraham Perez, disciple de Nathan à Salonique, déclarait déjà ouvertement dans un traité écrit en 1668 que ceux qui restaient fidèles dans le nouveau monde à la tradition rabbinique, c'est-à-dire au judaïsme réel et existant dans le "Galut" (l'exil), devaient être considérés comme des pécheurs. La citation intégrale d'un paragraphe du professeur Scholem aidera à comprendre l'ampleur de la subversion :

"Les conséquences de ces idées religieuses étaient absolument nihilistes, en particulier la conception d'un marranisme volontaire sous la devise :

nous devons tous descendre dans le royaume du mal afin de le vaincre de l'intérieur. Sous diverses approches théoriques, les apôtres du nihilisme ont prêché la doctrine de l'existence de sphères dans lesquelles il n'est plus possible de poursuivre le processus de "ticun" par des actes pieux ; le mal doit être combattu par le mal. Cela nous conduit progressivement à une position qui, comme le montre l'histoire de la religion, se produit par nécessité tragique dans chaque crise de l'esprit religieux. Je veux parler de la doctrine néfaste et en même temps fascinante de la sainteté du péché. Cette doctrine reflète de façon remarquable la combinaison de deux éléments très différents : le monde de la décadence morale et un autre, plus primitif, qui est la région de l'âme dans laquelle des forces longtemps endormies sont capables d'une résurrection soudaine. Que ces deux éléments aient participé au nihilisme religieux du sabbatéisme qui, au XVIIIe siècle, s'est révélé si dangereux pour le bien le plus précieux du judaïsme, sa substance morale, n'a pas de meilleure preuve que l'histoire tragique de sa dernière phase : le mouvement frankiste".

Jacob Frank (1726-1791) est né à Korolowka, dans la partie orientale de la province polonaise de Galicie. Fils d'un rabbin et disciple de Shabbetay Zeví, il fut initié à Smyrne aux mystères de la Kabbale par un certain rabbin nommé Issakhar. Un jour, Frank demanda à son maître pourquoi Shabbetay Zeví devait mourir. Issakhar répondit : "Shabbetay Zeví en est venu à tout apprécier, y compris l'amertume de la mort." Puis il demanda à nouveau : "Pourquoi alors n'a-t-il pas profité de la douceur du pouvoir ?". Sur les conseils de ce kabbaliste, Frank se rendit à Salonique, où il arriva en 1753. Là, il prend connaissance des enseignements des Doenmes et décide de se proclamer Messie. Il se rend à la principale synagogue de la ville et annonce qu'il est la réincarnation de Shabbetay Zeví. Frank, qui avait épousé une femme nommée Hanna, prétendit avoir eu une vision dans laquelle Shabbetay Zeví lui demandait de continuer son travail ; mais les Juifs de Thessalonique ne suivirent pas son histoire et l'injurièrent avec irritation. Alors, selon lui, il eut une nouvelle vision et décida de retourner en Pologne, mais seul, car il laissa sa femme à Nicopol (Bulgarie), où naquit sa fille Eva, qui lui succédera plus tard à la tête de la secte. C'est à Korolowka, sa ville natale, que son auréole se forge avec la proclamation de la doctrine du salut par le péché, nouvelle religion matérialiste et hédoniste qui vise la fin du droit rabbinique traditionnel. Les plaisirs du sexe étaient caractéristiques de la secte : les femmes mariées, par exemple, se livraient à toutes sortes d'excès avec d'autres hommes en présence de leurs maris ; les relations incestueuses étaient monnaie courante ; une femme nommée Hanna, fille d'un rabbin, sorte de prêtresse frankiste, récitait des passages entiers du *Zohar* tout en jouissant des délices du coït. En 1756, les Frankistes, excommuniés par les rabbins orthodoxes, tentèrent de passer en Turquie, mais furent rejetés, probablement sous la pression des rabbins eux-mêmes. Frank, qui avait la nationalité turque, réussit à entrer et, une fois sur place, suivant l'exemple de Shabbety Zeví, il devint musulman avec un groupe de disciples. Des années plus tard, devant le tribunal de l'Inquisition de Varsovie, il justifie son comportement par la nécessité de sauver les apparences. Les nouveaux disciples de Mahomet obtiennent un sauf-conduit du sultan et retournent en Pologne où, sous la protection du roi de Pologne, ils décident de se convertir au catholicisme.

En 1759, à Lemberg, capitale de la Galicie orientale, mille deux cents Juifs, adeptes du sinistre prophète Jacob Frank, sont baptisés en masse dans la cathédrale catholique. C'était trois ans après que le synode de la communauté juive polonaise ait prononcé l'anathème contre les frankistes.[19] Rappelons que Jacob Frank lui-même a été baptisé dans la cathédrale de Varsovie et que son parrain était le roi Auguste III (ces faits ont déjà été rapportés dans la section "Frankistes et Illuminati" du chapitre 2). ) Les membres des deux groupes continuaient à s'appeler "maaminin", un terme commun utilisé par les shabbetaistes pour se désigner eux-mêmes, c'est-à-dire les croyants en la mission de Shabbetay Zeví. De toute évidence, ces conversions n'étaient qu'extrinsèques.

Bien que les doctrines nihilistes ne soient généralement pas proclamées publiquement et que, si elles sont écrites, elles soient présentées avec de nombreuses réserves, l'évangile que Jacob Frank prêchait à ses disciples est contenu dans *Les Paroles du Seigneur,* un ouvrage qui contient plus de deux mille paroles dogmatiques. Ce "document unique", selon Scholem, a été conservé grâce à l'enthousiasme et à la dévotion de ses disciples, qui considéraient leur maître comme "l'incarnation de Dieu". Les disciples les plus fanatiques se livraient à des rituels indescriptibles dans lesquels ils cherchaient à atteindre l'ultime dégradation morale de la personnalité humaine : "celui qui plongeait dans les profondeurs les plus extrêmes avait le plus de chances de voir la lumière". *Selon le Talmud,* "le fils de David n'arrivera qu'à une époque soit complètement coupable, soit

[19] Pour se venger des rabbins orthodoxes qui les persécutaient, Jakob Frank a même osé dénoncer aux prêtres catholiques que les Juifs commettaient des crimes rituels sur des enfants chrétiens et utilisaient leur sang pour célébrer la fête de Pourim. Gershom Scholem lui-même, dans son ouvrage *Le messianisme juif,* cite l'historien Meir Balaban, qui rapporte à son tour une conversation ayant eu lieu en 1759 à Lvov entre le rabbin Chaim Rappaport et le franciste Eliezer Jezierzany, qui aurait dit au premier : "Chaim, nous t'avons rendu sang pour sang. Tu as prétendu légaliser l'effusion de notre sang et maintenant on t'a rendu sang pour sang". Judah David Eisenstein, Otzar Yisroel, dans une encyclopédie (*édition* hébraïque) écrite en hébreu dans le cadre de l'*Encyclopédie juive, a* révélé en 1917 un cas qui illustre parfaitement l'ampleur de la haine entre les rabbins orthodoxes et les Frankistes. Otzar Yisroel raconte que dans le petit "shtetl" (petite ville juive en yiddish) de Villovich, les Frankistes se sont vengés du rabbin de la ville en habillant et en faisant passer l'une de ses femmes pour l'épouse du rabbin. Le déguisement était si parfait qu'elle eut le courage de se présenter devant un prêtre catholique pour accuser son mari d'avoir sacrifié un enfant chrétien pour la Pâque juive. Selon Yisroel, les conséquences de cet incident furent désastreuses, puisque le rabbin et plusieurs membres de sa congrégation furent jugés et condamnés à mort.

absolument innocente". À partir de cette épigramme, les Frankistes sabbatéistes ont formulé une maxime : "puisque nous ne pouvons pas tous être saints, soyons tous pécheurs".

En conclusion, nous redonnerons la parole au Professeur Scholem afin de comprendre à travers ses conclusions quelle était la solution proposée par les shabbétaïstes au mystère de Dieu. Il s'agit d'une nouvelle forme de dualisme gnostique entre le Dieu caché et le Dieu créateur du monde :

> Les chabbétaïstes font la distinction entre le Dieu caché, qu'ils appellent la "cause première", et le Dieu révélé, qui est le "Dieu d'Israël". L'existence d'une cause première est, selon eux, évidente pour tout être rationnel, et sa connaissance constitue une partie essentielle de notre conscience. Aucune créature capable d'utiliser son intelligence ne peut ne pas percevoir la nécessité d'une cause première de l'existence. Mais la connaissance que nous recevons par notre raisonnement n'a pas de signification religieuse. La religion n'est pas du tout concernée par la Cause première ; son essence réside dans la révélation de quelque chose que l'esprit seul ne peut pas appréhender. La Cause première n'a rien à voir avec le monde ou la création ; elle n'exerce ni providence ni rétribution. C'est le Dieu des philosophes, le Dieu d'Aristote que, selon Cardozo, Nemrod lui-même, Pharaon et les païens adoraient. Le Dieu de la religion, en revanche, est le Dieu du Sinaï. La Torah, preuve documentaire de la révélation, ne dit rien sur la racine cachée de tout être, dont nous ne savons rien sauf qu'elle existe, et qui n'est jamais révélée à personne, nulle part. Seule la révélation a le droit de parler, et elle le fait, de ce "Dieu d'Israël" (Elohé Israël), qui est le créateur de tout, mais qui, en même temps, est lui-même le premier effet de la première cause. Alors que les anciens gnostiques méprisaient le Dieu d'Israël, les shabbéthites méprisaient le Dieu inconnu. Selon eux, l'erreur commise par Israël en exil consiste à avoir confondu la Cause Première avec le Premier Effet, le Dieu de la Raison avec le Dieu de la Révélation".

Il ressort de ce passage de Scholem que pour les sectateurs sabbatéistes et frankistes, le Dieu d'Israël n'était pas la "Cause première", le "Deus absconditus", mais le démiurge auquel faisaient allusion les gnostiques, l'adversaire ("Satan") du Dieu supérieur, l'ennemi de l'humanité qui aurait créé le monde. Au début du XIXe siècle, les enfants des familles frankistes de Prague, éduqués dans l'esprit de la secte, continuaient à se rendre en pèlerinage à Offenbach où, en 1786, après son alliance avec Weishaupt, Jacob Frank avait élu domicile dans le château du duc d'Isenbourg, franc-maçon appartenant à l'ordre des Illuminati. Il y vécut jusqu'à sa mort en 1791.

## Des Lumières au communisme

L'alliance des Illuminati et des Frankistes, le rôle qu'ils ont joué dans la Révolution française, leur utilisation de la franc-maçonnerie, ainsi que l'instrumentalisation de ces sectes par une élite de banquiers juifs ont été suffisamment établis dans le deuxième chapitre. Il convient maintenant de reprendre et de renforcer les idées avancées afin de montrer comment ces mêmes forces motrices du Mouvement révolutionnaire mondial ont mis en mouvement le communisme.

Tout d'abord, il faut savoir que l'élite franckiste, qui, comme les Rothschild, pratique la consanguinité et les mariages mixtes, est parfaitement organisée au XIXe siècle. Elle comprend de puissants banquiers juifs comme Isaac Daniel von Itzig, dont la famille fournit à la Prusse l'argent nécessaire à la frappe des monnaies. Ce magnat berlinois est l'un des principaux dirigeants de l'Ordre asiatique, dominé par des conceptions shabbétaïstes et pratiquant des rites franks. David Friedländer, son gendre, était également un frère franciste de la loge. Tous deux avaient appartenu au mouvement Haskala, le cercle réformateur décisif de Moses Mendelssohn, et tous deux étaient cofondateurs de l'École libre juive de Berlin qui, en 1796, changea de nom pour devenir l'"Imprimerie orientale", avec sa propre presse influente qui lui permit de devenir un instrument efficace de réforme culturelle au service des Illuminati.[20] Moses Dobrushka lui-même, cousin de Jakob Frank et l'un des fondateurs de l'Ordre, a épousé Elke Joss, petite-fille et fille adoptive de son oncle, le banquier frankiste Joachim von Popper, qui avant d'adopter ce noble nom s'appelait Jaim Breznitz. L'une de ses sœurs, Franceska Dobrushka, était apparentée aux Hönig. Israel Hönig réussit à obtenir le monopole du tabac en Autriche. Son associé, Aaron Moses, a eu dix enfants, tous baptisés en 1796. Un autre puissant Frankiste, Bernhard Gabriel Eskeles, avait épousé la fille du rabbin Samson Wertheimer qui, au début du XVIIIe siècle, était considéré comme l'un des Juifs les plus riches

---

[20] Le rabbin orthodoxe Marvin S. Antelman fait référence, dans le deuxième volume de *To Eliminate the Opiate*, à un document peu connu en hébreu, une lettre adressée à Christoph Friedrich Nicolai, un célèbre libraire maçonnique membre des Illuminati, qui se trouve dans la collection Schiff (le banquier qui a financé les bolcheviks) de la bibliothèque publique de New York. Le chef des Illuminati, Moses Mendelssohn, y figure en tant que grand prêtre du rabbinat gnostique réformiste. Dans ce document, on trouve un enregistrement de la ligne d'ordination des grands prêtres du nouveau credo néo-messianique, qui est la suivante : Shabbetay Zevi (1626-1676), Nathan de Gaza (1643-1680), Solomon Ayllon (1655-1728), Nechemiah Chiyon (1655-1729), Judah Leib Prossnitz (1670-1730), Jonathan Eibeschutz (1690-1764) et Moses Mendelssohn (1729-1786). Des rabbins orthodoxes comme Antelman considèrent ces prêtres réformés comme des adeptes d'un gnosticisme néo-platonicien qui cherche à détruire le clergé juif traditionnel. David Philippson, dans *The Reform Movement in Judaism*, relate une réunion à Berlin en 1845, au cours de laquelle les rabbins réformés, ayant usurpé l'autorité des orthodoxes, ont donné des bénédictions à la congrégation.

d'Europe. Leur fils Bernhard von Eskeles, dont la naissance a coûté la vie à sa mère, était banquier et juif de cour à Vienne. Il a épousé Cecilia Itzig, fille de l'omniprésent Daniel Itzig. Bernhard von Eskeles s'associe à un autre banquier franc, son beau-frère Nathan Arnstein. C'est ainsi que naquit la maison de banque Arnstein et Eskeles, qui joua un rôle de premier plan au Congrès de Vienne. Nous pourrions suivre les maillons d'une chaîne sans fin, mais cela semble suffisant.

Dans *Le messianisme juif, le* professeur Scholem rapporte que vers 1820, les Frankistes, à l'instar des Illuminati, sont entrés dans la clandestinité et ont caché leur activité au sein des organisations maçonniques. Selon Scholem, leurs émissaires allaient de ville en ville et de maison en maison pour tenter de recueillir tous les écrits secrets afin de les contrôler. Il ne faut cependant pas croire que leur position intellectuelle et économique s'est affaiblie, car c'est exactement le contraire qui s'est produit. Le centre de leurs activités s'est déplacé de Francfort-Offenbach à Prague, puis à Varsovie. Aujourd'hui, ils font partie du groupe international organisé autour du culte de "l'œil qui voit tout". Cela ne les empêche pas d'être dominants aux Etats-Unis, par exemple au sein de l'Anti-Defamation League, de l'American Jewish Congress et de groupes d'avocats juifs.

Nous sommes maintenant en mesure de comprendre qu'à partir du sabbatéisme, mouvement kabbalistique qui a révolutionné les conceptions traditionnelles du judaïsme orthodoxe, une élite de juifs fortunés, à la tête de laquelle s'est consolidée la dynastie des Rothschild, a compris, au cours du XVIIIe siècle, que pour contrôler totalement les pays et les sociétés dans lesquels ils étaient entrés, outre la domination économique traditionnellement exercée par le biais de l'usure, il était nécessaire d'en prendre le contrôle idéologique, politique, social et culturel. Pour cela, il faut sortir du ghetto que les rabbins se sont imposés depuis que les Lévites ont interdit les mariages mixtes sous peine de mort et se sont enfermés dans les murs de Jérusalem. Jacob Frank avait expliqué à ses disciples que le baptême serait le début de la fin de l'Eglise, que l'apostasie était nécessaire pour détruire l'ennemi de l'intérieur et que la vraie foi juive devait être gardée secrète. En conséquence, divers mouvements et organisations ont été créés, promouvant ostensiblement des idées d'émancipation, de réforme, d'assimilation et d'intégration sociale. Parallèlement, avec des hommes comme Jacob Frank et Adam Weishaupt (d'autres suivront), on décide de créer des sectes subversives qui utiliseront la franc-maçonnerie et s'en serviront pour imposer le Mouvement révolutionnaire mondial.

L'Ordre bavarois des Illuminati est entré aux États-Unis alors que la révolution qui a conduit à l'indépendance du pays était déjà en cours et n'a pas eu d'influence significative sur celle-ci. Cependant, avant que les treize colonies n'établissent la République et que la Constitution ne soit adoptée, quinze loges Illuminati étaient déjà établies dans le jeune pays. La Columbia Lodge a été fondée à New York en 1785 et Clinton Roosevelt en était l'un des dirigeants les plus éminents. En 1786 est fondée la Virginia Lodge, dont le chef est Thomas Jefferson, un fervent Illuminati qui, lors de la découverte de l'Ordre en Bavière, prend la défense de Weishaupt et le qualifie de "philanthrope enthousiaste". Lorsque Weishaupt meurt en 1830, les fondements du communisme sont déjà bien établis en Europe, comme nous le verrons, et s'enracinent également en Amérique.

En 1829, Frances ("Fanny") Wright, d'origine écossaise, a donné une série de conférences au Tammany Hall, une loge maçonnique de Virginie, organisée par les Illuminati américains, dans lesquelles elle a défendu l'ensemble du programme de Weishaupt. Les participants ont été informés que les Illuminati avaient l'intention de réunir des nihilistes, des groupes athées et d'autres organisations subversives au sein d'une organisation à vocation communiste, dont la force devait être utilisée pour fomenter de futures révolutions. Afin de collecter des fonds pour la nouvelle entreprise, un comité est nommé, comprenant Charles Dana, Horace Greeley et Clinton Roosevelt, l'ancêtre familial du futur Franklin Delano Roosevelt. Nommé en 1836 par le parti démocrate et fort de son succès, Clinton Roosevelt publie à New York en 1841, douze ans après la fameuse séance de Tammany Hall et sept ans avant Karl Marx, *The Science of Government, Founded on Natural Law,* un ouvrage qui plagie les enseignements de Weishaupt et propose à nouveau le programme communiste des Illuminati.

Emanuel M. Josephson, physicien et historien américain d'origine juive, dans *Roosevelts' Communist Manifesto* (1955), considère Adam Weishaupt comme le père du communisme, puisque les propositions de Clinton Roosevelt et celles avancées par Marx sept ans plus tard ne font que reproduire les idées de Weishaupt. Dans le cas de Roosevelt, la doctrine est légèrement adaptée au scénario américain. Weishaupt exigeait l'abolition de tous les arts, sciences et religions et proposait de les remplacer par la seule vraie science basée sur la "loi naturelle". Parmi les propositions de Clinton Roosevelt, qui se posait en défenseur de la classe ouvrière, figurait la destruction de la Constitution, qu'il comparait à "un bateau qui coule", afin d'instaurer la dictature qu'il appelait le "nouvel ordre social". Weishaupt avait ordonné que les supérieurs de l'Ordre soient considérés comme les hommes les plus parfaits et les plus intelligents et qu'il ne soit pas permis de douter de leur infaillibilité. Clinton Roosevelt s'est proposé comme l'un de ces infaillibles et a déclaré son mépris pour Dieu : "Il n'y a pas de Dieu de justice pour ordonner correctement les choses sur terre ; s'il y avait un Dieu, c'est un être vengeur et méchant qui nous a créés pour le malheur".

## Karl Marx et Moses Hess, juifs frankistes et sabbatéistes

Les universités, les instituts et les centres éducatifs en général présentent Karl Marx comme l'un des intellectuels les plus importants du XIXe siècle. Les étudiants, incapables de découvrir que le marxisme est une idéologie prestigieuse qui n'a rien de prestigieux, acceptent impuissants les doctrines de la gauche internationale qui continue à considérer Marx comme un saint homme intouchable. Nous allons donc donner quelques informations peu connues sur ce "bon maçon" du 31ème degré, franciste et illuminé, au service des banquiers internationaux qui l'ont protégé. Dans le deuxième tome de *L'élimination de l'opiacé*, le rabbin Antelman découvre des aspects méconnus de Marx qui sont très significatifs. Comme ses collègues des XVIIIe et XIXe siècles, ce rabbin orthodoxe dénonce farouchement la conspiration chabbétaïque-franquiste-illuministe comme une hérésie qui a subverti le judaïsme.

Le père de Karl Marx (1818-1883), Heinrich, était le fils du grand rabbin de Trèves, Meir Levi, dont le beau-père, Moses Lwow, avait lui-même été grand rabbin de cette ville. C'est donc le père, Heinrich Levi, qui, du jour au lendemain, a changé son nom de famille en Marx. Ce qui s'est passé, c'est qu'après la mort de son grand-père, le père de Karl Marx a été tenté ou, mieux, soudoyé par des groupes shabbétaïstes, qui ont encouragé sa nomination comme juge, l'ont incité à se convertir au christianisme par amour de la cause et - selon les termes du rabbin Antelman - "l'ont initié à l'illuminisme satanique shabbétaïste". C'est ainsi que Karl Marx, dont le christianisme n'était que la conséquence d'une manœuvre sociale, s'est mis au service de la conspiration. Il en est de même pour sa sœur Louise, qui a épousé Jan Carel Juta. Le couple s'installe en Afrique du Sud, où Jan Carel est très influent parmi les juges du Cap. Leur fils, Harry Herbert Juta, a servi la conspiration en tant qu'avocat général du Premier ministre Cecil J. Rhodes, le grand magnat de l'or et du diamant qui, dans son troisième testament, a tout légué à Lord Rothschild, Natty de Rothschild. Rhodes et Rothschild étaient les moteurs du socialisme fabien et de la société secrète connue sous le nom de "Round Table". La fille de Harry Herbert Juta a épousé Sir Courtney Forbes, qui a servi les intérêts des internationalistes anglais éclairés en tant que secrétaire britannique pour le Mexique, l'Espagne et plus tard ambassadeur au Pérou.[21]

Marx reçoit à la naissance le nom de Moses Mordechai Levi. C'est à l'âge de six ans qu'il est baptisé et devient Karl Heinrich. Il fréquente une école jésuite restructurée en école laïque, mais aussi une école talmudique. Déjà les poèmes de jeunesse de Karl Marx sont inquiétants : ils sont pleins de menaces, de haine et de violence, ce qui montre qu'il est resté fidèle aux principes de la secte frankiste, dont les membres, comme on le sait, se faisaient passer pour des chrétiens, mais restaient intérieurement des juifs. Dans *Oulanem*, une tragédie peu connue écrite en vers par Marx en 1839, le

---

[21] La source du rabbin Antelman pour ces données est le livre *The Unbroken Chain : Biographical Sketches and Genealogy of Illustrious Jewish Families from the 15th-20th Century*, écrit par Neil Rosenstein et publié à New York en 1976. Ce livre a été réédité, mais la première édition est toujours accessible. Nous la citons dans la bibliographie pour les lecteurs qui souhaiteraient approfondir cette question.

satanisme et l'idée frankiste du salut par le péché sont très évidents. Dans cette pièce, tous les personnages sont conscients de leur déchéance, de leur propre corruption, qu'ils affichent et même célèbrent avec conviction.

En 1841, à l'âge de 23 ans, il rencontre son mentor, Moritz Moses Hess, dont l'ouvrage *Rome et Jérusalem*, comme nous l'avons vu dans le chapitre précédent, est considéré comme un précurseur du sionisme. Le professeur Nachum Glatzer affirme que Hess a décelé le potentiel intellectuel du jeune Marx et l'a initié à la doctrine du communisme. Comme Marx, Moses Hess était également un Frankiste-Shabbétaïste. Son appartenance à la secte remonte à son arrière-grand-père, David T. Hess, qui fut promu grand rabbin de Mannheim dès que les shabbétaïstes prirent pied dans la ville grâce à leur pouvoir économique. Selon le rabbin Antelman, l'essor de la connexion sabbato-frankiste dans toute l'Europe a été facilité par l'adhésion de riches adeptes, parmi lesquels il mentionne "quelques Rothschild". C'est précisément Moses Hess lui-même qui a déclaré que la lutte brutale pour imposer le pouvoir socialiste devait être menée sous la bannière rouge de la famille Rothschild. Il peut sans doute paraître incroyable que Hess, qui a proclamé l'abolition de la propriété privée, fasse appel à la famille la plus riche du monde pour diriger la révolution du prolétariat, mais il en est ainsi : les faits sont incontestables. Ce leader sioniste savait parfaitement, comme Heine, Marx lui-même, Trotsky et tant d'autres, que la lutte du prolétariat était en réalité l'utilisation de cette classe sociale par les dirigeants du MRM pour imposer leur programme de domination mondiale. Dans son *Catéchisme rouge pour le peuple allemand*, Moses Hess écrit : "Le drapeau rouge symbolise la révolution permanente jusqu'à la victoire complète de la classe ouvrière dans tous les pays civilisés... La révolution socialiste est ma religion... Depuis l'aube de l'histoire, nous, les Juifs, avons propagé la croyance en une époque mondiale messianique". Pour Hess, la révolution sociale s'apparente à un jugement dernier qui doit leur apporter "le sabbat de l'histoire". Dans *Rome et Jérusalem* (1862), où il lance un appel direct aux Rothschild pour qu'ils achètent la Palestine, les priorités de Hess changent radicalement : "la lutte raciale est l'essentiel, la lutte des classes est secondaire". C'est l'expression sans ambiguïté du nouveau messianisme : l'objectif des Juifs doit être l'établissement de l'État messianique en Palestine "pour préparer l'humanité à la révélation de l'essence divine". Moses Hess avait fondé le *Rheinische Zeitung* en 1841 et, un an plus tard, en avait fait le rédacteur en chef de Marx.

## Marx, Heine et Hess à Paris

Avant d'aborder la gestation du Manifeste communiste et les révolutions de 1848, nous reviendrons quelques années en arrière pour suivre les traces de Marx à Paris. En 1819, un cousin de Moses Hess, le rabbin frankiste Léopold Zunz, de son nom juif Yom-Tob Lippman, avait fondé, en collaboration avec d'autres Juifs allemands appartenant à des familles rabbiniques, l'association "Verein für Kultur und Wissenchaft der Juden" (Union pour la culture et la science des Juifs). En 1823, sous les auspices de l'Union et sous la direction de Leopold Zunz lui-même, la revue *Zeitschrifft für die Wissenschaft des Judentums* (*Journal pour la science du judaïsme*) voit le jour.[22] Gershom Scholem, dans *Le messianisme juif*, situe Léopold Zunz à Prague en 1835, où il est prédicateur pour les shabbetaist-frankistes de la ville. Contraint de démissionner par les rabbins orthodoxes, un autre dirigeant communiste et frankiste, Michael J. Sachs, prend sa place et poursuit la même mission. Leopold Zunz fonde ensuite une école à Berlin, la "Hochschule für die Wissenschaft des Judentums" (École pour la science du judaïsme), où enseignent d'éminents dirigeants du mouvement, comme le rabbin Abraham Geiger, très proche de James Rothschild. Le programme de l'association de Zunz s'inscrit en partie dans la continuité de l'œuvre de Moses Mendelssohn, mais en même temps il esquisse déjà celui de la future Alliance israélite universelle, qui sera fondée en 1861 par notre vieille connaissance Adolphe Crémieux. L'idée maîtresse des dirigeants de l'Union pour la Culture et la Science des Juifs est l'annonce d'un nouveau messianisme, celui de la secte hérétique du sabbatéisme : les rabbins se sont trompés en attendant un Messie humain, ils ont mal compris les vieux textes rabbiniques. C'est le peuple juif lui-même, et non l'un ou l'autre de ses enfants, qui, prenant conscience de sa supériorité ethnique, doit conquérir le monde et le soumettre au joug de la race élue.

Bien qu'il se soit converti au christianisme en 1825, le poète romantique Heinrich Heine figurait parmi les dirigeants et les partisans enthousiastes de l'Union. Rappelons que Heine connaissait si bien les plans des dirigeants du MRM que, six ans à l'avance, il était en mesure d'annoncer qu'après quelques répétitions, le communisme n'attendait plus que l'ordre d'entrer en scène. Il annonce également qu'un jour il y aura un gouvernement mondial : "il n'y aura qu'une seule patrie, la Terre" ; et il est le premier à utiliser l'expression "dictature du prolétariat". Il est clair que ses

---

[22] Flavien Brenier, dont proviennent certains textes de la *Revue de Paris* de 1928, signés du pseudonyme Salluste, dans un article écrit pour réfuter une réponse du rabbin Liber, rapporte qu'en 1824 l'Union pour la culture et la science des Juifs a annoncé sa dissolution. Le rabbin précité l'attribue à des problèmes de financement, une raison qui semble absurde compte tenu du soutien financier dont bénéficiait le mouvement réformé. Flavien Brenier met en avant la véritable cause, qui n'est autre que le risque d'être persécuté par la police prussienne qui, alarmée par sa propagande, se méfie de ses enseignements visant à "civiliser les Juifs" et pressent les dangers de la "réforme du judaïsme". La Prusse décide donc de surveiller de près l'Union pour la culture et la science des Juifs. Flavien Brenier ou Salluste doute de sa disparition et rappelle que tous ceux qui étudient les sociétés secrètes savent que la première mesure d'une association de conspirateurs qui se sent persécutée est de proclamer qu'elle a cessé d'exister. Le fait que ses dirigeants aient continué à se réunir et que l'orientation de ses activités politiques se soit poursuivie sous d'autres formes d'association lui donne raison.

informations proviennent d'une source située dans les hautes sphères de la conspiration. Si l'on se souvient que son amitié avec James Rothschild était si étroite qu'ils se promenaient même bras dessus bras dessous, cette source ne peut être que la famille Rothschild elle-même. Il n'est donc pas surprenant que ce poète "romantique" et révolutionnaire de salon, que James Rothschild a enrichi en le conseillant sur la manière d'investir en bourse, ait dit ceci :

> "Personne ne fait plus pour la révolution que les Rothschild eux-mêmes... et, bien que cela puisse paraître encore plus étrange, ces Rothschild, les banquiers des rois, ces magnifiques possesseurs d'argent, dont l'existence pourrait être le plus sérieusement menacée par l'effondrement du système européen d'États, ont néanmoins dans leur esprit une parfaite conscience de leur mission révolutionnaire. Je vois en Rothschild, poursuit-il, l'un des plus grands révolutionnaires que la démocratie moderne ait jamais mis en place. Rothschild... en élevant le système des obligations d'État au pouvoir suprême, en mobilisant ainsi la propriété et les revenus, et en dotant en même temps l'argent des anciens privilèges de la terre, a détruit la prédominance de la terre. Il a ainsi créé une nouvelle aristocratie".

Refusant d'accepter la censure de la *Rheinische Zeitung* voulue par les autorités berlinoises en raison de l'agitation de masse promue par le journal, Karl Marx s'expatrie et débarque à Paris en 1844. Il y est attendu par Heinrich Heine qui, de vingt ans son aîné, voit immédiatement ce qu'il peut tirer du jeune Marx et le met en contact avec Arnold Ruge, un réfugié allemand qui avait fondé en 1840 une importante revue, les *Annales franco-allemandes*, à laquelle collaborait notamment Bakounine, qui signait de son nom sous le pseudonyme de Jules Elysard. Cet Arnold Ruge était le chef de la "Jeune Allemagne", une section de la "Jeune Europe" fondée par Giuseppe Mazzini en 1834, qui réunissait les éléments les plus importants du carbonarisme et de la franc-maçonnerie. Quatre ans après la mort d'Adam Weishaupt, Mazzini, le leader révolutionnaire italien dont nous parlerons plus loin, avait été nommé par les Illuminati directeur du programme révolutionnaire, poste qu'il occupa jusqu'à sa mort en 1872. Il est significatif que Heine, conférencier à l'Union pour la culture et la science des Juifs, ait désigné cette association sous le nom de "Jeune Palestine".[23]

Les jeunes révolutionnaires que Heine présentait à Ruge, des exilés d'Allemagne qui arrivaient à Paris désireux d'écrire pour la révolution, étaient tous juifs et fils ou proches parents de rabbins. Parmi eux, Friedrich Engels, plus jeune que Marx et lui aussi issu d'une famille rabbinique de Barmen, et Ferdinand Lassalle, petit-fils d'un rabbin de Breslau, jeune

---

[23] La connotation nationaliste ou sioniste est évidente : ce n'est pas pour rien que Moses Hess et Heine étaient des amis proches. D'autre part, le sens politique est clair, car tous les comités révolutionnaires qui se sont formés en Europe s'appelaient ainsi : les "Jeunes Italiens", *les* "Jeunes Suisses" ou, plus tard, les "Jeunes Turcs".

homme hautain, insolent, élégamment vêtu, dont Heine écrit qu'"il était un de ces gladiateurs coriaces qui marchent farouchement vers le combat suprême". Arnold Ruge se rend vite compte que sa publication échappe à tout contrôle, car elle défend des idées qu'il ne partage pas. Le comité de rédaction de la revue et le comité de correspondance avec les sections secrètes d'Allemagne sont remplis de jeunes Juifs totalement solidaires de Marx. Ruge perd ainsi le contrôle de la publication au profit de Marx et de son équipe de jeunes intellectuels, raison pour laquelle il choisit de démissionner et de quitter la France. Marx réussit également à remplacer Ruge à la tête des comités secrets de la Jeune Allemagne sans que cette substitution ne soit rendue publique.

La présence à Paris de Moses Hess en 1844 avec Marx, Heine et Engels est mentionnée par plusieurs auteurs. Jüri Lina affirme dans *Sous le signe du scorpion* que Hess avait des liens avec les Illuminati et que c'est lui qui a introduit Marx et Engels dans la franc-maçonnerie : tous deux étaient francs-maçons au 31e degré. Le rabbin Antelman et Jüri Lina s'accordent à dire que c'est Hess qui a mis Marx en contact avec les hommes du "Bund", c'est-à-dire les Illuminati. Antelman affirme que c'est à travers Moses Hess que l'on peut le mieux comprendre le lien entre le shabbéthisme, l'illuminisme et le communisme : "sa vie est la clé principale pour déverrouiller et comprendre l'étendue de la conspiration illuminati-communiste". Les ouvrages qu'Antelman utilise et sur lesquels il s'appuie pour ses affirmations fortes sont ceux d'E. Silberner (1910-1985) et de Theodore Zlocisti (1873-1943). Ce dernier, pionnier du sionisme en Allemagne, s'est installé en Palestine après la première guerre mondiale et a publié en 1921 l'étude la plus complète sur Hess, *Moses Hess, der Vorkämpfer des Sozialismus und Zionismus* (*Moses Hess : The Champion of Socialism and Zionismus*).[24]

## La Ligue des Justes et le *Manifeste Communiste*

Le 5 juillet 1843, une réunion a lieu à la loge socialiste de Bruxelles. Le chef maçonnique Joseph Marie Ragon y soumet pour examen le projet de

---

[24] Jüri Lina cite également cet ouvrage. En outre, Zlocisti a compilé la correspondance de Hess, qui n'a pas vu le jour de son vivant, mais a été publiée en hébreu par G. Kressel en 1947 sous le titre *Moshe Hess Ub'nai Doro* (*Moses Hess and His Contemporaries*). Edmund Silberner, Polonais d'origine et professeur dans de prestigieuses universités européennes et américaines, a publié plusieurs ouvrages sur Hess alors qu'il vivait en Israël, dont le plus précieux est celui publié en hébreu en 1955, intitulé *El socialismo en Europa occidental y el problema judío, 1800-1918* (*Le socialisme en Europe occidentale et le problème juif, 1800-1918*). En 1966, il a également publié en allemand une biographie détaillée de près de sept cents pages, *Moses Hess : Geschichte seines Lebens* (*Moses Hess : Histoire de sa vie*). Certains de ces ouvrages sont désormais disponibles en anglais pour le lecteur intéressé.

plan d'action révolutionnaire qui sera plus tard repris dans le Manifeste communiste. La proposition est envoyée à la plus haute autorité maçonnique du pays, le Suprême Conseil de Belgique, qui accepte à l'unanimité le programme anarchiste de Ragon, "équivalent à la doctrine maçonnique concernant la question sociale que le monde, uni au Grand Orient, doit s'efforcer de mettre en pratique par tous les moyens imaginables". Le 17 novembre 1845, Marx et Engels rejoignent cette loge à Bruxelles, ville dans laquelle ils vivent après leur expulsion de France qui, malgré les tentatives de Heine pour l'empêcher, s'est faite à la demande du gouvernement prussien qui surveille Marx de près depuis la fermeture de la *Gazette du Rhin*. En 1847, Marx et Engels deviennent tous deux membres de la Ligue des Justes ("Bund der Gerechten"), l'une des branches clandestines des Illuminati, où, curieusement, le Juif Jacob Venedey, que nous retrouverons lors de l'examen des *Protocoles des Sages de Sion*, joue un rôle important.

Le communisme était déjà bien conçu à l'époque de la mort de Weishaupt. Les maîtres occultes qui voulaient l'instaurer avaient fait fonder à Paris, en 1836, le "Bund", dirigé par des juifs socialistes révolutionnaires. Lorsque, le 12 mai 1939, la "Société de Saisons", organisation secrète dirigée par le franc-maçon socialiste Louis Auguste Blanqui, appelle à un coup d'État pour prendre le pouvoir en France, la Ligue des Justes, dirigée par Joseph Moll et Karl Christian Schapper, deux francs-maçons juifs, se joint à la tentative.[25] Un gouvernement provisoire est même formé et des chefs militaires sont enrôlés pour mener les combats, mais le projet échoue. Le centre de gravité de l'organisation se déplace alors de Paris à Londres, haut lieu de pèlerinage et de refuge pour les conspirateurs de tout poil. C'est là que se réfugient les membres de la Ligue des Justes. À Londres, cette société secrète allemande devient peu à peu internationale. Il n'est donc pas étonnant que ce soit dans la capitale anglaise que le texte appelant les travailleurs à instaurer la soi-disant dictature du prolétariat ait finalement vu le jour. La Ligue des Justes, "der Bund", derrière laquelle se trouvaient les Illuminati les plus importants d'Allemagne, s'étendit bientôt à la Belgique, à la Pologne et à d'autres pays du continent. Karl Marx est engagé par cette organisation pour rédiger le Manifeste communiste.

Paul H. Koch affirme catégoriquement dans *Illuminati* que les chèques avec lesquels Marx a été récompensé pour la production de ses

---

[25] Louis Auguste Blanqui, en collaboration avec les Carbonari, avait auparavant fondé une autre organisation connue sous le nom de Familles, dans laquelle chaque Famille était composée de douze membres. En 1836, il fut découvert, mais il lui fallut moins d'un an pour fonder la "Société des Saisons". Paul H. Koch, dans son ouvrage *Les Illuminati : les secrets de la secte la plus redoutée par l'Église catholique*, en explique le fonctionnement. L'unité de base était la Semaine, composée de six membres et dirigée par un septième. Les septièmes de quatre Semaines se réunissaient et formaient un Mois. Trois Mois avaient pour chef et organisateur une Station. Quatre stations étaient placées sous la direction d'un chef révolutionnaire qui, selon Koch, était nommé par les Illuminati.

célèbres ouvrages, écrits au nom de la Ligue, ont été versés par les Rothschild et précise que les écrits originaux qui le prouvent sont conservés dans les collections de documents du British Museum. C'est encore Moses Hess qui, en novembre 1847, propose de transformer la Ligue des Justes en parti communiste. Avant la fin de l'année, Marx et Engels réorganisent la Ligue, qui devient la Ligue des communistes. Enfin, le 21 février 1848, le *Manifeste communiste* est publié à Londres. Bien qu'il n'apporte pratiquement rien de nouveau par rapport aux textes d'Adam Weishaupt et de Clinton Roosevelt, ce texte sera considéré comme l'un des documents politiques les plus influents de l'histoire. Le prolétariat, classe la plus défavorisée de la société, manipulé à souhait, devait désormais être utilisé par les agents de l'"aristocratie de l'argent", le capital financier, pour déposséder l'aristocratie foncière et la bourgeoisie industrielle de leurs richesses afin de s'emparer du pouvoir international et, à terme, d'imposer un nouvel ordre mondial.

Lorsque les treize familles de banquiers ont décidé de mettre en œuvre le plan de prise de contrôle de tous les pays par le biais du MRM, elles sont parties d'un postulat fondamental : la fin justifie les moyens. Le *Manifeste communiste* affirme clairement que la force doit être utilisée pour conquérir le monde : "Nous ne pouvons atteindre nos objectifs qu'en renversant l'ordre établi par la violence". En même temps que l'expression "dictature du prolétariat", on fait appel à la liberté pour justifier la lutte des classes et s'emparer des biens. Par la propagande, on commence à exhorter les travailleurs à ne pas reculer devant la guerre civile pour parvenir à leurs fins. La citation d'un texte de Lénine le montre clairement. Dans une lettre du 17 octobre 1914 à Alexandre Chliapnikov, Lénine écrit : "Le moindre mal dans l'immédiat serait la défaite du tsarisme dans la guerre [...] Toute l'essence de notre travail consiste à nous orienter vers la transformation de la guerre en guerre civile." Quatre ans plus tard, en 1918, une autre phrase de Trotsky dans les *Protocoles de la quatrième session du Comité exécutif central* insiste sur la même idée : "Notre parti est pour la guerre civile. La guerre civile est la lutte pour le pain... Vive la guerre civile !

Marx n'était qu'un pion utilisé par ceux qui agissaient en coulisses pour rédiger un programme qui ne lui appartenait pas. Vingt ans après la publication du texte, son nom n'apparaît même pas en relation avec le *Manifeste communiste*. Si quelque chose manquait aux plans de Weishaupt, c'était l'absence d'un instrument capable d'accélérer la mise en œuvre de ses projets de domination du monde et de destruction des structures traditionnelles de la société : la famille, la propriété, l'héritage, la patrie, la religion. En théorie, le plan qu'il a conçu pour contrôler l'opinion et diffuser de nouvelles idées par le biais de la presse et de l'édition de livres était bien conçu et a été progressivement mis en œuvre avec un énorme succès. Cependant, il manquait l'idée ultime qui allait à la fois tromper et illusionner les masses : le communisme et la dictature du prolétariat. Une lettre envoyée à Karl Marx en 1848 par le rabbin Baruch Levy dissipe tous les doutes. Le texte, publié par la *Revue de Paris* le 1er juin 1928, ainsi que par l'historien néerlandais Herman de Vries de Heekelingen dans l'édition française de son ouvrage *Israël. Son passé. Son avenir*, ainsi que par le professeur suédois Einar Alberg dans diverses publications, se lit comme suit :

> "Le peuple juif sera collectivement son Messie. Son règne sur l'univers sera obtenu par l'unification des autres races humaines, l'abolition des frontières et des monarchies, remparts du particularisme, et l'établissement d'une république universelle qui reconnaîtra partout les droits de citoyenneté aux juifs. Dans cette nouvelle organisation de l'humanité, les enfants d'Israël, aujourd'hui dispersés dans tous les coins de la terre, tous de la même race et de la même tradition, sans toutefois former une nationalité distincte, deviendront partout, sans opposition, la classe dominante ; surtout s'ils réussissent à mettre les masses ouvrières sous leur contrôle exclusif. Les gouvernements des nations constitutives de la future république universelle tomberont, sans effort, entre les mains des Israélites, grâce à la victoire du prolétariat. La propriété privée pourra alors être abolie par les gouvernants de la race juive, qui administreront partout les fonds publics. Ainsi se réalisera la promesse du Talmud, selon laquelle, lorsque viendra le temps du Messie, nous, Juifs, posséderons les biens de tous les peuples de la terre."

## Les révolutions de 1848

La hâte et l'empressement avec lesquels les révolutions ont été déclenchées malgré les faibles perspectives de succès sont incompréhensibles. Seuls des intérêts cachés peuvent expliquer l'urgence de ceux qui ont lancé les tentatives alors que les conditions n'étaient pas réunies et que l'échec était prévisible. Il n'est pas raisonnable de penser que ceux qui passaient pour des experts en sociologie politique et économique se soient trompés à ce point dans leur prévoyance. L'explication réside peut-être dans le fait qu'en fin de compte, il importait peu d'utiliser et de sacrifier les masses de travailleurs manipulés, chair à canon. Les révolutions étaient prédestinées à échouer et peut-être que ce qui était vraiment prévu était une répétition pour l'avenir. Si nous comparons 1848 à 1917, par exemple, nous voyons comment les bolcheviks, outre le fait qu'ils étaient financés par des banquiers juifs internationaux, ont réussi à imposer la révolution en Russie parce qu'il n'y avait pas de classe moyenne consolidée, pas de bourgeoisie bien établie. Ils ont pu y utiliser et tromper la paysannerie, comme on le verra en temps voulu, pour réaliser, avec les ouvriers des grandes villes, une révolution génocidaire qui constitue en même temps le plus grand vol de l'histoire, une spoliation sans précédent de la propriété privée. Mais dans la France et l'Europe de 1848, c'était impossible et il est peu probable que cela n'ait pas été su. La paysannerie française, par exemple, conservatrice par nature, très attachée à ses biens, ne voulait même pas entendre parler de la propriété collective des terres qu'elle cultivait et n'a pas rejoint le prolétariat urbain en 1848. Il a donc été traité avec le plus grand mépris par Marx. La petite bourgeoisie, considérée comme le peuple lorsqu'elle s'allie au prolétariat, est l'objet de vifs reproches lorsqu'elle s'accroche à ses humbles boutiques et à ses métiers. L'usage restrictif du mot "peuple" vient précisément de l'échec de cette révolution. C'est à partir de ce moment-là que les socialistes et les communistes n'ont plus considéré comme peuple que le prolétariat industriel.

En 1844, Benjamin Disraeli écrivait : "Il n'y a pas d'erreur plus vulgaire que de croire que les révolutions sont produites pour des raisons économiques. Elles viennent, sans doute, très souvent précipiter une catastrophe". L'histoire officielle, elle, justifie les révolutions de 1848 en affirmant qu'elles sont dues à des circonstances économiques et sociales. Les historiens marxistes reprennent souvent les thèses et analyses de Marx et Engels, qui font allusion à des causes internationales. Dans l'essai *Les luttes de classes en France (1848 à 1850)*, Marx affirme que "deux événements économiques mondiaux ont accéléré l'éclosion du mécontentement général et fait mûrir l'agitation en révolte". Le premier est le mildiou de la pomme de terre et les mauvaises récoltes de 1845 et 1846. Le second est la crise générale du commerce et de l'industrie en Angleterre, "qui a entraîné la faillite des grands marchands coloniaux de Londres, suivie de près par celle des banques agricoles et la fermeture d'usines dans les districts industriels de l'Angleterre". Les répercussions de cette crise sur le continent n'étaient pas encore apaisées, ajoute-t-il, lorsque la révolte de février éclata. Marx livre dans cet ouvrage sa vision ironique des événements en France et exprime son mépris sans borne pour tout ce qui s'oppose à la dictature de la classe ouvrière. Son interprétation des événements permet cependant de comprendre pourquoi il était alors impossible de remplacer le drapeau tricolore par le drapeau rouge, comme cela était censé être le cas.

Les raisons avancées par l'historiographie marxiste pour expliquer l'irruption spontanée des travailleurs dans les rues des différentes villes européennes ne sont pas crédibles. Les historiens officiels n'expliquent pas comment les travailleurs ont pu se mettre d'accord pour agir en même temps et de manière coordonnée dans toute l'Europe. La réponse est qu'en 1848, la révolution a éclaté à nouveau parce qu'elle était organisée par les sociétés maçonniques, dont les dirigeants socialistes et communistes ont pris la tête. Rien qu'à Paris, on compte environ six cents sociétés secrètes. Pour préparer commodément le déclenchement de la révolution, elles ont, comme en 1789 et comme en 1917, où les tactiques se répètent sans cesse, profité d'une mauvaise récolte en 1846 pour organiser une famine. Jüri Lina, dans *Sous le signe du scorpion*, donne le nom d'un marchand juif nommé Ephrasi qui, agissant en tant qu'agent de James Rothschild, acheta des stocks massifs de céréales. Au cours des années suivantes, les prix ont triplé et les produits alimentaires sont devenus rares dans les magasins. Les gens souffrent de la faim. En outre, il est certain que le malaise grandit en Europe en raison de l'ajustement des salaires et du manque de travail. De plus, en France, la corruption ministérielle est dénoncée et une réforme électorale au suffrage universel est réclamée. La bourgeoisie, dont beaucoup de dirigeants sont francs-maçons, bien qu'elle devienne une classe conservatrice, voit d'un bon œil les revendications des travailleurs ; mais la révolution de 1789 a été la leur et il est clair qu'un demi-siècle plus tard, elle ne pourra pas être utilisée une seconde fois, surtout si l'on veut défiler derrière le drapeau rouge pour mettre en œuvre le programme du *Manifeste communiste*. C'est donc au tour de la nouvelle classe sociale, le prolétariat, que les agitateurs professionnels et les charlatans ont préparé.

Comme cela s'était déjà produit en 1789, un grand congrès maçonnique se tint en mai 1847 à Strasbourg. L'organisation internationale de la franc-maçonnerie va être à nouveau utilisée. C'est dans les loges que les "bons maçons" élaborent les plans qui vont déclencher les révolutions. Le congrès alsacien réunit d'importants dirigeants juifs qui jouent leur rôle d'agents des Illuminati. Certains des futurs ministres du gouvernement provisoire formé en France en février 1848 étaient présents, notamment Adolphe Isaac Crémieux, célèbre confident de James Rothschild, franc-maçon au 33e degré et Grand Maître du Rite écossais, qui fut ministre de la Justice ; le banquier Michel Goudchaux, autre juif et ami proche de James Rothschild, qui fut ministre des Finances. D'autres francs-maçons français importants impliqués dans la révolution et présents à Strasbourg sont Simon et Louis Blanc, Léon Gambetta, un juif qui était un fils adoptif de Crémieux, Alphonse Lamartine, qui allait devenir ministre des affaires étrangères, Alexandre Ledru-Rollin et Marc Caussidière, qui était préfet de police à Paris en février 1848.

Les royaumes de la future Italie sont choisis pour déclencher la vague de conflits. Le 12 janvier 1848, le premier mouvement révolutionnaire a lieu en Sicile, qui a des prétentions indépendantistes. Il est intéressant de noter que le peuple sicilien jouissait de privilèges extraordinaires, uniques en Europe, puisque les impôts étaient très bas et qu'il n'y avait pas de service militaire obligatoire. Les carnets de voyage des aventuriers de l'époque rapportent que la vie, les biens et les rues de Palerme et de la Sicile en général étaient aussi sûrs que ceux des villes du nord de l'Europe. Le 8 février, c'est au tour du Piémont. En Toscane, la révolte commence le 17 février. Deux illuminati, Giuseppe Mazzini et Adriano Lemmi, en sont les coordinateurs. Un autre franc-maçon, Giuseppe Garibaldi, Grand Maître qui deviendra plus tard célèbre dans le monde entier, est également impliqué dans la planification des révolutions italiennes. Nous allons maintenant parler de Mazzini et de Lemmi, dont le rôle dans la franc-maçonnerie et dans le mouvement révolutionnaire mérite d'être mentionné séparément.

Il n'est pas possible de s'attarder sur tous les scénarios, mais nous nous arrêterons aussi brièvement que possible sur la France, car c'est là que

Marx, Engels, Hess, Heine et d'autres Juifs allemands exilés avaient fait de Paris l'un des centres de la conspiration. La révolution de juillet 1830 avait placé la bourgeoisie au pouvoir, incarnée par le nouveau roi, Louis-Philippe d'Orléans. Mais en réalité, comme Marx lui-même l'a reconnu, ce sont les banquiers, l'aristocratie de l'argent, qui ont dominé la période jusqu'en 1848, incarnés par James Rothschild, en qui Heinrich Heine voyait "l'un des plus grands révolutionnaires que la démocratie moderne ait établis". Rappelons les mots de l'ami poète et protégé de James : "Personne ne fait plus avancer la révolution que les Rothschild eux-mêmes, les banquiers des rois, ces magnifiques possesseurs d'argent".

Dans *Les luttes de classes en France*, Marx ne peut évidemment pas s'exprimer avec l'impudence de son ami Heine, mais il comprend qu'il doit sauver les apparences et la bienséance, et il le fait. Il explique parfaitement comment le pouvoir de l'argent, de la banque, de la bourse est pernicieux pour l'ensemble de la société, il fait allusion aux "rois de la bourse", mais à aucun moment il n'ose pointer du doigt les Juifs, et encore moins critiquer l'homme qui était sur toutes les lèvres : James Rothschild. Il ne le mentionne qu'une seule fois dans un bref fragment du texte introductif et descriptif de la situation : "La bourgeoisie industrielle voyait ses intérêts en danger, la petite bourgeoisie s'indignait moralement, l'imagination populaire se révoltait. Paris est inondé de libelles : "la dynastie des Rothschild", "les usuriers, les rois du temps", etc., où la domination de l'aristocratie financière est dénoncée et anathématisée, avec plus ou moins d'ingéniosité". Une seule fois, il fait référence à Crémieux, ministre de la Justice du gouvernement provisoire, et il le fait avec le plus grand respect : alors qu'il distribue des épithètes valorisantes ou péjoratives à gauche, à droite et au centre, il l'appelle "M. Crémieux".

Deux jours suffisent à Paris pour renverser le gouvernement Guizot et obtenir la démission de Louis-Philippe d'Orléans. Dès les premiers signes, le roi remplace Guizot par Barrot et décrète l'état de siège. Le 23 février, des barricades sont érigées dans les rues. L'insurrection s'étend rapidement et la Garde nationale se range du côté des insurgés. Un affrontement sur le boulevard de las Capuchinas, où des ouvriers défilant derrière le drapeau rouge se heurtent aux troupes, sert de détonateur pour accélérer le triomphe initial des révolutionnaires : quelqu'un tire un coup de fusil et les soldats répondent par un tir de barrage qui fait des dizaines de morts et de blessés parmi les ouvriers dans la rue. Dans la nuit du 23 au 24 février, les sociétés secrètes donnent des instructions pour le lendemain.

Karl Marx est à Paris : il a réussi à entrer en France depuis l'Angleterre et participe à l'organisation des révoltes au quartier général des insurgés. Pierre-Joseph Proudhon et Louis Blanc font également partie des meneurs. À l'aube, le chaos règne dans la ville, les armureries sont prises d'assaut et des groupes d'insurgés en colère ouvrent le feu sur les fenêtres des Tuileries. Quelques gardes municipaux sont tués et, en milieu de matinée, les troupes ne résistent plus. À 13 heures, la famille royale quitte le pays et la République est proclamée. Le gouvernement provisoire qui se forme rapidement regroupe les différents partis qui se considèrent comme vainqueurs après l'abdication du roi. La répartition du pouvoir entre ceux qui ont renversé la monarchie de Juillet révèle la diversité des intérêts. Les partis bourgeois sont majoritaires et seuls deux représentants du prolétariat entrent dans le gouvernement provisoire : Louis Blanc et l'ouvrier Albert. Marx dira plus tard que la lutte des ouvriers a servi à conquérir la République bourgeoise.

Chose incroyable, le 24 même, James Rothschild, comme le révèle Niall Ferguson dans *The House of Rothschilds Money's Prophets 1798-1848*, rendit visite au nouveau ministre des finances, qui n'était autre que son ami banquier Michel Goudchaux, pour demander que le nouveau régime prenne en charge les intérêts des obligations de la dette grecque arrivant à échéance, qui avaient été garantis par le régime précédent et qu'il aurait normalement payés. Ferguson ajoute avec sarcasme : "Il y a eu une contrepartie. Le lendemain, on annonça que Rothschild allait faire un don ostentatoire de 50.000 francs pour couvrir les dépenses des blessés dans les combats de rue, et qu'il avait l'intention "d'offrir sa coopération à une révolution si bonne et si honnête".

Peu après la formation du gouvernement, trois cents francs-maçons portant les drapeaux des différents rites représentatifs de la franc-maçonnerie française se sont rendus à l'Hôtel de Ville. Là, ils offrirent leurs bannières au Gouvernement provisoire de la République et proclamèrent à haute voix la part qu'ils avaient prise à la glorieuse révolution. Lamartine prononce les paroles suivantes, qui sont accueillies avec enthousiasme : "C'est du fond de vos loges que sont sorties, d'abord dans l'obscurité, puis dans les ténèbres, et maintenant au grand jour, les idées qui ont été les bases des révolutions de 1789, de 1830 et de 1848". Quatorze jours plus tard, une nouvelle députation du Grand Orient, parée de ses bijoux et de ses écharpes maçonniques, réapparaît à l'Hôtel de Ville. Elle est reçue par le Grand Maître Adolphe Isaac Crémieux, qui lui adresse un discours qui se termine par ces mots : "La République existe dans la franc-maçonnerie. Si la République fait ce que les francs-maçons ont fait, elle favorisera la promesse lumineuse de l'union avec tous les hommes, dans toutes les parties du globe, et sur tous les côtés de notre triangle".

Cependant, il est vite apparu que l'union des inégaux n'allait pas être si facile. Louis Auguste Blanqui, leader socialiste et franc-maçon qui avait été emprisonné après la tentative de coup d'État de 1839, était déjà libre en 1848. Le 17 mars, Blanqui prend la tête d'une manifestation demandant l'ajournement des élections à l'Assemblée nationale et à la Garde nationale, dont les chefs sont élus. Un mois plus tard, le 16 avril, la lutte entre les factions se poursuit. Ce qui s'est passé ce jour-là varie selon les sources. Pour Marx, il s'agit d'un piège tendu par la bourgeoisie au prolétariat ; pour les auteurs non marxistes, il s'agit d'une erreur des dirigeants socialistes qui entendaient renverser le gouvernement provisoire par l'intermédiaire des travailleurs et proclamer un gouvernement communiste. Finalement, c'est une rupture qui s'opère entre les ouvriers et les soldats, dont les cris "A bas les communistes ! A bas Blanqui ! A bas Louis Blanc !" se répandent dans tout Paris.

Le suffrage universel montre que les Français ne soutiennent pas les révolutionnaires socialistes et communistes. Les partis bourgeois dominent l'Assemblée constituante qui se réunit le 4 mai. Marx commente la nouvelle situation : "Ce n'est pas la République que le prolétariat de Paris a imposée au gouvernement provisoire ; ce n'est pas la République avec des institutions sociales ; ce n'est pas le rêve de ceux qui ont combattu sur les barricades". Le 15 mai, les émeutes reprennent et une foule envahit l'Assemblée. Louis Blanc en personne tente de maîtriser la situation et, de la table, déclare à la foule que "le peuple a violé sa propre souveraineté". On crie alors "nous voulons Blanqui", qui fait son entrée sur les épaules des ouvriers. Blanqui exige que la France déclare la guerre à l'Europe pour libérer la Pologne, dont la révolte a été réprimée le 5 mai par les troupes prussiennes. Un autre révolutionnaire, Huber, crie que l'Assemblée "a été dissoute au nom du peuple".

Une fois l'ordre rétabli, le nouveau gouvernement est formé après les élections et ses premières mesures déclenchent la crise finale. Du 22 au 25 juin, des barricades sont à nouveau érigées. Les instigateurs réussissent à faire suivre l'insurrection par une foule qui, sans exclure les criminels de droit commun, comprend le prolétariat parisien, des fractions de la petite bourgeoisie et même des légitimistes mécontents. Le 26, les troupes commandées par les généraux Cavaignac et Lamoricière laissent dans les rues les corps de plus de dix mille personnes, pions sacrifiés à la stratégie de personnages occultes qui ont joué avec eux l'étrange jeu de 1848. Quelques leaders socialistes sont arrêtés et les arrestations s'élèvent à vingt-cinq mille. Les sociétés secrètes sont sévèrement persécutées et même la liberté de la presse est supprimée. La révolution s'est donc soldée par une défaite totale.

Parmi ceux qui ne se montrèrent pas et restèrent à comploter dans les conseils, il y avait Karl Marx qui, selon Salluste (Flavien Brenier) dans *Les origines secrètes du bolchevisme Henri Heine et Karl Marx*, participa à la révolution parisienne et fut arrêté au cours de la répression. Karl Marx, écrit Salluste, devait être fusillé ou au moins déporté. Heinrich Heine intervient, déclare qu'il garantit son innocence et le fait exclure de la cour martiale : qui aurait douté de la sincérité du doux poète ? Karl Marx est simplement interné dans le département du Morbihan. Quelques semaines plus tard, muni de faux papiers, il s'évade vers l'Angleterre. Brenier se demande par quelle organisation Marx restait en contact avec les conspirateurs, qui lui fournissaient de faux papiers pour passer les frontières lorsqu'il avait besoin de s'enfuir, et comment il préparait ses raids sur le continent. Sa réponse est qu'il s'est servi d'une organisation de carbonari qu'il dirigeait lui-même. Les carbonari, illégaux dans toute l'Europe, opéraient en petits groupes recrutés dans le plus grand secret : "Ils existaient côte à côte, explique Salluste, et ils l'ignoraient. Ils ne contactaient l'organisation que par l'intermédiaire d'un seul membre, le chef de groupe, nommé d'en haut et non élu par les autres membres. Un comité suprême restait en contact avec les chefs de groupe par l'intermédiaire d'officiers de liaison. Pas de propagande extérieure susceptible d'attirer l'attention de la police. La fin immédiate proposée aux membres pouvait être l'attaque d'un ennemi notable de la révolution, aussi les assassinats étaient-ils fréquents".

Dès juillet 1848, Lionel Rothschild quitte Londres pour rejoindre son oncle James. Arrivé à Paris, il le trouve enfermé avec Goudchaux, toujours ministre des Finances du gouvernement issu des élections de mai, avec lequel il négocie la conversion des intérêts de 3% sur les obligations de 1847 en intérêts de 5%, transformant ainsi "une perte de 25 millions de francs", explique Ferguson dans son livre, "en un gain de 11 millions de francs". Le fait que Goudchaux était juif n'a fait qu'alimenter l'extrême suspicion d'une conspiration pour soutenir Rothschild". On ne sait si Marx fait allusion à la même opération que dévoile Ferguson lorsqu'il écrit dans *Les luttes de classes en France* : "pour écarter le soupçon qu'il ne voulait ou ne pouvait pas honorer les obligations léguées par la monarchie, pour réveiller la foi dans la morale bourgeoise et dans la solvabilité de la République, le gouvernement eut recours à un bluff aussi indigne que puéril : celui de payer aux créanciers de l'Etat des intérêts à 5%, 4,5% et 4% avant l'échéance légale". Quoi qu'il en soit, il est clair que le ministre des Finances est l'un des hommes introduits dans le gouvernement par James Rothschild. C'est d'ailleurs à Goudchaux que l'on doit l'enterrement de la nationalisation des chemins de fer, l'une des grandes entreprises des Rothschild en Europe, qui avait été initialement prévue par le Gouvernement provisoire.

Il existe un texte très significatif adressé à James Rothschild et publié au mois d'août. Il s'agit d'un éditorial du journal radical *Tocsin des Travailleurs* qui se voulait un appel au banquier pour qu'il mette sa puissance financière au service de la République. Le contenu laisse soupçonner que, peut-être, comme en 2008 dans la crise déclenchée par la faillite de Lehman Brothers, il s'agissait de se débarrasser de ses concurrents, de provoquer leur faillite, pour mieux accaparer et concentrer le pouvoir. Voici le texte :

"Vous êtes une merveille, Monsieur. Malgré votre majorité légale, Louis Philippe est tombé, Guizot a disparu, les méthodes de la monarchie constitutionnelle et parlementaire sont tombées ; vous, vous restez impassible !... Où sont Arago et Lamartine ? Ils sont finis, mais vous avez survécu. Les princes de la banque ont été mis en liquidation et leurs bureaux sont fermés. Les grands chefs de l'industrie et des compagnies de chemins de fer chancellent. Les actionnaires, les marchands, les fabricants et les banquiers ont été ruinés en masse, les grands et les petits sont accablés de la même façon ; vous seul, parmi toutes ces ruines, êtes resté intact. Bien que votre maison ait ressenti la première violence du choc à Paris, bien que les effets de la révolution vous aient poursuivi de Naples à Vienne et à Berlin, vous restez insensible à un mouvement qui a affecté toute l'Europe. La richesse disparaît, la gloire est humiliée, la domination est brisée, mais le Juif, le monarque de notre temps, est resté sur son trône, Mais ce n'est pas tout. Vous auriez pu fuir ce pays où, en langage biblique, les montagnes sautaient comme des agneaux. Vous restez, annonçant que votre pouvoir est indépendant des vieilles dynasties et vous tendez hardiment la main aux jeunes républiques. Inébranlable, vous vous en tenez à la France... Plus qu'un homme d'État, vous êtes le symbole du crédit : ne serait-il pas temps que la banque, ce puissant instrument des classes moyennes, contribue à accomplir le destin des peuples ? Sans devenir ministre, vous êtes simplement le plus grand homme d'affaires de notre temps. Votre œuvre peut être plus vaste, votre renommée - et vous n'êtes pas indifférent à la renommée - peut être encore plus glorieuse. Après avoir obtenu la couronne de l'argent, vous atteindrez l'apothéose. Cela ne vous plaît-il pas ? Soyez persuadé qu'il serait louable qu'un jour la République française vous offre une place au panthéon !".

Heureusement qu'il s'agissait d'un journal de la gauche radicale !

Il n'y a pas lieu de s'attarder sur d'autres "révolutions spontanées". Nous nous contenterons d'ajouter que le 1er mars, l'insurrection a lieu à Baden. Le banquier Ludwig Bamberger (1823-1899), juif et franc-maçon, rédacteur du journal *Mainzer Zeitung*, est le champion de la révolte en Allemagne. Une fois l'ordre rétabli, il est condamné à mort, mais parvient à s'enfuir en Suisse avec d'autres subversifs et arrive ensuite à Londres. Des années plus tard, le banquier révolutionnaire est déjà directeur de la banque Bischoffheim & Goldschmidt et, en 1870, il est l'un des fondateurs de la Reichsbank. Parmi les autres francs-maçons allemands à l'origine des révoltes, citons le juif Johann Jacoby, qui fut à la pointe des actions à Berlin, Joseph Fickler, Friedrich Franz Karl Hecker, Robert Blum et Georg Herwegh (1817-1875). Ce dernier eut une liaison passionnée entre 1849 et 1850 avec Natalie Herzen, épouse d'Alexander Herzen, à qui nous consacrerons la section suivante.[26]

---

[26] Le poète et révolutionnaire allemand Georg Herwegh, sujet d'un poème de Heinrich Heine, a eu, avec l'accord de sa femme Emma, une relation intense et tourmentée avec Natalie Herzen, disciple de George Sand et épouse du révolutionnaire russe Alexandre Herzen. Les Herzen et les Herwegh étaient amis. Après la défaite du bataillon de révolutionnaires de Herwegh à Baden Baden, Herwegh arrive à Paris et les deux couples envisagent de vivre dans une commune à quatre. Herzen trouve une maison à Nice et les deux familles s'y installent au milieu des années 1850. Herzen ne savait pas que sa femme commettait l'adultère avec Herwegh depuis six mois. Lorsqu'il apprend cette trahison en 1851, il est furieux, mais l'un des points centraux des révolutionnaires n'était-il pas la

À Heildelberg et à Prague, les loges organisent également des conspirations. Le 13 mars, c'est au tour de Vienne. Les principaux promoteurs de la rébellion y sont Adolf Fischhof et Joseph Goldmark, deux médecins juifs identifiés au mouvement rationaliste Haskala de Moses Mendelssohn, qui prône l'émancipation des Juifs et leur "assimilation" dans les sociétés européennes. Deux jours plus tard, la révolution commence en Hongrie, toujours organisée par deux francs-maçons d'origine juive : Mahmud Pascha dirige la mutinerie à Budapest et Lájos Kossuth agit en province. Comme les deux précédentes, elles évoluent au sein de la Haskala. Le 14 mars, Mazzini déclare la république dans les États pontificaux. Le 18 mars, date du cinq cent trente-quatrième anniversaire de la mort du Grand Maître des Templiers, Jacques de Molay, brûlé sur le bûcher en 1314, des rébellions éclatent simultanément à Milan, Stockholm et Berlin. Les émeutes de Stockholm ont été parmi les plus violentes que la ville ait connues de mémoire d'homme. L'auteur estonien Jüri Lina cite le livre de Bunny Ragnerstam, *Arbetare i rörelse* (*Les travailleurs en action*), comme source d'information. Il explique que l'Association communiste de Stockholm, fondée en 1847, a organisé les révoltes en liaison avec la Ligue communiste. La figure de proue était un écrivain juif, Christoffer Kahnberg, qui a rédigé les proclamations qui ont été publiées dans toute la ville. À Venise, l'avocat juif Daniele Manin, descendant de la vieille famille Medina, arrêté et emprisonné en janvier, est libéré par les révolutionnaires de Mazzini, qui le proclament président de la République en août 1848, poste qu'il occupe pendant un an. Le gouvernement vénitien est composé presque exclusivement de francs-maçons, dont les juifs Léon Pincherle, ministre de l'Agriculture, et Isaac Pesaro Maurogonato, ministre du Commerce. Suivent Munich, Dresde, la Bohême... Dans les mois qui suivent, une deuxième vague de révoltes a lieu dans la moitié de l'Europe. Tout cela s'est passé, selon les livres d'histoire, de manière spontanée.

## James Rothschild et Alexander Herzen

Avant de quitter définitivement 1848, il est intéressant de noter l'amitié de James Rothschild et du révolutionnaire russe Alexandre Herzen, l'un des pères du socialisme russe, auteur de l'expression "terre et liberté", car cette relation est la première preuve de l'implication des Rothschild dans les mouvements révolutionnaires en Russie et de leur leadership au sein du MRM. Herzen, né à Moscou en 1812, est le fils illégitime d'un aristocrate

---

rupture avec les valeurs traditionnelles, notamment la famille, l'héritage et la religion ? L'affaire fait scandale dans les milieux socialistes européens, et l'Allemand Arnold Ruge écrit même le drame *Le Nouveau Monde*, basé sur ces événements. "J'appartiens à la révolution à laquelle appartiennent Mazzini et ses disciples", écrit Herzen à son ami anarchiste Proudhon pour tenter de justifier son "attitude bourgeoise".

russe et d'une juive allemande convertie au protestantisme, Luise Hagg, qui exerce sur lui une influence décisive. Herzen était donc juif, puisque chez les Juifs, c'est la mère et non le père qui détermine l'appartenance raciale. À l'âge de vingt ans, il est déjà un agitateur à l'université de Moscou, ce qui lui vaut d'être arrêté et condamné à plusieurs mois de prison. Malgré cela, en 1839, il travaille à Saint-Pétersbourg comme secrétaire du comte Stróganov, général aide de camp de l'empereur, puis devient conseiller de régence à Novgorod, poste dont il démissionne pour aller vivre à Moscou, où, sous le pseudonyme d'"Iskander" (traduction arabe d'Alexandre), il fait imprimer clandestinement en 1841 des ouvrages révolutionnaires à caractère subversif.

C'est à nouveau Marvin S. Antelman qui, dans le deuxième volume de *To Eliminate the Opiate*, nous met sur la voie. "Le projet Iskander", écrit le rabbin, "est le nom donné par les Illuminati au renversement de la Russie. Ce nom symbolise leur renversement dans un but ultime : le gouvernement mondial. Iskander est le terme arabe pour Alexandre le Grand. Il est écrit dans le Coran qu'Iskander a enfermé les tribus sauvages de Gog et Magog derrière des murs de fer (d'où le terme de rideau de fer)". Alexandre Herzen était l'idéologue et l'un des dirigeants des "Narodnicks", une classe intellectuelle et radicale de socialistes révolutionnaires qui cherchaient à utiliser la paysannerie pour renverser la monarchie tsariste. Ils sont considérés comme l'intelligentsia qui a servi de pont entre le communisme marxiste et les bolcheviks. Il s'ensuit qu'Alexander Herzen était un agent des Illuminati, un homme qui, comme Heinrich Heine, connaissait les projets d'avenir. Ses relations avec les Rothschild, Marx, Proudhom, Bakounine et d'autres révolutionnaires renforcent la validité de cette évaluation.

Après la mort de son père en 1846, il hérite d'une fortune considérable et voyage à l'étranger, sans jamais revenir en Russie. Berlin est son premier point de contact avec les conspirateurs. Il y rencontre Leopold Zunz, qui, comme nous l'avons déjà vu, joue un rôle très influent dans l'intelligentsia juive. Zunz fait de lui un communiste potentiel et ils ont probablement eu l'occasion de réfléchir ensemble à la doctrine du néo-messianisme. En 1847, Herzen arrive à Paris, d'où il part pour un court séjour en Italie. En mai 1848, alors que la révolution est à son apogée, il revient dans la capitale française. Il participe aux journées de juin aux côtés de Marx et de Proudhon, qu'il aide financièrement à hauteur de 24 000 francs afin qu'il puisse maintenir la publication de son journal, *Voix du peuple*, dans lequel il écrit de furieux articles.

Des contacts avec les Rothschild avaient déjà eu lieu en 1847, avant son voyage en Italie, puisque Niall Ferguson révèle qu'ils lui ont rendu de petits services bancaires lorsqu'il était en Italie et l'ont aidé à investir quelque 10 000 roubles lorsqu'il a commencé à vendre ses propriétés russes. Herzen lui-même explique qu'il a demandé à James Rothschild d'échanger des obligations d'une caisse d'épargne moscovite et que, sur ses conseils, il a acheté des actions américaines et françaises ainsi qu'une maison dans la rue d'Amsterdam, près de l'hôtel Havre. L'implication de James Rothschild dans la révolution russe atteint son apogée lorsque le gouvernement de Moscou tente d'empêcher Herzen de sortir davantage d'argent du pays en hypothéquant la propriété de sa mère à Komostra. James accepte à l'avance une facture signée par Herzen pour la valeur de la propriété à hypothéquer. Lorsque les autorités russes refusent d'autoriser l'hypothèque, James Rothschild, furieux, est prêt à intenter une action contre la banque et demande des explications au ministre des Finances. L'ambassadeur russe, le comte Kiselev, intervient alors et avertit le banquier qu'il ne peut pas faire confiance à son nouveau client. James écrit alors une lettre sévère à Gasser, son agent à Saint-Pétersbourg, menaçant le gouvernement russe de poursuites judiciaires et d'utiliser la presse. Dans son autobiographie *My Past and Thoughts*, Herzen confirme l'envoi de cette lettre :

> "Lorsque, une demi-heure plus tard, je montais les escaliers du Palais d'hiver des finances, rue Lafitte (il s'agit du palais de Rothschild), le rival de Nicolas (il s'agit du tsar) descendait... Sa Majesté, souriant doucement et tendant majestueusement son auguste main, dit : "La lettre a été signée et envoyée. Vous allez voir comment ils vont changer d'avis. Je leur apprendrai à jouer avec moi"... J'avais envie de m'agenouiller et de prêter serment d'allégeance en même temps que ma gratitude, mais je me suis contenté de dire : "Si vous en êtes tout à fait sûr, laissez-moi ouvrir un compte, même si ce n'est que pour la moitié de la somme totale". Sa Majesté l'Empereur m'a répondu : "Avec plaisir" et s'est dirigé vers la rue Lafitte. Je me suis incliné."

Six semaines plus tard, l'argent est versé. Il ne fait aucun doute que, pour tenter de dissuader Rothschild, l'ambassadeur Kiselev a dû l'informer des antécédents révolutionnaires d'Alexander Herzen. On ne peut donc pas croire que James Rothschild ignorait le véritable caractère de l'aristocrate russe. Il connaissait parfaitement les raisons pour lesquelles il était prêt à jouer la carte de son coreligionnaire. Herzen se targue d'avoir entretenu depuis lors une relation imbattable avec le banquier. J'étais pour lui, écrira-t-il plus tard, le champ de bataille sur lequel il avait battu Nicolas Ier". En 1850, le régime de Louis Napoléon expulse de France l'ami révolutionnaire de Rothschild, mais James continue de s'occuper de ses investissements en Amérique et d'autres obligations.[27] Le bilan de 1851 de la maison Rothschild à Paris montre qu'il lui doit 50 000 francs. Herzen s'installe à Londres, où il reprend contact avec Marx et d'autres réfugiés français et allemands. Herzen

---

[27] Il existe un ouvrage récent de Derek Offord, publié dans le "Academic Electronic Journal in Slavic Studies" de l'Université de Toronto, intitulé *Alexander Herzen and James Rothschild*. Il donne un compte rendu complet et détaillé des sommes d'argent que les Rothschild français ont manipulées. L'étude donne un aperçu des différents pays où des investissements en obligations et en rentes ont été réalisés au profit de Herzen.

arrive dans la capitale britannique, bien sûr, avec les recommandations correspondantes à la maison Rothschild de Londres, où Lionel Rothschild prend en charge son compte.

Une autre preuve des relations d'Alexandre Herzen avec les Shabbétaïques et le mouvement révolutionnaire mis en place par les Illuminati se trouve dans une lettre qu'il a écrite à Moses Hess le 3 mars 1850 et qui est reproduite dans *To Eliminate the Opiate*, extrait du livre précité de Theodore Zlocisti, *Moses Hess and His Contemporaries*. Il y demande à Hess de lui remettre une copie d'un pamphlet qu'il a écrit à Georg Herwegh, le poète révolutionnaire qui avait alors une liaison avec sa femme Natalie à son insu. Herzen demande à Hess s'il a l'intention de se rendre à Londres, lui demande son adresse et lui suggère de lui écrire en adressant sa lettre à l'attention des frères Rothschild à Paris. Il avoue à Hess qu'il ne pense même pas à l'argent et lui propose une aide financière s'il en a besoin. Ce document confirme également une fois de plus que Londres était la ville refuge. En échange du maintien de l'immunité sur son territoire, le gouvernement britannique permettait aux fugitifs de toute l'Europe de circuler librement en Angleterre.

À Londres, Herzen rencontre à nouveau Marx. Au cours de leurs discussions, il apparaît rapidement qu'ils ne partagent pas le même point de vue quant à la nation à conquérir en premier. Marx a toujours la France en tête et entend utiliser la franc-maçonnerie pour répandre la révolution dans toute l'Europe ; mais Herzen ne croit pas que la France soit le bon terrain pour une révolution sociale. Il ne croit pas non plus que l'Allemagne le soit. Ces deux pays sont à ses yeux trop conservateurs, voire féodaux. La Russie, en revanche, lui semble être le point de départ idéal pour un mouvement qui doit secouer et transformer le monde, car elle possède la paysannerie la plus arriérée d'Europe. Herzen fonde donc à Londres, en 1851, une imprimerie révolutionnaire en langue russe, avec laquelle il publie deux revues, l'*Étoile du Nord* et la *Voix russe, ainsi que* de nombreux pamphlets subversifs. Ces revues sont introduites clandestinement en Russie et distribuées. Un texte intitulé *A Socialist Evening*, publié peu avant la création de l'International Workingmen's Association dans un journal viennois et reproduit le 23 juin 1871 dans la *Gazette de France*, donne un aperçu de la vie d'Alexandre Herzen à Londres. Il relate l'atmosphère d'une réunion de révolutionnaires dans l'élégante maison de campagne qu'il possédait dans la banlieue londonienne de Putney. Les domestiques mis à part, il décrit le foyer recouvert de tapisseries orientales et décoré de fleurs exotiques, d'où partait un escalier de marbre, également décoré de tapisseries, qui menait au premier étage. Là, un "maître d'hôtel" en gants blancs et cravate blanche conduit les invités dans un salon rempli de dames et de messieurs, dont Louis Blanc, Ledru Rollin, Edgar Quinet et Karl Marx, décrit comme buvant de la bière et discutant avec véhémence avec un groupe d'Allemands à qui il assure que l'avalanche révolutionnaire va partir de Londres et s'abattre sur la France.

# Giuseppe Mazzini, Albert Pike et Adriano Lemmi

De nombreuses sources s'accordent à dire que Giuseppe Mazzini (1805-1872), le leader révolutionnaire italien qui est entré dans l'histoire comme un grand patriote, "apôtre de l'unité italienne", a été élu par l'Ordre des Illuminés de Bavière pour diriger le programme révolutionnaire, fonction qu'il a occupée jusqu'à sa mort. Des Griffin, Paul H. Koch, William Guy et d'autres proposent 1834 comme date de sa nomination. Mazzini, qui aurait atteint le 33e degré de la franc-maçonnerie italienne alors qu'il était à l'université de Gênes, était également juif selon Jüri Lina, mais aucun autre auteur ne le confirme. Son nom est lié de manière récurrente à tous les événements révolutionnaires, et sa collaboration avec Albert Pike, dont la correspondance est citée par différents chercheurs, est un épisode incontournable.

Mazzini encouragea les francs-maçons italiens à rejoindre l'organisation des Carbonari, une société très populaire dans les campagnes italiennes et françaises. Tout comme la franc-maçonnerie classique est née dans les guildes de bâtisseurs, les Carbonari ou maçonnerie forestière sont nés dans les forêts du Jura, parmi les travailleurs qui fabriquaient du charbon de bois à partir de l'abattage des arbres. À l'origine, les loges des Carbonarii étaient composées de dix membres qui s'appelaient d'abord les Forêts Jurassiennes et devinrent plus tard les Ventes. Leurs rites et cérémonies se déroulaient à l'intérieur des forêts. La promesse de secret sur la confrérie était faite avec un poignard tenu contre la poitrine et les serments étaient prêtés avec un poing serré et levé. Dès le début du XIXe siècle, les Francs-maçons et les Illuminati ont infiltré les Carbonari jusqu'à ce qu'ils deviennent une organisation contrôlée par les Illuminati. C'est en 1815 qu'Adam Weishaupt décide de la relancer et de la réorganiser, conscient qu'il peut utiliser cette société secrète pour assassiner les opposants à l'internationalisme. Déjà pendant les années de terreur en France, les Illuminati avaient utilisé les terroristes de Jacob Frank, formés à Brno. Le Grand Consistoire secret s'est réuni en 1820 et, à la suite de cette réunion, les Carbonari ont été intégrés au Grand Orient. Depuis lors, ses membres ont commis la plupart des assassinats politiques. La mafia est en fait l'une de ses ramifications. Selon certains auteurs, le mot Mafia est l'acronyme de Mazzini Autorizza Furti Incendi Avvelenamenti (Mazzini autorise les vols, les incendies et les empoisonnements). Mazzini a été initié au carbonarisme et à la franc-maçonnerie du Grand Orient en 1827.

La loge centrale des cabonari était l'Alta Venta, avec le chef de laquelle Mazzini entra en conflit, sous le pseudonyme de Nubius. À la suite de cet affrontement, Mazzini aurait réussi à l'empoisonner en 1837 et lui aurait ainsi usurpé le pouvoir et le contrôle de l'Alta Venta (voir note 16 du chapitre précédent). Dès lors, Mazzini se rendit à Londres, où il s'installa et assuma définitivement la direction du mouvement révolutionnaire. Il y établit un contact direct avec Lord Palmerston, qui, comme on le sait, était Grand Maître du Rite écossais de la Franc-maçonnerie et Patriarche des Illuminati. Après avoir été un acteur clé de la stratégie des Rothschild dans l'affaire de Damas en 1840, Palmerston passe dans l'opposition en 1841 ; mais entre 1846 et 1851, il redevient ministre des affaires étrangères. De ce poste, il favorise sans complexe les révoltes de 1848 sur le continent. En fait, tous les mouvements nationaux qui composent la Jeune Europe sont coordonnés par les services secrets britanniques. On comprend que tous les francs-maçons révolutionnaires se soient retrouvés dans un exil brumeux à Londres.

L'unification de l'Italie intéressait les Illuminati et les Carbonari devinrent donc un instrument pour créer une république fédérée, pour laquelle un drapeau triangulaire portant le sceau des Illuminati était envisagé. En 1832, Mazzini avait formé un groupe politique qu'il appela Jeune Italie et, en 1834, il fonda également la Jeune Suisse, où il vivait en exil. On a déjà dit que Mazzini était imité dans toute l'Europe. Avec l'appui de la diplomatie de Lord Palmerston et du Secret Intelligence Service (SIS) britannique, des comités révolutionnaires sont créés sur le modèle de la Jeune Italie. Ces comités se fédèrent à Berne sous le nom de Jeune Europe. Après l'échec des révolutions de 1848, Mazzini, qui avait quitté sa résidence de Londres pour participer aux révoltes, se réfugie à nouveau dans la capitale anglaise à. Il y rencontre de nombreux fugitifs impliqués dans les différents complots : le Hongrois Lájos Kossuth, Ledru-Rollin, Herzen et, bien sûr, Karl Marx, avec lequel Mazzini est parfois étroitement lié. C'est Mazzini lui-même qui a noté que le "cœur de Marx brûlait plus de haine des hommes que d'amour".

Aux côtés de Mazzini, apparaît un second personnage, Albert Pike. La relation entre les deux est remarquable. Le major Guy Carr, dans *Satan, Prince of this World*, ouvrage posthume publié par son fils, affirme que Mazzini, suivant les instructions qui lui ont été données par Weishaupt avant sa mort, s'est rendu en Amérique pour synchroniser la conspiration des Illuminati. La fondation en 1845 de Young America est souvent attribuée à Mazzini, mais il est certain que l'auteur du manifeste était Edwin de Leon, membre d'une famille marrane portugaise esclavagiste qui appartenait à la loge maçonnique juive B'nai B'rith. De Leon a agi sur les instructions d'August Belmont, un juif né en Prusse qui était le plus haut représentant des Rothschild aux États-Unis. De plus amples informations sur le B'nai B'rith, Edwin de Leon et August Belmont sont fournies ci-dessous. Dans *Four Reich of the Rich*, Des Griffin considère également qu'Albert Pike et Mazzini ont pris contact pour coordonner les francs-maçons européens avec les francs-maçons américains. On ne sait pas exactement quand cette relation a été établie. Edith Starr Miller, Lady Queenborough, dont la mort soudaine à Paris à l'âge de 45 ans fait peser de graves soupçons de meurtre, fait état dans *Occult Theocracy* (1933) d'un certain contact qui aurait eu lieu quelques années avant 1870, peut-être en 1866. Cet ouvrage classique est disponible en ligne au format PDF.

Avant l'indépendance américaine, quinze loges Illuminati fonctionnaient aux États-Unis, mais entre 1830 et 1840, la franc-maçonnerie tomba en discrédit à cause de l'assassinat du capitaine William Morgan et faillit cesser d'exister. Ce capitaine avait atteint un haut degré et jouissait d'une certaine autorité dans la franc-maçonnerie, mais après avoir découvert dans sa loge new-yorkaise, la loge 433 de Batavia, certains des secrets des Illuminati, il décida de faire défection. Non content de se détourner de la conspiration, il estime qu'il est de son devoir d'informer les autres francs-maçons et le grand public des buts cachés de la secte qui a pénétré la franc-maçonnerie. Il parcourt le pays et visite de nombreuses loges. En 1826, il signe un contrat avec un éditeur, le colonel David C. Miller, et publie *Freemasonry Exposed*. Dans un ouvrage publié en 1958 par William J. Whalen, *Christianity and American Freemasonry*, l'explication de ce qui s'est passé est donnée en chiffres. Si les chiffres de Whalen sont exacts, il y avait environ cinquante mille francs-maçons aux États-Unis, et après la publication du livre du capitaine Morgan, quelque quarante-cinq mille ont quitté la franc-maçonnerie. Près de deux mille loges ont fermé leurs portes et les autres ont cessé leurs activités. Dans le seul État de New York, il y avait trente mille francs-maçons et, après la publication du livre, leur nombre a été réduit à trois cents.

Richard Howard, un Anglais éclairé, est envoyé en Amérique pour exécuter Morgan en tant que traître. Prévenu qu'il allait être tué, William Morgan tente de s'échapper et se rend au Canada, mais Howard et ses hommes de main le rattrapent à la frontière et le tuent près des chutes du Niagara. Son corps a été retrouvé un mois après sa mort dans les eaux d'un lac, où il avait été jeté ligoté et chargé de grosses pierres. Dans *Pawns in the Game,* le major Guy ajoute que son enquête lui a permis d'apprendre qu'un certain Avery Allyn avait fait une brève déclaration sous serment à New York, dans laquelle il affirmait avoir entendu le rapport de Richard Howard lors d'une réunion des Templiers à St. Johns'Hall à New York, dans lequel il expliquait comment il avait "exécuté" Morgan. Allyn a également raconté comment l'expédition de Howard vers l'Angleterre avait été organisée. Richard Carlile, dans son *Manual of Freemasonry*, donne une version très détaillée des événements, qui diffère à certains égards de celle que nous avons donnée ici, mais qui ne change pas l'essentiel.

William Morgan a payé de sa vie le fait d'avoir osé décrire les rituels secrets des Illuminati et des maçons satanistes, mais son sacrifice a été payant et un parti antimaçonnique s'est bientôt formé, qui a été dirigé pendant quelques années par un membre du Congrès de Pennsylvanie, Thaddeus Stevens. En 1832, dans son discours aux délégués de la convention nationale du parti antimaçonnique, Stevens dénonça les francs-maçons comme s'étant emparés par intrigue des postes politiques les plus importants de la nation et définit la franc-maçonnerie comme "une institution criminelle qui a juré de garder le secret et qui met en danger la continuité du gouvernement de la République". Ce député a tenté de supprimer la franc-maçonnerie et a voulu enquêter sur le satanisme de l'Ordre. Il réussit même à faire élire un gouverneur antimaçonnique en Pennsylvanie. Mais bientôt, le parti antimaçonnique fut infiltré et la vigueur initiale de Stevens s'estompa progressivement jusqu'à ce qu'il abandonne le combat. Il est possible qu'il ait fait l'objet d'un chantage, car en 1824, il a été soupçonné d'avoir tué une servante noire à Gettysburg qu'il avait fécondée, mais l'affaire n'a jamais été évoquée dans la presse. Près de trente ans plus tard, Thaddeus Stevens est en concurrence avec Abraham Lincoln au sein du parti républicain et prône une politique provocatrice et agressive à l'égard du Sud, c'est-à-dire qu'il pousse à la guerre civile.

Bientôt, le feu du bûcher devait brûler avec une énergie renouvelée. Le juif Moses Holbrook fut pendant la première moitié du XIXe siècle Grand Commandeur du Suprême Conseil de Charleston, qui était l'une des deux divisions organiques du Rite écossais ancien et accepté aux États-Unis. Lui et son secrétaire privé, le poète Henry Wadsworth Longfellow, deux satanistes avoués, adoptèrent les rites cabalistiques d'initiation satanique qui, en Europe, avaient été adoptés par la Maçonnerie du Grand Orient en France et en Italie, dont les Maîtres étaient Crémieux et Mazzini.

C'est sans doute vers 1830 au Harward College ou dès 1833 en Arkansas, où il avait sa résidence à Little Rock, qu'Albert Pike entra en contact avec des francs-maçons membres des Illuminati, des hommes qui avaient des relations avec Moses Holbrook, Clinton Roosevelt, Charles Dana, Horace Greeley. En 1837, il était déjà très ami avec Gallatin Mackey, secrétaire du Conseil suprême de Charleston, et avait connu Longfellow. Dans *Satan Prince of this World*, le major Guy Carr affirme : "il existe des preuves qu'après 1840, la maison de treize pièces que Pike possédait à Little Rock a servi de quartier général secret à ceux qui constituaient la Synagogue de Satan, et qu'entre ses murs on pratiquait l'occultisme et des rituels sataniques basés sur la Cabale, tout comme Moses Mendelssohn l'avait fait lorsque, avant 1784, il avait organisé des initiations pour les hauts degrés des Illuminati de Weishaupt à Francfort".[28] Parmi ces rituels de Little Rock figure la célébration de la messe noire, dans laquelle l'officiant représente Satan et une jeune prêtresse symbolise Ève. La séduction et la possession d'Eve ont lieu devant les fidèles. La seconde partie de la cérémonie perpétue la défaite de Satan par le Christ. Pike propose à Moses Holbrook "de réviser et de moderniser la cérémonie afin qu'elle ne paraisse pas si talmudique". Holbrook mourut en 1844 et Pike acheva alors lui-même la réforme. La

---

[28] Lorsque Albert Pike quitta la maison de Little Rock, celle-ci fut reprise par John Gould Fletcher, qui pratiquait également l'occultisme et le spiritisme. Gould Fletcher a remporté le prix Pulitzer de la poésie. Parmi ses poèmes, l'un d'eux s'intitule *The Ghosts of an Old House* (*Les fantômes d'une vieille maison*).

nouvelle cérémonie fut appelée la "Messe Adonaïque". Adonaï est le nom que les francs-maçons donnent au Dieu chrétien. Il est bien connu qu'Albert Pike possédait une célèbre statue de Baphomet (Satan), qu'un Maçon juif nommé Isaac Long avait apportée en 1801 à Charleston, une ville située exactement sur le 33e parallèle de latitude.

Holbrook mort, Albert Pike devient le nouveau Grand Commandeur du Suprême Conseil de Charleston en 1859 et s'impose progressivement comme le véritable chef du Rite écossais. Pike (1809-1891), comme Mazzini en Italie, est entré dans l'histoire américaine comme un patriote. Une statue a été érigée en son honneur à Washington. Pike a servi pendant la guerre de Sécession en tant que général du côté de la Confédération, dont le gouvernement l'a chargé d'entamer des négociations avec les tribus sauvages pour lever une armée de guerriers indiens. Nommé gouverneur du Territoire indien, il obtient des Comanches, des Osages, des Cherokees, des Chickasaws, des Creeks, des Chocaws et des Miamis qu'ils acceptent de se battre sous son commandement. La terreur caractérise les actions de l'armée indienne de Pike qui, selon ses coutumes, mutile atrocement les soldats ennemis sur le champ de bataille. Face aux protestations et aux accusations, le président confédéré Jefferson Davis choisit de dissoudre les troupes indiennes du général Pike. Après la fin de la guerre civile, il fut jugé et condamné pour sa responsabilité dans les atrocités commises. Après l'assassinat d'Abraham Lincoln, les pressions maçonniques exercées sur le président Andrew Johnson, lui-même franc-maçon, eurent un effet immédiat et Pike fut gracié le 22 avril 1866. Le lendemain, il rendit visite au président Johnson qui, au sein de la franc-maçonnerie, était subordonné à son autorité. À la Maison Blanche même, en tenue de cérémonie, se réunissent les membres du Suprême Conseil de Charleston, dont Pike est le Grand Commandant.

Le curriculum vitae d'Albert Pike fait la part belle à la création du Ku Klux Klan. Au printemps 1867, huit mois après l'assassinat de Lincoln, à l'hôtel Maxwel House de Nashville, Pike, qui avait été l'un des moteurs de la guerre civile, comme nous le verrons plus loin, a organisé une réunion avec un groupe de généraux confédérés pour former l'Ordre des Chevaliers du Ku Klux Klan, qui était un projet du Rite écossais. Il aurait lui-même rédigé les règles et les rituels militaires, les signes et les mots de passe. Lors d'une réunion ultérieure, également à Nashville, le général Nathan Bedford Forrest a été choisi comme magicien impérial du Klan et Pike a reçu le titre de Grand Dragon du Royaume. La majeure partie du financement était assurée par la loge juive B'nai B'rith, sur laquelle nous reviendrons dans la section suivante.

Alors que la guerre civile sanglante fait rage aux États-Unis, en Europe, Mazzini est à la manœuvre au St. Martins Hall où, le 28 septembre 1864, la Première Internationale est fondée. Mazzini est reçu et son secrétaire, un juif polonais nommé Wolf, le représente au sein du Comité international chargé de préparer les statuts qui seront adoptés l'année suivante en Belgique lors d'un congrès international. Lors de la première réunion de ce comité, Wolf reprend les statuts de l'Association des travailleurs de Mazzini et les propose comme base de la nouvelle association. Karl Marx, qui s'était volontairement tenu à l'écart et s'était contenté du poste de secrétaire chargé de la correspondance avec l'Allemagne, manœuvra pour que le comité rejette cette proposition. Un an plus tard, en 1865, meurt Lord Palmerston, Premier ministre de Grande-Bretagne depuis le 12 juin 1959, à la fois Grand Maître du Rite écossais et Patriarche des Illuminati. C'est probablement à cette époque, après la mort de Palmerston, que Mazzini conçoit le projet d'un Rite Suprême.

Le 22 janvier 1870, Mazzini écrivit à Pike une lettre dans laquelle il proposait que les fédérations internationales continuent comme elles étaient avec leurs systèmes, leurs autorités centrales et leur organisation, mais il ajoutait : "Nous devons créer un super rite qui restera inconnu, dans lequel nous introduirons les Maçons de haut degré que nous choisirons... Au moyen de ce rite suprême, nous gouvernerons la franc-maçonnerie, qui deviendra le plus grand centre de pouvoir international, le plus puissant parce que sa direction sera inconnue". Mazzini rêvait d'un contrôle international par la franc-maçonnerie. Le contrôle absolu par les francs-maçons avait été l'un des objectifs d'Adam Weishaupt à Wilhelmsbad. Le 20 septembre 1870, jour où les troupes commandées par le général franc-maçon Raffaele Cadorna entrent à Rome et où le roi du Piémont, Victor Emmanuel, devient roi d'Italie, Albert Pike et Giuseppe Mazzini se mettent d'accord pour former le Rite du Palladium Nouveau et Réformé. Ils se répartissent alors les pouvoirs : Pike, en tant que Souverain Pontife de la Franc-maçonnerie Universelle, devient la plus haute autorité dogmatique. Mazzini, qui reconnaît implicitement l'autorité suprême de Pike, conserve l'autorité exécutive en tant que chef de l'action politique. Albert Pike cumule alors les fonctions de Grand Maître du Directoire Central de Washington, de Grand Commandeur du Suprême Conseil de Charleston et de Souverain Pontife de la Franc-maçonnerie Universelle, devenant ainsi le chef visible des Illuminati.

Charleston devint ainsi le siège ou la ville sainte du palladianisme. Le rite palladien nouveau et réformé est un rite luciférien qui enseigne que la divinité est double. Lucifer est Dieu et Adonaï aussi, la différence étant que Lucifer est le Dieu de la lumière et de la bonté, tandis qu'Adonaï, la divinité des chrétiens, est le Dieu des ténèbres et du mal. En fait, le dualisme des gnostiques expliqué au début du chapitre est repris. Pour les gnostiques chrétiens, le Dieu invisible était le créateur de l'univers, tandis que ce monde était l'œuvre du démiurge, Satan, qu'ils identifiaient au Dieu d'Israël ou de la Bible. Or, le palladisme, influencé par les doctrines gnostiques et kabbalistiques, a quelque peu inversé les termes. Précisément, les kabbalistes chabbétaïstes et frankistes insistent sur la distinction à faire entre la Cause première et le Dieu d'Israël. Le premier serait le Dieu de la philosophie rationnelle et le second le Dieu de la religion. Une fois de plus, nous nous tournons vers l'autorité incontestée de Gershom Scholem qui, dans *Le messianisme juif,* tente d'expliquer l'hérésie mystique du sabbatéisme et confirme que les sectateurs chabbétaïstes et frankistes pensaient que "le peuple juif avait identifié par erreur la Cause première impersonnelle avec le Dieu personnel de la Bible, ce qui constituait un désastre spirituel dont Saadia Gaon, Maïmonide et les autres philosophes étaient responsables". Il s'agit - ajoute Scholem - d'un schéma typiquement gnostique, mais à l'envers : le bon Dieu n'est pas le "Deus absconditus". C'est le Dieu des philosophes et il ne peut faire l'objet d'un culte. Le bon Dieu est le Dieu d'Israël, qui a créé le monde et qui a donné la Torah à Israël". Scholem, pour qui Jacob Frank est "une figure terrifiante et véritablement satanique", voit dans ces doctrines "l'effondrement radical de l'univers juif traditionnel".

En 1871, Pike a publié son célèbre ouvrage intitulé *Morals and Dogma of the Ancient and Accepted Scottish Rite of Freemansonry (Morales et dogmes de l'ancien rite écossais accepté de la franc-maçonnerie).* Il y reconnaît volontiers que les degrés bleus - les trois premiers : Apprenti, Compagnon et Maître - sont destinés à induire en erreur le nouveau venu dans la franc-maçonnerie par de fausses interprétations. "La franc-maçonnerie, dit Pike, comme toutes les religions, tous les mystères, l'hermétisme et l'alchimie, cache des secrets à tous, sauf aux sages initiés ou élus, et utilise de fausses explications et interprétations de ses symboles pour tromper ceux qui méritent d'être trompés, pour leur cacher la vérité, appelée Lumière, et pour les en séparer.

Mazzini, qui avait passé les dix dernières années de sa vie à Londres dans un appartement de Fulham Road, mourut le 11 mars 1872. William Guy cite un texte retrouvé après sa mort, adressé à un médecin nommé Breidenstine, avec lequel il entretenait des relations étroites : "Nous formons une association de frères dans toutes les parties du globe. Nous voulons briser tous les jougs. Mais il y en a encore un que l'on ne voit pas, que l'on sent à peine, mais qui pèse sur nous. D'où vient-il ? Où est-il ? Personne ne le sait, ou du moins personne ne le dit. Cette société est secrète même pour nous, les vétérans des sociétés secrètes". Ces mots invitent à penser que Mazzini savait qu'ils étaient en fait utilisés par des forces occultes qui les dépassaient.

L'un des ouvrages les plus précieux contenant des informations de première main sur les faits que nous avons évoqués est *Souvenirs d'un trenta-troisième : Adriano Lemmi, chef suprême des francs-maçons,* de Domenico Margiotta, un maçon du 33e degré qui a renoncé à la voie satanique tracée par Albert Pike et Mazzini. Ce livre explique comment les maçons du 33e degré du Rite écossais étaient soigneusement sélectionnés pour être initiés au Rite palladien. Ceux qui en devenaient membres pouvaient en recruter d'autres, d'où ses ramifications internationales. Ce

Rite Suprême était organisé en triangles : les Conseils Palladiens. Pike organise un Conseil de surveillance à Rome, dirigé par Mazzini jusqu'à sa mort, puis par son successeur, Adriano Lemmi ; un autre à Berlin, qu'il appelle le Suprême Directoire dogmatique ; et le troisième est basé à Charleston.

Le 14 juillet 1889, Albert Pike s'adressa magistralement aux vingt-trois Suprêmes Conseils de la Franc-maçonnerie mondiale pour leur expliquer le dogme du Rite Palladien. Voici quelques-unes de ces instructions : "A vous, Souverains Instructeurs du 33ème degré, nous disons que vous devez répéter aux frères des 32ème, 31ème et 30ème degrés que la religion maçonnique doit être, pour nous tous initiés aux degrés supérieurs, maintenue dans la pureté de la doctrine luciférienne [...] Oui, Lucifer est Dieu, et malheureusement Adonaï est aussi Dieu. Par la loi éternelle, il n'y a pas de lumière sans ombre, pas de beauté sans laideur, pas de blanc sans noir". Plus loin, il apparaît clairement que Pike connaît les gnostiques et qu'il est également un kabbaliste averti, car on retrouve dans sa doctrine certains des concepts fondamentaux de Yitshak Luria évoqués plus haut, à savoir celui de "tsimtsum", qui signifie "retrait" ou "contraction". En voici un extrait : "L'Univers est équilibré par deux forces qui maintiennent l'équilibre : la force d'attraction et la force de contraction. Ces deux forces existent en physique, en philosophie et en religion. Et la réalité scientifique du dualisme divin est démontrée par le phénomène de la polarité et par la loi universelle de la sympathie et de l'antipathie. C'est pourquoi les intelligents disciples de Zoroastre, et après eux les gnostiques, les manichéens et les templiers ont admis le système des deux principes divins éternellement en lutte".

L'un des points les plus complexes du palladisme est la différence, que seul Pike doit comprendre, entre Satan et Lucifer. Dans les instructions aux Souverains Instructeurs, Pike dit à ce sujet : "La doctrine du satanisme est une hérésie ; et la pure et vraie doctrine philosophique est la croyance en Lucifer, qui est l'égal d'Adonaï ; mais Lucifer, Dieu de lumière et Dieu de bonté, lutte pour l'humanité contre Adonaï, le Dieu des ténèbres et du mal". Adriano Lemmi lui-même, que Pike a accepté comme successeur de Mazzini sans être le saint de sa dévotion, ne semblait pas non plus très bien comprendre la différence entre Satan et Lucifer. Lemmi avait demandé à son frère maçon Giosuè Carducci de composer un hymne à Satan. Le résultat fut l'*Hymne à Satan* (1865), qui fut chanté sur ordre de Lemmi lors des banquets du Rite palladien, ce qui ne manqua pas de déplaire à Pike.

Quant au contrôle absolu d'Albert Pike sur la franc-maçonnerie universelle, force est de constater qu'il y a des exceptions. En 1874, il signa un accord avec Armand Levi, qui représentait la loge juive B'nai B'rith en Amérique, en Allemagne et en Angleterre. Par ce pacte, Pike donne à Levi l'autorisation pour cette loge d'organiser les maçons juifs de ces pays en une fédération secrète, appelée le Sovereign Patriarchal Council (Conseil souverain patriarcal). Le siège international est installé dans un immeuble de la rue Valentinskamp à Hambourg. Le chef de cette fédération secrète gagnait annuellement des centaines de milliers de dollars en cotisations. Dans la section suivante, nous développerons l'importance de cette loge exclusivement juive.

La troisième figure est Adriano Lemmi (1822-1906). Né de parents catholiques, il rencontre à Constantinople en 1845 un rabbin polonais qui le convainc de se convertir au judaïsme et lui enseigne le *Talmud*. Un autre rabbin, Abraham Maggioro, lui fait découvrir les mystères de la Kabbale et l'initie à la magie et à l'occultisme. C'est un franc-maçon anglais qui le recrute dans la franc-maçonnerie en 1848. En 1849, il rencontre le révolutionnaire hongrois Lájos Kossuth, réfugié à Constantinople. Kossuth et Lemmi deviennent amis et voyagent ensemble aux États-Unis en 1851, mais la même année, Lemmi retourne en Europe pour rejoindre la Jeune Italie de Mazzini, qu'il rencontre à Londres. Dès lors, Lemmi rejoint les Carbonari et participe aux assassinats politiques de la secte en Italie, commandés par Mazzini.

La franc-maçonnerie a été un instrument de Lord Palmerston et des Rothschild pour provoquer la guerre de Crimée (1853-1856), dont les Rothschild ont largement profité grâce aux dettes contractées par les États impliqués dans le conflit. La Maison Rothschild soutient les pays belligérants : elle garantit le prêt de guerre britannique de 16 millions de livres et participe largement au grand emprunt de 75 millions de francs. Elle participe également à l'octroi d'un prêt à la Turquie garanti par la France et l'Angleterre. En outre, les investisseurs anglais ont perdu confiance dans les obligations d'État en raison de la guerre et les Rothschild ont pu les acheter à bas prix. Outre le fait de tirer profit d'une guerre catastrophique qui a appauvri l'Europe et contribué à consolider le libéralisme, les Rothschild visent une nouvelle fois à affaiblir la Russie des tsars, qui avait contribué à réprimer les révoltes de 1848. Près d'un million d'êtres humains entre civils (750 000) et combattants perdent la vie. Mazzini et Kossuth s'emploient à favoriser le déclenchement du conflit. Lemmi, grâce à ses contacts avec eux, obtient des contrats pour des ambulances italiennes qu'il envoie de Gênes en Crimée et en profite pour s'enrichir, car en plus d'empocher une partie de l'argent, il paie avec de faux chèques et s'enfuit ensuite à Malte. C'était son premier grand vol", écrit Lady Queenborough dans *Occult Theocracy*, "mais la fuite n'a pas empêché un juge suisse de le condamner, lui et ses deux associés, pour non-comparution et non-paiement.

En janvier 1855, Mazzini et Felix Pyat, président d'un groupe connu sous le nom de Communistes révolutionnaires, se rencontrent à Londres pour planifier l'assassinat du duc Charles III de Parme. Mazzini envoie un passeport à Malte pour Lemmi sous le nom de Lewis Broom. Lemmi quitte immédiatement l'île et se rend à Parme. Il y organise une réunion secrète à Castel-Guelfo le 25 mars, au cours de laquelle Antonio Carra est choisi pour commettre l'assassinat. Deux jours plus tard, Charles III est poignardé alors qu'il se promène dans les rues de Parme. Le criminel réussit à s'échapper. Les circonstances de l'événement sont connues car Lemmi lui-même s'est vanté du rôle qu'il avait joué. Mazzini, qui déclare sans complexe : "nous aspirons à corrompre pour gouverner", est très fier de Lemmi, qu'il appelle "petit juif", car, dit-il, il vaut dix hommes. Si bien que le 12 juin, Lemmi est à Rome avec un nouveau passeport au nom d'Ulrick Putsch. Là, il échoue cette fois dans une tentative d'assassinat du cardinal Antonelli, secrétaire d'État et bras droit de Pie IX, qui avait déjà été visé par un assassinat en 1853, mais la police papale réussit à neutraliser le projet. Nous pourrions continuer à raconter les assassinats et les complots dans lesquels ce personnage néfaste et infâme a été impliqué, presque toujours sur les ordres de Mazzini et de Kossuth ; mais nous pensons que ce qui a été dit est suffisant pour donner au lecteur une idée de ce sataniste.

À la mort de Mazzini, en 1872, Lemmi avait réussi à amasser une fortune et à posséder de vastes domaines et d'autres propriétés. Maçon du 33e degré et chef du Conseil de surveillance de Rome du Rite palladien, il tente de contrôler les loges du Grand Orient d'Italie comme l'avait fait Mazzini, mais la rivalité pour la suprématie du Rite écossais est très forte. Lemmi sait que son titre secret de chef du palladisme lui confère une certaine suprématie et il décide de s'adresser au Souverain Pontife à Charleston. Il expliqua à Albert Pike le danger qui existait dans la franc-maçonnerie italienne à cause des dissensions. Il évoque notamment l'opposition de Timothy Riboli, Grand Maître du Conseil d'Italie à Turin. Finalement, Pike opte pour le rachat de Riboli et lui propose une indemnité de 30 000 francs, qui est acceptée. L'argent est prélevé sur la caisse centrale de l'Ordre. Dans l'Annuaire administratif suprême de Berlin, le paiement de cette somme est inscrit au bilan de 1887 comme dépenses extraordinaires dans les termes suivants, cités par Lady Queenborough : "Suppression du Conseil suprême d'Italie ayant son siège à Turin. Indemnité extraordinaire accordée à F.-. T. R. sur proposition de F.-. A. L. et approuvée par le comité secret du 28 février, 30.000 francs".

Le 21 novembre 1888, Adriano Lemmi, dont l'une des obsessions était la destruction de l'Église et la déchristianisation de l'Italie, écrivit à nouveau à Pike en ces termes : "Aidez-nous dans notre lutte contre le Vatican, car votre autorité est suprême. Avec votre encouragement, toutes les loges d'Europe et d'Amérique se rallieront à notre cause". C'est dans ces mêmes années que ce criminel, utilisant l'escroquerie et d'autres moyens illicites, prit le contrôle du monopole du tabac en Italie. L'affaire arrive au Parlement, mais les députés intimidés votent en faveur de la secte afin d'étouffer le scandale. Bien que plusieurs parlementaires et un journal aient tenté d'empêcher l'impunité, l'affaire a finalement été enterrée dans l'oubli.

Après la mort d'Albert Pike en 1891, Lemmi manœuvra pour tenter d'accéder au pouvoir maçonnique suprême, dont l'organisation internationale comprenait soixante-dix-sept provinces triangulaires. Pour ce faire, il s'appuie sur le Directoire exécutif de Rome, où ses agents, presque tous juifs, s'emploient à lui assurer le soutien des puissantes loges juives, regroupées dans la fédération du Souverain Conseil Patriarcal de Hambourg. *Occult Theocracy* soutient la thèse selon laquelle les loges juives ont effectivement soutenu Lemmi. Ce qui s'est passé en fait", dit Lady Queenborough, "c'est un complot du Conseil Souverain Patriarcal contre le Directoire Suprême Dogmatique de Charleston. Hambourg l'a finalement emporté et le contrôle juif secret de la puissante machine de la franc-maçonnerie internationale a été assuré". Lemmi, qui avait hérité de Mazzini la direction de l'Action politique, chercha alors à déplacer le Directoire dogmatique suprême de Charleston à Rome, sous prétexte qu'il serait mieux à même de lutter contre le Vatican. Finalement, au terme d'une lutte acharnée et de manœuvres louches, le transfert est réalisé. Adriano Lemmi meurt en 1896.

## Le B'nai B'rith et l'Alliance israélite universelle

L'Ordre indépendant B'nai B'rith (Fils de l'Alliance) a été fondé en octobre 1843 à New York par un groupe de douze francs-maçons juifs d'origine allemande : Isaac Rosenburg, Reuben Rodacher, Henry Jones, William Renau, Isaac Dittenhöfer, Jonas Hecht, Valentine Koon, Hirsh Heineman, Henry Kling, Michael Schwab, Samuel Schäfer et Henry Anspacher, mais c'est l'omniprésent Lord Palmerston, créateur de plusieurs cultes depuis sa position de Grand Maître du Rite écossais, qui en est à l'origine. Edward E. Grusd dans son ouvrage *B'nai B'rith. L'histoire de l'alliance* montre clairement qu'en réalité, le véritable cerveau de la croissance rapide de l'Ordre était Baruch Rothschild, apparenté à Mayer Amschel Rothschild, le fondateur de la dynastie au XVIIIe siècle. Baruch Rothschild a été envoyé aux États-Unis peu après la fondation de l'Ordre pour purger les membres du B'nai B'rith, car, selon lui, "tous les membres n'étaient pas suffisamment éduqués et les capacités mentales étaient trop différentes". En d'autres termes, n'importe quel juif, car il s'agissait d'une loge réservée aux juifs, pouvait appartenir à l'Ordre.

En 1885, Julius Bien, président de l'Ordre à New York, inaugure la première Grande Loge allemande de l'I.O.B.B. (International Order of B'nai B'rith). La suprématie du B'nai B'rith dans le monde juif est telle que le sionisme et l'Agence juive mondiale, créée en octobre 1928, dépendent de ses orientations internationales. Lorsque la révolution bolchevique éclate, le Grand Maître du B'nai B'rith pour la Russie s'appelle Sliozberg. Il était l'un des dirigeants juifs internationaux qui conseillaient Alexandre Kerensky, dont le vrai nom était Aaron Kirbiz, un maçon du rite écossais du 32e degré. Comme nous l'expliquerons dans un chapitre ultérieur, ce leader menchevique, suivant les ordres du B'nai B'rith, finit par céder le pouvoir aux bolcheviks et par s'exiler en or.

Aujourd'hui, le B'nai B'rith, dont la secte mère est le Rite écossais de la franc-maçonnerie, est la plus grande organisation juive au monde. Il est à la fois le plus grand ordre maçonnique et, sans aucun doute, il contrôle et dirige la franc-maçonnerie internationale dans la poursuite de ses objectifs. Selon l'*Encyclopaedia Judaica,* à la fin du siècle dernier, elle comptait plus d'un demi-million de membres masculins répartis dans plus de 1 700 loges dans 43 pays. Les loges féminines du B'nai B'rith étaient au nombre de six cents, avec plus de deux cent mille femmes membres. Soixante-dix de ces loges sont établies en Europe. Selon Aron Monus dans son livre *Verschwörung : das Reich von Nietzsche (Conspiration : l'empire de Nietzsche)*, publié à Vienne en 1995, le but premier de l'Ordre est d'assurer le pouvoir des Juifs sur le reste de l'humanité. Son budget était d'environ 13 millions de dollars à la fin des années 1960. Les services secrets du B'nai B'rith sont l'ADL (Anti-Defamation League), fondée en octobre 1913. L'un des bras armés de l'ADL est la JDL (Jewish Defense League), une organisation de terreur sioniste fondée en 1968 par le rabbin Mehir Kahane. Le FBI (Federal Bureau of Investigation) l'a d'ailleurs qualifiée à plusieurs reprises de groupe terroriste criminel.

Il semble que le B'nai B'rith ait réussi à s'implanter en Espagne avant même la mort du général Franco, qui reçut le Grand Maître Label Katz. Les sièges de l'Ordre sont établis à Madrid, Barcelone, Ceuta, Melilla et Las Palmas, mais il est expressément interdit de promouvoir la création de loges mixtes juives et chrétiennes. Le roi Juan Carlos Ier a également reçu David Blumberg, le nouveau Grand Maître de l'Ordre, en 1979. Jusqu'à sa mort, le chef du B'nai B'rith en Espagne était l'homme d'affaires Max Mazin, membre exécutif du CEOE.

L'Ordre du B'nai B'rith est l'organe exécutif de l'Alliance israélite universelle, une Grande Loge maçonnique juive fondée en 1860 par Adolphe Crémieux, le rabbin Elie-Aristide Astruc, Isidor Cahen, Jules Carvallo, Narcisse Leven et d'autres. La devise de cette organisation est "Tous les Israélites sont des camarades". Parmi les initiateurs de l'Alliance, on trouve deux personnalités connues, le rabbin Hirsch Kalisher et Moses Hess, auteurs des ouvrages les plus importants du proto-sionisme. L'objectif principal de cette organisation à l'idéologie clairement sioniste était politique, puisque l'Alliance israélite universelle devait être une sorte de gouvernement représentatif de tous les Juifs. Après la mort de James Rothschild en 1868, ses fils versèrent annuellement quelque 500 000 francs à l'Alliance. Soixante ans après sa fondation, le 6 septembre 1920, le quotidien londonien *The Morning Post* reproduit le manifeste adressé à tous les Juifs du monde, dans lequel les objectifs de l'Alliance sont ouvertement déclarés. Examinons les concepts les plus significatifs :

"L'union que nous désirons ne sera pas une union française, anglaise, irlandaise ou allemande, mais une union juive, une union universelle ! Les autres peuples et races sont divisés en nationalités. Toutes les confessions importantes sont représentées dans le monde par des nations, c'est-à-dire qu'elles sont incarnées par des gouvernements qui s'intéressent spécialement à elles et qui sont officiellement autorisés à les représenter et à parler en leur nom. Seule notre foi n'a pas cet avantage important ; elle n'est représentée ni par un Etat, ni par une société, et n'occupe pas non plus un territoire clairement défini... En aucun cas un juif ne se liera d'amitié avec un chrétien ou un musulman ; pas avant que ne vienne le temps où le judaïsme, seule vraie religion, rayonnera sur le monde entier. Disséminés parmi les autres nations, nous voulons avant tout être et rester immuablement des Juifs. Notre nationalité est la religion de nos pères et nous ne reconnaissons aucune autre nationalité. Nous vivons sur des terres étrangères et ne pouvons nous préoccuper des ambitions de pays qui nous sont totalement étrangers... Le Magistère juif doit embrasser la terre entière ! Quelle que soit la destination, bien que dispersés sur toute la terre, vous devez toujours vous considérer comme membres d'une race élue. Si vous reconnaissez que la foi de vos ancêtres est votre seul patriotisme, si vous reconnaissez cela, quelles que soient les nationalités que vous avez adoptées, vous formez toujours et partout une seule nation. Si vous en êtes convaincus, ô Juifs de l'univers, venez, répondez à notre appel et donnez votre consentement... Notre cause est grande et sacrée et son succès est garanti... Le catholicisme, notre éternel ennemi, gît dans la poussière, mortellement blessé à la tête. Le filet que nous, Juifs, jetons sur le globe s'élargit et s'étend chaque jour... Le temps est proche où Jérusalem deviendra la maison de prière de toutes les nations et de tous les peuples et où la bannière de la divinité juive sera déployée et hissée dans les contrées les plus lointaines... Servons-nous de nous-mêmes en toutes circonstances. Notre pouvoir est immense. Apprenons à l'utiliser pour notre cause... De quoi avez-vous peur ? Le jour n'est pas loin où toutes les richesses et tous les trésors du monde seront la propriété des enfants d'Israël".

Cette longue citation est d'une grande clarté et d'une grande valeur, car elle montre que les Juifs n'ont jamais vraiment pensé à profiter de l'émancipation qu'ils réclamaient tant, qu'ils n'ont jamais pensé à quitter le ghetto pour s'intégrer dans les sociétés qui les accueillaient, pour vivre et s'assimiler à d'autres êtres humains. L'acceptation de la nationalité des pays dans lesquels ils vivaient n'était qu'apparente. L'égalité des droits qu'ils revendiquaient devait être utilisée pour accumuler du pouvoir dans le monde entier et pour travailler à la cause du judaïsme national. La citation montre clairement que, dès 1860, les Juifs étaient prêts à réaliser l'utopie juive, c'est-à-dire leur volonté de dominer toutes les nations, de détruire leurs ennemis, de s'imposer comme la race élue et de monopoliser tout le pouvoir dans le monde.

Le même poids qu'Albert Pike aux Etats-Unis et Giuseppe Mazzini en Italie est détenu par Adolphe Isaac Crémieux en France. Crémieux, Grand Maître de l'Ordre du Rite de Memphis-Mizrain et Grand Maître du Grand Orient de France, fut président du Comité central de l'Alliance à deux périodes : entre 1863-1867 puis entre 1868-1880. Le vicomte Léon de Poncins considérait l'Alliance israélite universelle comme une sorte de sénat maçonnique au rayonnement international, puisqu'elle avait sous son autorité toutes les organisations de francs-maçons martinistes, frankistes et sionistes. *Les Archives israélites*, l'organe de l'Alliance, publient en mars 1864 la déclaration d'un de ses membres, Lévy Bing, appelant à la création d'un tribunal juif international. Il devait certainement avoir à l'esprit quelque chose de similaire à l'actuelle Cour internationale de La Haye, cette parodie de cour, totalement discréditée pour sa partialité, puisqu'elle ne juge et ne condamne que ceux qui s'opposent aux puissances mondiales. Dans son ouvrage *Franc-maçonnerie et judaïsme - Les puissances secrètes de la révolution* (1929), Léon de Poncins reprend le texte de Bing : "N'est-il pas naturel, nécessaire et bien plus important de voir bientôt un autre tribunal, un tribunal suprême, investi du pouvoir de juger les grandes contestations publiques, les différends entre les nations, de rendre un verdict définitif, et dont la parole serait la loi ? Et cette parole, c'est la parole de Dieu, prononcée par ses sages enfants, les Hébreux, devant laquelle toutes les nations s'inclineront avec respect".

Crémieux donne un exemple de justice universelle en 1870, lorsque, en tant que président du Comité central de l'Alliance israélite universelle, il cumule cette fonction avec celle de ministre français de la Justice. Le 24 octobre 1870, il signe un décret accordant la naturalisation française aux Juifs d'Algérie, mais la refusant aux Musulmans. De plus, ce décret place les conseils municipaux et les conseils généraux, c'est-à-dire le pouvoir, entre les mains des Juifs d'Algérie. Logiquement, la justice du ministre Crémieux a contribué à détériorer gravement les relations entre les deux communautés. Pendant la guerre d'indépendance algérienne, le décret a des effets désastreux et, une fois le conflit terminé, la plupart des Juifs d'Algérie émigrent vers la métropole.

## B'nai B'rith et franc-maçonnerie, instruments de l'Angleterre et banques juives dans la guerre civile américaine

La thèse largement répandue selon laquelle la guerre civile américaine visait essentiellement à mettre fin à l'esclavage est aujourd'hui discréditée. Il est absurde de croire qu'une guerre qui a fait plus de deux millions de morts et de blessés a été menée pour des raisons démocratiques et morales. Il est tout à fait différent d'utiliser le prétexte de l'abolition de l'esclavage pour le déchaîner. Il existe un ouvrage de l'historien révisionniste américain David L. Hoggan, *The Myth of the 'New History' : Technics and Tactics of the New Mythologists of American History*, qui passe en revue les thèses de l'historiographie plus ou moins officielle sur les causes de la guerre. Aucun d'entre eux n'envisage le rôle joué par la franc-maçonnerie, instrument au service de Lord Palmerston et de la banque juive internationale, dont l'intérêt était la division du pays en deux Etats. Pourtant, Paul Goldstein, auteur de *B'nai B'rith, British Weapon Against America*, un essai éclairant publié en décembre 1978 dans le mensuel *The Campaigner*, et Eustace Mullins, intellectuel maudit, surveillé par le FBI pendant trente-deux ans, expulsé du "staff" de la Bibliothèque du Congrès pour des raisons politiques, soutiennent que la franc-maçonnerie a été un élément déterminant de l'agitation préfabriquée qui a fini par provoquer la guerre.[29] Quoi qu'il en soit, avant de nous appuyer sur ces sources, nous tirerons très brièvement de l'ouvrage de Hoggan les points de vue de quelques historiens que nous croyons exacts.

Il ne fait aucun doute que la plus grande catastrophe pour une nation est la guerre civile. La première thèse digne d'intérêt est donc celle d'Allan Nevins qui, dans son ouvrage *Ordeal of the Union*, affirme que la guerre civile américaine "n'était pas un conflit imparable, mais une guerre inutile". Une autre considération généralement acceptée est que les États-Unis, malgré des progrès industriels significatifs suite à la suppression des contrôles mercantilistes de la Grande-Bretagne, sont restés un pays essentiellement agraire. De nombreux historiens affirment que la guerre de Sécession a été l'équivalent d'une seconde révolution industrielle. C'est précisément cette question d'un Nord industrialisé et d'un Sud agricole qui a donné lieu à la crise de 1832, connue sous le nom de crise de la Nulllification, qui, selon Richard Hofstadter, a joué un rôle déterminant dans le déclenchement de la guerre. Dans ce que Hoggan considère comme un article sensationnel publié dans l'*American Historical Review* en 1938, Hofstadter affirme qu'un tarif douanier élevé imposé par le gouvernement fédéral, qui ne profitait qu'aux États du Nord, a exaspéré les États du Sud et a été l'une des principales causes de la guerre. En résumé, la situation était la suivante : l'industrie du Nord avait besoin d'être protégée de la concurrence européenne. L'objectif était de faire du Sud un marché "captif" sur lequel le Nord pouvait placer ses produits. À cette fin, les importations européennes ont été lourdement taxées. Ce tarif, par exemple, a augmenté le

---

[29] En 1955, Guido Roeder a sorti une édition de *The Federal Reserve Conspiracy* d'Eustace Mullins à Oberammergau, en Allemagne. Le livre a été confisqué et l'ensemble des 10 000 exemplaires a été brûlé sur ordre du Dr. Otto John, directeur des services de renseignements ouest-allemands, qui, quelques jours plus tard, a fait défection vers l'Allemagne de l'Est. L'incinération du livre a été confirmée le 21 avril 1961 par le juge Israel Katz de la Cour suprême de Bavière. Le gouvernement américain a refusé d'intervenir parce que le haut-commissaire américain en Allemagne, James B. Conant (président de l'université de Bavière), avait été membre du gouvernement allemand. Conant (président de l'université de Harvard de 1933 à 1953), avait approuvé l'ordre initial de brûler le livre.

coût des textiles britanniques et a profité aux producteurs de vêtements des États du Nord. Dans le même temps, il a réduit la demande britannique de coton brut, pilier de l'économie du Sud. En 1832, l'État de Caroline du Sud a abrogé le tarif protectionniste et déclaré la loi fédérale inconstitutionnelle.

D'autres historiens affirment que le Sud aurait aboli l'esclavage en moins de dix ans, car en 1861, il était pratiquement en faillite : la suppression de la traite des esclaves et son inscription dans le droit international, le prix élevé des Noirs et le faible pourcentage de profit tiré de leur utilisation rendaient son maintien irréalisable. L'historien James G. Randall désigne Stephen Douglas, du parti démocrate, comme l'homme politique le plus désireux d'éviter la guerre civile. Ses débats avec le républicain Lincoln étaient devenus célèbres au niveau national à la fin des années 1950, et Douglas l'avait battu lors de sa campagne sénatoriale. Randall estime que seul Douglas possédait la formule politique de réconciliation qui aurait pu éviter la guerre civile. Alors que tout indiquait qu'il serait le candidat du parti démocrate aux élections de 1860, le fiasco se produisit à Charleston : lors de la convention nationale du parti démocrate, John C. Breckinridge, alors vice-président du pays, refusa à Stephen Douglas la loyauté qu'il exigeait et empêcha ainsi l'unité du parti. Le 6 novembre 1860, Lincoln obtient 1 865 908 voix ; Douglas, 1 380 202 ; Breckindridge, 848 019. Il s'ensuit que la division du vote parmi les démocrates a empêché le candidat de la paix de l'emporter.

Après avoir exposé ces faits, nous pouvons maintenant présenter certaines circonstances que l'histoire officielle passe sous silence. Commençons par examiner ce personnage, John C. Breckindrige. La première chose à dire à son sujet est qu'il était le vice-président maçonnique du président maçonnique James Buchanan, qui était devenu président en janvier 1857. Buchanan avait nommé au poste d'Attorney General le maçon de Pennsylvanie, Edwin M. Stanton, et au poste de secrétaire au Trésor, Howell Cobb, un autre maçon de Géorgie, élevé au 33e degré par Albert Pike en mars 1860. Pour le poste de secrétaire à la Guerre, le président Buchanan choisit John B. Floyd, lui aussi franc-maçon, en particulier de la loge St. Deux semaines avant l'élection présidentielle de 1860, Floyd accepta secrètement d'envoyer dix mille fusils du gouvernement fédéral au gouverneur de Caroline du Sud, William Gist. Lincoln ayant déjà été élu, Floyd compléta sa trahison le 20 décembre en ordonnant l'envoi, depuis l'arsenal d'Allegheny (Pittsburgh), de cent treize canons lourds et de trente-deux canons plus petits vers les forts inachevés de Ship Island (Mississippi) et de Galveston (Texas), où ils pourraient être utilisés par les sécessionnistes. Mais revenons à Breckindrige, le candidat démocrate de ceux qui voulaient la guerre. Breckindrige n'est pas un franc-maçon ordinaire : il appartient aux Chevaliers du Cercle d'Or, un ordre du B'nai B'rith, et le 28 mars 1860, il reçoit d'Albert Pike le 33e degré du Rite écossais. Lorsque la guerre éclate, le président maçonnique confédéré Jefferson Davis le nomme secrétaire à la guerre.

En ce qui concerne l'esclavage, nous devons commencer par expliquer que la grande tragédie des esclaves, le traitement inhumain et les pertes considérables de vies humaines se sont produits lors de ce que les historiens appellent le "passage du milieu", c'est-à-dire le transport transatlantique des Noirs. Des études académiques évaluent entre sept et dix millions le nombre de victimes de la cruauté des marchands d'esclaves, premiers maîtres des Africains. L'historiographie officielle, soutenue et confortée par les propagandistes juifs de l'industrie cinématographique hollywoodienne, ne dit rien des véritables responsables de ces morts, qui sont une fois de plus attribués aux chrétiens européens et américains. En réalité, les véritables responsables du génocide étaient principalement les Juifs, qui contrôlaient le commerce des esclaves depuis l'époque de l'Empire romain.

De prestigieux historiens d'origine juive reconnaissent que, pendant deux mille ans, la traite et le commerce des esclaves ont été dominés par les Juifs. Marc Lee Raphael, par exemple, dans *Jews and Judaism in the United States : A Documentary History* (1983) reconnaît le rôle prédominant des marchands juifs dans la traite des esclaves. En fait", écrit-il, "dans toutes les colonies américaines, françaises, britanniques ou néerlandaises, les marchands juifs ont souvent dominé". Parmi les noms les plus connus figurent Isaac da Costa de Charleston, David Franks de Philadelphie, Aaron Lopez de Neewport et Edwin de Leon, déjà cité, dont la famille de Marranes portugais était impliquée dans le commerce des esclaves depuis le début du XVIe siècle. Cette famille s'est finalement installée à Charleston et, pendant la guerre civile, a été un traître au service du B'nai B'rith et des intérêts britanniques. Edwin de Leon, l'auteur du pamphlet Young America, dont les points incluent la collaboration avec Young Europe, promue par les services secrets britanniques, fait partie d'une commission envoyée à Londres par Judah Benjamin, l'un des chefs du B'nai B'rith, pour rencontrer Lord Palmerston. Parmi les membres de cette commission, dont le but était de collecter des fonds pour la Confédération, se trouvait George Sanders, un homme d'August Belmont et ancien employé de la Banque d'Angleterre. Les membres de ces familles, comme Isaac da Costa et Mendes Lopez, faisaient partie d'un groupe de marchands qui, en tant que "juifs sélectionnés", opéraient dans les réseaux du Secret Intelligence Service du B'nai B'rith. Les historiens ont trouvé des documents qui montrent que ces familles contrôlaient presque entièrement le commerce des esclaves : le fait qu'aucune vente aux enchères n'ait eu lieu pendant les fêtes juives en est une preuve supplémentaire. Un autre auteur juif, Arnold Wizniter, dans son livre *Os judeus no Brasil colonial*, reconnaît que "du fait de l'absence de concurrents, les acheteurs juifs qui se présentaient aux ventes aux enchères étaient en mesure d'acheter des esclaves à bas prix". L'*encyclopédie juive* admet également que dans la Rome antique, "le commerce des esclaves constituait le principal moyen de subsistance des Juifs". Si l'on se souvient que le *Talmud* enseigne que l'âme des non-Juifs est équivalente à l'âme des animaux, on comprend que la religion juive approuve l'esclavage tant que l'esclave n'est pas un autre Juif.

En réalité, une fois débarqués en Amérique, le pire était passé pour les Noirs africains. Cela ne veut pas dire qu'ils n'étaient pas soumis à des humiliations et à des mauvais traitements occasionnels, mais dans l'ensemble, leur vie était relativement acceptable. Un correspondant du *Morning Herald* de Londres, Samuel Phillips Day, a écrit :

> "Le dimanche 8 juin 1861, à Asheville, dans le Kentucky, je me promenais avec quelques amis ; jugez de ma surprise, lecteur, lorsque j'ai trouvé toute la population noire se promenant dans les rues, certains d'entre eux conduisant des calèches ! Ils étaient vêtus avec tant de gaieté et d'élégance, et avaient l'air si heureux et satisfaits que j'ai été obligé de m'exclamer : "Ces gens ne sont certainement pas des esclaves ! La réponse fut : "Bien sûr qu'ils le sont." Certaines femmes portaient des châles en dentelle et des montres en or et ressemblaient (à l'exception de la couleur) à des duchesses londoniennes allant au bal. Les hommes étaient également bien habillés. J'ai réfléchi un instant à la condition des ouvriers britanniques et des couturières londoniennes... Le contraste était trop douloureux pour être mortifié... Comme un éclair, il m'est apparu que l'esclavage n'était pas si méchant que cela, et qu'il avait un bon et un mauvais côté".

Quoi qu'il en soit, la campagne des abolitionnistes contre l'esclavage a été utilisée comme un moyen d'attiser les esprits et de préparer la guerre de sécession entre le Nord et le Sud. En 1851 paraît *La Case de l'oncle Tom*, l'un des plus importants best-sellers du XIXe siècle. Cette œuvre d'Harriet Beecher Stowe, la première de cette écrivaine inconnue jusqu'alors, fait l'objet d'une campagne de promotion incessante et sans précédent. Rappelons que Weishaupt considérait qu'il était essentiel de modeler la pensée des gens en fonction de ses intérêts par le biais des livres et des publications en général. À cette fin, les Lumières ne tardent pas à créer la "Deutsche Union" (Union allemande), destinée à réunir écrivains, éditeurs et libraires à leur service. Il semble évident que *La Case de l'oncle Tom* a été l'ouvrage choisi pour créer un état d'esprit. Aujourd'hui encore, aux États-Unis, un Noir qui fait une remarque jugée déplacée en raison de sa situation raciale est traité d'"'Oncle Tom".

Les abolitionnistes, les sécessionnistes, le mouvement Young America et les organisations maçonniques telles que les Chevaliers du Cercle d'Or, supervisées et dirigées par la loge B'nai B'rith, en collusion avec les services secrets britanniques (SIS), ont été les outils utilisés pour préparer la guerre civile. Le B'nai B'rith, afin de pouvoir diriger et endoctriner les Juifs émigrant d'Europe vers les États-Unis, a organisé un réseau d'associations appelées "Hebrew Benevolent and Hebrew Orphan Aid Societies" (sociétés hébraïques de bienfaisance et d'aide aux orphelins). Pour ce faire, il utilise les fonds des Seligmans, des banquiers de Baltimore et de New York, et de l'oligarchie des familles de marchands d'esclaves mentionnée plus haut, qui font également partie de la Compagnie néerlandaise des Indes occidentales, dont le commerce principal est celui des esclaves et de l'or.[30] La première de ces sociétés "philanthropiques" a été fondée à Charleston par Mendes Lopez en 1784. À ces organisations sont rattachées les incontournables sociétés littéraires hébraïques. Judah Benjamin, personnage clé puisqu'il a probablement donné l'ordre d'assassiner le président Lincoln, a été recruté pour la cause en 1827 dans la société de Charleston. Pour se faire une idée précise de l'identité de ces sociétés, dont le but réel était de sélectionner et d'endoctriner les leaders politiques et religieux parmi les Juifs d'Amérique, il suffit de noter qu'en 1801, le Grand Conseil des Princes de Jérusalem du Conseil Suprême des Chevaliers Commandeurs de la Maison du Temple de Salomon de l'Ordre Ancien et Accepté du Rite Ecossais de la Franc-maçonnerie a accordé une charte officielle aux marchands de Charleston et de la Caroline du Sud - Isaac da Costa, Israel de Lieben, Isaac Held, Moses Levi, John Mitchell et Frederick Dalacho - membres de la Compagnie néerlandaise des Indes occidentales, pour avoir établi en Amérique l'ancrage des sociétés hébraïques d'aide et de bienfaisance.

La Jeune Amérique a également joué un rôle actif dans le mouvement abolitionniste. L'un de ses dirigeants, William Lloyd Garrison, qui écrira plus tard l'introduction de la biographie de Mazzini qui fait autorité, a agi comme un brûlot dans les pages de son journal radical *The Liberator*, qui était distribué dans les États du Sud. Garrison fut également l'un des fondateurs de l'American Anti-Slavery Society. Dans le cadre de la stratégie du mouvement abolitionniste, il effectue plusieurs voyages à Londres et donne des conférences avec Mazzini. L'un des excès de Garrison fut de brûler en public un exemplaire de la Constitution, qui était selon lui "un pacte avec la mort et l'enfer". Exactement comme les révolutionnaires russes, ainsi que nous le verrons en temps voulu, les abolitionnistes s'efforcèrent d'empêcher l'émancipation progressive et pacifique des esclaves, qui avait reçu l'approbation de la majorité des propriétaires de plantations. Des millions de dollars ont été investis pour promouvoir les rébellions et précipiter les événements.

L'une des tentatives les plus célèbres de provoquer un soulèvement est celle de John Brown. Selon Wikipédia et les habituels auteurs myopes,

---

[30] Les Seligman sont une famille de banquiers juifs originaires d'Allemagne qui, comme Nathan Rothschild lorsqu'il est arrivé en Angleterre, travaillaient à l'origine dans le secteur du textile. En partenariat avec les Rothschild, ils se sont lancés dans la banque et, en 1857, ont placé des obligations à la Bourse de Francfort sur le marché américain. Dès 1879, les Seligman et les Rothschild ont pris en charge la totalité de l'émission d'obligations du gouvernement américain, d'un montant de 150 millions de dollars.

prétendument de gauche et progressistes, Brown était un défenseur de la liberté, un martyr, un héros. En réalité, c'était un maniaque meurtrier, un terroriste financé par un groupe qui est entré dans l'histoire sous le nom de "The Secret Six". Très peu de sources mentionnent que Brown était lié à diverses sociétés secrètes telles que les Oddfelows, les Sons of Temperance, et qu'il appartenait à la Hudson's Masonic Lodge No. 68 et à Young America. Le 24 mai 1856, Brown entame une série de massacres d'esclavagistes qui font près de 200 morts en six mois d'attaques. Constatant que la révolte souhaitée n'a pas eu lieu, les Secret Six planifient une action de plus grande envergure : la prise d'assaut de l'arsenal de Harper's Ferry en Virginie afin d'armer les Noirs et de provoquer un soulèvement. L'attaque a lieu le 16 octobre 1859, mais échoue. Brown est pendu le 2 décembre. Ralph Waldo Emerson, le leader idéologique de Brown et du mouvement transcendantaliste, l'a élevé sur les autels : "Il a rendu la potence aussi glorieuse que la croix". La place manque pour présenter les parrains de John Brown. Le plus riche des "Six Secrets" était Gerrit Smith, fils d'un associé de John Jacob Astor, de la Compagnie des Indes orientales (liée au commerce de l'opium et aux services secrets britanniques). Sa mère était une Livingston, apparentée à deux chefs maçonniques, Edward (Grand Maître) et Robert Livingston. Avec un million d'hectares de terres, Smith était l'un des plus grands propriétaires terriens de l'État de New York. Gerrit Smith avait offert des terres à John Brown et dépensé près de huit millions de dollars, une somme énorme pour l'époque, pour les financer. Il faut beaucoup de naïveté pour considérer avec idéalisme tous les troubles qui ont précédé la guerre civile.

Samuel Morse, l'inventeur du télégraphe et du code qui porte son nom, était également officier de contre-espionnage. Un de ses textes, intitulé *The Present Attempt to Dissolve the American Union, a British Aristocratic Plot (La tentative actuelle de dissolution de l'Union américaine, un complot de l'aristocratie britannique)*, explique clairement ce qui se passait : "Si nous examinons l'attitude de l'Angleterre à l'égard des États-Unis, écrit Morse, nous constatons qu'il existe deux partis, dont aucun ne nous est favorable en tant que nation : l'un, celui des intérêts du coton, du côté sud, et l'autre, celui des cliques abolitionnistes, du côté nord. L'Angleterre balance donc habilement entre ces deux partis... Elle peut aider l'un, l'autre, ou les deux, à empêcher la conciliation, selon ce qui sert le mieux les objectifs politiques de l'Angleterre - la division permanente de l'Amérique". Par cette déclaration écrite en 1860, Samuel Morse résume ses découvertes concernant le vaste réseau d'espionnage britannique opérant dans son pays, dont le centre et l'instrument clé est le B'nai B'rith. Dans le même texte, Morse cite pour ses lecteurs les propos du 7e comte de Shaftesbury, Lord Ashley (un sioniste ardent que nous avons présenté dans le chapitre précédent). Au Dr Cheever, l'un des directeurs du complot à Londres, Shaftesbury déclara : "Comme tous les hommes d'État anglais, je souhaite sincèrement l'éclatement de l'Union américaine". Morse, en guise de réplique dérisoire, écrit : "C'est vrai, monsieur, vous avez décrit avec beaucoup de précision et de brièveté ce qui se passe dans la mentalité de l'aristocratie britannique depuis de nombreuses années".

Huit ans avant la guerre, en juin 1853, les directeurs de la conspiration, Lord Palmerston, le comte de Shaftesbury et Lord Russell convoquent Belmont, Sanders et Buchanan à Londres pour une série de réunions avec Mazzini, Garibaldi et Orsini de la Jeune Italie, Kossuth de la Jeune Hongrie, Herzen de la Jeune Russie et d'autres qui constituent la Jeune Europe. Comme fer de lance de l'éclatement de l'Union, l'ordre secret des "Chevaliers du Cercle d'Or" est créé à Cincinnati, Ohio, en 1854, et absorbe immédiatement les structures opérationnelles de Young America. Des châteaux sont ouverts dans l'Ohio, l'Indiana, l'Illinois, le long du fleuve Mississippi et dans le golfe du Mexique.[31] Le franc-maçon John Quitman ouvre un château des Chevaliers du Cercle d'Or dans le Mississippi ; Albert Pike fait de même à la Nouvelle-Orléans. Parmi les recrues, le général maçonnique P. T. Beauregard, beau-frère de John Slidell, leader sécessionniste de Louisiane et proche de Judah Benjamin. Beauregard est mentionné parce qu'on lui attribue le déclenchement de la guerre civile avec l'attaque surprise de Fort Sumter en 1861. Ce qui était récupérable des Chevaliers du Cercle d'Or après la guerre civile a été intégré par Albert Pike dans le KKK. Il ne fait guère de doute que les dirigeants des Chevaliers étaient les maîtres du Rite écossais de la franc-maçonnerie et de l'Ordre

---

[31] August Belmont, dont le nom de famille juif est Schönberg, entre comme apprenti dans la maison Rothschild à Francfort à l'âge de quinze ans. Il apprend et progresse si rapidement qu'en 1837, il est décidé de l'envoyer à New York, où il s'établit sous le nom d'August Belmont & Company au 78 Wall Street. Sa carrière politique en fait bientôt l'un des leaders du parti démocrate. En 1848, année des révolutions en Europe et de la guerre américano-mexicaine, Belmont est l'un des banquiers qui financent la guerre. Les Rothschild avaient également un autre homme au Mexique, Lionel Davidson, qui reçut pendant plusieurs années le mercure que les Rothschild lui envoyaient des mines d'Almaden pour raffiner l'argent mexicain. Avant d'être visité à la fin de l'année par Alphonse, le fils aîné de James Rothschild, envoyé à New York pour rencontrer son agent, Belmont expédie d'importantes cargaisons d'argent à la maison londonienne. Alphonse constate alors à quel point August Belmont est devenu un homme indispensable, dont la position sociale et l'influence politique en font un agent précieux, disposant de toutes les ressources. En 1849, Belmont annonce ses fiançailles avec Caroline Perry, fille du Commodore Matthew Galbraith Perry, l'une des plus grandes familles américaines. Belmont est chargé des affaires sur la côte atlantique du pays, tandis que sur la côte pacifique, l'agent est Benjamin Davidson, envoyé sur place après l'annonce de la découverte d'or en Californie. Un autre agent, May, se rendit immédiatement à San Francisco pour l'assister. Selon James Rothschild, May était "un brave type, un juif intelligent de Francfort". Après la guerre de Sécession, Belmont reste sous les feux de la rampe. En 1877, par exemple, il négocie avec le secrétaire au Trésor John Sherman un prêt de 50 millions de dollars en pièces d'or, ce qui permet l'adoption de l'étalon-or en 1879.

indépendant B'nai B'rith, c'est-à-dire Benjamin Peixoto, président du B'nai B'rith : Benjamin Peixoto, président du B'nai B'rith ; Albert Pike, souverain pontife de la franc-maçonnerie universelle, adorateur de Lucifer et créateur du rite palladien ; August Belmont, agent personnel des Rothschild aux Etats-Unis ; Judah Benjamin, qui travaillait en étroite collaboration avec Belmont et était secrétaire d'Etat dans le gouvernement confédéré, prenant ainsi le contrôle du service d'espionnage confédéré.

Le déclenchement de la guerre a été précédé d'une série de sécessions en chaîne qui se sont produites immédiatement après l'élection d'Abraham Lincoln, avant qu'il ne prête serment. Le 20 décembre 1860, l'État de Caroline du Sud, où se trouvait le siège de la juridiction sud de la Maçonnerie, fut le premier à faire sécession de l'Union. Le même jour, le Mississippi lui emboîta le pas, et le responsable de la sécession fut John A. Quitman, originaire de New York, qui s'était installé depuis longtemps dans cet État et qui, par mariage, s'était lié à une riche famille sudiste. Quitman fut chargé de créer une organisation du Rite écossais dans le Mississippi. Le 1er février 1848, un magazine maçonnique de Boston rapporte que le frère John Quitman, alors général de l'armée américaine, a été investi du titre de Souverain Grand Inspecteur Général du 33e degré, ce qui signifie que toutes les loges du Sud sont placées sous son autorité. Quitman était l'un des principaux dirigeants du mouvement sécessionniste. Le 22 décembre, l'État suivant à quitter l'Union fut la Floride, une sécession menée par David Levy Yulee, membre de la Hayward Lodge n° 7. L'État de l'Alabama fait sécession le 24 décembre. Le 2 janvier 1861, la sécession de la Géorgie fut également gérée par deux francs-maçons, Howell Cobb, secrétaire au Trésor sous l'ancien président Buchanan, et Robert Toombs, qui devint le premier secrétaire d'État de la Confédération. Après la guerre, tous deux reçurent le 33e degré honorifique. Le 7 janvier, c'est au tour de la Louisiane, dirigée bien sûr par deux francs-maçons, John Slidell, également originaire de New York, et Pierre Soule. Tous deux se verront également décerner le 33e degré honorifique à la fin de la guerre. Le Texas fait sécession de l'Union le 1er février. Le gouverneur Sam Houston, lui-même franc-maçon, s'oppose à la sécession, mais sous la pression de milliers de paramilitaires du Cercle d'or, il ne peut l'empêcher. Houston insista sur le fait que l'acte était illégal et, le 16 mars, refusa de prêter allégeance à la Confédération, ce qui lui valut d'être démis de ses fonctions et destitué.

Enfin, le 12 avril 1861, le général maçonnique Pierre T. Beauregard, chevalier du Cercle d'Or, comme mentionné plus haut, reçoit l'ordre d'attaquer Fort Sumter en Caroline du Sud, l'un des rares forts tenus par le gouvernement fédéral en territoire confédéré, qui se rend le 14. Eustace Mullins critique vivement les actions du président Abraham Lincoln et suggère qu'il a utilisé cet incident pour déclencher la guerre. Selon Mullins, le secrétaire d'État William Seward était favorable à la cession pacifique du fort à l'État de Caroline du Sud et a même tenu des réunions non autorisées avec les Confédérés. Le président Lincoln, cependant, n'était pas disposé à faire des compromis et a réagi en mobilisant 75 000 volontaires pendant 90 jours, mais la guerre devait durer quatre ans.

L'un des faits historiques les plus négligés, voire sous-estimés, par les historiens anglophiles est le rôle joué par la Russie pour l'intégrité territoriale des États-Unis. Nous allons maintenant expliquer brièvement comment l'alliance entre le tsar Alexandre II et le président Lincoln a empêché l'intervention des Britanniques et des Français dans la guerre de Sécession. Le grand architecte de cette alliance fut l'ambassadeur américain à Saint-Pétersbourg, Cassius Clay, qui, comme Samuel Morse, était convaincu que le démembrement des États-Unis était la pierre angulaire du nouvel ordre mondial fondé sur le libéralisme économique et le monétarisme des Rothschild, que l'aristocratie financière voulait imposer par l'intermédiaire de la Grande-Bretagne et de la France. Le démembrement de l'empire russe est sans doute l'un des objectifs majeurs du Mouvement révolutionnaire mondial et des Rothschild, mais en 1861, la Russie reste un ennemi redoutable. Pour diviser l'Union et favoriser la balkanisation du pays, Lord Palmerston, Premier ministre, et Lord Russell, ministre des Affaires étrangères, sont prêts à aider les Confédérés ; mais aussi, pour affaiblir les chances d'intervention de la Russie, six semaines après le début de la guerre de Sécession, ils encouragent un soulèvement en Pologne.

Dès 1812, au cours de ce que les Américains considèrent comme leur deuxième guerre d'indépendance, Alexandre Ier s'était adressé à la Grande-Bretagne pour lui demander de signer au plus vite une paix honorable avec les États-Unis et d'oublier ses prétentions à l'expansion territoriale. Près d'un demi-siècle plus tard, la Russie était prête à faire plus que des paroles en l'air pour empêcher la partition des États-Unis. Alexandre II et son ministre des affaires étrangères, le prince Gorchakov, poursuivent un ambitieux programme de construction de chemins de fer qui, jusqu'en 1857, avaient été construits et exploités par l'État. Une équipe américaine dirigée par le major Whistler supervise les travaux sur la ligne Saint-Pétersbourg-Moscou. Il est également prévu de nationaliser le crédit. L'émancipation des serfs est une autre étape dont l'historiographie officielle ne parle généralement pas : un décret impérial du 19 février 1861 libère quelque 23 millions d'âmes. Cependant, de nombreux paysans sont mécontents de cette mesure qui doit leur permettre, entre autres, de devenir propriétaires terriens. C'est dans ce contexte que le président Lincoln nomme Cassius Clay ambassadeur en Russie.

Cassius Clay a apporté avec lui en Russie de nombreux exemplaires des *Principes d'économie politique de* Henry Charles Carey (1793-1879), un traité qui allait dominer la pensée économique américaine pendant des années, et les a offerts à Alexandre II, à Gorchakov, au prince Dolgoruky, au ministre de la Marine, au grand-duc Constantin et à de nombreux hauts fonctionnaires et industriels. Contrairement aux idées des physiocrates,

Adam Smith et David Ricardo, la Russie et les États-Unis ont préféré appliquer les idées de ce prestigieux économiste américain pour le développement de leurs économies. Il a également rejeté les idées de Thomas Malthus, convaincu que la croissance de la production permettrait à la population d'augmenter. Henry Carey pensait que l'Angleterre voulait utiliser le libre-échange pour transformer les pays plus faibles en simples producteurs de matériaux pour les usines britanniques. Il préconise donc que les jeunes pays comme le sien appliquent des mesures protectionnistes, qui ne pourront être abolies que lorsque leur propre industrie sera en mesure de rivaliser à armes égales. Il préconise également l'abolition de l'étalon-or et propose d'émettre de la monnaie pour subvenir aux besoins de la population en période de contraction économique. Constantin George, dans un article intitulé *The U.S.- Russian Entente that Saved the Union*, publié dans le magazine *The Campaigner* en juillet 1978, explique que Cassius Clay était très actif dans la diffusion des principes d'économie politique d'Henry Carey. L'ambassadeur a donné des conférences dans les principales villes de Russie "qui ont été accueillies par un tonnerre d'applaudissements par les chefs d'industrie, les marchands et les fonctionnaires du gouvernement". Les discours de Clay sur la nécessité de l'industrialisation et les idées politiques de Carey sont largement relayés par la presse russe.

Le 25 juillet 1861, Clay, dans une lettre à Lincoln reproduite dans l'article précité, s'exprime en ces termes : "J'ai perçu d'un coup d'œil quel était le sentiment de l'Angleterre. Ils veulent notre ruine. Ils sont jaloux de notre puissance. Ils ne se soucient ni du Nord ni du Sud. Ils détestent les deux. Plus tard, Cassius Clay informe le président de la prédisposition de la Russie à une éventuelle intervention anglo-française dans la guerre : "Tous les journaux russes sont avec nous. En Russie, nous avons un ami. Le temps vient où elle sera un ami puissant pour nous. La décision d'émanciper les serfs marque le début d'une nouvelle ère de puissance. La Russie possède d'immenses terres fertiles et inexploitées, avec du fer et d'autres minéraux. Les autorités russes ne demandent qu'une garantie, une certitude, avant de s'engager complètement. Elles voulaient l'assurance que Lincoln tiendrait bon jusqu'au bout dans la lutte pour préserver l'Union. Lors d'une des premières entrevues de Clay avec Alexandre II, le tsar demande à l'ambassadeur quelle serait l'attitude de Lincoln en cas d'intervention britannique. Dans l'article cité de *The Campaigner*, Constantin George, citant comme source la "Correspondance diplomatique des États-Unis dans les archives du Département d'État", reproduit une lettre de Clay au président Lincoln dans laquelle apparaît l'engagement de l'ambassadeur Clay dans sa réponse à la question du tsar : "J'ai dit à l'empereur que ce que faisait l'Angleterre ne nous importait pas, que son ingérence ne tendrait qu'à nous rapprocher les uns des autres". Dans une autre lettre adressée à Cassius Clay, le président Lincoln lui demande : "Veuillez transmettre notre gratitude à l'empereur et assurer à H.M. que toute la nation apprécie cette nouvelle manifestation d'amitié. De toutes les communications que nous avons reçues des gouvernements européens, la vôtre est la plus loyale". Lincoln demande ensuite à Clay de demander aux autorités russes l'autorisation de donner un maximum de publicité à la lettre du ministre des Affaires étrangères Gorchakov, qui contient l'offre d'aide de la Russie. L'autorisation est accordée.

Les agents de la cinquième colonne britannique infiltrés dans le gouvernement de Lincoln ne tardent pas à faire pression pour le remplacement de Clay. Au printemps 1862, William Seward, qui quelques mois plus tôt avait favorisé la cession de Fort Sumter à la Confédération pour soi-disant éviter la guerre, persuade le président de procéder à un double changement : d'une part, le secrétaire à la Guerre Simon Cameron est remplacé par le franc-maçon Edwin Stanton, choix malheureux de Lincoln, car Stanton sera l'un des traîtres impliqués dans son assassinat ultérieur ; d'autre part, Cameron est proposé pour le poste d'ambassadeur à Saint-Pétersbourg. Cassius Clay, amer et déçu par la manœuvre, supplie Lincoln de permettre à son neveu, qui travaille avec lui comme assistant, d'être son remplaçant ; mais malgré les protestations, Cameron se présente à Saint-Pétersbourg en juin 1862. En Russie aussi, des agents britanniques profitent de l'absence de Clay pour saper la politique de Gorchakov. Néanmoins, Clay se bat avec acharnement pour déjouer les coups bas qui sabotent tout son travail et qui visent, selon lui, à couper la communication avec le gouvernement russe pendant la phase la plus critique de la guerre. Dès son arrivée à Washington, il soumet au président un rapport sur la situation européenne, qui l'avertit : "Les gouvernements de toute l'Europe sont disposés à s'immiscer dans les affaires américaines et à reconnaître l'indépendance des Etats confédérés". Seward et Clay se disputent âprement, mais Clay finit par l'emporter et, au printemps 1863, il retrouve son poste d'ambassadeur à Saint-Pétersbourg.

Pendant les mois d'absence de Clay, le soutien d'Alexandre II ne faiblit pas, même si l'automne 1862 vit un moment critique où la Grande-Bretagne et la France furent à deux doigts d'intervenir en faveur de la Confédération. Les pressions exercées par ces deux pays sur la Russie pour qu'elle abandonne sa position atteignent des niveaux extrêmes. La preuve que le moment était extrêmement délicat est fournie par la lettre personnelle du président Lincoln au ministre Gorchakov, à remettre au tsar. Le texte de la réponse, rédigé par le ministre des affaires étrangères sur les instructions d'Alexandre II, est reproduit par Constantin George dans *The Campaigner*. La lettre est tirée des documents publiés en 1930 par l'historien Benjamin Platt Thomas sous le titre *Relations russo-américaines 1815-1867*. Un extrait est reproduit ici pour votre intérêt :

"Vous savez que le gouvernement des États-Unis a peu d'amis parmi les puissances. L'Angleterre se réjouit de ce qui leur arrive. Elle aspire et prie pour leur renversement. La France est moins active dans son hostilité ; ses intérêts seraient moins affectés par le résultat ; mais elle ne refuse pas de le voir. Elle n'est pas son amie. Sa situation s'aggrave d'heure en heure. Les chances de préserver l'Union deviennent de plus en plus désespérées. Rien ne peut être fait pour arrêter cette guerre épouvantable ? Les espoirs de réunification s'amenuisent et je souhaite faire comprendre à votre gouvernement que la sécession, dont je crains qu'elle ne se produise, sera considérée par la Russie comme l'un des plus grands malheurs. Seule la Russie a été de votre côté depuis le début et continuera à l'être. Nous sommes très, très préoccupés par le fait que certaines mesures devraient être prises - qui devraient être exercées en temps voulu - qui peuvent empêcher la scission qui semble maintenant inévitable. Une scission sera suivie d'une autre, vous serez fragmentés en morceaux".

En octobre 1862, Louis Napoléon offre sa médiation et propose un armistice de six mois, qui pourra être prolongé si nécessaire. Il était prévu, entre autres, que Lincoln mette fin à la guerre et lève le blocus naval de la Confédération. L'idée a probablement germé en Angleterre, puisqu'un mois plus tôt, Lord Palmerston avait suggéré à son ministre des Affaires étrangères, John Russell, de proposer une médiation au gouvernement de l'Union. La réponse de Lord Russell montre clairement les véritables intentions qui sous-tendent la proposition d'armistice : "Je suis d'accord avec vous, dit-il, pour dire que le moment est venu d'offrir une médiation au gouvernement des États-Unis en vue de reconnaître l'indépendance de la Confédération. En outre, je suis d'accord pour dire que, si cette médiation échoue, nous devrions, de notre côté, reconnaître les États du Sud comme un État indépendant".[32] Il est clair qu'une telle reconnaissance aurait été une déclaration de guerre. Les Britanniques sont donc engagés dans un débat crucial sur leur intervention. Les doutes sur la position de la Russie sont dissipés par la réception d'un télégramme de Saint-Pétersbourg de l'ambassadeur britannique, Lord Napier, avertissant que la Russie rejette la proposition française. Le tsar Alexandre II clarifie personnellement sa position en ces termes : "Je considérerai la reconnaissance de l'indépendance des États confédérés par la Grande-Bretagne et la France comme un "casus belli" et, afin de faire comprendre aux gouvernements français et britannique qu'il ne s'agit pas d'une simple menace, j'enverrai une flotte du Pacifique à San Francisco et une flotte de l'Atlantique à New York".

Le 13 juillet 1863, l'une des émeutes les plus sauvages de mémoire d'homme a éclaté à New York. Les émeutes avaient été préparées par une

---

[32] La citation est tirée d'un vaste ouvrage en six volumes, *Abraham Lincoln : A History* (New York, Century, 1890), qui est l'une des nombreuses sources documentaires exposées par Constantine George dans l'intéressant essai de trente pages qui fait l'objet de la présente discussion.

campagne de presse intensive, mais les organisateurs matériels des émeutes étaient les "Chevaliers du Cercle d'Or", c'est-à-dire la franc-maçonnerie. Leur chef le plus en vue était Jacob Thompson. Un mois plus tôt, le 10 juin, une réunion avait eu lieu à Springfield, où un plan révolutionnaire avait été élaboré. Il a été décidé que New York prendrait la tête du mouvement et que les autres États suivraient et prendraient leur indépendance. Cinquante mille personnes descendent dans les rues de New York pour protester contre l'annonce par Lincoln de l'envoi de troupes supplémentaires pour la guerre. Le soulèvement a été attisé par le maire lui-même, Ferdinand Wood, qui dirigeait un conseil corrompu et était allé jusqu'à proposer que la ville devienne indépendante du pays. Wood a poussé les masses à la frénésie. Les émeutes sont extrêmement violentes. Meurtres, lynchages, pillages et incendies se succèdent pendant cinq jours et la ville est rasée. La haine des masses se concentre sur les Noirs, employés comme ouvriers dans les ports, les tavernes et autres établissements de la ville. Même un asile pour orphelins de couleur est dévalisé et incendié. Lorsque les troupes parviennent à mettre fin à la violence le 17 juillet, plus de 100 personnes ont perdu la vie. Les semaines suivantes ont été marquées par un exode des Noirs qui a considérablement réduit la population de New York.

À la mi-juillet de la même année, alors que les deux flottes russes naviguent déjà sur les deux océans, le soulèvement orchestré par les Britanniques en Pologne est réprimé. Deux mois plus tôt, en mai, le ministre français des Affaires étrangères, Édouard Drouyn de Lhuys, avait hypocritement invité Lincoln à se joindre à l'ultimatum que l'Autriche, la France et la Grande-Bretagne avaient adressé à la Russie en faveur de l'indépendance de la Pologne. Malgré les preuves de l'échec de leurs stratégies, la Grande-Bretagne et la France menacent à nouveau la Russie sur la "question polonaise". Au cours de l'été 1863, Palmerston et Russell réfléchissent encore à l'opportunité d'intervenir contre l'Union. C'est dans ce contexte que, le 24 septembre, les deux flottes russes arrivent simultanément aux États-Unis. Les amiraux qui les commandent, Lessovsky dans l'Atlantique et Popov dans le Pacifique, ont des ordres scellés qui ne doivent être ouverts que dans certaines circonstances. En résumé, les enveloppes scellées indiquent que si les puissances européennes interviennent dans la guerre, les flottes seront placées sous le commandement du président Lincoln.

L'arrivée des navires a donné lieu à de nombreuses manifestations de bienvenue, dont un défilé de marins russes sur Broadway le 17 octobre, escortés par une garde d'honneur de l'armée américaine, qui ont été acclamés et applaudis par la foule massée de part et d'autre des avenues. En l'absence de forces navales américaines sur la côte pacifique, la flotte russe devient la flotte de guerre de l'Union, bien qu'elle ne puisse s'impliquer qu'en cas d'intervention d'une tierce puissance. Les flottes russes restent dans les eaux américaines pendant sept mois, jusqu'en avril 1864. Ce n'est qu'à ce moment-là, lorsque le danger de guerre avec les puissances européennes a disparu, qu'elles ont reçu l'ordre de rentrer.

Une question incontournable est celle du financement de la guerre. Pour se faire une idée précise de la situation, il faut savoir qu'au XIXe siècle, le pouvoir des Rothschild est devenu omnipotent, puisqu'ils détenaient la moitié des richesses mondiales. Cependant, au fur et à mesure que leur domination grandissait, ils ont choisi de rester dans l'ombre. Ainsi, leur nom n'apparaît que sur une petite partie des entreprises et des établissements de crédit qu'ils contrôlent. En 1861, la guerre économique a également commencé, car lorsque Lincoln a eu besoin d'argent pour faire face aux coûts du conflit, les prêteurs internationaux, derrière lesquels se trouvaient les Rothschild, ont proposé des prêts à des taux d'intérêt inacceptables de 24% et 36%. La demande de taux d'intérêt aussi élevés ne peut s'expliquer que par le fait que les puissances financières européennes ont parié sur la partition du pays. Lincoln décline l'offre et se tourne vers un vieil ami, le colonel Dick Taylor, pour trouver une solution. Taylor lui conseille de faire voter par le Congrès une loi autorisant l'émission de bons du Trésor, qui pourraient être utilisés pour payer les soldats et faire face à d'autres dépenses. Lorsque Lincoln lui demande si le peuple acceptera ces billets, Taylor répond : "Le peuple, ou qui que ce soit, n'aura pas le choix si vous lui donnez une valeur légale. Ils seront pleinement reconnus par le gouvernement et auront la même valeur que de l'argent".

Les billets du Trésor étaient imprimés avec de l'encre verte au verso et étaient donc connus sous le nom de "billets verts". Lincoln a imprimé 449 338 902 dollars en billets du Trésor, de l'argent sans intérêt qui a été légalement utilisé pour payer toutes les dettes publiques et privées. Avec ces billets, il payait les soldats, les employés civils et achetait des fournitures de guerre. En 1865, le *Times* of London écrivait dans un éditorial : "Si cette politique financière néfaste, qui trouve son origine en Amérique, s'installe et se confirme, alors ce gouvernement commencera à imprimer sa propre monnaie sans frais. Il remboursera toutes ses dettes et n'en aura plus aucune. Il disposera de tout l'argent dont il a besoin pour poursuivre ses activités. Il connaîtra une prospérité sans précédent dans l'histoire du monde. Ce gouvernement doit être détruit ou il détruira toutes les monarchies du monde". Il n'y a qu'une erreur fondamentale dans ces mots : ce qui serait détruit serait le pouvoir des banquiers usuriers qui asservissent par la dette tous les peuples et les gouvernements du monde. Hitler aussi s'est opposé aux banques internationales avec un système comme celui de Lincoln. Dans l'Allemagne nationale-socialiste aussi, des bons du Trésor ont été émis, libérés de l'esclavage des intérêts, ce qui a permis au pays de sortir de la ruine, comme nous le verrons dans le chapitre consacré à la Seconde Guerre mondiale.

Les idées d'Henry Carey, le grand économiste américain qui proposait d'abolir l'étalon-or et d'émettre de la monnaie pour aider la population dans certaines circonstances, étaient appliquées dans une certaine mesure avec les billets verts. Si l'on considère que les contribuables ne payaient plus des taux d'intérêt élevés, que les entreprises publiques pouvaient être financées sans usure, que le maintien de la stabilité gouvernementale était assuré et que la politique du Trésor était au service de l'Administration, il est clair que l'argent n'était plus le maître mais au service du peuple et de la nation. Ayant constaté que le système conçu par le colonel Taylor fonctionnait, Lincoln alla jusqu'à envisager d'adopter cette mesure d'urgence de façon permanente et déclara : "Nous avons donné au peuple de cette république la plus grande bénédiction qu'il ait jamais eue - son propre papier-monnaie pour payer ses dettes".

Bien que la guerre touche à sa fin, les loges du B'nai B'rith dans les États du Sud continuent à servir de sanctuaires et de centres pour les opérations d'espionnage menées par Judah Benjamin. Ainsi, dès le 17 décembre 1862, le général Ulysses Grant avait émis un ordre d'arrestation pour espionnage de tous les Juifs du Tennessee au Mississippi. Simon Wolf fut l'avocat de nombreux officiers du B'nai B'rith et d'autres Juifs qui furent inculpés et jugés ; mais Grant ordonna que Wolf soit également arrêté en tant qu'espion. La libération de Wolf fut obtenue par l'intermédiaire du secrétaire à la guerre de Lincoln, le traître Edwin Stanton. Quelques années plus tard, Wolf devint président du B'nai B'rith. Parmi les espions infiltrés dans les États du Nord sous les ordres de Judah Benjamin se trouvait John Wilkes Booth, le franc-maçon choisi pour assassiner le président.

Le 4 mars 1865, Lincoln est investi pour un second mandat de président des États-Unis. Sa réélection est une relative surprise, car les banquiers internationaux travaillaient contre lui depuis la création des billets verts. Une circulaire ("Hazzard Circular") de la Banque d'Angleterre, contrôlée par Lionel Rothschild, émise en 1862 et imprimée par le sénateur Pettigrew, indiquait clairement que les billets du Trésor ne devaient pas être acceptés pour certains paiements ou dans les transactions internationales :

> "L'esclavage sera probablement aboli par la puissance de guerre. Sur ce point, mes amis européens et moi-même (Rothschild ?) sommes d'accord, car l'esclavage est la possession du travail et implique la prise en charge des travailleurs, alors que le plan européen, mené par l'Angleterre, est que le capital contrôlera le travail en contrôlant les salaires. Cela peut se faire par le biais du contrôle de l'argent. L'énorme dette résultant de la guerre, à laquelle les capitalistes doivent faire face, doit être utilisée comme un moyen de contrôler le volume de l'argent. Pour ce faire, les obligations doivent avoir une base bancaire. Nous attendons maintenant du secrétaire au Trésor qu'il fasse ces recommandations au Congrès. Le "billet vert", comme on l'appelle, ne devrait plus être autorisé à circuler comme monnaie, car nous ne pouvons pas le contrôler. En revanche, nous pouvons contrôler les obligations et, à travers elles, les émissions bancaires".

Les banquiers ont ainsi réussi à faire voter par le Congrès, en 1862, une clause d'exception, selon laquelle les billets verts ne pouvaient être utilisés pour payer des impôts, des taxes ou des droits d'importation. Dès 1863, les banquiers parviennent à faire abroger par le Congrès le Greenbacks Act, qui est remplacé par le National Banking Act, introduit au Congrès à l'initiative de Salomon Chase, un agent des Rothschild qui fut secrétaire au Trésor jusqu'en 1864. En vertu de cette loi, les banques privées géraient de l'argent porteur d'intérêts. Après l'adoption de cette loi, les billets verts ont été retirés de la circulation dès leur entrée au Trésor. Lincoln déclare alors : "J'ai deux grands ennemis, l'armée du Sud devant moi et les banquiers dans mon dos. Des deux, les banquiers sont mon pire ennemi". Le président est contraint de réserver son droit de veto jusqu'à la fin de la guerre, qui s'achève le 9 avril 1865. Il est peu probable que Lincoln aurait pu tenir tête aux banquiers s'il n'avait pas été assassiné. En tout cas, son diagnostic et ses prévisions étaient très pessimistes. Avant sa réélection, il avait déclaré : "La puissance monétaire est un parasite pour la nation en temps de paix, et conspire contre elle en temps de guerre... Je vois s'approcher à court terme une crise qui me met mal à l'aise et me fait trembler pour l'avenir de la nation : les entreprises ont été intronisées, une ère de corruption dans les hautes sphères va s'ensuivre. Le pouvoir de l'argent tentera de prolonger son règne... jusqu'à ce que la richesse soit accumulée par quelques mains et que la République soit détruite".

Le 14 avril, quelques jours après la fin de la guerre, l'acteur John Wilkes Booth, un franc-maçon juif membre des Chevaliers du Cercle d'or, tire une balle dans le dos du président Lincoln alors qu'il assiste à une représentation au Ford's Theatre de Washington. Il a ensuite sauté de la loge sur la scène et, avant de s'enfuir, a crié : "C'est ainsi que meurent les tyrans. Le Sud a été vengé. Les véritables chefs de la conspiration, comme Judah Benjamin, qui aurait donné l'ordre d'exécution, sont restés impunis, car seuls les misérables de l'époque ont été exécutés. L'implication d'Edwin Stanton, déjà cité, est largement reconnue. Ce traître a retiré Lincoln de sa garde personnelle lorsqu'il allait au théâtre et, après l'assassinat, il a distribué à la presse des photos du frère de l'assassin, ce qui a permis de gagner du temps pour John Wilkes Booth, que Stanton avait lui-même aidé à s'enfuir en dégageant une voie de sortie de Washington. En outre, Stanton interdit au général Grant, qui devait assister à la cérémonie, d'accompagner le président.

Néanmoins, une opération de police est lancée pour tenter de capturer les personnes soupçonnées d'être impliquées dans le complot. Albert Pike, également accusé des meurtres lorsqu'il commandait sa troupe d'Indiens, se réfugie un temps au Canada, sous domination britannique, où il rencontre Jacob Thompson, un chef des Chevaliers qui a provoqué des révoltes et des émeutes contre les Noirs dans les villes du Nord. Pike est autorisé à retourner aux États-Unis, où il est arrêté. On sait déjà qu'il fut immédiatement gracié par le président maçonnique Andrew Johnson. Judah Benjamin, qui avait établi à Montréal (Canada) sa principale base de services d'espionnage, s'enfuit en Angleterre. Il y rencontre d'autres francs-maçons exilés comme Robert Toombs, franc-maçon du 33e degré, et James Bulloch, agent de liaison d'August Belmont avec l'Angleterre et principal trafiquant d'armes de la Confédération. John Slidell reste définitivement en France. John Surrat, agent secret confédéré, dont la mère a été arrêtée et pendue pour avoir aidé et encouragé l'assassinat de Lincoln, part pour l'Italie. Surrat est découvert et doit revenir pour être jugé, mais il est acquitté, bien qu'il admette publiquement qu'il avait planifié avec Booth l'enlèvement de Lincoln avant l'assassinat.

Après la guerre de Sécession, l'agent des Rothschild, August Belmont (Schönberg), impose son leadership sur la finance juive entre Londres et New York. Joseph Seligman fait partie du syndicat bancaire des Rothschild et de J. P. Morgan. En avril 1866, le Congrès adopte le Contraction Act, qui permet au Trésor de retirer les billets verts de la circulation. Les étapes suivantes visent à établir l'étalon-or, un métal détenu principalement par les Rothschild. Ce sont eux qui fixent quotidiennement le prix de l'or depuis la City de Londres. Pour parvenir à leurs fins, ils ont créé l'instabilité et la panique en contractant le crédit et en provoquant une dépression (une tactique qu'ils n'ont cessé d'appliquer). Par le biais de la presse, toujours entre leurs mains, ils ont fait croire que l'absence d'étalon-or était la cause des difficultés. En même temps, ils ont utilisé la loi de la contraction pour réduire le volume de la monnaie en circulation, qui a diminué de 70% en dix ans. En 1872, la Banque d'Angleterre envoya Ernest Seyd aux États-Unis, où il entreprit de corrompre les membres du Congrès pour qu'ils soutiennent son projet de démonétisation de l'argent. Seyd a personnellement rédigé le projet de loi qui est devenu le "Coinage Act", qui a mis fin à la frappe de pièces d'argent. Ernest Seyd lui-même a expliqué : "Je suis allé en Amérique au cours de l'hiver 1872-73 avec l'autorisation d'obtenir, si je le pouvais, la promulgation d'une loi démonétisant l'argent. Il était dans l'intérêt de ceux que je représentais - les gouverneurs de la Banque d'Angleterre - que cela se fasse. En 1873, les seules pièces frappées étaient des pièces d'or".

Comme on pouvait s'y attendre, avec la domination et l'influence des agents britanniques à la Maison Blanche, l'entente avec la Russie, qui avait permis à Lincoln d'éviter les interventions britanniques et françaises, s'est détériorée. Un an après l'assassinat de Lincoln, le 16 avril 1866, un individu a tiré sur le tsar à Saint-Pétersbourg. Un homme réussit à écarter l'arme du terroriste et Alexandre II fut sauvé. Peu après, Cassius Clay rencontre le tsar et le félicite d'avoir échappé à la mort "si peu de temps après l'assassinat de Lincoln". Le tsar répondit : "J'espère qu'avec l'aide de la Providence, nos calamités mutuelles renforceront nos relations amicales et les rendront permanentes". De puissants ennemis avaient intérêt à ce que le souhait d'Alexandre II ne soit pas exaucé. Au cours des années suivantes, quatre autres tentatives d'assassinat du tsar ont eu lieu. Enfin, le 13 mars 1881, le jour même où Alexandre II avait signé la Constitution consolidant des réformes de grande envergure pour le peuple russe, un commando agissant sous les ordres d'une révolutionnaire et narodnik juive, Vera Nikolaïevna Figner, réussit à tuer Alexandre II. Figner, qui avait participé en 1879 au Congrès de la terre et de la liberté (Zemlia i Volia), l'organisation narodnik fondée par Alexandre Herzen, était membre du comité exécutif de "Narodnaïa Volia" (Volonté du peuple). Vera Figner est également l'un des dirigeants de l'aile militaire de l'organisation, dans laquelle elle a joué un rôle de premier plan. En 1880, Vera Figner avait déjà tenté de tuer le tsar à Odessa. Un commando de Narodnaïa Volia composé de trois terroristes avait finalement réussi. Figner, qui, après l'assassinat, était le seul membre du comité exécutif de Narodnaïa Volia à rester en Russie, n'a été capturé qu'en 1883. Sergey Degayev, une taupe de la police infiltrée, la dénonce. Elle est condamnée à mort, mais la peine est commuée en emprisonnement à vie en Sibérie. Joseph Kastein, éminent historien juif, a écrit que l'implication des Juifs dans ce meurtre était "naturelle".

Il ressort de ce qui précède que la guerre de Sécession n'a pas éclaté, comme on le prétend, pour mettre fin à l'esclavage, mais qu'elle a été préparée à l'avance par certaines puissances financières européennes, les Rothschild et leurs associés, qui, s'appuyant sur la France et la Grande-Bretagne, dont le Premier ministre Lord Palmerston était Grand Maître du Rite écossais de la Franc-maçonnerie et Patriarche des Illuminati, entendaient diviser les Etats-Unis en deux fédérations, deux zones d'influence. Certains auteurs font référence à une prétendue conversation en 1857 entre Benjamin Disraeli, Lionel Rothschild et James Rothschild, qui se réunissaient à Londres pour le mariage de la fille de Lionel, Leonora, avec son cousin Alphonse, le fils aîné de James. Disraeli aurait suggéré officieusement qu'une fois la rupture réalisée, les Rothschild anglais pourraient dominer dans le nord et les Français dans le sud : "Divide et impera". La loge juive B'nai B'rith et les "bons francs-maçons", dont certains traîtres occupent des postes clés dans l'un ou l'autre gouvernement, agissent comme des éléments déterminants mis au service de la conspiration. De l'intérieur des loges, en toute impunité, toutes sortes de stratagèmes sont mis en œuvre, y compris, bien sûr, des activités terroristes, dont le but est d'enflammer les esprits et, à terme, de provoquer la guerre.

## Bismarck, la guerre franco-prussienne et les Rothschild

Le sexennat révolutionnaire est peut-être la période la plus pittoresque de l'histoire contemporaine de l'Espagne. On y trouve un peu de tout. Elle a commencé par la révolution, connue sous le nom de Glorieuse Révolution, dirigée par une poignée de francs-maçons militaires et politiques. Elle a été suivie par le gouvernement provisoire et la régence de Serrano, qui était franc-maçon. Cette période se caractérise par la recherche désespérée d'un roi pour l'Espagne et la promulgation de la Constitution de 1869. Amadeo Ier de Savoie arriva finalement, un franc-maçon de haut niveau qui, en deux ans, eut affaire à trois présidents de gouvernement, six cabinets et subit une tentative d'assassinat. Il démissionne. Puis vint la première République fédérale, qui connut quatre présidents en onze mois. Puis vint le coup d'État de Pavie. L'histoire du sexennat se poursuit avec la République unitaire jusqu'en décembre 1874, date à laquelle la dictature de Martinez Campos est renversée, ramenant les Bourbons. Tout cela s'accompagne de trois guerres civiles : la troisième guerre carliste, l'insurrection cantonale et la guerre de Cuba. Voyons qui donne le plus.

L'offre du trône d'Espagne à plusieurs candidats devient un enjeu européen et est le prétexte qui allume la mèche de la guerre franco-prussienne. Le premier candidat est le duc de Montpansier, beau-frère d'Isabelle II, qui est convaincu d'être le nouveau roi d'Espagne ; mais Napoléon III s'y oppose, il a pratiquement mis son veto, et le général Prim le lui fait savoir. Antoine d'Orléans, duc de Montpansier, est le fils de Louis-Philippe d'Orléans. Le deuxième candidat est le prince Léopold de Hohenzollern-Sigmaringen. Sa candidature aurait été suggérée par Otto von Bismarck lui-même à Eusebio Salazar y Marredo, qui, dans un article paru dans un journal allemand, proposait la candidature de Léopold, qui parlait parfaitement l'espagnol et était marié à une fille du roi du Portugal. Salazar se propose comme médiateur et Prim accepte, à condition que tout se fasse avec une extrême prudence. Salazar informe bientôt Prim que le prince Léopold acceptera si son père, le prince Karl Anton, et le roi de Prusse lui en donnent l'autorisation. Le roi de Prusse, Guillaume Ier, est le plus réticent, mais Eugène Salazar est aidé par Bismarck lui-même pour tenter de convaincre le roi. Un échange de correspondance a lieu entre Prim et Bismarck, sous la médiation de Lothar Bucher. Tout se passe dans la discrétion et rien n'est soupçonné à Paris.

Voyons à partir de là comment les choses se passent du côté espagnol. Le 26 juin 1870, Salazar se rendit à Madrid pour rencontrer le président du gouvernement. Malheureusement, Prim, franc-maçon de haut degré dont le nom de loge était Washington, n'était pas dans la capitale ce jour-là : accompagné de Milans del Bosch, il chassait les canards à Daimiel. Salazar décide alors de rencontrer le ministre de l'Intérieur, Práxedes Mateo Sagasta, lui aussi franc-maçon au 33e degré et Grand Maître du Grand Orient d'Espagne. Après avoir entendu Salazar, le ministre Sagasta le conduisit au président des Cortes, Manuel Ruiz Zorrilla, également franc-maçon et Grand Maître du Grand Orient d'Espagne. "Le prince Léopold est roi d'Espagne, et vous dites que les préparatifs sont si avancés ? demanda Ruiz Zorrilla, stupéfait. L'étape suivante est la démonstration de la plus grande stupidité de cet homme politique qui, soi-disant, devait avoir le sens de l'État et comprendre la valeur de la discrétion dans une affaire qui concernait toute l'Europe : Ruiz Zorrilla n'a pas eu de meilleure idée que d'en parler à un ami journaliste, José Ignacio Escobar, rédacteur en chef de *La Época*, qui, bien sûr, n'a pas eu le temps de publier la nouvelle, qui s'est immédiatement répandue dans toute l'Europe.

Le général Prim, indigné, réunit le gouvernement et finit par rendre compte de ses tractations secrètes en Prusse. L'ambassadeur à Paris, Olózaga, reçoit l'ordre télégraphique de s'adresser à l'empereur des Français. En même temps, convaincu qu'il ne pouvait plus reculer, Prim envoya le contre-amiral Polo de Bernabé en Prusse pour transmettre au prince Léopold l'intention du gouvernement espagnol de soutenir sa candidature aux Cortès. Dès lors, la guerre commence dans les chancelleries européennes. Napoléon III envoie un agent au général franc-maçon Francisco Serrano, titulaire de la régence, pour l'inciter à désavouer Prim, qui accepte la demande. Serrano charge immédiatement l'un de ses neveux, le colonel de l'état-major général José López Domínguez, de se rendre en Prusse pour tenter de dissuader le prince Léopold d'accepter la couronne d'Espagne. L'ambassadeur à Paris, Olózaga, dépêche à son tour à la cour de Prusse le diplomate roumain Stratz, un ami personnel qui jouit d'une bonne réputation auprès des Prussiens.

La question vue de France et de Prusse a pris d'autres connotations. Tout d'abord, il faut mentionner que la pénétration de l'économie et des capitaux français en Espagne était considérable dans les années 1960. Un groupe de banques regroupées dans la "Banque de Paris" était devenu une concurrence imprévue pour les Rothschild et l'Espagne était l'une des étapes de la lutte. La Banque de Paris avait présenté ses lettres de créance au gouvernement espagnol pour une opération de crédit de grande envergure. De plus, Adrian Delahante, administrateur de la Banque de Paris qui siège au conseil d'administration de la ligne de chemin de fer Madrid-Zaragoza-Alicante, convoite les bénéfices de l'exploitation des mines de mercure d'Almaden et des mines de cuivre de Rio Tinto. Il n'est donc pas surprenant que le gouvernement français ne soit pas disposé à accepter la candidature d'un prince prussien au trône d'Espagne, surtout si, comme nous l'avons vu, elle est promue par Bismarck lui-même.

Le véritable objectif de Bismarck en soutenant le prince Léopold est de provoquer une réaction de la France qui déclencherait la guerre lui permettant d'unir la Prusse et les États du sud de l'Allemagne. La plus grande difficulté consiste à convaincre le père de Léopold, Karl Anton, et le roi Guillaume Ier de s'opposer à la France. Léopold avait d'abord décliné l'offre le 22 avril 1870, mais Bismarck avait manœuvré dans l'ombre jusqu'à ce qu'il change d'avis. C'est dans ce contexte que, suite à l'indiscrétion de Ruiz Zorrilla, l'affaire éclate au grand jour et que les événements se précipitent. L'ambassadeur de France à Berlin, Benedetti, sur instruction de son ministre des Affaires étrangères, le duc de Gramont, exige du roi de Prusse qu'il désavoue la candidature du prince Léopold à la couronne d'Espagne et qu'il s'engage par écrit à ne plus la présenter. Léopold de Hohenzollern-Sigmaringen refusa de se rétracter en raison de la disgrâce que la rectification signifiait pour sa personne. Il semble que son père lui ait alors dit : "Tu es un fou ! tu es un fou ! Ton trône n'est pas à Madrid, mais à l'asile...". Ainsi pressé par son propre père et sollicité par le roi Guillaume Ier, le prince démissionne à nouveau.

Le 12 juin, Karl Anton déclare que son fils ne sera pas candidat et le roi de Prusse reconnaît à Benedetti qu'il s'agit d'une "bonne nouvelle qui nous évite à tous des difficultés". Le même jour, le roi assure à l'ambassadeur Benedetti qu'il approuve personnellement le retrait de Léopold "dans le même sens et dans la même mesure qu'il avait donné son approbation", c'est-à-dire "complètement et sans réserve". Bismarck était hors jeu et tout semblait réglé lorsque, le 13 juillet 1870, il reçut le fameux télégramme d'Ems, qui contenait l'essentiel de l'entretien entre l'ambassadeur Benedetti et Guillaume Ier, selon lequel le roi de Prusse devait donner l'assurance qu'il ne donnerait "jamais à l'avenir son consentement à une candidature des Hohenzollern". Dans la réécriture du télégramme par Bismarck pour la presse, il est rapporté que le roi ne pouvait pas assumer une déclaration aussi catégorique ; mais il a également laissé entendre que la demande avait été offensante pour lui. Bismarck cherche ainsi à offenser Gramont et à utiliser le télégramme qu'il a lui-même trafiqué pour déclencher une campagne de propagande anti-française auprès de l'opinion nationale et internationale.

Une semaine auparavant, le 6 juillet, en pleine négociation diplomatique, le gouvernement français avait imprudemment adopté une déclaration incendiaire rédigée par le ministre des Affaires étrangères, Alfred Agénor, duc de Gramont, et lue au Parlement, qui, dans un langage violent, exigeait un veto absolu du roi à la candidature des Hohenzollern et menaçait d'une déclaration de guerre si Léopold l'acceptait. Il était clair qu'après la conversation entre le roi Guillaume et l'ambassadeur Benedetti le 12, la candidature de Léopold avait été retirée. Il n'y avait aucune raison d'insister sur une déclaration aussi textuelle et concrète que celle demandée dans le télégramme d'Ems. De toute évidence, Gramont et ceux qui connaissaient les nombreuses fioritures du langage diplomatique savaient qu'il s'agissait d'une provocation inutile et irréfléchie, tout comme une lettre exigeant que le roi de Prusse présente ses excuses à Napoléon. Au lieu de se reposer sur les paroles conciliantes de Guillaume Ier à l'ambassadeur de France, le duc de Gramont utilise le télégramme d'Ems comme un "casus belli" et, le 14 juillet, la mobilisation a lieu. Le 15 juillet 1870, la France déclare la guerre à la Prusse.

Avant de poursuivre, quelques lignes peuvent vous aider à mieux connaître ce personnage. Antoine Alfred Agénor, duc de Gramont, est nommé ministre des Affaires étrangères deux mois avant le début de la guerre, le 15 mai. Son amitié avec les Rothschild parisiens est bien connue.

James Rothschild, le dernier des cinq fils survivants de Mayer Amschel, était décédé en 1868. Le chef de la maison de Paris était depuis lors Alphonse, qui, après avoir appris la nomination, déclara : "Nous serons enchantés de cette nomination à tous les points de vue, car il est nécessaire d'avoir à la tête de ce ministère un homme d'expérience, assez intelligent pour ne pas prétendre se faire connaître par un génie éclatant." Nous ne savons pas si le fait de pousser à la guerre peut être considéré comme du génie, mais Niall Ferguson nous apprend que plus tard, en 1878, le fils du duc d'Agénor s'est lié aux Rothschild en épousant Margaretha Rothschild, fille de Mayer Carl Rothschild, chef de la Maison en Allemagne. Curieusement, l'histoire se répète soixante-neuf ans plus tard, en 1939, lorsque l'homme qui a le plus œuvré au déclenchement de la Seconde Guerre mondiale, Lord Halifax, ministre des Affaires étrangères, apparente son fils héritier à une petite-fille des Rothschild britanniques.

Avec ou sans le télégramme d'Ems, avec ou sans la question de la succession en Espagne, il est probable que la France et l'Allemagne auraient fini par s'affronter, mais il n'en reste pas moins que la candidature au trône d'Espagne a été utilisée par les deux parties comme motif d'entrée en guerre. D'autre part, le fait que la France ait déclenché les hostilités a été décisif, car il a déterminé la non-intervention de la Grande-Bretagne. Les premiers affrontements ont lieu le 4 août et les premières défaites françaises à Wörth et Forbach ont lieu le 6 août. Les batailles de Borny, Rézonville et Gravelotte suivent entre le 14 et le 18. Suite à ces défaites, le maréchal Bazaine se replie jusqu'à Metz, où il est bloqué. Face à ces événements, Napoléon III et le maréchal Mac-Mahon prennent le commandement de l'armée française à Chalons. Entre le 1er et le 2 septembre, se déroule la bataille de Sedan, qui décidera de l'issue de la guerre. Devant l'ampleur du massacre, Napoléon III ordonne la levée du drapeau blanc et se rend avec toute l'armée au général prussien Helmuth von Moltke. On a dit que les canons Krupp, qui se chargeaient par la culasse alors que les canons français se chargeaient par la bouche, ont joué un rôle décisif dans la victoire prussienne. Peut-être, mais deux ans plus tôt, il n'en était pas de même en Espagne : le 28 septembre 1868, lors de la célèbre bataille du pont d'Alcolea, les troupes gouvernementales du marquis de Novaliches disposaient de canons Krupp modernes et furent néanmoins vaincues par les rebelles commandés par le duc de la Torre.

Dès que la nouvelle du désastre de Sedan et de la capture de l'empereur parvient à Paris, l'agitation s'accroît. Le 4 septembre, des milliers de personnes descendent dans la rue et bientôt les cris de "Vive la République, vive les Prussiens ! Le gouverneur militaire de Paris, le général Trochu, reste inactif et Gambetta le récompensera plus tard en le nommant chef du gouvernement provisoire. La foule se dirige vers le Parlement, où Gambetta monte à la tribune et proclame le déclin de l'empire et l'avènement de la IIIe République. Enfin, les manifestations se dirigent vers l'Hôtel de

Ville, lieu de la tradition révolutionnaire, où, après avoir chanté la Marseillaise, les députés de Paris font le coup d'État et proclament à nouveau la IIIe République. Entre acclamations et huées, le franc-maçon Jules Ferry propose : "Les députés de Paris au gouvernement ! En fait, la liste a déjà été dressée la veille. Parmi ces pères de la patrie qui ont conduit les marches et formé le Gouvernement de la Défense nationale, les francs-maçons républicains prédominent comme à l'accoutumée. Nous ne citerons que les Frères les plus éminents : l'infatigable Adolphe Crémieux, Grand Maître du Rite Ecossais, qui céda la vedette à son fils adoptif, juif corrompu et franc-maçon, Léon Gambetta, ministre de l'Intérieur et de la Guerre ; Emmanuel Arago, qui accèdera en 1878 au poste de Grand Orateur du Conseil Suprême de France ; Jules Favre, franc-maçon qui, outre la vice-présidence, assumera le portefeuille des Affaires Etrangères ; Jules Simon, ministre de l'Instruction publique, qui appelle les fonctionnaires de son département à lutter jusqu'à la proclamation de la République à Berlin ; Eugène Pelletan, qui entre dans la franc-maçonnerie en 1864 à la loge "l'Avenir", où il atteint le grade de Vénérable avant d'entrer au Conseil du Grand Orient de France.

Alors qu'à Paris, les dirigeants républicains s'empressent d'organiser la défense du pays, Bismarck et son armée s'approchent de la capitale. En chemin, ils atteignent Ferrières, où le chancelier de fer a établi son quartier général. Rappelons que le château de Ferrières appartenait à l'origine à Joseph Fouché et qu'il avait été acheté en 1829 par James Rothschild. Fait significatif, Ferrières, domaine de 3 000 hectares de champs et de bois, est le lieu choisi par Bismarck pour installer son état-major pendant la durée du siège de Paris. De plus, c'est à Ferrières que se dérouleront les négociations financières compliquées entre la France et la Prusse, dont les banquiers sont tous juifs, et dont les Rothschild sortiront vainqueurs. Faut-il penser, comme le suggère Niall Ferguson, qu'il s'agit là d'une simple ironie ?

Les premiers à arriver à Ferrières le 14 septembre sont les généraux von Eupling et Gordon. Le 19, le roi de Prusse, Guillaume Ier, arrive, accompagné de Bismarck, de Moltke, chef de l'état-major général, de Roon, ministre de la Guerre, et d'environ trois mille généraux et chefs d'armée. Niall Ferguson raconte l'arrivée en ces termes : "Pour certains de ces invités inattendus, Ferrières était une révélation. Avec ses extérieurs de rêve et ses intérieurs exotiques, on aurait dit "un conte de fées, magnifique", bien qu'il s'agisse de la création d'un juif - du roi des juifs ("Jüdenkönig"), comme l'appelle Roon, qui tempère son admiration par du dédain. Les initiales JR - James Rothschild - qui ornaient murs et plafonds étaient traduites par "Judeorum Rex" avec un humour grinçant". Le 21 septembre, Bismarck lui-même écrit à sa femme : "Je suis assis ici sous une photo du vieux Rothschild et de sa famille... des négociateurs de toutes sortes s'accrochent à la queue de mon veston comme des Juifs autour d'un vendeur au marché". Quelques jours plus tard, lorsqu'on lui demande s'il est prêt à négocier des conditions de paix avec un régime républicain, Bismarck répond avec sarcasme qu'il reconnaîtrait "non seulement la République, mais aussi, si nécessaire, la dynastie Gambetta... en fait, n'importe quelle dynastie, qu'il s'agisse de Bleichröder ou de Rothschild". À tel point que Bismarck accordera plus tard à Gerson Bleichröder un titre de noblesse, faisant de lui le premier noble juif de Prusse. Son père, Samuel Bleichröder, avait fondé la banque en 1803 et agissait comme une filiale de la maison Rothschild à Berlin, tant leurs relations étaient étroites. Dans *The Reign of the House of Rothschild*, Egon Caesar Corti écrit que Gerson Bleichröder rêvait depuis longtemps de fonder une grande banque prussienne en partenariat avec les Rothschild et qu'il a fini par fonder le groupe Rothschild avec eux.

Un fait peu connu est que la mère d'Otto von Bismnarck, Luise Wilhelmine Mencken, était d'origine juive. John Coleman, dans *The Rothschild Dynasty*, affirme qu'il a lui-même découvert ses origines. Selon Coleman, Haim Solomon, l'un des financiers du général George Washington, à qui il a fait don de toute sa fortune pour pouvoir déclencher la révolution, était un ancêtre de la mère de Bismarck. Coleman cite un journal, *The Jewish Tribune of New York,* qui, le 9 janvier 1925, a confirmé dans un article que Luise Mencken était une descendante de Haim Solomon. De même, John Reeves affirme dans *The Rothschilds : the Financials Rulers of Nations* que Bismarck était à moitié juif et suggère qu'il était un homme proche des Rothschild. Le roman *Coningsby* de Benjamin Disraeli et les *lettres de Lord Beaconsfield* indiquent que les Rothschild avaient déjà remarqué Bismarck alors qu'il était un jeune homme d'une vingtaine d'années et qu'en 1844, il était sous leur influence. Si cette dernière affirmation est vraie, Bismarck aurait été un politicien coopté.

Quoi qu'il en soit, la gloire personnelle d'Otto von Bismarck d'entrer dans l'histoire comme l'homme d'État qui a rassemblé toutes les pièces du deuxième Reich allemand est personnelle et incessible. Après sa victoire sur la France, en 1871, il a non seulement réalisé l'union de la Prusse avec les États du sud de l'Allemagne, mais il a également annexé l'Alsace-Lorraine, les deux anciennes provinces qui, pendant plus de deux siècles, avaient conservé la langue et les coutumes allemandes. C'est ce projet d'annexion qui a retardé la signature de l'armistice jusqu'au 28 février 1871, les républicains français n'étant pas disposés à céder des territoires. Cependant, Mayer Carl Rothschild, dès les premières défaites françaises, s'empresse d'informer son oncle Lionel et ses cousins à Londres, le 15 août, de l'ambiance à la Bourse de Francfort : "J'ose dire que la France va perdre ses deux anciennes provinces allemandes, une partie considérable de sa flotte et qu'elle devra en outre payer beaucoup d'argent".

Le gouvernement républicain pense qu'une intervention modératrice de la Grande-Bretagne empêchera toute cession territoriale. Aussi, à peine le Conseil de gouvernement et de défense nationale formé, Jules Favre déclare qu'il n'est pas question de céder un pouce de territoire. Le 17 septembre, l'ambassadeur britannique en France, Lord Lyons, après un entretien personnel avec le chancelier de fer, expose la position allemande à Gustave Rothschild, frère d'Alphonse : Bismarck lui a dit à l'avance qu'il n'avait pas besoin d'argent et que ce qu'il voulait, c'était Metz et Strasbourg. Lyon prévient Gustave que si sa demande est refusée, il coupera les communications et entrera à Paris. Un jour plus tard, le 18 septembre, la première rencontre entre le ministre français des Affaires étrangères et Bismarck a lieu. Favre propose à Bismarck cinq milliards de francs si la France conserve les territoires contestés, mais le "vieux B" ("vieux B", comme les Rothschild appelaient familièrement Bismarck) ne mâche pas ses mots : "Nous parlerons d'argent plus tard, nous voulons d'abord déterminer et assurer la frontière allemande".

C'est Jules Favre lui-même qui demande l'armement de la garde nationale. Gambetta ordonne que deux cent quatre-vingt-trois bataillons soient recrutés principalement dans la classe ouvrière, qui souffre d'un chômage très important. Fin septembre, Paris dispose déjà d'une armée prolétarienne, composée pour un quart de communistes et d'anarchistes inscrits à l'Internationale. Comme les gardes élisent leurs chefs, de nombreux commandants élus sont des révolutionnaires. Le 14 octobre, Favre, qui a reçu des témoignages de solidarité des républicains espagnols, tente désespérément d'obtenir l'aide d'un pays européen en envoyant Emile Keratry à Madrid. Keratry, préfet de police à Paris, a quitté la capitale en ballon, car il n'y a pas d'autre moyen de contourner le siège imposé par les Allemands depuis le 19 septembre. Le 19 octobre 1870, il est reçu par Prim au palais Buenavista. La première chose que le Français tente de faire est de convaincre le général Prim de se proclamer président de la République. Puis, en échange d'une armée de 80 000 hommes capable de partir en campagne en dix jours et entretenue par la France, Keratry offre 50 millions de francs et les navires dont l'Espagne a besoin pour réprimer l'insurrection cubaine. Prim non seulement refuse l'offre, mais lui dit : "Il n'y aura pas de république en Espagne tant que je vivrai".

Si l'on considère que la fin des monarchies et du pouvoir de l'Église est l'objectif principal de la franc-maçonnerie, on ne peut comprendre l'attitude de Prim, qui s'appelait d'ailleurs Washington dans sa loge. Il est clair que les idées des Illuminati n'ont pas influencé ce général catalan, qui sera assassiné deux mois plus tard. Keratry sort de la réunion furieux et prêt à exercer des représailles contre l'Espagne. Les ordres qu'il donne au sous-préfet de police de Bayonne et au commissaire général, qui l'attendent de l'autre côté de la frontière, sont consignés dans le journal de Don Carlos. À tous deux, il ordonne à haute voix : "Protection officielle et complète des carlistes, larges pouvoirs pour faire de la politique, rassembler des gens, des armes et des bataillons. Au cas où Don Carlos se rendrait à la frontière, on lui accorderait tous les égards et tous les honneurs dus à son rang".

Devant l'intention du gouvernement républicain de tenir bon malgré le siège de Paris, le roi Guillaume Ier décide, le 5 octobre, de quitter Ferrières et de rentrer en Prusse. Avant son départ, il avait personnellement ordonné que les domaines français des Rothschild ne soient pas fouillés et que l'on ne touche ni aux vins dans les caves, ni au gibier à plumes. Bergman, responsable du domaine, confirme qu'avant de partir, le roi a remis 2000 francs pour le personnel de service. Il exige également une déclaration écrite attestant que rien ne manque au palais au moment de son départ et laisse soixante-quinze hommes chargés de la protection des lieux. Seules des couvertures et des matelas sont réquisitionnés pour les blessés en convalescence dans les hôpitaux voisins.

La défaite que les républicains maçonniques qui ont pris le pouvoir à Paris après le coup d'État du 4 septembre veulent ignorer devient de plus en plus évidente. Les espoirs de contre-attaque sont définitivement anéantis lorsque, le 27 octobre, Bazaine, fort d'une armée de 113 000 soldats, capitule à Metz, qu'il assiégeait depuis le 19 août. Devant cette victoire irréversible, Guillaume Ier est proclamé empereur dans la galerie des Glaces de Versailles le 18 janvier 1871. Dix jours plus tard, toujours à Versailles, Jules Favre obtient de Bismarck un armistice de trois semaines afin de permettre l'élection d'une Assemblée nationale chargée de négocier la paix. Parmi les conditions imposées par le chancelier Bismarck figure le désarmement de la garnison de Paris, à l'exception de douze mille soldats pour le maintien de l'ordre et de vingt mille gardes municipaux. Jules Favre supplie Bismarck de ne pas désarmer les 190 000 gardes nationaux et le "vieux B", dont les services de renseignements sont nécessairement informés de ce qui se prépare, accepte.

Le 8 février 1871, les élections législatives ont lieu en France et les républicains sont nettement battus. Pour une Assemblée de 675 députés, les républicains radicaux obtiennent 38 sièges et les républicains modérés 112, les orléanistes 214 sièges et les légitimistes 182, les libéraux 72 sièges et les bonapartistes 20. Les libéraux obtiennent 72 sièges et les bonapartistes 20. Comme en 1848, les résultats démontrent une fois de plus le conservatisme de la société française, ignoré à maintes reprises par ceux qui cherchent à s'imposer par la violence. En témoigne la Commune de Paris, qui provoque une nouvelle guerre civile, presque exclusivement circonscrite à la capitale, au cours de laquelle quelque trente mille Français perdent la vie. La nouvelle Assemblée choisit Adolphe Thiers comme chef du gouvernement. Outre le report de la discussion sur la forme définitive de l'État, puisque les monarchistes dominent le Parlement, Thiers mène les négociations avec l'Allemagne jusqu'en 1873. L'une des premières décisions de l'Assemblée réunie à Bordeaux est de supprimer la solde des gardes nationaux, à l'exception des indigents. On espère ainsi réduire leur nombre, mais seuls quelques milliers d'ouvriers retournent dans leurs ateliers. Les éléments révolutionnaires restent dans leurs bataillons avec ou sans solde. Si l'intention était de laisser les gardes sans solde, la demande de Favre à

Bismarck de ne pas les désarmer est, sinon suspecte, du moins incompréhensible.

Avant d'aborder les événements qui se déroulent à Paris pendant les deux mois de la Commune, il convient de rappeler quelques faits financiers. Tout d'abord, la Maison Rothschild, présente dans les principales capitales européennes, sort renforcée de la crise. De part et d'autre, les banques en difficulté sont celles qui manquent de liquidités. Alors que le marché français s'est effondré et que le marché allemand s'est redressé, la Bourse de Londres est restée indemne. Mayer Carl Rothschild, qui dirige la Maison de Francfort et qui est bien sûr invité par Guillaume Ier à sa proclamation impériale à Versailles, ne manque pas l'occasion de tirer parti de la guerre. Pour renforcer la capacité de sa direction, Mayer Carl demanda à son cousin Lionel de Londres, avec la sœur de Louise, sa cousine, qu'il avait épousée, de lui transférer d'importantes sommes d'argent, qui servirent à démontrer à quel point les Rothschild de Francfort pouvaient être utiles au gouvernement allemand. Le gouvernement de Napoléon III a jugé opportun de suspendre la convertibilité en or de la Banque de France, afin de prévenir les tentatives de sorties de capitaux. Dès le début du conflit, les capitaux français commencent à affluer vers l'Angleterre. Les Rothschild français révèlent dès le 4 août, jour des premières escarmouches sur le front, qu'ils ne veulent prendre aucun risque, en tentant de faire passer deux millions de francs en argent en Belgique pour les échanger contre de l'or. La police saisit l'argent, convaincue qu'il s'agit d'un trafic illégal. Cette information provient de Niall Ferguson dans *The House of Rothschild. Le banquier du monde 1849-1999*. Selon Ferguson, l'envoi a été effectué pour le compte du gouvernement, mais cette affirmation ne semble pas crédible, car si l'opération avait été légale, la police aurait dû être avertie. Le 12 août, la Banque suspend effectivement la conversion de l'or, ce qui est suivi d'un moratoire sur les lettres de change. Alphonse Rothschild lui-même commente dans une lettre qu'un militaire de haut rang leur a demandé d'envoyer une partie de leurs titres financiers au siège de Londres pour y être conservés, et ajoute : "Une telle suggestion de sa part, comme vous pouvez l'imaginer, a éveillé nos soupçons, et nous avons l'intention de suivre son exemple". Après ces propos, il est encore plus difficile de croire que l'envoi en Belgique de deux millions de francs en argent a été effectué pour le compte du gouvernement.

Quant aux négociations pour le paiement des indemnités, elles commencent dès que Thiers est investi de l'autorité. Alphonse, qui fait allusion à Thiers par l'euphémisme "notre ami", sait que les relations de Thiers avec son père n'ont pas été bonnes. Comme on le sait, Jacques avait provoqué sa chute en 1840 lorsqu'ils s'étaient opposés sur l'attitude de Thiers dans l'affaire de Damas. Alphonse remarqua un jour qu'"il était le petit président d'une grande République". Mais le pragmatisme l'emporte car Thiers a compris que la situation politique était subordonnée aux questions financières. Après le résultat des élections, Alphonse se rend à

Londres le 21 février 1871 pour élaborer une stratégie à New Court avec son cousin Lionel, qui, après la mort de Jacques, est devenu le chef incontesté de la famille. C'est alors qu'ils décident que les opérations financières tourneront autour de la Maison de Londres. Le 22, Alphonse est prié par Thiers de rentrer en France. Des pourparlers ont été entamés à Versailles et Bismarck a d'abord demandé une indemnité de 6 milliards de francs, chiffre qualifié d'exorbitant par les négociateurs français. En outre, une procédure de paiement est recherchée, dans laquelle les banquiers allemands Bleichröder et Henckel joueront un rôle déterminant. Favre l'exprime ainsi : "On voulait faire une opération colossale avec nos millions". Le 25, Alphonse se présente à Versailles comme le représentant des Rothschild de Londres et de Paris. Le lendemain, Thiers et Favre se mettent d'accord sur le chiffre de 5 milliards de francs-or que la France versera à l'Allemagne avec un intérêt de 5% ; mais il est également convenu que ce sont les Rothschild, plus précisément la Maison de Londres, et non les banquiers allemands, qui contrôleront et gèreront les opérations financières de l'indemnité. Une fois de plus, il est démontré que les guerres et les révolutions en Europe provoquent des pertes et même la ruine de certaines institutions bancaires, alors que les Rothschild, en plus d'en tirer profit, apparaissent comme la clé pour garantir la stabilité internationale. Le directeur du Crédit Lyonnais, Mazerat, déplorait que les banques par actions françaises aient été pratiquement évincées. La citation est de Ferguson :

"Dans toutes les affaires contractées depuis la guerre, la maison Rothschild et, sous son égide, le groupe de la haute banque ont joué un rôle quasi exclusif... Ce sont les Rothschild et leurs amis, avec l'appui de la Banque de France, qui ont avancé les 200 millions de francs dont la ville de Paris avait besoin pour payer sa contribution de guerre (exigée par Bismarck). C'est le même groupe qui a réservé le prêt de 2 milliards et ce n'est que par faveur que, à la dernière minute, les établissements de crédit ont pu obtenir une commission dérisoire de 20 millions que le consortium Rothschild s'était également assuré pour eux-mêmes... Aujourd'hui, le prochain prêt pour la ville de Paris est annoncé dans les mêmes conditions...".

## La Commune de Paris, Marx et Bakounine

La guerre franco-prussienne montre que les idéologues internationalistes, agents des banquiers qui financent le MRM, n'ont pas réussi à éliminer le patriotisme des travailleurs. Les travailleurs allemands sont aux côtés de leurs compatriotes et regardent avec fierté les victoires de Bismarck. Mais même Marx et Engels ne croient pas à l'union fraternelle entre les prolétaires de différents pays. Alors que les ouvriers français lancent en 1870 un appel aux Allemands, la correspondance entre Max et Engels

(*Der Briefwechsel zwischen Marx und Engels*) montre que Marx lui-même souhaite la victoire des Prussiens. "Les Français, écrit-il le 20 juillet 1870, ont besoin d'une raclée ("Die Franzosen brauchen Prügel"). Si les Prussiens gagnent, la centralisation du pouvoir d'État sera utile à la centralisation des travailleurs allemands. De plus, la prépondérance allemande déplacera le centre de gravité du mouvement ouvrier de la France vers l'Allemagne ; et il suffit de comparer le mouvement ouvrier des deux pays pour comprendre... que l'ouvrier allemand est supérieur au français, qu'il s'agisse de l'ordre théorique ou de l'organisation. La prépondérance du prolétariat allemand sur le français, sur le théâtre du monde, deviendra en même temps la prépondérance de notre théorie sur celle de Proudhon". Ces propos montrent que Marx ne croyait pas à ce qu'il prêchait. En fait, la branche française de l'Internationale à Londres le dénonce comme un agent de Bismarck. Marx écrit à nouveau à Engels le 3 août pour lui dire qu'il est accusé d'avoir reçu 10.000 livres sterling de Bismarck. Vrai ou faux, il est indéniable que Marx et Engels ont applaudi les victoires allemandes et, au nom du Conseil général de l'Internationale, ont tenté de convaincre le prolétariat français de ne pas combattre les envahisseurs. Pour beaucoup d'internationalistes, leur position était honteuse. L'attitude de Bakounine, qui se trouve à Locarno et emprunte de l'argent pour répondre à l'appel des socialistes révolutionnaires de Lyon, est tout à fait différente. Marx reste réfugié à Londres et, surpris par la rapidité de la défaite militaire française, ne peut réagir. Alors que les blanquistes et les républicains parisiens s'organisent en une nuit, Marx est d'abord dépassé par les événements.

Néanmoins, en l'espace de six mois, il a eu le temps d'élaborer une stratégie et a pu mettre en place les mécanismes nécessaires pour contacter ses partisans à Paris par le biais d'une liaison. À peine le principe de l'accord a-t-il été atteint à Versailles que commencent les événements qui conduisent à la fameuse Commune de Paris, l'un des épisodes révolutionnaires les plus mythifiés par la gauche communiste et socialiste. Il s'agit d'une nouvelle répétition révolutionnaire qui ignore les résultats des élections et tente d'imposer une option politique qui n'a guère obtenu de représentation. Le 1er mars, sous prétexte de l'entrée des Prussiens dans la ville, le Comité de vigilance ordonne aux gardes nationaux d'envahir les parcs d'artillerie. Deux cent soixante-dix-sept canons sont enlevés et montés sur la colline de Montmartre. L'Assemblée nationale, réunie à Bordeaux, vient de ratifier les termes d'une paix désastreuse. Le 6 mars, le Comité de surveillance se réunit dans les locaux parisiens de l'Internationale et, sous prétexte que l'Assemblée nationale de Bordeaux, dominée par les royalistes, a l'intention de renverser la République, publie une proclamation annonçant une Fédération républicaine des gardes nationales et s'arroge provisoirement tous les pouvoirs. D'où le nom de fédérés donné aux insurgés communistes. La composition du Comité central est dominée par des membres de l'Internationale. Le 11 mars, un manifeste de ce Comité central adressé aux gardes nationaux les invite à "rester unis pour le salut de la République, à s'opposer à toute tentative de désarmement, à s'opposer à la remise des fusils, à opposer la force à la force".

A Bordeaux, l'Assemblée nationale, devant la tournure des événements à Paris, décide de tenir ses séances à Versailles. Thiers tente alors de désarmer la Garde nationale et de récupérer les canons de Montmartre, mais le résultat est l'arrestation de Clément-Thomas, ancien général de la Garde nationale, et du général Lecomte. Le 18 mars 1871, tous deux sont fusillés sur une barrière de la rue des Rossiers après un simulacre de procès. Ils sont les premières victimes de la lutte fratricide qui va suivre. Le drapeau tricolore est abaissé à l'Hôtel de Ville de Paris et le drapeau rouge des Rothschild, drapeau de la révolution sociale, est hissé. Le gouverneur militaire de Paris, Joseph Vinoy, et le général Ducrot sont partisans d'établir immédiatement l'ordre par un coup de force avant que les révolutionnaires n'aient pu organiser la défense ; mais Thiers, qui espère éviter l'effusion de sang par la négociation, ordonne l'évacuation de la capitale : toutes les troupes et les fonctionnaires loyalistes sont concentrés à Versailles. Une élection municipale organisée le 26 mars dans les mairies de Paris sous la pression des baïonnettes donne une prétendue légitimité au gouvernement de la Commune, dans le Conseil général duquel Marx place une douzaine de ses représentants dans l'Internationale.

L'historiographie marxiste a envahi l'internet et il est difficile de trouver une version critique des révolutionnaires, qui sont présentés comme des patriotes, des martyrs et des champions de la liberté. Marx, qui avait demandé au prolétariat français de ne pas se battre contre les envahisseurs, a encouragé en mars, sur un ton sarcastique, la guerre civile et maintenant, oui, il veut que les travailleurs se battent contre leurs compatriotes, ennemis de classe. Si l'on examine, par exemple, le massacre de la place de Vendôme, la différence est abyssale selon la version que l'on lit. Pour les historiens non marxistes, une manifestation de gardes nationaux non armés et de civils, dont des femmes et des enfants, marchant contre le désordre derrière le drapeau tricolore, a été accueillie par une volée qui a fait une trentaine de morts. Selon Max, "... sous le lâche couvert d'une manifestation pacifique, ces bandes, secrètement équipées d'armes de voyous, se mirent en ordre de marche, maltraitèrent et désarmèrent les patrouilles de gardes nationaux qu'elles rencontrèrent sur leur passage, et en arrivant place Vendôme, aux cris de "À bas le Comité central ! À bas les assassins ! Vive l'Assemblée nationale !" tentèrent de rompre le cordon des postes de garde et de prendre par surprise le quartier général de la garde nationale". Apparemment, le résultat des élections n'a aucune importance. Marx n'avait que des mots de mépris pour ceux qui s'opposaient à sa prétendue dictature du prolétariat. Le prince Kropotkine écrit que Max donnait des ordres à ses agents par l'intermédiaire du Conseil général de l'Internationale et prétendait diriger l'insurrection depuis Londres, où il recevait les rapports qu'il exigeait qu'on lui envoie quotidiennement.

Mais il est absurde de vouloir contrôler les événements de l'étranger alors que sur le terrain les anarchistes de Bakounine et autres francs-maçons éclairés sont en prise directe avec les événements quotidiens. Le 26 avril, par exemple, une commission maçonnique venue féliciter la Commune est accueillie par le slogan "Vive la République universelle", le cri de guerre de l'illuminisme inventé par Cloots (Anacarsis). L'un des orateurs de la délégation des francs-maçons, le frère Thirifocque, déclare que "la Commune est la plus grande révolution que le monde puisse contempler, que c'est un nouveau temple de Salomon que les francs-maçons sont obligés de défendre". Le 1er mai, à l'imitation de la révolution de 1789, la Commune crée un Comité de santé publique et veut adopter l'ancien calendrier révolutionnaire. Louis Énault, dans *Paris brulé par la Commune*, écrit que quelque cinquante mille étrangers et dix-sept mille malfaiteurs libérés de prison ont participé aux manifestations. Comme en 1792-93, on assiste à la profanation des églises, au bris des images et des tableaux, au vol des reliques et des instruments de culte. Comme à l'accoutumée, les chaires servent de tribunes aux blasphèmes. Lorsque la cause est considérée comme perdue, au cours de la Semaine sanglante, les pillages, les meurtres et les incendies criminels sont continus et systématiques. Le 27 mai, un massacre général de prisonniers, dont soixante-six gendarmes, est perpétré. Quelques jours plus tôt, le 24 mai, l'archevêque de Paris, Mgr Georges Darboy, et quatre autres prêtres avaient déjà été fusillés à la prison de la Roquette. Avant de mourir, l'archevêque reproche à ses assassins d'utiliser le mot liberté : "Ne prononcez pas le mot liberté, qui appartient exclusivement à ceux d'entre nous qui meurent pour la liberté et pour la foi". Le vieux curé de la Madeleine et l'abbé Deguerry sont également assassinés de sang-froid. Les bâtiments emblématiques de la capitale : le palais des Tuileries, le palais de Justice, le palais de la Légion d'honneur, le ministère des Finances, l'hôtel de ville, une vingtaine de palais, ainsi que de nombreuses maisons de la rue Royale, de la rue Bac et de la rue de Lille sont réduits en cendres. Le bureau de l'Assistance publique et les greniers où étaient entreposés l'huile, le grain et le vin ont également été brûlés.

Pourtant, malgré ce maelström, au milieu de plus de six cents barricades disséminées dans la ville, les somptueuses demeures des Rothschild parisiens sont miraculeusement restées intactes. L'hôtel particulier de la rue Saint-Florentin, par exemple, est protégé nuit et jour par un piquet de gardes chargés de chasser tous les cupides. Les patrouilles se poursuivent pendant deux mois, jusqu'à ce que la barricade située à deux pas de l'édifice soit démolie par les troupes versaillaises. Il est très significatif de constater que la protection des biens du banquier juif ordonnée par les communistes n'a jamais été refusée. Aucune des possessions françaises des Rothschild ne subit le moindre dommage, et certainement pas Ferrières, où les envahisseurs restèrent un an. Lorsqu'en août 1871, les derniers soldats prussiens, ou plutôt les invités prussiens, quittèrent le domaine, Anthony, le frère de Lionel, se rendit à Ferrières pour voir ce que les Prussiens avaient fait. Une lettre d'Anthony indique qu'"'il n'y a pas le moindre dégât, ni à la maison, ni au parc, ni aux arbres, il y a autant de faisans dans le parc qu'avant, rien de cassé dans les jardins...". Je trouve merveilleux que rien n'ait été volé". Son cousin Gustavus, second fils de Jacques, en visite au palais quelques jours plus tard, reconnaît la même chose : "Le domaine est en aussi bon état qu'il aurait été possible de l'espérer".

Comme les révolutionnaires parisiens, Marx a toujours laissé les Rothschild intacts. Marx parle des grands financiers, des prêteurs, de la spéculation boursière, mais pas un mot sur les banquiers juifs en tant que principaux financiers, et encore moins une critique directe des Rothschild en tant que plus grands capitalistes de tous les temps. La malhonnêteté de Marx est évidente. Il ne faut pas oublier qu'il était un juif frankiste et que, comme Jacob Frank l'avait prescrit, le mensonge et la fausseté constituaient des règles de conduite fondamentales. En revanche, Werner Sombart, dans *Les Juifs et le capitalisme moderne,* qualifie les Rothschild de premiers usuriers du monde, de rois des chemins de fer. Sombart considère que les Rothschild ont exercé un pouvoir absolu en Europe à partir de 1820.

Le 10 mai 1871, le gouvernement français signe le traité de Francfort, qui met fin à la guerre franco-prussienne. Il est convenu que, par droit de guerre et parce que la population de l'Alsace-Lorraine est majoritairement allemande, ces provinces feront partie de l'Empire allemand. En échange, 100 000 prisonniers de guerre sont libérés et contribuent à la répression de la Commune de Paris, qui est écrasée dans le sang. Le bilan final s'élève à près de trente mille morts, dont de nombreux gardes révolutionnaires, certains fusillés sur place sur ordre de quelques officiers exaltés. Cependant, pour les partisans d'une répression impitoyable, il y a trop de clémence, puisque sur les deux cent soixante-dix condamnés à mort par les cours martiales, seuls vingt-six sont exécutés. Cependant, le 14 mars 1872, la nouvelle République française adopte une loi prévoyant des peines pour les membres de l'Internationale, ce qui contraint nombre d'entre eux à l'exil et au refuge habituel à Londres et en Suisse.

L'une des conséquences les plus graves pour l'Internationale après la défaite de la Commune fut la confrontation et la rupture définitive entre Bakounine et Marx. Marx, comme il l'avait fait après la révolution de 1848 avec *Les luttes de classes en France,* s'empressa de publier à Londres un Manifeste du Conseil général de l'Association internationale des travailleurs, intitulé *La guerre civile en France.* Cette brochure paraît en juin 1871. Il veut ainsi regagner le prestige qu'il a perdu auprès des ouvriers par ses prises de position en faveur des Allemands. Mais il ne peut empêcher que son autorité soit contestée : la révolte contre l'autocratie marxiste de l'Internationale, "la synagogue marxiste" comme l'appelle Bakounine, commence immédiatement. Beaucoup n'ont pas oublié ses sympathies déclarées pour les Allemands. C'est en Suisse que Bakounine, qui avait abhorré le communisme en 1869 parce qu'il le considérait comme "une négation de la liberté", mène une offensive organisée.

Afin de mieux comprendre l'antagonisme entre Marx et Bakounine, il est utile de donner un bref aperçu du leader de l'anarchisme avant de poursuivre. Mikhaïl Bakounine (1814-1876) est né en Russie dans une famille de propriétaires terriens. À la demande de son père, il entre à l'académie militaire, mais en 1836, il abandonne ses études alors qu'il est officier dans la garde impériale. Dans une confession au tsar Nicolas Ier, il lui dit : "Je suis tombé amoureux, je me suis empêtré, je me suis égaré". En 1840, il part à l'étranger pour étudier à l'université de Berlin. À l'âge de 27 ans, il décide de rejoindre les centres Carbonari, où il s'efforce de mettre en pratique les doctrines de Mazzini et de la Jeune Europe. En 1842, il s'installe à Dresde, l'un des principaux centres de la Jeune Allemagne, et adhère à cette organisation. Il rencontre alors Arnold Ruge, qui lui propose de collaborer aux *Annales franco-allemandes,* où Bakounine écrit sous le pseudonyme de Jules Elysard, comme nous l'avons vu plus haut. La police saxonne commence à surveiller ses activités et Bakounine s'enfuit à Paris en 1843, où il se distingue parmi les émigrés russes et polonais comme l'agent le plus actif du carbonarisme. Il n'a pas de parrains, comme Karl Marx, et contrairement à Alexandre Herzen qui, grâce à James Rothschild, a pu faire fortune hors de Russie, Bakounine ne peut pas compter sur l'argent de son pays, car le gouvernement russe, qui ordonne son retour immédiat, lui retire la permission de voyager à l'étranger qu'il lui avait accordée en 1841. Pour vivre, Bakounine collabore à *Réforme,* un journal d'extrême gauche fondé par le franc-maçon Ferdinad Flocon, l'un des chefs de file du carbonnarisme français. C'est à cette époque qu'il rencontre Karl Marx, membre comme lui de la rédaction des *Annales franco-allemandes.* D'emblée, il n'y a pas de cordialité entre eux, bien au contraire. Au début de l'année 1848, Marx le menace même s'il persiste à s'opposer à sa politique. En mars 1848, il participe aux événements révolutionnaires de Prague,. Arrêté à Dresde en 1850, il est condamné à mort en mai, mais sa peine est finalement commuée en prison à vie. Rappelé par l'Autriche en raison de son implication dans les soulèvements de Prague, il est extradé. En mai 1851, Bakounine passe en cour martiale et est à nouveau condamné à mort. Un nouvel appel, émanant cette fois du gouvernement russe, lui évite d'être exécuté. De retour à Saint-Pétersbourg, il est jugé et condamné à mort pour la troisième fois en septembre 1851. La peine de mort étant officiellement abolie en Russie et les exécutions capitales très rares, le tsar commue la peine en travaux forcés. Il passe dix ans en Sibérie, jusqu'à ce qu'Alezander Herzen parvienne à organiser son évasion de Londres. C'est ainsi que Bakounine arrive en Angleterre en 1862. C'est l'époque où Marx travaille dans la capitale anglaise pour jeter les bases de l'Internationale.

Bien que leurs relations, on l'a déjà dit, aient été peu ou pas amicales, Marx ne put empêcher Bakounine d'adhérer à l'Internationale. Cependant, il tenta bientôt de s'en débarrasser. Marx fit courir le bruit que Bakounine était un agent de la police tsariste, à qui il transmettait des informations sur le mouvement révolutionnaire international. Bakounine découvre l'origine de l'agitation autour de lui et constate que ce sont des Juifs allemands affiliés à l'Internationale, adeptes de Marx, qui l'attaquent. En 1869, il rédige une étude sur les Juifs allemands, intitulée *Polémique contre les Juifs*, qui se trouve dans le volume V des *Œuvres complètes*. Tout en reconnaissant qu'il s'est "exposé à d'énormes dangers", il y déclare : "la secte des Juifs, beaucoup plus redoutable que celle des Jésuites, des Catholiques et des Protestants, constitue aujourd'hui une véritable puissance en Europe. Elle règne despotiquement dans le commerce, dans les banques, elle a envahi les trois quarts du journalisme allemand, et une partie très considérable du journalisme des autres nations, et malheur à celui qui commet la maladresse de leur déplaire ! Bakounine savait que les banquiers juifs finançaient Marx, c'est pourquoi il affirmait que lui et ses camarades "avaient un pied dans la banque et un pied dans le mouvement socialiste".

Après la guerre franco-prussienne et l'échec de la Commune, Bakounine prend la tête du mouvement des mécontents contre Marx, à qui il rappelle ses déclarations germanophiles, tout en le rendant responsable de la direction de l'insurrection et en appelant à la fin de son pouvoir personnel. Dans un manifeste adressé à toutes les sections nationales de l'Association, ils proposent que l'Internationale soit une fédération de groupes autonomes qui établiraient librement leur doctrine, au lieu de la recevoir des mains d'un prophète infaillible. Marx se rend compte que l'Association peut devenir incontrôlable et remplace le Congrès prévu en 1871 par une simple conférence, qui se tient à Londres du 13 au 23 septembre. Au lieu d'affaiblir la position de Marx, cette conférence accroît les pouvoirs du Conseil général, contrôlé par lui, qui aura désormais le pouvoir d'admission et d'exclusion de l'Internationale. Contre cette résolution, le délégué espagnol Anselmo Lorenzo et d'autres protestent vigoureusement.

Deux mois plus tard, Bakounine organisa une conférence de protestation à Sonvillier (Suisse), qui donna naissance à la Fédération jurassienne de l'Internationale. En outre, toutes les branches nationales sont invitées à y adhérer. Les réponses positives ne se font pas attendre. La première est envoyée par Kropotkine de Russie. Suivirent celles de l'Espagne, de la Belgique, de la Hollande, qui adhérèrent dans leur totalité. Les sections françaises et italiennes acceptèrent également majoritairement les thèses de Bakounine. Seuls les pays anglophones et germanophones restent fidèles à Karl Marx qui, furieux, n'hésite pas à contre-attaquer avec des procédés infâmes. Son gendre, Paul Lafargue, après avoir échoué dans sa tentative d'organiser une nouvelle branche espagnole pour remplacer celle qui avait fait défection, publie une liste des noms des dirigeants espagnols de l'Internationale et la remet à la police. Même chose en France, où un délégué de Marx, Dentraygues, incapable de ramener les sections du Midi à l'orthodoxie, les dénonce à la police de Thiers. Le 14 décembre 1872, Engels reconnaît que le parti est perdu en France, en Belgique, en Espagne et en Italie. En septembre 1873, un congrès réunit à Genève les délégués de sept fédérations d'Espagne, d'Italie, de France, du Jura, de Hollande, d'Angleterre et de Belgique, qui répondent à l'appel de Bakounine.

Après avoir vu les conséquences de la guerre franco-prussienne et analysé ses répercussions politiques et sociales, il est clair que le pouvoir des Rothschild a été une fois de plus décisif à tous égards. John Atkinson Hobson dans *Imperialism : A Study* pose la question : "Peut-on sérieusement supposer qu'une grande guerre puisse être entreprise par un Etat européen, ou qu'un grand emprunt puisse être souscrit par un Etat si la maison Rothschild et ses relations s'y opposent ?". Le même auteur répond à sa question par une déclaration audacieuse et extrêmement critique : "Il n'y a pas une guerre ou une révolution, un meurtre anarchiste ou toute autre commotion sociale, qui ne génère un profit pour ces hommes ; ce sont des harpies qui tirent leurs profits de toute perturbation soudaine du crédit public."

# CHAPITRE VI

## *LES PROTOCOLES DES SAGES DE SION*, LE PLAN DIRECTEUR DU GOUVERNEMENT MONDIAL

"Nous transformerons les universités et les réorganiserons selon nos plans. Les présidents des universités et leurs professeurs seront spécialement préparés au moyen de programmes d'action, secrets et bien étudiés". Ce fragment des *Protocoles* nous rappelle une fois de plus l'importance accordée, dès le siècle des Lumières, à l'éducation dans la formation de la pensée des individus et de la société. Le contrôle de l'éducation et des établissements d'enseignement, de l'édition de livres, de la presse, est une obsession aussi bien dans le programme des Illuminati que dans les *Protocoles*. Cependant, malgré la domination quasi absolue des idées exercée à travers les médias et les livres en général, on peut dire que les tentatives de discréditer le document entré dans l'histoire sous le nom de *Protocoles des Sages de Sion* ont en partie échoué. Ce chapitre, en plus de retracer l'histoire de ce texte qui reflète fidèlement l'état actuel du monde et de l'humanité, présente des contributions de chercheurs qui ont étudié les *Protocoles*, le dernier en date étant Peter Myers, professeur australien qui, avec une ténacité louable, s'est efforcé de démontrer leur authenticité et de réfuter les arguments répétés de ceux qui ont prétendu qu'il s'agissait de faux.

En réalité, les *Protocoles* ne font que concrétiser dans les détails le plan qui avait été évoqué depuis Adam Weishaupt dans des textes et des déclarations de divers dirigeants talmudistes et sionistes ou proto-sionistes tout au long du 19e siècle. L'idée que la fin justifie les moyens, par exemple, est fondamentale à la fois pour l'illuminisme et pour les *Protocoles*. Weishaupt a écrit. "Consacrez-vous à l'art de la contrefaçon, pour vous dissimuler et vous déguiser lorsque vous observez les autres... Le bien de l'Ordre justifie la calomnie, l'empoisonnement, le meurtre, le parjure, la trahison, la rébellion, en un mot, tout ce que les préjugés des hommes considèrent comme des crimes". Dans les *Protocoles*, il s'exprime à peu près de la même manière : "Celui qui aspire à dominer doit user de ruse et d'hypocrisie. Nous ne devons pas reculer devant la corruption, la tromperie et la perfidie si elles nous aident à faire triompher notre cause. La fin justifie les moyens. Dans l'élaboration de nos plans, nous devons rechercher non pas tant ce qui est bon et moral, mais ce qui est profitable et nécessaire".

Nous avons vu que le rabbin Baruch Levy écrivait à Marx que "les enfants d'Israël... deviendront partout, sans opposition, la classe dominante...". Adolphe Crémieux, dans le manifeste fondateur de l'Alliance israélite universelle adressé à tous les Juifs du monde, insistait sur la même idée : "Le jour n'est pas éloigné où toutes les richesses et tous les trésors du monde seront la propriété des enfants d'Israël." Au XVIIIe siècle, Weishaupt l'avait exprimé en ces termes : "Il est nécessaire d'établir un régime universel de domination, une forme de gouvernement qui englobera le monde entier." Le texte des *Protocoles* renvoie donc une fois de plus à l'objectif inavouable d'un gouvernement mondial. Dans un format réduit, l'Union européenne (où les pays ont perdu leur souveraineté et sont soumis à des amendes ou des sanctions et à la spéculation étouffante des marchés, où la banque juive internationale exerce un pouvoir omnipotent) pourrait être un exemple de ce qui est voulu au niveau mondial : "À la place des gouvernements actuels, nous placerons un monstre, qui s'appellerait l'administration du Supergouvernement. Son pouvoir, comme d'énormes pinces, s'étendra partout et il disposera d'une organisation telle qu'il sera presque impossible de ne pas étendre sa domination sur toutes les nations." La continuité de la même ligne de pensée est évidente. Avec la parution des *Protocoles des Sages de Sion*, le projet de Gouvernement Mondial exercé par les Juifs et leurs acolytes est exposé sans fard à la postérité. La diffusion massive de ce texte au début du XXe siècle a été si troublante et si dérangeante que les dirigeants bolcheviques, presque tous juifs, ont condamné à mort, après la prise du pouvoir en Russie, tous ceux qui possédaient un exemplaire des *Protocoles* à leur domicile. Alexandre Kerensky avait auparavant ordonné la fouille des librairies de Moscou et de Saint-Pétersbourg afin de confisquer tous les exemplaires trouvés.

## *Biarritz*, l'étrange roman de l'espion Hermann Goedsche

Avant de se pencher sur les *Protocoles*, il convient de mentionner un texte qui les précède et qui a fait l'objet de diverses controverses. Umberto Eco a même publié un roman sur le sujet en 2010. Il s'agit de *Biarritz* (1868), un roman de près de deux mille pages publié en quatre volumes sous le pseudonyme de Sir John Retcliffe, derrière lequel se cachait Hermann Goedsche. Goedsche, qui mourut en 1878, travaillait comme espion pour la police secrète prussienne, qui le chargeait parfois de suivre et de surveiller des personnalités politiques. Sous le pseudonyme de Retcliffe, il a publié de nombreux ouvrages narratifs à caractère historique dans lesquels il mêlait réalité et fiction avec beaucoup d'habileté et de talent. Ses œuvres, écrites en allemand, n'ont pas été traduites en anglais et seules certaines d'entre elles peuvent être lues en anglais. Actuellement, les quatre volumes de *Biarritz* sont encore disponibles en allemand. Dans l'un des chapitres du roman, "Le cimetière juif de Prague et le Conseil des représentants des douze tribus d'Israël", on trouve le texte qui nous intéresse, puisqu'il s'agit d'un résumé des *Protocoles des Sages de Sion.*[33]

Retcliffe raconte une réunion dans le cimetière juif de Prague au cours de laquelle le rabbin Reichhorn, appelé "le directeur de la réunion", donne la parole aux participants qui, l'un après l'autre, prononcent des discours prophétiques sur la tombe de Siméon ben-Judah, le grand maître de la Kabbale. Cette réunion, appelée "Sanhédrin kabbalistique", à laquelle assistent treize personnes vêtues des robes blanches rituelles des Lévites, n'a lieu qu'une fois par siècle, comme le confirme le rabbin lui-même au début de son discours : "Tous les cent ans, nous, les sages d'Israël, avons l'habitude de nous réunir pour examiner nos progrès vers la domination mondiale que Jéhovah nous a promise, et nos conquêtes sur notre ennemi, la Chrétienté".[34] Le discours fait allusion au Sanhédrin précédent et passe en revue les réalisations accomplies depuis lors : "Cette année, réunis sur la tombe de notre révérend Siméon ben-Judah, nous pouvons affirmer avec fierté que le siècle écoulé nous a rapprochés de notre but et que ce but sera atteint très bientôt". Chacun des participants, venus d'Amsterdam, Tolède, Worms, Budapest, Cracovie, Londres, New York, Prague, Rome, Lisbonne, Paris et Constantinople, a ensuite pris la parole. Dans le cimetière de Prague, outre la tombe de Siméon ben-Judah, se trouve également celle de Rabbi Judah Löw, un autre kabbaliste de renom qui, au XVIe siècle, a créé le "Golem", le célèbre monstre maintes fois représenté dans la littérature et le cinéma. Les deux tombes sont aujourd'hui des objets de vénération pour les touristes juifs, car les nazis, malgré la propagande, ont respecté les cimetières juifs dans les pays occupés.

---

[33] En 2010, Umberto Eco a publié *Le cimetière de Prague*, un autre de ses romans à succès. L'auteur, qui ressemble de plus en plus à l'un de ces intellectuels que Weishaupt voulait rallier à sa cause, s'emploie à discréditer *les Protocoles*. Dans ce livre, tout le monde conspire à la diffamation des Juifs. Les services secrets français, les Russes, le Vatican, les Jésuites, les Francs-maçons se disputent le pouvoir politique et tentent tous d'accuser les Juifs qui, bien sûr, sont les seuls à n'être accusés de rien et à ne conspirer contre personne. Eco les traite comme des saints. Or, quand l'un d'entre eux ose critiquer ses compatriotes juifs, ce sont des juifs qui se détestent parce qu'ils sont juifs (la même accusation que les sionistes lancent contre ceux qui osent dénoncer leurs crimes). En réalité, ce professeur dévoile son vrai visage avec ce roman et se discrédite.

[34] Les réunions du Sanhédrin ne sont connues que des plus hauts dirigeants juifs du monde. On estime que depuis 1491, elles auraient eu lieu tous les quatre-vingt-dix ans. Le calcul tient compte de la valeur mystique des nombres ("guematria"). Il suit une relation mathématique et une chronologie qui fait correspondre la somme des nombres de chaque année de célébration du Sanhédrin avec le nombre kabbalistique "6", qui est sacré pour eux. Selon ces calculs, les années de réunion auraient été 1581, car 1+5+8+1=15, et 5+1= 6. La troisième réunion aurait eu lieu en 1671. La quatrième, en 1761. Si cette logique est vraie, Retcliffe a écrit sur le cinquième Sanhédrin, qui s'est tenu en 1851. Le sixième aurait eu lieu en 1941, et le septième en 2031, car 2+0+3+1=6.

Quant à savoir si la rencontre au cimetière de Prague décrite dans *Biarritz* a réellement existé, on peut certainement en douter, et le fait qu'elle soit rapportée dans un roman laisse penser que l'auteur a pu utiliser ce stratagème pour révéler ses connaissances. Le fait qu'il soit rapporté dans un roman laisse penser que l'auteur a pu utiliser ce stratagème pour révéler ses connaissances, mais il est indéniable que Hermann Goedsche, alias John Retcliffe, a annoncé de manière surprenante en 1868, à travers les discours des participants à la réunion du cimetière de Prague, une série d'événements qui ont été mis en œuvre par la suite. Il est probable que cet espion prussien était très bien informé des activités des organisations juives et de leurs relations avec la franc-maçonnerie. Goedsche disposait probablement des textes prononcés par Crémieux lors de la fondation de l'Alliance israélite universelle, qui annonçaient le sionisme et révélaient de manière flagrante les intentions de domination juive du monde. Il est également possible que Goedsche ait connu les *Dialogues aux enfers entre Machiavel et Montesquieu*, texte publié par Maurice Joly en 1864 et qui, comme nous le verrons plus loin, est cité comme source des *Protocoles*. Un autre texte que l'espion Goedsche a pu connaître est un célèbre discours prononcé par un rabbin de la synagogue de Simféropol, un document connu sous le nom de *Discours d'un rabbin sur les Goyim*, qui, au milieu du XIXe siècle, circulait parmi les dirigeants juifs de Russie. Des années plus tard, en 1900 pour être précis, le discours du rabbin de Simferopol a été publié sous forme de dénonciation par le député autrichien Wenzel Brenowsky sous le titre *Les griffes juives*. Quoi qu'il en soit, le texte de John Retcliffe est réel, il existe à *Biarritz*. Voici quelques-unes des idées que Retcliffe a mises dans la bouche des rabbins du cimetière de Prague il y a près d'un siècle et demi :

1) "Essayons de remplacer la circulation de l'or par celle du papier-monnaie ; nos caisses amasseront l'or et nous réglerons la valeur du papier, ce qui nous rendra maîtres dans toutes les positions." 2) "Déjà les grandes banques, les maisons de change du monde entier, les crédits des gouvernements sont entre nos mains." 3) "L'autre grande puissance est la presse. En répétant inlassablement certaines idées, la presse réussit finalement à les faire accepter comme des réalités. Le théâtre nous rend un service similaire. Partout dans le monde, la presse et le théâtre obéissent à nos ordres". 4) "En louant sans cesse la démocratie, nous diviserons les chrétiens en partis politiques, nous détruirons l'unité des nations, nous sèmerons partout la discorde. Réduits à l'impuissance, ils s'inclineront devant la loi de notre banc". 5) "Nous forcerons les chrétiens à se faire la guerre en exploitant leur orgueil et leur stupidité. Ils se massacreront les uns les autres et ouvriront la voie à notre peuple." 6) "Nous avons parmi nous de nombreux orateurs capables d'exciter et de persuader les masses. Nous les répandrons parmi le peuple pour annoncer les changements qui assureront le bonheur de la race humaine. Par l'argent et la flatterie, nous gagnerons le prolétariat, qui lui-même

anéantira le capitalisme chrétien. Nous promettrons aux ouvriers des salaires dont ils n'ont jamais osé rêver, mais en même temps nous augmenterons le prix de ce qui est nécessaire, afin que nos profits soient encore plus grands. 7) "Nous préparerons ainsi les révolutions que les chrétiens feront eux-mêmes et dont nous récolterons les fruits." 8) "Par nos railleries et nos attaques, nous rendrons leurs prêtres ridicules et odieux, et leur religion aussi odieuse et ridicule que leur clergé. Nous serons les maîtres de leurs âmes..." 9) "Mais surtout, monopolisons l'éducation. Nous propagerons ainsi des idées inutiles et nous formerons le cerveau des enfants à notre convenance." 10) "N'empêchons pas le mariage de nos hommes avec des chrétiennes, car alors nous entrerons dans les milieux les plus réservés. Si nos filles épousent des 'goyim', cela ne nous sera pas moins utile, car les enfants de mères juives sont les nôtres..."

## Les protocoles arrivent en Russie et sont publiés dans le monde entier.

Parmi les ouvrages les plus fréquemment cités sur l'histoire des *Protocoles* et leur lien avec le sionisme figure *Waters Flowing Eastward*, de Leslie Fry, pseudonyme de Paquita Louise de Shishmareff, une citoyenne américaine qui a épousé en 1906 à Saint-Pétersbourg un officier de la marine impériale russe nommé Feodor Ivanovich Shishmareff, un aristocrate assassiné par les bolcheviks pendant la révolution. Paquita de Shishmareff, suivant les instructions de son mari, a quitté le pays à temps avec ses deux enfants et la fortune familiale. Dans son livre, Leslie Fry explique que la personne qui a introduit le texte en Russie est Justine Glinka, la fille d'un général qui travaillait pour l'Intelligence Service russe. C'est cette jeune femme qui a pris contact à Paris avec le juif Joseph Schorst, alias Schapiro, membre de la loge maçonnique Mizraim, une loge juive dont les rites compliqués étaient basés sur les Mystères de Memphis et d'Éleusis.

Peut-être qu'à la fin du XIXe siècle, l'utilisation de femmes comme agents n'était pas aussi courante qu'aujourd'hui : aujourd'hui, elles sont monnaie courante dans les services de renseignement. Le Mossad, par exemple, a utilisé un agent féminin pour enlever Mordechai Vanunu, un technicien nucléaire juif d'origine marocaine qui, en 1986, a révélé au journal britannique *The Sunday Times* qu'Israël avait un programme nucléaire.[35] Il est impossible de savoir avec certitude quels moyens Justine

---

[35] Un agent du Mossad, Cheryl Bentov, nom de code "Cindy", s'est fait passer pour une touriste américaine et a attiré Vanunu par ses charmes. Après avoir eu des relations sexuelles avec lui à Londres, le 30 septembre 1986, elle l'a persuadé de voyager ensemble jusqu'à Rome, où elle devait poursuivre ses vacances en Europe. Une fois dans la capitale italienne, Cindy a conduit sa victime à un hôtel. Là, elle lui donne un somnifère et il est enlevé par le Mossad. Vanunu a été embarqué sur un navire à destination d'Israël, où il a

Glinka a utilisés pour amener Schorst à proposer de sortir un exemplaire des *Protocoles de* la loge. Leslie Fry rapporte qu'il l'a soudoyé avec deux mille cinq cents francs, une fortune à l'époque, qui lui ont été envoyés de Saint-Pétersbourg. Joseph Schorst se rendit vite compte que sa vie était en danger à cause de sa trahison et s'enfuit en Égypte, où, selon les archives de la police française, il fut finalement assassiné.

Justine Glinka envoie une copie française du document au général Orgevsky à Saint-Pétersbourg, en y joignant une traduction russe. Orgevsky, secrétaire du général Cherevin, remet les deux textes à son supérieur, ministre de l'Intérieur. Cependant, au lieu d'envoyer le document au tsar, il décide de le classer. Selon Leslie Fry, Cherevin "avait des obligations envers les riches Juifs". En 1896, Cherevin meurt et souhaite que le tsar Nicolas II reçoive une copie de ses mémoires, qui contiennent les *Protocoles*. Entre-temps, certains livres sur la vie à la cour de Russie paraissent à Paris et déplaisent à Nicolas II. Ils sont publiés sous le pseudonyme du comte Vassilii, derrière lequel se cache une autre femme, Juliette Adams, mais ils sont malicieusement attribués à Justine Glinka, qui, de retour en Russie, tombe en disgrâce et est reléguée dans son domaine d'Orel. Là, la jeune femme remit une copie des *Protocoles* à Alexis Sukhotin, maréchal de la noblesse de ce district, qui montra le document à deux de ses amis, Stepanov et Nilus. Le premier le fit imprimer en 1897 et, la même année, il fit l'objet d'une diffusion privée. Dans une déclaration sous serment, Philip Petrovich Stepanov explique sa décision d'imprimer le texte comme suit :

> "En 1895, mon voisin du quartier de Toula, le maréchal (retraité) Alexis Soukhotine, m'a remis une copie manuscrite *des Protocoles des Sages de Sion*. Il m'a raconté qu'une de ses amies, dont il n'a pas mentionné le nom, résidant à Paris, les avait trouvés dans la maison d'un ami juif. Avant de quitter Paris, elle les avait traduits en secret et en avait apporté une copie en Russie qu'elle avait remise à Sukhotin. J'ai d'abord ronéotypé la traduction, mais comme elle était difficile à lire, j'ai décidé de l'imprimer sans mentionner la date, la ville ou le nom de l'imprimeur. J'ai été aidé en cela par Arcadii Ippolitovich Kelepovskii, qui était à l'époque chef de la maison du grand-duc Sergius, et qui a remis le document à l'imprimeur. C'était en 1897. Sergueï Nilus a inséré ces Protocoles dans son ouvrage et y a ajouté son propre commentaire."

Le professeur Sergei Nilus a publié en 1902 *The Kingdom of Satan on Earth. Notes d'un croyant orthodoxe*, dans lequel il cite des extraits du

---

été secrètement jugé et condamné à 18 ans de prison pour trahison et espionnage. En 2004, après avoir purgé sa peine, il a tenté de quitter Israël, mais n'a pas été autorisé à le faire. Il y est toujours détenu de force aujourd'hui, sans liberté de mouvement. Le 5 février 2004, Shabtai Shavit, ancien chef du Mossad, a déclaré à Reuters qu'en 1986, l'option de tuer Vanunu avait été envisagée, mais rejetée, car "les juifs ne se comportent pas ainsi envers d'autres juifs". Joseph Schorst, lui, n'a pas eu cette chance.

document acheté par Justine Glinka. En 1903, Pavel Khrushchevan, rédacteur en chef du journal *Znamya* (*La Bannière*), publie dans son journal des passages et des citations du document. Après avoir été victime d'une tentative d'assassinat, Khrouchtchev décide de se protéger par des armes et engage même un cuisinier personnel pour prévenir toute tentative d'empoisonnement. En 1905, Sergei Nilus publia le texte intégral des *Protocoles* à Tsárkoye-Seló sous le titre *Le grand dans le petit à* Tsárkoye-Seló. Un ami de Nilus, George Butmi, lieutenant de la Garde impériale, avait également publié le texte en 1901 et l'avait apparemment emporté hors du pays. Un exemplaire a été déposé au British Museum sous le timbre d'entrée du 10 août 1906, numéro 3926, d. 17. Il s'agit d'un exemplaire de l'Antéchrist relié en cuir noir, composé de 417 pages, dans lequel figurent, à l'annexe XII, les 24 Protocoles. Dès 1907, G. Butmi a publié à Saint-Pétersbourg sa quatrième édition des *Protocoles* en russe. En janvier 1917, Nilus avait préparé sa deuxième édition, mais avant qu'il ne puisse la publier, la révolution de mars eut lieu et Kerensky, c'est-à-dire le Maçon juif du 32e degré Aaron Kirbiz, ordonna que l'édition soit détruite.

En 1924, le professeur Nilus est arrêté, emprisonné et torturé par la Tcheka de Kiev. Libéré pendant quelques mois, il est arrêté une seconde fois et conduit à la Tcheka de Moscou, qui l'emprisonne à nouveau. En 1926, il est enfermé à Vladimir, un district situé à une centaine de kilomètres à l'est de la capitale russe. Il y meurt en 1929. Quelques exemplaires de sa deuxième édition ont été conservés et envoyés dans d'autres pays, où des éditions ont été publiées. En Allemagne, Gottfried zur Beek, pseudonyme de Ludwig Müller von Hausen, a publié le texte en 1919. En Angleterre, une traduction de Victor E. Marsden a été publiée en 1920 par une société appelée *The Britons*. En France, Monseigneur Jouin, prélat de Sa Sainteté et spécialiste des affaires judéo-maçonniques, publie les *Protocoles* dans la *Revue Internationale des Sociétés Secrètes*. Urbain Gohier fait de même dans *La Vieille France*. Aux États-Unis, également en 1920, les Protocoles sont publiés à Boston par Small, Maynard & Co. en 1921. En 1921, Beckwith Co. les publie à New York. Des éditions ultérieures sont parues en italien, en arabe et en japonais.

La Ligue anti-diffamation du B'nai B'rith s'est empressée d'insérer des écrits dénonciateurs dans tous les États-Unis. L'un de ses membres, Louis Marshall, "persuade" personnellement George Haven Putnam, de la maison d'édition new-yorkaise Putman & Son, de renoncer à la publication des Protocoles. Putnam avait reproduit sous forme de livre une série de dix-huit articles publiés par le journaliste Howell Arthur Gwynne, rédacteur en chef du *Morning Post de* Londres, intitulée *The Cause of World Unrest*, dont la couverture annonçait la prochaine édition des *Protocoles des Sages de Sion*. Le 13 octobre 1920, Louis Marshall écrivit une lettre à G. H. Putnam pour lui faire part de son désir de voir paraître une nouvelle édition des Protocoles des Sages de Sion. Il y exprime son indignation face à la publication des articles de Gwynne et qualifie le texte des *Protocoles* d'œuvre d'une bande de conspirateurs : "La moindre connaissance de l'histoire, dit-il, la plus élémentaire capacité d'analyse ou même la moindre notion de ce qu'est et a été le Juif dans l'histoire suffiraient à faire de ce livre et des faux *Protocoles,* sur lesquels il est basé, les plus formidables libelles de l'histoire". Marshall en appelle au patriotisme et demande à Putnam de ne pas poursuivre l'édition. Dans sa réponse, datée du 15 octobre, l'éditeur exprime son désaccord avec M. Marshall, souligne que sa maison d'édition publie des livres de toutes tendances et lui rappelle qu'"il serait impossible de poursuivre l'activité de publication de livres d'opinion, que les idées portent sur des sujets du présent ou du passé, si l'éditeur devait assumer le point de vue d'un auteur ou d'un autre". La lettre se termine par une allusion à la liberté d'expression et par l'offre des services de l'éditeur pour toute réplique qu'il souhaiterait faire, que ce soit de sa propre plume ou d'une autre personnalité de son choix. Le 29 octobre, Louis Marshall écrit à nouveau pour rejeter les "théories" de l'éditeur. Dans une lettre très dure et intransigeante, il fait référence aux nombreux éditeurs qui ont judicieusement refusé de publier les *Protocoles,* et l'avertit que s'il avait besoin d'une réplique à l'avenir, il n'aurait nullement besoin de compter sur sa société. Le 1er novembre, Putnam écrit à Marshall pour lui annoncer qu'il renonce à publier le livre. Putnam a reconnu par écrit à l'une des parties intéressées par l'édition qu'il avait subi de telles pressions qu'il avait dû non seulement renoncer à la publication des *Protocoles,* mais aussi retirer les exemplaires invendus de *World Unrest.* Il semble que les menaces qu'il a reçues incluaient la faillite. En effet, les éditeurs qui n'ont pas reculé et qui ont publié le document ont connu des difficultés financières au bout d'un an ou deux.

## Henry Ford fait face : *The Dearborn Independent*

1920 est l'année qui marque le début d'une offensive sans précédent historique pour discréditer un document et tenter d'en empêcher la publication : aucun effort n'est épargné pour atteindre ce but. La pression sur les éditeurs commence déjà à porter ses fruits et l'ADL intimide les annonceurs par ses dénonciations lorsque survient aux Etats-Unis l'un des épisodes les plus célèbres de la lutte contre le judaïsme international. Le protagoniste était Henry Ford. Cette fois, ce n'est pas un publicitaire qui se laisse facilement intimider, mais le célèbre magnat de l'automobile, un patriote traditionaliste et conservateur qui a le courage de leur tenir tête. Contre toute attente, Ford a osé diffuser massivement le texte des *Protocoles* dans les pages de son hebdomadaire, *The Dearborn Independent.* C'est une surprise inattendue pour ceux qui aspirent à prendre le contrôle total de la presse. Le secrétaire personnel de Ford, Ernest G. Liebold, achète l'hebdomadaire en 1918. Le 11 janvier 1919, le premier numéro paraît sous la direction d'Henry Ford, qui décide de publier *Les Protocoles des Sages de Sion* à partir de mars 1920. Le journal, qui s'intitule *Chronicler of the Neglected Truth*, atteint un tirage de près de 800 000 exemplaires en 1925 et, malgré les attaques de toutes sortes, survit jusqu'en décembre 1927. Des accusations hypocrites contre l'attitude de Ford, telles que "persécutions sans esprit chrétien", "attaque contre la fusion spirituelle des races" et autres slogans de ce genre, ont précédé les affirmations d'"antisémitisme" de l'ADL et de l'avocat juif de San Francisco, Aaron Sapiro. L'Anti-Defamation League organisa une coalition d'organisations juives qui utilisèrent continuellement la presse de Détroit pour critiquer Ford. Woodrow Wilson lui-même, un président totalement dominé par un groupe d'agents juifs qui avaient forcé l'entrée des États-Unis dans la guerre mondiale, s'est joint aux accusations d'antisémitisme avant de quitter ses fonctions. Un boycott est également organisé contre les produits de Ford et, sous la pression de tous, y compris de sa propre famille, il est contraint de fermer le journal en décembre 1927.

Ford, qui dénonce le groupe de Juifs entourant W. Wilson et les associe aux financiers qui ont fomenté la guerre, n'écrit pas personnellement pour son journal, mais en son nom William J. Cameron, un journaliste connu engagé pour éditer *The Dearborn Independent*. C'est Cameron qui, en 1920, met Henry Ford en contact avec Paquita de Shismareff, qui vient d'arriver aux États-Unis après un bref séjour en Angleterre et au Canada. Elle remit personnellement à l'industriel un exemplaire des *Protocoles* qu'elle avait rapporté de Saint-Pétersbourg. D'autres sources affirment cependant que c'est Boris Brasol, auteur de *The World at the Crossroads*, qui a remis à Ford les *Protocoles* en traduction anglaise. D'une manière ou d'une autre, Ford disposait d'informations de première main sur les crimes commis en Russie par les judéo-bolcheviks financés par des banquiers juifs américains et européens. Les informations publiées dans le journal ont été rassemblées en 1920 dans un livre signé par Henry Ford lui-même, intitulé *The International Jew (Le Juif international), qui* a été rapidement traduit dans d'autres langues, y compris l'espagnol. Theodor Fritsch le traduisit en allemand et il fut si largement lu en Allemagne, où les opinions du brillant industriel étaient pleinement partagées, qu'en 1922, il y eut vingt-deux éditions de la traduction de Fritsch.

Henry Ford, "un self-made-man", un travailleur acharné doté d'une volonté de fer, a fondé la Ford Motor Company en 1903, qui, en 1908, était en mesure de produire vingt-cinq unités par jour du célèbre modèle T. En 1913, il a mis en place la chaîne de montage et a réussi à produire une voiture en quatre-vingt-treize minutes. En 1913, il a mis en place la chaîne de montage et a réussi à produire une voiture en quatre-vingt-treize minutes. La chaîne exigeait des ouvriers un comportement de machine, ce qui était épuisant. Conscient de l'effort à fournir, Ford embauche mille hommes pour cent postes de travail et double le salaire de ses employés, instaurant ainsi la journée de cinq dollars, ce qui est approuvé par l'opinion publique. Henry Ford se rend vite compte que ses ennemis peuvent lui arracher le contrôle de l'entreprise en achetant des actions. En 1919, il achète donc les actions de tous les actionnaires à des prix très élevés. Lui, sa femme et son fils Edsel deviennent ainsi les seuls propriétaires, capables de faire ce qu'ils veulent de la Ford Motor Company. Naturellement, ses opposants n'apprécient pas cette décision et l'assimilent à un dictateur. C'est alors qu'il crée le plus grand complexe industriel de la planète, "l'Usine Rouge", qui emploie jusqu'à 100 000 ouvriers et dispose d'un hôpital, d'une brigade de pompiers, d'une police interne et d'environ 5 000 agents d'entretien. C'est à "the Rouge" que se trouvait *The Dearborn Independent*. Henry Ford devient alors l'homme du moment et, par conséquent, le journal *New York World* décide de l'interviewer en février 1921. Inévitablement, le journaliste l'interroge sur sa campagne de diffusion des *Protocoles*, ce à quoi il répond : "Le seul commentaire que je ferai à leur sujet est qu'ils s'accordent parfaitement avec ce qui se passe". En d'autres termes, ce qui était dit dans les *Protocoles* était presque entièrement vrai en 1921. Quiconque a lu le texte peut-il nier que le monde d'aujourd'hui est tel qu'il était censé être dans le document de la fin du 19e siècle, quel qu'en soit l'auteur ?

L'automobile comme moyen de locomotion à la portée de tous, telle était l'idée de Ford. C'est pourquoi il voulait construire de bonnes voitures, solides et durables, capables de s'adapter aux routes boueuses de l'époque. Le luxe et l'ostentation ne font pas partie de son approche initiale. Pour faciliter l'achat de ses voitures, il adopte un système de franchise qui lui permet d'avoir une concession dans chaque ville des États-Unis et dans les grandes villes du monde. Cependant, la concurrence de General Motors, qui tomba bientôt entre les mains d'institutions financières car ses fondateurs, contrairement à Ford, perdirent rapidement le contrôle de leur entreprise, rendit obsolète le célèbre modèle T. Le marché ne se satisfaisait pas de l'utilité seule. Le marché ne se contente pas de l'utilité, de voitures accessibles au plus grand nombre, mais réclame du style, du luxe. La Ford Motor Company a donc ressuscité l'ancien modèle A, la première voiture de 1903, et l'a remanié avec succès. Edsel Ford est chargé des aspects ornementaux et Henry Ford continue de superviser tout ce qui concerne la mécanique. La réponse de Ford à la crise de 1929 provoquée par les spéculateurs fut d'augmenter les salaires de ses ouvriers et de réduire le prix de ses voitures.

Lors de l'élection présidentielle de 1932, Ford soutient le républicain Herbert Hoover, candidat qu'il considère comme "un homme de cœur, honnête et travailleur, qui affronte l'ennemi depuis trois ans et connaît les tactiques des forces de destruction". Bien qu'il ait été contraint d'abandonner sa campagne de dénonciation en 1927, Henry Ford continue de s'en prendre clairement aux financiers juifs internationaux, dont le candidat, Franklin Delano Roosevelt, remporte l'élection. Tenir les syndicats à l'écart de la

Ford Motor Company était une autre des aspirations d'Henry Ford ; mais en mai 1937, les dirigeants syndicaux Richard Frankenstein et Walter Reuther lancèrent une offensive qui culmina avec une grève en 1941. Ford, à qui sa femme Clara demandait de céder, finit par perdre la bataille. Malgré ces années de lutte contre les syndicats, lorsqu'une attaque cérébrale l'emporte en 1947, sept millions de travailleurs à travers le pays rendent hommage à Henry Ford.

## Sur la paternité des *protocoles*

On a beaucoup écrit sur l'auteur ou les auteurs possibles des *Protocoles des Sages de Sion*. Nous commencerons par rappeler ce qu'écrit Leslie Fry dans *Waters Flowing Eastward*. Selon elle, ce qui est dit dans les vingt-quatre Protocoles a déjà été dit d'une manière ou d'une autre par des savants, des philosophes ou des hommes d'État. Ce qui est vraiment important pour elle, c'est l'extraordinaire sagacité avec laquelle l'application pratique du plan a été adaptée aux conditions existantes. Leslie Fry croit voir l'annonce de la révolution en Russie dans le dernier paragraphe du protocole numéro treize : "Pour montrer que nous avons asservi tous les gouvernements gentils d'Europe, nous manifesterons notre puissance en soumettant l'un d'entre eux à un règne de terreur, de violence et de crime." Certes, si l'on tient compte de ce qui s'est passé en Russie à partir de 1917 et que l'on considère que ces mots ont été écrits une vingtaine d'années auparavant, on peut penser de deux choses l'une : soit que l'auteur était un visionnaire, soit qu'il avait des informations privilégiées sur ce que le Mouvement révolutionnaire mondial projetait de faire.

La thèse de L. Fry est que l'auteur du texte était Asher Ginsberg, dont le nom d'écrivain était Ahad-Ha'am. Ginsberg, né en 1856 à Skvira, dans la province de Kiev, était membre d'une famille hassidique. Il reçoit une éducation rabbinique et épouse la fille d'un éminent rabbin nommé Menachem Mendel. En 1878, Ginsberg vit à Odessa. Entre 1882 et 1884, il visite Berlin, Breslau et Vienne, où il rencontre Charles Netter, l'un des fondateurs de l'Alliance israélite universelle, qui le présente à l'organisation. C'est à cette époque que Leon Pinsker et Moses Lilienblum dirigent le mouvement "Hoeveve Zion" (Amoureux de Sion) qui, dans les années 1980, encourage le retour en Palestine. Le programme du mouvement est contenu dans la brochure *Auto-émancipation*, que Pinsker publie anonymement en allemand le 1er janvier 1882 : "Nous n'accepterons aucune émancipation accordée par d'autres, nous nous émanciperons nous-mêmes", peut-on y lire avec arrogance. En 1884, Ginsberg, qui réclame également un État juif en Palestine, retourne à Odessa et forme en 1889 une organisation secrète, "B'nai Moshe" (Fils de Moïse), dont les réunions se tiennent dans sa maison de la rue Yamskaya. Les membres les plus connus du groupe sont Ben Avigdor, Jacob Einsenstaat, Louis Epstein et Zalman Epstein. Leslie Fry affirme que Ginsberg, qui était appelé "le roi des Juifs" dans la ville, a lu les *Protocoles* à ces coreligionnaires, ce dont elle déduit qu'ils ont dû être rédigés entre 1880 et 1890. Le colonel russe Prinzeff a également déclaré sous serment à Riga qu'il avait vu les *Protocoles* et qu'ils circulaient parmi les Juifs d'Odessa.

Les allégations de Leslie Fry concernant la lecture du document à Odessa sont également soutenues par William Cameron, secrétaire de Henry Ford. Il affirme que le juif Herman Bernstein, rédacteur en chef du Free Press à Détroit, lui a avoué avoir personnellement lu les *Protocoles* en hébreu à Odessa. L'ADL a accusé Cameron d'avoir menti et celui-ci a proposé de régler l'affaire devant les tribunaux, mais le B'nai B'rith n'a pas accepté le défi. Si toutes ces affirmations sont vraies, cela prouverait que le texte a été diffusé dans la ville d'Odessa lors de réunions de personnalités juives. Lors du premier congrès sioniste, qui s'est tenu à Bâle en 1897, le texte des *Protocoles* faisait partie des documents du congrès. Leslie Fry attribue à Ginsberg un rôle de premier plan au sein du mouvement sioniste, puisque, selon elle, les grands du sionisme - Chaim Weizmann, Nahum Sokolov, Jabotinsky et d'autres - auraient d'abord été des disciples d'Asher Ginsberg, qui a déclaré dans l'un de ses écrits : "Même si nous parvenons à établir un État juif en Palestine, comment cette réalisation peut-elle nous satisfaire ? Avons-nous vraiment tant souffert pendant des siècles pour nous contenter simplement de la fondation d'un petit État ? Il semble évident que si Ginsberg visait la suprématie mondiale, la Palestine serait de toute évidence un objectif de moindre importance.

L'entrée des États-Unis dans la guerre de 1914-1918, l'occupation britannique de la Palestine et la fameuse *déclaration Balfour* de 1917 sont des réalisations évidentes des agents sionistes pendant les années de la conflagration. Dès 1903, Max Nordau, cofondateur avec Theodor Herzl de l'Organisation sioniste mondiale, avait déclaré que l'ambition sioniste de la Palestine serait réalisée par la guerre mondiale à venir. Dans les *Protocoles*, il est indiqué que la "guerre universelle" sera réponse à toute tentative de résistance au plan. Ce n'est pas pour rien que les dirigeants révolutionnaires bolcheviks étaient juifs et que presque aucun d'entre eux n'était russe. Ces communistes juifs avaient étouffé dans l'œuf la publication des *Protocoles* en Russie et appliqué la peine de mort à ceux qui détenaient des exemplaires des livres édités. Les tactiques utilisées pour la prise du pouvoir ont été, à bien des égards, identiques à celles recommandées dans les *Protocoles*. Cela a conduit à un regain d'intérêt, après la guerre, pour la diffusion et l'étude du plan de domination mondiale exposé dans le document.

Entre 1919 et 1921, la bataille pour influencer l'opinion publique se déroule principalement en Angleterre et aux États-Unis. Howell Arthur Gwynne, rédacteur en chef depuis 1911 du *Morning Post*, y publie en 1920 dix-huit articles sur les *Protocoles*, qui serviront plus tard, comme on l'a vu plus haut, de base au livre *The Cause of World Unrest*. La même année,

Victor E. Marsden, correspondant du même journal en Russie pendant les années de la révolution, a publié sa traduction du texte dans "The Britons Publishing Society". Le fait que Marsden, marié à une Russe et arrêté et emprisonné par les mencheviks, connaisse bien la langue russe fait de cette édition l'une des plus citées. À ces publications s'ajoutent les publications américaines, déjà mentionnées plus haut. Rien n'est plus contraire à l'esprit des *Protocoles* que cette diffusion continue du document, car les Protocoles précisent à propos du contrôle de l'information : "Pas une seule annonce ne parviendra au public sans notre contrôle. Nous y parvenons déjà aujourd'hui, puisque toutes les nouvelles sont reçues par quelques agences dans les bureaux desquelles elles sont concentrées depuis le monde entier. Ces agences nous appartiendront totalement et ne publieront que ce que nous leur enverrons. Ce qui est aujourd'hui une réalité n'était pas encore totalement réalisé à l'époque en question : des journaux comme *The Times, The Morning Post, The Spectator, The Dearborn Independent* n'étaient pas encore sous le pouvoir absolu des conspirateurs, mais ils n'étaient pas près de le devenir.

Nous reviendrons plus loin sur la bataille pour *le* contrôle du *Times*, car c'est dans ce journal qu'a été lancée la campagne attribuant la rédaction des *Protocoles* à la police secrète tsariste, l'"Ojrana". Pourtant, le 8 mai 1921, *le Times*, alors le journal le plus prestigieux du monde, propriété de Lord Northcliffe (Alfred Harmsworth), publiait encore ces mots : "Que signifient ces Protocoles ? Sont-ils authentiques ? De tels plans ont-ils vraiment été élaborés par un groupe de criminels et sont-ils en train d'être exécutés ? Sont-ils des contrefaçons ? Mais comment expliquer alors ce don prophétique qui prévoit tout cela à l'avance ? Avons-nous lutté toutes ces années pour détruire la puissance mondiale de l'Allemagne pour nous retrouver maintenant face à un ennemi bien plus dangereux ? Nous sommes-nous sauvés par de grands efforts de la "pax Germanica" pour devenir les victimes de la "pax Judaica"... ? Si les *Protocoles* ont été écrits par les sages de Sion, alors tout ce qui a été tenté et fait contre les Juifs est justifié, nécessaire et urgent". Quelques mois plus tard, la ligne éditoriale du journal commence à changer.

En particulier, les 16, 17 et 18 août de la même année, *The Times* publie une série d'articles intitulés "La vérité sur les Protocoles", qui affirment catégoriquement que les *Protocoles* ne sont qu'une grossière escroquerie d'un plagiaire qui a paraphrasé un livre (publié d'abord à Genève en 1864, puis à Bruxelles en 1865) intitulé *Dialogue en enfer entre Machiavel et Montesquieu*, dont l'auteur est Maurice Joly. Le journal publie des extraits des deux livres dans des colonnes parallèles et établit des comparaisons entre les textes. *Le Times*, se démarquant de la presse juive, se targue de son impartialité et affirme avoir découvert la fraude en toute vérité. Enfin, il proclame que des preuves irréfutables ont été établies et appelle à la fin prochaine et définitive de la "légende" des Protocoles.

La preuve qu'une bataille pour le contrôle du journal faisait rage en ces jours d'août est fournie par un autre article, également publié le 17 août 1921, qui insiste sur le fait que ce qui s'était passé en Russie avait été annoncé dans les *Protocoles*. En voici un extrait : "Ces documents n'ont attiré que peu d'attention avant la révolution de 1917 en Russie. L'effondrement stupéfiant d'un grand État sous l'assaut des bolcheviks et la présence d'innombrables Juifs parmi eux ont poussé de nombreuses personnes à chercher des explications raisonnables à cette catastrophe. Les Protocoles ont fourni cette explication, en particulier la tactique des bolcheviks qui, à bien des égards, a suivi à l'identique les recommandations des Protocoles".

Le plus étonnant, cependant, est l'histoire que *le Times* a inventée pour expliquer comment il en était arrivé à découvrir le faux. Il est dit dans un rapport qu'un correspondant du journal à Constantinople, Philip Graves, a rencontré par hasard un Russe, appelé M. X, un personnage mystérieux qui a donné au représentant du journal le texte de Joly qui avait conduit à la découverte du plagiat. Ce monsieur, M. X, avait obtenu la copie du *Dialogue en enfer entre Machiavel et Montesquieu* directement d'un officier de l'"Ojrana", la police secrète russe. Le correspondant a ajouté dans sa chronique que le faux avait été concocté dans le but d'influencer la cour conservatrice russe contre les Juifs. Plus précisément, il s'agissait d'essayer de rendre plausible le "danger juif imaginaire". Comme on pouvait s'y attendre, la publication fut accueillie avec enthousiasme par les Juifs : le 18 juillet 1921, coïncidant avec la troisième livraison du rapport, le leader sioniste Israël Zangwill publia une lettre de remerciement dans le même journal, commençant par ces mots : "Monsieur, votre correspondant à Constantinople a rendu service au monde entier en identifiant la source des Protocoles...".

Leslie Fry déplore dans *Waters Flowing Eastward* qu'au lieu de citer correctement le titre du livre de Joly, publié à l'époque de manière anonyme, *le Times ait* fait référence aux *Dialogues de Genève* pour désigner l'ouvrage en question. L'écrivain ironise sur le manque de rigueur et de sérieux du journal anglais et révèle l'existence d'un second ouvrage, *Machiavel, Montesquieu et Rousseau*, écrit par Jacob Venedey et publié en 1850 à Berlin par l'éditeur Franz Dunnicker. C'est dans ce livre que Maurice Joly avait puisé son *Dialogue en enfer entre Machiavel et Montesquieu*. Il s'ensuit, et c'est universellement admis, que le ou les auteurs des *Protocoles des Sages de Sion* se sont appuyés sur des textes antérieurs et existants pour rédiger le document.

Voyons maintenant qui étaient réellement Maurice Joly et Jacob Venedey. Commençons par ce dernier. Le lecteur se souvient peut-être que Jacob Venedey a déjà été mentionné dans le chapitre précédent. Plus précisément, il a joué un rôle de premier plan dans la Ligue des Justes ("Bund der Gerechten"), la branche clandestine des Illuminati qui a engagé Karl

Marx pour rédiger le *Manifeste communiste*. Venedey était juif. Né à Cologne en mai 1805, il est expulsé d'Allemagne pour ses activités révolutionnaires et s'installe à Paris en 1833. La police française le surveille, mais grâce à son amitié avec Crémieux et Arago, il n'est pas expulsé de France. Venedey est un ami personnel de Marx et travaille avec lui à Bruxelles, où Moses Hess propose en 1847 la transformation de la Ligue des justes en Ligue des travailleurs communistes. Après la révolution de 1848 à Paris, il se rend en Allemagne, où il est membre du comité révolutionnaire. Jacob Venedey était membre de la franc-maçonnerie et appartenait également aux Carbonarii. Il fait ensuite partie des fondateurs de l'Alliance israélite universelle, dont le manifeste fondateur considère le catholicisme comme l'ennemi éternel et proclame que les Juifs, "race élue dont la cause est grande et sacrée... jettent un filet sur le globe".

Quant à Maurice Joly, Gottfried zur Beek, dans la préface de son édition des *Protocoles*, révèle qu'il est juif et qu'il s'appelait Moïse Joël lorsqu'il a été circoncis. En 1935, un portrait de Maurice Joly en tenue maçonnique est conservé dans un club londonien. Lors du procès de Berne, dont il sera question plus loin, l'origine juive de l'auteur des *Dialogues en enfer entre Machiavel et Montesquieu* a été confirmée, mais il a été précisé que son nom juif était Joseph Levy et que le nom Joly avait été composé à partir de quatre lettres de son nom. Cette précision fait sensation dans la salle d'audience où se tient le procès. Si l'on considère, comme nous l'avons vu avec les Frankistes, la facilité avec laquelle certains Juifs pouvaient changer de nom, ces dissimulations d'identité ne devraient plus surprendre. Qu'il s'agisse de Joël, Lévy ou Joly, ce qu'il est intéressant de savoir, c'est que ce personnage a été fortement influencé par Adolphe Isaac Crémieux, ce qui signifie qu'il doit également être placé dans l'orbite de l'Alliance israélite universelle. C'est sa haine de l'empereur Napoléon III, alimentée par Crémieux lui-même, qui l'a conduit à publier les *Dialogues de* manière anonyme. Joly se déclare d'abord socialiste, puis communiste. En 1865, il est arrêté et, accusé d'incitation à la haine et au mépris du gouvernement, il passe deux ans en prison. À sa sortie de prison, avec l'aide de Crémieux, Jules Favre, Arago et d'autres, il fonde le journal *Le Palais*. En 1878, il se suicide et ses obsèques se déroulent en présence de Crémieux et de son fils adoptif, le célèbre Léon Gambetta, qui prononce un discours post mortem.

Les conclusions semblent claires. Tous les textes qui, selon *le Times*, ont servi de sources aux *Protocoles des Sages de Sion* ont été écrits par des révolutionnaires juifs qui évoluaient également dans l'orbite de Karl Marx et du communisme, ainsi que dans l'orbite d'Adolphe Crémieux et de l'Alliance israélite universelle, une organisation juive qui avait déclaré qu'elle aspirait à ce que "toutes les richesses et tous les trésors du monde soient la propriété des enfants d'Israël". Le rabbin Baruch Levy avait également écrit dans sa lettre à Marx que le temps viendrait où "la promesse du Talmud, selon laquelle, lorsque le temps du Messie viendra, les Juifs posséderont les biens de tous les peuples de la terre" se réaliserait. Il est généralement admis que de nombreux passages des *Protocoles* se retrouvent dans les *Dialogues en enfer entre Machiavel et Montesquieu*. Il faut donc admettre que l'auteur des *Protocoles* se serait inspiré ou aurait plagié en partie les textes d'un juif, Joly, qui avait lui-même plagié un autre juif, Venedey. En d'autres termes, l'auteur juif du document a profité de textes précédemment écrits par d'autres juifs dans lesquels les mêmes idées étaient exprimées.

## Lord Northcliffe proteste également : contrôle du *Times*

Le 27 août 1921, dix jours après que le *Times* eut tenté de classer l'affaire des *Protocoles*, un autre journal "incontrôlé", *The Spectator*, publia un article de Lord Sydenham, alors une autorité respectée, demandant à nouveau une enquête. Pour Sydenham, l'élément le plus frappant de l'article est une sorte de connaissance étrange qui a permis à une série de prophéties de se réaliser et de s'accomplir. Ce fut l'une des dernières occasions où les grands journaux prirent position contre les juifs sionistes tout-puissants : le propriétaire du *Times*, Lord Northcliffe, fut mis à l'écart sous prétexte qu'il devenait fou. *Le Morning Post fait* l'objet d'une campagne de reproches et de calomnies qui pousse son propriétaire à vendre le journal. Henry Ford, on le sait, a été contraint en 1927 de s'excuser publiquement et de cesser la publication *du Dearborn Independent*.

Douglas Reed, auteur de *The Controversy of Zion*, est une source de première main pour expliquer comment Lord Northcliffe a été démis de ses fonctions. En 1922, Douglas Reed travaillait pour le célèbre journal anglais et était le secrétaire de Lord Northcliffe. Nous suivrons donc désormais sa version des faits. Alfred Charles William Harmsworth, Lord Northcliffe (Dublin 1865 - Londres 1922) était surnommé le "Napoléon de la presse" car, en plus d'être le principal propriétaire du *Times* à partir de 1908, *il* possédait également le *Daily Mail*, qui, au début du siècle, tirait à un million d'exemplaires, le journal du dimanche *The Observer*, le *Daily Mirror* et d'autres journaux plus petits. Northcliffe a donné un jour une définition de l'information qui devrait être enseignée dans les facultés de sciences de l'information : "L'information est ce que quelqu'un quelque part essaie de supprimer, le reste n'est que de la propagande". C'est exactement ce qui s'est passé avec les nouvelles que Robert Wilton, correspondant *du Times* en Russie, a envoyées au journal après la révolution : quelqu'un les a supprimées.[36] Northcliffe, bien que puissant magnat de la presse, était un

---

[36] Dans son livre *The Anglo-American Establishment*, Carrol Quigley, l'auteur du célèbre *Tragedy and Hope*, donne plus de détails sur ce qui se passait en coulisses pour contrôler le célèbre journal. Quigley révèle que le groupe Milner, auquel appartenaient les Astors, contrôlait le journal depuis 1912. Alfred Milner et Cecil Rhodes avaient déjà fondé la

homme intègre qui avait pris position contre ce qui se passait en Russie et avait fait publier en mai 1920 un article sur les *Protocoles* dans *le Times*, appelant à une enquête impartiale : "Allons-nous rejeter toute l'affaire sans enquête et permettre qu'un tel livre soit publié sans contrôle ?

En janvier 1922, Lord Northcliffe se rend en Palestine en compagnie du journaliste J. M. N. Jeffries, qui publiera plus tard *Palestine : The Reality*, un ouvrage désormais classique de l'époque. Lord Northcliffe, qui voyage en compagnie du rédacteur en chef du *Manchester Guardian*, se fait une idée précise de la situation sur le terrain et, contrairement à d'autres journaux, rédige une série d'articles en toute indépendance : "À mon avis, nous avons, sans y avoir suffisamment réfléchi, fait de la Palestine un foyer pour les Juifs, en dépit du fait que sept cent mille Arabes musulmans y vivent et possèdent la terre...". Les Juifs semblaient avoir l'impression que toute l'Angleterre était dévouée à la cause du sionisme, en fait enthousiaste ; je leur ai dit qu'il n'en était rien et qu'il fallait se garder d'engager notre peuple dans l'importation secrète d'armes pour lutter contre les sept cent mille Arabes... Il y aura des problèmes en Palestine... les gens ici n'osent pas dire la vérité aux Juifs. Ils ont eu un peu de moi".

Soit Lord Northcliffe était un homme aux principes très forts, soit il ne savait pas exactement à qui il s'opposait. Utiliser ses journaux, qui touchent des millions de personnes, pour dire la vérité sur l'affaire palestinienne et exiger une enquête sur l'origine des *Protocoles* est une gageure. Par son attitude, il devient un homme dangereux, un adversaire des conspirateurs sans scrupules pour qui la fin justifie les moyens. La personne choisie pour écarter Lord Northcliffe *du Times* est Henry Wickham Steed, qui avait été nommé en 1919 chef du département international et rédacteur en chef du journal par Lord Northcliffe lui-même, qui était l'actionnaire principal du journal, mais pas le seul propriétaire. Ainsi, alors que tous les journaux lui appartenant publient ses articles sur la Palestine, le *Times* refuse de le faire. Wickham Steed refusa de se rendre en Palestine à la demande de Lord Northcliffe et d'écrire contre les intérêts sionistes, alors qu'il avait reçu un télégramme du propriétaire majoritaire lui demandant un article éditorial dénonçant l'attitude de Lord Balfour, ministre des Affaires étrangères, à l'égard du sionisme.[37]

---

Table ronde, qui allait devenir la plus influente des sociétés secrètes tout au long du XXe siècle. Trois organisations issues de la Table Ronde constituent aujourd'hui les principaux centres de pouvoir et de décision : le RIIA (Royal Institute of International Affairs), créé à Londres en 1919 ; le CFR (Council of Foreign Relations), créé à New York en 1921 ; et l'IPR (Institute of Pacific Relations), créé en 1925. Bien qu'il ne soit pas propriétaire du *Times*, le groupe Milner a exercé une influence décisive sur le journal de 1912 à 1919. Selon Quigley, ce n'est que pendant les trois années où Lord Northcliffe a tenté d'en prendre le contrôle, de 1919 à 1922, que le groupe Milner n'a pas pu exercer sa domination sur le quotidien londonien.

[37] Comme le souligne Douglas Reed dans *The Controversy of Zion*, tout cela est relaté "avec une franchise surprenante" dans l'*histoire officielle du Times* (1952).

Le 26 février 1922, Lord Northcliffe quitte la Palestine, furieux du refus de Wickham Steed de suivre ses instructions. Le 2 mars 1922, lors d'une conférence à la maison d'édition, il se montre extrêmement critique à l'égard du refus de l'éditeur. Lord Northcliffe souhaite que Wickham Steed démissionne et ne comprend pas comment, après l'avoir publiquement réprimandé, il peut rester à son poste. Au lieu de démissionner, l'éditeur controversé décide de consulter un avocat pour savoir dans quelles circonstances un licenciement peut être considéré comme illégal. À cette fin, il consulte le 7 mars le conseiller juridique de Lord Northcliffe, qui déclare soudain à Wickham Steed que Lord Northcliffe est "anormal", "inapte aux affaires" et qu'à en juger par son apparence, il a "peu de chances de vivre longtemps". Il conseille au rédacteur en chef de le maintenir à son poste. Quelques jours plus tard, Wickham Steed se rend à Pau, en France, pour voir Lord Northcliffe. Le 31 mars, le rédacteur en chef décide que Northcliffe est effectivement "anormal" et informe l'un des rédacteurs du *Times* qu'il "devient fou". En d'autres termes, c'est le rédacteur en chef que Lord Northcliffe voulait remplacer qui a suggéré sa folie.

Le 3 mai 1922, rapporte Douglas Reed, Lord Northcliffe assiste à un déjeuner d'adieu en l'honneur du rédacteur en chef de l'un de ses journaux et "est en pleine forme". Quelques jours plus tard, le 11 mai, il prononce "un discours excellent et efficace" devant l'Empire Press Union et "de nombreuses personnes qui l'avaient jugé "anormal" pensent qu'elles se sont trompées". Quelques jours plus tard, il télégraphie des instructions au directeur de la rédaction *du Times* pour qu'il prenne des dispositions en vue de la démission de Wickham Steed. Le directeur de la rédaction ne voit rien d'"anormal" dans les instructions reçues et n'a "pas la moindre inquiétude concernant la santé de Northcliffe". Un autre directeur, qui l'a également vu le 24 mai, "considère que la vie de Lord Northcliffe est exposée au même risque que la sienne" et ne note "rien d'inhabituel dans les manières et l'apparence de Northcliffe".

Le 8 juin 1922, Lord Northcliffe demande à Wickham Steed de Boulogne de le rencontrer à Paris. Ils se rencontrent le 11 juin et Northcliffe annonce au rédacteur en chef qu'il prendra personnellement la direction du *Times*. Le lendemain, 12 juin, ils partent tous en train pour Evian-les-Bains. En cours de route, Wickham Steed fait secrètement monter un médecin dans le train. À l'arrivée en Suisse, "un brillant neurologue français" (anonyme) est appelé, qui certifie dans l'après-midi que Lord Northcliffe est fou. Wickham Steed transmet immédiatement au journal l'instruction d'ignorer et de ne pas publier les documents envoyés par Lord Northcliffe. Le 13 juin, Wickham Steed partit et on ne les revit plus. Le 18 juin, Lord Northcliffe retourne à Londres, mais on lui retire tout contrôle et on l'empêche même de communiquer avec ses entreprises. Ses téléphones au *Times* sont coupés. Le directeur a même posté des policiers à la porte pour l'empêcher d'accéder aux bureaux du journal. Le 14 août 1922, Lord Northcliffe meurt, probablement d'une endocardite ulcéreuse. Dans son testament, il avait écrit qu'il souhaitait que chacun de ses six mille employés reçoive trois mois de salaire. Selon un récit pathétique de Wikipedia, Lord Northcliffe est mort d'épuisement à Londres à l'âge de 57 ans.

Dans *The Controversy of Zion*, Douglas Reed rapporte que le récit que nous avons extrait a été révélé en 1952, trente ans après la mort de Lord Northcliffe, et qu'il l'a tiré d'une publication officielle telle que l'*Official History* of *The Times*. Ce maître du journalisme ajoute que personne, à l'exception d'un petit cercle de proches, n'avait la moindre idée de ce qui s'était passé en 1922. Reed estime qu'il n'y a pas de précédent historique à la dissimulation d'informations sur le déplacement et la disparition d'un homme aussi riche et puissant dans des circonstances aussi mystérieuses. Le témoignage de Reed est d'autant plus précieux qu'il travaillait au journal et que Lord Northcliffe l'a appelé de Boulogne dans les premiers jours de juin, alors qu'il s'apprêtait à congédier Wickham Steed. Reed affirme que l'attitude et le comportement qu'il a observés chez Northcliffe correspondaient à ce que lui avaient dit ceux qui travaillaient avec lui, mais il ajoute : "Lord Northcliffe était convaincu que sa vie était en danger et l'a dit à plusieurs reprises ; plus précisément, il a dit qu'il avait été empoisonné". Reed, qui resta au journal pendant seize ans, raconte qu'à son retour à Londres, il s'adressa au frère de Northcliffe, Lord Rothermere, et à George Sutton, un associé principal, qui voulaient tous deux son avis.

Il ne reste plus qu'à découvrir qui a racheté *le Times*. Le 22 juillet 1922, le Oslo *National Tidscrift* rapporte qu'un certain banquier juif a acheté *le Times* de Londres. On sait aujourd'hui qu'après la mort de Lord Northcliffe, le journal a été racheté en 1922 par les Astors. Fritz Springmeier, dans son ouvrage *Bloodlines of the Illuminati*, fournit une foule d'informations sur cette famille d'origine juive, dont les origines sont restées cachées. John Jacob Astor (1763-1848), le premier Astor connu, est né à Waldorf, en Allemagne. En 1784, il se trouve aux États-Unis, où il est maître de la Dutch Lodge numéro 8 à New York. Le président Jefferson, un illuminati qui considérait Weishaupt comme un bienfaiteur de l'humanité, et Gallatin Mackey, un maçon illuminati sataniste qui était secrétaire du Conseil suprême de Charleston, étaient ses relations. Le Dr John Coleman, dans *Le Comité des 300*, révèle qu'il a fait une énorme fortune dans le commerce de l'opium chinois, ce qui lui a permis d'acheter de vastes terrains à Manhattan. John Jacob Astor faisait partie d'un comité qui sélectionnait les familles des Américains autorisés à participer au lucratif commerce de l'opium. Coleman le lie également à la Compagnie des Indes orientales et, par conséquent, à l'Intelligence Service britannique. Il convient de rappeler, comme indiqué au chapitre 2, que les opérations de renseignement britanniques étaient entre les mains de la Compagnie des Indes orientales jusqu'à ce que Lord Shelburne, qui présidait le comité secret de la Compagnie des Indes orientales et était l'homme des oligarques financiers anglo-néerlandais, organise le SIS (Service de renseignement secret). Astor devint banquier et prit une grande partie des actions de la Banque des Etats-Unis créée par Alexander Hamilton. Selon Springmeier, la tendance au secret est caractéristique des Astor, une famille qui évolue dans l'orbite des Warburg et des Morgan, les banquiers juifs à l'origine du cartel de la Réserve fédérale américaine. Nous pourrions continuer, mais nous pensons que cela suffit pour que le lecteur comprenne qui étaient les conspirateurs auxquels Lord Northcliffe a eu le courage de s'opposer. *Le Times* a été racheté par John Jacob Astor V.

## Le procès de Berne

La volonté d'enterrer les *Protocoles* et de favoriser leur oubli a conduit la communauté juive internationale à dénoncer en 1933 Silvio Schnell, éditeur suisse du texte, Georg Haller, éditeur du journal national-socialiste *Eidgenossen*, Juris Johann Konrad Mayer, conseiller juridique du journal, Walter Äbersold, membre du Front national, et Theodor Fischer. Le procès a été intenté par deux organisations de la communauté juive suisse, la Ligue communale israélite suisse, représentée au procès par le Dr Matti, et la Communauté de culte israélite de Berne, représentée par Georges Brunschvig, qui ont toutes deux demandé que la publication du document soit interdite. Les avocats des accusés étaient Ursprung et Ruef. Les véritables intentions du procès ont été clarifiées par le grand rabbin de Stockholm, Marcus Ehrenpreis, l'un des témoins de l'accusation, qui s'est même laissé aller à pleurer pendant le procès. Selon Ehrenpreis, qui avait été secrétaire du comité présidé par Theodor Herzl à Bâle, il ne s'agissait pas d'un procès contre Schnell et ses collègues, mais du procès de tous les Israéliens du monde contre tous leurs détracteurs. Seize millions d'Israélites, dit-il, ont les yeux fixés sur Berne". Le procès préliminaire s'ouvre le 16 novembre 1933, mais il est retardé de près d'un an, les accusés cherchant à révoquer le juge, qui est en première instance Walter Meyer, un juge marxiste suisse qui prononce sa sentence en mai 1935. La défense des accusés a fait appel devant une juridiction supérieure et un second jugement a été rendu le 1er novembre 1937.

Un commentaire des événements permettra au lecteur de se faire une idée du déroulement du procès devant le tribunal de première instance. Silvio Schnell était national-socialiste et avait distribué des exemplaires de l'édition allemande des *Protocoles* lors d'une réunion de nationalistes suisses. L'accusation s'est appuyée sur un article de la loi du canton de Berne qui fait référence à la "littérature immorale" et à l'"'instigation par voie de presse". Le fait que les accusés soient membres du Front national, un parti national-socialiste suisse, fait des nazis une partie intéressée au procès qui, après un report en 1933, s'ouvre le 29 octobre 1934. Le juge Walter Meyer autorise la comparution d'un grand nombre de témoins à l'appui des plaignants ; en revanche, il n'accepte la présence que d'un seul témoin pour les défendeurs, le docteur Zander.

Les plaignants décident d'appeler en premier un témoin supposé prestigieux, qui n'est autre que Chaim Weizmann, partisan d'Asher Ginsburg, l'un des grands du sionisme, architecte de la *déclaration Balfour*, qui deviendra en 1948 le premier président d'Israël. Weizmann, qui a bien sûr nié leur intention de dominer le monde, a déclaré : "Ces Protocoles proviennent certainement d'un fantasme malade... quelque chose d'une autre planète". Armand Alexander du Chayla, le témoin suivant, n'est plus un témoin enjolivé. Les avocats de l'accusation remettent au juge des articles sur les *Protocoles* que Du Chayla a publiés en 1921, les 12 et 13 mai et les 1er, 2 et 3 juin, dans le journal *Dernières Nouvelles*. Du Chayla, qui se fait passer pour un chrétien orthodoxe russe de nationalité française, raconte qu'il s'est rendu en Russie en 1909 et qu'il a rencontré Sergueï Nilus, qu'il qualifie de paranoïaque dont les pensées sont centrées sur l'avènement de l'Antéchrist. Du Chayla a déclaré que Nilus lui avait donné à lire les *Protocoles* en langue française. Il a ajouté qu'il se souvenait que le manuscrit comportait une légère tache d'encre bleue sur la première page et que Nilus lui avait dit qu'il s'agissait de l'original.

Cette ruse de la tache d'encre bleue nous oblige à présenter un personnage que nous avions prévu d'éviter, car il ne mérite aucune crédibilité. Il s'agit de la princesse Radziwill, une aventurière qui, au début du siècle, a tenté de traquer le milliardaire Cecil Rhodes en Afrique du Sud. Catherine Radziwill l'a demandé en mariage, mais Rhodes l'a repoussé et elle s'est vengée en l'accusant de fraude à l'emprunt. Cette femme intrigante a été interviewée par Isaac Landman dans le journal new-yorkais *American Hebrew* le 11 mars 1921. Elle s'était séparée du prince Wilhelm Radziwill et s'était remariée en 1914 avec un ingénieur nommé Kolb, dont elle s'est également séparée peu de temps après. Au moment de l'interview, elle portait déjà le nom de famille Dunvin, qui était celui de son troisième mari. Radziwill/Kolb/Dunvin ont déclaré que les protocoles avaient été rédigés après la guerre du Japon (1904-1905). Elle raconte qu'elle vivait à Paris en 1905 lorsqu'elle reçut un jour la visite d'un certain Golowinsky, un policier secret qui la connaissait, et qui lui révéla que le chef de la police étrangère russe, Pyotr Ratschovsky, l'avait chargée d'écrire un faux complot juif. Radziwill a déclaré que Golowinsky lui avait montré un manuscrit récemment écrit par lui-même et un juif renégat nommé Manassevich Manuilov, qui présentait une grande tache d'encre bleue sur la première page. Du Chayla a prétendu dans sa déclaration au tribunal de Berne qu'il avait vu exactement le même manuscrit original chez Nilus en 1909. Ces détails anecdotiques et inventés, artifices concoctés par des esprits délirants, ne sont que des faussetés, des canulars destinés à essayer de tromper les crédules en leur faisant croire à ces curiosités impossibles. Lesly Fry raconte que la princesse Catherine Radziwill se contredit par la suite, car, par distraction ou à son insu, elle affirme elle-même que le général Cherevin lui a remis ses mémoires à sa mort en 1896, dans lesquels figuraient les *Protocoles*. En revanche, la réputation de Radziwill, fille d'un juif qui tenait un salon de paris à Monaco, telle qu'elle est révélée à Berne, est plus noire que du cirage. On pourrait multiplier les pages sur les mensonges, faux documents et autres impostures qui ornent le CV de ce menteur et escroc compulsif.

Le juge a demandé au témoin s'il pensait que Nilus croyait à l'authenticité des Protocoles, ce à quoi Alexander du Chayla a répondu : "J'ai eu l'impression que Nilus lui-même doutait de l'authenticité des *Protocoles*". Ce témoin a ensuite estimé que le texte avait été distribué en Russie dans le but d'influencer le tsar pour qu'il adopte une position réactionnaire et antijuive. La question suivante du juge était de savoir si Nilus avait lui-même falsifié les *Protocoles*. La réponse est que c'est impossible car, bien qu'il ne puisse garantir sa santé mentale, Nilus est un homme honnête, mais obsédé par l'idée que les francs-maçons et les juifs sont de mèche pour détruire la Russie et le monde chrétien. Enfin, ce témoin affirme que Nilus a insisté sur le fait qu'il avait indirectement reçu les *Protocoles* du policier Ratchkovsky, qui occupait une position élevée dans la hiérarchie officielle.

Les témoins suivants étaient Sergei Svatikov et Vladimir Burtsev, chargés de faire avaler au tribunal l'histoire de la princesse Catherina Radziwill. L'avocat des accusés, Me Ruef, a réussi à prouver ce qui suit : 1. Catherina Radziwill n'a jamais eu de résidence à Paris. 2) Burtsev avait commis l'erreur d'affirmer que Ratchovsky n'avait jamais séjourné dans la capitale française au cours des années 1904-1905. 3. la célèbre princesse Radziwill était la fille d'un juif nommé Blanc. Ces réalisations en matière de défense ont été présentées à l'opinion publique par le journal *Die Front* dans un rapport publié le 4 mai 1935.

*Waters Flowing Eastward* rapporte d'autres articles d'Alexandre du Chayla qu'il n'a probablement pas voulu mentionner lors du procès. L'un d'eux est paru dans la *Tribune Juive* à Paris le 14 mai 1921, et un autre le 13 juin dans le *New York Call*, un journal violemment communiste. Aucun de ces deux médias ne semble approprié pour un chrétien supposé orthodoxe. En fait, Nilus mentionne Alexandre du Chayla dans l'un de ses livres et dit l'avoir pris pour un fidèle de l'Église orthodoxe russe. Leslie Fry reproduit un texte de Tatiana Fermor daté du 9 juin 1921 à Paris. Cette femme a personnellement connu le personnage, qu'elle appelle le comte du Chayla. Elle l'a rencontré dans un monastère près de Moguileff, où elle passait ses vacances d'été, et lui a été présenté par l'abbé, l'archimandrite Arsène. Du Chayla lui dit qu'il étudie le russe et la religion orthodoxe, à laquelle il se déclare dévoué. Selon Tatiana Fermor, il cherchait à faire preuve d'un zèle orthodoxe encore plus grand que celui du patriarche lui-même, ce qui l'amena même à retirer deux belles sculptures d'anges de la Renaissance de la chapelle du monastère parce qu'il les trouvait trop catholiques. Fermor raconte que le comte du Chayla lui exprima la haine qu'il éprouvait pour les Juifs et alla jusqu'à dire qu'"un bon pogrom était nécessaire en Russie". Du Chayla recommande à Tatiana Fermor de lire les livres de Drumont, auteur du livre *La France juive,* afin qu'elle comprenne à quel point les Juifs ont conquis la France. En résumé, Tatiana Fermor explique que la carrière ecclésiastique de ce témoin des plaignants à Berne a été fulgurante, ce qui lui a permis de devenir l'ami intime d'évêques réputés pour leur stricte orthodoxie et de fréquenter le célèbre salon de la comtesse Ignatieff. Son ascension sociale l'amène à s'impliquer dans la politique, au point de devenir un partisan du comte Bobrinsky, chef du parti panslaviste. Il mène même de violentes campagnes raciales contre les Polonais et les Finlandais. Au début de la guerre, Alexandre du Chayla est étudiant à l'Académie de théologie de Petrograd et est nommé chef d'un hôpital de campagne organisé par l'évêque Pitirim. Le récit de Tatiana Fermor conclut : "Je l'ai ensuite perdu de vue jusqu'à ce que, après la révolution, j'apprenne qu'il avait joué le rôle d'agent provocateur en incitant les Cosaques à s'opposer à l'Armée blanche". En 1919, du Chayla est jugé par une cour martiale et condamné pour activités séditieuses en faveur des Soviétiques. La sentence a été publiée dans les journaux de Crimée". En d'autres termes, Alexandre du Chaila, l'un des témoins vedettes du procès de Berne, était un agent infiltré des communistes, l'un des nombreux agents opérant en Russie avant la révolution.

En novembre 1934, le cortège de témoins pour les plaignants s'achève, un seul ayant été admis pour la défense. Le juge a décidé de nommer des experts qui devront répondre à quatre questions : les *Protocoles des Sages de Sion* sont-ils un faux ? sont-ils un plagiat ? Dans l'affirmative, quelle est leur source et les *Protocoles* relèvent-ils de la "Schundliteratur" (littérature de pacotille) ? Arthur Baumbarten était l'expert des plaignants. Carl Alber Loosli, censé être neutre, a été l'expert du tribunal. Le colonel Ulrich Fleischhauer était l'expert des défendeurs. Le fait que cet expert n'ait pas eu le temps de préparer son rapport oblige la défense à demander un ajournement de l'affaire. Le juge accorde six mois et fixe la réouverture du procès au 29 avril 1935.

Des poursuites contre les témoins sont engagées par les avocats des défendeurs, mais le 4 janvier 1935, elles sont rejetées. Le 17 mars, une nouvelle plainte est déposée contre quelques témoins. Le 26 avril 1935, le *Jewish Daily Post* annonce que le début du procès prévu pour le 29 a été reporté, Silvio Schnell, l'un des accusés, ayant poursuivi dix témoins pour faux témoignage. La nouvelle du report s'est avérée fausse et le procès a commencé à la date prévue, mais l'annonce a incité les personnes qui avaient prévu de se rendre à Berne pour assister au procès à reporter leur voyage. Il est à noter que la salle d'audience était bondée de sympathisants juifs venus de toute l'Europe et que l'avocat des accusés avait demandé au juge 30 laissez-passer pour que ses partisans puissent assister au procès. Le 28 avril, le même journal avait déjà prononcé la sentence par anticipation : "Que le livre soit un faux insolent, cela va de soi. Il ne s'agit pas de prouver ou de réfuter les allégations. La question est réglée. Ce qui importe maintenant, c'est que cette réfutation reçoive la plus large publicité... L'arrêt doit faire l'objet d'une large publicité.

Dès la reprise du procès, les accusés ont insisté pour demander des poursuites contre les témoins qui avaient fait des déclarations mensongères. Le juge rapporte que les plaintes pénales contre les témoins ont été rejetées pour défaut de fondement, mais fait une exception : le témoin Vladimir Burtsev, journaliste russe, sera poursuivi parce qu'il a affirmé devant le tribunal que le général Globitchoff lui avait dit que les *Protocoles* étaient un faux, ce qui s'est avéré être un mensonge, puisque le général lui-même, encore en vie, a nié avec véhémence avoir tenu les propos que lui attribue Burtsev. Cette information est parue dans *Die Front*, mais n'a été mentionnée dans aucun autre média.

Lors de la reprise des travaux du tribunal, des documents secrets sont apparus, que le gouvernement soviétique avait mis à la disposition de Loosli, l'expert du tribunal. Naturellement, l'expert des accusés, Fleischhauer, a demandé l'autorisation d'examiner ces documents, mais il n'a été autorisé qu'à y jeter un coup d'œil. Ce coup d'œil lui a suffi pour se rendre compte que certains de ces documents pouvaient avoir été falsifiés, ce qui l'a amené à penser qu'ils pouvaient contenir des informations fausses ou erronées. Fleischhauer a insisté sur le fait qu'il voulait les examiner calmement, mais le tribunal a répondu qu'il ne l'autoriserait à le faire que s'il donnait sa parole d'honneur de ne pas divulguer leur contenu, ce qu'il a refusé de faire. Les avocats des plaignants ont tenté d'établir la thèse selon laquelle Fleischhauer était un expert inapproprié parce qu'il était un antisémite notoire et qu'il avait des opinions préconçues sur l'affaire. Il découle de cette accusation qu'eux seuls pouvaient avoir des opinions préconçues. Malheureusement, l'une des idées préconçues que Fleischhauer a exprimées devant le tribunal était que la seule solution au problème juif était la fin de leur dispersion et l'obtention de leur propre État. En effet, Hitler et les dirigeants sionistes allemands avaient déjà signé le 25 août 1933 l'accord de Haavara ("Accord de Haavara"), un accord de collaboration par lequel environ 100.000 Juifs allemands se rendaient volontairement en Palestine avec tous leurs biens. Nous reviendrons sur ce pacte honteux dans un chapitre ultérieur.

L'expert du plaignant, Arthur Baumgarten, a commencé par affirmer que les *Protocoles* étaient une invention historique et a avancé la thèse éculée selon laquelle ils avaient été falsifiés et plagiés pour influencer le Tsar contre les Juifs. Il précise qu'ils ont été composés entre 1890 et 1900. Il a même comparé certains paragraphes avec le texte de Joly et a également évoqué la possibilité que le livre de Goedsche ait été utilisé. Il affirme avec force qu'ils sont totalement opposés à l'esprit du judaïsme. Il nie, bien sûr, que les Juifs aient jamais conspiré. Il nie également que les Juifs aient eu quoi que ce soit à voir avec la révolution bolchevique. Sans se décourager, avec un cynisme incommensurable, il nie également tout lien entre la franc-maçonnerie et les Juifs : "les Juifs n'ont rien à voir avec les francs-maçons et ils ne dirigent pas le monde". Baumgarten se dit convaincu que les *Protocoles* ont sans doute contribué à la méfiance et à l'horreur des nations aryennes à l'égard des Juifs. Cette dernière affirmation est évidemment vraie. "Si les Protocoles étaient authentiques et s'il existait une conspiration juive mondiale, il faudrait admettre que toute l'histoire n'est qu'une farce et les historiens, des victimes stupides, car dans les coulisses se trouvaient les sages barbus de Sion, qui tiraient les ficelles des empereurs, des rois, des généraux, des papes, des poètes et des philosophes". Ce sont ses mots.

Fleischhauer, au grand dam des plaignants et de leurs sympathisants, répond par une présentation qui dure cinq jours : il parle pendant vingt-trois heures. Parmi les arguments en faveur de l'authenticité des *Protocoles, il* note que le texte présente la Police comme liée à la franc-maçonnerie, ce qui n'aurait pas été dit si le document avait été produit comme une arme politique pour influencer le Tsar. Il a présenté des preuves sur la véritable identité de Maurice Joly, un juif franc-maçon dont le vrai nom était Joseph Levy. Il ne ménage pas le témoin Alexandre du Chayla et dénonce les mensonges et les inexactitudes des témoins des plaignants. Il passe un certain temps à identifier ceux qui ont écrit contre les *Protocoles*. Il a fait allusion aux révélations de Leslie Fry sur Asher Ginsberg. Naturellement, il ne laisse pas sans réponse certaines des dénégations de Baumgarten : il explique les interconnexions juives avec la franc-maçonnerie et décrit les cérémonies maçonniques comme étant issues de rituels kabbalistiques. Il expose les liens profonds du judaïsme avec le mouvement révolutionnaire et le bolchevisme. Il accuse les Juifs d'être à l'origine de la Révolution française et, surtout, d'avoir préparé la révolution en Russie. Il dénonce même Sir Philip Sassoon, membre de la célèbre famille bancaire apparentée aux Rothschild, comme trafiquant d'opium. L'intervention de Fleischhauer, qui a été insulté et a tenté d'être agressé alors qu'il quittait le tribunal, a eu un impact énorme sur la presse non juive dans toute l'Europe. Le 9 mai, le juge fait allusion aux attaques contre Flesichhauer et s'excuse auprès de lui pour la violation flagrante de l'hospitalité suisse.

Le dernier expert à prendre la parole fut Loosli, l'homme de loi, qui commença son discours en annonçant que la maison d'édition Hammer en Allemagne préparait une nouvelle édition des *Protocoles* et allait utiliser le rapport de Fleischhauer comme introduction.[38] Dans sa tentative de réfuter

---

[38] Un fait réalisé par cet expert judiciaire neutre permettra au lecteur de comprendre l'étendue de la servilité de Loosli. Puisqu'il avait été prouvé que la prétendue falsification des *Protocoles* ne pouvait pas avoir été faite à Paris en 1905, cet expert, dans son empressement à rendre crédible le rapport Radziwill et à soutenir un témoin qui avait menti, a falsifié dans son rapport écrit d'octobre 1934 la date de l'année 1905 et l'a transformée en 1895. Lorsque, sept mois plus tard, Fleischhauer le dénonce publiquement

Fleischhauer, qui avait affirmé que le juif et franc-maçon Kerensky avait retiré les *Protocoles* des librairies russes, Loosli est allé jusqu'à nier que Kerensky était juif et l'a associé à une famille de prêtres. Dans sa tentative de réfuter une affirmation de Fleischhauer, il a également nié que la franc-maçonnerie et la loge juive B'nai B'rith aient quoi que ce soit en commun. L'une des surprises de son discours a été la présentation d'un acte de baptême de Maurice Joly datant de 1829. On ne voit pas très bien ce qu'il veut prouver avec cet acte : on a déjà vu que les chabbatéens et les frankistes ne cessaient pas de se sentir juifs parce qu'ils se convertissaient à l'islam ou se faisaient baptiser. Se référant au rapport de l'expert des accusés, il a déclaré que "ce n'était rien d'autre qu'un pamphlet de propagande antisémite qui n'aurait jamais dû être admis devant un tribunal". Loosli s'est ensuite lancé dans une attaque furieuse contre le national-socialisme et l'Allemagne. "S'il existe une conspiration mondiale, elle est dirigée par les nationaux-socialistes allemands", a-t-il déclaré, "et elle nous menace tous". Le 8 mai, le journal nationaliste *Die Front* s'est étonné qu'un expert prétendument neutre ait lancé des attaques aussi virulentes contre l'Allemagne et a demandé : "Une telle attitude peut-elle être compatible avec l'impartialité ?

Dans sa dernière intervention, Me Ruef, l'un des avocats de la défense, a demandé comment les accusés pouvaient être reconnus coupables d'avoir vendu un faux alors qu'ils essayaient précisément d'établir l'authenticité du texte. M. Ruef a fait remarquer que le juge n'aurait pas nommé trois experts si la falsification avait été prouvée avant le procès. Sur l'intervention de cet avocat, *Die Front* rapporte le 14 mai 1935 que Ruef s'est à nouveau plaint que les témoins de la défense n'ont pas été acceptés et que les témoins qui ont fait de faux témoignages n'ont pas été poursuivis. À cet égard, il convient de noter que Burtsev, le seul témoin qui devait être poursuivi pour mensonge, a été acquitté en raison d'un vice de forme, les procès-verbaux des dépositions n'ayant pas été signés comme il se doit.

Finalement, un verdict a été rendu. Les plaignants n'ayant pas apporté la preuve qu'un faux avait été commis, ce point fondamental n'a jamais été mentionné par le juge, qui leur a néanmoins donné raison parce que les défendeurs n'avaient pas réussi à prouver l'authenticité des *Protocoles*. Dans la logique de ce verdict, on pourrait penser que tous les écrits dont l'auteur ne peut être identifié ou localisé, comme par exemple de nombreux textes du Pentateuque, sont des faux. Ce raisonnement va à l'encontre du principe universellement admis de la critique historique, selon lequel, lorsqu'un document est découvert, il doit être considéré comme authentique jusqu'à ce que sa fausseté soit prouvée. De plus, si l'objectif était d'établir l'authenticité et non la falsification, il est difficile de comprendre pourquoi plus de trente-

devant le tribunal et rappelle que la princesse Radziwill a déclaré que leur prétendue rencontre à Paris a eu lieu après la guerre russo-japonaise, Loosli tente de faire croire qu'il s'agit d'une erreur de frappe. Rien de tout cela n'effraie le juge Meyer, censé être impartial.

cinq témoins de la défense ont été refusés. Quant aux prévenus, Silvio Schnell, 23 ans, a été condamné à une amende de 20 francs et Theordor Fischer à une amende de 50 francs. À l'exception de l'Allemagne, la victoire juive est annoncée triomphalement par la presse du monde entier, une presse que, comme ils l'avaient déclaré lors du procès, ils ne contrôlent pas. Un membre du Bureau d'information juif dit que dans un procès politique, l'écho est tout et la sentence rien.

Un appel a été interjeté auprès de la Cour d'appel de Berne qui, le 1er novembre 1937, a rejeté le verdict du juge Walter Meyer. En conclusion, reprenons quelques passages du jugement de cette haute juridiction (les citations entre guillemets sont tirées du texte allemand du procès publié par M. de Vries de Heekelingen). La Cour d'appel considère que, malgré ce qui est prescrit par la loi, les rapports de certains témoignages ont été rédigés par des informateurs privés des plaignants juifs : "La procédure, telle qu'elle a été conduite par le tribunal de première instance, n'était pas conforme à la pratique habituelle et à la loi... La manière dont les rapports ont été préparés était en contradiction avec les prescriptions contraignantes de la loi". La Cour d'appel a constaté que les déclarations des témoins n'avaient pas été lues aux défendeurs et n'avaient pas été signées, comme cela était prescrit ; elle a également constaté que les témoins de la défense n'avaient pas été appelés et que le juge avait accepté de la part des plaignants des traductions de documents provenant de Russie, dont l'authenticité n'avait pas été suffisamment vérifiée. Un point très intéressant concerne la désignation des experts, en particulier celle du troisième expert, C.A. Loosli, dont le choix a été fortement critiqué par la Cour d'appel. Celle-ci a déploré "le manque d'impartialité de Loosli qui, en 1937, soit un peu plus d'un an après le premier procès, avait déjà publié "une brochure intitulée *Die Schlimmen Juden* (*Les mauvais Juifs*), dans laquelle il qualifiait les *Protocoles* de fabrication malveillante et les disqualifiait avec dédain d'une manière purement polémique et non scientifique".

*Le Jewish Chronicle* du 5 novembre 1937 écrit que la Cour d'appel a déclaré que les *Protocoles* sont un faux et doivent être considérés comme de la littérature de pacotille. Il précise en outre que la Cour a conclu que la fausseté des *Protocoles* a été prouvée. En fait, la Cour a acquitté les accusés et a condamné les organisations juives aux frais de la procédure. Quant à la valeur littéraire du texte, la Cour a estimé qu'il s'agissait bien de "littérature bâclée et d'ordures d'un point de vue esthétique et littéraire", ce sur quoi on ne peut qu'être d'accord. Sur l'identité de l'auteur de ces déchets littéraires et sur la question de l'authenticité du document, la Cour d'appel s'est déclarée incompétente.

# Peter Myers confirme l'authenticité des *Protocoles*

Nous ne voulons pas conclure ces pages sans faire brièvement référence au professeur australien Peter Myers, un érudit aux vastes connaissances historiques. Depuis vingt ans, Myers débat publiquement sur Internet de l'authenticité des *Protocoles des Sages de Sion* avec tous ceux qui veulent lui contester ses arguments en faveur de l'authenticité. Il maintient qu'il s'agit d'un document authentique et a depuis écrit des centaines de pages pour réfuter les principaux auteurs qui ont publié des ouvrages affirmant qu'il s'agissait de faux. Par son raisonnement, il remet en cause les thèses de trois sionistes de renom, Israël Zangwill (1864-1926), Herman Bernstein (1876-1935) et Norman Cohn (1915-2007). Ce dernier a publié en 1970 *Warrant For Genocide*, dans lequel il affirme que sans les *Protocoles* il n'y aurait pas eu d'Auschwitz, c'est-à-dire qu'il rend le livre responsable du prétendu génocide commis dans le célèbre camp de travail polonais. Cohn a également rédigé l'introduction de l'édition de 1971 de l'ouvrage de Hermann Bernstein intitulé *The Truth about "The Protocols of Zion" : A Complete Exposure* (*La vérité sur les "Protocoles de Sion" : un exposé complet*), publié pour la première fois en 1935. En réponse au livre de Cohn, le professeur Myer a publié en 1994 son texte *Hiding Behind Auschwitz*, un document mis à jour à deux reprises, en avril 2001 et en mars 2004, dans lequel il considère que le XXe siècle ne peut être compris sans l'existence des *Protocoles*.

Norman Cohn révèle dans son livre que quelques mois avant son assassinat à Ekaterinbourg, l'impératrice Alexandra a reçu un exemplaire de l'édition Nilus des *Protocoles* de la part d'une amie, Zinaida Sergeyevna Tolstaya. Une semaine après l'assassinat, les restes démembrés et incinérés de la famille impériale russe sont découverts au fond d'un puits de mine. Au cours de l'enquête, trois livres que l'impératrice avait emportés avec elle dans sa triste fin ont été retrouvés : la Bible russe, *Guerre et Paix* et *Le Grand dans le Petit*, édition Nilus. La question logique que Myers pose à Cohn est la suivante : "Si les *Protocoles* étaient un faux fabriqué par la police secrète du tsar, pourquoi la tsarine en aurait-elle gardé un exemplaire dans sa chambre, l'un des trois livres qu'elle a conservés jusqu'à sa mort ? S'il s'agissait d'un faux, il n'aurait eu aucune valeur pour elle".

Herman Bernstein insiste également sur des informations similaires. Bernstein écrit que Nicolas II lui-même était très intéressé par les *Protocoles* et ajoute qu'au cours de ses recherches, il a découvert dans la bibliothèque privée du tsar un exemplaire de l'édition de Butmi datant de 1906, qui avait été acquis des années auparavant par la Bibliothèque du Congrès à Washington. Cohn, s'appuyant sur le témoignage de Vladimir Burtsev au procès de Berne, écrit dans *Warrant For Genocide* que le ministre de l'Intérieur Stolypine avait convaincu le tsar que les *Protocoles* étaient un faux. Myers prévient astucieusement : "Si le tsar était convaincu de la falsification, pourquoi avait-il une copie des *Protocoles*, copie d'un document sans valeur, falsifié par sa propre police ? Cela a-t-il un sens ?".

Quant au fait que les *Protocoles* contiennent des passages analogues à ceux des *Dialogues en enfer entre Montesquieu et Machiavel* de Maurice Joly, Myers estime que cela ne prouve pas nécessairement qu'ils sont faux. Dans un article de septembre 2002, mis à jour en 2012, le professeur Myers montre qu'il a travaillé intensivement à la comparaison des deux livres. Le livre de Joly, écrit sous le règne de l'empereur Napoléon III de France et dirigé contre lui, dépeint Napoléon III comme un Machiavel, un filou qui dupe les gens, alors que dans les *Protocoles*, les Machiavel sont les révolutionnaires, qui créent la confusion, le chaos, aspirent à un contrôle totalitaire et à un règne de terreur. Selon lui, le mot "enfer" fait allusion à l'esprit du monde, et le livre présente une discussion entre les fantômes de Machiavel et de Montesquieu. Myers révèle que les analogies des *Dialogues* représentent 16,45% des *Protocoles*, ce qui, bien qu'étant un pourcentage important, ne constitue qu'un sixième du total. Cependant, il souligne que même dans les fragments supposés identiques, il existe d'importantes différences de sens. Myers reproche à Norman Cohn de ne pas avoir examiné les paragraphes similaires entre le livre de Joly et ceux de Jacob Venedey, *Machiavel, Montesquieu et Rousseau*, puisque les passages des *Protocoles* qu'il cite comme copiés ou plagiés des *Dialogues* sont en même temps plagiés du livre publié en 1850 par Venedey, le franc-maçon juif membre de la Ligue des Justes qui a collaboré avec Karl Marx. Myers remarque également que Cohn omet tout particulièrement dans son ouvrage la vaste couverture du système financier mondial dans les *Protocoles*, un sujet dont il est très peu question dans les *Dialogues*.

Dans un autre article également publié en septembre 2002 et révisé en juillet 2008, Peter Myers aborde la question du gouvernement mondial, qui est au cœur des *Protocoles*. Son étude se concentre sur les tentatives d'établissement de ce gouvernement lors de la conférence de paix de Versailles en 1919, où les Juifs étaient majoritaires dans plusieurs délégations, notamment celle des États-Unis. Des propositions pour un gouvernement mondial ont été présentées sous le couvert de slogans tels que "unifier l'humanité", "prévenir les guerres futures", etc. Jacob Schiff (1847-1920), le grand banquier qui a financé la révolution en Russie, et Bernard Baruch (1870-1965), que Henry Ford appelait "le proconsul de Juda en Amérique", étaient les principaux promoteurs de cette idée. Lors de la Conférence de Versailles, Bernard Baruch était le conseiller personnel du président Wilson pour les questions économiques. Jacob Schiff s'efforce de faire reconnaître les bolcheviks, qui tentent encore d'étendre leur révolution en Europe et de consolider leur pouvoir en Russie, où ils exercent une répression criminelle, et d'envoyer une délégation à Paris.[39] Il ne faut pas oublier que fin mars, la Hongrie est déjà bolchevique et que l'Autriche, la Tchécoslovaquie, la Pologne et l'Allemagne sont en danger. Le fait qu'un banquier juif et sioniste soit l'ultime défenseur du communisme totalitaire est une preuve évidente de la nature de la conspiration mondiale. Si Schiff avait obtenu gain de cause, la mise en place du gouvernement mondial aurait probablement été plus facile. Le colonel Edward Mandell House, alter ego de Woodrow Wilson, était un autre agent clé œuvrant pour un gouvernement mondial totalitaire et pour la reconnaissance immédiate des communistes. Ces trois personnages feront l'objet d'une attention particulière dans le chapitre suivant.

Dans le document cité, Myers commente un ouvrage de Herman Bernstein publié à New York en 1924, *Celebrities of Our Time : Interviews*, dédié au colonel Mandell House, avocat de la défense du gouvernement mondial. Bernstein s'y entretient avec diverses personnalités de l'époque : Alexandre Kerensky, Léon Trotsky, Robert Cecil, Walter Rathenau, Chaim Weizmann. Au cours de l'entretien, ce dernier explique en quels termes il s'est exprimé auprès du gouvernement britannique au sujet de sa revendication de la Palestine. La citation montre à quel point les sionistes se savaient puissants : "Les Juifs obtiendront la Palestine, que vous le vouliez ou non. Aucune puissance sur terre ne peut empêcher les Juifs d'obtenir la Palestine. Vous, messieurs, pouvez leur faciliter ou leur compliquer la tâche, mais vous ne pouvez pas les en empêcher".

Le troisième sioniste sur lequel Peter Myers porte son attention en relation avec les *Protocoles* et les aspirations à la domination qu'ils expriment est Israël Zangwill, socialiste fabien et partisan d'un gouvernement mondial, dont les arguments ont été repris par Herman Bernstein. Dans un article de 1911 intitulé "*Le problème de la race juive*", Zangwill s'exprime en ces termes : "C'est dans la Bible que l'on voit le mieux l'âme de la race juive, imprégnée, de la première page de l'Ancien Testament à la dernière page du Nouveau, de l'aspiration à un ordre social juste et à l'unification de l'humanité, dont la race juive sera le moyen et le missionnaire". Zangwill, qui présentait la Société des Nations comme créée par une inspiration juive, était un fervent sioniste qui cherchait à ridiculiser ceux qui dénonçaient la Conspiration. Le professeur Myers passe en revue les *discours, articles et lettres d'Israël Zangwill* (Londres 1937), dans lesquels il rend hommage à Lord Rothschild, destinataire de la *déclaration Balfour*, au baron Edmond de Rothschild, pour son aide et ses investissements en Palestine, et à Jacob Schiff, pour son rôle dans le financement de la révolution bolchevique, qui "selon toute probabilité, a

---

[39] Dans le livre *Jacob H. Schiff : His Life and Letters* (1928), Cyrus Adler présente des textes extraits des lettres de Jacob Schiff dans lesquelles il confesse son obsession de renverser le gouvernement russe des tsars. Le banquier admet avoir prêté de l'argent au Japon à des fins politiques pour faire la guerre en 1904-1905.

apporté la liberté à six millions de juifs". Dans un texte de 1921, *La Voix de Jérusalem,* Zangwill insiste sur l'État sioniste pour le "peuple particulier" ; mais en même temps, tout en niant l'authenticité des *Protocoles*, il réitère, en s'appuyant sur des textes bibliques, ses aspirations à un gouvernement mondial, qu'il présente habillé et camouflé d'un philanthropisme gâteux et hypocrite à travers les syntagmes suivants : "Fraternité universelle". "Roi invisible". Société des Nations visant à l'unité du monde". "La mission d'Israël". "Unification de l'humanité". Le professeur Myers prévient que ceux qui nient le leadership juif dans la révolution bolchevique nient également l'authenticité des *Protocoles*. Israël Zangwill est l'un d'entre eux : il dissimule le fait que les dirigeants bolcheviques étaient juifs, mais il affirme en même temps que la révolution a apporté la liberté à six millions de juifs et exprime sa conviction que "les États-Unis de Russie seraient plus conformes à la paix mondiale qu'un essaim de nationalités en conflit".

David Ben Gourion, Premier ministre d'Israël, a déclaré un jour : "On se fiche de ce que disent les Goyim, ce qui compte, c'est ce que font les Juifs". Cette phrase se retrouve presque exactement dans les *Protocoles*. Deux ministres du gouvernement Sharon, Uri Landau et Ivet Lieberman, ont appelé à tuer mille goyim palestiniens pour chaque victime juive. Pourquoi les dirigeants sionistes répètent-ils ce qu'ils prétendent avoir été écrit par deux policiers ? En résumé, Peter Myers considère que l'affirmation juive selon laquelle les *Protocoles* ont été écrits par deux membres de la police secrète russe est absurde, puisque l'ensemble du programme prophétique présenté dans le document est aujourd'hui une réalité. En d'autres termes, comment deux policiers ont-ils pu écrire un texte annonçant un changement complet du monde, la destruction de deux empires, l'accumulation de l'or entre les mains des banquiers juifs, l'asservissement absolu des nations par le crédit, le contrôle de l'enseignement de l'histoire et des contenus éducatifs en général, la domination complète des médias ?

## Sur les 24 *protocoles*

Dans les *Protocoles*, il est dit : "Les administrateurs que nous choisirons parmi le peuple, strictement sur la base de leur capacité à servir docilement, ne seront pas des personnes qualifiées dans l'art du gouvernement, et deviendront donc facilement des pions dans notre jeu entre les mains d'hommes de connaissance et de talent qui seront leurs conseillers, des spécialistes élevés et éduqués dès l'enfance pour diriger les affaires du monde entier". Douglas Reed demande à ses lecteurs de juger si ce n'est pas exactement ce qui se passe en permanence. Si l'on juge, comme le veut Reed, ce qui se passe en Europe et dans le monde, on voit comment des politiciens cooptés, des pions théoriquement élus "démocratiquement", ne font qu'exécuter des ordres, gouvernent en tournant le dos au peuple qui les a élus, en suivant les instructions d'une puissance invisible. D'autre part, l'existence d'une attitude servile et soumise des "gouvernants" du monde à l'égard du sionisme qui, en plus de commettre toutes sortes de crimes en toute impunité depuis la création de son État usurpateur, impose guerre sur guerre au Moyen-Orient, est manifeste.

Comme il n'entre pas dans le cadre de cet ouvrage de s'attarder longuement sur ce chapitre, nous conclurons en citant et en commentant brièvement quelques fragments dignes d'intérêt. Le premier *Protocole* insiste sur une "puissance invincible parce qu'invisible, et qui le restera jusqu'à ce qu'elle ait acquis un degré de puissance tel qu'aucune force ni aucune ruse ne puisse l'ébranler". Ce pouvoir invisible a été confirmé à plusieurs reprises par des Juifs puissants qui l'ont connu. Benjamin Disraeli, dans son roman *Coningsby*, met dans la bouche de Sidonia, personnage représentant Lionel Rothschild, une phrase maintes fois citée : "Le monde est gouverné par des personnages très différents de ceux qu'imaginent ceux qui ne sont pas dans les coulisses". Si cette citation est révélatrice, celle de Walter Rathenau, homme d'affaires allemand d'origine juive qui fut ministre des affaires étrangères de la République de Weimar, l'est encore plus. Rathenau se sentait allemand et dénigrait les Juifs qui ne voulaient pas s'intégrer. Il les qualifie notamment de "bande d'étrangers habillés de manière extravagante qui forment un groupe à part". Le 24 juin 1922, Rathenau, sur lequel nous reviendrons, est assassiné. Des années plus tôt, le 24 décembre 1912, dans *la Wiener Freie Presse*, il avait eu le courage de dénoncer le pouvoir invisible : "Trois cents hommes, dont chacun connaît les autres, dirigent les destinées de l'Europe et choisissent leurs successeurs parmi ceux qui les entourent". Ce pouvoir est appelé aujourd'hui "les marchés" ou "les spéculateurs", qui asservissent les pays parce qu'il n'y a pas de banques nationales et que les Etats sont à la merci du pouvoir caché pour se financer.

Quand nous aurons fait notre grand coup d'État, nous dirons aux peuples : "Tout va très mal pour vous, vous êtes tous épuisés de souffrances. Nous abolirons la cause de tous vos tourments, c'est-à-dire les nationalités, les frontières et la diversité des monnaies". Un gouvernement mondial a été tenté après chacune des guerres mondiales. On a vu plus haut qui étaient les dirigeants juifs qui l'ont réclamé à Versailles. Après la Seconde Guerre mondiale, alors que le monde était divisé en deux blocs, tous deux contrôlés par la puissance cachée ou invisible, on a tenté, comme on le verra plus loin, de faire accepter à Staline un gouvernement mondial fondé sur le monopole de la violence nucléaire. Aujourd'hui, la mondialisation est intégrée par les masses : l'idée d'un monde global a déjà pénétré les esprits. Tout indique qu'après une nouvelle guerre mondiale, les peuples étant "épuisés par la souffrance", on assistera à une troisième tentative de gouvernement mondial, qui abolira les frontières, les nations et les monnaies.

En ce qui concerne les emprunts étrangers par les États, un extrait des *protocoles* illustre la situation actuelle en Grèce, au Portugal, en Irlande, en

Espagne, en Italie et dans d'autres pays de l'Union européenne et du monde : "Un emprunt étranger est une émission d'obligations par un gouvernement avec l'obligation de payer un certain intérêt sur le capital qui lui a été prêté. Si l'emprunt est de 5%, au bout de vingt ans, l'Etat aura inutilement payé des intérêts au double de ce taux... Sous le régime de l'impôt universel, les gouvernements arracheront aux malheureux contribuables leurs derniers sous pour payer des intérêts aux capitalistes étrangers auxquels ils ont emprunté l'argent, au lieu de se procurer dans le pays les sommes dont ils avaient besoin sans payer d'intérêts, qui sont comme un tribut perpétuel... Pour payer les intérêts, ils sont obligés de recourir à de nouveaux emprunts qui augmentent la dette principale au lieu de l'amortir. Lorsque le crédit est épuisé, ils se trouvent dans la nécessité de créer de nouveaux impôts, non pas pour rembourser l'emprunt, mais pour en payer les intérêts...". C'est exactement ce qui se passe en Europe, où les pays n'ont aucune souveraineté et ont renoncé à émettre de la monnaie parce qu'ils n'ont pas de banques d'État. Que ce soit dans le passé, dans le cas de l'Allemagne nationale-socialiste, ou dans le présent, dans le cas de l'Irak et de la Libye, lorsque des nations ont voulu agir souverainement pour se libérer de l'usure imposée depuis toujours par les prêteurs juifs, elles ont été détruites au nom de la liberté et de la démocratie.

"La littérature et le journalisme sont deux des facteurs les plus importants pour l'éducation ; c'est pourquoi notre gouvernement deviendra propriétaire de la plupart des journaux ; quant aux autres, nous les achèterons au moyen de subventions. Nous acquerrons ainsi une énorme influence. Mais comme le public ne doit même pas soupçonner un tel état de choses, nos journaux seront d'opinions les plus opposées, ce qui assurera notre confiance et attirera à nous nos adversaires ; et grâce à cette ruse, nous pourrons former les listes de nos ennemis." La création d'une dissidence ou d'une critique préfabriquée et contrôlée est une idée fondamentale qui constitue l'une des meilleures stratégies pour tromper les naïfs. Cette fonction, initialement envisagée dans les *Protocoles* pour la littérature et le journalisme, est également exercée aujourd'hui par d'autres médias qui se veulent intransigeants dans leur critique. Il s'agit par exemple d'organisations non gouvernementales qui se font passer pour indépendantes, comme "Human Rights Watch", financée par le magnat juif George Soros, ou la prestigieuse Amnesty International, pénétrée par des juifs sionistes et dirigée par des représentants du département d'État américain. Des troupes de théâtre, des intellectuels, des humoristes et des acteurs prestigieux contribuent également, parfois inconsciemment, à cette stratégie de dissidence produite dans l'ombre par le pouvoir en place.

Dans une lettre à Thériot, Voltaire définit en quelques mots l'une des méthodes les plus prisées idéologiquement par les *Sages* dans la rédaction des *Protocoles* : "Il faut mentir comme un diable ! Non pas timidement, non pas pour un temps, mais sans peur et toujours". En ce sens, la falsification de l'histoire est l'une des plus grandes réussites parmi les objectifs déclarés. La plupart des manuels d'histoire utilisés dans les écoles mentent ou sont inexacts. En Europe, où les politiciens et la presse défendent la liberté d'expression, les historiens et chercheurs révisionnistes sont emprisonnés pour délit d'opinion. La persécution, parfois jusqu'au meurtre, de ceux qui cherchent la vérité et dénoncent les impostures de l'histoire est une preuve sans équivoque de l'importance accordée à l'occultation de la vérité et de la réalité. Le texte des *Protocoles* est très clair à cet égard : "Nous remplacerons l'étude des classiques et de l'histoire ancienne - qui contient plus de mauvais exemples que de bons - par l'étude des problèmes de l'heure présente et de l'avenir. Nous effacerons de la mémoire humaine tous les faits des siècles passés dont le souvenir nous est défavorable ; nous ne laisserons subsister que ceux où se révèlent les erreurs des gouvernements des Goyim. À la tête de notre programme d'éducation, nous placerons l'étude de la vie pratique, de l'ordre social obligatoire... Ce programme sera élaboré selon un plan spécial pour chaque profession et ne devra jamais dégénérer en un système d'instruction générale. Cette question est de la plus haute importance". Une fois de plus, ces idées sont la dure réalité. Dans tous les établissements d'enseignement du monde, on enseigne aux Juifs qu'ils sont les éternelles victimes de l'histoire. Quiconque n'est pas d'accord est un antisémite. Depuis 1789, les révolutions et leurs crimes sont l'effet de la décomposition du régime précédent. En matière d'enseignement-apprentissage, il n'y a plus de savants et d'éduqués : le savoir s'est tellement cloisonné que la formation des étudiants est orientée vers "l'étude de la vie pratique". Il faut rendre impossible une "éducation générale" qui permettrait de s'interroger sur la réalité. En somme, il s'agit de détruire la liberté de pensée : "Sachant que c'est par les idées et les théories que l'on dirige les hommes et qu'on leur inculque par l'éducation...". Nous saurons absorber et saisir à notre profit les derniers vestiges de l'indépendance de la pensée humaine, que nous orientons depuis des siècles dans le sens qui nous est favorable".

Cet exercice de citation du fragment et de vérification de sa conformité pourrait être fait avec les vingt-quatre *Protocoles*, mais il ne s'agit pas ici d'un travail monographique. Le désir de poursuivre l'examen des principaux chapitres de l'histoire contemporaine nous empêche de nous attarder davantage. Le lecteur intéressé pourra lire les *Protocoles des Sages de Sion* et constatera qu'un texte plus que centenaire reflète bien le monde dans lequel nous vivons. Puisque nous allons entamer l'étude de la Première Guerre mondiale et de la Révolution bolchevique, terminons par cette dernière citation : "Nous nous présenterons comme les libérateurs des travailleurs, en leur proposant de rejoindre nos armées socialistes, anarchistes et communistes - que nous soutiendrons toujours, sous le prétexte de notre prétendu principe de solidarité fraternelle - car ces armées constituent notre franc-maçonnerie sociale... Considérant que nous avons grand intérêt à voir nos travailleurs affamés et faibles, car la privation les asservit à notre volonté et, dans leur faiblesse, ils ne trouveront ni vigueur ni énergie pour nous résister... Nous manœuvrons les masses et nous nous servons de leurs mains pour écraser ceux qui nous gênent".

# CHAPITRE VII

## LE SIONISME ET LA PREMIÈRE GUERRE MONDIALE

## BANQUIERS ET RÉVOLUTIONS (2)

### PARTIE 1 - LES BANQUIERS JUIFS ET LEURS AGENTS ATTEIGNENT LEURS OBJECTIFS

Au début du XXe siècle, une grande offensive des banquiers juifs internationaux, menés par les Rothschild, a permis d'atteindre deux objectifs essentiels de leur stratégie mondiale : le contrôle des mines d'Afrique du Sud et la domination de l'économie américaine en plein essor. Ce n'était que le prélude à une grande opération visant à instaurer un super-gouvernement mondial. Peu après, entre 1914 et 1945, l'humanité a connu une ère de sang et de feu d'une ampleur inconnue jusqu'alors. Les crimes commis au cours de ces trente et un ans sont sans équivalent dans l'histoire. Dans ce chapitre et dans le suivant, qui sera consacré à la préparation de la Seconde Guerre mondiale, les véritables responsables du génocide perpétré contre les peuples d'Europe et du monde entier seront démasqués. En d'autres termes, il présentera les sinistres personnages qui, suivant le projet de domination mondiale dénoncé dans cet ouvrage, ont manœuvré sans scrupules dans l'ombre pour provoquer les deux guerres et instaurer par la terreur la dictature du communisme à l'autre bout du monde.

Le déclenchement de la Première Guerre mondiale a été précédé par deux événements très significatifs, tous deux aux États-Unis : l'accession du franc-maçon Thomas Woodrow Wilson à la Maison Blanche et la création du cartel de la Réserve fédérale. Mais avant d'entrer dans le vif du sujet, un bref préambule s'impose pour expliquer comment, au début du XXe siècle, en s'appuyant sur la puissance militaire de l'Empire britannique, les banquiers juifs internationaux, à savoir les Rothschild et les Oppenheim, ont pris le contrôle des plus grandes réserves connues d'or et de diamants, qui avaient été découvertes dans les champs aurifères d'Afrique du Sud.

# Les Boers, Cecil Rhodes, Nathaniel Rothschild et la Table Ronde

Lorsque les Britanniques ont annexé le Transvaal au Royaume-Uni en 1877, les fermiers néerlandais, les Boers, également connus sous le nom d'Afrikaners, ne l'ont pas accepté et ont entamé une révolte en signe de protestation. Cela a conduit à la première guerre, qui a commencé le 16 décembre 1880 et s'est terminée par un traité de paix signé le 23 mars 1881, accordant aux Boers l'autonomie du Transvaal. En 1887, des prospecteurs d'or ont trouvé le plus grand filon du monde sur le Witwatersrand, une chaîne de montagnes de 100 kilomètres au sud de Pretoria. Le président du Transvaal, Paul Kruger, annonce prophétiquement que cette découverte sera à l'origine d'un bain de sang. En 1895, Cecil Rhodes tente un raid armé, connu sous le nom de Jameson Raid, pour prendre le contrôle du territoire et des mines, mais le coup d'État échoue. C'est alors que commence la planification d'une intervention militaire, demandée par le gouverneur de la colonie britannique du Cap, Sir Alfred Milner, et par les propriétaires de mines Alfred Beit, Barney Barnato et Lionel Philips.[40] Le 12 octobre 1899, la guerre est déclarée. Milner, Rhodes et compagnie pensaient qu'il s'agirait d'une victoire militaire, mais elle a duré jusqu'au 31 mai 1902. Les Britanniques, qui ont mobilisé 450 000 soldats pour affronter quelque 80 000 Boers, perdent rapidement leur flegme et montrent au monde leur vrai visage. En 1901, ils adoptent la politique de la terre brûlée et confisquent le bétail, empoisonnent les puits, brûlent les fermes et les récoltes et déplacent quelque 154 000 hommes, femmes et enfants, qui sont massivement internés dans trente-trois immenses camps de concentration, où la famine et la maladie sont utilisées comme des armes de destruction massive pour soumettre l'ennemi. Un nombre similaire d'Africains noirs a également été interné. Selon un rapport d'après-guerre, quelque 22 000 enfants afrikaners de moins de seize ans sont morts dans ces camps infâmes, auxquels il faut ajouter autant d'enfants indigènes. Après ce très bref rappel des faits, pour savoir ce qui se passait en coulisses, tournons-nous vers des sources dont la richesse d'informations est parallèle à la version canonique de l'histoire.

À plusieurs reprises dans ces lignes, nous nous tournerons vers le Dr. Carroll Quigley, professeur d'histoire à l'Université de Georgetown, qui a

---

[40] En 1805, les Britanniques ont occupé la ville du Cap, qui était aux mains de colons hollandais, les Boers. Dix ans plus tard, le Congrès de Vienne leur cède le territoire. Dès lors, les Boers vivent sous administration anglaise, mais l'arrivée de plus en plus importante de colons anglais les oblige à migrer vers l'intérieur des terres. Dix mille familles entreprennent le "grand Trek" (émigration) en 1837. Les trekkeurs traversèrent les rivières Vaal et Orange et créèrent les républiques du Transvaal et de l'Orange, dont l'existence fut reconnue par les Britanniques entre 1852 et 1854. Les nouvelles terres se révèlent rapidement riches en diamants et en or, ce qui amène la Grande-Bretagne à proclamer sa souveraineté sur le Transvaal en 1877.

également enseigné à Princeton et à Harward. Quigley, un initié qui se vantait d'appartenir à l'élite du pouvoir, décida d'écrire un livre sur la structure secrète du pouvoir mondial lorsqu'il estima que la conspiration pouvait désormais être dénouée, puisque son triomphe était irréversible. C'est ainsi qu'il publia en 1966 *Tragedy and Hope*, un ouvrage de plus de 1 300 pages, qui est une source citée à maintes reprises par presque tous les spécialistes de l'histoire occulte cachée. Quigley considère que l'arrivée de John Ruskin à l'université d'Oxford en 1870 en tant que professeur de beaux-arts a été un tremblement de terre, car il a exposé dans sa première conférence les bases d'un projet de domination mondiale pour le bien de l'humanité par l'Empire britannique, dont l'élite devait prendre le contrôle des moyens de production et de distribution afin de régner sur les masses du monde entier. Le biographe de Ruskin, Kenneth Clark, explique dans *Ruskin Today* que le livre de chevet que Ruskin lisait tous les jours (et qui avait également été une source essentielle pour Weishaupt, Marx, Engels, Proudhon et Saint-Simon) était *La République de* Platon. Comme on le sait, Platon voulait une élite dirigeante, maintenue au pouvoir par une armée puissante, et une société subordonnée à son autorité. Il préconisait l'usage de la force nécessaire pour éliminer tout pouvoir ou structure sociale existant, afin que les nouveaux dirigeants puissent concevoir leur projet sans entrave. Dans la *République*, comme dans le communisme, l'élimination du mariage et de la famille est envisagée. Les femmes doivent appartenir à tous les hommes et vice versa. Les enfants issus de cette promiscuité seraient confiés à l'État dès leur sevrage. Platon souhaite l'égalité des hommes et des femmes, tant pour la guerre que pour le travail. La reproduction serait sélective et contrôlée par le gouvernement. John Ruskin, un franc-maçon dont les idées étaient purement éclairées et qui, selon son biographe, aurait approuvé le communisme mais pas le national-socialisme, était le mentor idéologique de Cecil Rhodes (1853-1902), qui a assisté à ce discours inaugural et en a conservé le texte jusqu'à sa mort.

Cecil Rhodes, initié à la franc-maçonnerie à Oxford, a obtenu le grade de maître le 17 avril 1877. Par la suite, il rejoint la Loge n° 30 du Rite écossais d'Oxford, appelée Prince Rose Cross. Rhodes était associé en Afrique du Sud à Alfred Beit, un franc-maçon juif d'origine allemande, et à Barney Barnato, un autre juif d'origine portugaise né à Londres et dont le vrai nom était Barnet Isaacs. Barnato était arrivé en Afrique du Sud en 1873 et avait amassé une énorme fortune en diamants et en or. Il est établi que Rhodes est devenu un agent des Rothschild à Londres. Les origines de la relation entre Nathaniel Rothschild, Natty, et Cecil Rhodes remontent à 1882, lorsque le banquier envoya Albert Gansl à Kimberley, le principal centre d'extraction de diamants, afin de se faire une idée de première main. Quelques mois plus tard, Gansl remet à Nathaniel un rapport dans lequel il indique qu'une multitude de petites entreprises, une centaine environ, se font concurrence dans l'exploitation minière et se ruinent les unes les autres. Il est donc rapidement envisagé à Londres de les fusionner. C'est ainsi que Cecil Rhodes devint l'homme choisi par Lord Rothschild pour mener à bien les plans qui aboutirent à la création, en 1888, de la société De Beers Consolidated Mines Ltd, grâce à laquelle les Rothschild et les Oppenheimer contrôlent aujourd'hui 90% du marché mondial du diamant.

En ce qui concerne les mines d'or du Witwatersrand, Cecil Rhodes a attaqué le territoire du roi des Matebelé, Lobengula, afin de pénétrer par le nord dans le Transvaal, dont la frontière est le fleuve Limpopo. Par la ruse, il fait signer à Lobengula un traité accordant à la Grande-Bretagne un vaste territoire, sur lequel Rhodes fonde la colonie de Rhodésie (aujourd'hui les républiques du Zimbabwe et de la Zambie). En janvier 1888, il écrit une longue lettre à Natty pour lui demander son soutien. Il lui annonce qu'il a obtenu une concession du roi Lobengula pour exploiter les "gisements d'or illimités" de l'autre côté du fleuve Limpopo. Convaincu du soutien de Lord Rothschild, au siège londonien duquel il a son compte bancaire, il modifie son testament en juin 1888 pour nommer Nathaniel Rothschild administrateur de tous ses biens, à l'exception de 2 000 actions de la société De Beers qu'il laisse à ses frères et sœurs. Niall Ferguson révèle que dans une lettre jointe au testament, Rhodes a dit à Natty que cet argent devait être utilisé pour fonder ce que son biographe a appelé "une société d'élus pour le bien de l'empire". Il s'agit d'une allusion à la "Table ronde". De toute évidence, Cecil Rhodes voyait en Nathaniel Rothschild l'homme capable de réaliser sa vision d'un empire britannique global. À la fin de la même année, Rhodes réitère sa demande de soutien à Lord Rothschild dans une nouvelle lettre, dans laquelle il explique qu'une fois les territoires du roi des Matebelé contrôlés, le reste est facile, car il s'agit d'un "simple système de villages avec un chef séparé dans chacun d'entre eux et indépendant les uns des autres".

Rhodes devient Premier ministre du Cap entre 1890 et 1896 et influence les partis politiques par l'argent, son immense fortune personnelle ayant, selon C. Quigley, "des recettes annuelles d'au moins un million de livres sterling". Il pousse ensuite le pouvoir à coloniser la Rhodésie, où des colons anglais ("uitlanders") commencent à arriver à partir de 1890. Il tente ensuite de persuader les Boers, dont le chef est Paul Kruger, d'accepter la réconciliation afin de créer une grande Afrique du Sud sous domination coloniale britannique, mais il n'y parvient pas. Cecil Rhodes était déterminé à entreprendre un plan d'expansion et d'encerclement incompatible avec l'existence des deux républiques boers. Le résultat fut le fiasco du raid de Jameson, en décembre 1895, qui entraîna la démission de Rhodes de son poste de premier ministre.

Le projet d'une grande Afrique du Sud est naturellement bien accueilli par les Rothschild. Pour commencer son expansion dans le territoire des Matebelés, Rhodes crée la nouvelle Central Search Association, issue de l'union de Rhodes avec la Bechuanaland Exploration Company, créée par

Lord Gifford et George Cawston, ainsi qu'avec le gouvernement portugais. Natty devient rapidement un actionnaire majoritaire et lorsqu'en 1890 la société devient la United Concessions Company, Lord Rothschild augmente sa participation. Dès 1889, Nathaniel Rothschild avait été l'un des actionnaires fondateurs de la British South Africa Company, également créée par Cecil Rhodes. Dans une lettre de janvier 1992 citée par Niall Ferguson dans *The House of Rothschild. The World's Banker 1844-1999*, l'engagement du "New Cort" (les Rothschild de Londres) envers Rhodes est exprimé par Natty dans les termes suivants : "Notre premier et principal souhait en ce qui concerne les choses en Afrique du Sud est que vous restiez à la tête des affaires dans cette colonie et que vous soyez en mesure de poursuivre la grande politique impériale qui a été le rêve de votre vie. Je pense que vous nous rendrez justice en admettant que nous vous avons toujours loyalement soutenu dans la mise en oeuvre de cette politique et vous pouvez être assuré que nous continuerons à le faire".

Afin de soutenir leur agent, les Rothschild tentent de persuader le gouvernement portugais de céder la baie de Delagoa, le principal port de la côte mozambicaine, qui constitue la clé stratégique de l'avenir du Transvaal. Au cours des négociations, Natty a proposé d'acheter cette partie de la côte mozambicaine, mais les Portugais ont résisté à la pression. Rhodes tente de négocier seul avec l'envoyé du gouvernement portugais, Luiz de Soveral, mais ce dernier répète qu'il n'y a rien à faire. Dans son délire expansionniste, Rhodes regrette dans une lettre de 1893 que Natty n'ait pas adopté une position plus agressive et l'ait même exigé : "Je pensais que vous feriez de votre mieux, car vous pensez à juste titre depuis plusieurs années que Delagoa est la clé de notre position en Afrique du Sud... Je crains que nous n'achetions les droits des Portugais et que nous ne soyons obligés d'acheter les droits des Portugais. Je crains que nous n'achetions la baie de Delagoa. Nous la voulons et nous sommes prêts à payer pour cela". Convaincu du pouvoir de l'argent des Rothschild, Rhodes ne peut accepter que le Portugal n'ait pas l'intention de vendre.

L'arrivée en Afrique du Sud, en 1897, d'un autre protégé de Lord Rothschild, Alfred Milner, en tant que haut commissaire du gouvernement, a été un facteur clé dans le choix de la guerre. Les atrocités commises dans les camps de concentration ont été dirigées par ce sinistre personnage, qui devrait entrer dans l'histoire comme un criminel de guerre. Milner a proposé en 1898 de prendre le contrôle des républiques boers par la guerre. Lord Rothschild entretenait des relations étroites avec Milner et lui écrivit pour le féliciter chaleureusement "d'avoir fermement établi les dominations de Sa Majesté en Afrique du Sud". Cependant, les premières défaites du corps expéditionnaire britannique ne se font pas attendre et la prétendue chevauchée militaire finit par coûter la vie à 22 000 soldats britanniques. Des écrivains anti-impérialistes, au premier rang desquels John Atkinson Hobson, dénoncent publiquement la guerre comme étant menée dans l'intérêt de certains financiers qui convoitent les champs d'or et de diamants. Inquiet de ces critiques, Natty écrit à Rhodes et le met en garde : "Soyez prudent dans vos commentaires sur la guerre et dans vos relations avec les autorités militaires. La tension dans ce pays est maintenant très élevée. Des deux côtés du Parlement, on a tendance à blâmer les capitalistes et ceux qui ont des intérêts dans les mines d'Afrique du Sud pour tout ce qui se passe. Il serait très regrettable de jeter de l'huile sur le feu...".

En ce qui concerne la Table Ronde, Carroll Quigley dit ce qui suit dans un paragraphe souvent cité :

> "Il existe, et ce depuis une génération, un réseau anglophile qui opère pour faire croire à la droite radicale à l'action communiste. En fait, ce réseau, que nous pourrions identifier comme les groupes de la Table Ronde, n'est pas opposé à coopérer avec les communistes ou tout autre groupe, et il le fait fréquemment. Je connais le fonctionnement de ce réseau parce que je l'ai étudié pendant vingt ans et que j'ai pu, pendant deux ans, au début des années 60, examiner ses papiers secrets et ses enregistrements. Je n'ai aucune aversion pour ce réseau ni pour la plupart de ses objectifs, et j'ai passé une grande partie de ma vie près de lui et de nombre de ses instruments. Je me suis opposé, dans le passé et récemment, à certaines de ses procédures. Mais en général, ma principale divergence d'opinion porte sur son désir de rester cachée. Je pense que son rôle dans l'histoire est suffisamment important pour être connu".

Cecil Rhodes a rédigé sept testaments. Le dernier établit les bourses Rhodes pour étudier à Oxford, dont les bénéficiaires sont, entre autres, Henry Kissinger, Bill Clinton et le général Wesley Clark. Parmi ces sept testaments, le plus connu est le "Testament de la société secrète". En 1891, Rhodes lui-même et son plus proche associé William T. Stead ont fondé Table Mountain. Le 24 juillet 1902, quatre mois après la mort de Rhodes, plusieurs membres de son entourage ont présenté la "Pilgrims Society". Enfin, en 1909, Alfred Milner, successeur de Rhodes et également Maçon du 33e degré ayant le titre de Grand Warden de la Grande Loge Unie d'Angleterre, fonde la Table Ronde, qui compte parmi ses membres Lord Rothschild, Lord Balfour, Lord Esher, Sir Harry Johnston et d'autres Maçons de Rite Écossais initiés à l'anglais. Lord Alfred Milner, dont le rôle dans le financement de la révolution bolchevique sera évoqué plus loin, est devenu l'homme des Rothschild après la disparition de Cecil Rhodes. Selon le Dr John Coleman, la Table ronde, instrument global du Comité des 300, consiste aujourd'hui en un labyrinthe de sociétés, d'institutions, de banques, d'établissements d'enseignement d'élite et de diverses autres associations, dont l'objectif est de contrôler les politiques fiscales et monétaires dans les pays où elle opère. La Table ronde a donné naissance à un réseau d'organismes mondialistes qui exercent aujourd'hui un pouvoir au niveau international : Royal Institute of International Affairs (RIIA), Council of Foreign Relations (CFR), groupe

Bildelberg, Organisation mondiale du commerce (OMC), Commission trilatérale, Forum économique mondial (groupe de Davos), Tavistock Institute of Human Relations et d'autres encore.

Pour conclure ce préambule introductif au chapitre, il ne reste plus qu'à ajouter que plus de cent ans après les guerres de l'or et du diamant en Afrique du Sud, les Rothschild sont les maîtres du marché de l'or et peuvent donc en manipuler le prix au gré de leurs intérêts. C'est dans un bureau de N. M. Rothschild & Sons dans la City de Londres que le prix de l'or sur les marchés mondiaux est fixé quotidiennement. D'autre part, la famille Oppenheimer domine le marché international du diamant. Le chef actuel de la famille est Nicholas Oppenheimer, qui a succédé à son père, Sir Harry Oppenheimer, en 2000 et qui possède des bureaux en Afrique du Sud.

## Woodrow Wilson et son entourage de conspirateurs sionistes

"Certains des hommes les plus renommés d'Amérique, dans le domaine du commerce et de l'industrie, ont peur de quelqu'un, ils ont peur de quelque chose. Ils savent qu'il existe quelque part un pouvoir si organisé, si imperceptible, si vigilant, si imbriqué, si persuasif, qu'ils feraient mieux de parler doucement lorsqu'ils le condamnent". Ces propos du Président Woodrow Wilson sur l'existence d'un pouvoir caché n'excusent en rien ses multiples capitulations, mais ne font que le discréditer davantage, car, sachant pertinemment qu'il était entre les mains des agents de ce pouvoir organisé et sachant qui, pourquoi et comment ils l'utilisaient, il s'est soumis à maintes reprises.

Après l'échec de la première tentative des banquiers juifs internationaux d'établir une banque centrale aux États-Unis, c'est-à-dire le système de la Réserve fédérale, le démocrate Woodrow Wilson a été choisi par les conspirateurs sionistes pour accéder à la présidence, car le président William Howard Taft et les républicains s'étaient opposés au projet de loi présenté au Sénat par Nelson Aldrich, un homme de J. P. Morgan, dont la fille, Abby, était mariée à John D. Rockefeller. Comme Taft était très populaire et qu'il semblait impossible qu'il perde les élections, le vieux stratagème consistant à diviser le vote républicain a été utilisé. À cette fin, Teddy Roosevelt, qui a déjà été président républicain de 1901 à 1909, se porte volontaire pour saboter son propre parti et se présenter contre Taft à la tête d'un parti progressiste nouvellement créé. Avant même l'élection, les promoteurs de la banque centrale avaient lancé une opération visant à créer un climat favorable à l'idée de la Réserve fédérale au sein de l'opinion publique. Deux agents de J. P. Morgan, Frank Munsey et George Perkins, fournissent l'argent et dirigent l'opération électorale de Roosevelt. Les principaux financiers de Wilson, quant à eux, sont les Rockefeller, dont l'un des agents, Cleveland H. Dodge de la National City Bank, canalise les fonds et contrôle la campagne. D'autres financiers juifs qui ont soutenu Wilson avec de l'argent sont Jacob Schiff, Henry Morgenthau et Bernard Baruch. Ce dernier, qui a contribué à hauteur de 50 000 dollars, allait devenir l'homme clé de la guerre à venir et fut par la suite le conseiller de tous les présidents jusqu'à Eisenhower. Le fait que Morgan soutienne la campagne de Roosevelt ne l'empêche pas de contribuer également à la candidature de Wilson. L'idée était de soutenir suffisamment Roosevelt pour que la division du vote républicain permette au candidat démocrate de les battre tous les deux. La stratégie a fonctionné et Wilson a été élu 28e président des États-Unis.

Pour s'assurer que le président Wilson aurait les bons conseillers, les banquiers qui l'ont porté au pouvoir l'ont entouré de leurs propres agents, dont le plus célèbre était le colonel Edward Mandell House (il n'a jamais servi dans l'armée et le poste qu'il occupait n'était qu'honorifique). Mandell House était le fils d'un riche planteur britannique qui avait représenté les intérêts des Rothschild dans l'achat de coton dans les États du Sud pendant la guerre de Sécession. Le nom de famille Mandell n'est pas paternel, mais a été donné à Edward par son père en l'honneur d'un marchand juif de Houston qui était un ami proche de la famille. Cet homme, dont Woodrow Wilson disait qu'il était "mon autre moi", devint le président virtuel, le président réel n'étant qu'une marionnette entre ses mains. House fut le principal promoteur du projet de banque centrale et de l'impôt sur le revenu. Le professeur Charles Seymour, qui a édité *The Intimate Papers of Colonel House* (1926), affirme que Mandell House, qui reconnaît dans ses journaux sa passion pour l'exercice secret du pouvoir, a été "l'ange gardien invisible" du Federal Reserve Act. Il est l'intermédiaire entre la Maison Blanche et les financiers. Ses contacts constants tout au long de l'année 1913 avec Paul Warburg, le principal architecte de la loi, sont parfaitement documentés par House lui-même dans ses papiers privés. Son biographe, George Sylvester Viereck, affirme que "les Schiff, les Warburg, les Rockefeller, les Morgan et les Kahn avaient confiance en House".

L'année où Woodrow Wilson, secrètement choisi par les conspirateurs, a été élu président, un roman a été publié par Mandell House, qui a trouvé le temps, entre décembre 1911 et janvier 1912, d'écrire *Philip Dru : Administrator* in six weeks, un livre qui a été publié anonymement. Il s'agit d'un ouvrage audacieux et déroutant dans lequel le conseiller présidentiel le plus influent de l'histoire américaine, l'alter ego du président du pays capitaliste par excellence, décrit comment instaurer "le socialisme tel que Karl Marx l'a rêvé". Le héros, Philip Dru, jeune diplômé de West Point influencé par Karl Marx, est élu par acclamation à la tête d'un mouvement de masse. House décrit Dru comme une figure messianique qui arrive à Washington et, après avoir pris le pouvoir de manière totalitaire, commence à remodeler la société. Il promulgue un décret selon lequel toute tentative de rétablir l'ordre constitutionnel sera considérée comme séditieuse et passible de la peine de mort. Après s'être proclamé "administrateur de la République", sa plus grande réalisation (et celle du président Wilson) est l'introduction d'un "impôt sur le revenu progressif qui n'exclut aucun revenu". Marx, lui aussi, dans le *Manifeste communiste*, appelait à "un lourd impôt progressif sur le revenu". De même, les *Protocoles* préconisent "un impôt progressif sur la propriété". Le professeur Seymur souligne que l'idéologie de House/Wilson/Dru était "la social-démocratie dans le style de Louis Blanc et des révolutionnaires de 1848", c'est-à-dire le marxisme révolutionnaire. Le mot inhabituel "Administrateur" est une allusion claire aux *Protocoles*, où il est question des "Administrateurs que nous choisirons". L'action du roman s'étend sur une période allant de 1920 à 1935. En fait, le sous-titre est *Une histoire de demain, 1920-1935*.

Le chapitre XIV, intitulé "The Making of a President", mérite un bref commentaire, car il reflète fidèlement ce qui est arrivé à Wilson et fait ainsi du roman un document historique. Dans ce chapitre, un sénateur nommé Selwyn se prépare à diriger la nation d'une main de fer sans que cela se sache. Il semble évident que Selwin est une transcription de Mandell House. À tel point que l'auteur n'a pu résister à la tentation de donner un indice de son identité et que Selwyn invite l'homme qu'il a choisi pour être son président fantoche à dîner avec lui à Mandell House. Le roman décrit "un plan diabolique" élaboré avec John Thor, "le grand prêtre de la finance", selon lequel une "organisation compacte", utilisant "le type de tromperie le plus infâme en ce qui concerne ses véritables intentions et opinions", doit "choisir sa créature pour la présidence". Selwyn choisit finalement un certain Rockland, "récemment élu gouverneur d'un État du Midwest" (Wilson), qui, après l'élection, ivre de pouvoir et des louanges des sycophantes, agit une ou deux fois de son propre chef, sans consulter Selwyn au préalable. Après avoir été amèrement averti, il "ne fait plus aucune tentative d'indépendance". Ce passage du roman coïncide avec le journal intime de House, dans lequel il évoque ses relations avec Wilson pendant la campagne. On y apprend que House a relu les discours du candidat et lui a ordonné de ne prêter attention à aucun autre conseil. Admettant ses indiscrétions, Wilson promet de "ne plus jamais agir de manière indépendante à l'avenir". Dans le chapitre XV, intitulé "Les conspirateurs exaltés", Selwyn est présenté en train d'informer Thor de la tentative de Rockland d'échapper à sa servitude : "Lorsqu'il lui raconta comment Rockland avait tenté de se libérer et comment il l'avait ramené, honteux de sa défaite, ils se mirent à rire joyeusement".

Woodrow Wilson avait quitté Princeton, dont il était chancelier depuis 1902, pour devenir gouverneur du New Jersey. Devant un parterre d'électeurs, le rabbin sioniste Stephen Wise fait preuve en 1910 d'une étonnante prescience de l'avenir : "Mardi, dit Wise, M. Woodrow Wilson sera élu gouverneur de votre État. Il ne terminera pas son mandat de gouverneur. En novembre 1912, il sera élu président des États-Unis. Il sera inauguré en tant que président une seconde fois". Une enquête plus approfondie a révélé que la source du mystérieux savoir du rabbin Wise était le colonel House. Des années plus tard, dans son autobiographie intitulée

"*Challenging Years*", Stephen Wise a qualifié Mandell House de "secrétaire d'État officieux". Il ne fait guère de doute qu'à Princeton, Wilson avait été observé de près et en secret ; mais en 1910, ni Stephen Wise ni Edward Mandell House, qui fut présenté à Wilson le 24 novembre 1911, ne l'avaient encore rencontré personnellement. Quoi qu'il en soit, dès décembre 1911, en campagne électorale, Wilson prononce un discours sur les droits des Juifs qui confirme qu'il a été opportunément endoctriné pour obéir au sionisme. "Je ne suis pas ici, dit-il, pour exprimer notre sympathie à l'égard de nos compatriotes juifs, mais pour faire ressortir notre sentiment d'identité avec eux. Ce n'est pas leur cause, c'est la cause de l'Amérique". Avant que Wilson ne prenne ses fonctions de président, Mandell House établit, en collaboration avec Bernard Baruch, autre personnage clé de la conspiration, une liste de futurs ministres.

Dans son livre *The International Jew*, Henry Ford consacre un chapitre à Bernard Baruch, qu'il décrit comme "le proconsul de Juda en Amérique". Ford accuse Baruch d'avoir su dès 1915 que les Etats-Unis entreraient en guerre deux ans plus tard. En 1915, alors que la neutralité du pays est sacrée pour l'opinion publique, une Commission consultative est mise en place et finalement présidée par Bernard Baruch. En 1915, Baruch propose à Wilson la création d'un Comité de défense nationale et d'un Conseil des industries de guerre. Paradoxalement, la principale promesse de Wilson lors de la campagne de réélection de 1916 est de maintenir le pays en dehors de la guerre. Des années plus tard, lors de séances de contrôle de la Chambre des représentants, le député Jefferis demanda quels avaient été les pouvoirs de Baruch au sein de ces organes. Sa réponse fut la suivante : "J'en ai assumé la responsabilité et c'est moi qui ai décidé en dernier ressort ce que l'armée et la marine devaient recevoir, ce qui devait être donné aux chemins de fer ou aux Alliés, si les locomotives devaient être données au général Allenby en Palestine ou utilisées en Russie ou en France". Baruch note que trente-cinq branches de l'industrie sont sous son contrôle : "J'ai décidé, en bref. De par ma position, j'appartenais à tous les Conseils, ma tâche étant de les inspecter". En d'autres termes, pendant la guerre, la décision sur les industries, sur les matières premières et leurs prix, sur les achats et les ventes, sur les mouvements de capitaux..., est entre les mains de ce personnage.

Le premier chapitre de ce livre a présenté Benjamin H. Freedman, un milliardaire juif qui était présent à la Conférence de Versailles et qui a quitté le judaïsme pour le christianisme en 1945. Nous nous tournons à nouveau vers lui pour obtenir un compte rendu de première main d'un épisode qui démontre à quel point les conspirateurs ont tenu le président Wilson sous leur emprise. Dans *The Hidden Tyranny (La tyrannie cachée)*, Freedman explique qu'après sa première élection en 1912, le président a reçu la visite à la Maison Blanche de Samuel Untermayer, un éminent avocat juif de New York qui avait généreusement contribué à la campagne qui a permis à Wilson d'accéder à la présidence. Untermayer entrera plus tard dans l'histoire pour son célèbre discours, publié intégralement dans *le New York Times* le 7 août 1933, dans lequel il appelle tous les Juifs du monde à la "guerre sainte" contre l'Allemagne et à un "boycott international des produits allemands". Le motif de la visite ne pouvait être plus déplaisant. Untermayer avait été engagé par une femme qui accusait Wilson d'avoir rompu un vœu de mariage. L'avocat informe le président que sa cliente est prête à accepter 40 000 dollars pour abandonner les poursuites. La cliente d'Untermayer est l'ex-épouse d'un professeur de l'université de Princeton, collègue de Woodrow Wilson pendant ses années de professorat et de chancellerie à l'université de Princeton. L'avocat a montré un paquet de lettres écrites par Wilson, qui en a reconnu la paternité après les avoir examinées, dans lesquelles la relation illicite est parfaitement démontrée. Pendant les années où Wilson était gouverneur du New Jersey, son ancienne maîtresse avait divorcé et s'était remariée.

Wilson estime qu'il est heureux que son ancien amour se soit adressé à Samuel Untermayer, car s'il avait consulté un avocat républicain, la situation aurait été encore plus embarrassante pour lui. Le président informe alors l'avocat qu'il n'a pas l'argent. Untermayer lui suggère de bien réfléchir à la question et lui promet de revenir pour en discuter. Quelques jours plus tard, le président Wilson réitère qu'il ne peut répondre au chantage car il ne dispose pas d'une telle somme. C'est alors que l'avocat Untermayer propose une solution au problème : il paiera de sa poche la somme demandée par l'ancienne maîtresse à une condition : Wilson doit promettre qu'au premier poste vacant à la Cour suprême des États-Unis, il nommera la personne qu'il aura recommandée à ce poste. Samuel Untermayer disposait d'une énorme fortune personnelle, le cabinet d'avocats new-yorkais dont il était l'associé principal étant l'un des plus importants du pays. Le président a accepté cette offre généreuse et a remercié Untermayer pour ce qu'il faisait.

Le jour venu, un nouveau membre de la Cour suprême doit être nommé et Untermayer propose Louis Dembitz Brandeis, un juif sioniste et talmudiste, pour le poste vacant. Jamais auparavant un talmudiste n'avait accédé à la plus haute institution judiciaire du pays. Benjamin Freedman note qu'"en 1914, le juge Brandeis est devenu le sioniste le plus en vue et le plus influent politiquement en Amérique. Brandeis était dans une position unique pour servir les Juifs talmudiques à l'intérieur et à l'extérieur de l'Amérique". Les faits ont rapidement prouvé la véracité de cette évaluation, puisque le président Wilson et le juge Brandeis sont devenus des amis exceptionnellement proches. Le juge, qui n'ignorait évidemment pas qu'il avait obtenu le poste par l'intermédiaire de son ami Untermayer, a même entendu le récit de Wilson lui-même sur les circonstances de sa nomination.

Gershom Scholem et le rabbin Antelman fournissent tous deux des informations sur les ancêtres frankistes de Louis D. Brandeis. Le grand-père du juge Brandeis, appelé Dembitz, et le frère de son grand-père, Gottlieb

Wehle, étaient d'abord shabbétaïstes, puis frankistes. L'épouse du juge Brandeis était également issue d'une famille frankiste : elle était la petite-fille de Gottlieb Wehle. Nous savons déjà que les frankistes se mariaient entre eux. En tout cas, chez Louis Brandeis, le frankisme était devenu un sionisme radical. En 1907, Jacob Schiff, le banquier qui a financé la révolution communiste en Russie, déclare qu'"on ne peut pas être à la fois un vrai Américain et un honnête partisan du sionisme". Brandeis, pour sa part, affirme que "pour être de bons Américains, nous devons être de meilleurs Juifs, et pour être de meilleurs Juifs, nous devons devenir sionistes".

## La création du système de la Réserve fédérale

L'histoire de la création de la Réserve fédérale est bien connue, mais le grand public ignore peut-être qu'Eustace Mullins, l'auteur que nous citons tout au long de ce livre, a été le premier à entreprendre des recherches. Il existe aujourd'hui de nombreux ouvrages sur la Fed, mais le premier livre sur le sujet est paru en 1952 grâce à deux disciples d'Ezra Pound, John Kasper et David Horton, qui ont financé de leurs propres deniers la publication de *Mullins on the Federal Reserve*, plus tard publié sous le titre *The Secrets of the Federal Reserve (Les secrets de la Réserve Fédérale)*. Mullins lui-même déclare dans l'avant-propos que c'est Ezra Pound, prisonnier politique dans un hôpital pour aliénés, qui a commandé et dirigé l'ouvrage. Pound, peut-être le poète américain le plus important du XXe siècle, a publiquement dénoncé, depuis les micros de Radio Rome, que les banquiers juifs internationaux étaient les instigateurs de la Seconde Guerre mondiale. Nous aurons peut-être l'occasion de développer son histoire plus tard. Pour l'heure, il suffit de savoir que, accusé de trahison et d'antisémitisme par les autorités, Pound fut enfermé sans procès dans un hôpital psychiatrique. Eustace Mullins, également auteur de *This Difficult Individual, Ezra Pound*, lui rendit régulièrement visite pendant les treize années qu'il passa à l'hôpital St. Mullins explique qu'un jour de 1949, Pound lui a demandé s'il avait déjà entendu parler du système de la Réserve fédérale. Comme il répondait par la négative, le poète lui demanda s'il pouvait faire des recherches à la Bibliothèque du Congrès et lui offrit dix dollars par semaine pendant quelques semaines pour commencer son travail. Les premières recherches révèlent que les soupçons d'Ezra Pound sur l'existence d'un plan secret sont fondés. C'est ainsi qu'il reçut la commande suivante : "Vous devez travailler comme un roman policier". Dans l'avant-propos, Mullins raconte comment le travail a été effectué : "Je faisais des recherches quatre heures par jour à la Bibliothèque du Congrès et je me rendais à l'hôpital Sainte-Elisabeth l'après-midi. Pound et moi passions en revue les notes de la veille. Je dînais avec George Stimpson à la cafétéria Scholl's et il supervisait mon travail. Je retournais dans ma chambre pour taper les notes corrigées. Stimpson et Pound ont fait de nombreuses suggestions pour me guider dans un domaine où je n'avais aucune expérience.

Ce qui s'est passé en Allemagne lorsque l'ouvrage d'Eustace Mullins, publié par Guido Röder sous le titre *The Federal Reserve Conspiracy*, a été publié en 1955, a été discuté dans la note 29 du chapitre cinq. Comme on s'en souviendra, Otto John, un espion communiste qui occupait le poste de directeur du renseignement en Allemagne de l'Ouest, avant de passer en Allemagne de l'Est, a confisqué et brûlé les dix mille exemplaires de l'édition du livre dénonçant les banquiers internationaux. Nous avons vu précédemment comment Edward Mandell House, agent des banquiers qui ont créé le Federal Reserve System et courroie de transmission entre eux et le président Wilson, a écrit le livre *Philip Dru : Administrator,* dans lequel il aspire au "socialisme tel que l'a rêvé Karl Marx". Les paradoxes surmontent les antithèses, mais il est extrêmement difficile de comprendre ces paradoxes : comment peut-on être à la fois partisan du communisme et partisan du capitalisme ? Dans les pages suivantes, nous continuerons à explorer cette question.

L'histoire de la création de la Réserve fédérale commence dans la nuit du 22 novembre 1910 à la gare de Hoboken, dans le New Jersey, où un groupe de journalistes voit un certain nombre de financiers monter dans un train dont le wagon scellé aux volets blindés part vers une destination inconnue. Le sénateur Nelson Aldrich, un initié qui préside la Commission monétaire nationale, créée en 1908 après la panique de 1907, est à la tête de l'entourage qui comprend, outre son secrétaire, Frank Vanderlip, président de la National City Bank of New York de Rockefeller, Henry P. Davison, associé et émissaire personnel de J. P. Morgan, le plus influent d'entre eux.[41] Il s'agit de J. P. Morgan, qui était l'agent américain le plus important des Rothschild anglais ; Charles D. Norton, président de la First National Bank of New York, dominée par Morgan ; Benjamin Strong, connu comme le lieutenant de J. P. Morgan ; Paul Warburg, partenaire de Kuhn, Loeb ; et A. Piat Andrew, secrétaire adjoint au Trésor. Ce n'est que plus tard que l'on apprit que la destination était l'île de Jekyll, à mille kilomètres au sud, en

---

[41] La panique de 1907, comme toutes les paniques, était une panique provoquée, qui s'est produite parce que les grandes banques de réserve de New York ont refusé de fournir de l'argent à leurs banques de dépôt dans le reste du pays, qui, au même moment, avaient besoin de liquidités pour payer leurs déposants. John Pierpont Morgan est l'un des banquiers les plus impliqués dans l'opération, puisqu'il provoque la faillite de son rival, Knickerbocker Trust Co, qui entraîne dans sa chute plus de 200 banques. La crise, annoncée quelques mois plus tôt par Morgan lui-même lors d'une conférence devant la Chambre de commerce de New York, où il appelait à la création d'une banque centrale, était due à un manque d'argent en circulation et à une méthode inadéquate pour augmenter l'offre de monnaie. Il y avait donc une demande généralisée pour changer le système afin qu'il y ait un volume d'argent suffisant pour répondre aux besoins du commerce. Le Congrès a alors nommé une commission, appelée Commission monétaire.

Géorgie, propriété d'un groupe exclusif de millionnaires qui l'avaient achetée pour y passer l'hiver. Le secret de la réunion était évident, car les serviteurs habituels de Jekyll avaient été remplacés par d'autres venus d'Europe pour l'occasion. En outre, les membres de la réunion ont décidé de n'utiliser que des prénoms dans leurs conversations et de ne pas utiliser de noms de famille.

Ce groupe, représentant les hommes les plus puissants du monde, a séjourné au club de l'île Jekyll pendant neuf jours. Leur objectif était d'éclairer une loi qui protégerait les banques privées qui prévoyaient de prendre le contrôle de l'émission de la monnaie de la nation. Rappelons une fois de plus la célèbre phrase de Mayer Amschel Rothschild : "Donnez-moi le contrôle de la monnaie d'une nation et je ne me soucie pas de savoir qui fait ses lois". Si cette loi pouvait être adoptée, le droit d'imprimer de la monnaie sans limite, de contrôler son offre et son prix, et de la prêter avec intérêt, même au gouvernement lui-même, serait entre les mains du cartel de la Réserve fédérale (en 2013, la dette nationale américaine s'élevait à 16 000 milliards de dollars, dont 40% d'intérêts payables à la Fed). L'homme le plus technique, le véritable maître d'œuvre du projet de création de cette banque centrale était Paul Warburg, originaire de Francfort-sur-le-Main, la ville natale du fondateur de la dynastie Rothschild. Les Warburg ont commencé dès 1814 à travailler pour les Rothschild à Hambourg, mais ce n'est qu'en 1830 que des transactions et des relations étroites ont été établies de manière régulière entre eux.

Paul Warburg était arrivé aux Etats-Unis en 1902 avec son frère Felix, tandis que son frère Max, qui deviendra en 1917 le financier de Trotsky, était resté en Allemagne. Paul a épousé Nina Loeb, fille de Salomon Loeb de Kuhn, Loeb & Co. Felix a épousé Frieda Schiff, fille de Jacob Schiff, qui a également financé Trotsky en particulier et les bolcheviks en général. Au XVIIIe siècle, les Schiff et les Rothschild avaient partagé la célèbre maison "Judengasse" (passage juif) à Francfort. On pense que c'est avec l'argent des Rothschild que Schiff a acheté la société Loeb de Kuhn. Depuis 1907, Paul Warburg consacrait une partie de son temps à écrire et à donner des conférences sur la nécessité d'une réforme bancaire. Nelson Aldrich avait travaillé à ses côtés. C'est Aldrich qui, arguant du fait que le public associait déjà son nom à la réforme monétaire, insista pour que son nom soit associé à la loi. C'est ainsi que la réunion de Jekyll Island a débouché sur le rapport de la Commission monétaire et sur la loi Aldrich. Cependant, lier ce nom à la norme juridique était contre-productif, car son patronage était trop étroitement lié à Morgan et aux intérêts des banquiers internationaux. Warburg voulait éviter toute allusion à la "Banque centrale" et avait proposé que la loi soit appelée "Système fédéral de réserve", nom qui allait finalement prévaloir après l'échec de l'Aldrich Act.

Dès le retour des participants aux travaux de Jekyll à New York, une campagne de propagande nationale en faveur du "Plan Aldrich" est lancée au printemps 1911. Les universités de Princeton, Harvard et Chicago, cette dernière étant dotée de millions de dollars par John D. Rockefeller, sont les lieux où s'élabore la stratégie qui donnera naissance à la "National Citizens' League for the Promotion of a Sound Banking System" (Ligue nationale des citoyens pour la promotion d'un système bancaire sain). Le plan Aldrich est présenté au Congrès comme le résultat de trois années de travail et d'étude par la Commission monétaire nationale ; mais, malgré les campagnes de propagande et le soutien de la presse, il rencontre une forte opposition menée par William Jennings Bryan et Charles Lindbergh senior, père du célèbre aviateur qui a traversé l'Atlantique en solitaire lors d'un vol sans escale de New York à Paris. En outre, le président William Howard Taft n'était pas disposé à signer la loi Aldrich. Le 15 décembre 1911, Charles Lindbergh, membre du Congrès, dénonce le plan Aldrich comme étant "le plan de Wall Street, simplement un plan dans l'intérêt du Trust". Au Sénat également, Robert M. LaFollete dénonce publiquement le fait qu'un "trust" de cinquante personnes contrôle les États-Unis.

Le Congrès a tenté d'apaiser le sentiment populaire contre la loi Aldrich en créant une commission chargée d'enquêter sur le contrôle de la monnaie et du crédit. La commission Pujo, dirigée par le député Arsène Pujo, a été créée en 1912. Les auditions durèrent cinq mois et produisirent six mille pages et quatre volumes de déclarations des banquiers qui défilèrent devant la commission ; mais rien de clair ne sortit de ces sessions, les financiers insistant seulement sur le fait qu'ils opéraient toujours dans l'intérêt public. Samuel Untermayer a été nommé conseiller spécial de la commission Pujo et son travail a été plus obstructif qu'utile. Lorsque Jacob Schiff vint témoigner, l'interrogatoire d'Untermayer lui permit de parler et de parler sans clarifier les opérations de Kuhn, Loeb & Co, que le sénateur Robert L. Owen avait identifié comme représentant les Rothschild européens aux États-Unis. Avant la panique provoquée de 1907, Jacob Schiff avait fait la déclaration suivante à la Chambre de commerce de New York : "Si nous n'avons pas de banque centrale qui supervise suffisamment les fonds de crédit, ce pays connaîtra la crise la plus sévère et la plus profonde de son histoire". Eustace Mullins estime que la commission Pujo a fini par être une farce.

Finalement, l'Aldrich Act est présenté sous le nom de Federal Reserve Act, qui avait été proposé par Paul Warburg lors des réunions de Jekyll Island. Grâce à la stratégie décrite ci-dessus, en novembre 1912 se déroulent enfin les élections qui vont débloquer la situation. Avec Wilson au pouvoir, le processus fut mené par Mandell House, qui se comporta sans vergogne tout au long de l'année 1913 comme un agent de Paul Warburg. Dans *Mullins on the Federal Reserve*, tiré des documents privés de House, les réunions entre les banquiers et leur homme à la Maison Blanche sont datées. Voici quelques témoignages du "colonel" sur ses entretiens avec les banquiers :

"13 mars 1913. Warburg et moi avons eu une discussion privée sur la réforme monétaire.

Le 27 mars 1913. M. J. P. Morgan Jr. et M. Denny, de sa société, sont arrivés rapidement à cinq heures. McAdoo est arrivé presque dix minutes plus tard. Morgan avait déjà préparé un plan financier. J'ai suggéré de le dactylographier, afin qu'il n'ait pas l'air préétabli, et il l'a envoyé à Wilson aujourd'hui.

23 juillet 1913. J'ai essayé de montrer au major Quincey (de Boston) la stupidité des banquiers de l'Est qui ont adopté une attitude contraire au projet monétaire...

13 octobre 1913. Paul Warburg a été mon premier visiteur aujourd'hui. Il est venu discuter du projet d'argent...

17 novembre 1913. Paul Warburg a téléphoné au sujet de son voyage à Washington. Il est ensuite venu avec M. Jacob Schiff pour quelques minutes. C'est Warburg qui a supporté le plus gros de la conversation. Il avait une nouvelle suggestion concernant le regroupement des banques... en relation avec le Federal Reserve Board".

Ainsi, décembre 1913 approche. *Le New York Times,* dont le propriétaire, Adolph Simon Ochs, était un juif sioniste d'origine allemande, consacra un article éditorial à vanter les mérites du nouveau système : "New York sera sur une base plus solide de croissance financière et nous le verrons bientôt devenir le centre monétaire du monde". Enfin, le lundi 22 décembre, le même journal annonce l'adoption imminente du projet de loi monétaire et fait allusion à la "rapidité sans précédent" avec laquelle les deux chambres se sont mises d'accord. Par courtoisie parlementaire, il était de tradition de ne pas voter sur les projets de loi importants pendant la semaine de Noël, mais cette coutume a été rompue pour que le Federal Reserve Act soit adopté le 22 décembre. Pour ce faire, le comité de conférence parlementaire s'est réuni entre 1h30 et 4h30 du matin, alors que les parlementaires dormaient, et le projet de loi a été voté le lendemain, alors que de nombreux membres du Congrès étaient déjà partis pour leurs vacances de Noël et que ceux qui restaient avaient à peine eu le temps de l'étudier et de s'informer de son contenu.

*Le New York Times* n'a consacré qu'une phrase au discours critique du député Lindbergh. Eustace Mullins propose une citation significative de son discours au Congrès : "Ce projet de loi crée le trust le plus gigantesque du pays. Lorsque le président signera ce projet de loi, le gouvernement invisible par le biais du pouvoir de l'argent sera légalisé. Les gens ne le sauront peut-être pas tout de suite, mais le jour du jugement n'est plus qu'à quelques années de là. Les trusts se rendront bientôt compte qu'ils sont allés trop loin, même pour leur propre bien. Le peuple doit faire une déclaration d'indépendance pour se libérer du pouvoir monétaire. Il peut le faire en prenant le contrôle du Congrès. Wall Street ne pourra pas nous escroquer si vous, sénateurs et représentants, ne faites pas du Congrès un simulacre...".

Le directeur de la stratégie pour faire passer la loi à Noël avait été une fois de plus Paul Warburg, qui, installé dans un bureau du Capitole, recevait constamment des membres du Congrès et des sénateurs pour leur donner des instructions. Le résultat du vote au Congrès est de 298 voix pour la loi et 60 contre. Au Sénat, 43 sénateurs ont voté pour et 25 contre. Le 23 décembre 1913, Wilson signe le Federal Reserve Act. Le 24 décembre, Jacob Schiff, le représentant le plus important du syndicat bancaire Rothschild, écrit à Edward Mandell House en ces termes : "Mon cher colonel House : je souhaite vous dire un mot pour le travail discret, mais sans aucun doute efficace, que vous avez accompli dans l'intérêt de la législation monétaire et vous féliciter pour cette mesure. Avec mes bons vœux, je vous prie d'agréer, Monsieur Jacob Schiff, l'expression de mes sentiments distingués."

L'article 1, section 8, paragraphe 5 de la Constitution américaine confère expressément au Congrès le "pouvoir de battre monnaie et d'en régler la valeur". Le Federal Reserve Act était une attaque directe contre la souveraineté du Congrès, c'est-à-dire du peuple américain. En 1935, la Cour suprême des États-Unis a statué que le Congrès ne pouvait constitutionnellement déléguer son pouvoir à un autre groupe ou organe. En adoptant la loi sur la Réserve fédérale, les membres du Congrès ont donc violé la Constitution qu'ils avaient juré de préserver. Le Dr Quigley explique parfaitement dans *Tragedy and Hope* l'ampleur de l'opération perpétrée par les banquiers juifs internationaux et leurs agents. Selon lui, leur intention était d'utiliser la puissance de la Grande-Bretagne et des États-Unis pour forcer la plupart des pays à fonctionner "par l'intermédiaire de banques centrales libres de tout contrôle politique, toutes les questions relatives à la finance internationale étant réglées par l'accord de ces banques centrales sans aucune interférence des gouvernements". Caroll Quigley affirme que les véritables dimensions de l'ensemble du projet peuvent être pleinement appréciées lorsqu'on réalise que l'objectif ambitieux de ces dynasties bancaires était : "... rien de moins que de créer un système mondial de contrôle financier entre des mains privées, capable de dominer le système politique de chaque pays et l'économie du monde dans son ensemble. Ce système devait être contrôlé par les banques centrales du monde, qui devaient agir de concert, par le biais d'accords secrets conclus lors de réunions et de conférences privées. Le sommet du système devait être la Banque des règlements internationaux à Bâle, en Suisse, une banque privée détenue et contrôlée par les banques centrales du monde, qui étaient en même temps des sociétés privées". Il y aurait beaucoup à dire sur la Banque des règlements internationaux (BRI). Son existence est inconnue de la plupart des mortels. Fondée en 1930, c'est une entité hermétique et inviolable qui ne relève d'aucun pouvoir politique. La BRI est au sommet du pouvoir : elle est la banque centrale de ses banques centrales membres.

Lors d'une comparution devant la commission bancaire et monétaire en 1913, Paul Warbug a déclaré que l'un des objectifs de la loi sur la Réserve fédérale était la "mobilisation du crédit". La guerre mondiale a commencé sept mois après l'adoption de la loi, et la première tâche du système de la Réserve fédérale a été de la financer. Les pays européens impliqués dans le conflit ont fini par devoir 14 000 milliards de dollars aux banques de réserve. On estime que l'élite financière internationale a gagné 208 000 milliards de dollars grâce à la guerre. Henry Ford note dans *The International Jew* que 73% des nouveaux millionnaires de New York issus de la guerre étaient juifs, ce qui n'est pas surprenant si l'on considère que c'est Bernard Baruch qui avait entre ses mains la vie ou la mort des industries et le contrôle des "priorités" dans les mouvements de capitaux.

Cinquante ans plus tard, le 4 juin 1963, Kennedy émet le Presidential Order EO 11110, qui donne au président le pouvoir d'émettre de la monnaie. Il ordonne alors au Trésor américain d'imprimer 4 milliards de dollars de billets de banque pour remplacer ceux de la Réserve fédérale. Son intention est de reprendre le pouvoir qui a été illégalement usurpé au Congrès. Il entend remplacer progressivement les dollars émis par la Réserve fédérale par la nouvelle monnaie. Quelques mois après la mise en œuvre du plan, le président Kennedy est assassiné à Dallas. Dès l'entrée en fonction de Lyndon B. Johnson, l'ordre présidentiel de Kennedy a été annulé et l'ancien pouvoir du cartel a été rétabli. Cet assassinat a sans aucun doute constitué un avertissement très sérieux pour tout autre président qui pourrait concevoir un tel plan à l'avenir.

# PARTIE 2 - LE SIONISME ET LA PREMIÈRE GUERRE MONDIALE

Les quatre années de la Première Guerre mondiale ont été marquées par un carnage sans précédent en Europe, suivi d'une décennie de chaos, de misère et d'oppression. Les Habsbourg, les Romanov et les Hohenzollern, trois puissantes dynasties chrétiennes européennes, disparaissent d'un seul coup à la suite de la guerre. Si cette disparition est importante et significative pour l'avenir de l'Europe, le triomphe de la révolution bolchevique est un événement encore plus important. La chute de la Russie aux mains des agents des banquiers juifs internationaux et l'installation au pouvoir, avec l'assentiment des États-Unis et de la Grande-Bretagne, d'une idéologie criminelle et totalitaire, allaient marquer l'humanité tout au long du XXe siècle. C'est le résultat spectaculaire auquel les Illuminati aspirent depuis qu'Adam Weishaupt a lancé sa conspiration contre toutes les religions et tous les gouvernements d'Europe. Il y eut ensuite la révolution des Jeunes Turcs, qui donna naissance à la Turquie moderne après la dissolution de l'Empire ottoman. Kemal Ataturk et les Jeunes Turcs n'étaient pas seulement des francs-maçons, mais aussi des "Doenmes", c'est-à-dire des crypto-juifs apparemment convertis à l'islam, tout en continuant à pratiquer leur religion juive. Ils sont responsables du génocide de 1,5 million d'Arméniens orthodoxes en 1915-16. Tous ces événements font de la Première Guerre mondiale l'un des épisodes les plus décisifs de l'histoire. Elle a donné naissance au communisme et au sionisme, deux têtes terrifiantes du même monstre qui les avait patiemment conçues tout au long du XIXe siècle.

L'atmosphère en Europe devient de plus en plus délétère après que les Jeunes Turcs ont chassé le sultan Abdul Hamid II du pouvoir. La guerre italo-turque qui débute en Libye en 1911 est suivie, entre 1912 et 1913, de guerres dans les Balkans : la première oppose l'Empire ottoman à une ligue balkanique composée du Monténégro, de la Bulgarie, de la Grèce et de la Serbie ; dans la seconde, les partenaires de la coalition s'affrontent. La Russie et l'Empire austro-hongrois, dont les intérêts se recoupent, ont été laissés à l'écart, mais il est clair que ceux qui veulent provoquer une explosion disposent du scénario le plus propice dans la région. En outre, en 1872, un ingénieur allemand, Wilhelm von Pressel, a conçu le projet de l'"Orient Express", que les Britanniques voient d'un mauvais œil parce qu'il mettrait en péril leur ancienne ligne impériale : Gibraltar, Malte, Port-Saïd, Suez, Aden, Ceylan, Hong-Kong. Si l'Allemagne ou toute autre nation souhaite commercer avec les pays de l'Est, ou simplement entrer ou sortir de la Méditerranée avec ses navires, elle doit obtenir l'autorisation des Britanniques, qui peuvent fermer la Mare Nostrum grâce à leur contrôle du canal de Suez et de la forteresse de Gibraltar. En 1888, l'Allemagne avait obtenu l'autorisation des Turcs et entendait relier Berlin et Bagdad par une ligne de chemin de fer jusqu'au golfe Persique, où il était prévu de construire un port qui mènerait les Allemands jusqu'à l'océan Indien.

Dans ce contexte, partout en Europe, des journalistes et des pamphlétaires au service des groupes financiers préparent l'opinion publique à la guerre qui s'annonce. La puissante *Neue Freie Press*, contrôlée par les Rothschild, ennemis jurés des tsars, excite les Allemands et les Austro-Hongrois contre la Russie, accusée d'être responsable des guerres dans la péninsule balkanique. D'autre part, les organisations juives Poale Zion et le Bund attisent par leur propagande la haine antitsar en Russie méridionale et en Pologne. Pour compléter le tableau, il convient de rappeler que le chef de l'espionnage allemand pendant la guerre était le juif Max Warburg, frère de Paul Warburg, et que le chancelier allemand entre 1909 et 1917 était Theobald von Bethmann-Hollweg, un autre juif lié aux Rothschild de Francfort-sur-le-Main, la ville où le sentiment anti-russe a toujours été généré. Bethmann-Hollweg ne peut ou ne veut pas s'opposer aux financiers juifs allemands qui veulent démembrer l'empire russe. Bismarck, qui considérait l'intégrité de l'empire russe comme indispensable à la prospérité de l'Allemagne, avait été très différent à cet égard. Il s'était exprimé publiquement en ces termes : "Le maintien de gouvernements monarchiques à Saint-Pétersbourg est pour nous, Allemands, une nécessité qui coïncide avec le maintien de notre propre régime... Si les monarchies ne comprennent pas la nécessité de tenir ensemble dans l'intérêt de l'ordre politique et social, je crains que les problèmes révolutionnaires et sociaux internationaux auxquels il faudra faire face ne soient très dangereux...". Bismarck est conscient de la profondeur du mouvement révolutionnaire, c'est pourquoi il va jusqu'à prôner la nécessité d'un "Dreikaiserbund" (ligue des trois empereurs).

Si nous examinons qui ont été les principaux bénéficiaires de la catastrophe, nous devons convenir que, une fois de plus, ceux qui se sont le plus enrichis sont les banquiers et les prêteurs habituels, qui ont financé les deux camps. Ces mêmes banquiers, par l'intermédiaire des judéo-bolcheviks, ont perpétré un vol sans précédent en Russie, le plus grand pillage de l'histoire. Dans les pages suivantes, nous fournirons des données et des arguments en faveur de cette thèse, sans négliger les aspects idéologiques utilisés pour manipuler, gérer et utiliser sans pitié les grandes masses, sacrifiées aux intérêts de personnages cachés.

## Les Bons Maçons et l'assassinat de Sarajevo

Lorsque, le 28 juin 1914, l'archiduc François-Ferdinand d'Autriche, héritier de l'empire austro-hongrois, et son épouse sont assassinés à Sarajevo, ceux qui ont encouragé le crime savent qu'ils ont créé l'élément déclencheur de la Première Guerre mondiale. Le 15 septembre 1912, Mgr Jouin, rédacteur en chef de la *Revue internationale des sociétés secrètes*, annonce avec deux ans d'avance que l'archiduc a été condamné à mort par les francs-maçons. Monseigneur Jouin prédit qu'un jour peut-être, les paroles suivantes prononcées par un haut dignitaire franc-maçon suisse à propos de l'héritier autrichien seront clarifiées : "C'est un homme extraordinaire ; il est dommage qu'il soit condamné, il mourra avant d'arriver au trône". Le comte Ottokar von Czernin, ministre austro-hongrois des Affaires étrangères entre 1916 et 1918, révèle dans son ouvrage *Im Welt Kriege* (Dans la *guerre mondiale*) que l'archiduc lui-même savait qu'il allait mourir : "L'archiduc savait parfaitement que le danger d'une attaque était imminent. Un an avant la guerre, il m'a avoué que la franc-maçonnerie avait décidé de sa mort. Il m'a également indiqué la ville où cette décision avait été prise et a mentionné les noms de plusieurs hommes politiques hongrois et autrichiens qui étaient probablement au courant".

On peut dire que le sort de l'archiduc était connu de toute l'Europe. Tout porte à croire que les criminels ont été utilisés par des conspirateurs qui voulaient la guerre à tout prix. Dans *Sous le signe du scorpion*, l'Estonien Jüri Lina cite Yuri Begunov, dont les œuvres n'ont pas été traduites. Cet auteur russe révèle qu'au printemps 1914, Trotski s'est rendu à Vienne en tant que membre de la Grande Loge de France afin de rencontrer un frère maçon nommé V. Gacinovic pour discuter des plans d'assassinat de François-Ferdinand d'Autriche. Selon Begunov, Radek et Zinoviev, deux autres dirigeants communistes juifs et francs-maçons, étaient au courant de ce qui se préparait. Un autre indice de l'assassinat de l'archiduc est apparu le 11 juillet 1914 avec la parution d'un document dans *John Bull*, un journal appartenant à Horatio Bottomley, un financier, homme politique et journaliste britannique qui avait fondé le *Financial Times* en 1888. Bottomley y publie un texte obtenu auprès du consulat de Serbie à Londres et daté du 14 avril 1914. Le document est rédigé en ladino, la langue parlée par les juifs séfarades. Il offrait 2000 livres sterling pour l'"élimination" de l'archiduc. Le professeur Robert William Seton-Watson, dans *German, Slav, and Magyar : A Study in the Origins of the Great War*, se réfère à ce texte publié dans *John Bull* et précise pour le profane que le ladino était un dialecte espagnol parlé par les Juifs de Salonique. Seton-Watson ajoute que l'homme qui a tenté de vendre le document à divers journaux londoniens, jusqu'à ce qu'il soit finalement accepté par Horatio Bottomley, était un Juif lié au Comité pour l'Union et le Progrès, qui dépendait des loges juives de Salonique, lesquelles étaient sous le contrôle du Grand Orient d'Italie, lequel dépendait à son tour du Grand Orient de France. Il est fait état d'un transfert de 700 000 francs de Paris à Rome par l'intermédiaire du Grand Orient de l'Alliance israélite universelle. Cet argent pourrait avoir financé l'assassinat de Sarajevo.

Les faits sont connus. L'archiduc arrive en visite officielle à Sarajevo, ville de Bosnie-Herzégovine proche de la frontière serbe. Lui et son épouse se trouvent sur les sièges arrière d'une voiture. Le général Potiorek est assis devant eux, tandis que le comte Harrach se trouve à côté du conducteur. La voiture roule lentement en direction de l'hôtel de ville. Se fondant dans la population, Cabrinovic, Princip et Grabez sont les trois fanatiques les plus déterminés parmi les huit assassins armés de bombes et de pistolets. Sur le pont de Cumurja, Cabrinovic lance une bombe qui touche la voiture et explose au sol. Les occupants de la voiture derrière lui et plusieurs personnes sont blessés. La voiture de l'archiduc s'est arrêtée pour s'occuper des blessés, mais le programme n'a pas été interrompu et le cortège a poursuivi sa route vers l'hôtel de ville. Après la réception, le couple s'est rendu à l'hôpital pour rendre visite aux blessés. Pendant le trajet, le comte Harrach, afin de protéger son Altesse, s'est tenu sur le marchepied du côté gauche du véhicule. À l'angle de la rue François-Joseph, la voiture s'arrête devant l'un des assassins, le jeune juif Gavrilo Princip, qui tire à bout portant sur l'archiduc avec un pistolet automatique jusqu'à ce que le chargeur soit vide. L'archiduchesse Sophie, tentant de le protéger, s'interpose instinctivement et tombe grièvement blessée sur les épaules de son mari. Le comte Harrach entendit Franz Ferdinand dire tendrement : "Sophie, Sophie, ne meurs pas, vis pour nos enfants". L'archiduc continue de s'asseoir en tenant sa femme, tandis qu'un peu de sang apparaît sur ses lèvres. "Ce n'est rien, ce n'est rien", dit-il plusieurs fois d'une voix faible au comte Harrach avant de perdre connaissance. Le palais du gouverneur est atteint et les deux corps sont portés sur un lit au premier étage, mais les médecins arrivés en hâte les trouvent déjà morts. La tragédie ne fait que commencer : dans les années à venir, des millions de personnes mourront aussi de mort violente sous les balles, suite à ces premiers tirs.

Dans *Franc-maçonnerie et judaïsme. Les puissances secrètes de la Révolution*, le vicomte Léon de Poncins reproduit des extraits de l'interrogatoire auquel les criminels ont été soumis lors du procès qui s'est tenu en octobre de la même année. Le procès des membres de la "Main noire", nom donné à la société secrète, passe inaperçu en raison des troubles de la guerre et du silence intéressé de la presse. L'un des assassins, Cabrinovic, a déclaré nonchalamment aux juges du tribunal militaire que "dans la franc-maçonnerie, il est permis de tuer". Cabrinovic a fait allusion dans sa déclaration à un dirigeant maçonnique nommé Casimirovic, qui allait et venait, qui était prétendument l'homme en contact avec les dirigeants présumés qui coordonnaient l'assassinat, le messager qui transmettait les ordres à ceux qui s'étaient portés volontaires pour exécuter l'assassinat. Cabrinovic a également fait référence à un certain Ciganovic, qui lui avait dit qu'il y a deux ans, et cela confirme pleinement la révélation de Mgr Jouin, que la franc-maçonnerie avait condamné à mort l'héritier du trône autrichien, mais qu'elle n'avait pas trouvé de personnes prêtes à exécuter la sentence. La déclaration contient un fait intéressant qui nous permet de supposer que Casimirovic était en contact avec des dirigeants juifs et qu'il pourrait lui-même en être un. Cabrinovic a déclaré au juge que lorsque Ciganovic lui avait remis le pistolet automatique et les munitions, il avait fait remarquer que Casimirovic venait de Budapest, où il avait été en contact avec certains cercles. On sait qu'à l'époque, 90% des francs-maçons hongrois étaient juifs. Les documents d'incorporation de la Grande Loge Symbolique de Budapest en 1905 portent la date du calendrier de l'ère juive, c'est-à-dire 5885. Les mots de passe et le texte des serments prêtés par les membres de la loge étaient rédigés en langue hébraïque. Les noms des membres de cette loge prouvent également l'origine juive des francs-maçons hongrois.[42]

Un autre passage reproduit par Léon de Poncins contient un bref dialogue entre le président du tribunal et le jeune Gavrilo Princip, l'auteur de la fusillade. La citation permettra au lecteur d'apprécier le ton de l'interrogatoire.

"Le Président : Avez-vous parlé de franc-maçonnerie avec M. Ciganovic ?

Princip (avec insolence) : Pourquoi demandez-vous cela ?

Le Président - Je pose la question parce que j'ai besoin de savoir si vous lui en avez parlé ou non.

Principauté - Oui, Ciganovic m'a dit qu'il était franc-maçon.

Quand le président vous a-t-il dit cela ?

Principauté : Il me l'a dit lorsque je l'ai interrogé sur les moyens de réaliser l'assassinat. Il a ajouté qu'il parlerait à une certaine personne et qu'il recevrait les moyens nécessaires. Une autre fois, il m'a dit que l'héritier du trône avait été condamné à mort dans une loge maçonnique.

Le Président : Et vous êtes également franc-maçon ?

Principe : Pourquoi cette question ? Je ne répondrai pas (après un court silence) Non. (après un court silence) Non.

Le Président : Cabrinovic est-il franc-maçon ?

Je ne sais pas. Il l'est peut-être. Il m'a dit un jour qu'il allait entrer dans une loge".

---

[42] Après la fin du régime de Bela Kuhn en Hongrie, connu sous le nom de "Terreur rouge", les autorités interdisent la franc-maçonnerie. En 1921, Mgr Jouin publie *Le péril judéo-maçonnique*, un ouvrage en cinq volumes contenant les papiers secrets trouvés dans les loges de Budapest. Le volume consacré à la franc-maçonnerie en Hongrie est divisé en trois parties. La première, intitulée *Les crimes de la franc-maçonnerie*, écrite par Adorjan Barcsay, contient un grand nombre de documents provenant des loges dissoutes en 1920. La deuxième partie, rédigée par Joseph Palatinus, s'intitule *Les secrets de la loge provinciale*. Elle explique comment l'œuvre secrète de destruction maçonnique en Hongrie a conduit à la révolution d'octobre 1918 et au communisme en 1919. La troisième partie contient une liste des membres des loges maçonniques hongroises, qui montre que quatre-vingt-dix pour cent des maçons hongrois étaient juifs.

Trois des accusés condamnés à mort sont pendus le 2 février 1915. Princip, Cabrinovic et Grabez, âgés de moins de vingt ans, sont condamnés à vingt ans de prison. Les deux derniers sont morts en prison.

## Responsabilités dans le déclenchement de la guerre, une œuvre de la franc-maçonnerie

Ce paragraphe serait inutile sans l'article 231 du traité de Versailles, qui a contraint l'Allemagne à admettre qu'elle était la seule responsable de la guerre. Cet article dit exactement : "Les Alliés et les gouvernements associés affirment et l'Allemagne accepte la responsabilité de l'Allemagne et de ses alliés pour avoir causé toutes les pertes et tous les dommages que les Alliés et les gouvernements associés et leurs citoyens ont subis du fait de la guerre qui leur a été imposée par l'Allemagne et ses alliés". Le 16 juin 1919, l'article est complété par une note répétant que toute la responsabilité incombe à l'Allemagne, accusée d'avoir planifié et déclenché la guerre. L'Allemagne et "son peuple" sont responsables des actes de son gouvernement. Elle ajoute ainsi à la prétendue culpabilité de la guerre la condamnation morale et l'humiliation de tout un peuple. Cette note était un ultimatum qui obligeait l'Allemagne à signer le traité du 28 juin 1919 qui, outre la responsabilité exclusive de l'Allemagne, imposait le désarmement et le paiement de réparations dévastatrices. Ceux qui blâmaient le peuple allemand ne partageaient manifestement pas la maxime de Sir Patrick Hastings, pour qui "la guerre est une création des individus, pas des nations".

En 1919, l'Allemagne s'est empressée de publier un livre blanc contenant des documents officiels. Les autres pays ont également publié leurs propres documents dans ce que l'on appelle des livres en couleur. Le gouvernement autrichien publia le livre rouge, les Français le livre jaune, les Anglais le livre bleu et les Bolcheviks le livre orange. Les historiens ont ainsi pu commencer à examiner les documents et à rechercher les faits et les attitudes des pays belligérants. C'est alors que naît aux Etats-Unis une école d'historiens révisionnistes qui remettent en cause la version des vainqueurs de la guerre. Son principal représentant fut le professeur Harry Elmer Barnes. Nous allons maintenant examiner différents ouvrages publiés par des représentants du révisionnisme afin de fournir au lecteur des données et des informations qui lui permettront de se faire une idée des responsables du déclenchement de la Première Guerre mondiale.

Parmi les premiers textes figure *New Light on the Origins of the World War, les* trois célèbres articles cités par tous les révisionnistes, publiés en 1921 par le professeur Sidney B. Fay dans l'*American International Review*. Ce chercheur, dont les arguments ont eu un impact considérable, rejette la culpabilité de l'Allemagne que les vainqueurs ont imposée au monde. En 1924, le révisionnisme historique connaît un nouvel élan avec la publication de *Current History* par Harry Elmer Barnes, qui sera désormais à la pointe du mouvement révisionniste. *Dans Quest of Truth and Justice,* un livre publié en 1928 et devenu depuis un classique, le professeur Barnes évoque un rôle présumé des services de renseignement serbes dans la conspiration. Son accusation a ensuite été étayée par les révélations surprenantes faites en 1923 par Stanoje Stanojevic dans le livre *Die Ermordung des Erzherzogs Franz Ferdinand* (*L'assassinat de l'archiduc François-Ferdinand*), dans lequel Dragutin Dimitrievich, colonel des services de renseignement, et Milan Tsiganovitch, l'un de ses subordonnés, ont été impliqués dans le complot. En 1918, Dimitrievitch a été assassiné à Salonique, un fait pertinent qui suggère qu'il en savait trop. Harry E. Barnes cite également *Le sang des Slaves, un* ouvrage publié dix ans après le crime par Ljuba Jovanovitch, président du Parlement serbe et ministre de l'éducation en 1914. Selon Jovanovitch, le gouvernement serbe a été informé du complot par le Premier ministre Nikola Pashitch trois semaines avant la tentative d'assassinat. Malgré cela, rien n'a été fait pour tenter d'arrêter les terroristes et l'Autriche n'a pas été suffisamment avertie. En d'autres termes, le "casus belli" aurait pu être évité par le gouvernement serbe. Bien entendu, sans raison de faire la guerre, les faiseurs de guerre auraient dû fabriquer un autre événement déclencheur.

Pour les lecteurs qui ne lisent que l'espagnol, il existe un ouvrage intéressant publié par Espasa-Calpe en 1955, *Odio incondicional. Culpabilidad de guerra alemana y el futuro de Europa (Haine inconditionnelle : culpabilité de la guerre allemande et avenir de l'Europe),* dont l'auteur est le capitaine anglais Russell Grenfell. Ce militaire partage la thèse du professeur Barnes selon laquelle les pays les plus susceptibles de déclencher la guerre étaient la Serbie, la France et la Russie, car tous trois avaient des revendications territoriales : la France aspirait depuis 1871 à une revanche qui lui permettrait de récupérer l'Alsace et la Lorraine ; la Russie aspirait à contrôler les détroits de la mer Noire. La Serbie souhaite étendre son territoire en Bosnie. Grenfell désigne ainsi deux noms comme principaux instigateurs ou responsables du désastre : Sazonov, le ministre russe des affaires étrangères, et Poincaré, qui avait cumulé en 1912 le poste de premier ministre avec celui de ministre des affaires étrangères et qui était président de la République depuis janvier 1913. Poincaré s'est engagé à soutenir la Russie en toutes circonstances, qu'elle soit attaquée ou non. Cette attitude serait la preuve irréfutable que Poincaré et les partisans de la guerre à Paris envisageaient la possibilité de reconquérir l'Alsace-Lorraine par une guerre revancharde, car ils étaient convaincus que la France et la Russie vaincraient les Puissances Centrales. Grenfell divise les pays qui ont participé à la guerre en deux groupes : ceux qui voulaient faire des gains et ceux qui voulaient conserver ce qu'ils avaient. Dans le premier groupe, il place la Serbie, la France et la Russie ; dans le second, l'Allemagne, l'Autriche-Hongrie et la Grande-Bretagne.

Après avoir présenté ces arguments, examinons maintenant chronologiquement les événements les plus significatifs de juillet 1914. Les 5 et 6 juillet, l'Allemagne aurait offert un "chèque en blanc" à l'Autriche-Hongrie si elle devait prendre des mesures contre la Serbie. L'ambassadeur autrichien à Berlin, László Szögyény, envoie un télégramme à son ministre des Affaires étrangères, Leopold Berchtold, l'informant que l'empereur Guillaume II, le 5, et le chancelier Bethmann-Hollweg, le 6, ont promis une aide inconditionnelle. Sur ce point, le professeur Fay rappelle dans les fameux articles cités plus haut que le 26 juillet, l'Allemagne annule son chèque en blanc et coopère avec la Grande-Bretagne pour contenir l'Autriche afin d'éviter une coflagration générale.

Le 7 juillet, le gouvernement austro-hongrois tient un conseil des ministres afin de déterminer s'il convient d'entreprendre une action militaire contre la Serbie ou d'opter pour la diplomatie. Le ministre Berchtold, confiant dans le soutien de l'Allemagne, privilégie la première option. Le premier ministre hongrois, le comte Stephen Tisza, s'y oppose. Finalement, il a été convenu de présenter à la Serbie une série d'exigences inacceptables qui justifieraient une guerre entre l'Autriche et la Serbie. Seize jours se sont écoulés avant que ces exigences ne soient présentées à la Serbie. Le 13 juillet, des télégrammes arrivent à Vienne en provenance de Sarajevo. Friedrich von Wiesner, l'enquêteur que le gouvernement a envoyé dans la ville, estime qu'il existe des preuves de la complicité serbe dans l'assassinat, mais n'a aucune preuve que le gouvernement serbe est ou pourrait être impliqué.

Le 15 juillet, le président Raymond Poincaré et René Viviani, à la fois chef du gouvernement et ministre des affaires étrangères, se rendent en Russie. Ils arrivent à Saint-Pétersbourg le 20 et s'entretiennent pendant trois jours avec le ministre russe des Affaires étrangères, Sergueï Sazov, qui, selon diverses sources, est franc-maçon. Bien qu'il n'existe aucune trace officielle de ces consultations, on pense que la France a également offert un chèque en blanc à la Russie si elle soutenait la Serbie contre l'Autriche-Hongrie. Maurice Paléologue, un autre franc-maçon qui fut ambassadeur de France en Russie, et Alexandre Izvolski, l'ambassadeur de Russie en France présent à Saint-Pétersbourg, auraient tous deux fermement soutenu la solidarité de leurs pays respectifs avec la Serbie. L'ambassadeur austro-hongrois en Russie, le comte Szapáry, également franc-maçon, a été informé par Poincaré et Sazov du soutien de leurs pays à la Serbie. S'il est vrai que la guerre est une création des individus et non des nations, comme l'a dit Sir Patrick Hastings, Poincaré serait l'un des individus qui a le plus œuvré pour la guerre, et divers documents le confirment. Dans les mémoires de l'ambassadeur Paléologue, il est admis que Poincaré a activement encouragé et renforcé le camp favorable à la guerre lorsqu'il était à Saint-Pétersbourg. Le baron Schilling, du ministère russe des Affaires étrangères, fait également référence dans son journal aux discours grandiloquents de Poincaré, qui, comme Paléologue l'a indiqué aux Russes, devaient être considérés comme des documents diplomatiques contraignants. Une autre information intéressante provient des *British War Origins Papers*, qui rapportent que le 22, Poincaré opposa son veto à une proposition du secrétaire du Foreign Office, Sir Edward Grey, en faveur de pourparlers directs entre Vienne et Saint-Pétersbourg. Alfred Fabre-Luce, écrivain et journaliste français de renom, écrit qu'après la visite de Poincaré à Saint-Pétersbourg, il y a peu de chances d'éviter la guerre.

Le 23 juillet à 18 heures, alors que Poincaré a déjà quitté la Russie, l'ultimatum de deux jours qui se prépare lentement à Vienne est remis au gouvernement serbe par le diplomate autrichien, le baron Giesl. Il exige une réponse avant 18 heures le 25 au soir. Au cours de la matinée du 24, les termes de l'ultimatum sont portés à la connaissance des autres puissances européennes. Il y eut des tentatives de report de l'échéance et des offres de médiation, mais aussi des déclarations russes de soutien à la Serbie. Des témoins oculaires rapportent que lorsque Zazov a pris connaissance de l'ultimatum, il s'est mis en colère et a appelé à une mobilisation immédiate de la Russie.

Le 25 juillet au soir, sous l'influence de la Russie, la Serbie se mobilise. Avant l'expiration du délai, une réponse rejette les points essentiels de l'ultimatum. L'Autriche durcit sa position. La France et la Grande-Bretagne prennent quelques mesures militaires de précaution, mais ne font rien pour tenter de contenir la Russie. Dans l'après-midi, Zazov confirme à l'ambassadeur britannique à Saint-Pétersbourg, le High Mason George Buchanan, que la France "s'étant placée sans réserve du côté de la Russie", ils sont prêts à "assumer tous les risques de la guerre". Ce jour-là, l'ambassadeur français Paléologue note dans son journal qu'il s'est rendu à la gare de Varsovie pour raccompagner Izvolski, qui rentrait à son poste à Paris après s'être entretenu avec Poincaré. Les deux hommes échangent des impressions hâtives et s'accordent sur l'essentiel : "Cette fois, c'est la guerre". Il reste à ajouter un fait troublant : le 25 même, Sir Edward Grey, ministre britannique des Affaires étrangères, déclare aux Russes que l'ultimatum de l'Autriche à la Serbie justifierait la mobilisation russe et ajoute que l'Allemagne ne se mobilisera pas si la Russie se mobilise contre la seule Autriche.

Le 27, l'Autriche commence à mobiliser contre la Serbie. L'Allemagne perçoit que la position prise par la Russie conduit à une guerre européenne. Elle change de position politique et demande en vain à Vienne de négocier avec la Serbie. Izvolski, l'ambassadeur russe à Paris, insiste à nouveau sur le fait que la guerre est inévitable. Ce jour-là, la surprise vient à nouveau de Grande-Bretagne. Le ministre des Affaires étrangères, M. Grey, informe Saint-Pétersbourg que la concentration continue de la flotte britannique doit être comprise comme un signal évident d'intervention, ce qui, quel que soit l'angle sous lequel on l'envisage, est une façon d'encourager l'action militaire... Le professeur Barnes affirme avec force que Zazov pensait pouvoir compter sur la Grande-Bretagne.

Le 28, l'Autriche déclare la guerre à la Serbie. L'empereur Guillaume II propose que les Autrichiens s'arrêtent à Belgrade et le chancelier Bethmann-Hollweg demande le soutien d'Edward Grey, qui accepte que la guerre soit limitée et ne s'étende pas. En Russie, Zazov manifeste à nouveau une colère incontrôlée qui ne s'atténue qu'après la décision de procéder à la mobilisation générale, qui doit être contresignée par le tsar. Zazov lui-même admet qu'après avoir appris la déclaration de guerre de l'Autriche, il n'a pensé qu'à se préparer à la guerre. Nicolas II et Guillaume II échangent des télégrammes personnels qui confirment que les événements conduisent à un conflit européen. Des informations sur la position britannique sont à nouveau disponibles ce jour-là dans une longue lettre privée d'Arthur Nicolson, sous-secrétaire aux affaires étrangères, à l'ambassadeur Buchanan. Cette lettre est consignée *dans les British Papers*. Elle révèle la duplicité habituelle de la politique britannique, puisque Nicolson annonce à son collègue l'intervention de la Grande-Bretagne.

Le 29, Nicolas II signe l'ordre de mobilisation générale, mais un contre-ordre est émis dans la soirée à la demande de Guillaume II. Une mobilisation partielle de 1 100 000 hommes est décidée à la place, mais cet ordre n'est jamais exécuté. À partir du 29, les manifestations pacifistes contre la guerre sont strictement interdites en France. Poincaré refuse cependant d'ordonner la mobilisation avant l'Allemagne, afin d'éviter que la France ne soit désignée comme le moteur de la guerre. Le 30 au soir, Nicolas II se laisse enfin convaincre d'ordonner la mobilisation générale en Russie. Quelques mots du tsar montrent qu'il est conscient que cela signifie qu'un conflit général est inévitable : "Souvenez-vous, dit-il à Sazov, qu'il s'agit d'envoyer des milliers et des milliers de personnes à la mort.

Le 31 au matin, on apprend à Berlin que la mobilisation générale en Russie est en cours. À midi, le gouvernement proclame le "danger de guerre", préalable à la mobilisation, et dans l'après-midi, il adresse un ultimatum à la Russie et à la France. Il demande à la première de suspendre la mobilisation et à la seconde de rester neutre en cas de guerre germano-russe. Le même jour, Jean Jaurès, socialiste représentant le pacifisme au sein de son parti, est assassiné à Paris. L'opposition de la gauche française à la guerre disparaît avec la mort de cet homme politique influent.

À partir de ce moment, les événements se succèdent très rapidement. Le 1er août, l'Allemagne déclare la guerre à la Russie sans avoir reçu de réponse à son ultimatum. Paris et Berlin ordonnent respectivement la mobilisation de leurs armées : La France le fait à trois heures et demie de l'après-midi et l'Allemagne une heure et demie plus tard. Le 2 août, l'Allemagne demande la neutralité bienveillante de la Belgique et, dans la soirée, occupe le Luxembourg pour sécuriser les voies ferrées. Le 3 août, la France répond à l'ultimatum par des dérobades et la Belgique refuse la demande allemande. L'Allemagne commence l'invasion de la Belgique. Le 4 août, la Grande-Bretagne envoie un ultimatum à l'Allemagne pour qu'elle mette fin à l'invasion de la Belgique. Berlin refuse et Londres déclare la guerre à l'Allemagne. La guerre locale entre l'Autriche-Hongrie et la Serbie s'est transformée en une guerre européenne qui deviendra une guerre mondiale.

Dans son ouvrage *En quête de vérité et de justice,* Harry Elmer Barnes souligne l'existence d'accords secrets entre la France et la Grande-Bretagne que Sir Edward Grey avait fréquemment niés à la Chambre des communes. Il estime que l'Allemagne et l'Autriche comptaient sur la neutralité britannique. Selon lui, ils pensaient à juste titre que la France et la Russie ne seraient pas entrées en guerre sans la garantie de l'appui de Londres. Le professeur Barnes rappelle qu'il ne faut pas oublier qu'il y avait de puissantes forces cachées dans la politique britannique qui soutenaient le parti de la guerre. Selon lui, si l'Angleterre avait fait pression sur la Russie comme l'Allemagne sur l'Autriche ou avait déclaré sa neutralité, il est peu probable qu'un conflit aurait éclaté en Europe. L'éditorialiste du London *Daily News,* A. G. Gardiner, est l'une des principales voix à réclamer la neutralité britannique le 1er août. Dans un article intitulé "Pourquoi l'Angleterre ne doit pas se battre", il prévient que la plus grande calamité de l'histoire est en train de s'abattre sur l'Europe. "En ce moment, écrivait Gardiner, notre destin est scellé par des mains que nous ne connaissons pas, par des motifs étrangers à nos intérêts, par des influences que nous rejetterions sûrement si nous les connaissions. Quant à la propagande belliciste de certains journaux, Gardiner s'interroge : "Qui prépare la voie à cette stupéfiante catastrophe ?" Nous avons déjà vu dans le chapitre précédent qui considérait le contrôle de la presse comme un objectif fondamental.

Le fait que nous ayons noté que Zazov, Buchanan, Paléologue, et peut-être aussi Izvolski, étaient francs-maçons appelle un commentaire. Comme nous le verrons plus loin, tous les membres du gouvernement provisoire issu du coup d'État de février 1917 qui a contraint le tsar à abdiquer étaient francs-maçons. Il s'agissait d'un exécutif de transition qui a immédiatement cédé le pouvoir aux juifs-bolcheviks, dont les principaux dirigeants - Lénine, Trotski, Plekhanov, Radek, Zinoviev, Boukharine, Kamenev, etc. Jusqu'en décembre 1906, date à laquelle M. M. Kovalevsky ouvrit la Loge *North Star* sous la juridiction du Grand Orient de France, il n'y avait pas de loges maçonniques en Russie ; néanmoins, en 1915, il y en avait déjà une demi-centaine en activité, supervisées par le Conseil suprême de Russie, dont les trois secrétaires étaient Nekrasov, Tereshchenko et le Juif Kerensky, agent du B'nai B'rith.

Les dirigeants du Conseil Suprême russe se sont réunis pas moins de deux fois par mois à Saint-Pétersbourg et à Moscou. Selon Andrei Priahin, dans un article publié sur le site de la Grande Loge de Colombie britannique et du Yukon, l'ambassadeur britannique Buchanan et l'ambassadeur français

Paléologue faisaient partie de ceux qui assistaient à ces réunions du Conseil suprême, qui se tenaient dans des résidences privées. Par ailleurs, dans *Architects of Deception* (2004), un livre disponible en PDF, Jüri Lina confirme qu'en 1915, Buchanan recevait fréquemment la visite du ministre russe des affaires étrangères, Zazov, d'Alexander Goutchkov, chef des Octubristes, et de Mikhail Rodzyanko, président de la Douma. Tous étaient francs-maçons et complotaient pour renverser le tsar. Selon Lina, l'ambassadeur britannique Buchanan a rencontré à Saint-Pétersbourg en janvier 1917 un grand nombre de francs-maçons, dont le général Nikolaï Ruzky, pour préparer le coup d'État qui devait avoir lieu le 22 février, mais qui s'est finalement déroulé le 23. On a appris récemment que la date avait été repoussée d'un jour pour coïncider avec la fête juive de Pourim. Le 24 mars 1917, le journal juif *Jevreyskaya Nedelya* (*Semaine juive*) a publié un article sur la révolution de février avec un titre significatif : "C'est arrivé le jour de Pourim". Et ce n'est pas tout : dans *Trnov Venac Rusije - Tajna Istorija Masontsva* (*La couronne russe d'épines : l'histoire secrète de la franc-maçonnerie*), un livre publié à Moscou en 1996 et rapporté par Jüri Lina, dont il n'existe pas de traduction anglaise, l'auteur russe Oleg Platonov révèle que, fin février 1917, une délégation de sionistes locaux a rendu visite à l'ambassadeur Buchanan pour le remercier d'avoir contribué à la destruction de la monarchie en Russie. On verra plus tard que Buchanan et le tristement célèbre Alfred Milner ont également financé les bolcheviks.

## Sur les premières années de la guerre

En 1899, Ivan Bloch, écrivain et banquier polonais, avait estimé que le coût d'une guerre entre les grandes puissances continentales s'élèverait à 4 millions de livres sterling par jour. Bloch était convaincu que ces coûts et la capacité de destruction toujours croissante des armements rendaient une guerre totale virtuellement "impossible". Il avait manifestement tort. Mais il n'était pas John Atkinson Hobson qui, rappelons-le, avait affirmé avec une certitude absolue qu'"une grande guerre ne pourrait être menée par aucun Etat européen si la maison Rothschild et ses relations s'y opposaient". Cette idée n'est pas celle de Hobson, car elle avait déjà été exprimée par Guttle Rothschild, l'épouse de Mayer Amschel, lorsqu'elle déclara un jour : "Il n'y aura pas de guerre, mes fils ne fourniront pas l'argent". Disraeli l'a exprimé autrement après la crise polonaise de 1863 : "La paix n'a pas été préservée par les politiciens, mais par les capitalistes." Plus récemment, le président français Chirac a cité un Rothschild qui aurait dit : "Il n'y aura pas de guerre parce que les Rothschild ne la veulent pas". En 1914, ils la voulaient, bien sûr, et les prêts ont commencé immédiatement : la Grande-Bretagne a rapidement accepté un prêt de 1,7 milliard de livres sterling à la France par l'intermédiaire des Rothschild. Selon Niall Ferguson, pendant la guerre, la France a emprunté 610 millions de livres aux banques britanniques, auxquels il faut ajouter 738 millions de livres aux banques de la Réserve fédérale américaine. La Grande-Bretagne elle-même a emprunté 936 millions de livres à la Réserve fédérale. Comme le confirme Ferguson, "il est vite apparu que la clé du financement de la guerre, à des taux d'intérêt très élevés, ne se trouvait ni à Londres ni à Paris, mais à New York".

Si l'on considère le théâtre des opérations de guerre, il faut commencer par dire que l'un des avantages de l'Allemagne était son système de mobilisation, beaucoup plus efficace et rapide que celui de ses adversaires. Pour en profiter, elle devait frapper tout de suite, ce qu'elle fit. Son plan consiste à vaincre la France le plus rapidement possible et à s'occuper de la Russie dans un second temps. L'état-major allemand, confiant dans la lenteur de la mobilisation russe et dans le fait que l'Autriche-Hongrie attaquera les Russes avec 37 divisions, décide de défendre ses frontières orientales avec seulement 13 divisions, tout en en envoyant 83 contre la France. De son côté, Poincaré est persuadé que, cette fois, l'armée française atteindra Berlin. En quelques jours, le plan français tombe à l'eau : le 24 août, près de 1,5 million de soldats allemands font irruption en France et, le 2 septembre, ils ont atteint la Marne et se trouvent à soixante-dix kilomètres de Paris.

La France est sauvée par le grand-duc Nicolas qui, sans attendre la fin de la concentration des troupes russes et contre les intérêts nationaux, ordonne une offensive immédiate contre la Prusse orientale. L'état-major allemand est alors contraint de retirer de France deux corps de son armée et une division de cavalerie pour les transporter sur le front de l'Est. Le général français Cherfils, dans son ouvrage *La Guerre de la Délivrance*, dit ceci du Grand-Duc Nicolas : "Il conçut les opérations comme une intervention de secours, de distraction et de secours pour le front français. Il fut, en tant que généralissime, plus un allié qu'un Russe. Il a sacrifié les intérêts de la Russie à ceux de la France. Il a eu une véritable stratégie antinationale". Cette offensive s'est soldée par de lourdes pertes et une issue tragique pour la Russie, mais le sacrifice a permis de sauver Paris. Le maréchal Foch lui-même dira plus tard : "Si la France n'a pas été rayée de la carte de l'Europe, nous le devons avant tout à la Russie".

Alors que des centaines de milliers d'hommes perdaient la vie sur les champs de bataille, les conspirateurs qui avaient attendu la guerre savaient que le moment était venu où la situation politique serait favorable à la réalisation de leurs objectifs. C'est pourquoi la stratégie visant à livrer la Palestine au sionisme international continue d'être élaborée dans les bureaux des conspirateurs. L'une des figures les plus actives est Chaim Weizmann, le leader du mouvement sioniste qui, en 1910, avait obtenu la citoyenneté britannique. Weizmann rendit visite en 1914 au rédacteur en chef du *Manchester Guardian*, Charles Prestwich Scott, qui fut heureux d'apprendre que le visiteur était "un Juif qui détestait la Russie". Comme on l'a vu, la Russie était à l'époque en train de sauver les Français et les Britanniques avec son offensive à l'Est. Scott proposa à Weizmann de partager un petit-déjeuner avec M. Lloyd George, chancelier de l'Échiquier. La rencontre a lieu début décembre et une quatrième personne, Herbert Samuel, un dirigeant juif qui, entre 1920 et 1925, occupera le poste de haut-commissaire du mandat britannique en Palestine, partage la table. Weizmann écrit qu'il a trouvé Lloyd George "extraordinairement frivole" à propos de la guerre en Europe, mais "encourageant et favorable au sionisme". Lloyd George propose une entrevue avec Lord Balfour.

La rencontre a lieu le 14 décembre 1914. Balfour a demandé avec désinvolture à Weizmann s'il pouvait faire quelque chose de concret pour lui. À l'époque, le quartier général sioniste se trouvait encore à Berlin et, bien qu'il devienne de plus en plus évident que la Grande-Bretagne était soutenue, de nombreux sionistes étaient convaincus que l'Allemagne gagnerait la guerre. La réponse fut : "Pas tant que les canons grondent, quand la situation militaire sera plus claire, je reviendrai". C'est au cours de cette réunion, et gratuitement, que Lord Balfour lui dit : "Quand les canons cesseront de tirer, peut-être pourrez-vous obtenir votre Jérusalem". En tout état de cause, les sionistes britanniques ne doutent pas que c'est par l'Angleterre qu'ils vont réaliser l'usurpation de la Palestine. Le 28 janvier 1915, le Premier ministre Asquith écrit dans son journal : "Je viens de recevoir de Herbert Samuel un mémorandum intitulé "L'avenir de la Palestine"... Il pense que nous devrions transplanter dans ce territoire trois ou quatre millions de Juifs européens". Asquith, qui n'était pas sioniste, a avoué dans son journal qu'il ne partageait pas du tout ces opinions.

Au début de l'année 1915, les Allemands préparent une nouvelle grande offensive sur le front franco-britannique, mais l'avancée des troupes russes dans les Carpates oblige à nouveau l'état-major teuton à revoir ses plans. Après une réunion à Lille, il est décidé de déplacer les meilleures troupes sur le front oriental, où le nombre de divisions allemandes passe de quarante à soixante-dix-sept. Le général Cherfils évoque également ce moment de la guerre avec d'autres mots de gratitude : "... les armées russes nous ont sauvés du désastre. Leur audacieuse offensive dans les Carpates, en plein hiver, a donné des sueurs froides à l'Autriche... Grâce à elle, le grand-duc Nicolas nous a sauvés en se sacrifiant. Nous ne trouverons jamais assez de mots de gratitude pour nos héroïques alliés russes". Dès lors, la guerre sur le front occidental devient une guerre de positions qui permet aux Français et aux Britanniques de renforcer leurs forces et leurs armements tandis que des centaines de milliers d'Allemands perdent la vie à l'Est. En outre, le 26 avril 1915, une conférence se tient à Londres au cours de laquelle l'Italie décide de participer à la guerre en échange d'importantes concessions territoriales. Le traité secret de Londres sera révélé deux ans plus tard, le 28 février 1917, par le journal bolchevique *Izvestia*.

Mais ce n'est pas seulement sur les champs de bataille que la guerre se déroule ; sur les mers, en particulier dans l'Atlantique, d'autres opérations ont lieu : les blocus économiques. L'Allemagne fait le blocus de la Russie, mais en même temps, elle souffre du blocus imposé par la Grande-Bretagne. Il est difficile de comprendre comment la Russie, alliée de la première puissance navale mondiale, peut souffrir du blocus de ses exportations qui, avant la guerre, passaient par le détroit du Bosphore. La raison en est la perte d'influence anglo-russe en Turquie. Au lieu de soutenir les efforts de son allié pour maintenir sa position dans le détroit, la Grande-Bretagne l'a entravé de manière incompréhensible. David Louis Hoggan précise dans *The Myth of the New History* que "les alliances entre nations ne sont pas toujours synonymes d'amitié véritable, et la Grande-Bretagne était en fait plus hostile qu'amicale envers la Russie pendant la période où les deux nations étaient alliées". En revanche, les Etats-Unis, sans être entrés en guerre, se sont comportés comme les meilleurs alliés de la France et surtout de l'Angleterre : sans l'envoi de centaines de millions de dollars de marchandises de toutes sortes pendant les premières années du conflit, Français et Anglais auraient dû accepter la paix que leur offrait l'Allemagne en 1916. Le fait que les Allemands disposent de l'industrie lourde de la Belgique et de l'industrie française située dans l'arrondissement de Lille a privé la France de ressources importantes, et l'Angleterre ne peut à elle seule pallier ces manques.

*America Goes to War* (1938), un ouvrage désormais classique de Charles Callan Tansill, explique en détail le blocus économique et la guerre sous-marine dans l'Atlantique. En 1909, la Déclaration de Londres a été adoptée, dans le but de codifier le droit maritime international et d'aborder les questions de neutralité. Lorsque les hostilités ont commencé en 1914, la déclaration n'avait pas été ratifiée, mais il était entendu aux États-Unis que les pays belligérants la reconnaîtraient dans leurs relations avec les pays neutres. Dès le début de la guerre, le 20 août 1914, le gouvernement britannique adopte des mesures de blocus qui nuisent au commerce américain avec l'Europe, ce qui incite William Jennings Bryan, secrétaire d'État américain, à rédiger une note de protestation le 26 septembre. Le colonel Mandell House fait immédiatement part de ses objections au président Wilson. L'agent des conspirateurs a déclaré que la note de Bryan, qui prétendait défendre vigoureusement les droits des États-Unis, était "extrêmement peu diplomatique". Le 24 octobre, le secrétaire au Foreign Office, Sir Edward Grey, est informé que les États-Unis retirent leur "suggestion d'adopter la Déclaration de Londres comme code temporaire de guerre navale à observer par les belligérants et les neutres au cours de la présente guerre".

Cette concession a rapidement été mise à profit et, le 2 novembre 1914, la Grande-Bretagne a déclaré que "la mer du Nord devait désormais être considérée comme une zone militaire ou une zone de guerre". Cela signifie que la Grande-Bretagne se donne le droit de fixer l'étendue du commerce extérieur en mer du Nord. En réponse à cette mesure, l'Allemagne proclame le 4 février 1915 qu'elle établira une zone de guerre sous-marine autour des îles britanniques. Cette zone est établie par ordre du Kaiser le 22 février. Jusqu'alors, la guerre sous-marine n'était pas mentionnée dans le droit international. En fait, les sous-marins de la marine britannique ont attaqué le commerce allemand et neutre dans la mer Baltique pendant la guerre, si bien que les États-Unis se sont volontairement abstenus d'envoyer des navires marchands dans la région de la Baltique. Ils n'ont cependant pas fait de même dans le cas de la zone imposée par l'Allemagne. En d'autres termes, les Américains sont prêts à accepter les infractions britanniques, mais pas celles des Allemands. Le 20 février, le secrétaire d'État Bryan envoie des notes identiques à la Grande-Bretagne et à l'Allemagne pour protester contre les infractions. Les Allemands répondent qu'ils renonceraient volontiers à ces infractions si les Britanniques levaient le blocus destiné à les affamer. Comme on pouvait s'y attendre, les Britanniques refusent d'abandonner leur meilleure arme.

Le premier incident, très grave au vu du nombre de victimes, ne tarde pas à se produire. *Le Lusitania*, un croiseur auxiliaire de la marine britannique utilisé comme navire de transport de passagers et de marchandises, est coulé le 7 mai 1915 par une torpille allemande au large de l'Irlande. Le navire a coulé en dix-huit minutes et douze cents personnes ont perdu la vie, dont cent vingt-huit citoyens américains sur les cent quatre-vingt-dix-sept qui se trouvaient à bord. En plus des passagers, le *Lusitania* transportait une cargaison de six millions de livres de munitions, quatre mille deux cents boîtes de cartouches métalliques et douze cents boîtes d'éclats d'obus, faisant du paquebot une bombe flottante. Le gouvernement Wilson avait refusé d'accepter ce fait, bien qu'avant le départ du navire, les représentants du gouvernement allemand aux États-Unis, au courant de la cargaison du *Lusitania*, aient publié plusieurs avis dans tous les journaux de New York. Ils dénoncent la présence de munitions à bord, rappellent que l'Allemagne et la Grande-Bretagne sont en guerre et avertissent "très sérieusement" les citoyens d'autres nationalités de ne pas traverser l'Atlantique à bord du *Lusitania*, car ils risquent d'être pris pour cible par leurs sous-marins. Le même jour, le 1er mai, pendant l'embarquement, les avertissements sont répétés verbalement aux passagers.

Le colonel Mandell House et Winston Churchill, alors Premier Lord de l'Amirauté, étaient convaincus que si les Allemands coulaient un navire avec des Américains à bord, les États-Unis entreraient en guerre contre l'Allemagne. En 1955, Emrys Hughes, dans *Winston Churchill : British Bulldog*, a révélé cette information : "Les faits suivants sont encore plus incompréhensibles. Lorsque *le Lusitania* est parti de New York, le capitaine habituel a soudainement été remplacé par le capitaine William Thomas Turner (décoré par Churchill après la catastrophe). Lorsque le navire a atteint la zone dangereuse, il a ignoré les ordres de navigation stricts. Les ordres formels que Turner avait reçus à New York lui demandaient d'éviter la zone extrêmement dangereuse où le navire a été coulé, d'augmenter la vitesse dans la zone dangereuse et de zigzaguer dans les eaux afin d'augmenter la difficulté d'être touché par une torpille. Tous ces ordres ont été violés. Non seulement ces règles ont été ignorées, mais *le Lusitania* a même réduit sa vitesse à l'approche des côtes irlandaises, et Churchill a ordonné le retrait du navire militaire *Juno* qui l'escortait.

Après le naufrage du *Lusitania,* une vague de propagande déferle sur le pays. La presse américaine, indignée, parle d'un innocent navire de passagers vicieusement torpillé par les perfides sous-marins du Kaiser, et les Allemands sont dépeints comme des monstres assoiffés de sang. La campagne visant à provoquer l'intervention des États-Unis dans la guerre européenne commence alors. Simultanément, le secrétaire d'État Bryan, qui avait tenté d'obtenir le soutien de Wilson pour interdire aux citoyens américains de voyager sur des navires comme le *Lusitania,* perdit confiance dans le président. Le 8 juin 1915, William Jennings Bryan démissionne pour protester contre les contradictions de la politique étrangère de Woodrow Wilson. Le secrétaire d'État ne peut accepter une comptabilité scrupuleuse de l'Allemagne alors que les violations britanniques du droit maritime international sont tolérées, justifiées et excusées. Après avoir quitté ses fonctions, Bryan s'engage dans le mouvement "Keep Us Out of War" et mène une campagne contre les banquiers internationaux qui projettent de crucifier le peuple américain sur une croix d'or.

L'année 1916 commence par une conférence militaire destinée à planifier les opérations militaires de l'Entente. Il est décidé que les Russes lanceront une offensive à la mi-juin et les Alliés occidentaux quinze jours plus tard, mais une fois de plus, l'état-major allemand prend les devants et la bataille de Verdun, l'une des plus terribles de la guerre, commence en février, forçant toutes les forces françaises disponibles à s'engager dans la mêlée. La bataille dure dix mois et fait 300 000 morts et un demi-million de blessés. Les Autrichiens attaquent à leur tour les Italiens dès le début du printemps et les placent dans une situation critique qui menace Venise. La Russie est à nouveau sollicitée et, en mai, elle attaque les Autrichiens sur le front polonais de Galicie, les obligeant à retirer des divisions du front italien. Malgré la gravité de la situation économique intérieure, la Russie est même en mesure de lancer l'offensive prévue au cours de l'été de la même année. Le général Brusiloff mène une brillante campagne au cours de laquelle il capture un demi-million de prisonniers austro-allemands et reconquiert pratiquement la Galicie. Cependant, l'incapacité des alliés de la Russie sur le front occidental et la nécessité de disposer de canons à longue portée, qu'ils ne pouvaient recevoir que de la France et de l'Angleterre, empêchèrent les Russes de remporter de plus grands succès.

C'est précisément pour améliorer la capacité des armées russes qu'en juin 1916, le Premier ministre britannique, Herbert Henry Asquith, a envoyé Lord Kitchener à Saint-Pétersbourg, qui avait publiquement déploré l'incapacité de la Grande-Bretagne à livrer les armes et les munitions promises à la Russie. Le cercle des hommes politiques et des hommes d'affaires anglais associés au sionisme s'est élargi au fur et à mesure que la guerre avançait, mais ni Kitchener ni Asquith n'en faisaient partie. S'il y avait un militaire de prestige en Angleterre, doté d'une immense autorité et d'une grande popularité, c'était bien Lord Kitchener. C'est Kitchener lui-même qui proposa à Asquith la mission en Russie, dont les objectifs fondamentaux étaient de répondre aux besoins en armement de son allié, d'aider à sa réorganisation et d'établir des relations étroites dans un esprit d'amitié sincère entre les deux empires. Boris Brasol, dans *The World at the Cross Roads* (1921), ajoute : "Il était entendu que Lord Kitchener mettrait un terme définitif à la politique ambiguë de Sir George Buchanan, l'ambassadeur britannique en Russie. Il était manifestement malhonnête de la part du gouvernement britannique de s'immiscer et de prendre parti dans des questions de politique intérieure russe. Quelles que soient les sympathies de certains dirigeants britanniques, il est inexcusable de soutenir les éléments radicaux de la Douma (comme l'a fait Buchanan) afin d'entraver la politique d'unité de la Russie". À Saint-Pétersbourg, l'arrivée de Lord Kitchener était donc attendue avec impatience, et l'on pensait qu'après son entrevue avec le Tsar, les intrigues de Buchanan, l'ambassadeur maçonnique véreux au service des conspirateurs, seraient paralysées, et que le gouvernement obtiendrait le soutien moral dont il avait si urgemment besoin. Malheureusement pour la Russie, Lord Kitchener disparaît mystérieusement. Plusieurs auteurs estiment qu'il était l'homme qui aurait pu soutenir la Russie. Pour la révolution mondiale comme pour les prétentions du sionisme, Lord Kitchener était un obstacle redoutable.

Lord Kitchener a trouvé la mort le 5 juin 1916, peu après avoir quitté Scapa Flow à bord du croiseur H. M. S. Hampshire, qui a coulé au large des côtes écossaises. Un certain nombre de circonstances laissent penser qu'il a été simplement tué. Curieusement, Lloyd George, qui avait été nommé ministre des munitions en 1915 et devait embarquer avec Lord Kitchener, décida au dernier moment de rester à terre. Après cet "accident", Lloyd George est nommé secrétaire d'État à la guerre. Un autre fait surprenant est l'autorisation donnée à l'escorte du H. M. S. Hampshire de retourner à sa base, prétendument parce que le croiseur ne pouvait pas maintenir sa vitesse dans une mer agitée. Le gouvernement britannique annonce que le navire a sombré parce qu'il a été torpillé par un sous-marin allemand ou touché par une mine.

Le commandant W. Guy Carr, l'auteur cité à plusieurs reprises dans ce livre, affirme catégoriquement qu'il s'agit d'un mensonge. Guy Carr, un expert maritime qui a servi comme officier de navigation sous-marine pendant la Première Guerre mondiale et comme officier de contrôle naval pendant la Seconde Guerre mondiale, a entrepris une enquête personnelle approfondie et a publié en 1932 un livre sur ses découvertes, *Hell's Angels of the Deep (Les anges de l'enfer des profondeurs)*. Le commandant Carr estime qu'il est prouvé que le H. M. S. Hampshire a coulé soit à cause d'un sabotage, soit à cause d'une erreur de l'officier de navigation, bien qu'il ait du mal à croire qu'un professionnel aux compétences et à l'expérience avérées ait pu commettre une erreur de jugement aussi grave. Je pense", dit-il, "qu'un saboteur a probablement forcé ou altéré les aimants du compas de route". Les gyrocompas (compas gyroscopiques) ne faisaient pas partie de l'équipement standard à l'époque et même les navires qui en étaient équipés trouvaient les modèles Sperry (un type de gyrocompas) peu fiables, comme je le sais par expérience". La fausseté de la version officielle a été corroborée par le général Ludendorff, chef de l'état-major allemand, qui a étudié les circonstances entourant la perte du H. M. S. S. Hampshire et de Lord Kitchener. "Aucune action des unités navales allemandes, qu'il s'agisse de sous-marins ou de poseurs de mines, affirma Ludendorff, n'a eu de rapport avec le naufrage du navire. En 1916, Douglas Reed était un jeune soldat et raconte : "Je me souviens que les soldats du front occidental, lorsqu'ils ont appris la nouvelle, ont eu l'impression d'avoir perdu une grande bataille. Leur intuition était plus vraie qu'ils n'auraient pu l'imaginer."

Le 29 décembre 1916 se tient une importante conférence à laquelle participent tous les chefs d'état-major des armées russes. Pour contrer la supériorité de l'artillerie allemande, il est décidé de former de nouvelles brigades d'artillerie, notamment d'artillerie lourde, qui doivent être sur le front dès le mois de mai de l'année suivante. Les généraux russes préparent une offensive avec une force colossale de sept millions d'hommes, qui sera définitive si elle est combinée à une offensive simultanée sur le front occidental. Les généraux russes ne comptent pas sur le fait que les graines de la future révolution semées par les mencheviks et les bolcheviks pourraient éventuellement germer : pour la première fois depuis le début de la guerre, des pamphlets révolutionnaires sont apparus sur le front au printemps 1916. La tsarine est calomniée en raison de l'influence sinistre de Raspoutine, le tsar est accusé de faiblesse, les soldats apprennent que, pendant qu'ils se battent, les nobles profitent de leur absence pour s'emparer de leurs terres. Progressivement, la propagande devient plus agressive : des slogans pacifistes sont constamment diffusés, on demande aux soldats de désobéir à leurs officiers, on leur dit que leur véritable ennemi est le gouvernement impérial, soutenu par la noblesse et la bourgeoisie.

## Le sionisme soutient définitivement la Grande-Bretagne et trahit l'Allemagne

Au début de la guerre, le financier américain Roger Bacon admettait que pas plus de cinquante mille Américains aux États-Unis étaient favorables à l'entrée en guerre au nom de la France et de l'Angleterre contre l'Allemagne. En 1916, cinquante-quatre pour cent des Américains étaient d'origine germanique. Lors de la proclamation de l'indépendance, un seul vote a empêché l'allemand d'être considéré comme la langue officielle de la République. Pendant les 100 premières années, l'allemand a été la seule langue entendue dans certaines régions du pays. Un sondage réalisé la même année demandait aux Américains : "Si nous devions entrer en guerre, choisiriez-vous de vous ranger du côté de l'Allemagne ou de l'Angleterre ?" Une écrasante majorité a répondu qu'elle préférerait soutenir l'Allemagne. Considérant que les Britanniques avaient été les grands ennemis de l'indépendance du pays, cette réponse était tout à fait logique. Parmi les Juifs talmudiques, il y avait également de nombreux partisans de l'Allemagne. L'édit d'émancipation de 1822 avait garanti des droits civils aux Juifs allemands. L'Allemagne a été le seul pays d'Europe à supprimer les restrictions. Un autre fait à prendre en considération est la collaboration continue de Guillaume II avec l'Organisation sioniste mondiale. Le Kaiser avait personnellement organisé une rencontre entre Theodor Herzl, le visionnaire qui avait publié *L'État juif* en 1896, et le sultan ottoman. Bleichröder & Company, talmudistes juifs de Berlin, sont depuis des générations les banquiers privés de la famille impériale. Les Warburg de Hambourg, également talmudistes, collaborent avec le gouvernement allemand et Max Warburg contrôle les services secrets. Le mouvement sioniste n'ignorait pas ces circonstances et c'est pourquoi, au cours de la première année de la guerre, il a même envisagé d'utiliser l'Allemagne pour atteindre ses objectifs. Ce n'est que lorsque la décision d'opter pour la Grande-Bretagne a été confirmée que les cartes ont été mises sur la table et que le siège du mouvement sioniste a été déplacé de Berlin à Londres, bien que le Comité provisoire d'urgence sioniste ait été établi à New York, sous la direction du juge L. D. Brandeis.

La trahison de l'Allemagne par l'Organisation sioniste mondiale a été consommée à la fin de l'année 1916. Au début de l'année, les troupes françaises avaient subi des mutineries que Pétain avait sévèrement réprimées, et les Italiens avaient été décimés par les Austro-Hongrois. Au fur et à mesure que l'année 1916 avance, la Grande-Bretagne est confrontée à des difficultés d'approvisionnement en raison de la campagne sous-marine allemande. À l'automne, les opérations des sous-marins sont à leur apogée et les stocks de nourriture et de munitions s'épuisent, mettant la Grande-Bretagne dans une situation désespérée. L'armée française se mutine à nouveau en Italie, dont les troupes ont été à nouveau vaincues près de Venise, et négocie une paix séparée. D'une manière générale, les pays belligérants connaissent de graves problèmes et la souffrance de la population européenne s'accroît. Les fronts sont dans l'impasse et aucune solution militaire n'est en vue. L'Allemagne a soumis plusieurs propositions à la Grande-Bretagne pour arrêter la guerre, et la dernière, présentée en octobre 1916, est sérieusement examinée par le cabinet de guerre britannique. C'est à ce moment-là qu'une délégation sioniste dirigée par Chaim Weizmann et

Nathan Sokolov propose aux Britanniques un "gentlemen's agreement" secret. Les sionistes promettent que, grâce à leur influence, ils amèneront les États-Unis à entrer en guerre aux côtés de la Grande-Bretagne et de la France. Le prix à payer par la Grande-Bretagne était d'occuper la Palestine et de permettre aux Juifs d'y fonder l'État d'Israël. Bien qu'une nouvelle proposition de paix formelle ait été soumise par l'Allemagne le 12 décembre, l'accord n'a été conclu qu'à la fin de l'année 1916. Il a fallu pour cela limoger le Premier ministre H. H. Asquith, remplacé par David Lloyd George, et placer à la tête du Foreign Office Arthur James Balfour, Lord Balfour, qui allait entrer dans l'histoire avec la célèbre *déclaration Balfour.*

Le principal obstacle à l'accord était le Premier ministre Asquith. Les sionistes avaient besoin de l'écarter afin de mettre en place des politiciens cooptés, outils nécessaires pour accomplir un travail qui ne pouvait être fait qu'à partir du pouvoir. Alors que le carnage était sur le point de s'arrêter et que la paix était sur le point d'être instaurée, la presse a informé les masses que le Premier ministre Asquith était incompétent pour gagner la guerre. En novembre 1916, Lloyd George, qui, depuis la mort de Lord Kitchener, occupait le poste de secrétaire d'État à la guerre, conseilla à M. Asquith de lui céder la présidence du cabinet de guerre. Tous deux étaient libéraux, mais faisaient partie d'un gouvernement de coalition. Lloyd George a fait cette proposition à Asquith après avoir obtenu le soutien des dirigeants conservateurs, ce qui revient à dire qu'il s'agissait d'un ultimatum. Lloyd George demande également que le conservateur Lord Balfour soit démis de ses fonctions de Premier Lord de l'Amirauté. Comme on pouvait s'y attendre, Asquith, le Premier ministre libéral, refusa avec indignation de céder la présidence du cabinet de guerre et de démettre Lord Balfour de ses fonctions. L'étape suivante de la stratégie a été franchie par Balfour lui-même, qui a présenté de manière inattendue sa démission au Premier ministre Asquith. Ce dernier lui envoya rapidement une copie de sa propre lettre dans laquelle il refusait de le démettre de ses fonctions. Lord Balfour, bien qu'il se soit retiré de la scène avec un gros rhume, a trouvé la force d'écrire une autre lettre insistant sur sa démission, comme l'avait demandé Lloyd George. La manœuvre tactique suivante fut la démission de Lloyd George lui-même. Le Premier ministre Asquith est laissé à lui-même. Le 6 décembre, les dirigeants du parti annoncent à l'issue d'une réunion qu'ils sont prêts à soutenir un gouvernement dirigé par Lord Balfour. Lord Balfour décline l'offre, mais propose volontiers de faire partie d'un gouvernement dirigé par Lloyd George. Le 7 décembre, David Lloyd George entame son mandat de Premier ministre et Arthur James Balfour est nommé ministre secrétaire du Foreign Office. Ainsi, les deux hommes qui avaient rencontré Weizmann deux ans plus tôt et exprimé leur soutien au sionisme devinrent les figures les plus importantes du gouvernement britannique.

La première décision de Lloyd George fut prise avant même qu'il ne soit confirmé dans ses fonctions. Il était très important d'informer les nombreux talmudistes juifs américains de l'existence du pacte secret, pour qui il n'était pas facile de croire que la Grande-Bretagne avait promis quelque chose qu'elle n'avait pas (la Palestine) en guise de compensation pour avoir fait entrer l'Amérique dans la guerre. Afin de dissiper les doutes, le jour même de la démission d'Asquith, le 5 décembre, Lloyd George envoya d'urgence Josiah Wedgewood, un parlementaire renommé, à New York, muni de preuves documentaires confirmant l'accord de Londres. Wedgewood arrive à New York le 23 décembre et est accueilli sur le quai par le colonel Edward Mandell House, l'agent qui était le conseiller du président Wilson depuis 1912. Pendant son séjour à New York, Josiah Wedgewood vit dans l'appartement de Mandell House sur la 54e rue. Le colonel House a déjà organisé les réunions que M. Wedgewood doit tenir pour expliquer le pacte secret. Benjamin Freedman, qui connaissait personnellement Mandell House, explique dans *The Hidden Tyranny* que le dimanche 25 décembre après-midi, au vieil hôtel Savoy, situé à l'angle de la 59e rue et de la 5e avenue à New York, Wedgewood s'est adressé à cinquante et un talmudistes juifs pour leur présenter des preuves qui dissiperaient tous leurs doutes. Au nom du Premier ministre Lloyd George, Josiah Wedgewood leur a donné l'assurance de la promesse de céder la Palestine au sionisme international après la défaite de l'Allemagne, en compensation de l'entrée en guerre des États-Unis.

Au même moment, une deuxième décision d'envergure est prise à Londres : Lloyd George exprime sa volonté de lancer au plus vite une campagne en Palestine afin de s'emparer du territoire des Turcs. Il s'agit d'un danger évident, car la sécurité du front occidental est en jeu. La personne qui a osé soulever la question est Sir William Robertson, un militaire du style de Lord Kitchener, un général qui avait reçu le soutien du Premier ministre Asquith alors qu'en septembre 1916, il était déjà en difficulté avec le secrétaire d'État à la Guerre. Lloyd George avait alors tenté de se débarrasser de Robertson en l'envoyant en Russie pour demander aux Russes un effort maximal, ce qu'il avait refusé. Dans des textes adressés à Sir Douglas Haig, Robertson écrit que la tentative de Lloyd George de l'envoyer en Russie était "l'esquive de Kitchener" - une excuse pour "devenir le chef" afin de pouvoir "faire ce qu'il veut". Sir William Robertson s'opposa à l'envoi de troupes en Palestine, estimant que cette proposition était dangereuse et risquait de compromettre la victoire dans la guerre.

Dès la formation du nouveau cabinet de guerre, l'état-major général est chargé d'examiner la possibilité d'étendre les opérations à la Palestine. Il est conclu qu'une campagne nécessiterait trois divisions supplémentaires, qui ne pourraient être prélevées que sur le front occidental. Le rapport militaire reprend la thèse de Sir William Robertson et avertit que le projet est problématique et qu'il nuit gravement aux espoirs de succès en France. Ces conclusions déçoivent les ministres qui veulent occuper immédiatement la Palestine. En février 1917, le cabinet de guerre demande aux chefs d'état-major d'envisager la possibilité d'une campagne d'automne en Palestine. Entre-temps, de nombreux sionistes sont introduits dans le gouvernement et de nouveaux "administrateurs" se voient confier des postes clés au ministère de la Défense. Des codes secrets et des moyens de communication par câble sont mis à la disposition des Juifs talmudiques afin qu'ils puissent communiquer à leurs coreligionnaires du monde entier l'accord secret qu'ils ont conclu avec le gouvernement britannique. Le général Smuts, un militaire d'Afrique du Sud que les sionistes considèrent comme leur ami le plus précieux, reçoit l'ordre de se rendre en Angleterre. Grâce à une campagne de presse réussie, il reçoit un accueil enthousiaste à son arrivée à Londres le 17 mars. Le Premier ministre Lloyd George le présente au cabinet de guerre comme "l'un des plus brillants généraux de la guerre". En réalité, le général Smuts avait mené une petite campagne coloniale en Afrique du Sud. Le 17 avril, ce général soumet des recommandations dans lesquelles il regrette que les forces britanniques soient engagées en France, mais se prononce en faveur d'une campagne en Palestine. À cette époque, le coup d'État de février a eu lieu en Russie et l'Allemagne peut commencer à déplacer des troupes vers le front occidental.

Le cabinet de guerre ordonne au commandant militaire en Égypte, le général Murray, d'attaquer en direction de Jérusalem. Murray prétend que ses forces sont insuffisantes et il est démis de ses fonctions. Le commandement est alors proposé au général Smuts, qui se montre prudent et s'entretient avec Sir William Robertson avant de prendre le risque. Robertson lui fait prendre conscience des énormes possibilités d'échec militaire et Smuts n'accepte finalement pas l'offre de Lloyd George. Ce fut sans aucun doute une grande déception, mais l'engagement en faveur du sionisme imposait l'occupation de la Palestine et, en septembre 1917, Lloyd George décida que "les troupes nécessaires à une grande campagne en Palestine pourraient être prélevées sur le front occidental au cours de l'hiver 1917-1918 et, leur travail en Palestine achevé, elles seraient de retour en France à temps pour le début de la campagne de printemps".

En bref, après la réponse frustrante de Smuts, l'un des généraux subordonnés de Robertson, Sir Henry Wilson, a finalement approuvé l'approche de Lloyd George et a même estimé que l'attaque allemande supposée pourrait ne jamais se produire. Le général Edmund Allenby, commandant en chef du corps expéditionnaire égyptien, avance en Palestine et constate que la résistance turque est moins forte que prévu. La conquête de Jérusalem n'étant plus qu'une question de temps, la *déclaration Balfour* est publiée le 2 novembre 1917. Ce document a été rédigé par un juif qui a dissimulé son origine, Léopold Amery, secrétaire adjoint du cabinet de guerre. Lord Balfour l'adresse à Sir Walter Lionel Rothschild, président des communautés juives de Grande-Bretagne. La *déclaration Balfour* allait devenir l'un des textes les plus importants de l'histoire en raison de sa portée et de ses effets durables. Elle engageait la Grande-Bretagne, vis-à-vis du monde entier, à faire tout ce qui était en son pouvoir pour que la création d'un État juif en Palestine devienne une réalité. Nous aurons l'occasion d'examiner le texte de la déclaration dans un autre chapitre. Onze jours plus tard, le 13 novembre, Allenby remporte une victoire décisive contre le général allemand Erich von Falkenhayn, qui commande les forces ottomanes. Le 9 décembre 1917, les troupes d'Allenby entrent dans Jérusalem, mais une grande partie de la Palestine reste à conquérir. La preuve que les soldats britanniques savaient qu'ils menaient cette guerre pour le sionisme est la chanson qu'ils chantaient et dont le refrain répétait : "Et ils ont donné la Ville Sainte au Comité sioniste".

Le 7 mars 1918, l'ordre est donné de mener "une campagne décisive" pour conquérir tout le territoire de la Palestine. Le général Smuts est envoyé à Jérusalem avec des ordres précis pour le général Allenby. Le 21 mars, l'attaque tant attendue sur le front de l'Europe occidentale a lieu. Les Allemands savent qu'avant que davantage d'hommes et de matériel ne parviennent au front en provenance des États-Unis, ils doivent tenter une offensive qui leur donnera la victoire finale. La "campagne décisive" en Palestine est immédiatement suspendue et le plus grand nombre possible de troupes est ramené sur le front français. L'armée britannique subit l'une des plus grandes défaites de son histoire : 175 000 soldats sont faits prisonniers. Les Britanniques appellent cette bataille "la grande retraite de mars". Bien que l'offensive allemande marque la plus grande avancée territoriale depuis 1914, le 15 juillet, près de la Marne, les Allemands sont stoppés dans ce qu'on appelle la deuxième bataille de la Marne. Avec l'intervention imparable du colosse américain, toute chance de victoire pour l'Allemagne s'évanouit.

## Les sionistes font leur part : Wilson déclare la guerre à l'Allemagne

Bien avant l'accord secret de Londres, il était clair pour ceux qui complotaient dans l'ombre qu'il fallait encourager l'entrée en guerre des États-Unis. Le naufrage du *Lusitania* en mai 1915 avait été provoqué dans ce but. L'une des personnes les plus actives à cet égard était le colonel House. C'est d'ailleurs lui qui invente le slogan de la campagne de Wilson en 1916 : "He kept us out of the war" (Il nous a tenus à l'écart de la guerre). Un slogan qui laissait entendre que la volonté du président était de tenir ses concitoyens à l'écart de la guerre. Même le rabbin Stephen Wise, qui reconnaît dans *Challenging Years* (1949) que House "était le lien officiel entre le mouvement sioniste et l'administration Wilson", a prêché contre la guerre pendant la campagne, alors qu'il l'appelait de ses vœux comme tout le monde. Pour couronner le tout, le juge Brandeis, qui avait voué sa vie au sionisme, était le conseiller du président sur la question juive. Comme on le voit, la toile de la collusion sioniste dans laquelle le président Wilson était empêtré s'étendait des deux côtés de l'Atlantique et les deux gouvernements étaient pris dans l'engrenage. Au cas où Wilson ne l'aurait pas compris, avant même d'avoir prêté serment en février 1917, le rabbin Wise lui fait savoir qu'il a changé d'avis et qu'il est "convaincu que le moment est venu pour le peuple américain de comprendre que notre destin est de prendre part à la lutte". Le 12 février 1917, Mandell House écrit dans son journal : "Nous nous dirigeons vers la guerre aussi rapidement que je l'avais espéré".

Outre l'épisode du *Lusitania*, un autre naufrage, celui du *Sussex*, sert de prétexte pour demander au Congrès de déclarer la guerre. *Le Sussex*, navire à vapeur transmanche, est torpillé le 24 mars 1916 par un sous-marin allemand qui le prend pour un navire poseur de mines. Bien que cinquante personnes, dont aucun Américain, aient perdu la vie dans l'incident, le navire n'a pas coulé et a été remorqué jusqu'au port de Boulogne. Il est intéressant de noter que parmi les victimes se trouvaient Enrique Granados, le célèbre compositeur et pianiste espagnol, et sa femme, qui se sont noyés. Le président Wilson informe le Congrès que le ferry a été coulé par un sous-marin allemand et que les citoyens nord-américains qui se trouvaient à bord ont été tués. Le danger de guerre entre l'Allemagne et les États-Unis s'est alors considérablement accru, ce qui a incité l'empereur Guillaume II, dans une tentative désespérée d'éviter le conflit, à prendre, le 4 mai 1916, un engagement qui est entré dans l'histoire sous le nom de "Sussex Pledge" (Engagement du Sussex). Le président Wilson a chargé son ambassadeur James W. Gerard de faire savoir à l'empereur qu'en échange de l'abandon par l'Allemagne de la guerre sous-marine, le président américain œuvrerait en faveur d'une paix de compromis s'il était élu en novembre 1916. En d'autres termes, les Allemands devaient renoncer aux représailles contre le blocus britannique dans l'espoir que Wilson les aiderait à parvenir à une paix de compromis qu'ils avaient proposée plus tôt dans l'année. L'engagement du Sussex était donc un accord par lequel l'Allemagne acceptait de modifier sa politique de guerre sous-marine sans restriction et de cesser de couler des navires non militaires. Les navires marchands ne seraient inspectés et coulés que s'ils transportaient des marchandises de contrebande, et seulement après que la vie des passagers et de l'équipage ait été sauvée.

En décembre 1916, il est clair que Wilson ne respectera pas sa part du marché, car les diverses offres de paix faites par l'Allemagne sont restées sans réponse. Les Allemands décident donc, à l'issue d'une conférence tenue le 8 février 1917, de reprendre la guerre sous-marine le 11 février. Le chancelier Bethmann-Hollweg se dit convaincu que les États-Unis auront l'excuse d'entrer en guerre ; mais Hindenburg croit naïvement qu'il peut forcer la Grande-Bretagne à accepter la paix avant que les Américains n'interviennent en Europe contre les troupes allemandes épuisées. Le 27 mars, le président Wilson demande à Mandell House "s'il doit demander au Congrès de déclarer la guerre ou s'il doit dire que l'état de guerre existe". La déclaration de l'existence d'un état de guerre n'est qu'une étape préliminaire.

Le 2 avril 1917, Woodrow Wilson s'adresse aux deux chambres réunies en session conjointe et, suivant l'avis de Louis D. Brandeis, le juge que Samuel Untermayer avait placé à la tête de la Cour suprême, le président fait allusion au naufrage du *Sussex* comme raison de déclarer la guerre. "Le monde doit être rendu sûr pour la démocratie" est l'une des phrases les plus connues de Wilson ce jour-là. Le sénateur Norris a répondu le 4 que la guerre était "une guerre sur le commandement de l'or". Le sénateur LaFollete a dit quelque chose que personne ne pouvait nier : "L'Allemagne a été patiente avec nous". Le sénateur Warren Harding, qui allait succéder à Woodrow Wilson à la présidence, dénonça le slogan de la "guerre pour la démocratie". Dans l'un de ses discours les plus inquiétants, le président Wilson menace implicitement de renverser le gouvernement allemand par une action révolutionnaire, ouvrant ainsi les portes de l'Europe centrale au bolchevisme. Le 6 avril, à la demande du président Wilson, le Congrès déclare la guerre à l'Allemagne. Les sionistes tiennent ainsi la promesse de l'accord secret de Londres.

Une campagne de propagande conçue par James T. Shotwell, dont les mentors étaient des socialistes fabiens, et George Creel, un socialiste qui s'est révélé être un propagandiste sans scrupules, est immédiatement mise en place. Wilson le choisit pour diriger la propagande américaine en temps de guerre, qui débute en avril de la même année. Tous deux collaborent à la guerre des idées visant à manipuler la pensée américaine. Le 14 avril 1917, Creel accepte la présidence du Comité de l'information publique. Il est rapidement confronté à des hommes comme Robert Lansing, Mark Sullivan et d'autres, consternés par la malhonnêteté impitoyable des méthodes de Creel, qui prétend qu'en racontant des mensonges plus gros et meilleurs, il essaie simplement de "désabuser" le public américain des effets de la propagande allemande.

Le récit des stupéfiantes inepties créées par la propagande de Creel se trouve dans *Opponents of War, 1917-1919*, publié en 1957 par H. C. Peterson et G. C. Fite. Ces auteurs insistent sur le fait que, jusqu'au dernier moment, l'opinion publique américaine était opposée à la guerre. William Jennings Bryan, le secrétaire d'État qui avait démissionné en raison de son désaccord avec la politique étrangère de Wilson, a fait campagne contre la guerre sous les acclamations de l'opinion publique. La campagne de propagande atteint son apogée en 1918. Ces auteurs dénoncent ce qu'ils appellent "le règne de la terreur en Amérique", car il y a eu des vagues d'arrestations, des incendies de livres allemands, des passages à tabac et de nombreux meurtres. Une pratique très répandue consistait à goudronner et à plumer ceux qui protestaient contre la guerre. Elihu Root, un avocat de Wall Street qui avait reçu le prix Nobel de la paix en 1912, insistait pour que les opposants à la guerre soient exécutés. Cette idée d'éliminer impitoyablement les opposants a été une constante pendant les années de terreur juive-bolchevique. Une ligue de protection américaine a été créée pour faire taire les opposants. Il était courant de forcer les étrangers à embrasser le drapeau américain. En 1918, Creel organise une armée de cent cinquante mille "hommes de quatre minutes", ainsi nommés parce qu'ils surgissent de partout et diffusent en quelques minutes leur message de haine.

Dans un autre ouvrage publié en 1939, *Words that Won the War : The Story of the Committee on Public Information*, les auteurs, James R. Mock et Cedric Larson, présentent George Creel comme le premier ministre américain de la propagande. Cet ouvrage analyse plusieurs films de propagande anti-allemande, notamment *The Kaiser : the Beast of Berlin, qui* montre des soldats allemands arrachant un enfant des bras de sa mère et le jetant violemment au sol tout en se moquant impitoyablement de la femme. Le Kaiser est présenté comme un Hitler avant la lettre. Si, dans le film de Charles Chaplin, Hitler joue avec la balle du monde, ici, un Kaiser semblable à King Kong prend la balle du monde dans ses mains et la serre. Creel et son groupe anticipent les mensonges qui seront répétés contre l'Allemagne pendant la Seconde Guerre mondiale : ils prétendent même avoir la preuve que l'Allemagne veut transformer les États-Unis en colonie et déporter les non-Allemands dans une réserve au sud du Nouveau-Mexique.

## Le document du Landman

Un juif sioniste du nom de Samuel Landman, secrétaire honoraire du Conseil sioniste du Royaume-Uni en 1912 et rédacteur en chef de *The Zionist* entre 1913 et 1914, a publié en mars 1936, sous les auspices de l'Organisation sioniste, un ouvrage intitulé *Great Britain, The Jews and Palestine*, qui confirme pleinement les faits que nous avons relatés. Il s'agit d'un document juif qui a donc la pertinence des textes officiels. Léon de Poncins en a reproduit un fragment significatif dans son ouvrage *Secrets d'Etat*. En raison de son importance, nous consacrons cette section à la citation du document, extrait de l'ouvrage précité :

> "Étant donné que la déclaration Balfour a vu le jour au War Office, qu'elle a été consommée au Foreign Office et qu'elle est mise en œuvre au Colonial Office, et que certains de ses responsables ont quitté ce monde ou se sont retirés après avoir migré d'un ministère à l'autre, il règne nécessairement une certaine confusion ou un certain malentendu quant à sa raison d'être et à l'importance des principales parties concernées. Il semble donc opportun de résumer brièvement les circonstances, l'histoire intérieure et les événements qui ont finalement conduit au mandat britannique pour la Palestine.
> Ceux qui ont assisté à la naissance de la Déclaration Balfour étaient numériquement peu nombreux. Il est donc important de souligner comme il se doit les services d'une personne qui, en raison principalement de sa modestie, est restée dans l'ombre jusqu'à présent. Ses services,

cependant, devraient occuper une place appropriée au premier rang, aux côtés de ces Anglais clairvoyants dont les services sont largement connus, parmi lesquels il faut inclure feu Sir Mark Sykes, le très honorable W. Ormsby Gore, l'honorable Sir Ronald Graham, le général Sir George Macdonagh et M. G. H. Fitzmaurice.

Weizmann et Sokolov, en particulier par l'intermédiaire de feu M. C. P. Scott du *Manchester Guardian* et de Sir Herbert Samuel, ont déployé des efforts considérables pour amener le Cabinet à soutenir la cause du sionisme.

Ces efforts n'ont toutefois pas été couronnés de succès. En fait, Sir Herbert Samuel a déclaré publiquement qu'il n'avait pris aucune part au lancement des négociations qui ont abouti à la déclaration Balfour (*England and Palestine,* a lecture delivered by Sir Herbert Samuel and published by the Jewish Historical Society, February 1936). Le véritable initiateur des négociations fut M. James A. Malcoln et ce qui suit est un bref compte-rendu des circonstances dans lesquelles les négociations ont eu lieu.

Pendant les jours critiques de 1916 et la défection imminente de la Russie, les Juifs, dans leur ensemble, étaient contre le régime tsariste et espéraient que l'Allemagne, si elle était victorieuse, leur céderait la Palestine dans certaines circonstances. Plusieurs tentatives ont été faites pour amener l'Amérique à entrer en guerre aux côtés des Alliés grâce à l'influence de la puissante opinion juive, mais elles ont échoué. M. James A. Malcolm, qui était déjà au courant des efforts déployés par l'Allemagne avant la guerre pour prendre pied en Palestine par l'intermédiaire de juifs sionistes et des efforts anglo-français qui avaient échoué à Washington et à New York, et qui savait que M. Woodrow Wilson, pour de bonnes et suffisantes raisons, attachait toujours la plus grande importance aux conseils d'un éminent sioniste (le juge Brandeis de la Cour suprême des États-Unis), entretenait des relations étroites avec M. Greenberg, rédacteur en chef de la Jewish Chronicle, ainsi qu'avec M. Wilson. Greenberg, rédacteur en chef du *Jewish Chronicle* (Londres) ; il savait que plusieurs dirigeants sionistes importants étaient venus à Londres depuis le continent en raison de l'imminence des événements attendus ; il appréciait et comprenait la profondeur et la force des aspirations nationales juives, et il prit spontanément l'initiative de convaincre d'abord Sir Mark Sykes, sous-secrétaire au ministère de la Guerre, puis M. Georges Picot, de l'ambassade des États-Unis. Georges Picot, de l'ambassade de France à Londres, et M. Gout, du ministère français des Affaires étrangères (section orientale), que le meilleur et peut-être le seul moyen (qui s'est avéré exact) d'obtenir l'entrée en guerre du président américain était de s'assurer la coopération des Juifs sionistes en leur promettant la Palestine, et ainsi de capter et de mobiliser les forces puissantes et insoupçonnées des Juifs sionistes en Amérique et dans le monde entier en faveur des Alliés sur la base d'un accord de contrepartie. Ainsi, comme on le verra, les sionistes ayant fait leur part et ayant énormément contribué à impliquer l'Amérique, la déclaration Balfour de 1917, confirmation publique du gentlemen's agreement secret de 1916, a nécessairement été faite avec la connaissance, le consentement et/ou l'approbation préalables des Arabes et des gouvernements britannique, américain, français et autres alliés, et n'était pas simplement un geste volontaire, altruiste et romantique de la part de la Grande-Bretagne, comme certains le supposent par ignorance pardonnable ou voudraient l'interpréter ou le mal interpréter par une mauvaise volonté impardonnable.

Sir Mark Sykes était sous-secrétaire au cabinet de guerre, spécialement chargé des affaires du Proche-Orient, et, bien qu'il fût alors à peine familiarisé avec le mouvement sioniste et ignorait l'existence de ses dirigeants, il eut le talent de répondre au raisonnement anticipé par M. Malcolm et à la force et à l'importance de ce mouvement juif, en dépit du fait que de nombreux millionnaires juifs de l'Europe et de l'Amérique internationales ou semi-assimilées étaient soit ouvertement ou tacitement opposés au mouvement sioniste, soit restaient timidement indifférents. MM. Picot et Gout ont été tout aussi réceptifs.

Un compte rendu intéressant des négociations menées à Londres et à Paris et des développements ultérieurs a déjà été publié dans la presse juive et il n'est pas nécessaire de le répéter ici en détail, si ce n'est pour rappeler qu'immédiatement après l'accord entre Sir Mark Sykes, autorisé par le Cabinet de guerre, et les dirigeants sionistes, ces derniers ont reçu du War Office, du Foreign Office et des ambassades, légations, etc. britanniques, des facilités pour télégraphier et communiquer les bonnes nouvelles à leurs amis et organisations en Amérique et ailleurs, et le changement dans l'opinion officielle et publique, tel que reflété dans la presse américaine, en faveur d'un ralliement, Les facilités pour télégraphier et communiquer la bonne nouvelle à leurs amis et organisations en Amérique et ailleurs, et le changement dans l'opinion officielle et publique, tel que reflété dans la presse américaine, en faveur de l'entrée en guerre avec les Alliés, ont été aussi gratifiants que surprenants par leur rapidité.

La déclaration Balfour, selon les termes du professeur H. M. V. Temperley, était un accord définitif entre le gouvernement britannique et la juiverie (*History of the Peace Conference in Paris*, vol. 6, p.173). La principale récompense apportée par les Juifs (alors représentés par les dirigeants de l'Organisation sioniste), fut leur aide pour persuader le président Wilson d'aider les Alliés. En outre, la déclaration Balfour, alors officiellement interprétée par Lord Robert Cecil comme "la Judée pour les Juifs" dans le même sens que "l'Arabie pour les Arabes", a suscité l'enthousiasme dans le monde entier. Le premier accord Sykes-Picot de 1916, selon lequel le nord de la Palestine devait être séparé et inclus dans la Syrie (sphère française), fut ensuite modifié à la demande des dirigeants sionistes (par le traité franco-britannique de décembre 1920) afin que l'État national juif comprenne l'ensemble de la Palestine, conformément à la promesse qu'ils avaient précédemment reçue pour leurs services de la part des gouvernements britanniques, alliés et américains, et pour donner pleinement effet à la déclaration Balfour, dont les termes avaient été établis et connus de tous les Alliés et partenaires belligérants, y compris les Arabes, avant qu'elle ne soit rendue publique. En Allemagne, la valeur du pacte allié, selon toute apparence, a été dûment et soigneusement notée. Dans son ouvrage *Through Thirty Years*, M. Wickham Steed, dans un chapitre où il évalue l'importance du soutien sioniste en Amérique et ailleurs pour la cause alliée, déclare que le général Ludendorff aurait dit après la guerre : "La déclaration Balfour a été la chose la plus intelligente faite par les Alliés sur le plan de la propagande et j'aurais aimé y avoir pensé en premier". (Vol. 2, p. 392). Incidemment, ces propos ont été tenus par Ludendorff à Sir Alfred Mond (futur Lord Melchett) peu après la guerre. Le fait que ce soit l'intervention juive qui ait amené les États-Unis à entrer en guerre aux côtés des Alliés a depuis lors exaspéré l'esprit allemand et a grandement contribué à la place que l'antisémitisme occupe dans le programme nazi".

(S. Landman : *Great Britain, the Jews and Palestine*, pp. 3-6)

La presse internationale et l'historiographie officielle sont restées durablement muettes sur ce document d'une importance cruciale, qui demeure pratiquement inconnu. Le texte ne laisse aucun doute sur le rôle que les Juifs eux-mêmes s'attribuent dans l'issue de la Première Guerre mondiale. On ne peut comprendre l'évolution du XXe siècle, avec ses deux guerres mondiales, celle qui suivit en 1939 étant le second volet d'une même tragédie universelle, sans évaluer correctement ce qu'a coûté la création de l'État d'Israël. Quant au document de Landman, il faut rappeler qu'il a été publié en mars 1936 dans un contexte défavorable à la Grande-Bretagne. La situation en Palestine était explosive. La situation en Palestine est explosive et les Britanniques vont jusqu'à stopper l'immigration illégale des Juifs internationaux en raison des doutes de Londres. Il s'agissait en fait d'un avertissement : "Vous oubliez", lit-on dans un autre passage, "que vous ne nous avez pas donné la Palestine comme un cadeau spontané (Déclaration Balfour). Elle nous a été donnée à la suite d'un pacte secret conclu entre nous. Nous avons scrupuleusement respecté notre rôle en amenant l'Amérique de votre côté dans la guerre. Nous vous demandons de votre côté de remplir vos obligations. Vous connaissez notre puissance aux Etats-Unis, veillez à ne pas vous attirer l'hostilité d'Israël. Sinon, vous serez confrontés à de graves difficultés internationales".

Une telle effronterie semble incroyable. Ce n'est qu'avec la ferme conviction de l'irréversibilité de son propre pouvoir que l'on peut publier un document aussi compromettant et imprudent, avec des paragraphes qui menacent clairement l'Empire britannique lui-même, sous le protectorat duquel les sionistes étaient abrités en Palestine.

## Lord Milner et sa mission en Russie

Après avoir étudié les événements en Angleterre et aux Etats-Unis, il reste maintenant à voir comment se prépare la catastrophe en Russie. Pour cela, il faut remonter à l'été 1916, car c'est à ce moment-là qu'un dossier secret arrive en Russie en provenance d'un de ses agents à New York. Ce rapport, dont l'existence a été confirmée par diverses sources, fait état d'une réunion du Parti révolutionnaire russe d'Amérique qui s'est tenue le 14 février dans l'East Side de New York et à laquelle ont participé soixante-deux délégués, dont cinquante vétérans révolutionnaires qui avaient quitté la Russie après la révolution de 1905. Il a été noté qu'un pourcentage élevé des délégués était juif. Dans un extrait du rapport, reproduit par Boris Brasol dans *The World at the Cross Roads*, l'agent écrit : "... Les discussions de la première réunion ont été entièrement consacrées à la recherche des moyens de déclencher une grande révolution en Russie, car le moment le plus favorable approchait. Il a été dit que des rapports secrets en provenance de Russie avaient été reçus qui décrivaient la situation comme très favorable, car tous les préparatifs pour un déclenchement immédiat étaient prêts. Le seul problème est celui du financement, mais lorsque le sujet est abordé, certains membres assurent l'assemblée que cela ne doit pas être une source d'inquiétude, car des fonds abondants, si nécessaire, seront fournis par des personnes sympathisantes du mouvement de libération du peuple russe. Le nom de Jacob Schiff a été mentionné à plusieurs reprises.

En effet, des informations sur l'origine du financement du mouvement révolutionnaire parviennent au gouvernement russe depuis la révolution de 1905. La générosité de la Russie à l'égard de ses alliés pendant la guerre, reconnue à plusieurs reprises par des militaires français, devait certainement trouver un appui solide en Grande-Bretagne et en France. Les événements ont cependant montré que l'attitude de la Grande-Bretagne à l'égard de son allié russe ne pouvait être plus infidèle, puisque son ambassadeur Buchanan a œuvré au renversement du tsar. Après la déconfiture de Lord Kitchener et l'arrivée de Lloyd George au poste de Premier ministre, la situation ne fait qu'empirer. Néanmoins, les troupes russes ont été réorganisées et les généraux de l'état-major, convaincus des capacités de l'armée, préparent minutieusement l'offensive de printemps conçue avec les Alliés.

Peu avant le coup d'État de février/mars 1917, le gouvernement londonien a envoyé Lord Milner comme haut-commissaire à Saint-Pétersbourg. Milner, franc-maçon au 33e degré, agent des Rothschild qui avaient précipité la guerre des Boers et membre fondateur de la Table ronde, était l'un des principaux agents des conspirateurs. Loin de se sentir soutenu, la Russie était convaincue que le Haut Commissaire, au lieu de faire preuve de solidarité et de soutien, au lieu de freiner l'activité néfaste de l'ambassadeur maçonnique, avait transmis le soutien du gouvernement Lloyd George à la politique déstabilisatrice de Buchanan. La mission d'Alfred Milner en Russie, qui ne s'intéressait même pas aux besoins en armement de l'armée russe, suscita également la méfiance de Londres, comme le montra une interpellation à la Chambre des communes. Le ministre des Affaires étrangères, Lord Balfour, répond au député Dillon que "Lord Milner, lors de sa récente visite en Russie, n'a pas cherché à s'immiscer directement ou indirectement dans les affaires intérieures de la Russie".

De retour à Londres, Lord Milner, qui deviendra quelques mois plus tard l'un des financiers de la révolution bolchevique, rédige un rapport sur les besoins en armement de la Russie, qui sert de prétexte au Trésor britannique pour réduire les allocations de fournitures d'armes à la Russie. De son côté, l'Amirauté refuse fréquemment de fournir des navires d'un tonnage suffisant pour le transport d'armements lourds et d'autres matériels de guerre. En somme, le gouvernement de Lloyd George contribue à alimenter les tensions internes et tourne définitivement le dos à son allié russe : au lieu de coopérer avec lui, il le boycotte. À tel point que, selon la princesse Olga Paley dans *Souvenirs de Russie 1916-1919*, le Premier ministre Lloyd George, en apprenant la nouvelle du coup d'Etat qui a déposé le tsar, a déclaré : "l'un des buts de la guerre a été atteint". Pour les lecteurs qui trouveraient la source ci-dessus peu fiable, nous disposons des propos de l'ambassadeur britannique, publiés le 21 mars 1917 dans le *Russkoie Slovo*. Quelques jours après la chute du tsar, Buchanan déclare ouvertement aux journalistes : "Le régime autocratique et réactionnaire ne nous a jamais inspiré de sympathie. C'est pourquoi l'avènement du gouvernement provisoire est salué avec enthousiasme dans toute la Grande-Bretagne". Les faits donnent raison à ceux qui, au début de la guerre, avaient prévenu que les Britanniques se battraient jusqu'à la dernière goutte de sang russe.

# PARTIE 3 - BANQUIERS ET RÉVOLUTIONS (2) LA RÉVOLUTION BOLCHEVIQUE ET JUIVE

L'idée que l'histoire est une conspiration permanente contre la vérité est particulièrement vraie pour la Russie, un pays qui a souffert au cours du 19e siècle de l'hostilité déclarée des Rothschild. Cette hostilité était en réalité une déclaration de guerre déguisée contre le pays qui avait pris la tête de la Sainte-Alliance au Congrès de Vienne en 1815. La Sainte-Alliance faisait passer la tradition et les valeurs chrétiennes avant la laïcité et le progrès prétendument apportés par le libéralisme, une idéologie politique, économique et sociale que les banquiers internationaux ont réussi à imposer tout au long du XIXe siècle aux nations, aujourd'hui soumises au désastreux mondialisme néolibéral.

Nous avons déjà vu comment Alexandre Herzen, le révolutionnaire qui complotait contre la Russie depuis Londres, bénéficiait de la protection et de l'amitié de James Rothschild. Avant la révolution, les journaux d'Europe et d'Amérique contrôlés par les ennemis de la Russie ont martelé l'opinion publique pendant des décennies avec l'idée que le gouvernement russe était une machine d'oppression. Selon la presse, les tsars étaient des monstres désireux de maintenir leur peuple en esclavage. Depuis, l'idée d'un régime anti-progressiste, réactionnaire, autocratique et autoritaire a été répétée ad nauseam par les propagandistes de la révolution et par les démocraties libérales. Aujourd'hui, comme si les communistes avaient apporté la liberté, la démocratie et le bien-être au peuple russe, on enseigne encore dans les centres universitaires du monde entier que les tsars étaient les pires despotes d'Europe et que la révolution communiste était donc justifiée. C'est exactement la même stratégie qui a été mise en œuvre après la Révolution française.

Ainsi, les bouleversements sociaux provoqués par le Mouvement révolutionnaire mondial (MRM), lancé par les Lumières bavaroises avec le financement de Mayer Amschel Rothschild et d'autres banquiers, sont toujours considérés avec bienveillance et indulgence, car ils sont perçus comme une amélioration par rapport à ce qui existait auparavant. Avant de relater certains des événements les plus significatifs de la révolution, nous présenterons au lecteur quelques réalités de la Russie tsariste que la conspiration du mensonge feint d'ignorer. Arsène de Goulévitch, dont l'ouvrage *Tsarisme et Révolution* est l'une de nos sources, dit à juste titre que "l'histoire d'une nation est généralement racontée par ses amis, mais celle de la Russie a été écrite surtout par ses ennemis".

Si nous regardons la Russie d'aujourd'hui, nous constatons qu'après plus de soixante-dix ans de communisme athée qui a cherché à anéantir le christianisme en Russie, après une longue période pendant laquelle plusieurs générations ont été éduquées en dehors de tout enseignement religieux, une grande partie du peuple russe a renoué avec sa tradition chrétienne séculaire. Aujourd'hui, l'Église occupe à nouveau un rôle important dans la société russe. Ce fait, surprenant, s'explique par le rôle traditionnel de l'Eglise orthodoxe en Russie, symbole de patriotisme et confondue avec la nation et l'Etat. Cela n'a cependant pas empêché les tsars d'accorder à leurs sujets musulmans les mêmes droits qu'aux chrétiens. Pendant la guerre mondiale, des corps d'armée russes ont été commandés par des généraux musulmans.

En ce qui concerne les Juifs, il convient de rappeler qu'au XIXe siècle, la moitié de la population juive mondiale vivait en Russie. Ces Juifs russes n'étaient pas des sémites, mais des descendants ashkénazes des Khazars. Des rabbins talmudistes les ont éduqués dans les ghettos dans une haine viscérale du christianisme, les rendant inassimilables et pratiquant la consanguinité. Cette population est soumise à diverses restrictions, dont l'obligation de s'installer dans une vaste zone limitrophe de l'Europe centrale, correspondant aux actuelles Lituanie, Biélorussie, Pologne, Moldavie et Ukraine. Dans cette vaste zone de résidence, les Juifs ont dominé la vie économique au cours du XIXe siècle. Les banques juives basées à Varsovie, Vilna et Odessa comptaient parmi les principaux organismes de crédit commercial de l'Empire russe.

A. L. Patkin, dans *The Origins of the Russian-Jewish Labour Movement* (1947), explique qu'en 1856, le baron Joseph Günzburg et une délégation de notables juifs ont présenté un mémorandum à Alexandre II, lui demandant humblement de "séparer le bon grain de l'ivraie", c'est-à-dire de faire la distinction entre les classes inférieures et les Juifs plus dignes et plus éduqués, afin d'obtenir certains privilèges pour ces derniers. Grâce à la permissivité du tsar, entre 1860 et 1870, la première génération d'intellectuels juifs russes, dont la langue maternelle est le yiddish, s'immerge dans la vie culturelle russe. La plupart d'entre eux n'hésitent pas à adopter le christianisme orthodoxe afin d'accéder plus facilement à des postes importants et à des carrières universitaires. Ces Juifs ont accédé à des postes élevés dans la bureaucratie tsariste, en y entrant comme juges, avocats, professeurs. Certains sont même parvenus à entrer au Sénat. Patkin écrit que les capitalistes juifs sont entrés dans le domaine du développement industriel russe et ont rapidement atteint des postes importants de grande influence. La non-admission des Juifs au service de l'État n'a donc pas affecté cette élite. Ainsi, un grand nombre de Juifs qualifiés ont été autorisés à vivre en dehors de la zone de colonisation, qui avait été créée en 1791 par Catherine la Grande. Les Juifs pouvaient toutefois participer aux élections de la Douma et étaient également éligibles. Cela dit, examinons quelques réalités de la Russie tsariste par secteur.

## Organisation sociale et politique de la Russie tsariste

La première chose à noter est qu'avant la révolution, la liberté de presse, de réunion et d'association existait en Russie dans une mesure encore plus grande que dans certains pays occidentaux. L'idée selon laquelle l'administration de l'empire était corrompue et parasitaire est totalement fausse. Le nombre de fonctionnaires en Russie était beaucoup plus faible que dans la plupart des autres pays : en 1906, il y avait un peu moins de trois cent cinquante mille fonctionnaires, alors qu'en France, par exemple, le nombre de personnes inscrites au budget de l'État s'élevait à un demi-million. Ces chiffres concernant la fonction publique sont particulièrement significatifs si l'on considère la croissance démographique spectaculaire qu'a connue la Russie au cours du XIXe siècle, passant de 36 millions d'habitants en 1800 à 135 millions en 1900. Cette tendance s'est poursuivie au XXe siècle, la population atteignant environ 175 millions d'habitants en 1914.

Dans les provinces ou départements, à la suite du décret impérial du 19 février 1861, qui a libéré quelque 23 millions de paysans, émancipés par Alexandre II, le tsar libérateur, comme l'appelait le peuple russe, il a fallu créer une série d'institutions locales propres à toutes les classes de la population. En 1864, le gouvernement impérial profite de cette nécessaire réorganisation pour élargir les fonctions et le rôle de l'administration locale et crée des gouvernements de district, les "zemstvos", dont les pouvoirs en font de petits gouvernements autonomes. Leurs compétences couvrent toutes les questions relatives à l'instruction publique, l'assistance, l'approvisionnement, la construction et l'entretien des routes, l'hygiène sociale et la lutte contre les épidémies, l'inspection des prisons, etc. Tout cela nécessite des dépenses considérables. C'est pourquoi les "zemstvos" sont autorisés à prélever des impôts locaux sur la population. Parmi les résultats de leur activité, on peut citer les soins médicaux gratuits. Arsène de Goulévitch s'appuie sur les avis d'érudits français pour souligner avec fierté que les "zemstvos" disposaient sous le régime impérial "d'une organisation grandiose de la médecine sociale telle qu'il n'en existait nulle part ailleurs". L'un des animateurs de cette organisation médicale était le Dr Fréderic Erismann, professeur de nationalité suisse à l'université de Moscou. De Goulévitch écrit dans *Tsarisme et Révolution* qu'en 1897, il rendit visite au professeur Erismann à Zurich, où il participait à un congrès sur la protection des travailleurs. Il lui reconnaît que "l'organisation médicale mise en place par les Zemstvos est la plus grande réussite de l'époque dans le domaine de la médecine sociale, puisqu'elle fournit des soins gratuits, ouverts à tous, et qu'elle a un caractère profondément éducatif".

Parallèlement à la réforme administrative de 1864, le pays se dote d'un nouvel appareil judiciaire qui fonctionne parfaitement. La justice est rapide, équitable et accessible à tous. Les juges sont inamovibles et indépendants. Le système d'élection des magistrats, considéré comme révolutionnaire dans de nombreux pays, permet aux juges de paix d'être nommés dans les assemblées de district ou dans les "dumas" (consistoires) municipaux. La sentence d'un juge de paix pouvait faire l'objet d'un appel devant l'assemblée locale des juges de paix. Le code pénal russe ne prévoyait pas la peine de mort, ce qui le distinguait de tous les pays européens. Lorsque la peine de mort est appliquée en Russie, elle l'est exceptionnellement par des cours martiales ou des tribunaux extraordinaires. L'abolition des châtiments corporels en Russie a même précédé la réforme judiciaire de 1864. Les communistes ont tué plus de personnes en une seule journée que la justice tsariste pendant tout le XIXe siècle. Stéphane Courtois, dans *Les crimes du communisme,* fournit des chiffres concrets à cet égard. Selon lui, cent quatre-vingt-onze personnes ont été condamnées à mort en Russie entre 1825 et 1905. Courtois, qui qualifie la justice du tsar de "vraie justice", écrit : "Les prisonniers et les condamnés bénéficiaient d'un règlement pénitentiaire et le régime de l'enfermement, voire de la déportation, était relativement doux. Les déportés pouvaient se rendre dans leur famille, lire et écrire à leur guise, chasser, pêcher et rencontrer leurs compagnons d'infortune pendant leur temps libre. Lénine et Staline ont pu vérifier personnellement l'exactitude de ces propos.

L'éducation était une priorité pour Nicolas II. L'enseignement primaire est égal et gratuit pour tous. Un projet de 1862 visait à doter la Russie d'un enseignement général obligatoire, mais il dut être abandonné à l'époque, faute de moyens suffisants pour le mettre en œuvre. Nicolas II reprend l'idée de son grand-père et lance à partir de 1908 un nouveau plan d'enseignement obligatoire dans son empire, un projet sans précédent pour l'éducation des masses populaires. Un recensement est ordonné pour étudier les besoins et il s'avère que treize millions et demi d'enfants sont en âge d'être scolarisés, de sorte que deux cent cinquante mille écoles sont nécessaires. Les écoles primaires existantes étant au nombre de soixante-dix mille, il en fallait cent quatre-vingt mille de plus. Jusqu'en 1914, dix mille écoles ont été ouvertes chaque année en Russie. Si la guerre et la révolution n'avaient pas interrompu le processus, l'enseignement primaire obligatoire serait devenu une réalité en dix ans. Néanmoins, une enquête menée par les communistes en 1920 a montré que 86% des enfants âgés de 12 à 16 ans savaient lire et écrire. En ce qui concerne le développement de l'éducation des femmes, la Russie était le pays le plus avancé d'Europe en termes de nombre de femmes scolarisées au 19e siècle.

## L'agriculture avant et après la révolution

L'utilisation puis la destruction de la paysannerie par les Soviétiques est l'un des points les plus significatifs de ce qui s'est passé en Russie. La propagande révolutionnaire a répandu l'idée que la pauvreté des "moujiks" (paysans) était due au fait que la plupart des terres arables appartenaient aux grands propriétaires terriens. Voici un bref résumé des principales données fournies par Boris Brasol dans *Le bilan du soviétisme* et par Arsène de Goulévitch, qui coïncident pour l'essentiel. L'étude de ces auteurs est basée sur les terres de la Russie européenne, car toutes les terres cultivées en Sibérie appartiennent aux paysans. Selon une enquête agricole de 1916, sur 71 709 693 déciatines (la déciatine russe équivaut à un peu plus d'un hectare) semées cette année-là en Russie européenne, seul un dixième appartenait aux propriétaires fonciers capitalistes, le reste étant divisé en petites parcelles et en possession des paysans.

Pour apprécier le transfert des terres des propriétaires terriens vers les paysans, il faut partir de 1861, année au cours de laquelle Alexandre II, le tsar libérateur, a émancipé quelque 23 millions d'âmes. Rappelons que pendant que la Russie libérait pacifiquement les paysans, les États-Unis étaient plongés dans la guerre civile sous prétexte d'abolir l'esclavage. En 1861, la superficie des terres allouées aux paysans dans les quarante-quatre gouvernements de la Russie européenne s'élevait à 113,7 millions de déciatines ; en 1916, les petits paysans possédaient déjà 188 millions de déciatines. Cette évolution extrêmement rapide, qui a conduit à la démocratisation totale de la propriété foncière en Russie, a été déterminée par les mesures prises par les gouvernements tsaristes pour assurer le bien-être de la paysannerie. En vertu de la loi d'émancipation de 1861, les anciens serfs se sont vu accorder la liberté individuelle et les propriétaires terriens ont été dépossédés au profit de la paysannerie de 35 millions de déciatines, représentant environ un tiers de toutes les terres et plus de la moitié des terres arables qu'ils possédaient, ce qui, d'un point de vue juridique, constituait une expropriation. L'État, quant à lui, s'est dessaisi de 80 millions de déciatines lui appartenant et exploitées par des paysans non soumis à la servitude, mais liés aux terres de la couronne. Ceux-ci ont également été libérés. Les paysans ont été émancipés et ont reçu suffisamment de terres pour assurer leur subsistance.

Étant donné qu'entre 1861 et 1916, de nouveaux dixièmes des terres arables de la Russie européenne sont passés aux mains des paysans, l'État a fondé la "Banque des paysans" en 1882 pour soutenir et encourager la démocratisation de la terre. Cette institution était destinée à faciliter l'accès à la terre pour les petits agriculteurs dans des proportions croissantes. Ses principales opérations consistaient à acheter des terres de type rentier et à les revendre aux paysans à des conditions extrêmement avantageuses. Les prêts qu'il concluait avec les paysans s'élevaient souvent à quatre-vingt-dix pour cent du prix d'achat. Leur durée était, presque sans exception, de cinquante ans. Les intérêts retenus par la banque étaient si faibles que, plusieurs fois, ses opérations ont entraîné des déficits qui ont été couverts par le Trésor. Deux chiffres permettent d'apprécier la progression des prêts accordés par la Banque des paysans. En 1901, elle a accordé des prêts pour un montant de 222 001 000 roubles-or. En 1912, ce chiffre est passé à 1 167 994 000.

L'économiste danois Wieth Knudsen a qualifié cette banque de "plus grande institution de prêt immobilier de tout l'univers". De Goulévitch note ironiquement que "l'on pourrait également dire qu'elle a été la banque la plus sociale, sinon la plus socialiste, du monde".

En outre, le gouvernement a distribué toutes les terres arables de Sibérie aux paysans. La marche de la Russie vers le Pacifique a commencé à la fin du XVIe siècle, mais s'est accélérée et développée sous le règne de Nicolas II. En 1831, le gouvernement organisa une migration organisée, mais malgré les encouragements de l'État, la colonisation de la Sibérie ne progressa que très lentement. Au moment de la libération des serfs, la population russe en Sibérie ne dépassait pas les trois millions d'habitants. Avec l'impulsion donnée par la construction du chemin de fer transsibérien, qui a débuté en 1891, la colonisation a commencé à augmenter rapidement. Le comité du chemin de fer transsibérien soutient particulièrement l'émigration, en organisant des centres de santé et des cantines pour la distribution de nourriture aux émigrants. En 1906, la construction de la ligne de chemin de fer est achevée et, à partir de 1907, entre 400 000 et 600 000 personnes partent chaque année pour la Sibérie. L'aide de l'État aux colons passe de cinq millions de roubles en 1906 à onze millions de roubles en 1907, pour atteindre une moyenne de trente millions de roubles par an. Les colons sont transportés gratuitement par le gouvernement et reçoivent des subventions de 100 à 400 roubles par famille. Chaque famille reçoit en moyenne un terrain de quarante déciatines.

Plus tard, nous consacrerons un peu d'espace à Stolypine, un homme d'État de grande envergure qui, comme d'habitude, a été assassiné. Ses réformes ont donné un énorme coup de fouet à l'agriculture. Au cours des dix années précédant la guerre, la production de machines agricoles a quadruplé et leur importation a également augmenté. Le nombre de sociétés agricoles passe de 447 en 1902 à 4 685 à la fin de 1913. L'essor des coopératives agricoles est sans précédent : en 1902, on en comptait 2000 ; dix ans plus tard, on en dénombrait 22 000. Tout cela a permis à la Russie de devenir le plus grand producteur et exportateur de céréales au monde. Nous vous épargnerons les statistiques sur la croissance de la production annuelle et des exportations de seigle, de blé, d'orge, d'avoine et d'autres céréales. Outre les céréales, la Russie prérévolutionnaire occupait la première place mondiale pour la production de pommes de terre et de plantes fourragères. Elle était également le troisième producteur mondial de tabac. Elle produisait également en abondance des légumes et divers fruits. Malgré la propagande des révolutionnaires pour gagner la paysannerie, les paysans n'ont jamais été intéressés par une action contre le tsar et ont refusé de se rebeller contre lui parce qu'ils ne pensaient pas qu'il était un instrument d'oppression.

Nous ne pouvons terminer cette section sans rappeler que les famines ont été une constante de l'ère communiste et sans dénoncer l'un des plus grands crimes contre l'humanité dont personne ne se souvient parce qu'il ne touche pas. À la considération dont les tsars faisaient preuve à l'égard des paysans, s'oppose la cruauté et le mépris absolu de leur vie dont faisaient preuve les Soviétiques. Après la chute du tsarisme, la famine règne en permanence car le bolchevisme, comme on le sait, a complètement ruiné la paysannerie. La collectivisation féroce menée en 1929-30 a été le coup de grâce pour l'économie rurale russe. Dès 1921, la politique agricole désastreuse du régime communiste a entraîné une famine dans la région de la Volga, au sud de l'Ukraine, le "grenier de l'Europe", et en Crimée, qui a fait, selon certaines sources, entre quatre et cinq millions de victimes. Mais le pire pour les Ukrainiens est survenu en 1930, lorsque les terres et tous les biens de la paysannerie ukrainienne ont été confisqués par l'État : la "deskulakisation". Les agriculteurs sont contraints de rejoindre des fermes collectives, et ceux qui s'y opposent sont arrêtés et déportés. Alors que les marchés occidentaux sont approvisionnés en blé ukrainien confisqué à ses producteurs, les paysans sont rendus responsables du manque de pain et du rationnement strict dans les villes.

Un génocide par la faim jusqu'alors inconnu, l'"Holodomor", qui signifie "mourir de faim" en ukrainien, se déroule alors sous les yeux d'un monde impassible. L'idée de "liquider les koulaks en tant que classe" (fermiers propriétaires de terres et employant des ouvriers) vient du juif Lazar Kaganovitch, qui n'est pas seulement communiste mais aussi sioniste, membre du "Poale Zion", une organisation dans laquelle militent des milliers de bolcheviks. Son assistant dans l'organisation de la famine est Yam Yakovlev, un autre Juif dont le vrai nom est Epstein. Le NKVD réquisitionne toutes les céréales, les pommes de terre, les betteraves, les choux, qui sont stockés salés, et toutes les denrées alimentaires. Au cours de l'hiver 1932-1933, le ravitaillement est épuisé en Ukraine. Un immense cordon est mis en place et personne n'est autorisé à quitter le pays. Des pelotons d'autodéfense interdisent aux paysans affamés d'entrer dans les villes : on les empêche de monter dans les trains et beaucoup meurent dans les gares ou sur les voies ferrées. Les champs sont gardés par le NKVD et ceux qui tentent d'y fourrager sont abattus. Les agents reçoivent 200 grammes de pain pour chaque cadavre qu'ils livrent. De nombreux mourants sont enterrés vivants : "la terre bougeait", diront plus tard des témoins oculaires des enterrements. Au printemps 1933, le nombre de morts atteignait 25 000 personnes par jour. Il n'est donc pas surprenant que les rues des villes soient jonchées de cadavres. Entre six et sept millions de personnes ont été exterminées par la faim. Enfin, après un silence retentissant, le Parlement ukrainien et dix-neuf gouvernements d'autres pays ont reconnu en mars 2008 que les actions du gouvernement soviétique constituaient un génocide planifié. Le 23 octobre de la même année, le Parlement européen a adopté une résolution qualifiant l'"Holodomor" de crime contre l'humanité. En juin 2009, le service de sécurité ukrainien a publié une liste de noms de fonctionnaires soviétiques, pour la plupart juifs, qui ont été dénoncés dans le cadre de l'Holodomor.

L'avocat ukrainien Aleksander Feldman, dirigeant du Comité juif ukrainien, a déclaré que c'était une farce de rendre publique cette affaire, puisque tous les organisateurs de la Grande Famine étaient morts. Le prochain chapitre sera l'occasion de revenir sur ce génocide largement méconnu.

## L'industrie avant la révolution

Le rôle joué par l'État en tant que promoteur du développement industriel en Russie a été d'une grande importance. Là encore, bien qu'il ne corresponde pas à l'image de monstres impitoyables, il faut commencer par reconnaître qu'Alexandre III et Nicolas II se sont tous deux montrés très soucieux des conditions de travail des ouvriers, une préoccupation partagée par la plupart des industriels russes. Alexandre III décrète une série de lois ouvrières et institue le corps des inspecteurs du travail, chargés de surveiller les usines, de défendre les intérêts des travailleurs et d'empêcher leur exploitation par les patrons. De son côté, l'empereur Nicolas II introduit une nouvelle législation du travail, qui peut être considérée comme l'une des plus avancées de l'époque. W. H. Taft, président des États-Unis, l'a reconnu dans un discours public en 1912 : "Votre empereur a créé une législation du travail plus parfaite que toutes celles dont les pays démocratiques peuvent se vanter".

L'empire tsariste était le premier producteur mondial de platine et, avant la révolution, 95% du platine provenait de Russie. La Russie était également le premier producteur mondial de manganèse, un minerai nécessaire à la fabrication de l'acier. Avant la guerre, la Russie produisait 56% du manganèse mondial. La production de pétrole, bien que récente, s'est développée à tel point qu'en 1897, la Russie était devenue le premier producteur mondial de pétrole. Cependant, en 1905, suite au mouvement insurrectionnel qui secoue la Russie, la production subit une grave crise. À Bakou, les révolutionnaires mettent le feu aux puits, commettent de nombreux actes de sabotage et parviennent à provoquer une guerre civile entre Tatars et Arméniens. Les trois cinquièmes des champs pétroliers sont détruits et toute activité est interrompue. En outre, les travaux sur les installations non touchées sont temporairement suspendus. De 1906 à la révolution, la production reprend sérieusement grâce à la découverte de nouveaux gisements à Bakou et à Grozny. En 1913, le très riche gisement de Novo-Grozny est découvert à l'est de cette ville du Caucase et, à la veille de la révolution, il est prêt à être exploité. Douze ans après la révolution, l'industrie pétrolière russe n'a pas été en mesure d'exploiter son potentiel et sa production est restée à la douzième place. Parmi les métaux précieux, l'or est également abondant et l'empire tsariste se classe au quatrième rang mondial, après le Transvaal, les États-Unis et l'Australie. L'exploitation de l'argent se développe également très rapidement au début du XXe siècle. Pour conclure ce rapide tour d'horizon des ressources minérales, on peut ajouter que la Russie se classe au cinquième rang pour la production de cuivre et d'asphalte. L'exploitation de la houille s'est également énormément développée avec l'extension du réseau ferroviaire à travers l'empire à partir de la seconde moitié du XIXe siècle.

De toutes les industries russes, le textile est à la fois la plus ancienne et la plus importante. Les usines de tissage employaient près d'un million de travailleurs et, encouragées par le gouvernement, soutenaient toute une série d'institutions telles que des écoles, des infirmeries, des hôpitaux, des jardins d'enfants, des quartiers ouvriers, des bibliothèques, des maisons de retraite, etc. Ces entreprises sont devenues de véritables petites villes. Il convient de noter que la quasi-totalité des capitaux engagés dans cette industrie étaient russes. Au sein de l'industrie textile, l'industrie du coton occupait la première place, de sorte que la Russie occupait la troisième position dans l'approvisionnement en coton brut, après les États-Unis et la Grande-Bretagne. L'industrie de la laine était la deuxième plus importante, mais elle ne répondait pas aux besoins du marché intérieur. En 1913, la Russie était devenue le premier producteur mondial de lin et son industrie linière progressait rapidement, mais elle ne consommait que 20% de la quantité totale produite dans le pays, qui représentait avant la guerre 80% de la récolte mondiale de lin. La Russie tsariste fournit les quatre cinquièmes du lin utilisé en Europe. La soie, le chanvre et le jute complétaient la liste des principaux matériaux utilisés dans l'industrie textile.

## Les transports dans la Russie tsariste

La première ligne de chemin de fer en Russie a été ouverte en 1837 par des ingénieurs russes. Jusqu'en 1857, les chemins de fer ont été construits et exploités par l'État, mais à partir de cette date et jusqu'en 1881, ils ont été gérés par des sociétés privées dont la création a été soutenue financièrement par l'État. Dans *Le Siècle juif*, apologie qui, comme annoncé dans les *Protocoles*, démontre la domination absolue des Juifs dans tous les domaines du monde moderne, Yuri Slezkine révèle qu'une poignée de banquiers juifs basés en Russie ont amassé d'immenses fortunes grâce au commerce des chemins de fer. En plus de profiter des largesses budgétaires du ministère de la Guerre, ces banquiers ont été soutenus par les financiers juifs qui monopolisaient les chemins de fer en Europe, surtout le clan Rothschild, mais aussi les familles Pereira, Bleichröder et Gomperz. Ces consortiums de financiers et de constructeurs juifs ont notamment construit les lignes Varsovie-Vienne, Moscou-Smolensk et Moscou-Brest. Les frères Polyakov : Samuel, Yakov et Lazar étaient l'un des clans financiers juifs les plus influents. Samuel Polyakov a construit, financé et géré de nombreux réseaux privés et est devenu le "roi des chemins de fer". C'est pourquoi 93% du réseau ferroviaire russe appartenait à ces sociétés, qui étaient en concurrence les unes avec les autres.

Face à la situation tarifaire chaotique du pays, l'État s'est engagé pour une période de dix ans à ne plus accorder de concessions. Cependant, non seulement il construit la plupart des nouvelles lignes, mais il sauve également les compagnies privées. Ainsi, en 1889, les tarifs sont unifiés et en 1890, 29% du réseau appartient à l'Etat. De 1891 à 1901, la politique de sauvetage se poursuit et la construction de nouvelles lignes reste aux mains de l'État. En conséquence, en 1901, les entreprises privées ne détiennent plus que 30,4% du réseau, essentiellement des lignes européennes, l'État ayant repris principalement le réseau ferroviaire asiatique. Rappelons que la ligne du Transsibérien, commencée le 19 mai 1891 et achevée le 1er janvier 1906, qui constituait un record de vitesse de construction, est la plus longue du monde. Elle traverse 28 fleuves, passe sur cinq grands ponts et traverse 40 tunnels.

Il faut également savoir que la Russie n'importait ni locomotives ni wagons, car il existait dans les centres industriels des entreprises de construction mécanique très bien organisées et bien équipées, capables de répondre sans problème à tous les besoins du réseau russe et même d'exporter. Le coefficient d'exploitation des chemins de fer russes est le plus bas du monde et leurs trains sont parmi les plus confortables du monde. Arsène de Goulévitch affirme catégoriquement que "du point de vue qualitatif, dans le domaine de l'industrie ferroviaire, la Russie jouissait d'une supériorité sur tous les autres pays". En ce qui concerne le taux d'accidents, la Russie faisait partie des pays qui connaissaient peu d'accidents ferroviaires, mais avec l'arrivée des Soviétiques, tous les records en la matière ont été battus. Le *Wall Street Journal* du 15 juin 1926 fait état de l'état chaotique des chemins de fer russes, une situation qui ne cesse de s'aggraver. Un rapport de la presse soviétique elle-même reconnaît que les accidents ont augmenté de 50%. La cause de ce chaos et de cette mauvaise gestion est peut-être le massacre des ingénieurs russes par les communistes. La moitié de ceux qui ont survécu ont fui à l'étranger.

En ce qui concerne la navigation intérieure, on peut dire qu'à la fin du XIXe siècle, la Russie possédait la plus grande flotte du monde. Les conséquences de l'action des autorités soviétiques ont été encore plus désastreuses que pour le réseau ferroviaire. De nombreuses péniches ont été détruites pour alimenter le système de chauffage et, en quelques années, les deux tiers de la flotte fluviale ont été détruits sans compensation.

## La finance dans la Russie tsariste

L'inimitié des Rothschild à l'égard des tsars n'est pas seulement due à leur prise de position en faveur de la chrétienté, mais aussi à leur incapacité à exercer leur contrôle financier sur l'empire russe. Ce n'est qu'en 1862, pour la première fois en quarante ans, qu'ils parviennent à faire signer à Alexandre II un emprunt de quelque importance. James Rothschild avait tenté à plusieurs reprises d'assurer sa position à Saint-Pétersbourg, mais en vain. Peu avant sa mort en 1868, il échoua une dernière fois en tentant, sans succès, de négocier une importante affaire avec le ministre russe des finances, Michael von Reutern, qui ne lui proposa qu'une participation à la privatisation de la ligne de chemin de fer Moscou-Odessa. Les Rothschild, qui avaient pris le contrôle des chemins de fer dans toute l'Europe, n'ont pas réussi à contrôler le marché russe des obligations ferroviaires.

Les relations se sont détériorées après l'assassinat d'Alexandre II en 1881. Son successeur Alexandre III, après avoir obtenu des preuves de l'implication de révolutionnaires juifs dans l'assassinat et convaincu qu'il fallait se prémunir contre leur "activité pernicieuse", promulgua une série de lois imposant de nouvelles restrictions à leur encontre. Les Rothschild se déclarent "consternés" et commencent à discuter des mesures pratiques à prendre "au nom de nos malheureux coreligionnaires". Dans une lettre adressée à ses cousins de Londres, Alphonse de Rothschild, héritier de Jacques, évoque l'intolérance d'Alexandre III et le compare à Louis XIV et à Philippe II d'Espagne. En réalité, les Rothschild cherchent par tous les moyens à s'implanter solidement en Russie. L'arrivée en 1892 de Sergueï Witte au ministère des Finances leur facilite quelque peu la tâche. L'ambassadeur d'Allemagne à Paris, le comte Münster, commente ainsi l'ouverture des négociations d'un emprunt avec la Maison de Paris : "... Que l'épouse du nouveau ministre des Finances, Witte, que les dames russes ici présentes m'ont décrite comme une Juive très intelligente et très intrigante, soit d'une grande aide pour conclure des accords avec des banquiers juifs me semble tout à fait probable". Les allusions privées des Rothschild aux origines juives de l'épouse de Witte donnent de la crédibilité à cette interprétation, selon N. Ferguson. C'est ce même auteur qui révèle que les Rothschild, qui avaient amorcé en 1891 un rapprochement avec le baron Gunzberg, un juif propriétaire des mines d'or de la Lena en Russie, ont accueilli favorablement l'annonce de Witte de placer la Russie sur l'étalon-or, car cela coïncidait avec leurs intérêts mondiaux dans l'exploitation de l'or.[43] La famille Gunzberg avait fait fortune dans le commerce de la vodka, puis s'était lancée dans la banque et l'exploitation minière.

Au cours du XIXe siècle, l'État russe n'a guère eu besoin d'emprunter, car il s'efforçait de faire face à ses dépenses extraordinaires avec ses revenus ordinaires, ce qui est l'une des raisons pour lesquelles il

---

[43] Une lettre envoyée de Saint-Pétersbourg par l'ambassadeur américain Francis au secrétaire d'État, publiée par Antony C. Sutton dans Wall Street and the Bolshevik Revolution, révèle qu'il y avait des juifs puissants en Russie qui ne partageaient pas les opinions communistes. Sutton, dans *Wall Street and the Bolshevik Revolution (Wall Street et la révolution bolchevique)*, montre clairement qu'il y avait des juifs puissants en Russie qui ne partageaient pas les opinions communistes. Parmi eux, le baron Alexander Gunzsberg et les banquiers Boris Kamenka et Henry Sliosberg, qui souhaitaient une république libérale en Russie, mais pas une dictature bolchevique.

n'avait pas besoin de l'argent des Rothschild. Certains auteurs soutiennent que s'il avait emprunté davantage, surtout dans la seconde moitié du XIXe siècle, il aurait peut-être pu mettre plus rapidement en valeur ses énormes richesses naturelles. Le fait est qu'en près d'un siècle et demi, de 1769, date à laquelle la Grande Catherine a conclu le premier emprunt, à 1914, le gouvernement impérial a emprunté un total de 15 milliards de roubles, tant à l'intérieur du pays qu'à l'étranger, dont 40% ont été remboursés au cours de la même période. En 1914, la dette publique s'élevait donc à 8,825 milliards de roubles. Une grande partie de cette dette se trouvait en Russie, puisque sur 398 millions de roubles d'intérêts, seuls 172 millions de roubles avaient été payés à l'étranger. Comme nous l'avons déjà mentionné, parmi les principales dépenses qui ont contraint l'État à recourir au crédit dans la seconde moitié du XIXe siècle figurent les avances faites aux paysans après l'abolition du servage afin qu'ils puissent racheter les terres qui avaient été expropriées aux propriétaires terriens. En second lieu, il y a eu les dépenses pour la construction et le sauvetage des chemins de fer. En troisième lieu viennent les coûts de la guerre contre le Japon en 1905, qui a été imposée à la Russie de l'extérieur, comme nous le verrons plus loin.

En 1903, deux ans avant la guerre russo-japonaise, les finances russes étaient dans une excellente situation, puisque la différence entre les recettes (2.032 millions de roubles) et les dépenses (1.883 millions de roubles) avait produit un solde positif de 149 millions de roubles, qui, ajouté au solde des années précédentes, donnait au Trésor un solde disponible de 331 millions de roubles. De Goulévitch donne des chiffres comparatifs pour 1908 sur la dette par habitant dans les différents pays européens : en France, elle est de 288 roubles, en Italie de 189, aux Pays-Bas de 178, en Belgique de 172, en Grande-Bretagne de 169,5, en Allemagne de 135,5, en Russie de seulement 58,7 roubles par habitant. De Goulévitch ajoute qu'il faut tenir compte du fait que les chemins de fer en France et en Grande-Bretagne appartiennent à des compagnies privées. Si l'on déduit de la dette russe les fonds destinés à la construction et au sauvetage des chemins de fer russes, la dette par habitant serait réduite d'un tiers. Cette dette est donc insignifiante par rapport à celle des pays européens.

Une autre source de richesse convoitée par les banquiers juifs internationaux est l'or russe. De toutes les banques d'État, la Russie tsariste possédait les plus grandes réserves d'or au monde. Un autre fait économique intéressant qui montre que les finances russes étaient en bonne santé est le nombre de caisses d'épargne, qui est passé d'environ 4500 en 1900 à environ 8500 en 1914. Les détenteurs de livrets d'épargne, principalement des travailleurs, des membres de coopératives et des petits commerçants, sont passés de trois millions et demi à neuf millions et demi. En 15 ans, le total des dépôts dans ces institutions d'épargne passe de 680 millions de roubles à 2.236 millions de roubles. En ce qui concerne la charge fiscale pesant sur les citoyens européens, les Russes se classaient en 1912 au dernier rang des principaux États européens.

Nous concluons ce résumé hâtif de la réalité de la Russie des Tsars en rappelant que quinze ans après la révolution, la Russie avait été soumise à une spoliation sans précédent dans l'histoire, et que les masses populaires russes étaient soumises à une misère effroyable et au pire esclavage.

## La révolution de 1905

Depuis 1776, date à laquelle les banquiers juifs décidèrent de financer les Illuminati, le Mouvement révolutionnaire mondial était en phase finale et, au début du XXe siècle, le grand coup d'État laborieusement préparé depuis des décennies se préparait. Malgré les divergences et les contradictions qui ont surgi entre les principaux agents du MRM, le moment était enfin venu de mettre en pratique la dictature communiste du prolétariat, annoncée si longtemps à l'avance par Heine. Si la Première Internationale s'est divisée après la guerre franco-prussienne entre les partisans de Marx et ceux de Bakounine, dans la Seconde Internationale (1889-1916), composée des partis travailliste et socialiste, les désaccords idéologiques se sont manifestés dès le départ entre les internationalistes et ceux qui penchaient pour les intérêts de l'État-nation. Les purges de Staline, comme nous le verrons, sont le dernier exemple en date de l'affrontement entre ces deux tendances. C'est la Deuxième Internationale, également appelée Internationale sociale-démocrate, qui a adopté le 1er mai, date à laquelle Adam Weishaupt a fondé l'Ordre bavarois des Illuminés, comme Journée internationale du travail.

La naissance du Parti social-démocrate russe est influencée de manière décisive par l'Union générale des travailleurs juifs de Russie et de Pologne, le "Bund", organisation créée en 1897 et dont le comité central dispose d'un organe officiel, *Die Arbeiterstimme* (La *Voix des travailleurs*). Le premier congrès du parti social-démocrate russe, auquel participent seulement neuf délégués, se tient à Minsk le 1er mars 1898. Il aboutit au *Manifeste du parti ouvrier social-démocrate russe*, qui définit les lignes directrices de l'action, y compris le renversement du tsar. En décembre 1900, le premier numéro d'*Iskra* (*L'Étincelle*) est publié à Leipzig. Ce journal rassemble un certain nombre de sociaux-démocrates russes vivant à l'étranger depuis 1900, les "Iskrovtsi", dont Lénine, Martov (Zederbaum), Plekhanov et Starovier (Potrésov). Un multimillionnaire juif et franc-maçon d'Odessa, Alexander Parvus (en réalité Israel Helphand), en plus de contribuer à certains articles, apportait à Lénine un soutien financier pour la publication, qui était introduite clandestinement en Russie. Un autre financier d'*Iskra* était Savva Morozov, un riche industriel juif qui avait également contribué, grâce à sa fortune, à fomenter le soulèvement de la flotte pendant la guerre russo-japonaise. Trotski, Axelrod et Rosa Luxemburg comptent parmi les collaborateurs juifs du journal.

En 1902, Lénine publie une brochure intitulée *"Que faire ?" dans* laquelle il préconise l'utilisation sans réserve de tous les moyens pour réprimer la bourgeoisie et le gouvernement. À partir de 1903, outre les nombreuses grèves, on commence à inculquer aux travailleurs la nécessité d'un conflit armé, pour lequel on a besoin de l'armée. La propagande auprès des militaires avait déjà commencé et une ligue des officiers révolutionnaires existait depuis décembre 1902. En juin 1903, un congrès général du parti est convoqué à Bruxelles, puis déplacé à Londres en août en raison d'une interdiction du gouvernement belge. Sur les soixante délégués présents, seuls quatre sont ou ont été des ouvriers. La majorité d'entre eux sont des intellectuels juifs, dont treize font partie de la rédaction d'*Iskra*. Outre ces "iskristes", les groupes qui avaient formé le parti en 1898 sont représentés : le "Bund" juif, les sociaux-démocrates géorgiens et les sociaux-démocrates polonais de Rosa Luxemburg. Le discours de Plekhanov ne laisse aucun doute sur le caractère antidémocratique et totalitaire des idées des sociaux-démocrates russes. Ses propos rappellent ceux des Jacobins : "Tout est permis à quiconque agit dans le sens de la Révolution", c'est-à-dire que "la fin justifie les moyens", comme le déclarait Adam Weishaupt. Lisons un extrait du texte de Plekhanov :

> "Le triomphe de la révolution, voilà la loi suprême ! Par conséquent, si pour le triomphe de la révolution il fallait éliminer tel ou tel principe démocratique, il serait criminel de ne pas le faire. Il est possible que nous soyons amenés à nous prononcer contre le suffrage universel. Le prolétariat révolutionnaire pourra évidemment limiter les droits politiques des classes bourgeoises en vertu du principe : "salus revolutionis suprema lex". Le même principe doit nous guider en ce qui concerne la durée des législatures. Si, par exemple, dans un élan d'enthousiasme révolutionnaire, le peuple a élu un bon parlement, nous devons nous appliquer à le faire durer, mais si, au contraire, les élections ont été mauvaises pour nous, notre mission doit être de le dissoudre, non pas au bout de deux ans, mais au bout de deux semaines."

Le congrès de Londres donne lieu à une prétendue scission entre les membres du parti à la suite de désaccords entre Lénine et Martov sur la composition du comité central. Martov et vingt autres délégués sont laissés en minorité ("menchistvo"), d'où le nom de mencheviks (minorité). Lénine dirige donc la majorité ("bolchinstvo"), c'est-à-dire les bolcheviks (majorité). Tous deux s'accordent cependant sur la nécessité de profiter de la guerre russo-japonaise pour renverser le régime tsariste. La fameuse révolution bolchevique est une œuvre de longue haleine qui s'est déroulée en trois actes, dont le premier a eu lieu en 1905.

C'est un fait reconnu par des sources de différentes obédiences que l'illuminati Jacob Schiff, l'un des financiers les plus importants du syndicat bancaire Rothschild, a financé la guerre qui a permis au Japon de vaincre l'empire russe et a servi de déclencheur à la première tentative de renversement des Romanov. Alors que l'argent coulait à flots vers les Japonais, les banques européennes, aux mains des financiers juifs habituels, fermaient le crédit à la Russie. *Selon l'Encyclopaedia Judaica, le* prêt de Schiff s'élevait à 200 millions de dollars. Outre l'affaiblissement de la Russie par la guerre, les banquiers juifs cherchent à l'asphyxier économiquement. En même temps, grâce à leur contrôle de la presse internationale, ils mènent une campagne acharnée pour rendre le tsar responsable de tous les problèmes du peuple russe. En 1905, Jacob Schiff se voit décerner par le Mikado (empereur du Japon) une médaille, le Second Ordre du Trésor du Japon, en reconnaissance de son rôle décisif dans le financement de la guerre contre la Russie, qui a débuté en février 1904 et s'est achevée le 5 septembre 1905 par le traité de Portsmouth. Parmi les personnes présentes lors de la signature du traité, Jacob Schiff a présenté une série de demandes concernant les Juifs russes au comte Witte, dont l'épouse était la Juive Matilda Khotimskaya.

La guerre avait éclaté dans la nuit du 8 février 1904, lorsque les Japonais torpillèrent par surprise et sans déclaration de guerre les navires russes ancrés à Port Arthur. La chute de ce port aux mains des Japonais, le 2 janvier 1905, fut le signal du début des provocations des révolutionnaires, qui suivaient les ordres de Trotsky et Parvus. Au cours de l'année 1905, alors que le pays est plongé dans une guerre imposée, quatorze mille grèves sont organisées en Russie par des agitateurs juifs qui entendent profiter de la défaite. La première action, organisée par Parvus et un autre camarade juif, Pyotr (Pinhas) Rutenberg, a lieu le 22 janvier ("Bloody Sunday"). Igor Bunich dans *Zoloto Partii* (*L'or du Parti*) (1992), source citée assidûment par J. Lina, révèle que ces deux francs-maçons, alors qu'une manifestation menée par Pope Gapon se dirigeait vers le Palais d'Hiver pour réclamer de meilleurs salaires, ont ordonné à plusieurs terroristes de tirer sur les gardes depuis des arbres afin de les provoquer. Georgi Gapon était en fait un agent de l'Ojrana (police tsariste) et fut finalement tué par Pinhas Rutenberg.[44]

---

[44] Les relations troubles entre le pape Gapon et Pyotr (Pinhas) Rutenberg sont expliquées en quelques lignes dans un article de Wikipedia, selon lequel Rutenberg a participé à la manifestation et a sauvé la vie de Gapon. Les deux hommes fuient ensemble la Russie et marchent jusqu'à Paris, où ils rencontrent des émigrés russes, dont Plekhanov, Lénine et Kropotkine. Avant la fin de l'année 1905, ils retournent en Russie, où Gapon admet avoir des contacts avec la police et entreprend de recruter Rutenberg au motif que la double loyauté sert aussi la cause des travailleurs. Rutenberg informe Yevno Azef et Boris Savinkov, les leaders sociaux-démocrates, qui exigent l'exécution du pape. Le 26 mars 1906, Gapon est retrouvé pendu dans une maison près de Saint-Pétersbourg, où il avait rencontré trois socialistes révolutionnaires et Rutenberg lui-même. Le parti des socialistes-révolutionnaires nie toute responsabilité dans ce meurtre et affirme que Rutenberg a lui-même tué Gapon pour des raisons personnelles.

Avec la désintégration de l'URSS, des travaux de chercheurs ayant eu accès à des documents secrets du parti communiste ont été publiés et la vérité sur ce qui s'est passé est apparue. La propagande des socialistes révolutionnaires chiffre à plusieurs milliers le nombre de victimes du "Bloody Sunday", mais en réalité les morts sont environ cent cinquante et les blessés environ deux cents. Consterné par la nouvelle, le tsar accorde une allocation à la collectivité des familles de morts ou de blessés et reçoit fraternellement une délégation révolutionnaire.

Cet épisode provoqué marque le début des actions visant à renverser le régime tsariste. Le 17 février, deux terroristes juifs, Ivan Kalyalev et Roza Brilliant, l'amante de Savinkov, assassinent le gouverneur de Moscou, le grand-duc Serguei Romanov, qui est l'oncle du tsar Nicolas II. Quelques jours après l'assassinat, la veuve du grand-duc, la grande-duchesse Elisabeth Fedorovna, rend visite à Kalyalev en prison : elle tente de le persuader de se repentir pour sauver son âme, mais le terroriste refuse. Pendant ce temps, les sociaux-démocrates commencent à élaborer leurs stratégies pour tirer parti du mécontentement croissant. En pleine guerre, bolcheviks et mencheviks préparent des soulèvements simultanés sur tous les navires de la flotte de la mer Noire, qui doivent avoir lieu en juillet 1905, pendant les manœuvres de la flotte russe. Le soulèvement prématuré de l'équipage du cuirassé Potemkine, le 14 juin, a permis de découvrir ce plan perfide, qui a finalement échoué.[45]

Lorsque, le 6 août 1905, Nicolas II, influencé par le comte Witte et d'autres cercles libéraux, publie un manifeste pour la convocation de la Douma, les bolcheviks annoncent qu'ils la boycotteront. Les mencheviks, quant à eux, décident d'y participer avec l'intention d'en faire une chambre révolutionnaire. Les sociaux-démocrates de l'*Iskra* organisent la grève des typographes moscovites le 19 septembre 1905, qui prend immédiatement un caractère révolutionnaire marqué. Le 7 octobre, la grève des chemins de fer éclate, ce qui marque le début d'une grève générale dans toute la Russie. Dans les rues, des manifestations sont organisées avec des drapeaux rouges et des banderoles appelant à la république. Le 13 octobre, suivant le modèle décrit par *Iskra* dans son 101e numéro, le premier "soviet des délégués des travailleurs" se réunit à Saint-Pétersbourg. Son premier président est le juif Peter Khrustalyev, qui se fait passer pour Georgi Nosar. Ses plus proches

---

[45] Tous les Russes n'ont pas accepté avec résignation la trahison et les activités terroristes des Juifs, souvent orchestrées par diverses organisations et partis sionistes et socialistes, tels que le Parti socialiste ouvrier sioniste, le Kahal (gouvernement local juif), le Bund et Poalei Zion, ce dernier parti ayant fourni des milliers de terroristes pour la lutte visant à renverser le tsar. Entre le 18 et le 20 octobre, de violents pogroms ont lieu en Russie, dont le cri de guerre est "exterminons les Juifs". De nombreux magasins juifs, où les prix sont exorbitants, sont dévalisés et incendiés, et près de 800 personnes sont tuées. Selon un rapport officiel nettement exagéré des sionistes soviétiques, entre 1905 et 1907, quatre mille Juifs ont été tués dans les pogroms antijuifs.

collaborateurs sont Parvus et Trotsky (Bronstein). Après l'arrestation de Nosar en novembre, il est rapidement remplacé par Trotski, alors menchevik. Ce Soviet se réunissait comme un parlement et élisait un comité exécutif qui éditait *les Izvestia* (nouvelles) *du Soviet des députés ouvriers*. Juri Lina cite les noms de certains délégués du Soviet : Grever, Edilken, Goldberg, Simanovsky, Feif, Matzelev et Bruser, qui prétendaient représenter la classe ouvrière russe, mais qui en réalité, selon l'auteur estonien, n'étaient ni des paysans ni des ouvriers, mais des conspirateurs juifs et des francs-maçons.

Le 17 octobre, le jour même de la parution du décret impérial qui devait faire de la Russie une monarchie constitutionnelle, les francs-maçons libéraux Alexandre Goutchkov, Mikhaïl Rodzyanko et d'autres frères fondent le parti octubriste, censé maintenir l'ordre monarchique dans le cadre d'une constitution démocratique. Pendant ce temps, Lénine, qui vit à Genève, Vera Zasulich et d'autres révolutionnaires pénètrent en Russie. Ce Soviet de Saint-Pétersbourg prépare ouvertement l'insurrection par des publications, des milliers de proclamations et la livraison d'armes aux ouvriers. Les trois agents juifs qui dirigent la révolte sont Léon Deutsch, Alexandre Parvus et Léon Trotsky. Le 2 décembre, ils lancent un appel au peuple pour l'inciter à ne pas payer d'impôts, à retirer ses dépôts des caisses d'épargne et à s'armer pour l'assaut final en vue de l'instauration d'une république sociale et démocratique. Le gouvernement ordonne alors l'arrestation de 49 membres du Soviet de Saint-Pétersbourg, dont Parvus et Trotsky. Tous deux sont condamnés à l'exil en Sibérie. Le premier réussit à s'échapper avant d'arriver à destination et Trotski le fit en février 1907.

Dans le même temps, un autre Soviet de délégués ouvriers s'était constitué à Moscou qui, après avoir pris connaissance des événements de Saint-Pétersbourg, décida de passer à l'insurrection armée. Des fusils, des revolvers et des bombes sont distribués aux ouvriers dans de nombreux quartiers de la ville et, le 8 décembre, la révolte commence. Suivant les schémas traditionnels, des barricades sont érigées et des tentatives sont faites pour occuper des lieux stratégiques : gares, télégraphes et autres bâtiments sensibles. Face à la tournure des événements, le gouvernement ordonne aux troupes d'agir énergiquement et la révolution est réprimée en quelques jours. La défaite des insurgés moscovites décide du sort du coup d'État de 1905. Lorsque Rosa Luxemburg arrive en Russie fin décembre pour participer aux événements, l'insurrection est déjà terminée. Le parti social-démocrate n'allait pas oublier la leçon. De nombreux dirigeants bolcheviks et mencheviks, convaincus de la justesse de la méthode suivie, s'enfuient à l'étranger et consacrent une attention particulière à la création de cellules pour préparer la prochaine tentative. Lénine lui-même déclara dans un article publié après la victoire bolchevique que sans l'insurrection de 1905, le triomphe de 1917 n'aurait pas été possible.

En 1906, les sociaux-démocrates russes tiennent un congrès à Stockholm au cours duquel ils s'attachent à développer une propagande en faveur des paysans, qu'il s'agit de convaincre que leurs conditions seront immédiatement améliorées par la confiscation des terres. Par cet intérêt pour la question agraire, les sociaux-démocrates se rapprochent du Parti socialiste révolutionnaire, dont la doctrine converge avec celle des anciens "narodniks" d'Alexandre Herzen. Sous l'impulsion de Lénine, de nombreuses organisations terroristes voient le jour en Russie, dont les meurtriers ne font pas de distinction entre les victimes, puisqu'ils peuvent assassiner aussi bien les hauts fonctionnaires que les plus humbles représentants de l'administration. Arsène de Goulévitch rend compte du nombre de victimes en Russie depuis le début de l'insurrection en 1905 jusqu'en 1908. Selon lui, au début de l'année 1906, 12 000 personnes ont perdu la vie sous les balles et les bombes des révolutionnaires. Les actes terroristes commis dans l'empire au cours des trois années suivantes donnent ces chiffres : 4742 attentats en 1906 ont coûté la vie à 738 fonctionnaires et 640 particuliers. En outre, 948 fonctionnaires et 777 particuliers ont été blessés. Au cours de l'année 1907, 12 102 attentats ont été perpétrés, tuant 1 231 fonctionnaires et en blessant 1284. Le nombre de particuliers tués par les terroristes est de 1768 et de 1768 blessés, et de 1734 blessés. Le nombre d'attentats perpétrés en 1908 est de 9424. En outre, 1349 particuliers ont été tués et 1 348 blessés. Ce n'est qu'à partir de 1909, sous l'effet de la répression de Stolypine, que le nombre d'attentats terroristes diminue.

Outre le financement du banquier Jacob Schiff, les bolcheviks ont trouvé, entre 1905 et 1910, d'autres moyens d'obtenir de l'argent, parmi lesquels des groupes organisés de bandits. Un ancien social-démocrate russe, M. G. Alexinsky, qui fut membre de la faction bolchevique, explique que cette faction était dirigée par un comité central au sein duquel se trouvait un autre petit comité dont l'existence était inconnue non seulement de la police tsariste, mais aussi des membres du parti eux-mêmes. Dans ce comité secret se trouvaient Lénine, le juif Leonid Krasin (Goldgelb), un agent de change qui travaillait sous le nom de "camarade Nikitich", et une troisième personne particulièrement impliquée dans la finance, non révélée par Alexinsky, qu'il appelle "X". Dans *Wall Street and the Bolshevik Revolution*, Anthony Sutton établit un lien entre Krasin et le banquier juif Olof Aschberg, avec lequel il était associé, et confirme qu'il a gardé secrète son appartenance au mouvement bolchevique jusqu'à la révolution d'octobre. Selon Sutton, le camarade Nikitich s'est fait passer pour le directeur de Siemens-Schukert à Saint-Pétersbourg jusqu'en 1917, date à laquelle il est devenu un dirigeant bolchevique.

Cette "petite trinité" organise des vols à main armée. Le 27 octobre 1905, en plein centre de Saint-Pétersbourg, à l'entrée de la cathédrale de Kazan, quatre Juifs arrêtent un wagon du Trésor et dérobent 270 000 dollars. Ils sont arrêtés, mais parviennent à remettre la caisse à une femme qui disparaît aussitôt sans laisser de traces. Le 8 novembre, un autre groupe de révolutionnaires juifs braque un wagon du Trésor près de Ragow, en

Pologne, et disparaît avec 850 000 dollars. Outre le vidage des caisses des bureaux de poste et des gares, les vols les plus célèbres concernent les succursales des banques non contrôlées par leurs amis juifs de Wall Street. Les plus célèbres sont le pillage de la Banque d'État d'Helsinki en 1906 et celui de la succursale de Tiflis de la Banque d'État en 1907, où 340 000 roubles ont été dérobés. Les protagonistes de ce dernier sont Maksim Litvinov, un autre juif qui deviendra ministre des affaires étrangères de l'URSS dans les années 1930, et Staline lui-même, qui a planifié le vol. L'explosion de la bombe de dynamite utilisée pour le vol a tué une trentaine de personnes. Les engins improvisés utilisés lors des vols ont été fabriqués dans un laboratoire conçu par Leonid Krasin, qui était un ingénieur accompli. Lorsque Krasin se rendit à Londres en 1920 en tant que commissaire au commerce, Lord Curzon, secrétaire d'État au Foreign Office, refusa de le recevoir et de lui serrer la main. Il n'accepte de le faire qu'après une réprimande de Lloyd George, qui le réprimande en ces termes : "Curzon ! Curzon, sois un gentleman !

Dans *Le monde à la croisée des chemins*, Boris Brasol reproduit un rapport secret remis le 3 janvier 1906 à l'empereur Nicolas II par le ministre russe des Affaires étrangères, le comte Lamsdorf. Ce rapport, dont le texte intégral a également été publié par l'*American Hebrew and Jewish Messenger* dans son numéro du 13 juillet 1918, montre que les services secrets russes ont su presque immédiatement que la révolution de 1905 avait été orchestrée à l'étranger. Les informations contenues dans le document étant pertinentes, une longue citation suit :

"Les événements qui se sont déroulés en Russie au cours de l'année 1905 et qui ont atteint leur point culminant au début du mois d'octobre dernier,... ont un caractère international évident. Les indications décisives qui justifient cette conclusion proviennent du fait que les révolutionnaires sont en possession de grandes quantités d'armes importées de l'étranger et de moyens financiers très importants, car il n'y a pas de doute que les chefs de la révolution ont déjà dépensé pour le mouvement contre notre gouvernement, qui comprend l'organisation de toutes sortes de grèves, de grandes sommes d'argent. Cependant, il faut reconnaître que ce soutien apporté au mouvement révolutionnaire par l'envoi d'armes et d'argent de l'étranger peut difficilement être attribué à des gouvernements étrangers et il faut en déduire que ce sont des organisations capitalistes internationales qui sont intéressées par le soutien de notre mouvement révolutionnaire. Il faut reconnaître que le mouvement révolutionnaire russe a le caractère évident d'un mouvement des nationalités hétérogènes de la Russie qui, l'une après l'autre, Arméniens et Géorgiens, Lettons et Estoniens, Finlandais, Polonais et autres, se soulèvent contre le gouvernement impérial... Si nous ajoutons à cela, comme cela a été prouvé sans aucun doute, qu'un rôle très important au sein de ces mouvements est joué par les Juifs, qui individuellement, en tant que meneurs dans diverses organisations, et dans leur propre Bund (Ligue) juif dans les provinces occidentales, se sont toujours présentés comme l'élément le plus belliqueux de la révolution, nous pouvons à juste titre déclarer que le soutien étranger susmentionné pour le mouvement révolutionnaire russe provient des cercles capitalistes juifs. Dans ce contexte, il ne faut pas ignorer les coïncidences de fait suivantes, qui conduisent à d'autres conclusions, à savoir que le mouvement révolutionnaire n'est pas seulement soutenu, mais aussi, dans une large mesure, dirigé de l'étranger. D'une part, la grève a éclaté avec une violence particulière et s'est répandue dans toute la Russie ni avant ni après le mois d'octobre, c'est-à-dire au moment même où notre gouvernement tentait d'obtenir un important prêt étranger sans la participation des Rothschild et juste à temps pour empêcher la réalisation de cette opération financière. La panique provoquée parmi les acheteurs et les propriétaires d'emprunts russes a apporté des avantages supplémentaires aux banquiers et aux capitalistes juifs qui ont ouvertement et en toute connaissance de cause spéculé sur la chute des obligations russes... En outre, certains faits très significatifs, mentionnés même dans la presse, confirment le lien évident du mouvement révolutionnaire russe avec les organisations juives étrangères. Ainsi, par exemple, l'importation d'armes mentionnée ci-dessus, qui, selon nos agents, a été effectuée depuis l'Europe via l'Angleterre, peut être appréciée à sa juste valeur si l'on considère que, dès juin 1905, un comité spécial anglo-juif de capitalistes a été ouvertement créé en Angleterre dans le but de collecter de l'argent pour armer des groupes violents de Juifs russes, et que le célèbre publiciste juif anti-russe Lucien Wolf était le président de ce comité. D'autre part, un autre comité de capitalistes juifs a été formé en Angleterre sous la direction de Lord Rothschild, qui a recueilli des contributions considérables en Angleterre, en France et en Allemagne dans le but supposé d'aider les Juifs russes victimes de pogroms. Enfin, les Juifs d'Amérique ont collecté des fonds pour aider les victimes des pogroms et pour armer la jeunesse juive".

Selon les informations du London *Jewish Chronicle*, la contribution de la communauté juive internationale au mouvement révolutionnaire russe en 1905 s'élevait à 874 341 livres sterling. L'ambassadeur américain en Russie pendant la guerre russo-japonaise, George von Lengerke Meyer, dans une lettre écrite le 30 décembre 1905 à son secrétaire d'État, Elihu Root, a déclaré que "les Juifs avaient sans aucun doute alimenté les cerveaux et l'énergie de la révolution dans toute la Russie". Diverses sources juives affirment avec fierté que la révolution est leur œuvre. *Le Maccabean* de Londres, par exemple, publie en novembre 1905 un article intitulé "*Une révolution juive*", dans lequel il proclame que les Juifs sont les ultimes révolutionnaires de l'empire. Un autre article du journaliste et écrivain William Eleroy Curtis, publié le 14 décembre 1906 dans la *National Geographic Society*, ne désigne pas seulement le "Bund" comme la première agence révolutionnaire, mais dénonce également les meurtres continus perpétrés par des terroristes juifs : "Chaque fois qu'un acte ignoble est commis, il est toujours le fait d'un Juif et il n'y a pratiquement pas un seul individu de cette race qui soit loyal envers l'Empire... Chaque fois que vous lisez un article sur un meurtre ou l'explosion d'une bombe, vous lisez dans les journaux que l'auteur de l'acte est un Juif". Dans cet article, intitulé "La revanche des Juifs", Eleroy Curtis dévoile les noms de divers individus de cette race à la tête d'activités révolutionnaires. Ainsi, par exemple, un Juif nommé Krustaleff a organisé une grève des agents pénitentiaires depuis la prison, où il n'a passé que trois semaines. Un autre Juif, Maxim, est l'organisateur de la révolution dans les provinces baltes. Un juif polonais, Gerschunin, est identifié comme un chef terroriste compétent, à l'origine de l'assassinat du ministre de l'intérieur Dmitry Spyagin en 1902. Condamné à mort en 1904, Gerschunin a été gracié par le tsar et sa peine a été commuée en emprisonnement à vie dans des mines d'argent à la frontière mongole. Ce terroriste s'est évadé et se trouvait à San Francisco en 1906. Le bras droit de Gerschounine, Yevno Azef, fils d'un tailleur juif, est impliqué dans de nombreuses tentatives d'assassinat, dont celle de Vyacheslav Plevhe, ministre de l'Intérieur, assassiné le 28 juin 1904.

La révolution de 1905 a permis la renaissance de la franc-maçonnerie en Russie, dont les conséquences ont été déterminantes en quelques années. Le 17 octobre 1905, le tsar Nicolas II a annoncé une série de libertés constitutionnelles qui devaient permettre aux "bons maçons" d'apparaître progressivement sur la scène. Jusqu'en 1906, il n'y a pas de loges maçonniques en Russie, bien qu'il en existe en Pologne et en Lituanie. C'est en décembre 1906 que M. M. Kovalevsky ouvre la *North Star* Lodge à Saint-Pétersbourg. La cérémonie d'ouverture se déroule en présence de V. Maklakov, représentant du Parti constitutionnel démocratique, une organisation d'orientation libérale dont les membres sont appelés "kadetes" (abréviation du nom du parti K-D en russe) et qui se situe à la gauche des Octubristes. *L'Étoile du Nord*, qui relevait du Grand Orient de France, fut la première loge maçonnique permanente en Russie et la première loge des Kadetes. En fait, l'histoire de la franc-maçonnerie russe au XXe siècle avait commencé à Paris à la fin du XIXe siècle, lorsque plusieurs loges de rite écossais commencèrent à accueillir des émigrés russes. Maksim Kovalevsky, déjà cité, membre de la loge parisienne *Les Vrais Amis Fidèles* et fondateur de la Loge *Cosmos* n° 288 à Paris en 1887, est considéré comme le père fondateur de la franc-maçonnerie russe. Le 14 novembre 1901, Kovalevsky ouvre dans la capitale française l'Ecole de Hautes Etudes qui, sous le patronage et la tutelle de la Loge *Cosmos*, devient un centre d'accueil et d'assistance pour les émigrés russes entre 1901 et 1906. C'est au cours de ces années qu'est créée la Loge *Mont Sinaï* n° 6, également composée de Russes et travaillant au Rite écossais.

De 1907 à 1909, les loges maçonniques de Russie sont placées sous la juridiction française, mais en 1910, elles deviennent indépendantes et ne sont plus soumises au Grand Orient de France. L'enregistrement des débats ou des séances était interdit et les ordres étaient donnés oralement. Toutes les loges sont strictement contrôlées par le Conseil suprême des peuples de Russie, créé en 1913. Il a déjà été dit plus haut que ce Conseil suprême avait pour secrétaires Nekrasov, Kerensky et Tereshchenko. Ce dernier, que les Rothschild de Londres considéraient comme "un ami des Juifs", allait devenir en 1917 le futur ministre des Finances du gouvernement provisoire. En 1915, le nombre de loges relevant du Conseil suprême de Russie s'élève à une cinquantaine. Cependant, la loge de l'*Étoile du Nord* maintient son serment de fidélité au Grand Orient de France et à son Suprême Conseil. Inspirés par leurs frères français, les francs-maçons russes s'efforcent de prendre pied dans les hautes sphères de l'État, notamment dans les milieux diplomatiques et militaires. Ils acquièrent rapidement une présence importante au Conseil d'État et, par l'intermédiaire des Octubristes et des Kadets, à la Douma (Parlement). Leur objectif principal est clairement de transformer le gouvernement monarchique en une république libérale. Au moment de la révolution de février 1917, un réseau de loges maçonniques couvrait l'ensemble de la Russie. Kropotkine, le père du mouvement anarchiste russe, a déclaré que le mouvement révolutionnaire considérait ses relations avec la franc-maçonnerie comme bonnes et utiles, ce qui n'est pas nouveau : Hess, Marx, Lénine, Trotski et tant d'autres dirigeants juifs étaient francs-maçons. Adolphe Crémieux avait déjà annoncé dans les *Archives israélites* que "les bons francs-maçons, les yeux bandés, aident les Juifs dans le Grand Œuvre".

## Stolypine et la réforme agraire

Pyotr Stolypine était un homme d'État exceptionnel, précisément le type d'homme d'État dont la Russie avait besoin pour désamorcer la conspiration internationale que ses ennemis élaboraient depuis des décennies. Absolument convaincu des résultats de sa politique, il déclare en 1908 à un journaliste français : "Donnez-moi dix ans de paix et de travail créatif et vous ne reconnaîtrez pas notre pays". Malheureusement, il ne dispose que de la moitié du temps souhaité pour mener à bien une réforme agraire qui aurait laissé sans arguments les agents judéo-bolcheviques travaillant sans relâche à provoquer la révolution. En septembre 1911, un terroriste juif nommé Dimitri (Mordechai) Bogrov assassine le Premier ministre Stolypine à Kiev.

Après l'émancipation des serfs par Alexandre II, un nouveau système a d'abord été mis en place, appelé commune (en russe "mir"). Ces communes étaient des communautés paysannes dont les terres étaient possédées et cultivées en commun. Chaque famille de paysans recevait une parcelle de terre à cultiver en fonction de sa taille. Les familles versaient une part au "mir" et conservaient le reste à titre de bénéfice. Les affaires de la commune étaient administrées par les paysans eux-mêmes, sous le contrôle d'un maire élu par les chefs de famille. Le "mir" était responsable devant le gouvernement du paiement des impôts. En principe, ils n'avaient donc pas osé remplacer le système du servage par celui de la propriété individuelle. Sans le vouloir, on avait jeté les bases d'un futur communisme, car on n'avait pas envisagé que des paysans intelligents et entreprenants puissent développer l'instinct d'entreprise. Comme on pouvait s'y attendre, les révolutionnaires ont profité des troubles engendrés par la guerre russo-japonaise pour introduire des cellules révolutionnaires dans les communes. Les défaites russes dans les mers japonaises ont été le signal des révoltes dans tout le pays. Il revient aux paysans, comme en 1789, d'incendier les domaines seigneuriaux. Les provinces de la Volga sont rasées et le désordre s'empare des campagnes russes.

En 1902, Stolypine est nommé gouverneur de la province biélorusse de Grodno, où il lance un programme de réformes économiques et sociales. En février 1903, le tsar lui confie le gouvernement de la province de Saratov, où il doit faire face à des soulèvements paysans qui mettent le feu aux propriétés des propriétaires terriens. Alexandra Stolypine, fille du défunt homme d'État, raconte dans *L'homme du dernier tsar. Stolypine* raconte comment son père, dès que l'ordre fut rétabli, voulut parcourir les régions encore en feu pour tenter de calmer le jeu et répondre personnellement aux demandes des paysans. Il rencontre sans cesse des gens de bonne volonté, des paysans qui lui expriment leur désir d'obtenir "le papier bleu aux armes impériales", c'est-à-dire un titre de propriété leur accordant un petit lopin de terre pour eux et leur famille, un lopin de terre qu'ils pourraient aimer et cultiver de toute leur âme. Stolypine comprend qu'il faut montrer un nouvel horizon à la classe majoritaire des paysans russes.

Stolypine, qui a subi onze tentatives d'assassinat, reçoit un jour chez lui, à Saratov, une lettre cruelle du comité révolutionnaire, qui condamne son fils cadet, alors encore bébé, à mourir empoisonné. L'événement terrifie toute la famille et impose un contrôle strict de l'alimentation. En 1905, Stolypine devient ministre de l'Intérieur et réprime les terroristes qui sévissent dans le pays. Il a déjà été dit qu'au cours des trois années révolutionnaires, environ 12 000 personnes ont été tuées. Parmi ces mesures figure l'application de la loi martiale pour les auteurs de meurtres. Quelque six cents terroristes ont été condamnés à mort et exécutés en 1906. Deux mille trois cents autres terroristes ont été jugés et condamnés à mort entre 1907 et 2008. Environ 35 000 révolutionnaires ont alors quitté le pays et la situation a été plus ou moins maîtrisée, ce qui a permis à la Russie de se redresser enfin. Depuis 1906, Nicolas II avait placé toute sa confiance en Stolypine et l'avait nommé premier ministre. Après sa nomination, sa maison de Saint-Pétersbourg est la cible d'un terrible attentat à la bombe qui fait trente-trois morts et trente-deux blessés. Deux terroristes déguisés en policiers font exploser une bombe dans la salle où les gens attendent d'être reçus en audience. Parmi les blessés figurent son fils Arkadi, âgé de trois ans et blessé à la tête, et Natalia, la fille aînée, âgée de quatorze ans, qui est restée infirme à vie.

En ce qui concerne les dates des événements historiques, il convient de garder à l'esprit que, dans la Russie tsariste, le calendrier julien était en vigueur jusqu'en 1918, avec treize jours de retard sur le calendrier grégorien. L'une des premières mesures relatives à la réforme agraire, adoptée par le gouvernement dans un décret ("ukase") publié les 3 et 16 novembre 1905, a été l'abolition des arriérés de paiement dus aux paysans pour les achats de terres qu'ils avaient reçus en 1861, ce qui a entraîné une réduction des caisses de l'État d'environ 80 millions de roubles. Ces terres sont ainsi libérées de toute dette et plus rien ne s'oppose au départ des paysans de la commune. Le décret de réforme agraire de Stolypine des 9/22 novembre 1906 donne à chaque chef de famille, membre d'une commune, le droit d'accéder à la propriété privée des terres qu'il a travaillées. Il obtient également le droit de demander à la commune d'échanger ces terres, qui sont souvent de petites parcelles situées à des endroits différents, contre une seule parcelle équivalente. Cette mesure devait permettre d'abolir progressivement le "mir" ou la commune. Ce décret historique devient une loi votée par la Douma le 14/27 juin 1910.

Afin que le lecteur comprenne pourquoi il a fallu près de quatre ans pour que le décret devienne une loi, nous allons brièvement retracer la procédure parlementaire. Après le décret impérial qui fait de la Russie une monarchie constitutionnelle en octobre 1905, le tsar promulgue la Constitution russe en 1906. La Douma est la chambre basse du Parlement et le Conseil d'État la chambre haute. La Constitution donne au Tsar le pouvoir de dissoudre la Douma et de convoquer de nouvelles élections. Le parti constitutionnel démocratique (kadetes), avec 179 sièges, a remporté le plus grand nombre de voix lors des premières élections à la Douma. Huit partis sont représentés, dont les sociaux-démocrates mencheviques, qui n'obtiennent que 18 députés. Dès le début, les tensions entre le gouvernement et le parlement sont évidentes, car la plupart des sièges sont occupés par des personnes qui ont sapé le régime et qui considèrent le parlement comme un moyen de poursuivre la révolte. Leur intérêt premier n'était pas de promulguer des lois ou d'adopter un budget qui permettrait au pays de se remettre de la guerre, mais de se remettre continuellement en question. Face aux intentions des partis et à l'impuissance de ses collaborateurs, Nicolas II dissout le Parlement en juin 1906, dix semaines après sa formation. La plupart des députés se réunissent à Vyborg (Finlande) et publient une déclaration appelant le pays à ne pas payer d'impôts, à refuser d'effectuer le service militaire et à ne pas obéir aux autorités. C'est dans ce contexte que le tsar accorde sa confiance à Stolypine, qui devient alors premier ministre. Outre la convocation de nouvelles élections, Stolypine met en œuvre sa réforme agraire.

En mars 1907, la deuxième Douma est formée. Les révolutionnaires y annoncent qu'ils ne participeront pas aux débats et qu'ils combattront le gouvernement par "l'éloquence du silence". Cependant, il apparaît rapidement que ce sont les députés de ces partis qui parlent le plus. Lorsque Stolypine présente à l'Assemblée le programme de réformes élaboré par le Conseil des ministres, l'affrontement entre les partis est violent, les cris et les menaces envahissent le Parlement. Dans son second discours, Stolypine a insisté sur le fait que le gouvernement souhaitait trouver une base d'accord pour travailler avec le parlement et a appelé tout le monde à abandonner le langage de la haine et de la colère. Le gouvernement, a déclaré Stolypine, doit choisir entre deux méthodes : soit se tenir à l'écart et laisser la voie libre à la révolution, en oubliant que le pouvoir doit être le gardien de la culture et de l'intégrité du peuple russe, soit agir avec force et sagesse et maintenir ce qui lui a été confié. En adoptant la deuxième solution, le gouvernement s'accusera fatalement lui-même. On ne peut pas étouffer la révolution sans nuire parfois aux intérêts privés". Stolypine prévient que son gouvernement répondra avec force à ceux qui chercheront à paralyser l'action du gouvernement et à le discréditer.

Le 10/23 mai 1907, Stolypine présente sa réforme agraire à la Douma afin de faire passer en loi le décret du 9/22 novembre 1906. Il analyse le programme agraire de l'opposition, qui prévoit la nationalisation pure et simple de toutes les terres et leur distribution aux agriculteurs. Le Premier ministre expose les conséquences morales et économiques et donne les chiffres qui rendent la proposition irréalisable ; mais il n'y a pas de volonté de comprendre au Parlement, qui se prononce contre la réforme agraire de Stolypine. Parallèlement aux débats, la police découvre que les députés sociaux-démocrates (mencheviks) de la Douma tiennent des réunions secrètes avec des soldats stationnés à Saint-Pétersbourg, ce qui coïncide avec les soulèvements de Cronstadt et de Sveaborg. Dans le même temps, la révolution déferle sur la Pologne et le Caucase. Le 1er/14 juin, le Premier ministre monte à la tribune pour annoncer que cinquante-cinq députés sociaux-démocrates sont poursuivis pour complot contre le tsar et le gouvernement. Stolypine demande au Parlement de retirer aux accusés leur immunité parlementaire afin que l'enquête judiciaire puisse commencer, faute de quoi il ne peut répondre de la sécurité de l'État. La Douma rejette cette demande et, les 3 et 16 juin 1907, un décret impérial dissout le second Parlement. Parmi les plaintes et les reproches contenus dans le décret de dissolution, on peut lire : "La Douma n'a pas voulu étudier les projets de loi présentés par le gouvernement. Elle a toujours reporté les débats ou les a rejetés. Elle a même désapprouvé des lois punissant l'éloge du crime et la révolte des troupes. La lenteur délibérée dans l'examen du budget a conduit au déséquilibre du Trésor, dont le devoir est de répondre aux besoins du pays.

Le décret fait ensuite allusion à l'abus du droit d'interpellation et enfin à la conspiration au sein même du Parlement.

Entre-temps, la réforme agraire s'est développée de manière intensive et a modifié les conditions de vie de millions de paysans russes. Une série de mesures ont été prises pour inciter les propriétaires terriens à vendre leurs biens à l'État. Une agence spéciale créée par le gouvernement, la Banque agraire, achète à bas prix les terres que les propriétaires terriens veulent lui céder, auxquelles s'ajoutent des terres appartenant à la Couronne. Les membres des communes sont libres de les quitter et d'acheter un terrain à crédit. Afin d'aider les fermiers entreprenants à constituer un domaine privé, la loi prévoit qu'ils ne versent à la Banque que les sommes dont ils disposent, le Trésor contribuant à payer la différence. Les résultats de la réforme agraire sont phénoménaux et ouvrent une nouvelle ère pour la Russie. Au début de la conflagration mondiale, la Russie est en pleine transformation agraire : en janvier 1915, le nombre de chefs de famille ayant quitté le "mir" pour devenir propriétaires terriens individuels dépasse les trois millions. Un an plus tard, bien que le pays soit en guerre, plus de cinq millions et demi de paysans ont pris des mesures pour quitter les communes, dans certaines desquelles tous les membres ont choisi de devenir propriétaires. La population rurale soutient sans réserve la réforme de Stolypine.

Le travail de réorganisation de la propriété est un effort gigantesque pour lequel douze mille géomètres ont été sollicités et qui a coûté au Trésor plus de cent millions de roubles. Pour organiser les propriétés individuelles, il a fallu préparer des plans de partage et établir des certificats individuels. Bref, il a fallu réaliser une série d'opérations qui auraient été impossibles sans l'initiative et l'effort financier de l'État. En plus de faciliter la conversion des propriétés rurales collectives en propriétés individuelles, le gouvernement impérial fournit aux paysans une aide matérielle destinée à augmenter le rendement de leurs terres. Les dépenses de l'administration d'État et des administrations locales ("zemstvos") à cet effet avaient été insignifiantes jusqu'en 1906, mais en 1913, elles ont atteint 25 millions de roubles de la part de l'État, auxquels il faut ajouter 12 millions de roubles de la part des zemstvos. Environ 5 000 agronomes d'État aidaient les petits agriculteurs à améliorer leurs méthodes de culture. En 1900, ils ne sont plus que quelques centaines. Le nombre d'écoles d'agriculture est passé d'environ neuf mille en 1907 à dix-huit mille en 1913. À la veille de la guerre, plus de trois cent mille paysans suivaient des cours de pratique agricole.

En novembre 1907, après de nouvelles élections, la troisième Douma est formée. Dans son discours présentant son programme de gouvernement, Stolypine annonce qu'une fois les révoltes réprimées, le gouvernement entend servir le peuple et le mettre en mesure de bénéficier des importantes réformes faites pour lui. Voici une brève citation de ses propos : "Donner au peuple l'initiative et l'indépendance, le doter d'institutions locales, lui confier une partie de la tâche et de la responsabilité du gouvernement, celle qu'il peut porter sur ses épaules, créer enfin une classe agricole puissante, qui sera en contact permanent avec les autorités du pays : tel est le but de nos efforts". Finalement, ce troisième Parlement a approuvé à la majorité la réforme agraire de Stolypine : le 14/27 juin 1910, le décret du 9/22 novembre 1906 est enfin devenu une loi.

Les réformes de Stolypine ont un double objectif : d'une part, augmenter la production agricole et dynamiser la vie économique en général, d'autre part, créer une petite bourgeoisie paysanne (koulaks) qui servira de base solide à la structuration sociale du pays. Notre but principal, déclarait-il à un journaliste français, est de renforcer le peuple paysan. C'est en eux que réside toute la force du pays. Si les racines du pays sont saines et robustes, croyez-moi, les paroles du gouvernement russe auront une force nouvelle en Europe et dans le monde". Tout cela est vu avec horreur de l'extérieur, où les comités révolutionnaires reconnaissent dans leurs résolutions que la poursuite de la réforme agraire est un grave revers pour la révolution qu'ils préparent encore, puisqu'ils se voient privés de leur principale arme de propagande, dont le slogan est : "prenez la terre". Lénine et consorts savaient que les paysans russes pouvaient devenir, comme ce fut le cas, les pires ennemis des soviets.

Au cours de l'été 1910, Stolypine, accompagné du ministre de l'Agriculture, effectue un voyage en Sibérie occidentale et dans les provinces de la Volga. Ils parcourent des centaines de kilomètres en calèche pour étudier les possibilités de colonisation de la Russie asiatique. En trois cents ans de domination russe, la Sibérie a à peine atteint une population de quatre millions et demi d'habitants. Pourtant, entre 1895 et 1910, plus de trois millions de nouveaux immigrants s'y sont installés, dont un million entre 1907 et 1909. À son retour, Stolypine présente un rapport exposant ses vues sur l'exploitation rationnelle de la Sibérie. Sa première conclusion est que les terres doivent être distribuées aux aborigènes et aux colons, non pas pour être exploitées, comme c'est le cas jusqu'à présent, mais pour être possédées. Selon lui, seul le droit de propriété permet de stabiliser l'économie rurale et de faciliter la distribution rationnelle des terres. Une fois de plus, l'aspect social fait l'objet d'une attention particulière et, dans son rapport, le Premier ministre envisage la création d'écoles d'agriculture capables de préparer les spécialistes nécessaires pour aider et diriger les colons.

Stolypine n'a pas pu voir les résultats de son travail. Sa mort devient une cible prioritaire pour les révolutionnaires, qui parviennent bientôt à attenter à sa vie. Le 1er/14 septembre 1911, l'empereur, la cour et les hauts dignitaires du pays se trouvent à Kiev, où diverses manifestations sont prévues pour célébrer le 50e anniversaire de la libération des serfs. Un monument à la mémoire du tsar libérateur Alexandre II est inauguré et les festivités comprennent une représentation du *Conte du tsar Saltan*, un opéra de Rimsky Korsakov basé sur un poème du même nom de Pouchkine. Des rapports de la police secrète laissent entendre qu'un dangereux terroriste étranger pourrait se trouver dans la ville. Ces fausses informations proviennent d'un jeune policier nommé Bogrov, qui avait été infiltré dans les services secrets quelques années auparavant. Les chefs de la police, inexplicablement, ont accordé beaucoup d'importance et de crédibilité aux révélations de ce nouvel agent et, tout en sachant qu'il portait un revolver, l'ont autorisé à entrer dans le théâtre.

Alexandra Stolypin, dont l'histoire suit, raconte que son père avait demandé le matin si le terroriste dont on parlait tant avait enfin été arrêté. De retour au théâtre, le Premier ministre regarde le spectacle depuis le premier rang des gradins. L'opéra étant divisé en quatre actes, de nombreux spectateurs ont quitté la salle entre le deuxième et le troisième acte. La loge de la famille impériale est également déserte. Stolypine, appuyé sur la balustrade qui sépare l'orchestre de la salle, parle aux gens qui viennent le saluer. Personne ne prête attention à un jeune homme qui s'approche du couloir des sièges. Dimitri Bogrov, le prétendu policier, en réalité un terroriste juif membre du "Bund", tire deux coups de feu dont l'un blesse mortellement le Premier ministre en pleine poitrine qui, voyant que son gilet blanc se couvre de sang, laisse son chapeau et ses gants sur la balustrade avant de s'effondrer dans son fauteuil. Nicolas II se précipite dans la loge et Stolypine, craignant peut-être pour sa vie, lui fait signe de s'éloigner, mais le tsar reste pétrifié, muet. C'est alors que Stolypine, tenant de la main gauche sa main droite blessée, réussit à se sanctifier et, avant de perdre connaissance, il dit d'une voix faible mais ferme à son entourage : "Que l'empereur sache que je suis heureux de mourir pour lui et pour la Russie".

L'assassin tente de quitter la pièce, profitant de la stupeur initiale, mais un officier parvient à lui barrer la route. Plusieurs personnes enragées se précipitent immédiatement sur lui. D'une caisse, quelqu'un s'est jeté sur Bogrov et l'a fait tomber à terre. Un officier au sang froid réussit à empêcher le lynchage en le poussant dans une pièce. Le chef de la police, absent au moment de l'agression, arrive en courant, le visage défait, et regarde le jeune homme au visage ensanglanté et aux vêtements déchirés. En le saisissant par les épaules et en le secouant avec colère, il s'écrie : "C'est Bogrov qui nous a trahis, le vaurien !" Au cours du procès, il n'a pas été possible de déterminer qui avait ordonné le crime contre le fanatique juif, mais l'historien O. Soloviev note que Dmitri (Mordechai) Bogrov était un proche collaborateur de Kerensky, qui s'est immédiatement enfui après l'assassinat. Le terroriste fut condamné à mort par un tribunal extraordinaire et pendu en queue de pie, comme le jour de l'attentat.

Pyotr Stolypine a lutté pendant quatre jours entre la vie et la mort. Selon sa fille, dans son délire, il s'efforçait encore de parler des affaires de l'État tandis qu'un secrétaire tentait de noter ses dernières paroles intelligibles. Il parle de la réforme agraire et surtout des pays limitrophes de l'empire, l'un des problèmes qu'il entend aborder après les fêtes de Kiev. Il expire le 5/18 septembre. "Je veux être enterré à l'endroit où j'aurai été tué".[46] Ces mots du testament de Stolypine, écrit plusieurs années avant la tentative d'assassinat, témoignent de la stature, de la noblesse et de la volonté de servir d'un homme qui trouvait un encouragement dans le sentiment tragique de la vie. Quelques jours avant la tentative d'assassinat, Stolypine avait accompagné l'empereur lors d'une visite à Lavra, le monastère chrétien orthodoxe le plus vénéré de Kiev. Il y avait fait remarquer au tsar : "Il doit être agréable ici de dormir du sommeil éternel". Sur décision de l'empereur, Stolypine fut enterré à Lavra quelques jours après sa mort. Un an plus tard, un monument à la mémoire de Stolypine fut inauguré à Kiev. Sur un côté de la pierre était inscrit : "La Russie à Stolypine". Sur un autre, sont gravés les derniers mots de l'un des discours les plus émouvants prononcés par le Premier ministre devant le deuxième parlement, celui qui a rejeté sa réforme agraire : "Ils veulent de grands bouleversements ; nous, nous voulons la Grande Russie".

De nombreuses réformes de Stolypine ont été mises en œuvre après sa mort. En 1912, une loi sur la protection des travailleurs est entrée en vigueur, prévoyant des indemnités en cas de maladie ou d'accident. Ces indemnités représentent les deux tiers, voire les trois quarts du salaire habituel. Le nouveau code du travail pour les travailleurs prévoyait également la légalisation des grèves à caractère économique. L'augmentation du nombre d'écoles publiques est une autre conséquence positive des politiques conçues par l'homme politique le plus impressionnant de la Russie impériale. Afin de développer ces politiques sociales, Stolypine avait prévu de collecter des fonds pour le Trésor en augmentant les taxes sur l'alcool et les impôts sur les biens immobiliers. Une autre proposition soumise au tsar était la création d'une école supérieure pour les fonctionnaires. Enfin, il convient de mentionner les lois sur la tolérance religieuse et la liberté de conscience, qui suppriment les restrictions imposées aux croyants qui ne professent pas le christianisme orthodoxe.

Néanmoins, huit ans après son assassinat à Kiev, la haine des révolutionnaires juifs à l'égard de Stolypine persiste à tel point qu'elle va jusqu'à coûter la vie à une autre de ses filles, Olga, lâchement assassinée en public, de sang-froid, en 1919. L'histoire est racontée dans le livre d'Alexandra Stolypine. Quelques jours avant sa mort, Olga elle-même

---

[46] Dans *L'homme du dernier Tsar*, Alexandra Stolypine reproduit d'autres paroles de son père qui témoignent de sa profonde foi chrétienne, malgré le sentiment tragique de la vie auquel nous avons fait allusion dans le texte. Elles méritent d'être connues : "Chaque matin, au réveil, je fais mes prières. Je considère le jour qui commence comme si c'était le dernier de ma vie et je me prépare à faire mon devoir, les yeux déjà fixés sur l'éternité. Au crépuscule, je remercie Dieu de m'avoir accordé un jour de plus. Je procède ainsi parce que je crois que la fin de ma vie est proche et que je devrai payer pour mes idées. Parfois, je sens clairement que le jour est proche où mon meurtrier atteindra enfin son but".

expliqua sur son lit de mort comment elle avait reçu les blessures par balles qui mirent fin à sa vie. Au cours d'une des nuits d'agonie qui ont précédé la fin de sa vie, Olga Stolypin a raconté à sa sœur Alexandra qu'après avoir été arrêtée par un groupe de bolcheviks, un juif en uniforme s'est avancé et a dit : "Je suis juif :

- "Remettez-moi cette femme, camarades. Vous savez que j'ai un compte à régler avec Stolypine."

- "Prenez-le", dit l'autre, "mais n'oubliez pas que le régiment part dans une heure".

- Oh, j'aurai fini en moins de temps", dit le soldat en riant.

Dialogue reproduit entre les bolcheviks. Le récit à la première personne se poursuit : "Il a pris son fusil et l'a chargé. J'ai regardé partout pour chercher de l'aide, mais tout le monde a évité mon regard. Le Juif a appuyé le canon de son fusil sur ma poitrine et a tiré. J'ai ressenti une forte secousse qui m'a fait tomber. D'un coup de pied, l'homme m'a fait rouler dans un coin de la pièce. Je n'ai pas bougé, faisant comme si j'étais mort. Mais il est revenu vers moi et a tiré une deuxième fois. J'ai perdu connaissance.

Alexandra Stolypine, dont l'épopée particulière mériterait quelques lignes, passa la nuit éveillée au chevet de sa sœur mourante qui, après avoir terminé son épouvantable récit, ferma les yeux et s'évanouit d'émotion et d'épuisement. Quelques jours plus tard, elle meurt.

## Février/mars 1917 : deuxième acte révolutionnaire et coup d'État

Alors que l'état-major russe est convaincu des chances de gagner la guerre et que sept millions de soldats se préparent à lancer l'offensive de printemps convenue avec la France et l'Angleterre, la révolution de février/mars 1917, également connue sous le nom de "révolution Kerensky", se produit et déclenche le coup d'État qui force l'abdication du tsar et met au pouvoir un gouvernement de francs-maçons dirigé par le prince Lvov. Dans ses mémoires, Pavel Milyukov révèle que le 13 août 1915, une réunion s'est tenue dans l'appartement de Pavel Ryabushinsky, au cours de laquelle une liste préliminaire du futur gouvernement provisoire a été établie, dans laquelle seul l'avocat juif Kerensky manquait. Très récemment, dans l'article précité sur le site de la Grande Loge de Colombie britannique et du Yukon, Andrei Priahin confirme l'information et affirme qu'en 1916, les francs-maçons s'étaient mis d'accord sur la liste des ministres du gouvernement qui devait prendre le pouvoir après la chute du tsar. Selon ce franc-maçon, l'accord a été conclu dans l'appartement de Yekaterina Kuskova, mais la liste a été légèrement modifiée la même année dans l'appartement du prince Lvov et dans la suite de l'hôtel "Frantsiya" à Saint-Pétersbourg. Priahin confirme que tous les membres du gouvernement provisoire qui a pris le pouvoir en Russie en mars 1917 étaient des frères francs-maçons. Il en est de même, bien que Priahin ne le reconnaisse pas, de Pavel Milyukov, dont les liens avec la franc-maçonnerie et avec Jacob lui-même Schiff ne laissent aucun doute.

Andrei Priahin écrit qu'Alexandre Kerensky (1881-1970) "avait été spécialement formé pour son futur poste". Il ajoute que certains membres du Conseil suprême ont également réussi à participer au gouvernement bolchevique et note que Tereshchenko (temporairement) et Nekrasov (en permanence) ont coopéré avec les organisations commerciales de l'URSS. Tout cela est également confirmé par Boris Nikolayevsky dans *The Russian Freemasons and the Russian Revolution* (1990), ouvrage publié en russe à Moscou et cité comme source par J. Lina. Il ne fait donc aucun doute que les "bons francs-maçons" ont fait partie de la conspiration qui a amené le communisme en Russie. Rappelons que parmi les francs-maçons qui n'ont cessé d'œuvrer pour le renversement du tsar figure Woodrow Wilson, élevé à la présidence des Etats-Unis, comme on le sait, par la banque juive internationale, le sionisme et la franc-maçonnerie. Il a déjà été mentionné plus haut que le début de la révolution, le 23 février/8 mars, a été programmé pour coïncider avec Pourim, la fête annuelle juive célébrant l'extermination de soixante-quinze mille Perses, selon l'Ancien Testament.

À côté de la propagande défaitiste des judéo-bolcheviks, qui ne cessent d'exciter les masses contre la guerre et d'accuser le tsar et ses généraux de vouloir exterminer tout le peuple russe, le slogan des francs-maçons est "Pour la démocratie, contre le tsarisme ! Il est évident que les discours violents et déloyaux des francs-maçons libéraux au Parlement, comme ceux prononcés à la fin de l'année 1916 par le susnommé Milioukov, ont été d'un grand secours et parfaitement exploités par les partis révolutionnaires qui, profitant des difficultés d'approvisionnement de Saint-Pétersbourg, ont intensifié l'agitation au cours du mois de février. Les difficultés du système de transport dues aux tempêtes de neige provoquent des pénuries dans la ville et, dans certains quartiers, des files d'attente se forment devant les boulangeries. Dans le même temps, de nombreuses usines de la ville ont dû fermer leurs portes en raison du manque de matériaux. Ces deux facteurs, combinés et exploités à bon escient, ont été d'une grande importance. Saint-Pétersbourg, la ville qui comptait la plus grande population juive du pays en dehors des zones de peuplement, avait été pendant les années de guerre le principal centre de production d'armements en Russie et avait par conséquent la plus grande population industrielle du pays. Avec la fermeture des usines, les travailleurs désœuvrés commencent à apparaître en grand nombre dans les rues de la capitale, qui deviennent de plus en plus encombrées. Le 21 février et le 6 mars, le gouvernement, essayant d'anticiper les problèmes, introduit des unités de cosaques dans la ville. L'atmosphère devient de plus en plus tendue et de nombreux commerçants commencent à placarder les vitrines et les rebords de fenêtres.

Dans les usines encore en activité, les ouvriers sont incités à se mettre en grève. Le tsar n'est pas dans la ville, car il est au front avec les troupes.

Le 23 février/8 mars, environ quatre-vingt-dix mille travailleurs ont débrayé, invoquant des difficultés d'approvisionnement, et une grève générale a été déclarée, qui a pris effet le lendemain. En plus de la fête de Pourim, la fête internationale du prolétariat féminin est célébrée et une foule de femmes descend dans la rue pour protester contre la pénurie de pain. Des agitateurs vétérans de la révolution de 1905 se chargent d'organiser des manifestations dans les quartiers populaires, défilant derrière des drapeaux rouges et chantant parfois la Marseillaise. À l'angle de la rue Nevsky et du canal Catherine, la police montée disperse la foule avec l'aide des cosaques sans faire de victimes ; mais le lendemain, tôt dans la matinée, ces mêmes quartiers de la capitale sont envahis par une foule plus enragée qui s'étend jusqu'à la gare Saint-Nicolas. Les voitures ne pouvaient plus circuler. La cavalerie cosaque reçoit l'ordre de disperser les manifestations de la rue Nevsky et charge à plusieurs reprises les masses. Certaines personnes sont piétinées par les chevaux. Les Cosaques, cependant, n'utilisent que les parties plates de leurs sabres et ne font jamais usage de leurs armes à feu, ce qui enhardit la foule. À la périphérie de la ville, des affrontements ont lieu entre les ouvriers et la police. Une bombe est lancée sur un détachement de gendarmes et plusieurs policiers sont tués. Trois cent mille personnes ont participé aux grèves et aux manifestations, un chiffre qui peut sembler très élevé, mais en réalité, on peut dire que, du début à la fin, les révoltes organisées ont atteint leur objectif avec un nombre étonnamment faible de personnes, si l'on considère que l'Empire russe comptait 180 millions d'habitants à l'époque.

Le 25 février/10 mars, un comité de délégués ouvriers est constitué et devient l'unique direction du mouvement. Selon Arsène de Goulévitch, le principal organisateur est le social-démocrate Youri Steklov (Nakhamkis), franc-maçon au 32e degré et gendre de Kerensky, qui est en réalité un agent de l'Allemagne opportunément payé au début des hostilités. De Goulévitch précise que ce personnage s'est fait passer, pour des raisons tactiques, pour un internationaliste proche des mencheviks, mais qu'il s'est ensuite ouvertement aligné sur les bolcheviks. Une fois le conseil des délégués ouvriers mis en place, la quasi-totalité des usines cessent de produire. Cependant, les difficultés d'approvisionnement ont déjà été résolues dans les boulangeries, où les livraisons sont revenues à la normale après la réception de rations supplémentaires de pain. Dans l'après-midi, de grandes foules se sont rassemblées autour de la gare Saint-Nicolas. Dans *Behind Communism*, Frank L. Briton reproduit le récit du photographe américain Donald Thompson, témoin oculaire des événements :

"Vers deux heures, un homme richement vêtu de fourrures arriva sur la place dans un traîneau et ordonna au conducteur de traverser la foule, qui était déjà très agitée à ce moment-là, bien qu'elle semblât disposée à lui céder le passage. L'homme, impatient et peut-être froid, commença à raisonner. Tous les Russes ressentent le besoin de discuter. Eh bien, il a mal jugé la foule, et il a également mal interprété la situation à Saint-Pétersbourg. J'étais à 150 mètres de la scène. Il a été tiré du traîneau et battu. Il s'est réfugié dans une station de tramway, où il a été poursuivi par les ouvriers. L'un d'eux a pris une petite barre de fer et lui a coupé la tête. Cela a semblé donner aux masses le goût du sang. Je fus immédiatement entraîné dans la foule qui déferlait sur la rue Nevsky et commençait à briser les vitrines des magasins et à semer le désordre. Beaucoup d'hommes portaient des drapeaux rouges et des bâtons. La plupart des magasins de la rue Nevsky sont protégés par de lourds volets en fer. Ceux qui ne l'étaient pas ont été brisés. À ce moment-là, j'ai observé des ambulances qui allaient et venaient dans les rues secondaires, et il y avait généralement trois ou quatre personnes allongées dans chacune d'entre elles."

Le désordre se généralise. Le moment décisif survient lorsque la foule, bien armée et organisée, se dirige avec colère vers les différentes casernes de police, dont les agents se barricadent à l'intérieur des bâtiments dans une dernière tentative désespérée de résistance. Presque tous sont massacrés et leurs corps sont traînés dans les rues. Les quelques policiers qui se rendent dans l'espoir de sauver leur vie sont tués. Les prisons sont ensuite vidées. Parmi la population carcérale libérée se trouvaient les pires criminels. Les archives de la police sont brûlées. Le contrôle de Saint-Pétersbourg passe ainsi aux mains des masses en colère et le chaos s'installe dans la ville. La vie de toute personne bien habillée est en danger si elle ose se montrer en public. On peut dire que le 26 février/11 mars, le gouvernement militaire de Saint-Pétersbourg, aux mains du général Sergei Khabalov, a perdu le contrôle de la ville. Des banlieues, les travailleurs affluent en masse vers le centre-ville. Les massacres de policiers qui résistent encore aux détachements d'hommes armés se poursuivent et l'on peut dire que les forces de police sont pratiquement anéanties. Les émeutes, renforcées par les ravages des criminels nouvellement libérés, en liberté, se généralisent.

Alexandre Netchvolodow, général de l'armée impériale et auteur de plusieurs ouvrages, livre dans *L'empereur Nicolas II et les juifs* le témoignage d'un soldat ayant participé au coup d'État. Ce soldat, un simple gars qui a travaillé comme charpentier avant d'entrer au service militaire, après une permission d'un mois, retourne à son détachement au front où, en présence des officiers, il déclare au général que le 26 février, un groupe de jeunes gens, peut-être des étudiants, enrôlaient des soldats dans les rues et les gares de Rostov pour les emmener à Petrograd combattre "pour la liberté de la presse et pour la liberté, pour que chacun devienne citoyen et ait tous ses droits". À la question de savoir s'ils avaient reçu de l'argent, il a répondu : "Certainement, Monsieur le Général, à la gare de Rostov, on nous a donné cinquante roubles, et à Petrograd, à la Douma d'État, on nous a donné encore cinquante roubles de plus". Selon ce récit, le 28 février, ils arrivent avant la tombée de la nuit à la gare de Saint-Pétersbourg où les attend Alexandr Goutchkov, l'un des francs-maçons de la conspiration, ministre de la Défense dans le premier cabinet du gouvernement provisoire. Après avoir prononcé un discours, Goutchkov donne l'ordre de leur remettre des armes qui ont été transportées dans des camions jusqu'à la gare. On m'a donné un fusil", déclare le soldat, "que j'ai dû rendre au retour, mais ceux qui ont reçu des revolvers les ont gardés. C'étaient de beaux et gros revolvers. À la question de savoir où ils passaient la nuit, il répondit qu'il avait passé la première nuit dans une caserne et les nuits suivantes au hasard avec ses camarades dans des maisons privées, mais qu'ils avaient été bien accueillis partout et bien nourris. À la question de savoir s'il avait dû se battre, il a répondu qu'il n'en avait pas eu l'occasion, tout en admettant que certains avaient tiré sur des policiers dans la ville. Le soldat a déclaré qu'à la Douma, où le nouveau gouvernement était sur le point d'être formé, il y avait beaucoup de monde et que chacun pouvait faire un discours, puisqu'il y avait la liberté d'expression et la liberté de la presse. Enfin, on lui demande pourquoi il est retourné au front. L'homme a fait remarquer que ceux qui n'étaient pas de Petrograd n'avaient plus rien à y faire, puisqu'ils n'avaient plus d'argent.

Au lieu de se solidariser avec le gouvernement et de dénoncer l'assassinat de milliers de policiers par des révolutionnaires organisés et bien armés, les éléments de la Douma qui soutiennent la révolution parviennent à faire envoyer au tsar, qui se rend en train à Saint-Pétersbourg, le message catastrophique suivant : "La situation est grave. Le gouvernement est paralysé. La situation, en ce qui concerne les transports, l'approvisionnement en nourriture et en carburant, a atteint un point de désorganisation totale. Le mécontentement grandit au sein de la police. Des coups de feu incontrôlés éclatent dans les rues. Les différentes sections des troupes se tirent dessus. Il faut immédiatement faire confiance à une personne qui a le soutien du pays pour la création d'un nouveau gouvernement". Malheureusement, la réaction du tsar est inadéquate, elle ne correspond pas à la réalité de la situation. Il est même certain qu'il n'avait pas la moindre idée de ce qui se passait réellement. Par une décision désordonnée, Nicolas II ordonne la dissolution du Parlement, dont la majorité aurait été fidèle au tsar si un vote avait eu lieu.

Il convient toutefois de rappeler que cette Douma, qui était la quatrième, avait été élue en 1912 et que son mandat de cinq ans avait été prolongé jusqu'après les vacances de Pâques. Le 27 février/12 mars, la Douma, déjà dissoute par l'empereur, se réunit en séance officieuse pour examiner la situation. La plupart des parlementaires sont déconcertés, et ce sont les influents députés maçonniques qui prennent les choses en main. Milyukov lui-même, chef des Kadets, écrira plus tard : "Le succès ou l'échec du mouvement révolutionnaire dépendait de la participation ou de l'abstention de la Douma". La preuve est faite : le rôle de la Douma a été décisif pour les dirigeants de la rébellion. Le président de la Chambre, le franc-maçon Mikhaïl Rodzyanko du parti octubriste, envoie un nouveau message au tsar : "La situation s'aggrave. Des mesures importantes doivent être prises immédiatement. Demain, il sera trop tard. La dernière heure a sonné et le sort de la patrie et de la dynastie se joue". Reste à savoir si l'empereur a lu ce texte, qui est resté sans réponse.

Le même jour sont constitués les deux organes gouvernementaux qui vont diriger la Russie pendant huit mois jusqu'à la révolution d'octobre. Tandis que la Douma s'empresse de former un comité provisoire, composé de douze membres et dirigé par le prince Lvov, le conseil des délégués des ouvriers et des soldats s'organise définitivement et forme le Soviet de Saint-Pétersbourg, dominé par les mencheviks et les bolcheviks du Parti ouvrier social-démocrate de Russie et secondé par le Parti socialiste révolutionnaire. Son président est d'abord Cheidze, leader des sociaux-démocrates à la Douma, et le vice-président est le bolchevik Skobelev, mais l'homme clé est le célèbre Kerensky, qui fait partie du gouvernement provisoire et joue le rôle clé d'agent de liaison entre ces deux organes issus de la révolution.

Le groupe de francs-maçons qui avait créé le Comité provisoire devint bientôt le Gouvernement provisoire, qui gouverna avec la permission et la tolérance du Soviet de Saint-Pétersbourg, lequel joua le rôle de gardien vigilant des actions du gouvernement et céda progressivement le pouvoir à la faction bolchevique qui devait prendre la tête du mouvement quelques mois plus tard, lors du troisième et dernier acte de la révolution. Comme lors du premier acte de 1905, le Soviet est d'abord composé des dirigeants des cellules opérant dans les usines, mais cette fois, les délégués des soldats y participent également. Cent cinquante membres assistèrent aux premières réunions, mais les jours suivants, leur nombre augmenta jusqu'à un millier de délégués. Dès le jour de sa formation, le 27 février/12 mars, le Soviet publie son organe *Izvestia*, qui avait déjà fonctionné en 1905. Dans le premier numéro, un manifeste idéologique clairement bolchevique et internationaliste est publié en supplément. Voici un paragraphe significatif : "Le travail le plus urgent du gouvernement provisoire consiste à s'entendre directement avec le prolétariat des pays belligérants pour la lutte révolutionnaire des peuples de tous les pays contre leurs oppresseurs et exploiteurs, les gouvernements impérialistes et leurs cliques capitalistes, et pour la cessation immédiate des massacres sanglants qu'ils imposent aux peuples asservis". Ces mots sont sarcastiques si l'on considère que les banquiers qui se sont enrichis grâce à la guerre mondiale sont les mêmes qui ont financé la révolution en Russie, et que la guerre russo-japonaise a été financée et imposée à la Russie par Jacob Schiff, le même banquier juif qui a financé Trotsky.

Le rôle des Britanniques est également important, en particulier celui de Lord Milner, qui finance la révolution à hauteur de plus de 21 millions de roubles, et de l'ambassadeur maçonnique Buchanan, infatigable conspirateur de l'ambassade. Saint-Pétersbourg regorge d'agents britanniques logés chez l'habitant, qui distribuent de l'argent aux soldats et les incitent à la mutinerie. Au petit matin du même jour, du 27 février au 12 mars, un sergent du régiment Volynski abat un commandant, et c'est à partir de cet événement que débute la rébellion des soldats, qui tuent leurs officiers. Les meurtres d'officiers de l'armée sont une constante. À onze heures du matin, onze régiments avaient rejoint la révolte, et des crimes horribles ont été commis dans chacun d'entre eux. Selon Jüri Lina, soixante soldats ont été tués dans la seule ville de Cronstadt, dont l'amiral von Wiren, qui a eu les deux bras coupés et a été traîné vivant dans les rues jusqu'à ce que les révolutionnaires aient pitié de lui et le tuent. Lina, citant le documentaire de Stasnislav Govorukhin, *The Russia We Lost*, Govorukhin, rapporte qu'à Vyborg, des officiers ont été jetés d'un pont sur des rochers, et qu'ailleurs, ils ont été tués à la baïonnette ou battus à mort. Le même matin, à onze heures et demie, la garnison de la forteresse Pierre-et-Paul de Saint-Pétersbourg se rend et rejoint la révolution. Deux jours plus tard, le 14 mars, le Soviet de Saint-Pétersbourg publie le "Prikaz" n° 1 (ordre) qui signifie la destruction de toute discipline dans l'armée. La révolution a triomphé et les instructions du Soviet sont désormais acceptées sans discussion par le gouvernement provisoire. Le 3/16 mars, le tsar Nicolas II, dont le train n'a jamais atteint Saint-Pétersbourg, abdique.

Dès qu'il apprend les événements de Saint-Pétersbourg, il envoie une dépêche télégraphique au général Khabalov lui ordonnant de mettre fin aux troubles dans la capitale, "inadmissibles en ce douloureux temps de guerre". Le général télégraphie à son tour à l'empereur et reconnaît qu'il n'a pas été en mesure de maintenir l'ordre dans la ville. À la suite de la nouvelle de la rébellion militaire du 27/12, Nicolas II accorde des pouvoirs dictatoriaux au Premier ministre Nikolaï Golitzyn, qui est arrêté avant d'avoir pu les exercer. Dans le même temps, il ordonne au général Ivanov et à un bataillon de chevaliers de la Croix de Saint-Georges de prendre le train pour Saint-Pétersbourg, où il doit remplacer le général Khabalov et prendre le commandement militaire de la ville. Au même moment, trois bataillons supplémentaires, stationnés en Finlande en prévision d'une invasion allemande, reçoivent l'ordre d'être envoyés à Saint-Pétersbourg et placés sous le commandement du nouveau gouverneur militaire de la capitale. Mais les révolutionnaires ont bien préparé le coup et le personnel des chemins de fer a été opportunément infiltré. Le réseau ferroviaire des environs de la capitale est aux mains des insurgés depuis le 27 février, et les accès ferroviaires à la ville sont sous leur contrôle. De plus, au nord, près de la frontière finlandaise, les voies ont été immédiatement démontées, ce qui a empêché les troupes de s'y rendre. Le général Ivanov, quant à lui, ne parvient à s'approcher des environs de Saint-Pétersbourg que le 1er/14 mars. La situation semble alors irréversible et le tsar lui-même lui ordonne de ne rien faire. En effet, Nicolas II lui-même avait décidé le 27/12 de se rendre à Tsarskoïe Seló, la résidence de la famille impériale à Saint-Pétersbourg, où il n'arriva jamais, son train ayant été arrêté sur ordre des nouveaux maîtres du réseau ferroviaire.

Le Comité provisoire s'adresse alors au chef de l'état-major général, Mikhaïl Alexeïev, et lui notifie que la révolution, qui tient Saint-Pétersbourg, Cronstadt et la flotte de la Baltique, s'étend à tout le pays, et que la résistance au mouvement révolutionnaire ne peut que conduire à la guerre civile, fatale lorsqu'on est en guerre contre un ennemi extérieur. Les "bons francs-maçons" ajoutent que le mouvement est surtout dirigé contre Nicolas II, qui doit abdiquer dans l'intérêt du pays et de la dynastie elle-même. Le général Alexeïev, qui peu après regrettera amèrement son erreur de jugement, se laissera convaincre par ces arguments et transmettra aux différents chefs militaires des informations similaires à celles qui lui ont été annoncées depuis la capitale. L'idée que la seule solution possible pour sauver la Russie et la dynastie est l'abdication finit par s'imposer et Alexeïev demande à ses collègues d'adresser au tsar un plaidoyer en ce sens. Nicolas II, convaincu que ses généraux agissent par patriotisme et par amour de la monarchie, et cherchant à éviter la guerre civile annoncée, abdique le 2/15 mars, en son nom propre et au nom de son fils, atteint d'hémophilie, en faveur de son frère, le grand-duc Michel.

Ce dernier, qui se trouve dans la capitale, est averti par les francs-maçons du Comité provisoire qu'ils ne sont pas en mesure de se porter garants de sa vie. Enfin, sur l'insistance particulière de Kerensky, le grand-duc Michel refuse d'accepter le trône et remet le pouvoir au Comité, bien qu'il soit entendu que sa démission reste valable jusqu'à ce que l'Assemblée constituante décide de la forme de gouvernement. Le général Alexeïev n'a que peu de temps pour comprendre la véritable ampleur des événements et, le 3/16 mars, il avoue : "Je ne me pardonnerai jamais d'avoir cru à la sincérité de certaines personnes, d'avoir accepté leurs conseils et d'avoir envoyé aux chefs des forces armées le télégramme concernant l'abdication de l'empereur". Nicolas II écrit un message d'adieu à l'armée, mais il ne parvient jamais aux militaires, car il est intercepté par le gouvernement provisoire, qui en interdit la publication de peur qu'il ne provoque un mouvement patriotique.

Le soutien du sionisme à la révolution de février/mars a été ignoré, mais il a été très important. L'assemblée sioniste de Petrograd n'a pas tardé à publier une résolution qui disait : "Le judaïsme russe est appelé à soutenir le gouvernement provisoire de toutes les manières possibles, par un travail enthousiaste, par l'organisation et la consolidation nationales au profit de la prospérité de la vie nationale juive en Russie et de la renaissance nationale et politique de la nation juive en Palestine". George Kennan rend compte d'un rassemblement organisé le 23 mars 1917 au Carnegie Hall, où des milliers de marxistes, de socialistes et d'anarchistes se sont réunis pour célébrer l'abdication de Nicolas II.[47] À cette occasion, il est publiquement fait état de la diffusion, par l'intermédiaire de la Société des amis de la liberté russe, financée par Jacob Schiff, de l'évangile révolutionnaire parmi les officiers et soldats russes détenus dans les camps de prisonniers japonais pendant la guerre de 1904-1905. Le lendemain, 24 mars, *le New York Times* publie un télégramme de Jacob Schiff aux participants dans lequel il regrette de ne pouvoir assister à l'événement et décrit le coup d'État de février et la démission du tsar comme l'événement "qu'ils ont attendu et pour lequel ils se sont battus pendant de longues années".

En avril 1917, le mouvement sioniste russe a été puissamment renforcé par une déclaration publique de Jacob Schiff, qui avait décidé de rejoindre sans réserve les sionistes. La déclaration disait que Schiff, "craignant l'assimilation juive à la suite de l'égalité civile des Juifs en Russie, pensait que la Palestine pourrait devenir le centre de diffusion des idéaux de la culture juive dans le monde entier". Tout le mensonge et l'hypocrisie des financiers de la révolution se révèlent dans ces mots. En d'autres termes, tout en réclamant l'égalité des droits, ils craignent l'assimilation raciale. Début mai, les sionistes organisent un grand rassemblement à la Bourse de Petrograd, au cours duquel l'hymne sioniste est joué à plusieurs reprises. Fin mai, une conférence sioniste panrusse se tient au conservatoire de Petrograd, où les principaux objectifs sionistes sont exposés : renaissance culturelle de la nation juive, augmentation de l'émigration vers la Palestine et mobilisation de capitaux juifs pour financer l'installation de colons juifs.

Le fait que la révolution de février/mars 1917 soit également connue sous le nom de "révolution Kerensky" indique le rôle décisif joué par ce personnage. La mère de Kerensky était une juive nommée Adler (Nadezhda) qui s'est mariée deux fois. Son premier mari est un juif du nom de Kürbis. Elle se remarie avec Fyodor Kerensky, un professeur qui adopte le petit Aaron Kürbis. Dans *Wall Street and the Bolshevik Revolution*, Anthony C. Sutton cite le franc-maçon Richard Crane, conseiller du secrétaire d'État américain Robert Lansing, comme l'un des hommes qui ont soutenu Kerensky depuis les États-Unis. Kerensky avait également reçu le soutien du banquier juif Grigori Berenson, qui s'est révélé être un sioniste convaincu en 1930. L'homme politique et scientifique autrichien Karl Steinhauser révèle dans *EG - Die Super-UdSSR von Morgen* que l'ambassadeur britannique à Saint-Pétersbourg, le franc-maçon George Buchanan, était le contact entre

---

[47] George F. Kennan, chargé d'information au département d'État américain, considéré comme un expert des questions liées au communisme, qui occupait le poste de chargé d'affaires à Moscou, a envoyé le célèbre "long télégramme" au département d'État en 1946. Dans ce télégramme de 8000 mots, signé M. X, il conclut que le principal élément de la politique américaine à l'égard de l'Union soviétique doit être "une retenue patiente et vigilante" face aux tendances expansionnistes du communisme russe. Le "long télégramme" a été publié en 1947 par la prestigieuse revue *Foreign Affairs*.

Kerensky et Londres, Paris et Washington, ce qui confirme une fois de plus le rôle misérable et perfide de l'ambassadeur britannique auprès d'un pays allié. Le 21 mars, Buchanan déclare aux journalistes de *Russkoie Slovo* : "Le régime autocratique et réactionnaire ne nous a jamais inspiré de sympathie... C'est pourquoi l'avènement du gouvernement provisoire est salué avec enthousiasme dans toute la Grande-Bretagne.[48]

Le franc-maçon Andrei Priahin, comme on le sait, a révélé que Kerensky "avait été spécialement formé pour son futur poste". Alexander Kerensky (Aaron Kürbis), en plus d'être vice-président du Soviet de Saint-Pétersbourg, occupa trois postes dans le gouvernement provisoire, tous plus importants les uns que les autres : tout d'abord celui de ministre de la Justice, d'où il invita Trotsky et Lénine à revenir en Russie, puis celui de chef de la police, où il nomma Pyotr (Pinhas) Rutenberg, le terroriste juif, franc-maçon et sioniste qui avait organisé le "dimanche sanglant" avec Alexander Parvus. Rutenberg est l'un des fondateurs de la Légion juive, qui a combattu aux côtés des Britanniques pendant la guerre. Le deuxième poste de Kerensky est celui de ministre de la Guerre, où il succède à Goutchkov. Enfin, suite à la démission du prince Lvov le 7/20 juillet, il est nommé Premier ministre, poste qu'il occupe lorsqu'il cède finalement le pouvoir aux bolcheviks. Selon l'historien Sergei Yemelyanov, Kerensky, qui pendant les trois années précédant le coup d'État s'est consacré exclusivement à la défense des terroristes révolutionnaires, était franc-maçon au 33e degré.

Tous les membres du gouvernement provisoire sont francs-maçons. Parmi les plus éminents, outre Kerensky lui-même, figurent Nikolai Nekrasov, ministre des Communications, Pavel Milyukov, ministre des Affaires étrangères et chef des Kadets, et Mikhail Tereshchenko, ministre des Finances. Ce dernier est un jeune millionnaire d'origine ukrainienne qui a investi de l'argent dans le mouvement révolutionnaire. Ses bonnes relations avec les Rothschild de "New Court" (Londres) sont commentées par Niall Ferguson, qui écrit que Tereshchenko s'est avéré être un bon ami des Juifs. Sa nomination au poste de ministre des finances a été largement célébrée par les Rothschild, qui ont rapidement vu leur optimisme justifié. Le nouveau ministre n'a pas le temps d'écrire à Londres pour proposer aux Rothschild

---

[48] Dans un discours à la Société anglo-russe, reproduit en partie par le même journal *Russkoie Slovo* le 12 avril 1917, l'ambassadeur Buchanan tient à exprimer publiquement sa duplicité. La dernière fois, dit-il, que j'ai eu l'honneur de m'adresser aux membres de la Société anglo-russe, c'était précisément à la veille de la session de la Douma au cours de laquelle mon honorable ami Milyukov a prononcé son célèbre discours dans lequel il a planté le premier clou dans le cercueil de l'ancien régime. J'ai dit alors que nous devions non seulement arriver à une fin victorieuse, mais que la victoire finale devait être remportée sur l'ennemi qui se trouvait dans notre propre camp. Aujourd'hui, je peux féliciter le peuple russe de s'être débarrassé si rapidement d'un tel ennemi. Certes, il faut beaucoup de cynisme pour parler de "l'ennemi dans son propre camp" quand on a conspiré depuis l'ambassade contre un pays qui s'est comporté pendant la guerre comme un ami et un allié loyal.

de garantir un emprunt d'un million de roubles, émis par le gouvernement Kerensky pour maintenir la Russie dans la guerre.

Quant au ministre des Affaires étrangères, Milyukov, il reçoit le 19 mars un télégramme du banquier Jacob Schiff, qui se présente désormais comme un ami de la Russie et le formule en ces termes : "Permettez-moi, en tant qu'ennemi irréconciliable de l'autocratie tyrannique qui a persécuté sans pitié nos coreligionnaires, de féliciter par votre intermédiaire le peuple russe pour l'action que vous venez d'accomplir si brillamment, et de souhaiter à vos camarades du nouveau gouvernement et à vous-même un plein succès dans la grande tâche que vous avez si patriotiquement entreprise." Dans sa réponse, Milioukov se montre solidaire du banquier juif qui a lancé le Japon contre son pays et, en plus de réitérer de vieilles idées maçonniques et illuministes, s'adresse à lui comme s'il représentait les États-Unis : "Nous sommes unis avec vous dans une haine et une antipathie communes pour l'ancien régime, maintenant renversé, laissez-moi être également uni avec vous pour la réalisation de nouvelles idées d'égalité, de liberté et de concorde entre les peuples, participant à la lutte universelle contre l'âge des ténèbres, le militarisme et le pouvoir autocratique de droit divin. Veuillez accepter nos remerciements pour vos félicitations, qui nous permettent de déterminer le changement apporté par un coup d'État bénéfique dans les relations réciproques entre nos deux pays".

Dans *No One Dares Call It a Conspiracy*, Gary Allen se réfère au document n° 861.00/5339 des archives du Département d'Etat, qui fait état des plans de divers dirigeants juifs pour renverser le Tsar. Parmi les noms qui apparaissent, on retrouve à nouveau Jacob Schiff, si influent au sein de l'organisation maçonnique B'nai B'rith, et ses collègues Felix Warburg, Otto Kahn, Isaac Seligman, Mortimer Schiff et d'autres. Tous des banquiers juifs. L'*Encyclopedia of Jewish Knowledge* reconnaît d'ailleurs dans son article "Schiff" (New York, 1938) qu'Alexandre Kerensky, l'homme qui avait été formé spécifiquement pour sa mission, a reçu un million de dollars de Jacob Schiff.

Dès le mois d'avril, le gouvernement provisoire de Kerensky émet par télégraphe un ordre de libération, sans enquête individuelle, de tous les Juifs soupçonnés d'espionnage qui ont pris le chemin de l'exil. Certains d'entre eux résident dans les territoires occupés, mais d'autres peuvent revenir en toute sécurité. De nombreux déportés demandent l'autorisation de vivre dans les villes de la partie européenne de la Russie. On assiste immédiatement à un afflux de Juifs à Petrograd, où ils sont 50 000 en 1917, et à Moscou, où ils sont 60 000. De nombreux émigrés juifs de New York retournent en Russie. Beaucoup de ceux qui vivaient en Grande-Bretagne ont également déclaré qu'ils étaient prêts à rentrer pour reprendre la lutte pour la nouvelle Russie sociale et démocratique. Rien qu'à Londres, quelque 10 000 personnes se déclarent prêtes à partir. Le gouvernement provisoire décide dans un premier temps de maintenir l'empereur et la famille impériale à

Tsarskoïe Selo, mais en août, l'ineffable Kerensky décide de les transférer tous à Tobolsk, en Sibérie. Une fois Nicolas II renversé, le gouvernement maçonnique supprime l'hymne national *God Save the Tsar*, qui, par coïncidence, avait été composé par le prince Lvov et écrit par le poète Vasily Zhukovsky. Il le remplace par un hymne plaisant à la franc-maçonnerie et à la juiverie, intitulé *"Le Seigneur glorieux en Sion"*.

## Léon Trotsky (Leiba Bronstein)

Après Marx et Lénine, Trotski occupe la troisième place dans le calendrier des saints de la gauche mondiale. Trotski est entré dans l'histoire comme un mythe, dont la popularité et le prestige restent intacts. La propagande l'a toujours présenté comme une personnalité gigantesque. Les médias, les encyclopédies et les livres en général continuent à le considérer comme un intellectuel progressiste et révolutionnaire qui a consacré sa vie à la lutte pour la cause du prolétariat. Nous verrons désormais que la vérité est tout autre : Trotski était un agent de la banque internationale, un cynique sans scrupules qui a épousé la fille d'un banquier proche des grandes familles bancaires juives.

Leiba Bronstein est le nom qui lui a été donné lorsqu'il est né à Yanova, un village de la province de Khertson, en Ukraine, le 25 octobre 1879. Son père, David Bronstein, était un riche propriétaire terrien qui possédait pratiquement toutes les terres du village. À l'âge de sept ans, il fréquente une école juive où l'on enseigne l'hébreu et commence à étudier le *Talmud*. À dix-sept ans, un juif tchèque, Franz Schwigowsky, l'introduit dans une société secrète, la Ligue des travailleurs, dont les membres sont arrêtés en 1898. Le jeune Bronstein, qui avait déjà adhéré à la franc-maçonnerie en 1897, passe deux ans dans une prison d'Odessa, où il se consacre à l'étude de l'histoire des sociétés secrètes et à l'approfondissement de la franc-maçonnerie. En effet, dans l'initiation au 33e degré, il est dit que "la franc-maçonnerie n'est ni plus ni moins qu'une révolution en action, une conspiration continue". D'Odessa, il est exilé en Sibérie, d'où il s'échappe en 1902 pour se rendre à Vienne. Il y rencontre Victor Adler, révolutionnaire juif et franc-maçon, qui publie le journal *Arbeiter Zeitung*. Peu après, il se rendit à Londres où, sans que nous le sachions, il entra en contact avec un autre franc-maçon juif de haut rang et homme éclairé nommé Israel Helphand, bien qu'il se fasse appeler Alexander Parvus. C'est Parvus qui a transformé Leiba Bronstein en Léon Trotsky à la fin de l'année 1902. Trotsky, comme mentionné ci-dessus, est retourné en Russie en 1905 en compagnie d'Alexandre Parvus pour organiser la révolution. Outre l'organisation et la présidence du "soviet des délégués ouvriers", Trotski édite avec Parvus le journal *Nachalo* (*Le Principe*). Igor Bunich, auteur du livre *Zoloto Partii* (*L'or du parti*) (Saint-Pétersbourg, 1992), affirme que Parvus a été le principal organisateur de la révolution de 1905 et qu'il a reçu

2 millions de livres sterling des Japonais pour planifier la prise du pouvoir en Russie.

Jüri Lina affirme dans *Sous le signe du scorpion* que Trotsky, avec l'aide d'Alexander Parvus, est arrivé à la conclusion que le but de la franc-maçonnerie était d'éliminer les États nationaux et les cultures afin d'établir la domination juive sur le monde. Trotski, écrit Lina, "devint ainsi un internationaliste convaincu, à qui Parvus enseigna que le peuple juif était son propre Messie collectif, qu'il parviendrait à dominer les autres peuples par le mélange des races et l'élimination des frontières nationales, et qu'une république internationale devait être créée, dans laquelle les Juifs seraient l'élément principal, puisque personne d'autre ne serait en mesure de comprendre et de contrôler les masses". C'est Parvus qui a inculqué à Trotski l'idée de "révolution permanente".

L'écrivain Maxime Gorki, dont l'agent Parvus était en Europe, se plaignit que Parvus lui avait volé cent trente mille marks-or et le traita d'avare et d'escroc. Alexandre Parvus, né en 1867, a environ douze ans de plus que Trotsky. Il a travaillé pendant plusieurs années dans diverses banques en Allemagne et en Suisse et est également un publiciste compétent. Parvus connaît l'histoire de la Russie et est convaincu que si la noblesse et l'intelligentsia sont éliminées, le pays sera sans défense et pourra facilement être jeté dans les flammes de la révolution. Parvus et Trotsky, comme mentionné plus haut, ont mené la révolution de 1905 et ont tous deux été condamnés à l'exil en Sibérie. Trotski ne réussit à s'enfuir qu'en février 1907, mais Parvus le fit immédiatement et se rendit à Constantinople, où il servit de conseiller aux Jeunes Turcs (des juifs convertis à l'islam, comme on le sait). À cette époque, il établit des contacts avec des diplomates allemands, qui lui seront très utiles par la suite, et réussit à accumuler beaucoup d'argent grâce à son activité de médiateur dans les échanges commerciaux entre l'Allemagne et la Turquie. Mais c'est au cours de la guerre des Balkans (1912-13) qu'il fait fortune et devient multimillionnaire. Ses transactions commerciales couvrent un large éventail de marchandises. À lui seul, son commerce de charbon lui rapporte près de 30 millions de couronnes danoises en or. Cet agent des Illuminati a également été pendant un temps un collaborateur de Rosa Luxemburg, avec laquelle il apparaît sur de nombreuses photographies. Principal épigone d'Adam Weishaupt, indécent et cynique s'il en est, mais aussi diaboliquement rusé et intelligent, tout en prêchant la révolution permanente qui devait mettre fin à la propriété privée, Israel Helphand, alias Parvus, menait un train de vie fabuleux où les fêtes orgiaques ne manquaient pas. Pour se faire une idée de sa richesse, il suffit de savoir qu'à sa mort, en 1924, il possédait, entre autres biens immobiliers, trois maisons à Copenhague, un château en Suisse et un palais de trente-deux pièces sur une île du lac Wannsee à Berlin, aujourd'hui transformé en musée ouvert au public.

Après s'être échappé de Sibérie, Trotski réussit à retourner à Vienne, où il est connu pour avoir rencontré le leader sioniste Chaim Weizmann. Trotski et Lénine reçoivent tous deux un soutien financier de Parvus et sont même invités à vivre avec lui à Munich pendant une courte période. C'est dans la maison munichoise de Parvus que Lénine et Rosa Luxemburg se sont rencontrés. Après avoir été correspondant de guerre dans les Balkans en 1912, un travail fourni par Parvus, Trotsky a vécu en France, où il a fondé avec son coreligionnaire Julius Martov (Julius Zederbaum) le journal de langue russe *Nashe Slovo*. Il a été dit plus haut que l'auteur Youri Begounov affirme qu'au printemps 1914, Trotski, envoyé par la Grande Loge de France, se trouvait à Vienne, où il a rencontré le frère franc-maçon V. Gacinovic dans le but de s'entretenir avec lui. Gacinovic afin de coordonner l'attaque contre l'héritier de l'Autriche-Hongrie.

Surveillé par la police française après sa participation à la conférence de Zimmerwald en septembre 1915, Trotsky est arrêté à Paris en raison de ses articles incendiaires. Les autorités gauloises suspendent la publication du journal et Trotsky est déporté en Espagne. Dans *Wall Street and the Bolshevik Revolution*, Anthony Sutton écrit qu'il a été "gentiment escorté jusqu'à la frontière espagnole". Quelques jours plus tard, l'internationaliste est arrêté par la police à Madrid et logé dans une "cellule de première classe", qui coûte une peseta et demie par jour. Il semble évident que des "ordres" ont été reçus pour qu'il soit libéré, puisqu'il a été emmené à Cadix, peut-être dans le but de l'embarquer. Si tel est le cas, cette première option est reconsidérée, puisque c'est finalement le port de Barcelone qui est choisi, où Trotski retrouve sa famille et un groupe de collaborateurs et s'embarque à bord du transatlantique *Montserrat* à destination de New York.

Le 13 janvier 1917, le groupe de Trotsky, qui comprend Moses Uritsky, Grigori Chudnovsky et d'autres de ses collaborateurs juifs qui joueront plus tard un rôle important dans la révolution d'octobre, débarque à New York. Trotsky prend rapidement contact avec la loge B'nai B'rith, dont il devient membre. Il a sans doute atteint un degré élevé dans le rite Misraim-Memphis, puisqu'il a appartenu à la loge Shriners, qui n'admet que les maçons ayant atteint le 32e degré. Franklin Delano Roosevelt, Alexandre Kerensky et Bela Kun, pour ne citer que quelques exemples significatifs, faisaient partie des membres privilégiés de cette loge. Dans son autobiographie *My Life*, Trotsky affirme que sa seule profession à New York était celle de révolutionnaire socialiste, c'est-à-dire qu'il vivait de ses articles dans *Novy Mir*, le journal new-yorkais des socialistes russes, fondé par deux camarades juifs, Weinstein et Brailovsky. Deux autres Juifs, Nikolaï Boukharine (Dolgolevsky) et V. Volodarsky (Moses Goldstein) travaillent à la rédaction. Les seuls fonds que Trotski admet avoir reçus en 1916 et 1917 sont de 310 dollars, argent que, dit-il, "j'ai distribué à cinq émigrés qui rentraient en Russie". Cependant, le leader communiste révolutionnaire appauvri est connu pour s'être déplacé à New York dans une limousine avec chauffeur, probablement mise à sa disposition par l'un de ses amis banquiers. En outre, les 310 dollars avaient permis de payer à l'avance trois mois de loyer pour un excellent appartement où il vivait avec sa femme, Natalia Sedova, et leurs deux fils, Léon et Sergueï.[49]

Natalia Sedova était la fille d'un banquier juif nommé Givotvosky. La première référence au fait que Trotsky était marié à la fille d'un banquier apparaît dans l'ouvrage *L'empereur Nicolas II et les juifs* 1924). Alexandre Netchvolodow y cite un document, retrouvé bien plus tard par Anthony Sutton dans les Decimal Files du State Department (861.00/5339), daté du 13 novembre 1918 et intitulé *Bolshevism and Judaism (Bolchevisme et Judaïsme)*. Le texte est un rapport affirmant que la banque juive internationale est derrière les événements révolutionnaires en Russie et cite comme impliqués les dirigeants de la banque Kuhn, Loeb and Co. : Jacob Schiff, Felix Warburg, Otto Kahn, Mortimer Schiff, Jerome H. Hanauer. Deux autres noms de banquiers juifs sont ajoutés : Guggenheim et Max Breitung. Dans le deuxième point, on peut lire : "Le juif Max Warburg a également financé Trotsky et compagnie, qui étaient également financés par le syndicat westphalien-romain, ainsi que par un autre juif, Olof Aschberg, de la Nya Banken à Stockholm, et aussi par Givotovsky, un juif dont la fille est mariée à Trotsky. C'est ainsi que s'établissent des relations entre milliardaires juifs et juifs prolétaires".

Anthony Sutton commente les liens de parenté entre Trotski et le banquier juif et fait référence à Abram Givatovzo en ces termes : "Un autre banquier bolchevique de Stockholm était Abram Givatovzo, beau-frère de Trotski et de Lev Kamenev. Un rapport du département d'État réaffirme que, tout en prétendant être très antibolchevique, Givatovzo avait en fait reçu, par l'intermédiaire de courriers, d'importantes sommes d'argent de la part des bolcheviks pour financer des opérations révolutionnaires. Givatovzo faisait partie d'un syndicat comprenant Denisov de l'ancienne Banque de Sibérie, Kamenka de la Banque Don Azov et Davidov de la Banque du Commerce Extérieur. Ce syndicat a vendu des actions de l'ancienne Banque de Sibérie au gouvernement britannique". Nous voyons donc que les pratiques héritées des Frankistes de Jacob Frank sont toujours en vigueur parmi les révolutionnaires juifs. Il est évident que dans le cas de Trotsky, comme dans tant d'autres, la propagande a cherché à garder secret son mariage avec une fille de banquier, ce qui est tout à fait gênant pour l'auréole du mythe aux yeux de la classe ouvrière.

La véritable identité de la Sedova, qui était aux côtés de Trotsky dans la révolution de 1905, est également révélée par deux autres auteurs : l'Espagnol Mauricio Carlavilla et l'Estonien Jüri Lina. Ce dernier écrit :

---

[49] En 1902, Trotski avait rencontré à Paris Natalia Sedova, sa seconde épouse, de quelques années plus jeune que son épouse légale, Sokolovskaïa, ce qui fut totalement ignoré. Dans son autobiographie, Trotsky consacre à peine une ligne au commentaire de cette liaison. Sokolovskaïa a cependant donné au dirigeant communiste deux filles qu'il a reniées.

"Natalia Sedovaya-Trotskaya était en fait la fille d'un banquier sioniste, Ivan Givotovsky (Abram Givatovzo), qui a contribué à financer la prise de pouvoir des bolcheviks, d'abord en Russie, puis à Stockholm, via la Nya Banken (une banque suédoise dirigée par la famille juive Aschberg). C'est une autre raison pour laquelle le franc-maçon Léon Trotski a toujours protégé les intérêts internationaux des riches juifs. Ivan Givotvosky avait des liens étroits avec les Warburgs et les Schiffs". Pour sa part, Mauricio Carlavilla, dans *Sinfonía en rojo mayor*, met dans la bouche de Christian Rakovsky ces mots : "Sedova est la fille de Givotovsky, liée aux banquiers Warburg, partenaires et parents de Jacob Schiff, un groupe qui a financé le Japon et, par l'intermédiaire de Trotsky, a en même temps financé la révolution de 1905.[50] C'est la raison pour laquelle Trotsky, d'un seul coup,

[50] À propos de Mauricio Carlavilla et de *Sinfonía en rojo mayor*, une mise au point s'impose, qui sera inévitablement un peu longue, ce dont nous nous excusons d'avance. Julián Mauricio Carlavilla (1896-1982), policier, écrivain et éditeur, a démontré dans ses œuvres une profonde connaissance du communisme. En tant que policier, il a effectué un travail d'infiltration et il est probable que, tout au long de sa carrière de policier, il ait obtenu des informations de services secrets étrangers. Il reste pratiquement inconnu, mais son travail inlassable en tant qu'écrivain et publiciste mérite d'être reconnu. Carlavilla a d'abord publié ses œuvres sous le pseudonyme de Maurico Karl, bien qu'en de rares occasions il ait également utilisé le pseudonyme de Julien d'Arleville. Ses ouvrages deviendront désormais des sources d'information, en particulier ceux qui traitent des différents aspects de la Seconde Guerre mondiale. Citons d'emblée *Pearl Harbour, la trahison de Roosevelt* (1954) et, surtout, son édition de *Sidney Warburg* en espagnol, un livre très précieux et peu connu, publié en 1933 en Hollande sous le titre *De Geldbronnen wan het Nationaal Socialisme*, dont la traduction est parue en Espagne en 1955 aux éditions NOS sous le titre *El dinero de Hitler (L'argent d'Hitler)*. Mauricio Carlavilla a publié ses propres livres et d'autres qu'il considérait comme intéressants dans la maison d'édition NOS, qu'il avait lui-même fondée et qui était basée dans sa propre maison.
En ce qui concerne *Sinfonía en rojo mayor*, la première chose à dire est qu'il s'agit d'une œuvre très citée sur Internet. L'œuvre se présente sous la forme de mémoires romancées, celles du Dr José Landowski, dont les personnages principaux sont pour la plupart des figures historiques. Ne sachant pas du tout qui était Mauricio Carlavilla, ceux qui mentionnent l'ouvrage acceptent la paternité du narrateur, le Dr Landowski, médecin au service du N.K.V.D., et donnent à l'ouvrage une valeur documentaire qu'il ne possède pas vraiment. À mon avis, Landowski est une création de Carlavilla. Le texte maintes fois cité sur Internet est le prétendu interrogatoire du dirigeant trotskiste Christian G. Rakovski, l'un des principaux accusés du procès des vingt et un, où il a été condamné à vingt ans de prison, alors qu'il a été fusillé en 1941 avec Maria Spiridonova et Olga Kameneva, l'épouse de Kamenev et la sœur de Trotski, le 26 janvier 1938, en présence du docteur Landowsky. L'interrogateur est un agent stalinien, Gabriel G. Kuzmin, à qui Rakovski révèle des informations d'une grande valeur historique et politique.
L'explication du comment et du pourquoi de la confusion est simple. Pour que le lecteur comprenne mieux le jeu littéraire de Carlavilla, je reproduis ci-dessous l'AVERTISSEMENT au début du livre : "Ceci est la traduction pénible de quelques carnets trouvés sur le cadavre du Dr Landowsky, sur une île en face de Leningrad, par le volontaire espagnol A. I. Il nous les a apportés. I. Il nous les a apportés. Leur reconstitution fut lente, laborieuse, compte tenu de l'état des manuscrits. Cela a pris des

s'est hissé au sommet de l'échelle révolutionnaire. Et c'est là que se trouve la clé de sa véritable personnalité".

Dès que la nouvelle du coup d'État et de la chute du tsar est parvenue aux États-Unis, on s'est empressé de préparer l'envoi de Trotski en Russie pour y mener le troisième et dernier acte de la tragédie du peuple russe. Edward Mandell House, l'illuminati communiste et sioniste, se chargea de demander au président Wilson, la marionnette aux mains des conspirateurs, d'ordonner l'émission d'un passeport américain pour le révolutionnaire. Ce passeport était accompagné d'un permis d'entrée en Russie et d'un visa de voyage britannique. Dans *Woodrow Wilson : Disciple of Revolution* (1938), Jennings C. Wise écrit que "les historiens ne doivent jamais oublier que Wilson a permis à Trotski d'entrer en Russie avec un passeport américain". Le 27 mars 1917, Trotski, sa famille et deux cent soixante-quinze autres personnes, dont des courtiers de Wall Street, des communistes juifs américains et des terroristes internationaux, embarquent sur le *Kristianiafjord*. Le 3 avril, le navire fait escale à Halifax, en Nouvelle-Écosse, et la police des frontières canadienne ordonne à Trotski, à sa femme et à ses deux enfants, ainsi qu'à cinq autres socialistes russes présumés, Nikita Mukhin, Leiba Fishelev, Konstantin Romanenko, Grigori Chusnovsky et Gerson Melichansky, de débarquer. Tous sont arrêtés car ils sont considérés comme des agents allemands. Dans les archives canadiennes, Trotsky est répertorié comme un prisonnier de guerre allemand. Deux de ses plus proches camarades, Volodarsky (Goldstein) et Uritsky, restent à bord. Quelques jours avant l'arrestation, le 29 mars, les Canadiens avaient reçu un télégramme de Londres indiquant que Leiba Bronstein, en possession de 10 000 dollars, et ses camarades se rendaient en Russie pour déclencher une révolution contre le gouvernement. Les services secrets canadiens sont

---

années. Plus longtemps encore nous avons hésité à les publier. Ses révélations sur la fin étaient si merveilleuses et si incroyables que nous n'aurions jamais décidé de publier ces mémoires si la réalité des hommes et des faits ne leur donnait pas une pleine authenticité. Avant que ces mémoires ne voient le jour, nous nous sommes préparés à l'épreuve et à la controverse. Nous nous portons personnellement garants de la véracité absolue des faits capitaux qui y sont relatés. Nous verrons si quelqu'un est capable de les réfuter avec des preuves ou des raisons. Le traducteur, Mauricio Carlavilla". En d'autres termes, le texte, qui dans certaines éditions dépasse les six cents pages, serait les mémoires d'un médecin qui, à sa mort, les a emportés avec lui dans des cahiers manuscrits. Une lecture attentive de *Sinfonía en rojo mayor* révèle qu'il s'agit en fait d'une œuvre écrite, et non traduite, par Carlavilla lui-même, dans laquelle, en plus de sa propre érudition et de son évaluation des événements racontés, il démontre son savoir exclusif. Carlavilla utilise une trame romanesque pour révéler tout ce qu'il sait, et c'est beaucoup, sur ce qui se passait en URSS avant la Seconde Guerre mondiale. En d'autres termes, et nous revenons à la citation du texte, bien avant J. Lina et A. Sutton, Carlavilla avait des informations sur l'identité de Natalia Sedova, la seconde femme de Trotsky, et il les révèle par l'intermédiaire de C. Rakovsky qui, au cours d'un très long interrogatoire auquel assiste José Landowski, le narrateur supposé à la première personne de *Sinfonía en rojo mayor*, révèle toutes les informations que Carlavilla sait et a l'intention de divulguer.

convaincus que Trotsky, qui parle mieux l'allemand que le russe, est un agent agissant sur ordre du gouvernement allemand.

Le malentendu dure environ deux semaines, au cours desquelles toutes sortes de pressions sont exercées pour obtenir la libération de Trotski. Malgré le fait que la Russie signerait la paix avec les Empires centraux si les bolcheviks mettaient fin au gouvernement provisoire, "soi-disant" contraire aux intérêts britanniques, Lord Melchett et Sir. Herbert Samuel, membres de la Grande Loge d'Angleterre, dirigée par des Juifs sionistes, interviennent auprès du gouvernement de Lloyd George. Au même moment, l'ambassade britannique à Washington a reçu une demande du Département d'État, non seulement pour ordonner aux autorités canadiennes de libérer le détenu, mais aussi pour l'aider de quelque manière que ce soit. Par la suite, l'omniprésent Bernard Baruch, répondant aux questions d'une commission sénatoriale américaine, a admis que c'était sous sa responsabilité que Trotsky avait été libéré à deux reprises. C'est donc sous la pression que le contre-ordre a finalement été donné. Les autorités canadiennes ont reçu l'ordre d'informer la presse que Trotsky était un citoyen américain voyageant avec un passeport et que sa libération avait été demandée par le Département d'Etat à Washington. Léon Trotski et son parti peuvent ainsi poursuivre leur voyage et, le 4 mai 1917, ils arrivent à Petrograd, via la Suède et la Finlande, pour y mener la révolution. Parmi eux, des milliers de Juifs extrémistes parlant le yiddish se massent dans la capitale. À cet afflux de révolutionnaires ayant quitté la Russie pendant les années Stolypine s'ajoute celui de dizaines de milliers de prisonniers de Sibérie, libérés par le gouvernement provisoire.

## Lénine

Jusqu'à récemment, on disait que Lénine, de son vrai nom Vladimir Ilych Oulianov, était le seul non-Juif parmi les vingt-cinq hommes qui ont pris la tête de la Russie. Il était également admis qu'il était né le 22 avril 1870 à Simbirsk. Ces deux informations sont aujourd'hui contestées et certainement fausses. Depuis la chute du communisme, diverses recherches sur Lénine ont été effectuées, dont les résultats sont présentés par Jüri Lina dans *Sous le signe du scorpion*. En voici un très bref résumé.

Quant à sa naissance, on sait que Lénine et Staline ont tous deux changé les dates et que les biographies officielles des deux ont été manipulées à des fins de propagande. Il n'est pas dans notre intérêt de nous attarder sur cette question et nous préférons fournir des informations sur leurs origines. Il semble que leurs grands-parents aient tous deux fini dans des institutions pour malades mentaux. Le père de Lénine, Ilya Ulyanov, un Kalmuck, était inspecteur d'école, et sa mère, Maria, dont le nom de jeune fille était Blank, venait d'une famille noble et était la fille d'un riche propriétaire terrien. Le père de Maria Blank, Israël, est né en 1802 à Starokonstantinovo, dans la province de Volnya. Israël Blank et son frère

Abel voulaient étudier à l'Académie de médecine de Saint-Pétersbourg et, pour y être admis, ils se sont fait baptiser dans l'Église orthodoxe russe. Israël a pris le nom d'Alexandre et Abel celui de Dimitri. Tous deux obtiennent leur diplôme en 1824. Alexandre est devenu médecin militaire et a été le premier à étudier les stations thermales en Russie.

L'écrivain Marietta Shanginyan a découvert les origines juives de Lénine en 1930, mais n'a pas pu révéler ce qui était considéré comme un secret d'État. Ce n'est qu'en 1990 que cette information a pu être publiée. Jusqu'alors, la famille Blank était présentée comme "allemande". Le grand-père maternel de Maria Blank, le notaire Johan-Gottlieb Grosschopf, était issu d'une famille de marchands allemands. Les grands-parents paternels de Maria Blank étaient juifs, ce qui fait de Maria Blank, qui parlait le yiddish, l'allemand et le suédois, au moins une demi-juive, puisque seul son père était juif. Cependant, certains chercheurs ont suggéré que la famille Grosschopf était juive. Si tel était le cas, Lénine serait juif, car, pour autant que nous le sachions, les Juifs considèrent que toute personne née d'une mère juive est juive. Une autre révélation récente en Russie concerne le grand-père paternel de Lénine, Nikolaï Oulianov, qui a eu quatre enfants avec sa propre fille Alexandra Oulianova, qui s'est fait passer pour Anna Smirnova auprès des autorités. Le père de Lénine, Ilya, devait être le quatrième enfant, né alors que Nicolaï Oulianov avait déjà soixante-sept ans. Ilya Ulyanov a épousé la juive Maria Blank, et l'on parle allemand dans la famille, une langue que Lénine connaît mieux que le russe. La propagande soviétique, pour renforcer le mythe, prétend que ses parents ont consciemment éduqué Lénine pour qu'il soit le Messie qui dirigerait le prolétariat. Selon un sondage réalisé en 1989, 70% des personnes interrogées considéraient Lénine comme la plus grande personnalité de l'histoire.

Yuri Slezkine, dans *The Jewish Century* (2004), confirme que Lénine était juif. Slezkine écrit que c'est la sœur de Lénine, Anna, qui, en 1924, en a parlé à Kamenev, lequel a déclaré : "Je l'ai toujours soupçonné". Boukharine aurait commenté : "Et que nous importe votre opinion ? Slezkine ajoute : "Ce qu'ils allaient faire, ou plutôt ce que le parti, par l'intermédiaire de l'Institut Lénine, allait faire, c'était de décider que ces informations "ne devaient pas être rendues publiques" et de décréter qu'elles devaient être "gardées secrètes"". En 1932, Anna Ilinitchna, arguant que la découverte constituait une preuve scientifique décisive des "capacités exceptionnelles de la tribu sémite", a demandé à Staline de reconsidérer sa décision. Selon l'auteur, Staline lui a ordonné de "garder le silence absolu".

Quant à ses relations avec la franc-maçonnerie, Lénine était déjà franc-maçon en 1890. Selon Karl Steinhauser, il aurait appartenu à la loge *Art et Travail* en Suisse et en France. Oleg Platonov affirme que Lénine était franc-maçon au 31e degré (Grand Commandeur Inquisiteur Inspecteur). Trotski et Lénine n'étaient pas les seuls à être francs-maçons : plusieurs érudits maçonniques qui ont fait des recherches sur le B'nai B'rith notent que Lénine, Zinoviev, Radek et Sverdlov appartenaient à cette loge juive. Lénine et Trotski ont tous deux participé à la Conférence maçonnique internationale de 1910 à Copenhague. Un texte surprenant sur les relations du communisme avec la franc-maçonnerie et les Illuminati a été écrit par Winston Churchill qui, avant de rejoindre définitivement les rangs de la conspiration, a confirmé dans un article intitulé "Zionism and Communism", publié le 8 février 1920 dans le *London Illustrated Sunday Herald,* que Lénine et Trotski appartenaient tous deux au cercle des conspirateurs maçonniques et Illuminati. Churchill écrit : "Depuis l'époque de "Spartacus" Weishaupt jusqu'à celle de Karl Marx, puis de Trotsky (Russie), Bela Kun (Hongrie), Rosa Luxemburg (Allemagne) et Emma Goldstein (États-Unis), cette conspiration mondiale visant à renverser la civilisation et à reconstruire une société fondée sur un développement restreint, une malveillance avide et une égalité impossible n'a cessé de croître". Dans ce long article de 1920, Churchill reconnaît que le groupe de Spartacus-Weishaupt est à l'origine de tous les mouvements subversifs du XIXe siècle. Tout en notant que le sionisme et le communisme se disputent l'âme du peuple juif, Churchill s'inquiète du rôle des Juifs dans la révolution bolchevique et de l'existence d'une conspiration juive internationale.

Oleg Agranyants, agent de renseignement responsable des opérations du KGB en Afrique du Nord, a travaillé sous couverture diplomatique à l'ambassade de Tunisie jusqu'à sa défection aux États-Unis en mai 1986. C'est à lui que l'on doit d'étonnantes révélations sur diverses "vaches sacrées" du communisme russe qui figurent dans un ouvrage dont le titre se traduit en anglais par *¿Qué hay que hacer ? or the most important work of our time -Deleninisation of our society* (Londres, 1989). Une information particulièrement intéressante est celle qui clarifie l'origine du nom de Lénine. Agranyants explique que, contrairement à la croyance populaire, Lénine faisait confiance à Staline. Cependant, l'épouse juive de Lénine, Nadezhda Krupskaya, a eu plusieurs conflits avec Staline avant et après la mort de son mari : Krupskaya voulait que Trotsky soit le successeur de Lénine et s'est heurtée à Staline, qui a menacé de révéler publiquement que la véritable épouse de Lénine était Stasova. Selon Agranyants, Elena Stasova, une bolchevique également d'origine juive qui a vécu 93 ans, a déclaré à plusieurs reprises que Lénine avait utilisé son nom, Lena, comme pseudonyme. L'encyclopédie *Russipedia* corrobore les informations d'Agranyants dans un article où elle reproduit une communication téléphonique entre Staline et Krupskaya du 23 décembre 1922, alors que l'état de santé de Lénine était déjà très mauvais. Dans cette conversation, Staline l'insulte sévèrement. Nadezhda Kroupskaïa, qui défendait le droit au viol, connaissait les relations de son mari avec d'autres femmes et même avec d'autres hommes, puisque Lénine était bisexuel.

Des lettres ont récemment été révélées montrant qu'elle était amoureuse de Grigory Zinoviev (Gerson Radomylsky). Jüri Lina cite deux extraits de leur correspondance, dont la source est le livre *Hitlerism is terrible, but Zionism is worse*, publié en 1999 à Moscou par Vladislav Shumsky. Le 1er juillet 1917, Lénine écrit à Zinoviev : "Grigori ! Les circonstances m'ont obligé à quitter Petrograd sur-le-champ... Les camarades m'ont proposé un endroit. C'est tellement ennuyeux d'être seul. Viens et reste avec moi et nous passerons des jours merveilleux ensemble, loin de tout..." Dans une autre lettre, Zinoviev s'adresse à Lénine en ces termes : "Cher Vova, tu ne m'as pas répondu. Tu as sans doute oublié ton Gershel (Grigori). J'ai préparé une belle cachette pour nous... c'est une maison merveilleuse où nous vivrons bien et où rien ne viendra troubler notre amour. Viens ici dès que tu le pourras. Je t'attends, ma petite fleur. Ton Gershel." L'homosexualité de Lénine est un secret qui a été gardé jusqu'à la fin des années 1990.

Le 4 avril 1917, Lénine, qui s'était exilé en Suisse après le coup d'État avorté de 1905, informe le gouvernement allemand qu'il est prêt à rentrer en Russie. Ce voyage, approuvé par le chancelier Theobald von Bethmann-Hollweg à l'insu de l'empereur Guillaume II, qui l'apprend alors que Lénine est déjà à Saint-Pétersbourg, s'inscrit théoriquement dans un plan visant à sortir la Russie de la guerre et à signer un traité de paix afin d'en tirer des avantages commerciaux par la suite. Cela dit, il est nécessaire d'examiner plusieurs faits pertinents et de présenter les agents qui ont coordonné le voyage et le financement de Lénine.

Tout d'abord, le chef des services d'espionnage allemands était le banquier juif Max Warburg, dont le frère, Paul, avait été le cerveau de la création du cartel de la Réserve fédérale et lui avait transféré des États-Unis d'importantes sommes d'argent pour couvrir les coûts de la guerre avec la France. Alexander Parvus, le mentor de Trotski, avec qui il avait organisé et dirigé le premier acte de la révolution de 1905, travaillait pour Max Warburg. Parvus, un illuminati sans scrupules dans le style d'Adam Weishaupt, en plus de travailler pour la conspiration, a également été payé par les Japonais en 1905. C'est lui qui a mis en contact Lénine, Rosa Luxemburg et Trotsky à Munich. Jacob Fürstenberg, juif polonais de son vrai nom Ganetsky, est étroitement associé à Parvus dans l'opération de transfert de Lénine en Russie. Il collabore avec un autre juif bolchevique d'origine polonaise, Karl Radek (Karol Sobelsohn), qui sera plus tard l'un des dirigeants de la République soviétique de Bavière. Radek, en tant qu'agent du Comintern, apparaît en uniforme soviétique au congrès fondateur du parti communiste allemand. Jacob Ganetsky, qui appartenait aux bolcheviks depuis 1896 et servait de médiateur entre Lénine et les Allemands, était, selon Wikipedia, "l'un des magiciens de la finance qui a organisé le financement secret qui a sauvé les bolcheviks". Après le triomphe de la révolution, Ganetsky a été l'un des responsables de la banque commerciale soviétique et, avant d'être exécuté par Staline, il a été directeur du musée de la révolution de l'URSS.

Il nous reste à présenter le troisième homme, le comte Brockdorff-Rantzau, utilisé par Parvus pour infiltrer les services secrets allemands. Anthony Sutton mentionne dans *Wall Street and the Bolshevik Revolution* une lettre datée du 14 août 1915 dans laquelle Brockdorff-Rantzau informe le sous-secrétaire d'État d'une conversation avec Parvus et recommande ardemment son utilisation, car il le considère comme "un homme extraordinairement important dont je pense que nous devons utiliser les pouvoirs inhabituels pendant la guerre". Le même texte contient cependant une mise en garde très significative : "Il peut être risqué de vouloir utiliser les pouvoirs qui se cachent derrière Helphand, mais ce serait certainement admettre notre propre faiblesse que de refuser ses services ou de craindre de ne pas pouvoir les diriger". Ce personnage fantasque, qui prétendait naïvement contrôler une conspiration vieille de plus de cent ans, était en 1917 ambassadeur d'Allemagne à Copenhague. Après la défaite de l'Allemagne, il est nommé ministre des affaires étrangères de la République de Weimar et, en mars 1919, il représente son pays à la tête de la délégation allemande à la conférence de Versailles. En 1922, il est nommé ambassadeur à Moscou.

Le voyage de Lénine en Russie reçoit l'approbation du chancelier Bethmann-Hollweg, issu d'une famille de banquiers juifs de Francfort-sur-le-Main, où un parc porte le nom du fondateur de la dynastie, Simon Moritz von Bethmann. Le chancelier Bethmann-Hollweg avait perdu le soutien du Reichstag et avait été démis de ses fonctions, mais avant de passer la main à Georg Michaelis, il donna son feu vert à l'opération, coordonnée par Arthur Zimmermann, le secrétaire d'État. Si l'on considère que l'infiltration de l'armée, l'agitation et le défaitisme, techniques utilisées en Russie par les révolutionnaires, sont utilisées un an plus tard en Allemagne, où les mêmes hommes de l'opération Lénine contribuent à l'implantation du communisme en Bavière, on comprend l'erreur de jugement commise par les Allemands, qui entendent contrôler les événements. Le général Max Hoffman écrira plus tard ce qui suit. "Nous n'avons jamais su et jamais prévu le danger pour l'humanité résultant de ce voyage des bolcheviks en Russie".

Le 9 avril, le train transportant les trente-deux révolutionnaires, dont la plupart sont des extrémistes juifs, quitte Berne. Parmi les principaux compagnons de Lénine figurent Zinoviev et sa femme, Slata Radomylskaïa, Moïse Kharitonov, futur chef de la milice de Petrograd, Grigori Sokolnikov (Brillant), rédacteur en chef de la *Pravda* et futur commissaire aux affaires bancaires, David Rosenblum, Alexandre Abramovitch et Nadejda Kroupskaïa, qui est accompagnée d'Inessa Armand, la maîtresse consentante de Lénine. Avant d'arriver à Stockholm, le parti rencontre Ganetsky à Trelleborg. Lorsque le groupe arrive à Malmö, l'ambassadeur Brockdorf-Rantzau en informe immédiatement Berlin. Le 13 avril 1917, avant dix heures du matin, le train de Lénine entre en gare de Stockholm. Le maire de la ville, le socialiste Carl Lindhagen, les attend sur le quai. Le franc-maçon

Hjalmar Branting, chef des sociaux-démocrates suédois, a également aidé les bolcheviks à établir une base en Suède pour préparer des actions terroristes en Russie.

Le franc-maçon polonais Karl Rádek (Sobelsohn) était dans le train, mais n'a pas continué jusqu'à Saint-Pétersbourg, restant dans la capitale suédoise pour aider son ami Ganetsky, qui acheminait l'argent allemand vers les bolcheviks de Petrograd par l'intermédiaire de la Nya Banken, fondée en 1912 à Stockholm par le banquier juif et franc-maçon Olof Aschberg (Obadiah Asch), décrit par la presse allemande comme le "banquier de la révolution mondiale" ("Bankier der Weltrevolution"). Olaf Aschberg faisait partie du réseau bancaire Rothschild. En 1918, Aschberg change le nom de la Nya Banken en Svensk Economiebolaget, dont l'agent londonien est la British Bank of North Commerce, présidée par Earl Grey, un ancien associé de Cecil Rhodes. Dans le même cercle qu'Aschberg, associé à la Nya Banken, se trouve la Guaranty Trust Company de New York, contrôlée par J. P. Morgan. Lorsqu'en 1922, les Soviétiques fondent leur première banque internationale, la Ruskombank (Banque du commerce extérieur), elle est dirigée par Olof Aschberg. Le chef du département étranger de la Ruskombank était Max May, un autre homme de Morgan Guaranty Trust.

Lénine passe huit heures à l'hôtel Regina, où il rencontre Hans Steinwachs, représentant du ministère allemand des Affaires étrangères et chef de l'espionnage allemand en Scandinavie. Le même jour, 13 avril, à 18 h 30, il poursuit son voyage vers Haparanda. Les billets pour le voyage à Stockholm ont été payés par le gouvernement allemand, mais à partir de ce moment-là, les frais du voyage ont été pris en charge par le gouvernement provisoire, car Alexandre Kerensky, le ministre de la Justice, avait directement invité Lénine et Trotsky. Enfin, dans la nuit du 16 avril 1917, à 23h10, dix jours après la déclaration de guerre de l'Amérique à l'Allemagne et dix-huit jours avant l'arrivée de Trostski, Lénine et son groupe posent le pied à Petrograd. Le président du Soviet, le franc-maçon menchevique Cheidze, les attend avec des fleurs et prononce un discours de bienvenue. Lénine monte sur un véhicule et prononce également un discours émouvant avant de monter dans la voiture blindée qui l'attend. Plus tard, il sera reçu au Palais d'hiver par le ministre du Travail, le franc-maçon menchevique Mikhaïl Skobelev. En mai, un nouveau groupe de 200 révolutionnaires arrive de Suisse, emmené par les mencheviks Martov (Zederbaum) et Pavel Axelrod. Tous les acteurs sont arrivés en Russie entre avril et mai pour jouer le troisième et dernier acte de la révolution.

## Kerensky, Premier ministre : le compte à rebours commence

À l'arrivée de Lénine, les mencheviks et les socialistes révolutionnaires, connus sous le nom de SR, dominent le Soviet de Saint-Pétersbourg et les bolcheviks sont minoritaires. Le président Cheidze et les vice-présidents Kerensky et Skobelev sont tous deux mencheviks et, dans un premier temps, favorables à la poursuite de la guerre. Mais les divisions au sein de cette faction des sociaux-démocrates s'accentuent avec l'arrivée de Lénine. La direction des mencheviks était entièrement juive et, au fond, il s'agissait d'une querelle de famille au sein de la maison commune du parti social-démocrate. Au cours des mois d'avril, mai et juin, les bolcheviks appellent à la destruction du gouvernement provisoire, que Lénine considère dans ses discours comme un instrument de la bourgeoisie qu'il faut renverser. Toutefois, le gouvernement provisoire avait promis de convoquer des élections pour une assemblée constituante chargée de rédiger une constitution pour la Russie. Le 3 juin 1917, les soviets sont allés de l'avant et ont convoqué le premier congrès panrusse des soviets, qui s'est tenu à Saint-Pétersbourg. Après la révolution de février/mars, les partis marxistes avaient organisé des centaines de soviets locaux en Russie, et l'objectif de cette convocation était d'unifier les forces de la révolution. Le congrès a montré que les mencheviks et les SR étaient effectivement majoritaires et dominaient une assemblée composée de centaines de délégués, dont seulement quarante étaient bolcheviks. Avant la dissolution du congrès, la date d'une deuxième réunion est fixée. Initialement, la date avait été fixée au 7/20 octobre, mais elle fut ensuite reportée au 25 octobre (7 novembre dans le calendrier grégorien), qui coïncidait "par hasard" avec la date de la révolution.

Disposant d'argent frais, Trotski, passé aux bolcheviks, et Lénine font circuler des publications et des pamphlets de toutes sortes. Dès le mois de mai, *la Pravda* passe de trois mille à trois cent mille exemplaires et est distribuée gratuitement. Bien que Lénine et Trotski aient aspiré à la guerre civile, à une guerre de classe sans merci dans laquelle les opposants politiques devaient être exterminés, le slogan des bolcheviks était "Paix, pain, terre, tout le pouvoir aux soviets". La propagande commence à faire son effet parmi les ouvriers des usines et dans les casernes près de Saint-Pétersbourg. En juillet, les bolcheviks ont gagné le soutien des éléments les plus radicaux de la ville et le tumulte s'amplifie. Le retour des exilés, pour la plupart bolcheviks, renforce également leur position. Toute cette agitation pousse des milliers d'ouvriers et de soldats à descendre dans la rue les 3 et 16 juillet, encouragés par des dirigeants de rang inférieur désireux de s'emparer du pouvoir. Trotski lui-même retient les gardes rouges devant le Palais Tauride et leur demande de rentrer chez eux et de se calmer. Le 4/17 juillet, coïncidant avec une offensive allemande, la situation devient explosive et un soulèvement imprévu de milliers d'ouvriers et de soldats a lieu, mettant le gouvernement du prince Lvov dans l'embarras et l'obligeant à démissionner. Ces journées sont entrées dans l'histoire de la Russie sous le nom de "Journées de juillet".

Certains francs-maçons du gouvernement, inconscients des enjeux, apprenant l'existence de documents mettant en cause les bolcheviks, enlevèrent leur bandeau et commencèrent à voir la réalité. Ce même 4/17 juillet, l'attaché militaire français Pierre Laurent rendit visite au colonel Boris Nikitin, alors chef des services secrets russes, et lui remit des copies de vingt-neuf télégrammes de Lénine, Ganetsky, Zinoviev et d'autres, ainsi que trois lettres de Lénine, qui dénonçaient la faction bolchevique. Ces informations ont été immédiatement divulguées à des journaux sympathisants par des patriotes proches du gouvernement. La rumeur selon laquelle des informations importantes sur Lénine, Trotski et Zinoviev étaient sur le point d'être publiées se répandit dans la ville. Staline téléphone à Cheidze et le persuade d'appeler les journaux et d'interdire la publication de documents sensibles. Le gouvernement provisoire aurait voulu enterrer l'affaire, mais un petit journal, *Zhivoe Slovo* (*La Parole vivante*), a ignoré l'interdiction et a publié les 5 et 18 juillet un article des SR Grigori Alexinsky et Vasily Pankratov sur le financement du parti de Lénine par les Allemands. L'article contenait des extraits montrant que Lénine avait reçu 315 000 marks par l'intermédiaire d'un certain M. Svenson qui travaillait à l'ambassade d'Allemagne à Stockholm. Lénine avait reçu de l'argent et des instructions de personnes de confiance telles que Jacob Fürstenberg et Alexander Parvus. L'article publié contenait le nom d'Eugenia Sumenson (Dora Simmons), qui apparaît pour la première fois dans ce récit. Cette femme d'origine juive travaillait à Petrograd dans une entreprise pharmaceutique, *Fabian Klingsland*, dirigée par Kozlovsky, un agent de Parvus qui faisait partie du comité exécutif du Soviet de Petrograd. L'argent était reçu par cette entreprise qui servait à le blanchir avant de le déposer dans les banques d'où il était retiré par Sumenson, parent de Ganetsky. Voici un passage de l'article, reproduit dans *Wall Street and the Bolshevik Revolution* :

> "Selon les informations qui viennent d'être reçues, ces personnes de confiance à Stockholm étaient : le bolchevik Jacob Fürstenberg, mieux connu sous le nom de Ganetsky, et Parvus (Dr. Helphand) ; à Petrograd : l'avocat bolchevik M. U. Kozlovsky, un parent de Ganetsky, Sumenson, engagé dans la spéculation avec Ganetsky et d'autres. Kozlovsky était le principal bénéficiaire de l'argent allemand, qui était transféré de Berlin par l'intermédiaire de la "Disconto-Gesellschaft" à Stockholm "via la banque" et de là à la Banque de Sibérie à Petrograd, où ce compte a maintenant un solde d'environ 2.000.000 de roubles. La censure militaire a découvert un échange ininterrompu de télégrammes de nature politique et financière entre les agents allemands et les dirigeants bolcheviques".

En ce qui concerne les lettres de Lénine, le gouvernement provisoire a appris que Lénine avait écrit les 12 et 25 avril à Ganetsky et Radek, qui se trouvaient toujours à Stockholm, pour confirmer qu'il avait reçu l'argent. Une seconde lettre adressée à Ganetsky les 21 avril et 4 mai confirmait une autre réception d'argent. En outre, la correspondance avec Ganetsky a permis d'apprendre qu'un agent du gouvernement provisoire à Stockholm avait aidé les bolcheviks à faire passer l'argent dans un sac postal. Ganetsky, qui se rendait à Petrograd avec des documents importants, a appris le scandale, a annulé son voyage et est rentré à Stockholm. Dans *Sous le signe du scorpion*, Jüri Lina ajoute que son représentant, le juif polonais Salomon Chakowicz, est resté à Haparanda avec ses bagages et que l'attaché militaire français Pierre Laurent a envoyé un agent dans la ville pour tenter de voler les bagages. On ne sait pas s'il est parvenu à ses fins. Quant à Parvus, il s'est empressé de quitter Copenhague et de retourner en Suisse.

Dès la publication de l'article, le ministre de la justice Pavel Pereverzev est devenu le bouc émissaire de la fuite des documents à la presse et a été contraint de démissionner. On a prétendu qu'une enquête était nécessaire pour vérifier la prétendue trahison des bolcheviks. Les 6 et 19 juillet, l'agitation dans les rues s'est calmée et Lénine a publié un article rejetant les accusations et les qualifiant de "fabrication pourrie de la bourgeoisie". La biographie officielle de Lénine qualifie ces accusations de diffamation des agents provocateurs. Trotsky, quant à lui, maintient que l'argent provient de collectes ouvrières. Deux mois plus tard, un certain Raphaël Scholan (Schaumann) reçoit à Haparanda un télégramme de Jacob Fürstenberg, daté du 21 septembre à Stockholm, dont le texte indique qui sont les prétendus "ouvriers" qui donnent de l'argent à Trotski. Dans *Le monde à la croisée des chemins*, Boris Brasol reproduit le document, qui est également cité dans d'autres ouvrages.[51] Le texte intégral est le suivant : "Cher camarade, la succursale de la banque M. Warburg a ouvert, conformément au télégramme du président du Syndicat de Westphalie et du Rhin, un compte pour le projet du camarade Trotsky. L'avocat (agent) de la banque a acheté des armes et a organisé leur transport et leur livraison à Luleo et à Varde. Au nom de la succursale d'Essen & Son à Luleo, administrateur judiciaire, et d'une personne autorisée à recevoir l'argent ordonné par le camarade Trotzky. J. Fürstenberg".

Face à ces preuves, le bureau du procureur ne peut éviter d'ouvrir une enquête qui révèle que 180 000 roubles se trouvaient sur le compte bancaire d'Eugenia Sumenson et que 750 000 roubles supplémentaires avaient été transférés sur une période de six mois par Nya Banken. Lénine est accusé de trahison et d'espionnage. Le 7/20 juillet, le gouvernement provisoire ordonne l'arrestation de Lénine, de Zinoviev et du rédacteur en chef de la *Pravda*, Lev Kamenev (Rosenfeld). Les journaux bourgeois et les journaux socialistes révolutionnaires (SR) réclament le jugement de Lénine. Kerensky, ministre de la Guerre, après avoir visité le front, propose le 8/21 juillet d'assumer le poste de premier ministre d'un gouvernement de "salut de la révolution". Kerensky entend résoudre le conflit "par des moyens

[51] La source de Boris Brasol est les Archives nationales, plus précisément le Comité de l'information publique à Washington D.C., d'où provient le document daté du 27 octobre 1918.

pacifiques". Le nouveau Premier ministre, considéré comme un excellent orateur, s'emploie immédiatement à susciter l'enthousiasme pour la nouvelle offensive contre les Allemands, une nouvelle offensive-massacre qui ne fait que favoriser la stratégie des bolcheviks. Si le succès est d'abord modéré, il ne cesse de décliner dans les mois qui suivent, ce qui est inévitable compte tenu du fait que le moral et la discipline des troupes russes ont été sapés de l'intérieur.

Lénine quitte Saint-Pétersbourg le soir du 9/22 juillet. Personne n'a tenté de l'arrêter et, après une tournée tranquille dans plusieurs villes russes et finlandaises, il s'est retrouvé un mois plus tard à Helsinki. Zinoviev décide lui aussi d'entrer dans la clandestinité. Le 13/26 juillet, le Soviet de Saint-Pétersbourg lui-même demande que Lénine et Zinoviev soient jugés. Un groupe de camarades soutient que Lénine est innocent et qu'il n'y a rien à craindre de l'enquête. Lénine ne partageait évidemment pas ce point de vue. Finalement, sous la pression de la presse hostile, les principaux dirigeants bolcheviks encore en ville : Léon Trotski, Anatoli Lounakarski, Aleksandra Kollontaï, Lev Kamenev, Eugenia Sumenson et plusieurs autres sont arrêtés, accusés d'entretenir des contacts avec Alexandre Parvus, considéré comme un agent allemand. L'enquête produit des milliers de pages qui sont archivées sans qu'aucune mesure ne soit prise à l'encontre des détenus. Ce n'est qu'après la chute du communisme que toute la documentation a été rendue accessible.

Deux mois avant la prise du pouvoir par les bolcheviks, le sixième congrès du parti ouvrier social-démocrate russe s'ouvre les 26 juillet et 8 août. Dix ans se sont écoulés depuis le précédent congrès, tenu à Londres en 1907. Les principaux dirigeants du parti étant en fuite ou en détention, le congrès est organisé par des membres de second rang, dont Sverdlov est l'un des plus éminents. Sverdlov, Olminsky, Lomov, Yurenev et Staline en assurent la présidence. En réalité, le congrès était une affaire bolchevique, puisque la faction menchevique avait pratiquement cessé d'exister. On peut donc l'appeler le congrès du parti bolchevique, qui sera rebaptisé un an plus tard "parti communiste". L'événement le plus important est l'élection des 26 membres du comité central qui, deux mois plus tard, prendront la tête de la révolution d'octobre. Trotski écrit dans son livre *Staline* qu'"en raison de la semi-légalité du parti, les noms des personnes élues au scrutin secret n'ont pas été annoncés au congrès, à l'exception des quatre qui avaient obtenu le plus grand nombre de voix". Lénine obtient 133 voix ; Zinoviev, 132 ; Kamenev, 131 ; Trotsky, 131. Si l'on accepte ce qui a été dit plus haut à propos de la mère de Lénine, les quatre dirigeants du parti sont juifs et mariés à des femmes de la même race. Au cours du congrès, V. Volodarsky (Moses Markovich Goldstein), l'un des trotskystes venus de New York par le *Kristianiafjord*, est à la tête d'un groupe de délégués qui souhaitent que Lénine soit jugé. Ce fait est peut-être significatif et sera discuté plus tard, car Volodarsky a été assassiné en juin 1918.

Kerensky ne tarde pas à libérer les dirigeants bolcheviks arrêtés. Le premier à sortir de prison en août est Kamenev, mais ils sont bientôt tous dans la rue. Trotski est libéré les 4 et 17 septembre et, le même mois, le Soviet de Moscou passe sous le contrôle des bolcheviks. Le 23 septembre/6 octobre, Trotski est élu président du Soviet de Saint-Pétersbourg, en remplacement du menchevik Cheidze. À partir de ce moment, les bolcheviks contrôlent également le Soviet de Saint-Pétersbourg qui, les 12 et 25 octobre, vote le transfert de tous les pouvoirs militaires à un Comité militaire révolutionnaire, dirigé par Trotski.

Avant d'aborder la prise du pouvoir, il faut mentionner la révolte du général Lavr Kornilov, nommé commandant en chef de l'armée russe après l'échec de l'offensive de juillet. Kornilov, l'un des généraux maçonniques qui avaient soutenu aveuglément la révolution qui avait renversé la monarchie, avait été chargé d'arrêter personnellement le tsar. Finalement, lassé des manœuvres douteuses du gouvernement provisoire, il entreprend de renverser Kerensky, qui libère encore les bolcheviks emprisonnés. Le 19 août/1er septembre, il ordonne à ses cosaques d'attaquer la capitale. Le 25 août/7 septembre, les troupes du général Krymov se dirigent vers Saint-Pétersbourg avec l'ordre de pendre tous les soviets et les traîtres. Les 26 août et 8 septembre, Kornilov publie une proclamation accusant le gouvernement provisoire de saper l'État et l'armée et de reprendre ainsi le pouvoir. Kerensky appelle à l'aide les bolcheviks, qui sont tous libérés et présentés comme les meilleurs défenseurs de la démocratie. Pour faire face à la contre-révolution, un comité central est fondé par les bolcheviks et les SR. Des milliers de marins de Cronstadt sont envoyés à Petrograd, les gardes rouges récupèrent les armes qui leur ont été confisquées pendant les journées de juillet, les cheminots sont appelés à saboter les voies et les ouvriers sont mobilisés. Les Soviétiques commencent à arrêter des milliers d'officiers soupçonnés de sympathiser avec Kornilov, mais aussi de nombreux civils. Au total, environ sept mille personnes sont arrêtées. Le général Krymov est invité à négocier avec Kerensky et, à l'issue de l'entretien, il se tire une balle dans la tête et met fin à ses jours. En résumé, les 30 août et 12 septembre, la révolte est matée. Les bolcheviks, comme on l'a expliqué, ont su tirer le meilleur parti de la situation créée par la révolte et ont pris le contrôle des soviets dans les grandes villes.

## ... et Kerensky cède le pouvoir aux bolcheviks.

D'après le télégramme de Jacob Fürstenberg transcrit ci-dessus, on sait que fin septembre, la banque Max Warburg, en réponse à la demande de Trotsky, avait mis à sa disposition des armes et de l'argent. Il s'agit là d'une preuve évidente de l'accélération de la préparation de la prise du pouvoir. Différents auteurs s'accordent à dire que, selon les informations contenues dans les archives du département d'État, l'ambassadeur américain, David

Francis, était bien informé des plans des bolcheviks et que le président Wilson savait un mois et demi à l'avance que les bolcheviks prendraient le pouvoir en octobre/novembre. La date choisie coïncide exactement avec l'anniversaire de Trotski, le 7 novembre dans le calendrier grégorien. Wilson et Lloyd George savaient tous deux que le triomphe de la révolution en Russie permettrait à l'Allemagne de prolonger la guerre mondiale ; mais non seulement ils n'ont rien fait pour empêcher la chute de la Russie aux mains du communisme international, mais ils l'ont en fait facilitée. La preuve que le gouvernement britannique savait lui aussi ce qui se préparait est qu'un mois et demi avant l'événement, il a conseillé à tous ses citoyens de quitter le pays.

Lénine retourne à Saint-Pétersbourg au début du mois d'octobre et, selon Margarita Fofanova, vit dans son appartement jusqu'au moment de la prise du pouvoir. Le gouvernement Kerensky était au courant de ce fait, mais n'a rien fait. Bien que le plan des bolcheviks soit un secret de polichinelle, même diffusé dans la presse, Kerensky rejette la suggestion de renforcer Saint-Pétersbourg avec des troupes. La thèse de la propagande selon laquelle la révolution était spontanée est absurde. Le Comité militaire révolutionnaire, auquel le Soviet de Saint-Pétersbourg a officiellement remis le pouvoir le 12/25 octobre, opérait déjà secrètement sous les ordres de Trotsky depuis plusieurs jours. Le 22 octobre/4 novembre, le Comité organise une grande manifestation pour préparer la prise imminente du pouvoir. Le lendemain, la forteresse Pierre et Paul se déclare en faveur des bolcheviks. Le 24 octobre/6 novembre, à la veille de céder le pouvoir, Kerensky met en scène sa dernière farce : il ordonne l'arrestation du Comité militaire révolutionnaire, interdit toutes les publications bolcheviques et ordonne le remplacement de la garnison de Saint-Pétersbourg par des troupes fraîches. Ces mesures n'ont bien sûr jamais été prises.

Les actions de Lénine dans les jours précédant le coup d'État restent un mystère. Il a été confirmé qu'il ne se trouvait pas à l'Institut Smolny, qui était le siège du Comité militaire révolutionnaire à partir duquel Trotsky organisait tout. Comme prévu "par coïncidence" en juin, le deuxième congrès des soviets de Russie s'est réuni les 25 octobre et 7 novembre à l'Institut Smolny, d'où le Comité militaire révolutionnaire dirigeait les opérations. C'est là qu'à 10 h 40, il a été annoncé que le gouvernement provisoire avait été renversé et que le pouvoir était passé aux soviets. Le Congrès des Soviets accepte alors la demande de formation d'un nouveau gouvernement : le Conseil des commissaires du peuple ("Sovnarkom" Soviet narodnij kommissarov). La proposition est approuvée par 390 voix sur 650. Le gouvernement formé est exclusivement composé de bolcheviks, et le chef des mencheviks, Martov (Zederbaum), quitte le congrès avec d'autres membres de la faction. Le Conseil devient ainsi le gouvernement officiel de la Russie. Les dix-huit membres de ce Conseil des commissaires, présidé par Lénine, étaient tous juifs ou mariés à des juifs. Lénine lui-même considérait qu'il s'agissait d'un gouvernement provisoire, puisque les élections tant attendues d'une Assemblée constituante, si souvent repoussées par les cabinets maçonniques, avaient déjà été programmées. En fait, elles eurent lieu entre le 12/25 et le 14/27 novembre.

Quant à la mythique prise du Palais d'Hiver, prétendument prise d'assaut par cinq mille marins dans la matinée du 25 octobre/7 novembre, Sergei P. Melgunov affirme qu'il ne s'agit que de quelques centaines de révolutionnaires et de cinquante gardes rouges qui sont entrés discrètement dans le palais, qui en réalité n'a jamais été pris d'assaut parce que cela n'était plus nécessaire. La prise d'assaut du Palais d'Hiver a lieu alors que la chute du Gouvernement Provisoire a déjà été annoncée au Congrès des Soviets. Trotsky avait déclaré quelques heures auparavant que "le pouvoir gouvernemental appartenait au Comité militaire révolutionnaire". Avant que quelques centaines d'ouvriers des docks et de l'usine Putilova, qui y avaient été conduits, et les gardes rouges ne reçoivent l'ordre d'entrer dans le palais, Trotski ordonne que trente-cinq coups de canon soient tirés depuis la forteresse Pierre et Paul. Naturellement, ils n'atteignirent jamais la cible supposée du Palais d'Hiver. Leur but était certainement de renforcer le caractère dramatique et épique de la révolution afin que les livres d'histoire qu'ils allaient écrire eux-mêmes ne manquent de rien. Dans *La prise du pouvoir par les bolcheviks*, Melgounov affirme que les premiers gardes rouges se sont rassemblés autour du palais vers 16h30, mais que le chef des gardes, Vladimir Nevski, a reçu l'ordre d'attendre. Selon Melgounov, les forces qui montaient la garde au palais ont été retirées et seules deux compagnies du bataillon de femmes sont restées. Certaines sources affirment que certaines de ces femmes ont été violées, bien que la version officielle reconnaisse qu'elles n'ont pas opposé de résistance et affirme qu'elles ont simplement été désarmées et relâchées. Selon le récit qui tente de donner à la "glorieuse prise du Palais d'Hiver" des allures d'épopée, les bolcheviks ont lancé un ultimatum au gouvernement provisoire qui a refusé d'y répondre ; mais en réalité, le gouvernement n'existait plus depuis plusieurs jours, puisqu'il avait volontairement reconnu de facto le pouvoir du Comité Militaire Révolutionnaire de Trotsky.

E. M. Halliday écrit dans *Russia in Revolution* que Kerensky, secrétaire du Grand Orient de Russie, coreligionnaire et frère franc-maçon de Lénine et Trotsky, avait quitté Saint-Pétersbourg le matin même du 25 octobre/7 novembre. L'ambassade américaine avait mis à sa disposition une voiture battant pavillon américain. Munis de faux papiers et d'argent, les bolcheviks l'escortent jusqu'à Mourmansk, base navale occupée par les Britanniques. Il y est accueilli comme un réfugié "blanc" et s'embarque pour l'Angleterre sur un navire italien. Il est clair que tout avait été planifié à l'avance. Après avoir vécu tranquillement à Berlin et à Paris, il s'est installé quelques années plus tard aux États-Unis, où il est mort à New York en 1970. Cependant, la version officielle prétend qu'il s'est déguisé en femme et qu'il s'est enfui à Gachino. Dans ses mémoires, Kerensky, que Trotsky considérait comme un aventurier, insiste sur le fait qu'il a tenté d'organiser la résistance dans cette ville. Quant aux autres membres du gouvernement provisoire, dont certains se trouvent dans le palais, leur arrestation est effectuée par Antonov-Ovseyenko, un camarade de Trotski. L'arrestation a lieu le 26 octobre/8 novembre à 2h10 précises, lorsque les gardes rouges ouvrent la porte de la salle où sont réunis les ministres et annoncent : "Messieurs, votre temps est écoulé !

John Reed, le célèbre communiste américain à l'auréole duquel l'usine de propagande hollywoodienne a contribué avec le film *Reds* (1981), a écrit *Ten Days That Shook the World, un* ouvrage publié en 1919 par la maison d'édition du Parti communiste des États-Unis.[52] Reed, qui se trouvait sur place, y raconte avoir vu les gardes rouges escorter une demi-douzaine de civils, dont Rutenberg, "qui fixait le sol d'un air taciturne", et Tereshchenko, "qui jetait des coups d'œil rapides autour de lui". Selon Reed, ils sont emmenés à la forteresse Pierre et Paul. Il s'agissait en fait d'une parade, comme on dit familièrement, pour sauver les apparences. Tous les détenus furent libérés au bout de quelques mois, et Rutenberg collabora avec les bolcheviks avant de quitter la Russie après la tentative d'assassinat de Lénine. Il a été rapporté précédemment que Kerensky, en tant que ministre de la Justice, avait nommé Pyotr (Pinhas) Rutenberg chef de la police. Il est impossible de penser que Lénine et Trotsky auraient pu prendre des mesures contre ce frère franc-maçon qui, en 1905, agissait comme un terroriste avec Parvus et Trotsky lui-même. En plus d'être l'un des fondateurs de la Légion juive, Rutenberg a également fondé avec d'autres le "Congrès juif américain". Ce sioniste obtient des Britanniques la concession exclusive de la production et de la distribution d'électricité en Palestine et fonde ce qui est aujourd'hui l'Israel Electric Corporation. Il participe également à la création de la *Haganah*, embryon de la future armée sioniste. Il a également été président du Conseil national juif. Un autre franc-maçon de haut rang qui a collaboré avec les bolcheviks est Nikolaï Nekrasov, ancien ministre des communications, qui a travaillé jusqu'en 1920 au sein de l'Union centrale des coopératives. Quant à Tereschchenko, le ministre des finances proche des Rothschild, il a également été libéré et est mort bien plus tard, à Monaco, en 1956.

Un autre témoin, l'officier militaire Mikhaïl Maslenninkov, exilé en 1919 et décédé à Madrid à l'âge de quatre-vingt-dix-huit ans, confirme le fait que personne ne défendait le palais d'Hiver, entouré d'un mur de sacs de sable de deux mètres de haut qui ne couvrait pas tout le bâtiment. Maslenninkov raconte que, par curiosité, il s'est présenté à l'une des entrées

---

[52] John Reed, rapporte Anthony Sutton, membre du comité exécutif de la Troisième Internationale, est soutenu par Eugene Boissevain, un banquier new-yorkais. Il est engagé par le magazine *Metropolitan* de Harry Payne Whitney, qui est alors directeur de la Guaranty Trust Company de J.P. Morgan.

du palais et, après avoir été accueilli par un cadet de garde, il est entré discrètement et a grimpé au premier étage où une centaine de bolcheviks se déplaçaient d'un endroit à l'autre. Un soldat montait la garde devant la porte d'une salle où se réunissait le cabinet ministériel. Selon cet officier, qui portait un trench-coat sans insigne de grade, un groupe d'une trentaine de soldats sous le commandement d'un lieutenant a fait irruption. Après avoir pénétré dans la salle, la porte s'est refermée derrière eux. Le récit se poursuit ainsi : "Quelques minutes plus tard, la porte s'ouvrit à nouveau et les ministres du gouvernement apparurent sur le seuil, enfilant à la hâte leurs manteaux... le lendemain, j'appris qu'ils avaient été arrêtés et emmenés à la forteresse Pierre et Paul". C'est peu après que, selon ce témoin, deux coups de feu retentirent depuis le croiseur *Aurora*, qui remontait la Neva pour jeter l'ancre près du palais, où il reste pour les touristes visitant la ville à voir le navire qui a participé à la "glorieuse Révolution d'Octobre". Depuis la place, on entend des cris provenant du balcon du premier étage : "Arrêtez-les, ils vont nous tuer ! Dites-leur que le palais est entre nos mains !".

Dix-huit jours après le coup d'État, entre le 12/25 et le 14/27 novembre, les élections pour l'Assemblée constituante, si laborieusement préparées par le gouvernement provisoire et maintes fois reportées par Kerensky, ont eu lieu. Fait peu connu, 80% des Juifs de Russie ont voté pour les partis sionistes, qui avaient formé une liste unie de candidats. Lénine écrit que plus d'un demi-million de Juifs ont voté pour les nationalistes juifs. La déclaration Balfour, rendue publique quelques semaines plus tôt, a sans doute favorisé la montée des partis sionistes. Les bolcheviks n'interviennent pas, les résultats leur sont défavorables et ils restent minoritaires. Les socialistes-révolutionnaires, les SR, ont plus de deux fois plus de sièges que les bolcheviks. La convocation de l'Assemblée est confiée à une commission spéciale créée à cet effet. Les bolcheviks arrêtèrent les membres de cette commission, qui fut remplacée par un Commissariat à l'Assemblée constituante, présidé par le juif Uritsky, l'un des trotskystes de New York. Ils se donnent ainsi la possibilité d'exercer leur autorité. Bientôt, les arrestations de SR à Moscou commencent. À Petrograd, Lénine déclare que l'Assemblée est moins démocratique que les Soviets et la loi martiale est proclamée.

Lorsque l'Assemblée se réunit enfin, les 5 et 18 janvier 1918, c'est le juif non élu Sverdlov qui dirige les débats. À l'extérieur, soutenue par la bourgeoisie et les fonctionnaires, une grande manifestation pacifique de soutien à l'Assemblée a lieu, que les troupes bolcheviques brisent par des coups de feu. À l'intérieur, à l'instar des Jacobins qui payaient les agitateurs qui agissaient sur leurs ordres, les tribunes se remplissent de soldats et de marins qui chahutent et huent les orateurs opposés au gouvernement. Dix heures plus tard, la confusion règne à l'intérieur du Palais Tauride. Les bolcheviks mettent fin à la séance et quittent la salle. Peu après, les troupes entrent, expulsent les parlementaires et ferment les portes du bâtiment. C'est ainsi que prit fin l'Assemblée constituante et l'espoir d'une constitution et d'un gouvernement représentatif en Russie. En mars 1918, le gouvernement soviétique décide de s'installer à Moscou, qui devient ainsi la nouvelle capitale, et adopte le calendrier grégorien. Le 8 mars, le parti social-démocrate russe devient le parti communiste. Entre-temps, les ennemis du nouveau régime se sont "organisés" pour tenter de résister. Face à ce danger, Trotski, après avoir représenté la Russie à Brest-Litovsk, cède son poste de commissaire aux affaires étrangères à un autre Juif, Georgi Chicherin (Ornatsky), et devient en mars commissaire à la guerre, poste qui lui permet de prendre le commandement de toutes les ressources militaires et d'organiser l'Armée rouge qui, en 1921, finira par remporter la guerre civile.

## Les conspirateurs utilisent la Croix-Rouge

Cette section a pour source principale les cinquième et sixième chapitres de *Wall Street and the Bolshevik Revolution,* dans lesquels Anthony Sutton certifie que Wall Street, les banques les plus représentatives du cartel de la Réserve fédérale, en particulier, ont utilisé la Croix-Rouge comme façade pour une mission de soutien aux bolcheviks, qu'ils finançaient. L'homme choisi pour cette tâche, William Boyce Thompson, était un représentant de haut niveau de Morgan, Rockefeller et Guggenheim, les banquiers juifs qui aspiraient aux grandes affaires, ceux qui convoitaient le plus les énormes richesses de la Russie, auxquelles ils cherchaient à accéder par l'intermédiaire de leurs agents juifs-bolcheviks.

Dès 1910, J.P. Morgan avait fait une série de contributions en espèces à la Croix-Rouge américaine, ce qui faisait de lui l'un des principaux "philanthropes" de l'organisation. Pendant la Grande Guerre, la Croix-Rouge américaine s'est fortement appuyée sur le Guaranty Trust de Morgan. John Foster Dulles reconnaît que, incapable de faire face aux exigences de la guerre, la Croix-Rouge s'est retrouvée entre les mains de ces banquiers : "Considérant la Croix-Rouge américaine comme un bras virtuel du gouvernement, ils ont imaginé de faire un don incalculable pour la victoire de la guerre. Ce faisant, ils ont tourné en dérision la devise de la Croix-Rouge : Neutralité et Humanité". En échange d'un financement accru, ces banquiers sollicitent le Conseil de guerre de la Croix-Rouge, dont Henry P. Davison, associé de J. P. Morgan, est nommé président. Des noms travaillant pour les banques et sociétés Guggenheim, Morgan et Rockefeller sont ajoutés à la liste des administrateurs de la Croix-Rouge.

La question d'une mission de la Croix-Rouge en Russie fut introduite lors d'une réunion du Conseil de guerre reconstitué, présidée par le susmentionné Davison, qui se tint dans le bâtiment de la Croix-Rouge à Washington D.C. le 29 mai 1917. Alexander Legge, de l'International Harvester Company, une entreprise de machines agricoles appartenant à Rockefeller, et Henry Davison lui-même ont été chargés d'étudier l'idée.

Lors d'une réunion ultérieure, il a été annoncé que William Boyce Thompson, directeur de la Federal Reserve Bank de New York, avait déjà proposé de payer toutes les dépenses de la commission. L'acceptation de l'offre est consignée dans un télégramme : "Votre volonté de payer les frais de la commission en Russie est très appréciée et, de notre point de vue, très importante". La mission de la Croix-Rouge américaine, composée de quinze hommes d'affaires et avocats, de sept médecins et de sept infirmières et aides-soignantes, arrive en Russie à la fin du mois de juillet 1917. Dès le mois d'août, les sept médecins, après avoir protesté avec indignation contre les activités politiques de Thompson, quittent la mission et rentrent aux États-Unis.

Au cours du même mois d'août, William B. Thompson déjeune à l'ambassade américaine de Petrograd avec Kerensky, Tereshchenho et l'ambassadeur Francis. Après le déjeuner, Thompson montra à ses invités russes un télégramme qu'il avait envoyé au bureau new-yorkais de J. P. Morgan, demandant un transfert de 425 000 roubles pour une souscription personnelle à l'emprunt russe pour la liberté, qui fut envoyé à une succursale de la National City Bank de Rockefeller. En outre, selon les archives de l'ambassade américaine, la Croix-Rouge donne à Kerensky 10 000 roubles pour l'assistance aux réfugiés politiques. C'est dans l'assistance aux bolcheviks que l'importance historique et politique de la mission de la Croix-Rouge américaine en Russie est véritablement révélée. Thompson contribua personnellement un million de dollars à la cause bolchevique ; mais au-delà des contributions financières, il est intéressant de connaître les connotations politiques du voyage de la délégation camouflée de Wall Street, qui loua immédiatement les services de trois interprètes russes, dont l'un, Boris Reinstein, fut plus tard le secrétaire de Lénine et le chef du "Bureau de la propagande révolutionnaire internationale", qui dépendait du "Bureau de presse" de Karl Radek.

William B. Thompson quitte la Russie au début du mois de décembre 1917 et laisse comme remplaçant à la tête de la "mission Croix-Rouge" le colonel Raymond Robins, qui organise avec les bolcheviks la mise en œuvre d'un plan suggéré par Thompson pour diffuser la propagande communiste dans toute l'Europe. Des documents français confirment que le colonel Robins "a pu envoyer une mission subversive de bolcheviks russes en Allemagne pour y déclencher une révolution". Le plan d'ensemble prévoyait le largage de propagande à partir d'avions et le passage en contrebande de littérature bolchevique à travers l'Allemagne. Peu après la prise de pouvoir par les bolcheviks, Robins reçoit un télégramme au nom du président Wilson indiquant que "le président souhaite que les représentants des États-Unis maintiennent des communications directes avec le gouvernement bolchevique". Quelques jours plus tard, Robins envoie un autre télégramme au président du Conseil de guerre de la Croix-Rouge, Henry Davison, lui demandant de "transmettre au président la nécessité de nos relations avec le gouvernement bolchevique".

Avant de quitter la Russie, Thompson s'était préparé à vendre la révolution bolchevique en Europe et dans son pays. De Petrograd, il envoie un télégramme à Thomas W. Lamont, un associé de J. P. Morgan, qui se trouve à Paris avec le colonel Edward Mandell House. Il lui demande de se rendre à Londres afin d'y coordonner ses actions. Les idées de Thompson sur la nécessité d'étendre la révolution sont transmises des mois plus tard au public américain par l'intermédiaire du *Washington Post*. Le 2 février 1918, le Post rapporte

> "William B. Thompson, qui a séjourné à Petrograd de juillet à décembre dernier, a apporté une contribution personnelle de 1.000.000 de dollars aux bolcheviks dans le but de propager leur doctrine en Allemagne et en Autriche. M. Thompson, en tant que chef de la mission de la Croix-Rouge américaine, dont il a personnellement assumé les frais, a eu l'occasion d'étudier la situation en Russie. Il est d'avis que les bolcheviks constituent la plus grande force contre le pro-germanisme en Russie et que leur propagande a sapé les régimes militaristes des empires. M. Thompson méprise les critiques américaines à l'égard des bolcheviks. Il pense qu'ils ont été mal compris et a apporté sa contribution financière à la cause, convaincu que cet argent sera dépensé pour l'avenir de la Russie et pour la cause des Alliés".

Dans la biographie *The Magnate : William B. Thompson and His time (1869-1930)*, Hermann Hagedorn reproduit le télégramme envoyé par J. P. Morgan à William B. Thompson, reçu le 8 décembre 1917 à Petrograd, qui se lit comme suit : "New York Y757/5 24W5 Nil - Your second cable received. Nous avons versé à la National City Bank un million de dollars comme ordonné - Morgan". Il convient d'ajouter ici que la succursale de Petrograd de la National City Bank a été la seule banque étrangère à être exclue du décret de nationalisation des bolcheviks.

William B. Thompson quitte Petrograd en décembre 1917 pour retourner aux États-Unis, via Londres où il arrive le 10, accompagné de Thomas Lamont, associé de la firme J. P. Morgan, futur représentant du Trésor à la Conférence de la Paix et membre du CFR (Council of Foreign Relations), organisme mondialiste issu de la Table ronde, ils rendent visite à Lloyd George. Thompson et Lamont tentent de convaincre le Premier ministre britannique que le régime bolchevique est là pour durer et que la politique britannique doit cesser d'être antibolchevique, accepter les nouvelles réalités et soutenir Lénine et Trotski. Lloyd George comprend parfaitement les conseils de Thompson et Lamont. Son ministre des Affaires étrangères vient de faire la *déclaration Balfour* et, après un an comme premier ministre, il sait très bien qui est derrière les événements internationaux. De plus, il n'est pas un homme libre : il est redevable à ceux qui l'ont mis en place, dont l'homme de l'ombre est Lord Milner, l'agent des Rothschild qui a fondé la Table Ronde en 1909. Alfred Milner était alors membre du cabinet de guerre et directeur de la London Joint Stock Bank (aujourd'hui Midland Bank), d'où il couvrait les transactions d'armes de Basil Zaharoff, un juif d'origine grecque qui était le principal fournisseur du camp bolchevique. Milner avait refusé une offre fabuleuse en 1910 pour occuper le poste vacant de J. P. Morgan junior, qui retournait à New York avec son père, et devenir ainsi l'un des trois associés de la banque Morgan à Londres. Le nouvel associé fut finalement E. C. Grenfell et la succursale londonienne devint Morgan Grenfell & Company. Lord Milner a préféré devenir directeur d'un groupe de banques publiques, principalement la Joint Stock Bank.

La figure de Basil Zaharoff mérite au moins quelques paragraphes. Zaharoff, Zedzed pour les intimes, était une crapule de la pire espèce. Sa vie reste entourée de mystère, car il s'est lui-même chargé de brûler des piles de documents confidentiels. Il a également brûlé un journal écrit sur plus d'un demi-siècle qui contenait probablement les épisodes les plus notoires de sa carrière scandaleuse. Né en Anatolie, peut-être en 1849, il est le fils d'un marchand grec qui importe de l'essence de rose. Sa famille s'installe à Odessa, où il russifie son nom. On lui attribue l'invention du "système Zaharoff", qui consistait à vendre des armes à toutes les parties impliquées dans des conflits qu'il avait contribué à provoquer. Il a fait fortune en tant que marchand d'armes pour Vickers, la plus grande société d'armement britannique, ce qui lui a valu le surnom de "marchand de mort". Des documents récemment déclassifiés datant de 1917 montrent qu'il a mené des négociations secrètes avec la Grèce pour qu'elle rejoigne les Alliés et avec les Turcs pour qu'ils trahissent les Allemands. Le point culminant de cet épisode est son voyage avorté en Suisse, armé de dix millions de livres en or et avec l'autorisation de Lloyd George, afin d'acheter la Turquie pour qu'elle quitte la guerre et établisse ce qui allait devenir l'État d'Israël. Ces intrigues échouent lamentablement, car il est arrêté par la police des frontières. Néanmoins, Zaharoff écrit au gouvernement britannique pour demander du "chocolat pour Zedzed". En d'autres termes, il a dû faire chanter Lloyd George, qui l'a recommandé à contrecœur pour la Grand-Croix de Chevalier, lui permettant de devenir "Sir Basil". Eustace Mullins écrit dans *New History of the Jews* que les Juifs ne contrôlaient pas seulement Lloyd George par des pots-de-vin, mais que Zaharoff envoyait l'une de ses anciennes épouses pour avoir une liaison avec lui. Mullins mentionne parmi les agents de Zaharoff en Angleterre un Juif hongrois nommé Trebitsch-Lincoln (nous apprendrons à mieux le connaître dans le prochain chapitre), qui devint prêtre dans l'église anglicane et fut membre du Parlement tout en travaillant pour Zaharoff. On estime que le marchand de mort a amassé une fortune de 1,2 milliard de dollars rien qu'en raison des affaires qu'il a menées pendant la Grande Guerre.

En 1963, un livre de Donald McCormick, *The Mask of Merlin. A Critical Study of David Lloyd* George, montrait que Lloyd George s'était profondément embourbé dans le bourbier des intrigues internationales sur les ventes d'armes et qu'il avait été compromis par le marchand d'armes international Sir Basil Zaharoff. McCormick confirme que Zaharoff exerçait un pouvoir énorme en coulisses et qu'il était consulté par les dirigeants alliés. Il affirme qu'à plusieurs reprises, Woodrow Wilson, Lloyd George et Georges Clemenceau se sont rencontrés à Paris chez le juif Zaharoff, qu'ils étaient "obligés de consulter avant de planifier une attaque". Les services secrets britanniques ont découvert des documents qui "incriminaient des serviteurs de la Couronne en tant qu'agents secrets de Sir Basil Zaharoff, au su de Lloyd George". En 1917, Zaharoff était proche de ses coreligionnaires bolcheviques et était intervenu à Londres et à Paris en leur faveur. Il a également utilisé toutes ses ressources en tant que négociant pour empêcher les armes de parvenir aux anti-bolcheviks.

Les "papiers secrets" du ministère britannique de la Guerre contiennent le récit de la conversation de Lloyd George avec Thompson et Lamont. En raison de son intérêt, nous proposons la transcription d'un paragraphe significatif de l'extrait publié par Anthony Sutton dans son livre précité :

"Le Premier ministre a rendu compte d'une conversation qu'il avait eue avec M. Thompson - un voyageur américain et un homme aux moyens considérables - qui venait de rentrer de Russie et qui lui avait donné des impressions quelque peu différentes de ce que l'on croyait généralement au sujet des affaires dans ce pays. L'essentiel de ses remarques était que la révolution était là pour durer, que les Alliés n'avaient pas été suffisamment favorables à la révolution, et que MM. Trotsky et Lénine n'étaient pas des agents de l'Allemagne, ce dernier étant un professeur plutôt distingué. M. Thompson avait ajouté qu'il estimait que les Alliés devraient mener une propagande active en Russie par l'intermédiaire d'une sorte de Conseil allié composé d'hommes spécialement choisis à cet effet ; en outre, compte tenu de la nature du gouvernement russe de facto, il estimait que, dans l'ensemble, les divers gouvernements alliés n'étaient pas représentés de manière adéquate à Petrograd. Du point de vue de M. Thompson, il était nécessaire que les Alliés se rendent compte que l'armée et le peuple russes étaient sortis de la guerre et que les Alliés auraient à choisir entre une Russie amicale et une Russie neutre hostile".

Thompson a ainsi précisé que Trostky et Lénine n'étaient pas des agents de l'Allemagne, ce qui est évident, puisqu'ils étaient des agents du MRM, organisé et financé depuis la création de l'Ordre bavarois des Illuminati par les banquiers juifs internationaux, c'est-à-dire par les patrons directs de M. Thompson. Il est tout à fait différent qu'ils aient servi l'Allemagne jusqu'à ce que leur heure soit venue un an plus tard. Le

Mouvement révolutionnaire mondial, afin que ses conspirateurs puissent voler plus et mieux, avait l'intention d'utiliser la plate-forme acquise en Russie pour exporter la révolution communiste dans le monde entier. Il est compréhensible que Thompson ait personnellement contribué à hauteur d'un million de dollars à la diffusion du communisme en Autriche et en Allemagne, puisque le but ultime du MRM était l'établissement d'une république soviétique mondiale prétendument basée sur la dictature du prolétariat. Zinoviev lui-même écrivait dans un article publié dans la *Pravda* en novembre 1919 : "Notre Troisième Internationale représente déjà l'un des grands facteurs de l'histoire européenne. Et dans un an, dans deux ans, l'Internationale communiste régnera sur le monde entier".

Après avoir pris connaissance du rapport de Lloyd George, le cabinet de guerre accepta l'approche de William B. Thompson à l'égard des bolcheviks. Lord Milner envoie immédiatement en Russie son agent, R. H. Bruce Lockhart, qui était depuis peu consul britannique à Moscou, avec pour instruction de travailler de manière informelle avec les Soviétiques. Maksim Litvinov (Meyer Hennokh Wallakh), le franc-maçon juif qui, en 1907, avait dévalisé la banque d'État de Tiflis avec Staline, fut officieusement le représentant des bolcheviks en Grande-Bretagne. Ce voleur devenu diplomate rédigea pour Bruce Lockhart une lettre d'introduction à Trotsky, dans laquelle il qualifiait l'agent britannique d'"honnête homme qui comprend notre position et sympathise avec nous". Dans les documents du cabinet de guerre, un document daté du 24 avril 1918 dénonce la collaboration de Lockhart avec les bolcheviks. Le général Jan Smuts rapporte une conversation avec le général Nieffel, chef de la mission militaire française de retour de Russie, qui fait allusion à Trotski comme à "un coquin consommé qui n'est peut-être pas pro-allemand, mais qui est absolument pro-Trotski et pro-révolutionnaire et auquel on ne peut faire confiance en aucune façon. Son influence est démontrée par la façon dont il en est venu à dominer Lockhart, Robins et Sadoul, le représentant français. Il (Nieffel) conseille la plus grande prudence dans les négociations avec Trotsky, qui, admet-il, est le seul homme vraiment capable en Russie".

Lorsque William B. Thompson rentre aux États-Unis en janvier 1918, il entreprend une tournée pour appeler publiquement à la reconnaissance des soviets, ce qui doit en surprendre plus d'un étant donné que le propagandiste est le directeur de la Federal Reserve Bank of New York. Le 23 janvier, Thompson reçoit un télégramme de Raymond Robins disant : "Le gouvernement soviétique est plus fort que jamais. Son autorité et son pouvoir se sont considérablement renforcés après la dissolution de l'Assemblée constituante". Robins souligne qu'il est très important que la reconnaissance intervienne rapidement. Parmi les conspirateurs qui entourent Wodroow Wilson, celui qui insiste le plus sur cette reconnaissance du gouvernement bolchevique est, bien sûr, le colonel Edward Mandell House, le plus proche conseiller du président, l'auteur de *Philip Dru : Administrator*, un roman politique fantastique qui se déroule aux États-Unis et qui vient de voir le jour en Russie.

## Trosky et Lénine, en désaccord à Brest-Litovsk

Dans la section précédente, nous avons vu que la stratégie des banquiers internationaux qui soutenaient les judéo-bolcheviks était d'exporter la révolution en Autriche et en Allemagne le plus rapidement possible. S'ils y parvenaient, comme ils en avaient l'intention, la conspiration pourrait atteindre tous ses objectifs en même temps. D'abord, ils ont obtenu l'émission et le contrôle de la monnaie aux États-Unis par le biais du système de la Réserve fédérale. Ensuite, en novembre 1917, ils ont atteint deux objectifs longtemps recherchés : la *déclaration Balfour*, qui leur donne le droit de spolier les Palestiniens de la "terre promise", et, enfin, le renversement de la monarchie chrétienne détestée des Romanov, qui ne leur permet pas de s'approprier les ressources convoitées de l'immense empire russe. Il s'agit désormais d'imposer à l'Europe, puis au monde entier, le système totalitaire annoncé prophétiquement soixante-quinze ans à l'avance par Heinrich Heine : "Il n'y aura qu'une seule patrie, la Terre". Il est clair que les banquiers juifs aspiraient à étendre la dictature du prolétariat, en réalité la dictature sur le prolétariat, qui leur permettrait de s'emparer de toutes les richesses de la planète. En ce sens, la paix signée dans la ville biélorusse de Brest-Litovsk a constitué un sérieux revers pour les objectifs des internationalistes, aujourd'hui mondialistes.

L'offensive de juillet de Kerensky s'était soldée par un désastre, notamment en raison de la désertion massive des soldats, à qui les révolutionnaires avaient promis la paix sans que la Russie n'ait à céder de territoires ou à payer des indemnités de guerre. Tout le monde sait qu'il s'agit là de conditions idylliques, très éloignées de la réalité ; mais, comme promis, lorsque les bolcheviks arrivent au pouvoir, les négociations pour sortir le pays de la guerre commencent immédiatement. Trotski, commissaire aux affaires étrangères du gouvernement bolchevique, est le principal représentant de la Russie. Les contacts en vue de la signature d'un armistice débutent le 1er décembre et la signature a lieu le 16 décembre. Dès lors, les opérations de guerre sont suspendues sur l'ensemble du front oriental, de la Lituanie à la Transcaucasie, à.

De graves désaccords apparaissent alors à Moscou entre les "camarades". Ces divergences, nous le verrons, provoqueront des affrontements violents qui dureront trente-cinq ans, jusqu'à l'assassinat de Staline et l'exécution de Beria en 1953. La tentative d'assassinat de Lénine, l'assassinat de Trotski et les purges staliniennes sont les épisodes les plus connus de la lutte commencée à Brest-Litovsk. Trotski lui-même et son collègue du journal *Novy Mir* à New York, Nikolaï Boukharine (Dolgolevsky), qui sera exécuté par Staline lors de la Grande Purge, dirigent la section du parti qui cherche à utiliser les négociations pour gagner du temps jusqu'à ce que l'Armée rouge soit bien organisée. Quant au franc-maçon Boukharine, dont on a dit un temps qu'il n'était pas juif, il faut savoir que la *Chronique juive* du 9 octobre 1953 affirme qu'il est juif. Le discours de Boukharine et de Trotski consistait à soutenir que le soulèvement des ouvriers des puissances centrales n'était qu'une question de temps. Ils estiment que la paix est incompatible avec un État capitaliste. Lui et Trotsky s'opposent à tout traité et dirigent le camp des partisans de la guerre. En revanche, Lénine, tout en reconnaissant que la révolution ouvrière en Allemagne était imminente, n'était pas favorable à la poursuite de la guerre et était favorable à la consolidation de la révolution en Russie. Lénine estime que si des révolutions socialistes finissent par éclater dans le reste de l'Europe, il sera alors possible de regagner le terrain cédé aux Allemands. Quoi qu'il en soit, tous s'accordent à dire qu'il faut faire durer les négociations le plus longtemps possible.

Les pourparlers commencent à Brest-Litovsk le 22 décembre 1917. Trotsky a pour interlocuteurs Richard von Kühlman, ministre des Affaires étrangères, et Max Hoffman, commandant du front de l'Est, représentant l'Allemagne. Le plus haut représentant austro-hongrois était le comte tchèque Ottokar Czernin, ministre des affaires étrangères. L'Empire turc est représenté par le vizir Mehemet Talat. Trotski tente de gagner du temps et, dans sa stratégie, se prépare à attendre l'ultimatum allemand, qu'il a l'intention de refuser. Les trotskistes sont convaincus que le refus de la Russie de signer le traité provoquera le refus des soldats et des travailleurs allemands de poursuivre le combat et que la révolution s'étendra ainsi à tout le continent. Un million de dollars pour intensifier au maximum la propagande vient d'être donné par W. B. Thompson, un représentant de Wall Street, dont les vues concordent.

Le 10 février 1918, la pression des puissances centrales s'accentue et Trotski se retire de la table des négociations après avoir rejeté les conditions qui lui étaient imposées. À Moscou, la lutte entre partisans et adversaires de la paix est acharnée, à tel point que l'on envisage même de renverser Lénine. Les internationalistes constituent un groupe influent et puissant au sein du parti. Tous ceux qui, lors de la Grande Purge, ont été persécutés et liquidés par Staline : Rakovski, Kamenev, Zinoviev, Radek, Boukharine, etc. partagent avec Trotski la théorie selon laquelle le socialisme dans un seul pays, le communisme national, est "opportuniste". Dès février 1918, ils se prononcent contre une paix qu'ils considèrent comme une erreur et une trahison de la révolution internationale. Ce qu'ils entendent réellement, c'est siéger aux côtés des vainqueurs lors de la future conférence de paix, avec une Armée rouge financée et renforcée par leurs partenaires banquiers, avec une Allemagne et une Autriche soumises et aux mains de leurs coreligionnaires. Dans ces conditions, la carte de l'après-guerre aurait naturellement été celle d'une Union européenne des républiques soviétiques, c'est-à-dire une Europe rouge sans nations indépendantes. C'était le scénario souhaité par les conspirateurs qui finançaient le communisme international.

"Ni guerre, ni paix", telle est la surprenante déclaration de Trotsky, qu'il a sortie de son chapeau dans son empressement à retarder les pourparlers. Naturellement, les Allemands ne sont pas prêts à accepter plus d'ambiguïté et, après l'impolitesse de Trotski, l'ultimatum attendu arrive : les Allemands informent que l'armistice prendra fin le 17 février, ce qui signifie que les hostilités reprendront le 18. Lénine insiste sur la signature, Trotsky sur le refus. Commentant leur stratégie, Trotsky écrit sarcastiquement en 1925 : "Nous avons entamé les négociations de paix dans l'espoir que les partis ouvriers en Allemagne et dans l'empire austro-hongrois, ainsi que dans les nations de la Triple-Entente, se soulèveraient. Pour cette raison, nous avons été obligés de retarder les négociations le plus longtemps possible afin que le travailleur européen ait le temps de comprendre l'objectif principal de la révolution soviétique et, en particulier, sa politique de paix."

L'avancée allemande est soudaine et prend au dépourvu les soldats russes, qui pensaient que la guerre était finie. Le Comité exécutif central se réunit à Saint-Pétersbourg et Lénine, soutenu par Staline et d'autres socialistes russes, l'emporte. Le 24 février, après un débat acrimonieux, le CCE accepte les conditions de l'Allemagne par 112 voix contre 86. Il y a cependant 25 abstentions, dont une stratégique, celle de Trotski, qui s'est retiré dans sa chambre pendant la discussion. Sans avoir convaincu les trotskistes, qui insistent sur la poursuite de la guerre, un télégramme est envoyé aux Allemands acceptant leurs conditions de paix. La réponse de l'Allemagne se fait attendre trois jours. Enfin, informés que la fraction trotskiste n'est pas d'accord et veut continuer la guerre, les Allemands acceptent la cessation des hostilités, mais sans retirer leurs troupes, qui ont fait des progrès considérables et sont arrivées à moins de deux cents kilomètres de Petrograd.

Le traité a été signé le 3 mars 1918, par lequel la Russie a cédé l'Ukraine, la Pologne, la Lituanie, l'Estonie et la Lettonie aux Empires centraux. La Finlande avait déclaré son indépendance le 6 décembre 1917 et a réussi à la consolider avec l'aide de l'Allemagne. La Bessarabie est cédée à la Roumanie. Ardahan, Kars et Batumi sont cédés à l'Empire ottoman. Le deuxième article du traité stipule que "les puissances signataires suspendent la propagande contre l'autre partie". La ratification a lieu à Berlin le 15 mars. Trois jours plus tôt, un congrès de tous les Soviétiques réunis à Moscou l'avait approuvé. Le président Wilson, dans sa ligne habituelle d'altruisme hypocrite, adresse au Congrès des Soviets un message prétendument solidaire du peuple russe. Il y qualifie le totalitarisme soviétique de "lutte pour la liberté". Dans le dernier extrait, la précipitation dans laquelle il se trouvait, sous la pression de sa clique de socialistes juifs et de sionistes, pour reconnaître la dictature communiste est évidente : "Bien que le gouvernement américain ne soit malheureusement pas aujourd'hui en mesure d'apporter l'aide directe et efficace qu'il souhaiterait, je tiens à assurer le peuple russe, par l'intermédiaire du Congrès, qu'il saisira toutes les occasions d'assurer sa souveraineté et son indépendance dans ses propres affaires et le rétablissement complet de son grand rôle dans la vie européenne et dans le monde moderne. Le cœur du peuple américain est avec le peuple russe alors qu'il cherche à se libérer à jamais du régime autocratique et à devenir maître de sa propre vie".

Le Congrès a également reçu un télégramme du président de la Fédération américaine du travail, le juif Samuel Gompers, dans lequel il demandait aux Soviétiques de leur dire comment ils pouvaient les aider. Le texte se termine en disant qu'ils "attendent vos suggestions", lisez vos instructions. Aux Etats-Unis, les Juifs mènent une campagne véhémente pour pousser Wilson à reconnaître Trotsky et Lénine et lui proposer de devenir le leader mondial de l'Internationale. Le rabbin Judas Magnes, président du "Kahal" de New York entre 1906 et 1922, déclare au cours d'une conférence en avril 1918 que le président Wilson a l'intention de convoquer une conférence de paix au cours de laquelle il demandera "une paix immédiate sur la base simple établie par les bolcheviks en Russie".

Après la signature du traité, les bolcheviks annoncent la formation d'un nouveau Conseil suprême de guerre, dont Trotski est nommé président. Trotski ne participe pas au Congrès des Soviets, car il se trouve toujours à Saint-Pétersbourg (Petrograd). Le traité de Brest-Litovsk est finalement annulé huit mois plus tard à la suite de la défaite de l'Allemagne, car il n'est pas reconnu par les Alliés dans l'armistice de Compiègne, signé le 11 novembre 1918.

## Des juifs talmudistes assassinent la famille impériale

L'assassinat de sang-froid de la famille impériale russe a été un massacre ignoble, un crime perpétré par des Juifs qui ont laissé à la postérité, sur les lieux de l'assassinat, divers textes justifiant fièrement leur vengeance talmudique. En 1920, Robert Wilton, correspondant *du Times*, a été le premier à dénoncer les événements dans un livre historique, *The Last Days of the Romanovs*, grâce auquel le monde a appris en détail comment tout cela s'était passé. Avant d'examiner cet acte brutal, nous présenterons Wilton, un autre grand journaliste qui, comme Douglas Reed, a travaillé pour le journal londonien à l'époque où Lord Northcliffe, le propriétaire du journal qui insistait pour diffuser les *Protocoles des Sages de Sion*, a été retiré de la circulation. Wilton, qui avait fait ses études en Russie, connaissait bien le pays et parlait couramment le russe, a été un témoin exceptionnel des événements du printemps 1917 jusqu'à son départ de Russie en 1920. Il comprend la véritable nature de ce qui se passe et veut dénoncer le fait qu'un régime juif despotique s'est emparé du pouvoir en Russie ; mais il n'est pas autorisé à informer ses lecteurs de certaines choses.

Au cours de l'année 1918, les chancelleries de Londres et de Paris ont reçu divers rapports mettant secrètement en garde contre ce que Robert Wilton entendait mettre en garde publiquement à travers ses travaux journalistiques et ses pièces de théâtre. Ainsi, par exemple, dans le *"Collection of Reports on Bolshevism"* du gouvernement britannique, un rapport envoyé à Lord Balfour par l'ambassadeur néerlandais à Saint-Petersbourg, Willem Jacob Oudendijk, dit ceci : "Le bolchevisme est organisé et dirigé par des Juifs qui n'ont pas de nationalité et dont le seul but est de détruire l'ordre existant à leurs propres fins". L'ambassadeur américain, David R. Francis, a fait un rapport similaire : "Les dirigeants bolcheviques ici, dont la plupart sont juifs et quatre-vingt-dix pour cent sont des exilés de retour, se soucient très peu de la Russie ou de tout autre pays, car ils sont internationalistes et cherchent à mettre en route une révolution mondiale. Bertrand Russell, socialiste fabien, a reconnu la vérité dans une lettre privée recueillie dans *The Autobiography of Bertrand Russell* (Londres 1975). L'épître en question, datée du 25 juin 1920 à Stockholm, est adressée à Lady Ottoline Morell. Les mots de B. Russell sont incontournables :

"Ma chère O.
... Les jours passés en Russie m'ont été infiniment pénibles, bien qu'ils aient été l'une des choses les plus intéressantes que j'aie jamais faites. Le bolchevisme est une bureaucratie tyrannique et fermée, avec un système d'espionnage plus élaboré et plus terrible que celui du tsar, et une aristocratie tout aussi insolente et insensible, composée de juifs américanisés. Il n'y a plus aucune trace de liberté, ni de pensée, ni de parole, ni d'action. J'ai été réprimé et opprimé par le poids de la machine comme si je portais une chape de plomb. Pourtant, je pense que c'est le bon gouvernement pour la Russie en ce moment".

Évidemment, la dernière phrase disqualifie l'auteur et discrédite la Fabian Society, fondée en 1883, dont l'emblème, éloquent, est un loup déguisé en agneau. Comment peut-on prétendre qu'une bureaucratie tyrannique imposée par des Juifs étrangers, basée sur l'oppression et la terreur, est bonne pour la Russie ?[53] Pourtant, ce philosophe anglais qui

---

[53] La Société Fabienne, dont les premiers noms incluent des vaches sacrées telles que Bertrand Russell, H. G. Wells, Leonard et Virginia Wolf, George Bernard Shaw, William Morris et Annie Besant, successeur d'Helena Blavatsky à la tête de la Société Théosophique, avait John Ruskin comme chef spirituel. Les Fabiens sont, comme ils le reconnaissent dans leur emblème, des loups qui se cachent sous les vêtements de mouton des slogans ouvriéristes et humanitaires. La Fabian Society, liée à la Round Table, est un organisme intégré au Comité des 300, c'est-à-dire qu'elle fait partie des structures de la conspiration mondialiste. En 1895, la Fabian Society a publié un manifeste prônant un gouvernement central. Les socialistes fabiens apparaissent au monde comme un groupe

souhaitait tant de bien au peuple russe parle dans ses mémoires de Lénine comme de la pire personne qu'il ait jamais rencontrée et le décrit parlant des paysans qu'il a fait pendre et riant comme s'il avait raconté une blague.

Robert Wilton, contrairement à Russell, ne doutait pas que ce qui se passait en Russie était mauvais pour les Russes et pour le monde entier, et il a essayé de le dénoncer. Cela n'a pas été facile pour lui, car les conspirateurs utilisant les gouvernements fantoches des États-Unis et de la Grande-Bretagne ne voulaient pas que le public connaisse la vérité. Le collègue de Wilton, Reed, note que dans l'*histoire officielle du Times*, publiée en 1952, on peut lire des éloges sur le travail journalistique de Robert Wilton, qui était très apprécié jusqu'en 1917. Soudain, à partir de cette date, le ton des références évaluant le travail du correspondant de Saint-Pétersbourg change, et il est écrit à son sujet qu'"il ne mérite pas la confiance du journal". Dans les pages de l'*Histoire officielle*, le journaliste se plaint de la censure et de la suppression de ses reportages. À partir de ce moment, *le Times* commence à publier des articles sur la Russie rédigés par des personnes connaissant mal le pays. Les éditoriaux du journal exaspèrent Wilton, qui perd définitivement confiance. Quelques lignes expliquent pourquoi il l'a perdue : "Il était malheureux de la part de Wilton que dans les cercles sionistes et même au Foreign Office l'idée se soit répandue que ses reportages le montraient comme un antisémite".

Ce qui était considéré dans les "cercles sionistes" comme de l'antisémitisme était en réalité l'intégrité d'un journaliste honnête, dont l'amour de la vérité a empêché qu'on vende au monde un mensonge de plus, le mensonge selon lequel les Romanov avaient fini leurs jours sous la garde protectrice des bolcheviks. Dans les éditions anglaise et américaine de *The Last Days of the Romanovs*, les listes du nombre de membres des différents organes révolutionnaires ont été supprimées. En revanche, l'édition française ne censure pas cette information, selon laquelle le Comité central du Parti bolchevique (Parti communiste à partir de mars 1918) est composé de dix juifs et de deux gentils. Le Comité central du Comité exécutif (police secrète) était composé de quarante-deux Juifs et dix-neuf Russes. Le Conseil des commissaires du peuple est composé de dix-sept Juifs et de cinq autres personnes. La Tchéka était presque entièrement contrôlée par des Juifs. Les informations officielles publiées en 1919 par les bolcheviks eux-mêmes admettent que sur les cinq cent cinquante-six hauts commandants de l'État, quatre cent cinquante-huit étaient juifs et cent huit païens. Ces chiffres datent de 1920. Depuis lors, on sait que derrière de nombreux noms qui passaient

---

d'intellectuels indépendants, mais en réalité ce sont des marionnettes hypocrites dont les ficelles sont tirées depuis les coulisses. Sidney Webb a qualifié l'Union soviétique de "démocratie mature". Le dramaturge Bernard Shaw, en accord avec Bertrand Russell, considérait la terreur judéo-bolchevique qui a anéanti des millions d'innocents comme "un mal nécessaire".

pour russes se cachait un juif. En outre, les rares dirigeants non juifs étaient souvent mariés à des femmes juives.

Après avoir présenté l'auteur, passons aux faits. Le premier à enquêter sur le meurtre perpétré le 16 juillet 1918 est M. Namëtkine, juge d'instruction à Ekaterinbourg. Il commença son travail à la fin du mois de juillet, peu après le massacre, mais devant son incapacité manifeste, il fut révoqué le 8 août et remplacé par M. Sergueiev. Ce magistrat mena pendant six mois une enquête hésitante, acceptant aveuglément les mensonges des bolcheviks qui prétendaient avoir exécuté le tsar comme un traître et répandaient diverses histoires plaçant les fils à tel ou tel endroit. Leurs procédures et leur négligence ont transformé l'enquête en une comédie macabre. Finalement, l'amiral Koltchak, nommé chef suprême de la Russie en novembre 1918 par le gouvernement antibolchevique d'Omsk, confie l'enquête à Nilolaï Sokolov. Les déclarations faites devant ce juge par des témoins ayant vécu avec la famille royale et l'interrogatoire de certains accusés et régicides ont permis de reconstituer les événements depuis l'arrestation de Nicolas II et de sa famille par Kornilov après le coup d'État de février/mars 1917. Parmi ces déclarations, on peut citer celle du colonel Kobylinsky, qui a détenu la famille impériale du 3 mars 1917 au 26 avril 1918. Deux autres déclarations intéressantes sont celles de Pierre André Gilliard, professeur de français auprès des filles du tsar et précepteur adjoint du tsarévitch Alexis, et de Sidney Gibbes, professeur d'anglais et précepteur du tsarévitch.

Le 13 août 1917, la famille impériale, toujours détenue à Tsarkoye Selo, est transférée sur ordre de Kerensky à Tobolsk en Sibérie. Robert Wilton affirme que pendant son séjour à Tobolsk, l'ambassadeur allemand, le comte Mirbach, a entamé des négociations avec Sverdlov (Yankel-Aaron Salomon ), un franc-maçon membre du B'nai B'rith et bras droit de Lénine. Wilton suppose que les Allemands avaient l'intention d'amener Nicolas II à Moscou pour signer le traité de Brest-Litovsk. Si cela est vrai, cela suggère que les Allemands n'étaient pas sûrs que les bolcheviks resteraient au pouvoir. L'hypothèse de Wilton repose à son tour sur une autre hypothèse, celle du tsar lui-même, qui, selon des témoins, a déclaré : "C'est pour me faire accepter un traité du type de celui de Brest-Litovsk que l'on me conduit à Moscou. Je préférerais qu'on me coupe la main droite". De son côté, la Tsarine, faisant allusion à l'abdication du Tsar, faite sans la consulter, ajoute : "On cherche à le séparer de moi pour lui faire signer une transaction honteuse". Il est évident qu'aucune valeur historique ne peut être attachée à ces suppositions. L'impératrice Alexandra étant une cousine germaine de Guillaume II, il est également possible que le Kaiser ait eu d'autres motivations. La personne choisie pour assurer la liaison dans le cadre de cette mission ultrasecrète est un ancien officier de marine russe, Vassili Yakovlev, qui arrive à l'improviste à Tobolsk au milieu de la nuit du 23 avril 1918. Selon le colonel Kobylinski, l'obéissance à ses ordres est exigée sous peine de mort, mais personne ne sait pourquoi il s'est rendu à Tobolsk.

Le lendemain, Yakovlev est confronté au délégué du Soviet de l'Oural dans la ville, un juif nommé Zaslavski, qui soupçonne un canular et tente de provoquer une mutinerie contre lui parmi les soldats. Zaslavski se rend immédiatement à Ekaterinbourg, où il répand la nouvelle que les Romanov ont l'intention de s'enfuir au Japon. Selon des témoins, Yakovlev dit avoir reçu l'ordre du Comité central d'emmener toute la famille, mais lorsqu'il s'aperçoit que le tsarévitch Alexis, âgé de treize ans et hémophile, est malade, il veut emmener Nicolas II avec lui. La tsarine Alexandra insiste cependant pour accompagner son mari et accepte de confier son fils à Tatiana, sa fille préférée. Selon le témoignage du professeur Gilliard devant le juge Sokolov, Yakovlev a fait "une impression favorable" au tsar et a avoué qu'il "le considérait comme un homme honnête et respectable". Gilliard a également déclaré que personne ne savait où l'empereur devait être emmené : "Sa Majesté a interrogé Yakovlev, mais les réponses de ce dernier n'ont rien clarifié. Kobylinski nous a dit qu'il l'avait d'abord informé que la destination était Moscou, puis qu'il avait dit qu'il ne savait pas où l'empereur devait être emmené. Ces propos confirment l'idée que la mission de Yakovlev était un mystère pour tout le monde.

Ils quittent Tobolsk le 26 avril dans des wagons de paysans. La troisième fille du couple, Maria, accompagne ses parents. Botkin, le médecin de la cour, le prince Dolgoruky, le domestique Chemodurov, la servante Anna Demidova, le valet Alexei Trupp et l'enfant Leonid Sednev, compagnon de jeu du tsarévitch, font également partie du groupe. Il leur faut deux jours pour atteindre Tioumen, une ville située à trois cents kilomètres au sud-ouest. Là, un train spécial les attend et Yakovlev prend la direction de l'ouest en sautant les gares intermédiaires, mais à mi-chemin d'Ekaterinbourg, il apprend que le train sera arrêté sur ordre du Soviet de l'Oural. Il fait immédiatement marche arrière pour se rendre à Oufa, mais le train est arrêté par les troupes soviétiques d'Omsk. Yakovlev fait dételer la locomotive et se rend seul à Omsk pour communiquer avec Sverdlov. Il reçoit alors l'ordre de se rendre à Ekaterinbourg. Pendant quatre jours et quatre nuits, Yakovlev ne permet à personne de parler au tsar, il monopolise la conversation et révèle probablement à Nicolas II les véritables raisons de sa mission. Plus tard, Yakovlev, de retour à Moscou, déclara que les Juifs rouges s'étaient moqués de lui et il passa à l'armée de Koltchak. Ce fait est connu du juge Sokolov, qui envoie immédiatement un officier de confiance à sa recherche, mais Yakovlev a disparu sans laisser de traces et n'a jamais pu faire de déclaration.

A Ekaterinbourg, la famille royale est logée dans la maison Ipatiev, réquisitionnée par le Soviet. Les prisonniers sont conduits dans la maison par les Juifs Golochtchekin et Diskovski, qui les fouillent impitoyablement. Isaiah Golochtchekin dirigeait le Soviet régional et était chargé d'organiser tous les détails du massacre. Cet individu était un sadique dépravé qui aimait écouter les récits détaillés des tortures infligées aux victimes de la

Commission extraordinaire. Le prince Dolgorouki, qui avait tout l'argent sur lui, fut emprisonné sur ordre de Golochtchekin et mourut plus tard, victime de sa loyauté envers le tsar. Le 23 mai, les membres de la famille royale qui se trouvaient encore à Tobolsk sont transférés à Ekaterinbourg. Un autre Juif, Vilensky, est responsable de la cuisine soviétique qui nourrit les prisonniers et leurs gardiens.

Selon Robert Wilton, le seul non-Juif parmi les dirigeants du Soviet était Beloborodov, un jeune ouvrier qui avait été élu président du Soviet régional d'Ekaterinbourg par ses camarades d'usine. Jüri Lina rectifie cependant Wilton et affirme que Beloborodov, de son vrai nom Yankel Weisbart, était également juif et un bon ami de Trotski. Plus précisément, il était le fils d'Isidor Weisbart, un négociant en fourrures. Les premiers gardes Romanov étaient effectivement des Russes. Au début, ils traitent la famille de Nicolas II avec beaucoup d'indifférence, mais au fil des jours, ils se montrent de plus en plus indulgents. Anatole Yakimov, l'un des geôliers tombés aux mains de l'Armée blanche, a laissé entendre au juge Sokolov que la pitié, la douceur et la simplicité des prisonniers avaient permis un rapprochement. Selon Yakimov, les chansons obscènes, la brutalité des traitements et des manières diminuèrent jusqu'à cesser complètement.

Deux semaines avant l'assassinat, le bourreau fait son apparition dans la maison d'Ipatiev. Le 4 juillet, Yankel Yurovski, le nouveau commandant, remplace le Russe Avdeiev qui, accusé de vol, a été emprisonné. Yurovski, le chef des assassins, fils et petit-fils de Juifs, est un homme brutal et dominateur, craint même par ses proches. Après plusieurs altercations avec la police, il s'exile en Allemagne, où il a une relation avec une Allemande qui refuse de l'épouser pour des raisons religieuses. Il décide alors de se faire baptiser à Berlin dans l'église luthérienne. Parlant allemand et yiddish, Iourovski revient à Ekaterinbourg bien pourvu en argent douze mois avant la guerre. Depuis le début de la révolution, il a quitté la ville, mais après le coup d'État bolchevique, il réapparaît et devient immédiatement commissaire au Soviet régional. Sous le nouveau commandant, tout change. Les gardes russes sont utilisés pour la garde extérieure et, à leur place, dix "Lettons" entrent dans la maison, qui viennent de la tchéka, où ils travaillent comme tortionnaires et bourreaux. Parmi eux se trouvaient plusieurs Juifs : les inscriptions écrites en hébreu sur les lieux du crime révèlent leur véritable nationalité. Les Russes appelaient généralement les mercenaires enrôlés dans l'Armée rouge des Lettons car ils constituaient l'élément majoritaire. Ces "Lettons" sont en fait des Juifs d'origine hongroise et allemande, qui ne parlent pas le russe et communiquent avec Yourovski en yiddish ou en allemand.

Le lundi 15 juillet, le garçon Leonid Sednev est hébergé par les gardes russes dans la maison Popov, de l'autre côté de la rue. Le même jour, Golochtchekin et Beloborodov emmènent Yourovski en voiture à l'endroit choisi pour la disparition des cadavres. À cinq heures de l'après-midi, ils reviennent et commencent à préparer le crime. De tous les gardes russes, seul Paul Medvedev, le seul Russe resté dans la maison, était digne de confiance. Medvedev, dont le casier judiciaire comportait une condamnation pour le viol d'une jeune fille, a finalement été arrêté. Ses déclarations sont d'une grande valeur, non seulement en raison de son implication dans l'assassinat, au sujet duquel il a donné des détails qui n'auraient jamais été connus, mais aussi parce qu'il faisait partie de la garde depuis le début et qu'il était au courant de ce qui se passait.

Comme il fait nuit très tard en été sous ces latitudes, ce n'est qu'à deux heures du matin, le 16, que les travaux commencent. Yourovski entre dans les chambres, réveille les membres de la famille impériale et leur ordonne de s'habiller et de quitter la maison. Ils se nettoient à la hâte, suivent Yourovski dans l'escalier menant à la cour et entrent au rez-de-chaussée. Le tsar porte son fils dans ses bras. Derrière la famille suivent le docteur Botkin et les domestiques Haritonov, Trupp et Demidova. La pièce choisie pour l'assassinat était une cave avec une seule fenêtre, dans laquelle les victimes sont descendues sans crainte, comme si elles partaient en voyage. Anastasia, la plus jeune des filles de Nicolas II, portait son petit Jemmy, un épagneul. Le tsar demande des chaises, car Alexis ne peut pas se tenir debout, et la demande est acceptée. Tout le monde attend le signal du départ. Avant de descendre, ils avaient entendu le bruit d'un moteur devant la porte. C'était le camion Fiat de quatre tonnes sur lequel les corps allaient être transportés. Les bourreaux sont alors entrés dans la pièce. Après Yourovski viennent trois Russes, Medvedev et deux autres, Ermakov et Vaganov, qui doivent monter dans le camion pour aider à éliminer les cadavres ; l'assistant de Yourovski, un inconnu nommé G. Nikulin qui appartenait à la Tchéka ; et sept "Lettons". À ce moment-là, les victimes comprennent, mais personne ne bouge ni ne dit rien. S'avançant vers le tsar, Yourovski lui dit froidement : "Vos proches voulaient vous sauver, mais ils n'en ont pas eu l'occasion. Maintenant, dans un instant, nous allons vous tuer". Choqué, le tsar a à peine le temps de marmonner : "Quoi ? Quoi ?". Douze revolvers tirent presque simultanément. Les salves se succèdent. Le tsar, la tsarine et les trois filles aînées, Olga, Tatiana et Maria, sont tués sur le coup. Le tsarévitch est mourant et la plus jeune des filles, Anastasia, est encore en vie. Yourovski abat Alexis de plusieurs coups de feu. Les bourreaux tuent la jeune Anastasia, qui se débat en hurlant, à coups de baïonnette. Haritonov et Demidova sont tués séparément. Les paroles de Yourovski, les dernières que le tsar ait entendues, sur la tentative des proches de Nicolas II de lui sauver la vie sont particulièrement frappantes, car elles suggèrent que la mission de Yakovlev était peut-être liée à cette fin. Il est surprenant que Yourovski, qui n'avait rien à expliquer, les ait prononcées en présence des autres personnes présentes dans la cave.

Une fois la tuerie terminée, les corps sont chargés dans le camion et Yourovski, Ermakov et Vaganov quittent précipitamment la ville avant l'aube. Medvedev est chargé de nettoyer la maison. La destination était les mines de fer de l'usine de Verkh-Issetsk, dont les puits avaient été abandonnés depuis longtemps. Le site est situé à une quinzaine de kilomètres au nord d'Ekaterinbourg, près de la ville de Koptiaki. Au cours des journées du 17, 18 et 19, environ cent quarante litres d'essence et cent soixante-dix litres d'acide sulfurique ont été transportés sur le site. Avant d'être jetés dans le puits, les corps ont été démembrés et incinérés. Les parties les plus solides sont soumises à l'action de l'acide. Pendant ce temps, une garde était maintenue à l'extérieur de la maison des Ipatiev afin que les habitants de la ville ne se doutent de rien. En 1979, des archéologues soviétiques annoncent au monde entier qu'ils ont retrouvé les restes de la famille impériale enterrée près de Koptiaki, mais que ceux de Maria et d'Alexis manquent à l'appel. Cela remettrait en cause la version de Wilton selon laquelle ils auraient été jetés dans un puits.

Le 20 juillet, le Soviet d'Ekaterinbourg annonce l'exécution de Nicolas "le sanguinaire". Le Soviet est présidé par Beloborodov qui, considéré comme russe, sert de paravent aux mineurs opposés au pouvoir juif, mais est en réalité dirigé par les Juifs Golochtchekin, Volkov, Syromolotov et Safarov, un autre camarade proche de Trotski. Golochtchekin informe la population par des discours et des affiches, où il est dit que des bandes de Tchécoslovaques menacent la ville et que "le bourreau couronné aurait pu éviter le procès du peuple". Dans le même temps, le gouvernement diffuse les nouvelles à l'étranger par le biais de la radio. Le texte officiel publié par les journaux est le suivant :

Lors de la première session (20 ou 21 juillet) du Comité exécutif central, élu par le cinquième Congrès des Soviets, un communiqué du Soviet régional de l'Oural concernant l'exécution du tsar Nicolas Romanov a été lu : "La capitale de l'Oural a récemment été gravement menacée par l'offensive de bandes de Tchécoslovaques. C'est à cette époque qu'a été découvert un complot de contre-révolutionnaires visant à arracher par la force le tyran des mains de l'autorité soviétique. Face à cette situation, la présidence du Soviet régional de l'Oural décide de fusiller le tsar Nicolas Romanov. La décision est mise à exécution le 16 juillet. La femme et les enfants de Romanov sont mis en lieu sûr. Des documents relatifs au complot découvert ont été envoyés à Moscou par courrier spécial. Au départ, il était prévu de traduire le tsar devant un tribunal afin de juger ses crimes contre le peuple, mais les circonstances susmentionnées ont contraint à supprimer ce projet".
La présidence de la C.E.C., après avoir étudié les circonstances qui ont conduit le Soviet régional de l'Oural à l'exécution de Nicolas Romanov, conclut que.. :
La C.E.C., en la personne de son président, considère la résolution du Soviet régional de l'Oural comme régulière. Le C.E.C. dispose d'une importante documentation liée à l'affaire Romanov : le journal qu'il a

écrit jusqu'au dernier jour de sa vie, le journal de sa femme et de ses filles, sa correspondance, y compris les lettres de Grigori Raspoutine à Romanov et à sa famille. Tous ces documents seront sélectionnés et publiés sans délai".

Officiellement, une commission d'enquête sur la mort du tsar est nommée, composée de dix personnes et présidée par Sverdlov lui-même. En d'autres termes, c'est le commanditaire du crime qui est à la tête de l'enquête. Sept des membres de ce comité étaient juifs : Sverdlov, Sosnovski, Teodorovitch, Smidovitch, Rosenholtz, Rosine et Vladimirski (Hirshfeldt). Il y avait aussi deux Russes, Maximov et Mitrovanov, et un Arménien nommé Avanessov.

Deux textes écrits ont été retrouvés sur les murs de la pièce où les Romanov et leurs plus proches serviteurs ont été assassinés. Le plus énigmatique ou mystérieux est une inscription kabbalistique composée de trois lettres et d'un tiret. Les lettres représentent un "L" écrit dans trois langues différentes : l'hébreu, le samaritain et le grec. Pour déchiffrer le sens du message, il faut connaître la Kabbale, dont on dit qu'elle attribue une valeur numérique aux lettres (gematria). Leslie Fry (Paquita de Shishmareff) propose étude détaillée de l'inscription dans *Waters Flowing Eastwards*. En commentant sur deux pages sa paraphrase de l'interprétation du sens des lettres, Leslie Fry cite la littérature sur l'interprétation des dogmes et des rituels de la haute magie, la philosophie occulte, le tarot et l'histoire de la magie. Fry conclut qu'un principe passif apparaît dans le texte, qui indique que ceux qui ont tué le tsar ne l'ont pas fait de leur plein gré, mais en obéissant à un ordre supérieur. Il ajoute que la personne qui a fait l'inscription était versée dans les secrets de l'ancien kabbalisme juif contenus dans la Kabbale et le *Talmud*. Cette personne, en accomplissant l'acte en obéissance à un ordre supérieur, réalisait un rituel de magie noire. C'est la raison pour laquelle, selon cet auteur, il a commémoré son acte au moyen d'un message codé. Leslie Fry propose deux traductions possibles du texte : "Ici, le roi a été frappé au cœur en punition de ses crimes" ou "Ici, le roi a été sacrifié pour provoquer la destruction de son royaume". En 1989, le numéro 169 du journal de Vilnius *Konsomolskaya Pravda* déchiffre le message comme suit : "Le tsar a été sacrifié ici, sur ordre des forces secrètes, pour détruire l'État. Ceci est annoncé à toutes les nations".

Le second texte est un couplet en allemand du poète Heinrich Heine, prophète du communisme, ami de James Rothschild, Moses Hess et Karl Marx. La phrase "la religion est l'opium du peuple" est généralement attribuée à Marx, mais en réalité c'est Heine qui l'a écrite. Le contenu du distique fait allusion à l'accomplissement de la loi juive, c'est-à-dire à la vengeance juive telle qu'elle est comprise par les lévites. L'auteur se permet une figure de style, un calambour, en changeant le nom de Belshazzar en **Belshazzar.** La traduction anglaise des vers serait la suivante : "**Belshazzar** was in the same night / by his own servants executed" (**Belshazzar** fut exécuté la nuit même / par ses propres serviteurs).[54]

En 1924, la ville d'Ekaterinbourg a été rebaptisée Sverdlovsk. L'objectif était de donner une renommée éternelle à ce Juif qui présidait le Comité exécutif central, poste d'où il aurait ordonné l'assassinat des Romanov. On sait aujourd'hui que l'ordre supérieur est venu de plus haut, de New York, de Jacob Schiff plus précisément. Une fois de plus, c'est Jüri Lina qui ose révéler ce fait historique, qui a été intentionnellement dissimulé. C'est peut-être l'information la plus sensible de *Sous le signe du scorpion*. Le 20 juillet 2011, Henry Makow, un écrivain canadien d'origine juive qui dénonce sans équivoque le sionisme et les banquiers illuminati, a transcrit sur son site "henrymakow.com" le fragment en question (pp. 276-277). Makow estime que c'est en raison de ces informations extrêmement dangereuses que le livre et son auteur sont supprimés et que les quelques exemplaires encore disponibles en Amérique du Nord et en Angleterre sont vendus à des prix prohibitifs sur Amazon. Selon Lina, c'est à partir de 1990 que le rôle de Jacob Schiff dans l'assassinat de la famille impériale a commencé à être expliqué en Russie, alors que les faits avaient déjà été révélés en 1939 dans *Tsarky Vestnik*, un journal clandestin.

L'auteur estonien affirme que Lénine a été très peu impliqué dans l'assassinat. Il explique que son départ précipité d'Ekaterinbourg face à l'approche des "Blancs" est à l'origine de l'absence de destruction bandes télégraphiques, saisies par le juge Sokolov, qui s'en est emparé sans pouvoir déchiffrer les télégrammes. C'est en 1922 qu'un groupe d'experts à Paris déchiffra les bandes et Sokolov découvrit qu'elles étaient extrêmement révélatrices, car elles concernaient l'assassinat du tsar et de sa famille. Il y est indiqué que le président de l'E.C.C., Yakov Sverdlov, a envoyé un message à Yakov Yurovsky qui, après avoir informé Jacob Schiff de l'approche de l'armée blanche, a reçu l'ordre de liquider le tsar et toute sa famille. Ces ordres ont été transmis à Sverdlov par la représentation américaine dans la ville de Vologda. C'est dans cette ville, à mi-chemin entre Moscou et Archangel, que s'étaient repliées toutes les représentations européennes. Sverdlov charge Iourovski d'exécuter l'ordre, mais le lendemain, Iourovski veut savoir si toute la famille doit être tuée ou seulement le tsar. Sverdlov confirme l'ordre d'éliminer tout le monde et le charge de l'exécuter. Jüri Lina rejette l'affirmation d'Edward Radzinsky, un historien juif, selon laquelle c'est Lénine qui a ordonné l'assassinat. Aucun document ne vient étayer cette thèse. En novembre 1924, Sokolov a confié à

---

[54] Belschatsar ou Balthasar était un prince babylonien qui, selon le *livre de Daniel*, utilisa les ustensiles du temple de Jérusalem, emportés à Babylone comme butin, comme service de table pour ses courtisans. Cette profanation incita une main invisible à écrire sur le mur des lettres qu'aucun sage de la cour ne put déchiffrer. Seul le prophète Daniel comprend le message et annonce que l'orgueil du roi sera puni par la mort de Belschatsar et la chute de son royaume.

un ami proche que son éditeur avait peur de publier ces faits et voulait les supprimer.[55] Le juge aurait alors montré à cet ami les bandes originales et les traductions déchiffrées. Sokolov, âgé de quarante-deux ans, meurt subitement un mois plus tard. Il devait se rendre à New York pour témoigner en faveur de Henry Ford, contre lequel Kuhn Loeb & Co, la banque de Jacob Schiff, avait intenté un procès pour la publication du livre *The International Jew*. Le livre du juge Sokolov, *The Assassination of the Tsar's Family*, a été publié à Berlin en 1925 sans les informations en question.

La volonté d'exterminer la dynastie chrétienne des Romanov témoigne de la haine de ses commanditaires. Entre juin 1918 et janvier 1919, la vengeance talmudique des Juifs bolcheviques a coûté la vie à dix-huit membres de la famille impériale. Nous ne commenterons que l'assassinat de Mikhaïl Romanov, le tsar ayant abdiqué en sa faveur en 1917. Le 12 juin, un mois avant le massacre d'Ekaterinbourg, le frère cadet de Nicolas II est assassiné avec son secrétaire Brian Johnson par une bande de criminels sous les ordres du juif Markov. Les assassins se sont présentés à l'hôtel de Perm où ils séjournaient. Sous prétexte de les emmener en lieu sûr, ils les ont emmenés hors de la ville et les ont tués dans une zone boisée. Les corps n'ont jamais été retrouvés car ils ont été brûlés. Pendant de nombreuses années, l'un des meurtriers a porté la montre de l'Anglais Johnson en souvenir.

---

[55] En mars 1920, le juge Nicolas Sokolov et Pierre Gilliard, l'instituteur français des filles du tsar, se trouvent à Kharbin (dans l'Extrême-Orient russe) pour tenter de faire sortir du pays les dossiers de l'enquête sur l'assassinat des Romanov, contenus dans de lourdes valises. Gillard lui-même a raconté cette aventure dans *Le tragique destin de Nicolas II et de sa famille* (1922). Ils voulaient rejoindre le train du général français Maurice Janin, garé à quelques encablures des quais, mais les espions bolcheviques pullulaient dans et autour de la gare. Le récit de Gillard se poursuit ainsi : "Nous avons soudain vu des individus sortir de l'ombre et s'approcher de nous en criant : "Où allez-vous ? Que transportez-vous dans ces valises ?" Comme nous avancions sans répondre, ils ont manifesté l'intention de nous arrêter et nous ont ordonné d'ouvrir nos valises. Heureusement, la distance à parcourir n'était pas très longue et nous avons couru. En quelques instants, nous avons atteint la voiture du général, dont les sentinelles sont venues à notre rencontre. Enfin, tous les documents de l'enquête étaient en sécurité". Le juge Sokolov évoque la même situation et la décrit comme "l'une des plus difficiles". Sokolov précise que, voulant sauver les documents à tout prix, il avait écrit en février 1920 à l'ambassadeur britannique à Pékin, M. Lampson, pour lui demander de l'aider à les transmettre à l'Europe. La réponse du gouvernement britannique est négative et c'est le consul britannique à Kharbin, M. Sley, qui est chargé de la communiquer au juge. Le récit de Sokolov se termine ainsi : "Le même jour, en compagnie du général Diterichs, je devais rencontrer le général français Janin. Il me répondit qu'il considérait la mission que nous lui confiions comme une dette d'honneur envers un allié fidèle. Grâce au général Janin, les documents ont été sauvés et mis en sécurité". Le général Janin lui-même a écrit plus tard un livre, *My Mission in Siberia*, dans lequel il explique que Sley, le consul anglais à Kharbin, "était un juif dont on disait que sa femme était liée à Trotsky". Le juge Sokolov a fait, pour des raisons de sécurité, plusieurs copies du dossier d'instruction. Robert Wilton affirme avoir eu l'une d'entre elles.

# Trotski et la tentative d'assassinat de Lénine

L'année 1918 a été à tous égards une année capitale. C'est au cours de cette année ambiguë et incertaine que se sont décidés, entre autres, le cours de la révolution et l'avenir de la Russie et de l'Allemagne. Après la signature du traité de Brest-Litovsk, il y eut une lutte interne entre trotskystes et léninistes qui a été occultée par l'historiographie officielle. Au cours de l'été 1918, outre le massacre de la famille impériale, il y a eu une série d'assassinats politiques qui n'ont jamais été expliqués ou compris de manière adéquate. Entre le 20 juin, date de l'assassinat de V. Volodarsky (Moïse Goldstein), et le 30 août, jour de la tentative d'élimination de Lénine, se déroule en Russie une lutte sournoise pour le pouvoir que nous allons tenter de comprendre. La tentative d'assassinat de Lénine, sur laquelle a été fabriqué un écran de fumée qui ne s'est jamais dissipé, est l'un des épisodes les plus sombres de la révolution bolchevique. Contre les fausses versions visant à dissimuler la vérité et les raisonnements partisans aveugles, nous indiquons dans cette section la thèse selon laquelle c'est Trotsky qui, manœuvrant dans l'ombre et utilisant les uns et les autres, a tenté de tuer Lénine afin de s'emparer du leadership absolu. Nous étayerons cette interprétation par des faits et des arguments dont le lecteur pourra juger de la logique.

A ce stade de notre travail, nous considérons qu'il est démontré que Trotsky était un agent de la banque juive internationale. À l'âge de vingt-cinq ans seulement, il s'était imposé aux côtés de Parvus comme la figure la plus importante de la révolution de 1905, engendrée par la guerre russo-japonaise, qui avait été financée par la banque Kuhn Loeb and Co. de Jacob Schiff. Déjà à l'époque, Trotski était lié aux grands financiers, ayant épousé Natalia Sedova, la fille du banquier Givotovsky, qui était lié aux Warburgs et à Jacob Schiff. Lorsque Trotsky arrive en Russie avec ses révolutionnaires juifs de New York en 1917, il apporte de l'argent et une aide internationale puissante. Lénine, qui a toujours méprisé sa théorie de la "révolution permanente", le critique, mais Nadezhda Krupskaya, son épouse juive, sait très bien ce qu'il veut dire Trotski et contribue à ce que Lénine l'accepte malgré leurs mauvaises relations.

En 1911, Lénine, se référant à la lutte interne au sein du parti, avait fait allusion à Trotsky en tant que maître dans l'utilisation de "phrases résonnantes mais vides" et avait déploré ses changements continus de camp. Il l'avait alors considéré comme "une canaille qui minimisait le parti et s'exaltait lui-même". À plusieurs reprises, Lénine se plaint des "embardées" de Trotsky et regrette qu'il ne soit jamais possible de connaître sa position. Dans un texte de 1914 sur le droit des nations à l'autodétermination, il déclare : "Trotsky n'a jamais eu d'opinion ferme sur aucune question importante du marxisme". En février 1917 encore, dans une lettre écrite à Aleksandra Kollontái, il s'exclame : "Quelle canaille que ce Trotski !"

Quelle que soit la douleur de Lénine, dont l'intransigeance a été un obstacle à de nombreuses reprises, c'est Trotski qui a eu la capacité de rassembler autour des bolcheviks toute l'aile gauche révolutionnaire, qui comprenait les socialistes révolutionnaires et les anarchistes. Au fond, l'ancien Bund des prolétaires juifs était le véritable parti de Trotsky. La grande majorité des dirigeants des partis révolutionnaires sont issus du Bund, qui les a tous infiltrés.

Le fait que ce soit le président Wilson lui-même qui ait fourni à Trotski un passeport pour se rendre en Russie dans le but d'y faire la révolution en dit long sur le soutien dont il bénéficiait aux États-Unis. Les Britanniques savaient également qu'ils devaient s'en prendre à lui et non à Lénine, qui était prétendument lié aux services secrets allemands. À peine le cabinet de guerre britannique avait-il reçu le message de William B. Thompson, l'homme de Wall Street, sur l'irréversibilité de la révolution en Russie, qu'Alfred Milner, fer de lance de la conspiration internationale en Grande-Bretagne, envoya Robert Hamilton Bruce Lockhart aux côtés de Trotski. Cet agent est entré dans l'histoire pour son implication présumée dans l'attentat contre Lénine. Un complot connu sous le nom de "Lockhart Plot". Le problème est que les sources communistes qui relatent tout cet imbroglio affirment que l'intention était de détruire la révolution et pas seulement Lénine. En d'autres termes, un agent de Lord Milner, l'un des magnats qui avaient provoqué le renversement du tsar et financé les bolcheviks, voulait, quelques mois plus tard, liquider la révolution et défaire tout le travail accompli. Il est facile de comprendre que l'interprétation proposée par ces sources n'a pas de sens. Certes, le gouvernement britannique a toujours nié toute implication dans la tentative d'assassinat de Lénine ; mais plus de quatre-vingt-dix ans plus tard, des documents susceptibles de faire la lumière sur ce qui s'est passé sont toujours classés Official Secrets.

Le célèbre espion Sidney Reilly, un agent au service de la conspiration qui a pris contact avec Lockhart en mai 1918, a joué un rôle clé dans ce complot. On peut supposer que Reilly, considéré comme le meilleur espion du British Intelligence Service, était l'homme derrière lequel Trotski lui-même se cachait, détournant ainsi toute l'attention et la responsabilité de l'attentat contre Lénine vers l'Angleterre. En 1932, Robert Bruce Lockhart a écrit sa propre version des événements dans les *Mémoires d'un agent britannique*, où, logiquement, il ne dit rien qui puisse l'impliquer, lui, son pays ou Trotski dans le complot. C'est précisément en raison de son apparente innocuité que cette interprétation a été largement relayée par les médias et que la propagande s'est empressée de qualifier le livre de "plus grand document humain du siècle". Hollywood, plus précisément la Warner Brothers, a fait des mémoires de Lockhart un film en 1934. La carrière diplomatique de Lockhart est cependant marquée par cette affaire et, sur les conseils de Lord Milner, il quitte le Foreign Office.

Son fils Robin a également publié *Reilly Ace of Spies* en 1967, dans lequel il raconte ce qu'il veut sur la relation de son père avec l'espion. Cependant, Robin Bruce Lockhart fournit involontairement des informations très importantes et précieuses : deux jours avant le début de la guerre, Sidney Reilly a temporairement quitté son emploi au SIS (Secret Intelligence Service) parce qu'il "a reçu une proposition très attrayante des frères Givotovsky, qui contrôlaient la Banque Russo-Asiatique". En d'autres termes, Sidney Reilly a travaillé pendant plus de deux ans pour les Givotovsky, les banquiers liés à Trotsky, qui était marié à la fille de l'un d'entre eux, Natalia Sedova. Les Givotovsky l'ont envoyé comme représentant bancaire d'abord au Japon, puis aux États-Unis, à New York, où il a vécu jusqu'à la fin de l'année 1916. *L'As des espions de Reilly* est également devenu un feuilleton télévisé. Ian Fleming s'est inspiré de Sidney Reilly pour créer le célèbre James Bond. Certes, la vie réelle de cet espion dépasse largement la fiction. Ses multiples identités ont dérouté les enquêteurs et les services de renseignement. Selon le capitaine Mansfield Cumming, l'un de ses supérieurs, Reilly était "un homme d'un courage indomptable, un agent de génie, mais un homme sinistre à qui je n'ai jamais pu accorder toute ma confiance". Il était en fait un bâtard juif nommé Solomon (Shlomo) Rosenblum, fils illégitime d'une femme nommée Polina. Son père était le docteur Mikhail Abramovich Rosenblum. Il est né le 24 mars 1873 à Kherson (Ukraine), bien que certaines sources situent sa naissance à Odessa.

Robert Hamilton Bruce Lockhart, dont le père était peut-être d'origine juive (il écrit lui-même qu'il a reçu sa première punition corporelle de son père pour avoir joué au cricket le jour du sabbat), se vante néanmoins dans les *Mémoires d'un agent britannique* du sang écossais de sa mère. Son premier contact avec Alfred Milner a lieu après le coup d'État de février/mars, lorsque Milner arrive à Saint-Pétersbourg, mandaté par le gouvernement de Londres, et qu'il avorte tristement tout espoir d'aide britannique à son allié russe. Lockhart, alors consul britannique à Moscou, est convoqué par l'ambassadeur et se rend à Saint-Pétersbourg. Milner avait probablement reçu de George Buchanan, son frère franc-maçon, de bons rapports du consul, qui ment de manière flagrante lorsqu'il écrit que l'ambassadeur britannique n'a rien à voir avec le renversement du tsar. Lockhart n'a que des mots de gratitude pour Buchanan, qu'il considère comme un exemple d'honnêteté, de sincérité, etc. etc. Le contact entre Lord Milner et le jeune Lockhart a lieu à l'ambassade où, après le déjeuner, ils ont "une longue conversation" qui se poursuit le soir : "J'ai dîné seul avec lui dans ses chambres à l'hôtel Europa". Une semaine plus tard, Alfred Milner se rend à Moscou, où Lockhart lui a arrangé une entrevue avec le prince Lvov, un autre Frère Maçon qui confirme à Milner que "si l'attitude de l'Empereur ne change pas, il y aura une révolution dans les trois semaines". C'est ce qui s'est passé. Six mois plus tard, en septembre 1917, Bruce

Lockhart a une liaison avec une femme juive. D'après ses propres dires, cela incita l'ambassadeur Buchanan à conseiller au consul de retourner à Londres.

Le 19 décembre 1917, Alfred Milner et Bruce Lockhart dînent ensemble à Londres chez Sir Arthur Steel-Maitland. Le lendemain, Lockhart est convoqué à Downing Street, où Lord Curzon annonce que le cabinet de guerre a décidé d'établir des contacts avec les bolcheviks. Le 21 décembre, Lord Milner présente son agent au Premier ministre Lloyd George. Les préparatifs du voyage commencent immédiatement. Lockhart doit s'embarquer à Bergen (Norvège) sur le même bateau de croisière que l'ambassadeur Buchanan qui rentre à Londres. Le plan est le suivant : les Britanniques accordent à Maksim Litvinov, l'ambassadeur officieux des bolcheviks à Londres, les mêmes privilèges que les bolcheviks accordent à Lockhart. La rencontre entre Litvínov (Meyer Hennokh Moisevitch Wallack-Finkelstein) et Lockhart se fait par l'intermédiaire d'un autre Juif, Theodore Rothstein, un trotskiste travaillant comme traducteur au ministère de la Guerre. Trotsky avait d'abord pensé à Rothstein comme représentant semi-officiel des bolcheviks en Grande-Bretagne, mais Radek a fait remarquer que sa position au sein du ministère pourrait leur être plus utile. Rothstein, écrit Lockhart, explique que "l'ambition de Trotsky n'était pas une paix séparée, mais une paix générale". Il souligne que s'il était Lloyd George, il accepterait l'offre de Trotsky d'une conférence sans conditions, puisque l'Angleterre en serait le principal bénéficiaire". Litvinov et Rothstein, du côté bolchevique, et Lockhart et Rex Leeper, du côté britannique, déjeunent ensemble au début du mois de janvier 1918. Il a été convenu que, sans reconnaissance officielle pour le moment, Litvinov et Lockhart jouiraient de certains privilèges diplomatiques, notamment l'utilisation de codes et le droit au courrier diplomatique. C'est à cette occasion que Litvinov rédigea pour Lockhart la lettre d'introduction à Trotski mentionnée plus haut.

Cinq jours avant le voyage, Lockhart s'est entretenu quotidiennement avec Lord Milner. Dans ses *Mémoires d'un agent britannique*, Lockhart fournit des informations extrêmement pertinentes sur ces entretiens pour qui sait les lire. Examinons-en quelques-unes. Il écrit, par exemple, qu'au cours d'un autre dîner en tête-à-tête, Milner a exprimé son amertume à l'égard de la politique du Foreign Office et a qualifié Lord Balfour de "vieux monsieur inoffensif". Alfred Milner a avoué à Lockhart qu'il souhaitait être à la tête du Foreign Office pendant six mois. Il aurait été très intéressant de savoir s'il lui a dit pourquoi. Milner, comme Mandell House et Jacob Schiff, faisait partie du lobby qui demandait la reconnaissance immédiate du gouvernement bolchevique. L'idée de Trotsky sur la nécessité de rejeter une paix séparée avec l'Allemagne était partagée par Lord Milner ainsi que par Lloyd George. Milner voulait quelque chose de plus : voir les communistes siéger à Versailles aux côtés des vainqueurs de la guerre, ce qui nécessitait la reconnaissance du gouvernement de Lénine. Lockhart reconnaît, et c'est extrêmement significatif, qu'il devait faire tout ce qu'il pouvait pour "mettre des bâtons dans les roues d'une éventuelle négociation de paix séparée et devait renforcer autant que possible la résistance bolchevique aux exigences allemandes". Sur la pensée d'Alfred Milner, il écrit avec une impudence absolue : "Il croyait en un État très organisé, au service duquel l'efficacité et le travail étaient plus importants que les titres ou l'argent. Il avait peu de respect pour l'aristocrate décadent et aucun pour le financier qui s'était enrichi en manipulant le marché". Dans son adulation servile, Bruce Lockhart souligne la "noblesse de pensée et l'idéalisme élevé" de Lord Milner. Ce qu'il ne mentionne pas, bien sûr, c'est qu'il était franc-maçon au 33e degré, agent des Rothschild, architecte en chef de la guerre des Boers, fondateur de la Table ronde et directeur de la London Joint Stock Bank, qui a profité du trafic d'armes de Basil Zaharoff. Lord Milner autorise Lockhart à le contacter directement par télégraphe en cas de difficulté.

Une fois en Russie, Bruce Lockhart prend contact avec le colonel Raymond Robins, son homologue américain resté à la tête de la mission de la Croix-Rouge américaine après le départ de William B. Thompson, et avec le capitaine Jacques Sadoul, socialiste français d'origine juive, ancien ami de Trotski passé aux bolcheviks. Leurs missions sont similaires. Robins est l'intermédiaire entre le gouvernement Wilson et les bolcheviks. Cela les a amenés à se côtoyer quotidiennement pendant quatre mois. Anthony Sutton cite dans *Wall Street and the Bolshevik Revolution* un document sur la propagande bolchevique lu en 1919 lors d'une audition devant une sous-commission du Sénat. Il cite ces mots de Robins à Lockhart :

"Vous entendrez que je suis un représentant de Wall Street, que je suis au service de William B. Thompson pour lui procurer du cuivre de l'Altaï, que j'ai déjà obtenu 500 000 acres de forêts en Russie, que j'ai déjà pris des parts dans le Transsibérien, qu'on m'a accordé le monopole du platine russe, que cela explique mon travail pour les Soviétiques... Vous entendrez toutes ces choses. Je ne pense pas que ce soit vrai, Monsieur le Commissaire, mais admettons que ce le soit. Acceptons que je sois ici pour prendre la Russie pour Wall Street et pour les hommes d'affaires américains. Admettons que vous êtes un loup britannique et moi un loup américain, et qu'une fois cette guerre terminée, nous allons nous dévorer l'un l'autre pour le marché russe. Faisons-le franchement. Mais acceptons en même temps que nous sommes des loups assez intelligents et que nous savons que si nous ne chassons pas ensemble maintenant, le loup allemand nous dévorera tous les deux, et alors mettons-nous au travail".

Robins et Lockhart partagent de nombreux repas. La loquacité de Lockhart est notée *dans ses Mémoires,* et il se souvient d'une conversation d'après-dîner au cours de laquelle Robins a dénigré les politiciens alliés qui s'opposaient à la reconnaissance des communistes et a démoli la théorie ridicule de ceux qui prétendaient qu'ils travaillaient pour les Allemands. Il fait ensuite l'éloge de Trotsky, dont il dit que "c'était un splendide fils de pute, mais le Juif le plus important après le Christ".

Après la signature de Brest-Litovsk, en raison de la proximité des troupes allemandes, le gouvernement évacue Petrograd et s'installe à Moscou, où doit avoir lieu la ratification formelle du traité.[56] Trotski refuse d'y assister et reste dans la capitale une semaine de plus. Il propose à Lockhart de rester et lui propose de l'emmener avec lui dans son train lorsqu'il se rendra plus tard à Moscou, où il s'occupera personnellement de lui trouver un logement confortable. L'agent britannique, à qui Trotsky a donné son téléphone privé, écrit qu'ils se voyaient tous les jours à cette époque. C'est au cours de cette dernière semaine à Petrograd que Moura Budberg apparaît dans la vie de Bruce Lockhart. Cette femme, surnommée la Mata-Hari de la Russie, eut plus tard des relations intimes avec Gorki et le socialiste fabien H. G. Wells, auteur de *La Guerre des mondes*. Il est probable que Moura était déjà un agent du KGB à l'âge de 26 ans : sa biographe, Nina Berberova, suggère qu'elle aurait été l'amante du tchékiste letton Yakov Peters. Si tel est le cas, il est peu probable que Lockhart l'ait jamais soupçonné.

Le 24 avril, à la suite de la signature de la paix, le nouvel ambassadeur allemand, le comte Mirbach, qui avait été conseiller à l'ambassade d'Allemagne à Saint-Pétersbourg avant la guerre, arrive à Moscou. Il présente ses lettres de créance au Kremlin le 26, mais n'est pas reçu par Lénine, mais par Sverdlov, le président du Comité exécutif central. Au cours des mois de négociations de Brest-Litovsk, l'occasion d'une entente entre les bolcheviks et les Alliés avait été perdue et, au début du mois de mai, la politique de paix de Lénine avait gagné du terrain. Toutefois, Trotski, le nouveau commissaire à la guerre, continue de considérer la guerre comme inévitable et cherche à s'assurer que les Alliés n'interviendront pas dans les affaires intérieures de la Russie, à moins qu'ils ne le fassent en tant qu'alliés contre l'Allemagne, comme le souhaitent Robins, Mandell House et d'autres agents qui font pression sur le président Wilson. Dans ce contexte, Trotski propose à Londres, par l'intermédiaire de Bruce Lockhart, de les aider à réorganiser les flottes russes et propose même de confier la direction des chemins de fer à un Anglais. Lockhart, qui regrette les désaccords entre le Foreign Office et le War Cabinet, ne reçoit pas de réponse. L'ambiguïté des décisions et des actions britanniques et américaines nécessiterait une étude de cas, car elle est la conséquence de graves divergences internes.

C'est le 7 mai que Sidney Reilly est apparu. La mise en scène racontée par Lockhart est presque incroyable. L'agent écrit qu'à son insu, Reilly est arrivé discrètement au Kremlin et a demandé à rencontrer Lénine. Lorsqu'on lui demande ses références, il répond qu'il a été envoyé personnellement par

---

[56] Le nom de Saint-Pétersbourg a été changé en Petrograd parce que le tsar considérait que ce nom était trop allemand. Il a donc décidé de le changer. Plus tard, après la mort de Lénine en 1924, la ville a été rebaptisée Leningrad.

Lloyd George pour obtenir des informations de première main sur les revendications et les idéaux des bolcheviks. Lockhart écrit qu'il a compris que le gouvernement n'était pas satisfait de ses rapports et qu'il avait envoyé un autre agent. Reilly n'a manifestement pas vu Lénine, mais a rencontré Bonch-Brouevitch, un ami personnel du dirigeant soviétique. Lockhart règle l'affaire en disant qu'il a demandé des explications à Ernest Boyce, le nouveau chef de l'Intelligence Service à Petrograd, et qu'on lui a répondu qu'il s'agissait d'un nouvel agent qui venait d'arriver d'Angleterre. Lockhart se déclare outré et en même temps admiratif de l'audace de Reilly qui, le lendemain, s'est présenté pour s'expliquer avec lui.

À partir du mois de juin, la lutte interne au sein des bolcheviks s'intensifie avec une série d'assassinats qui ont été interprétés de différentes manières. Les plus courantes attribuent la responsabilité aux socialistes révolutionnaires. Le premier de ces assassinats a eu lieu le 20 juin, lorsque Vladimir Volodarvsky (Moïse Goldstein), commissaire à la presse et à la propagande, a reçu trois balles dans la rue, dont l'une l'a atteint au cœur et l'a tué sur le coup. Moses Salomonovich Uritsky (Boretsky), chef de la Tcheka de Petrograd, se charge de l'enquête sur l'attentat ; mais, comme nous le verrons, il est lui aussi éliminé deux mois plus tard, le 30 août. Volodarvsky et Uritsky sont deux des hommes de confiance de Trotsky : ils font partie du groupe qui est arrivé avec lui de New York à bord du *Kristianiafjord*. Uritsky, surnommé le "boucher de Petrograd", était avec lui en 1905 et avait déjà dirigé le Soviet de Krasnoïarsk. Il avait également voyagé avec Trotsky de Barcelone à New York à bord du *Montserrat*. L'assassinat de Volodarvsky a eu lieu alors qu'il revenait d'une réunion à l'usine Obuchov. La voiture dans laquelle il voyageait s'est arrêtée sans essence dans une rue de Petrograd. Volodarvsky en descend avec trois camarades et entreprend de terminer le trajet à pied jusqu'au quartier soviétique voisin. C'est alors que le terroriste surgit et lui tire dessus à trois reprises. Avant de s'enfuir, il a lancé une bombe pour éviter d'être poursuivi. Le fait que la voiture se soit arrêtée à l'endroit même où attendait l'assassin muni d'un fusil et d'une bombe éveilla les soupçons d'Uritsky, qui en conclut que le crime avait été organisé au sein de la Tchéka moscovite avec l'approbation de Lénine et de Félix Dzerjinski. Le lendemain, Lénine accuse l'aile droite des socialistes révolutionnaires d'être à l'origine de l'attentat terroriste.

Le 21 juin, le lendemain de l'assassinat de Volodarvsky, l'amiral Alexei Shchastny, commandant de la flotte de la Baltique emprisonné au Kremlin, est abattu. L'amiral avait refusé d'exécuter l'ordre de livrer aux Allemands environ 200 navires à Helsinki et, désobéissant aux ordres, avait déplacé la flotte vers Cronstadt. Les Britanniques avaient demandé aux bolcheviks de ne pas livrer la flotte, mais de la détruire. Trotski ordonne alors de dynamiter les navires de manière à ce qu'ils soient le moins endommagés possible. Cela aurait permis aux Britanniques de les réparer pour les communistes en cas d'entente, comme le souhaitait Trotski qui, comme on l'a vu plus haut, proposa à Lockhart que l'Angleterre les aide à mettre en service les flottes russes. Le 28 mai, Chtchastny est convoqué au Kremlin et Trotski lui demande s'il souhaite ou non servir sous le régime soviétique. La réponse n'a pas dû lui plaire et l'amiral a été emprisonné. Le 20 juin, deux heures seulement après l'annonce de l'accusation de haute trahison, un procès grotesque a lieu, auquel seule la sœur du marin russe est autorisée à assister. Trotski, seul témoin, présente l'accusation officielle. La sentence de mort est exécutée le lendemain.

Deux semaines plus tard, le 6 juillet 1918, Wilhelm von Mirbach, ambassadeur d'Allemagne en poste depuis un peu plus de deux mois, est assassiné. C'est l'élément déclencheur de la tentative de coup d'État attribuée aux socialistes révolutionnaires dirigés par Maria Spiridonova. Depuis l'entrée des États-Unis dans le conflit, dix mille soldats américains débarquent chaque jour en Europe, ce qui permet d'envisager une issue accélérée de la guerre. Trotski, dans une nouvelle tentative de faire avorter le traité de Brest-Litovsk et de reprendre la lutte contre l'Allemagne, ce qui aurait permis à la Russie communiste de siéger avec les vainqueurs à Versailles, ordonne à Yakov Blumkin de tuer le comte Mirbach. La communiste finlandaise Aino Kuusinen confirme dans ses mémoires que Blumkin était l'assassin de l'ambassadeur. Comme d'habitude, le crime est imputé aux socialistes révolutionnaires, mais en réalité, ils sont utilisés par Trotski.

Rappelons qu'en octobre 1917, Trotski avait rallié la section la plus extrémiste des SR aux bolcheviks, ce qui signifiait qu'il avait le pouvoir et l'influence nécessaires pour les diriger comme il l'entendait. Blumkin avait commencé sa carrière comme rabbin dans une synagogue d'Odessa et, comme de nombreux extrémistes juifs, avait demandé un poste dans la Tchéka après l'arrivée au pouvoir des bolcheviks. Lorsqu'il a assassiné Mirbach, il était membre du parti social-révolutionnaire, mais pendant la guerre civile, il travaillait déjà comme secrétaire militaire de Trotski. Dans la préface du premier volume des *Écrits militaires*, rédigés entre mars 1918 et février 1923, Trotsky déclare : "Le destin a voulu que le camarade Blumkin, un ancien SR de gauche qui, en juillet 1918, a risqué sa vie en nous combattant et qui est maintenant membre de notre parti, soit mon collaborateur dans la préparation de ce volume, dont une partie reflète notre combat sans merci contre le parti des SR de gauche. La révolution est passée maître dans l'art de remettre tout le monde à sa place et, si nécessaire, de prendre sa place. Tout ce qu'il y avait de plus viril et de plus cohérent dans le parti des sociaux-révolutionnaires de gauche se trouve aujourd'hui dans nos rangs". Nous sommes d'avis que l'allusion au fait qu'il a "risqué sa vie en nous combattant" fait partie de la stratégie flagrante visant à se dissocier de Blumkin afin de continuer à dissimuler son implication dans l'attentat de Mirbach et la tentative de coup d'État des sociaux-révolutionnaires. Un autre crime à noter dans le récit du camarade Blumkin est celui du poète Sergei Yesenin qui, en 1912, à l'âge de dix-sept ans, avait épousé la célèbre danseuse Isadora Duncan.[57]

Certes, dans les *Mémoires d'un agent britannique*, l'agent de Lord Milner auprès de Trotsky, Bruce Lockhart, désigne les socialistes révolutionnaires comme les seuls artisans de l'assassinat du comte Mirbach, mais il reconnaît dans son récit que, comme la fraction trotskiste, ces socialistes révolutionnaires étaient opposés à la paix de Brest-Litovsk, qu'ils n'avaient jamais acceptée. Avec une étonnante "naïveté", Lockhart écrit : "Les révolutionnaires socialistes de gauche ont commencé à préparer des plans fantastiques pour renverser le gouvernement bolchevique afin de reprendre leur guerre avec l'Allemagne". Seuls des lecteurs très mal informés peuvent avaler que des membres du secteur gauche des SR chercheraient à eux seuls à prendre le pouvoir en Russie à un moment de complexité maximale. Il est beaucoup plus logique de penser que Trotsky essayait de tirer parti de cette coïncidence politique et idéologique et qu'il voulait l'utiliser pour prendre le contrôle du parti et du gouvernement. De nombreux membres du Bund juif avaient pénétré les socialistes révolutionnaires et, grâce à ces liens, Trotski les avait convaincus en 1917 de soutenir les bolcheviks, qui les avaient dédommagés en leur offrant divers postes dans différents commissariats.

C'est au Ve Congrès des Soviets, qui ouvre ses sessions le 4 juillet, deux jours avant l'assassinat de Mirbach, que l'affrontement a lieu. En tout état de cause, il nous semble clair que l'objectif n'était pas de "renverser le gouvernement bolchevique", comme l'écrit Lockhart, mais la section léniniste du Parti, qui avait imposé une ligne d'action en politique internationale que ne partageaient ni les trotskistes ni les SR de gauche. Le

---

[57] Sergey Yesenin, considéré comme le poète russe le plus important du 20e siècle, s'est officiellement suicidé. Dans *Sous le signe du scorpion*, Jüri Lina explique qu'il aurait difficilement pu le faire avec une entaille à la tête par laquelle sortait son cerveau. La raison de son assassinat est un poème, *Terre des criminels*, dans lequel il décrit un tyran juif, Leibman Chekistov, qui est une transcription de Trotsky lui-même. Yesenin a d'abord cru à la révolution, mais il a vite compris ce qui se passait. Dans le poème qu'il lit à ses amis, il décrit comment les financiers américains ont pris le contrôle de la Russie avec l'aide de gangsters politiques. Informé de ce poème, Trotski ne peut pardonner une telle offense et ordonne à Blumkin, son bras armé, d'éliminer le poète. Un ami de Yesenin, Alexei Ganin, est arrêté le 25 mars 1925 et exécuté en vertu des articles 172 et 176 du code pénal de la Russie communiste, qui condamnent l'antisémitisme à la peine de mort. Selon la police secrète, les poètes Oreshin, Klychkov, Ganin et Yesenin avaient publiquement proclamé dans un bar à la fin de l'année 1923 que seuls les Juifs avaient le pouvoir en Russie. Dans la nuit du 28 décembre 1925, Yakov Blumkin et l'un de ses hommes de main, Wolf Erlich, font irruption dans la chambre de l'hôtel *Angleterre* à Petrograd. Le poète résiste courageusement, mais les assassins le frappent violemment à la tête avant de le pendre.

congrès se tient à l'Opéra de Moscou. Environ cent cinquante membres de la C.C.E., presque tous juifs, président les séances. A la droite de Sverdlov siègent les socialistes révolutionnaires : Cherepanov, les juifs Kamkov et Karelin, et tout au fond Maria Spiridonova, devenue célèbre en 1906 pour avoir assassiné Loujenovski, inspecteur général de la police, qu'elle avait tué d'une balle au visage sur le quai de la gare de Borisogliebsk, avant de tenter de se suicider, mais sans y parvenir. Le 5 juillet, Maria Spirodonova prend la parole pour attaquer Lénine avec une extrême dureté. "Je vous accuse, dit-elle, de trahir les paysans, de les utiliser à vos propres fins et de ne pas veiller à leurs intérêts. Se tournant vers ses partisans, il s'écrie : "Dans la philosophie de Lénine, vous n'êtes que du fumier". Une menace s'ensuit. Spiridonova avertit Lénine que s'il continue à humilier et à opprimer les paysans, il trouvera encore dans sa main "le même pistolet et la même bombe" qu'il avait utilisés à une autre occasion. Une salve d'applaudissements éclate à ses derniers mots, mais elle est immédiatement réprimandée depuis les stalles par un délégué bolchevique. Il y a un grand tumulte et des paysans costauds se lèvent, serrant le poing contre les bolcheviks.

Lénine, faisant preuve d'une supériorité irritante, prend finalement la parole et répond calmement aux accusations. Se référant aux railleries concernant sa servilité envers les Allemands et le désir des sociaux-révolutionnaires de poursuivre la guerre, il les accusa à leur tour de mener la politique des Alliés impérialistes et défendit le traité de Brest-Litovsk. Le social-révolutionnaire Kamkov prend ensuite la parole et, s'adressant à Mirbach et à la délégation allemande présente au congrès, s'écrie : "La dictature du prolétariat s'est transformée en dictature de Mirbach. Malgré tous nos avertissements, la politique de Lénine reste la même et nous sommes devenus non pas une puissance indépendante, mais les laquais des impérialistes allemands, qui ont l'audace de montrer leur visage même dans ce théâtre." Aussitôt, les socialistes révolutionnaires se levèrent et, montrant leurs poings à la loge allemande, se mirent à crier : "A bas Mirbach, à bas les bouchers allemands, à bas le gibet du bourreau de Brest". Sverdlov, sonnant la cloche, clôt la séance à la hâte.

Le samedi 6, à trois heures moins le quart, Yakov Blumkin et un autre camarade arrivent en voiture à l'ambassade d'Allemagne, gardée par des troupes bolcheviques. Ils sont autorisés à entrer sans problème grâce à des laissez-passer spéciaux signés par Alexandrovitch, vice-président de la Tchéka, dont Blumkin est lui-même un officier. L'homme de main de Trotsky dit au conseiller de l'ambassade, Kurt Riezler, qu'il doit voir Mirbach personnellement, car la Tchéka a découvert un complot allié visant à assassiner l'ambassadeur. Compte tenu des références de Blumkin et de la gravité de la situation, Riezler le présente au comte Mirbach. Lorsque l'ambassadeur lui demande comment les assassins comptent agir, le terroriste sort un pistolet Browning de sa poche et répond : "Par ici".

Blumkin vide alors le chargeur dans le corps du diplomate. Il a ensuite sauté par une fenêtre et, avant de s'enfuir, a lancé une grenade pour assurer la mort de l'ambassadeur.

Au même moment, les socialistes révolutionnaires rassemblent des troupes dans les casernes de Pokrovsky. Dmitri Popov, un autre agent de la Tchéka, avait amené une unité de deux mille hommes. Il y a aussi quelques centaines de marins de la flotte de la mer Noire et des soldats mécontents d'autres régiments. Pendant la première heure, le coup d'État semble réussir : ils arrêtent Dzerjinski, que Lénine avait chargé en 1917 de la création de la Tchéka ou police secrète, dont il est le directeur, et s'emparent du bureau du télégraphe, mais n'en profitent pas pour envoyer dans tout le pays des télégrammes annonçant le succès du coup d'État. Lorsqu'ils tentent de s'approcher de l'Opéra pour surprendre Lénine et ses hommes, ils constatent que les troupes gouvernementales ont déjà encerclé le bâtiment. Constatant l'échec de leur tentative, les insurgés rentrent précipitamment dans leurs casernes. Selon Lockhart, Trotsky avait appelé deux régiments de Lettons de la banlieue et préparé des véhicules blindés. Dans quel but ? Très probablement pour attendre l'évolution de la situation.

Bruce Lockhart lui-même, présent depuis quatre heures, donne sa propre version de ce qui s'est passé à l'Opéra entre-temps. Comme il le raconte, "l'après-midi était étouffante et l'atmosphère dans le théâtre ressemblait à un bain turc". Les stalles sont pleines de délégués, mais sur l'estrade, de nombreux sièges des dirigeants bolcheviques sont vides. À cinq heures de l'après-midi, la plupart des membres du Comité exécutif central ont disparu. Il n'y a personne non plus dans la loge réservée aux représentants des puissances centrales. Maria Spiridonova reste calmement dans le théâtre. Lockhart, qui était dans sa loge, explique succinctement dans les *Mémoires* qu'à six heures du soir, Sidney Reilly est arrivé et a annoncé qu'il y avait eu des combats dans les rues et que le théâtre était encerclé par des troupes qui avaient fermé les sorties. Il y a eu un problème. Reilly et un agent français sortent plusieurs documents de ses poches, les déchirent en très petits morceaux et les fourrent dans la doublure des sièges. "Les plus compromettants, écrit Lockhart, ont été avalés. À sept heures du soir, Radek les sauve et explique que les sociaux-révolutionnaires ont assassiné l'ambassadeur allemand dans l'intention de provoquer la reprise de la guerre par les Allemands. Radek, selon le récit de l'agent britannique, a déclaré que l'assassinat du comte Mirbach était le signal d'un soulèvement des sociaux-révolutionnaires qui, soutenus par des dissidents bolcheviques, avaient prévu d'arrêter les dirigeants du parti pendant le congrès. En d'autres termes, une tentative de coup d'État a été avortée et les SR de gauche, qui ont été utilisés, sont les boucs émissaires. Quelques jours plus tard, un général de l'Armée rouge, Mouraviev, tente de déplacer ses troupes de la Volga à Moscou, mais l'échec du coup d'État est connu et ses propres soldats l'arrêtent. Ce général finit par se suicider en présence du Soviet de Simbirsk. Spiridonova et Cherepanov sont arrêtés et emprisonnés au Kremlin.

Une nouvelle provocation est adressée aux Allemands. Le 30 juillet, le maréchal Hermann von Eichhorn, l'un des deux commandants des troupes allemandes occupant l'Ukraine, est assassiné à Kiev dans le but de les pousser à reprendre la guerre. Le nouvel ambassadeur allemand, Karl Helfferich, qui vient d'arriver à Moscou en remplacement du comte Mirbach, décide de quitter la Russie et de rentrer à Berlin. Dzerjinski, l'homme de Lénine à la tête de la Tchéka, répond à cette attaque par une vague de terreur brutale : sans procès, il fait fusiller plus d'un millier de personnes à Petrograd et autant à Moscou. L'Allemagne, malgré les meurtres de Mirbach et d'Eichhorn, ne tombe pas dans le piège et trouve le moyen de coexister avec la Russie bolchevique.

Le 30 août, la lutte entre les tchékistes atteint son apogée. Dans la matinée, Moses Uritsky, qui soupçonnait Lénine et Dzerzhinsky d'être impliqués dans l'attentat à la bombe de Volodarsky, a été assassiné. C'est le jour des visites au Commissariat aux affaires intérieures et des gens attendent dans le hall d'entrée. Un jeune homme portant une veste en cuir est arrivé à bicyclette et, de manière incompréhensible, est entré dans le bâtiment sans être fouillé. Assis près de la porte extérieure, il attend l'arrivée d'Uritsky, président de la Tchéka. Le "boucher de Petrograd", un trotskiste sanguinaire qui a assassiné cinq mille officiers, est arrivé à son bureau de Petrograd à dix heures du matin et s'est dirigé vers l'ascenseur. Aussitôt, le jeune homme à la veste de cuir s'approche de lui et lui tire plusieurs balles dans la tête et dans le corps. Le tueur s'est ensuite précipité dans la rue, a enfourché sa bicyclette et s'est enfui aussi vite qu'il le pouvait. Lorsque les voitures de ses poursuivants l'ont rattrapé, il a abandonné son vélo et est entré dans le siège de la représentation britannique. Peu après, il en sort vêtu d'un long manteau. Voyant les gardes rouges qui l'attendaient à l'extérieur, il leur a tiré dessus, mais il a été rapidement capturé. Selon cette version officielle, le terroriste était Leonid Kannegisser, un révolutionnaire social juif de 22 ans, étudiant à l'université de Petrograd (Nina Berberova dans *Histoire de la baronne Boudberg* révèle que Kannegisser écrivait des poèmes sur Kerensky, son héros, qu'il représentait sur un cheval blanc).

La plupart des enquêteurs considèrent la version officielle de l'assassinat comme une "histoire à dormir debout". Il n'est pas crédible qu'un homme armé ait pu entrer dans le bâtiment sans être fouillé par les gardes, ni qu'il ait pu s'approcher du président de la Tchéka sans aucun obstacle, ni qu'il ait réussi à quitter le bâtiment et à s'enfuir à bicyclette sans être arrêté par les gardes à la porte. Des inconnus n'ont pas pu parler à Uritsky, même au téléphone. Il est tout à fait logique de penser que l'organisation centrale de la police secrète, avec Lénine et Dzerjinski à sa tête, était derrière l'assassinat d'Ouritski, qui était membre du C.C.E. Il semble évident que la Tchéka n'avait aucun intérêt à ce que la vérité soit connue. Kannegisser, qui reconnaît être l'auteur du crime, déclare avoir agi seul. Les socialistes révolutionnaires nient qu'il soit membre du parti et rejettent tout lien avec lui. Si Kannegisser avait vraiment été un socialiste révolutionnaire, un procès aurait servi de propagande au régime. Cependant, ni le revolver ni les munitions utilisées n'ont été analysés, et Kannegisser, qui a été tué illégalement, n'a pas été jugé. Le motif du meurtre d'Uritsky n'a donc jamais été connu.

La guerre qui faisait rage au sein de la Tchéka connut un deuxième épisode le 30 août, probablement lié au premier, qui aurait pu changer le cours de la révolution. Cette nuit-là, après dix heures, une terroriste juive, en l'occurrence une femme, Fanny Kaplan, également connue sous le nom de Dora Kaplan, bien qu'elle ait gardé jusqu'à l'âge de seize ans le nom juif de Feiga Roydman, tire trois coups de feu sur Lénine. Si elle avait atteint son but, cet attentat aurait sans doute été le dernier. Comme d'habitude, les SR sont montrés du doigt. Mais la question pertinente est maintenant celle que Cicéron posait dans ces circonstances : "Cui Bono ? En d'autres termes, pour qui est-ce bon, à qui cela profite-t-il ? Sénèque répond avec assurance à la phrase exhortative de son prédécesseur : "Cui prodest scelus, is fecit", c'est-à-dire que celui qui profite du crime, c'est son auteur. Il est incontestable que Trotski, selon Raymond Robins "le Juif le plus important après le Christ", l'agent de la banque juive internationale qui disposait de soutiens essentiels à Washington et à Londres, aurait pris le pouvoir en Russie si Lénine était mort. Par la ruse, Trotski, à qui obéissait l'Armée rouge qu'il construisait lui-même avec le financement des Warburg et compagnie, aurait imposé sa candidature comme successeur. Staline l'a empêché en 1924 ; mais en 1918, il n'y avait pas d'autre dirigeant jouissant d'un prestige suffisant pour pouvoir remplacer Lénine.

Les faits, comme toujours lorsqu'il y a une volonté de cacher la vérité, sont restés enveloppés dans un enchevêtrement de mensonges, de déformations et de versions contradictoires qui ne permettent pas de savoir avec certitude ce qui s'est passé. La version officielle explique que Lénine, après avoir terminé un meeting à l'usine Michelson de Moscou, était sorti dans la cour et parlait aux ouvriers près de sa voiture. C'est alors que, dans l'obscurité de la nuit, trois coups de feu retentirent et que Lénine tomba au sol avec deux balles dans le corps : l'une pénétra le poumon gauche au-dessus du cœur, l'autre se logea dans le cou, tout près de la colonne vertébrale. La troisième traverse son manteau et blesse légèrement une infirmière de l'hôpital de Petropavlovsk. Le chauffeur juif de Lénine, Stepan Gil, qui était assis dans le véhicule, a témoigné qu'une femme armée d'un pistolet se trouvait à trois pas de Lénine et que, lorsqu'il est sorti de la voiture, la femme a jeté le pistolet à ses pieds et a disparu dans la foule. L'homme blessé fut immédiatement mis dans la voiture et emmené au Kremlin. Lénine craint apparemment une conspiration à grande échelle et refuse de quitter ses quartiers pour recevoir des soins médicaux. Incapables de retirer les balles, les médecins l'emmènent d'urgence à l'hôpital. Bien qu'il ait sauvé sa vie, sa santé n'a plus jamais été bonne, et l'attaque a probablement joué un rôle dans les accidents vasculaires cérébraux qui l'ont emporté par la suite. En effet, à partir de mai 1922, les accidents vasculaires cérébraux sont fréquents. Le 7 mars 1923, l'avant-dernière attaque cérébrale lui fait perdre définitivement l'usage de la parole. Les médecins décident de l'opérer le 23 avril pour lui retirer une balle logée à trois millimètres de la carotide depuis l'attentat de 1918, estimant qu'elle pourrait être l'une des causes de l'état dangereux de sa circulation sanguine.

La personne qui a capturé Dora Kaplan est S. Batulin, commandant adjoint de la 5e division d'infanterie à Moscou, qui avait assisté à l'événement et poursuivi la femme. Selon cette version, Batulin a vu une femme étrange portant une mallette et un parapluie sous un arbre et lui a demandé ce qu'elle faisait là. La réponse a été : "Pourquoi voulez-vous le savoir ? Le commissaire adjoint a alors fouillé ses poches, lui a pris la mallette et le parapluie et lui a ordonné de le suivre. En chemin, Batulin lui demande pourquoi elle a tiré sur Lénine. Dora Kaplan répond à nouveau : "Pourquoi voulez-vous savoir ? Le commissaire lui demande directement : "C'est vous qui avez tiré sur Lénine ? Elle répond par l'affirmative. L'enquête est menée par le juif letton Yakov Peters, qui est non seulement vice-président de la Tchéka, mais aussi président du Tribunal révolutionnaire. Peters sera exécuté par Staline en 1942. Fanny Kaplan aurait expliqué que la tentative d'assassinat était une action personnelle. La déclaration enregistrée contient les mots suivants : "Je m'appelle Fanny Kaplan. Aujourd'hui, j'ai tué Lénine. Je l'ai fait avec mes propres moyens. Je ne dirai pas qui m'a fourni l'arme. Je ne donnerai aucun détail. J'ai pris la décision de tuer Lénine il y a longtemps. Je le considère comme un traître à la révolution". Kaplan, comme Kannegisser, a été exécuté sans procès. En 1958, Pavel Malkov, commandant du Kremlin en 1918, déclare avoir personnellement tué le terroriste le 3 septembre.

Les lacunes de la version officielle sont inexplicables. Il n'est pas logique que Dora Kaplan ait porté une mallette et un parapluie d'une main tout en tirant de l'autre, ni que les ouvriers qui se trouvaient à côté de Lénine lui aient permis de s'échapper. Il n'est pas non plus crédible que les ouvriers qui se trouvaient à côté de Lénine lui aient permis de s'échapper. Pourquoi Fanny Kaplan n'a-t-elle pas jeté, en plus de l'arme, la mallette et le parapluie ? Où étaient les gardes du corps de Lénine ? Le chauffeur Stepan Gil a écrit dans ses mémoires que Lénine n'avait pas de gardes du corps. Le musée Lénine de Moscou expose le manteau et la veste que Lénine portait le jour de l'attentat. Tous les coups de feu ont été tirés par derrière. Bien que la version officielle parle de trois coups de feu, les vêtements sont marqués de quatre trous, dont deux sont rouges pour indiquer ceux qui ont pénétré dans son corps.

Le 31 août, à trois heures et demie du matin, Bruce Lockhart ouvre les yeux et voit le canon d'un revolver pointé sur lui. Dix hommes sont entrés dans sa chambre. Lorsqu'il demande une explication à cet outrage, Mankov, le chef du groupe, lui dit de ne pas poser de questions et de s'habiller immédiatement. Moura Budberg, qui vivait avec l'agent britannique, est également arrêté. Une fois à la Loubianka n° 11, le siège de la Tchéka moscovite, Lockhart se présente devant Yakov Peters, qui l'avertit poliment qu'il s'agit d'une affaire très sérieuse. Le Britannique lui rappelle qu'il est à Moscou à l'invitation du gouvernement soviétique et qu'on lui a promis des privilèges diplomatiques. Il proteste formellement et demande à parler à Chicherin, le commissaire aux affaires étrangères. Peters ignore ses paroles et lui demande : "Connaissez-vous une femme qui s'appelle Kaplan ? Semblant calme, Lockhart l'avertit qu'il n'a pas le droit de l'interroger. La question suivante est : "Où est Reilly ?". Après lui avoir conseillé de dire la vérité, il lui donne rendez-vous avec l'un de ses hommes, le capitaine Hicks, également arrêté sur la Lubianka. Moura, Lockhart et Hicks vivent ensemble dans le même appartement. Les Britanniques réalisent qu'il est évident qu'ils sont impliqués dans la tentative d'assassinat de Lénine.

Lockhart explique ensuite comment il s'est débarrassé d'un carnet embarrassant dans une poche de son manteau : "Soudain, j'ai senti dans la poche intérieure de mon manteau un carnet contenant sous forme codée une explication de l'argent que j'avais dépensé. Les agents de la Tchéka avaient fouillé mon appartement. Ils le cherchaient sans doute à ce moment-là, mais ils n'avaient pas pensé à fouiller les vêtements que nous avions mis lors de notre arrestation. Le carnet était inintelligible pour tout autre que moi, mais il contenait des chiffres et, s'il tombait entre les mains des bolcheviks, ils trouveraient le moyen de les interpréter de manière compromettante". Réfléchissant à un moyen de se débarrasser du livret, il demande aux quatre gardiens la permission d'aller aux toilettes. Deux d'entre eux l'accompagnent et, alors qu'il s'apprête à fermer la porte des toilettes, ils secouent négativement la tête et, se tenant devant lui, lui ordonnent de la laisser ouverte. L'insalubrité des lieux joue en faveur de l'agent britannique : il n'y a pas de papier et les murs sont tachés d'éclaboussures d'excréments : "Avec autant de tranquillité d'esprit que possible, j'ai pris le carnet, j'ai déchiré les pages en question, je les ai utilisées en fonction des circonstances et j'ai tiré la chasse d'eau. Cela a marché. Et je fus sauvé. À six heures du matin, les tchékistes ont amené Fanny Kaplan dans la pièce où se trouvaient Lockhart et Hicks. Ils essayaient, bien sûr, de voir si la femme réagissait d'une manière qui montrerait qu'elle connaissait les détenus. Kaplan s'est approchée de la fenêtre et, sans bouger, sans rien dire, elle a posé son menton sur sa main et a regardé la lumière de l'aube. Lockhart confirme que Fanny Kaplan a été exécutée sans procès avant d'avoir pu savoir si sa tentative avait réussi. À neuf heures du matin, Peters en personne est venu annoncer que Chicherin avait ordonné leur libération.

La mesure est momentanée. Le 3 septembre, les journaux annoncent la découverte d'une "conspiration sensationnelle visant à renverser le gouvernement soviétique". Ils attribuent ce complot aux Alliés, accusés de vouloir écraser la révolution et rétablir le tsarisme, et désignent un diplomate britannique comme principal suspect. Sous le titre "Le complot des alliés impérialistes contre la Russie soviétique", *les Izvestia* publient l'article en ces termes :

"Un complot organisé par des diplomates britanniques et français a été liquidé le 2 septembre. Il était dirigé par le chef de la mission britannique Lockhart, le consul général français Lavergne et d'autres. Ce complot, avec l'aide d'unités soudoyées des armées des Soviets, visait à l'arrestation du Conseil des commissaires du peuple et à la proclamation d'une dictature militaire à Moscou. Toute l'organisation, de type strictement clandestin, avec utilisation de faux documents et corruption, a été démasquée.

En particulier, des documents ont été découverts qui indiquaient qu'en cas de succès du coup d'État, une fausse correspondance secrète du gouvernement russe avec le gouvernement allemand devait être publiée et que de faux traités devaient être fabriqués afin de créer une atmosphère propice à la reprise de la guerre contre l'Allemagne. Les conspirateurs ont agi sous le couvert de l'immunité diplomatique et sur la base de certificats signés par le chef de la mission britannique à Moscou, M. Lockhart, dont la Tcheka panrusse possède aujourd'hui de nombreuses copies. Il a été prouvé qu'au cours des dix derniers jours, 1 200 000 roubles sont passés entre les mains de l'un des agents de Lockhart, l'agent des services secrets britanniques Reilly, à des fins de corruption. Le complot a été découvert grâce à la fermeté des commandants des unités auxquelles les conspirateurs avaient adressé leurs offres de corruption.

Un Anglais est arrêté alors qu'il se cache avec les conspirateurs. Conduit à la Tchéka, il déclare s'appeler Lockhart, représentant diplomatique de la Grande-Bretagne. Après vérification de son identité, le prisonnier Lockhart a été libéré sans délai. L'enquête se poursuit vigoureusement."

Le 4 septembre, Yakov Peters reçoit l'ordre d'arrêter Bruce Lockhart pour la deuxième fois, et il reste en prison pendant un mois. Le 8, il est transféré de la Loubianka au Kremlin, où ses conditions de détention s'améliorent nettement. La raison en est une mesure de rétorsion immédiate du gouvernement britannique : Maksim Litvinov, l'homologue de Lockhart, le représentant officieux des bolcheviks à Londres, est arrêté et emprisonné. Des négociations en vue d'un échange de prisonniers sont immédiatement entamées. Bientôt, Moura est autorisé à lui rendre visite, parfois accompagné de Yakov Peters lui-même, apportant des marchandises telles que des livres, du café, des vêtements, du tabac, du jambon. Ces "luxes" améliorent leur vie quotidienne. Moura Budberg avait défini son amant en ces termes : "Assez intelligent, mais pas assez intelligent ; assez fort, mais pas assez fort ; assez faible, mais pas assez faible". Le 2 octobre 1918, Lockhart quitte Moscou en train et arrive à la frontière finlandaise le jeudi 3 octobre au soir. Il attend trois jours à la gare de Bieloostrov, jusqu'à ce qu'on lui confirme que Litvinov est arrivé à Bergen. En revanche, Sidney Reilly (en Russie, on a toujours parlé du "complot Reilly") n'a jamais été arrêté et, des mois plus tard, les deux hommes se sont retrouvés à Londres.

La conspiration de Lockhart, "The Lockhart Plot", dont les documents restent secrets, a été interprétée dans le sens exprimé par les titres de la presse soviétique, c'est-à-dire dans le sens de la propagande émanant du régime. Staline, cependant, savait que Lockhart et Reilly avaient été utilisés et que Trotsky se cachait derrière eux. Comme on le sait, Staline a succédé à Lénine au détriment de Trotski. Après la mort de Lénine, le 21 janvier 1924, Trotski devait devenir le dirigeant incontesté de l'URSS et il avait entre les mains tout le pouvoir nécessaire pour y parvenir. Comme nous le verrons plus loin, l'épouse de Lénine, Nadehzda Krupskaya, tente par tous les moyens d'empêcher Staline de prendre le pouvoir à la faction trotskiste. C'est alors que la lutte fratricide au sein du parti éclate à nouveau.

En 1938 a lieu le procès des Vingt-et-un, l'un des célèbres procès de Moscou qui marque l'épuration du trotskisme. Nous consacrerons toute la sixième partie du chapitre suivant à son étude. Pour conclure ces pages sur la lutte pour le pouvoir entre trotskistes et léninistes, nous rappellerons que lors du procès de 1938, Nikolaï Boukharine fut accusé d'être le chef du bloc trotskiste, d'avoir comploté l'assassinat de Lénine après la signature du traité de Brest-Litovsk et d'avoir organisé la tentative d'assassinat du mois d'août. Une autre trotskiste, Varvara Nikolaevna Yakovleva, témoigne contre lui. Également accusé d'autres meurtres, dont celui de Gorki, Boukharine est condamné et exécuté. Au cours du procès, cinq témoins ont affirmé que Boukharine avait proposé à plusieurs reprises des idées et des plans pour arrêter Lénine et le détruire physiquement. Le procureur regrette que Boukharine n'ait même pas essayé de réfuter les accusations de ceux qui ont témoigné contre lui. Dans sa plaidoirie devant le tribunal qui l'a jugé, Boukharine a nié ne pas avoir fourni d'arguments contre les accusations et a admis devant les juges que les trotskystes avaient utilisé "les méthodes de lutte les plus criminelles". Il rejette l'accusation d'avoir conspiré pour tuer Lénine. Il admet cependant : "Mes complices contre-révolutionnaires et moi-même à leur tête avons essayé d'assassiner la cause de Lénine, qui est poursuivie avec un énorme succès par Staline. La logique de cette lutte nous a conduits pas à pas dans le bourbier le plus sombre". Boukharine, qui essayait de sauver sa vie, a désigné à plusieurs reprises Trotski comme la "principale force motrice" derrière les "méthodes hautement développées d'espionnage et de terrorisme".

# PARTIE 4
## LA RÉVOLUTION S'ÉTEND À
## L'ALLEMAGNE ET À LA HONGRIE

Après la signature du traité de Brest-Litovsk, l'Allemagne cherche à remporter une victoire décisive sur le front occidental qui lui donnerait la victoire finale dans la guerre. La Grande-Bretagne, en raison de son engagement en faveur du sionisme et contre l'avis de certains de ses généraux les plus prestigieux, est engagée dans une campagne en Palestine qui met en péril la stabilité du front français. Le 21 mars 1918, les Allemands lancent la campagne de printemps, potentiellement décisive. Les Britanniques paient cher leur imprudence et 175 000 soldats sont faits prisonniers. Devant la gravité de la situation, les troupes de Palestine sont redéployées d'urgence en Europe. Le 15 juillet, une bataille capitale a lieu, la deuxième bataille de la Marne, dans laquelle 85 000 soldats américains sont déjà engagés. Les Allemands parviennent à franchir la Marne près de Dormans et s'approchent à un peu plus de 100 kilomètres de Paris. Le 17, les troupes françaises, britanniques, américaines et italiennes parviennent à stopper leur progression. Le 20, le général Erich Ludendorff ordonne la retraite et, le 3 août, les Allemands se retrouvent au point de départ de l'offensive de printemps, entre l'Aisne et la Vesle.

Alors que des dizaines de milliers de soldats perdent la vie sur le front, les tactiques défaitistes utilisées en Russie sont reprises en Allemagne : grèves, qui laissent les troupes sans ravitaillement (en janvier 1918, un demi-million d'ouvriers, principalement dans les usines d'armement, se mettent en grève) ; campagnes dans la presse juive, celle-là même qui, en 1914, avait acclamé la guerre avec enthousiasme ; propagande dans les casernes, où les graines du défaitisme sont semées, nourrissant l'insubordination et sapant le moral des troupes. Une fois encore, comme en Russie, presque tous les dirigeants communistes qui ont mené la révolution en Allemagne et en Hongrie étaient juifs. Comme nous l'avons vu, la propagande bolchevique en Allemagne était financée et organisée par William B. Thompson et Raymond Robins. Lorsque Trotski est devenu commissaire aux affaires étrangères, il a créé un département de presse, dirigé par le juif polonais Karl Rádek (Tobias Sobelsohn), auquel était rattaché le département de la propagande révolutionnaire internationale, dirigé par un autre juif, Boris Reinstein. C'est par l'intermédiaire de ce département que le journal de langue allemande *Die Fackel (La Torche)*, tiré à un demi-million d'exemplaires par jour, est distribué sur les fronts. Trois agents du Département de la Propagande, Robert Minor, Philip Price et Jacques Sadoul, déjà cité, sont envoyés en Allemagne sur ordre du Comité exécutif central. Les services de renseignements français, britanniques et américains détectent leurs activités et Scotland Yard signale que Price et Minor ont également rédigé des pamphlets à l'intention des troupes britanniques et américaines.

À l'automne, il est clair que l'Allemagne ne peut pas gagner la guerre, mais les Alliés ne semblent pas non plus en mesure de le faire. Le front de l'Est est toujours inactif et il n'y a pas de troupes étrangères sur le sol allemand. Il n'y en a jamais eu. Lorsque l'armistice est signé le 11 novembre, les troupes allemandes sont bien retranchées sur les territoires français et belge. Berlin est à 1 400 kilomètres du front et les militaires s'estiment capables de défendre le pays contre une hypothétique invasion alliée. Le Kaiser, comme en 1916, propose à nouveau de négocier une paix dans des conditions acceptables pour toutes les parties. Mais la trahison et la propagande minent le front intérieur. Les syndicats marxistes et les politiciens socialistes, alliés aux magnats de la presse sioniste, conjuguent leurs efforts pour démoraliser la population et déstabiliser le pays. Guillaume II, bien que pas un coup de feu n'ait été tiré sur le sol allemand, est contraint d'abdiquer.

L'ordre chronologique des événements permettra au lecteur de bien situer une série d'événements historiques qui se sont déroulés à une vitesse vertigineuse. Le premier nom qui apparaît est celui du général Ludendorff. C'est lui qui convainc le maréchal Hindenburg de la nécessité d'un armistice pour sauver l'armée, qui n'a pas été vaincue. Ludendorff, que Hitler accuse d'être franc-maçon en 1927, année où le général publie l'ouvrage *Destruction de la franc-maçonnerie par la révélation de ses secrets*, s'entend avec le ministre des Affaires étrangères von Hintze sur une réforme de la Constitution et un projet de majorité parlementaire pour soutenir le gouvernement dans sa demande d'armistice. Hindenburg rencontre l'empereur qui accepte la proposition le 29 septembre 1918. Le 3 octobre, le prince Maximilien de Bade est nommé chancelier de l'Empire et premier ministre de Prusse en remplacement de Georg Hertling, et reste en fonction jusqu'au 9 novembre. Le prince de Bade forme un gouvernement avec la participation des principaux partis allemands, dont les socialistes. Deux jours après sa nomination, le 5 octobre, le nouveau chancelier, pensant naïvement pouvoir compter sur le président Wilson pour négocier une paix acceptable, s'adresse au Reichstag en lui demandant d'accepter toute proposition démocratique émanant de la Maison Blanche. Se référant aux aspirations de paix du gouvernement impérial, il reprend les fameux quatorze points formulés le 8 janvier 1918 par Wilson dans son discours au Congrès américain, notamment celui de l'autodétermination des peuples, et propose la mise en place d'organes représentatifs dans les provinces baltes et en Pologne. Le prince Maximilien sollicite alors la médiation de Woodrow Wilson pour négocier la paix avec les nations alliées. La réponse est une demande de capitulation inconditionnelle. Néanmoins, le 28 octobre,

Maximilien de Bade réussit à faire adopter une réforme constitutionnelle qui instaure une démocratie complète.

Après avoir pris connaissance de la demande de reddition inconditionnelle, les militaires réagissent avec colère. Le 26 octobre, Ludendorff demande au prince de Bade de rompre les négociations. Faute d'y parvenir, il démissionne. Deux jours plus tôt, le 24 au soir, à dix heures, Hindenburg a signé l'ordre suivant à l'intention de ses soldats sur le front :

> "Pour l'information des troupes :
> Wilson répond qu'il est prêt à proposer à ses alliés d'entamer des négociations en vue d'un armistice, mais que cet armistice doit laisser l'Allemagne si démunie qu'elle ne puisse pas reprendre les armes. Il ne négociera la paix avec l'Allemagne que si celle-ci accepte toutes les exigences des alliés américains concernant les dispositions constitutionnelles internes de l'Allemagne ; dans le cas contraire, il n'y a pas d'autre choix que la capitulation inconditionnelle. La réponse de Wilson est une demande de capitulation inconditionnelle. Elle est donc inacceptable pour nous, soldats. Elle prouve que notre ennemi souhaite notre destruction... Elle prouve en outre que nos ennemis n'utilisent l'expression "Paix et Justice" que pour nous tromper et briser notre résistance. La réponse de Wilson ne peut rien signifier pour nous, soldats, si ce n'est le défi de poursuivre notre résistance de toutes nos forces. Lorsque nos ennemis sauront qu'aucun sacrifice ne parviendra à briser le front allemand, ils seront prêts à accepter une paix qui garantira l'avenir de notre pays à la majorité de notre peuple."

## Révolte des marins à Kiel

Seule la Royal Navy dépasse en nombre la Marine impériale, deuxième flotte du monde, mais qui, faute de ports alliés, n'a pas montré tout son potentiel. Seuls les sous-marins ont contourné le blocus britannique de la mer du Nord. Au large de l'Amérique du Sud, la bataille des îles Malouines a eu lieu, mais la seule grande bataille navale a été la bataille du Jutland en 1916, où les Britanniques ont subi les pertes les plus lourdes. Au moment où Wilson exige une capitulation sans condition, l'Allemagne dispose encore de l'armée la plus puissante du monde et l'état-major entreprend de lancer une offensive navale contre les ports britanniques pour manifester son rejet total de la revendication du président américain. Cette décision fournit le prétexte idéal pour lancer la rébellion des marins contre leurs officiers. Les dirigeants révolutionnaires ont déjà accumulé une grande expérience : au plus fort de la guerre contre le Japon en 1905, mencheviks et bolcheviks ont préparé des soulèvements simultanés sur tous les navires de la flotte de la mer Noire. L'échec est dû à l'impatience des marins du Potemkine. En 1917, le soulèvement des marins a permis aux révolutionnaires de prendre le contrôle de la base de Cronstadt et de la flotte de la mer Baltique. Pendant la guerre, la propagande socialiste et anarchiste, reprenant les méthodes utilisées en Russie, s'était répandue dans les grandes bases navales allemandes et les marins, imprégnés d'idées révolutionnaires, savaient que leurs collègues russes avaient contribué au triomphe de la révolution. Eux aussi aspirent à l'être.

Tout commence à Wilhelmshaven, le quartier général de la flotte allemande, où les navires sont rassemblés pour l'attaque. Le 29 octobre, les équipages des navires *Thüringen* et *Helgoland* désobéissent à l'ordre de prendre la mer. Dans la nuit du 29 au 30, la rébellion, parfaitement organisée, se met en marche. Les marins, après avoir arrêté leurs officiers, s'emparent de plusieurs navires. La mutinerie s'étend aux marins à terre, qui refusent d'embarquer sur les unités navales devant prendre la mer. Si le soulèvement a été momentanément réprimé, le haut commandement a été contraint de reporter l'attaque. Parallèlement, une mutinerie s'est produite au sein des unités de la troisième escadre, déjà en mer. Cette synchronisation des actions permet de conclure que tout a été planifié à l'avance. Un millier d'hommes sont arrêtés et doivent être débarqués pour être traduits en cour martiale. Le 1er novembre, l'ordre est donné de retourner à Kiel, où une délégation solidaire des détenus demande leur libération, qui est refusée. Le 2 novembre, dans la maison des syndicats ("Gewerkschafsthaus"), des assemblées de travailleurs des chantiers navals et de marins élaborent le plan d'action. Le haut commandement de la "Kaiserliche Marine", surpris et dépassé par la situation, est incapable de réagir et, en quelques heures, le soulèvement s'étend à l'ensemble de la flotte de la mer du Nord. Le 3 novembre, marins et ouvriers abandonnent les assemblées et organisent des rassemblements communs. Toutes les sources attribuent au lieutenant de vaisseau Steinhäuser la responsabilité d'avoir allumé la mèche de l'explosion qui s'ensuivit. Il aurait donné l'ordre d'ouvrir le feu sur les manifestants, tuant neuf d'entre eux. Un marine a tiré sur l'officier et l'a tué. Cette action déclenche une révolte générale, qui prend la forme d'un conseil (Soviet) de soldats et d'ouvriers le 4 novembre. Les officiers sont désarmés et le Conseil prend le contrôle de la base navale et de la ville de Kiel. Les navires sont occupés, des drapeaux rouges sont hissés sur la plupart d'entre eux et les prisonniers mutins encore détenus à l'intérieur sont libérés. Dans l'après-midi, les soldats de l'armée de terre qui avaient été envoyés pour mater la rébellion rejoignent le soulèvement. Quarante mille marins, soldats et ouvriers insurgés, réclamant l'abdication de l'empereur Guillaume II, sont devenus maîtres de la situation.

Dans la soirée, le député SPD Gustav Noske vient en ville au nom du gouvernement de Maximilien Baden. Noske présente diverses propositions qui doivent satisfaire le conseil des ouvriers et des soldats, puisqu'il est nommé gouverneur de la ville. Entre-temps, les événements de Kiel se sont répandus dans tout le pays et des manifestations contre le régime impérial et la poursuite de la guerre ont lieu à Berlin, en Bavière et dans la région de la

Ruhr. Les événements se succèdent à un rythme effréné. Les socialistes demandent l'abdication de Guillaume II.

Le 6 novembre, le prince Maximilien de Bade ne parvient pas à convaincre l'empereur d'abdiquer en faveur de son petit-fils pour sauver la monarchie. Le 7 novembre au soir, des camions arborant des drapeaux rouges patrouillent dans la ville de Munich et, le 8 novembre, un soviet de soldats ouvriers et paysans dirigé par le juif Kurt Eisner proclame la République de Bavière. Le 9 novembre, le chancelier Maximilien de Bade annonce lui-même l'abdication de l'empereur et du prince héritier. Convaincu par les socialistes, il démissionne ensuite et cède la place de chancelier au leader social-démocrate Friedrich Ebert. Le même jour, Philipp Scheidemann proclame depuis le Reichstag ce qui sera plus tard connu sous le nom de République de Weimar. Deux heures plus tard, un autre juif, Karl Liebknecht, proclame une deuxième république depuis le balcon du palais impérial : la République libre et socialiste d'Allemagne. Guillaume II accepte l'abdication après que le général Wilhelm Gröner a remplacé Ludendorff, dont le plan, aux yeux de l'empereur, avait provoqué la débâcle. Gröner annonce au Kaiser que l'armée obéira aux ordres de Hindengurg qui, embarrassé, conseille à l'empereur d'abdiquer. Le 10 novembre, Guillaume II franchit la frontière en train et s'exile en Hollande. La révolution de novembre a atteint son premier objectif : renverser la monarchie. Le 11 novembre, un autre Juif, le socialiste Paul Hirsch, devient ministre-président de la Prusse.

## De la démobilisation au soulèvement spartaciste

Ce qui avait été préparé pendant des années en Russie devait être réalisé en quelques semaines en Allemagne, où, soit dit en passant, il n'y avait pas de Kerensky prêt à céder le pouvoir aux communistes lorsqu'ils l'exigeraient. Les sociaux-démocrates allemands, comme cela avait été le cas avec le gouvernement maçonnique en Russie, étaient d'accord avec les communistes pour dire qu'il fallait en finir avec la monarchie ; mais en tant que principal parti représentant la société allemande, ils ne pouvaient pas se rendre du jour au lendemain aux forces révolutionnaires. Lors des élections de 1912, le SPD avait obtenu 35% des sièges au Reichstag et il lui incombait de conduire le processus vers une république démocratique. Cependant, en avril 1917, une scission interne s'est produite : l'aile gauche du parti s'est séparée et a formé le Parti social-démocrate indépendant d'Allemagne (USPD), connu sous le nom de Socialistes indépendants. Ceux-ci, comme les mencheviks, acceptent à la fois le parlementarisme et les conseils révolutionnaires qui doivent le superviser.

Plus à gauche de l'USPD se trouve la Ligue spartaciste, fondée par Rosa Luxemburg et Karl Liebknecht. Le nom "Spartakusbund" ou Ligue Spartacus fait toujours référence au chef des esclaves qui se sont révoltés contre Rome, mais Spartacus est aussi le nom secret d'Adam Weishaupt, fondateur des Lumières bavaroises, la secte qui voulait supprimer toutes les monarchies et toutes les religions. Ces deux marxistes juifs ont choisi de quitter l'USPD et de former un parti révolutionnaire qui aspire à suivre l'exemple de la révolution bolchevique et à instaurer la dictature du prolétariat. Le 30 décembre 1918, la Ligue adhère au Comintern (Internationale communiste) et devient le Parti communiste d'Allemagne (KPD). Lors du congrès fondateur du KPD, Karl Radek apparaît en tant qu'agent du Comintern, vêtu d'un uniforme soviétique. Le premier comité central est dirigé par des leaders juifs. Parmi les plus importants, aux côtés de Rosa Luxemburg, on trouve Leo Jogiches, son proche collaborateur (ils étaient amants), August Thalheimer et Paul Levi. Ce dernier déclare dans son discours que "la route du prolétariat vers la victoire ne peut que passer sur le cadavre de l'Assemblée nationale". Autre preuve de la mainmise juive sur le Parti communiste allemand, la quasi-totalité des secrétaires de la direction : Bertha Braunthal, Mathilde Jacob , Rosa Leviné, Rosi Wolfstein, Kathe Pohl (Lydia Rabinovich) étaient juives.

Alors que Guillaume II quitte l'Allemagne, les sociaux-démocrates décident le même jour, le 10 novembre, de s'appuyer sur les socialistes indépendants pour former un gouvernement provisoire, qui se nomme Conseil des commissaires du peuple, composé de six membres, trois sociaux-démocrates et trois socialistes indépendants. Le 11 novembre, trois semaines à peine après l'ordre donné par Hindenburg à ses soldats de résister, le gouvernement accepte l'armistice de Compiègne sur la base des quatorze points de Wilson. Le 12, un Conseil exécutif provisoire, contrôlé par le SPD, est créé pour servir de lien entre le gouvernement provisoire et les conseils populaires. Le 13 novembre, ignorant la demande de capitulation inconditionnelle, le gouvernement adresse une note diplomatique au président américain dans laquelle il exprime néanmoins sa confiance dans la démarche de Wilson auprès des autres Alliés pour sauvegarder les intérêts allemands. Le texte se conclut ainsi : "Le peuple allemand, en cette heure fatidique, s'adresse donc à nouveau au président en lui demandant d'user de son influence auprès des puissances alliées afin d'atténuer ces terribles conditions.

Le 15 novembre, le gouvernement provisoire conclut un pacte avec les syndicats et les travailleurs obtiennent les garanties suivantes : journée de travail de huit heures sans réduction de salaire, renonciation à l'action des employeurs contre les syndicats, réglementation du travail par le biais de conventions collectives. À l'instar des congrès pan-russes des soviets, un congrès pan-allemand des conseils est convoqué à Berlin du 16 au 20 décembre. Le congrès réunit environ cinq cents délégués, dont seulement dix spartakistes, qui réclament la destitution du général Hindenburg et la dissolution de l'armée afin de créer une garde dont les officiers seraient élus par leurs hommes. Le Congrès soutient cependant les thèses des sociaux-démocrates qui demandent des élections générales pour une Assemblée nationale constituante, ce qui implique la disparition du Congrès des Conseils, qui est dissous.

Les "terribles conditions" avaient été présentées à Matthias Erzberger, qui dirigeait la délégation allemande ayant signé l'armistice de Compiègne dans un wagon de chemin de fer le 11 novembre. L'Allemagne doit se retirer de France, de Belgique, du Luxembourg et d'Alsace-Lorraine, retirer ses troupes du front de l'Est, renoncer au traité de Brest-Litovsk, remettre la quasi-totalité du matériel de guerre : avions, canons, mitrailleuses, mortiers, locomotives, wagons de chemin de fer, ainsi que l'internement de la flotte allemande, ce qui implique son transfert à Scapa Flow. Des mois plus tard, à la base britannique, l'amiral Ludwig von Reuter ordonne à ses officiers de couler les navires pour éviter qu'ils ne soient pris par les Britanniques. Il convient de noter que l'armistice n'impliquait pas la capitulation inconditionnelle de l'Allemagne, mais plutôt la cessation immédiate des hostilités de part et d'autre et le retrait des troupes sur les frontières d'avant-guerre comme étape préliminaire à la négociation d'un traité de paix. Cependant, de manière incompréhensible, alors que les troupes allemandes se retiraient, le gouvernement provisoire, sous la pression des socialistes indépendants et des spartakistes, a ordonné la démobilisation générale des forces armées.

Le 11 novembre, l'Allemagne disposait encore d'une puissante machine militaire, un mois plus tard, elle n'avait plus rien. Cette Allemagne sans défense et prostrée ne pouvait plus négocier sur les quatorze points de Wilson, mais devait accepter des conditions humiliantes, dignes d'un État vaincu, qui furent concrétisées dans le traité de Versailles, lequel, comme l'a déclaré Lord Curzon, "n'était pas un traité de paix, mais une rupture des hostilités". Avant la guerre, l'Allemagne était la première puissance industrielle d'Europe et le pays qui investissait le plus dans la recherche scientifique, ce qui explique que la science allemande soit la première au monde et que l'allemand soit la langue scientifique par excellence. Beaucoup d'Allemands, abasourdis, ne comprenaient pas comment, du jour au lendemain, l'Allemagne, dont le potentiel économique, industriel et scientifique était encore intact, avec une armée dont les troupes occupaient encore des parties du territoire ennemi et qui avait vaincu la Russie, s'était soudain rendue dans des bureaux. D'où la thèse nationale-socialiste selon laquelle l'Allemagne n'a pas été vaincue sur le champ de bataille, mais poignardée dans le dos par des traîtres communistes dirigés par des juifs.

Le lien entre les révolutionnaires juifs allemands et les judéo-bolcheviks était un fait avéré que personne ne cherchait à dissimuler. Adolf Abramovitch Joffe, ambassadeur juif du gouvernement soviétique à Berlin, trotskiste convaincu qui, avec Kamenev et Radek, avait fait partie de la délégation bolchevique à Brest-Litovsk, était absolument convaincu du triomphe de la révolution. Le 2 novembre 1918, après avoir appris la rébellion des marins à Kiel, Joffe avait annoncé à Karl Liebknecht que, dans une semaine, le drapeau rouge flotterait sur le palais de Berlin. En décembre 1918, Joffe rappelle publiquement à Hugo Hasse, le dirigeant juif des socialistes "indépendants" de l'USPD, qu'il a reçu son aide financière. Dans la même déclaration, il révèle qu'il a mis dix millions de roubles à la disposition du Dr Oskar Kohn, un autre Juif du SPD qui, en plus d'être membre du Parlement, a été nommé le 11 novembre 1918 sous-secrétaire d'État au ministère de la Justice. Joffe aurait déclaré qu'il avait "garanti à M. Kohn le droit d'en disposer dans l'intérêt de la révolution allemande". Avec une impudence absolue, Oskar Kohn a reconnu que le soir du 5 novembre, il avait bien reçu cette somme et qu'il avait "accepté avec joie" cette aide financière. Naturellement, Oskar Kohn, qui était conseiller juridique de l'ambassade de Russie à Berlin, a dû considérer que l'acceptation du poste de sous-secrétaire d'Etat à la justice était parfaitement compatible avec la réception d'un financement étranger de la révolution. Le 6 novembre, après qu'il a été établi que l'ambassade fournissait aux spartakistes des armes, du matériel de propagande et de l'argent à grande échelle, Joffe et la délégation soviétique ont été expulsés sous l'accusation de préparer un soulèvement communiste. Joffe lui-même a admis plus tard que l'ambassade soviétique à Berlin avait été "le quartier général de l'état-major de la révolution allemande". Après l'expulsion de Joffe, Karl Rádek (Tobias Sobelsohn), chef du département international de propagande créé par Trotski, est envoyé en Allemagne. Sous la direction de Radek, la propagande communiste atteint son apogée à Munich.

La désorganisation et le chaos dans l'armée sont la conséquence immédiate de l'ordre inconcevable de démobilisation. Tandis que les soldats rentrent chez eux tant bien que mal, parfois depuis des points situés à deux mille kilomètres, la situation à Berlin devient de plus en plus tendue. Le 23 décembre, la Volksmarinedivision, nouvellement formée à Kiel, s'empare de la chancellerie du Reich et retient le chancelier Ebert dans son bureau jusqu'à ce que la situation soit maîtrisée. Ce n'est qu'un avant-goût de ce qui va suivre. Après la décision de transférer le pouvoir à une assemblée constituante, la date du 19 janvier 1919 est fixée pour les élections. La Ligue Spartacus, devenue le KPD (Parti communiste allemand), réalisant qu'elle n'a aucune chance dans la compétition électorale, demande à ne pas participer au processus et tente de s'emparer du pouvoir par un coup d'État. Les socialistes indépendants, dont le chef de file est le susnommé Hugo Hasse, convaincus après l'escarmouche du 23 décembre du triomphe imminent du communisme, retirent leurs trois commissaires du gouvernement provisoire, qui reste ainsi exclusivement aux mains du SPD.

Le 4 janvier 1919, le chancelier Ebert, après le départ du gouvernement des trois commissaires socialistes indépendants, démet Emil Eichhorn de ses fonctions de chef du département de la police, qu'il occupait depuis le 9 novembre 1918. Eichhorn, qui avait fait partie en avril 1917 des gauchistes qui avaient formé l'USPD et qui était depuis août 1918 le directeur berlinois de ROSTA (Agence de presse soviétique), n'accepte pas la décision d'Ebert et affirme qu'il a été nommé par les ouvriers berlinois et que seuls ceux-ci peuvent le révoquer. Censé être protégé par des ouvriers armés qui occupent le bâtiment, il reste à son poste. Avec Eichhorn, quatre socialistes juifs, Kurt Eisner (Kamonowsky), Karl Kautsky, Rudolf Hilferding et Paul Levi, sont à la tête du groupe qui a mené la scission du SPD. Ce dernier, Levi, qui avait déjà adhéré au parti communiste, fut l'organisateur des protestations contre le licenciement d'Eichhorn : outre l'impression de tracts anti-gouvernementaux, une manifestation fut organisée à laquelle participèrent des socialistes indépendants, le parti communiste et des militants sociaux-démocrates. Les revendications sont : l'annulation de la révocation d'Eichhorn, le désarmement des forces contre-révolutionnaires et l'armement du prolétariat.

Le 5 janvier, la division de la marine populaire, sous les ordres des communistes et des socialistes les plus radicaux, a occupé le siège du journal social-démocrate *Vörwarts*, dont les communistes n'aimaient pas les opinions. Dans ce journal, il avait été écrit, par exemple, qu'"un certain Levi et la grande gueule Rosa Luxemburg, qui n'ont jamais été à côté d'un étau dans une banque ou dans un atelier, sont sur le point de ruiner tout ce dont nos pères ont rêvé". Une fois libéré de l'occupation par un raid, le 12 janvier 1919, *Vorwärts* qualifie Luxemburg, Trotsky et Radek, qu'il cite sous leurs noms juifs de Bronstein et Sobelsohn, d'"Asiatiques et de Mongols de la Russie".

La grève générale qui paralyse Berlin le 6 janvier 1919 sera le dernier coup porté au gouvernement de Friedrich Ebert. Les communistes et les socialistes indépendants transforment la grève en insurrection armée. Une bataille s'engage dans les rues de la capitale et les révolutionnaires prennent le contrôle du centre-ville. Les sociaux-démocrates ne parviennent pas à un accord avec les communistes et Karl Liebknecht appelle les travailleurs à prendre les armes pour renverser le gouvernement. La démobilisation désastreuse des forces armées avait été exigée par les spartakistes, dont les cellules au sein du gouvernement provisoire avaient habilement manœuvré pour atteindre cet objectif. Berlin et l'Allemagne sont à la merci de l'insurrection. Devant la gravité de la situation, Gustav Noske, ministre de la Défense, décide de faire appel à ce qui reste de l'armée, à savoir la fidèle garnison de Potsdam et les "Freikorps", organisations antirépublicaines composées d'anciens soldats,. Rosa Luxemburg et Karl Liebknecht appellent les soldats des soviets ou conseils à rejoindre les ouvriers avec leurs armes. Les combats urbains qui s'ensuivent sont connus sous le nom de "semaine sanglante". Finalement, après cinq jours de combat, les Freikorps écrasent l'insurrection communiste et reprennent Berlin.

Cependant, la guerre civile se prolonge pendant plusieurs mois dans certains endroits, car elle s'est étendue à Brême, à la Sarre, à la Bavière, à

Hambourg, à Magdebourg et à la Saxe. La tentative d'instaurer la dictature du prolétariat en Allemagne fait des milliers de morts, dont Karl Liebknecht et Rosa Luxemburg, qui sont assassinés. Rosa Leviné, mariée à deux dirigeants communistes juifs, Eugen Leviné, alors rédacteur en chef du *Rote Vorwärts*, et Ernst Meyer, se trouvait à l'hôpital à ce moment-là. Comme elle l'écrira plus tard, une édition supplémentaire annonça le meurtre des dirigeants du KPD et la nouvelle fut accueillie dans la liesse : "tout le monde criait et dansait de joie". Les deux dirigeants communistes, arrêtés à l'hôtel Eden, ne sont pas traduits devant un tribunal, mais exécutés pratiquement sur place dans la nuit du 15 janvier 1919. Le corps sans vie de Rosa Luxemburg est jeté d'un pont dans un canal. Le 31 mai, il est retrouvé par une écluse et, après identification, il est enterré le 13 juin.

Après la mort de Rosa Luxemburg, son inséparable Leo Jogiches, dont le nom de guerre était Tyscha, devint de facto le nouveau dirigeant du parti jusqu'à ce que, arrêté et emprisonné début mars, il soit assassiné par la police prussienne dans la prison de Moabit le 10 mars 1919. Paul Levi, fils de banquiers juifs, est alors élu successeur des dirigeants assassinés à la tête du KPD. Levi fait du KPD un parti de masse, ralliant à sa cause de nombreux travailleurs sociaux-démocrates et ralliant aux communistes une grande partie de l'USPD. August Thalheimer, fils d'un industriel juif de Würtenberg et confident de Radek, succède à Rosa Luxemburg comme rédacteur en chef de *Rote Fahne* (*Drapeau rouge*), ce qui fait de lui le nouvel idéologue du parti communiste allemand. Jogiches est remplacé par son adjoint Leo Flieg, issu d'une famille juive berlinoise, qui occupe le poste de secrétaire à l'organisation du comité central. Flieg assure également la liaison avec les services secrets de la Comintern (OMS) et gère les fonds versés en dollars à l'Allemagne par Moscou. Dans *Anti-Semitism, Bolshevism and Judaism*, Johannes Rogalla von Bieberstein explique que les millions ont été distribués par le "camarade Thomas", un autre juif en qui Trotski, Radek et Boukharine avaient confiance, dont le vrai nom était Jacob Reich, bien qu'il ait également utilisé le nom de famille Rubinstein. Cet argent est utilisé pour la formation d'une Armée rouge, organisée en Centuries prolétariennes, qui doit prendre le pouvoir en Allemagne dans un avenir très proche. Pour ses contacts avec la Russie, le "camarade Thomas" disposait de deux avions affrétés.

Malgré tout, les élections ont eu lieu, avec un taux de participation de 82,8%. Les sociaux-démocrates du SPD ont obtenu 37,9% des voix et 165 sièges. Le deuxième parti est le ZP ("Zentrumspartei"), centriste catholique, qui obtient 19,7% des voix et 91 sièges. Le DDP ("Deutsche Demokratische Partei"), démocrates de gauche, obtient 18,6% des voix et 75 sièges. La quatrième force politique en termes de voix est le DVNP ("Deutsche Nationalen Volkspartei"), un parti conservateur, antirépublicain et pangermaniste, qui a obtenu 10,3% des voix et 44 sièges. En cinquième position, on trouve les socialistes indépendants de l'USPD qui, contrairement aux communistes du KPD, ont participé aux élections et n'ont obtenu que 7,8% des voix, soit 33 sièges. Enfin, le parti libéral de droite DVP ("Deutsche Volkspartei") de Gustav Stresemann obtient 4,4% et 19 sièges. Le parti social-démocrate conclut un pacte avec les partis centristes et la coalition dite de Weimar est formée. Friedrich Ebert est élu président de la République et Scheidemann est nommé chef du gouvernement.

Compte tenu de la faible représentativité des socialistes indépendants, il est ridicule que les dirigeants du parti communiste se croient légitimés à utiliser les masses manipulées qui ont joué le jeu pour faire un coup d'État et imposer leur dictature du prolétariat à l'Allemagne. De toute façon, comme l'a montré la Russie, où les bolcheviks ont dissous le parlement par la force des armes, la démocratie leur importait peu. Dans ses célèbres *thèses d'avril*, Lénine avait carrément exprimé son mépris pour la république parlementaire et le processus démocratique. Il s'agissait plutôt d'exterminer l'ennemi de classe. "Quiconque accepte la guerre des classes, écrivait-il en 1916, doit accepter la guerre civile qui, dans toute société de classes, représente la continuation, le développement et l'accentuation naturels de la guerre des classes.

## La République soviétique de Bavière

En 1918, alors que la guerre fait rage en France, Kurt Eisner (Salomon Kuchinsky), franc-maçon de haut rang qui se fait appeler "Von Israelovitch" dans les loges polonaises et allemandes, organise des grèves dans les usines de munitions et fait de l'agitation, ce qui lui vaut d'être emprisonné. Eisner fréquente *le café Stefanie* où, avec Gustav Landauer, Ernst Toller, Erich Mühsam et Edgar Jaffé, tous écrivains ou intellectuels juifs, il prépare sa stratégie révolutionnaire. Dans leurs lucubrations, ces sinistres personnages prennent pour modèle le système russe des soviets de soldats et d'ouvriers. Le 7 novembre 1918, Kurt Esiner proclame l'État libre de Bavière devant une assemblée populaire réunie sur la Theresienwiese à Munich, juchée sur un camion. Le même jour, le dernier roi de Bavière, Louis III, démissionne du trône. L'autoproclamé Eisner, déjà ministre-président de Bavière, veut mener une politique étrangère opposée à celle du ministère allemand des Affaires étrangères et lance, le 10 novembre, un appel à toutes les nations, ce qui équivaut à une trahison de son pays. Parmi les premières décisions d'Eisner figure la nomination de son secrétaire particulier, poste qu'il confie au juif Felix Fechenbach.

Dans la nuit du 6 au 7 décembre, Erich Mühsam, un collègue d'Eisner, ordonne à des soldats révolutionnaires d'occuper cinq journaux bourgeois et de les déclarer socialisés. Quelques jours plus tard, le 12 décembre, le nouveau ministre-président de Bavière rejette dans un discours tout autre pouvoir que celui des soviets de soldats et d'ouvriers. Malgré toutes ces manifestations dictatoriales, les élections législatives provinciales du 12 janvier 1919 montrent que ceux qui ont pris le pouvoir sont minoritaires et n'obtiennent que 2,5% des voix. La carrière de Kurt Eisner s'achève brutalement le 21 janvier, lorsqu'il est abattu par Anton Graf Arco auf Valley. Dans *Anti-Semitism, Bolshevism and Judaism (Antisémitisme, bolchevisme et judaïsme)*, Rogalla von Bieberstein évoque la possibilité que le jeune Graf ait été lié à la société Thulé, contre-révolutionnaire et antisémite. Selon cet auteur, il est possible que la Société ne l'ait pas accepté comme membre parce que sa mère était issue de la famille bancaire juive Oppenheim. En raison de ce rejet, Anton Graf aurait voulu démontrer sa foi patriotique par un acte décisif.

L'éviction d'Eisner radicalise la situation. La Diète bavaroise (Landtag) issue des élections est complètement marginalisée par les conseils ou soviets. Le 7 avril, l'écrivain juif Ernst Toller, un autre invité du *Café Stefanie*, proclame une république conseilliste ou soviétique à l'instigation de la Russie de Lénine et de la Hongrie de Bela Kun. Aux côtés de Toller, président du Conseil central des Soviets et commandant de l'Armée rouge, les anarchistes Gustav Landauer et Erich Mühsam sont à la tête du mouvement. Le Comintern, par l'intermédiaire du Parti communiste allemand (KPD), envoie immédiatement Eugen Leviné (Nissen Berg), Tobias Axelrod et Max Levien, trois révolutionnaires juifs d'origine russe, pour réorienter et consolider la situation. Le troisième, Levien, est un ami personnel de Trotski et de Lénine. Ces commissaires du Comintern prennent rapidement le pouvoir et, le 13 avril, la république proclamée par Toller est rebaptisée République soviétique de Bavière. Dotée de sa propre armée rouge et de son propre tribunal révolutionnaire, la nouvelle république soviétique rompt tout lien avec la République de Weimar. Leviné devient président du Conseil des commissaires du peuple. Dans son discours, il proclame : "Aujourd'hui, la Bavière a enfin instauré la dictature du prolétariat. Vive la révolution mondiale !

La nouvelle dictature exaspère la population qui voit qu'un groupe de dirigeants juifs, dont certains ne sont même pas allemands, a pris le pouvoir. Naturellement, la haine des Juifs, considérés comme la cause de tout ce qui se passe, est attisée et de violents affrontements éclatent dans les rues et sur les places de la ville. L'ouvrage précité de Johannes Rogalla von Bieberstein est une source précieuse d'informations sur des événements peu connus de Munich. L'un d'entre eux a eu lieu le 18 avril, lorsqu'un groupe de gardes rouges armés de fusils, de pistolets et de grenades a pris d'assaut le domicile du nonce apostolique Giovanni Pacelli, le futur pape Pie XII, et lui a planté un pistolet dans la poitrine. Après son arrestation, il est conduit à la résidence de Max Levien, qui, en tant que chef suprême, dirigeait de fait la ville de Munich. Dans un rapport envoyé au Vatican, le nonce décrivit plus tard le quartier général de Levien, qu'il qualifia de "russe et juif". Giovanni Pacelli parle d'une "bande de femmes d'apparence douteuse, juives, comme toutes, au comportement provocateur". À la tête de ces "secrétaires", la compagne de Levien, une jeune divorcée juive.

Le gouvernement de Berlin décide finalement d'intervenir et, entre le 30 avril et le 8 mai 1919, la République soviétique est renversée. Trente mille soldats de l'armée et du Freikorps sont envoyés à Munich pour mater la minorité révolutionnaire et rétablir la légalité. Au cours des opérations, quelque six cents personnes ont été tuées. Parmi les meurtres perpétrés par les gardes rouges, sept membres de la Société *Thulé* (Thule *Gesellschaft*), dont les bureaux avaient été perquisitionnés, ont été abattus. Parmi eux se trouvaient quatre aristocrates. L'un d'entre eux, Gustave von Thurn und Taxis, et l'autre, la comtesse Heila von Westarp, une belle jeune femme qui occupait le poste de secrétaire de la Société, ont été pris en otage. Pris en otage, ces nobles sont exécutés avec d'autres dans le *gymnase Luitpold*, qui servait de caserne au quatrième détachement de l'Armée rouge de Munich, dont le commandant était Rudolf Egelhofer. Pour tenter d'empêcher la prise du bâtiment, le commandant avait ordonné l'emprisonnement de vingt-deux prisonniers, et s'était vengé en assassinant gratuitement dix d'entre eux, car il s'agissait de citoyens innocents.

De leur côté, les Freikorps se livrent également à de sanglantes vengeances, dont la plus médiatisée est l'assassinat de Gustav Landauer, commissaire à l'éducation. Dans la cour de la prison de Stadelheim, où il avait été emmené, un sous-officier, encouragé par les soldats qui réclamaient son exécution, tire une balle dans la tête de Landauer. Malgré la gravité de la blessure, Landauer est encore en vie et reçoit une nouvelle balle dans le dos alors qu'il est à terre. Lors d'une conférence sioniste, Martin Buber qualifie Gustav Landauer de "notre chauffeur secret". Eugen Leviné, considéré comme "un intrus en Bavière", est en effet traduit devant une cour martiale sous le gouvernement du social-démocrate Hoffman. Condamné à mort pour haute trahison, il est exécuté le 5 juin 1919. Ernst Toller et Erich Mühsam, quant à eux, sont condamnés à quinze ans de prison, mais en 1924, ils sont déjà libres grâce à l'amnistie des prisonniers politiques décrétée par la République de Weimar, dont la constitution a d'ailleurs été sanctionnée le 11 novembre 1919 sur la base d'un projet rédigé par le juif Hugo Preuss. Quant à Max Levien, il réussit à s'enfuir à Vienne, où il est arrêté. Les autorités allemandes demandent son extradition, qui n'est pas accordée, et Levien est libéré en 1920.

## La Hongrie de Bela Kun

Le démembrement de l'empire austro-hongrois commence dès la prise de conscience de la perte de la guerre. Le 28 octobre 1918, une manifestation est organisée à Budapest pour réclamer l'indépendance et, quelques jours plus tard, la République populaire de Hongrie voit le jour. Elle ne durera que quatre mois, car le 21 mars 1919, elle devient la

République soviétique de Hongrie, qui durera à son tour un peu plus de quatre mois, exactement cent trente-trois jours, jusqu'au 4 août. Pendant cette période, des soldats, des prêtres, des propriétaires terriens, des commerçants et des professionnels de tous horizons ont été assassinés en toute impunité. La terreur est généralisée en Hongrie, où des dizaines de milliers de personnes, "ennemis du peuple", perdent la vie sous le régime de Bela Kun.

Bela Kun (Aaron Kohn), né en 1866 dans une province hongroise, est le fils de Mov Kohn et de Rosalie Goldenberg. Il utilisa son nom juif jusqu'en 1909, date à laquelle il le changea en Kun afin de le rendre plus hongrois. Maître maçon d'une loge de Decebren, il est également membre du B'nai B'rith et de la loge d'élite des Shriner, dont l'entrée nécessite le 32e degré. En 1916, il est fait prisonnier par les Russes, mais en février 1917, il est libéré par son frère maçon Kerensky, avec lequel il se lie naturellement d'amitié. En 1918, il travaille déjà à Petrograd avec les bolcheviks, qui lui confient la direction d'une école de propagande à Moscou, d'où il est chargé de faire du prosélytisme auprès des sodalistes hongrois détenus en Russie. Il rencontre personnellement Lénine et Radek, avec lesquels il négocie la création du HCP (Parti communiste hongrois), fondé à Budapest le 4 novembre 1918. Bela Kun ne tarde pas à devenir le leader d'un Front populaire.

José-Oriol Cuffi Canadell raconte en espagnol dans *La sombra de Bela Kun* les événements les plus importants qui se sont déroulés entre 1918 et 1919. Nous nous concentrerons sur la révolution communiste, sur le régime de terreur imposé par Bela Kun et la clique juive qui s'est emparée du pouvoir en mars 1919, mais nous commenterons d'abord en quelques lignes l'assassinat du comte István Tisza, partisan de l'union avec l'Autriche, car son élimination était un signe clair de ce qui allait se passer. Après son dernier discours au Parlement, le 17 octobre 1918, sa mort est décidée lors d'une réunion secrète du Conseil national de l'opposition. Cuffi Canadell donne les noms des personnes impliquées dans l'assassinat et explique comment il s'est produit.

Les événements ont commencé le 31 octobre 1918. Au petit matin, Nathan Kraus, un journaliste juif connu sous le nom de Göndor, prend la tête d'un important groupe d'assaillants qui parvient à s'emparer de la principale caserne de la capitale. Ce fut le signal de départ, car il entraîna la chute immédiate du Premier ministre Sándor Wekerle et poussa le comte Károlyi, le Kerensky hongrois qui dirigeait l'opposition, à intervenir et à prendre la tête du mouvement. Dans la soirée du même jour, le deuxième acte de la tragédie a lieu. Deux membres du Conseil national de l'opposition, le capitaine Cszerniak et les journalistes juifs Kéry et Fenyes, avaient offert 100 000 couronnes aux criminels qui accepteraient la mission d'assassiner le comte Tisza. Un soldat nommé Dobo, le marin Horvath Santa, le lieutenant Hüttner et deux autres Juifs, Gärtner et Joseph Pogány, futur ministre de l'Éducation, font une descente nocturne au domicile de Tisza, armés de fusils. Trois hommes pénètrent dans les chambres du comte et, sous les yeux horrifiés de sa femme et de sa nièce, la comtesse Almassy, lui tirent dessus à trois reprises. István Tisza avait été premier ministre de 1913 à 1916.

La tactique de prise de pouvoir en Hongrie a été la même que d'habitude. Le 16 novembre, la République est proclamée à Budapest et Károlyi devient Premier ministre. À partir de ce moment, le processus de création des soviets commence, suivi de la convocation d'un congrès des soviets pour préparer la révolution communiste. Au début de l'année 1919, déjà en vue de la prise du pouvoir, environ 300 agitateurs professionnels et agents secrets arrivent de Russie pour renforcer les révolutionnaires. Plusieurs sources juives admettent que les communistes hongrois disposaient de "moyens financiers inépuisables" en provenance de Russie. Grâce à cette aide, le *Vörös Ujság* (*journal rouge*) est fondé. Comme à Munich, les communistes tentent de s'emparer des journaux bourgeois et socialistes de Budapest afin de contrôler l'opinion. La police y parvient, mais lors de la perquisition du journal social-démocrate *Nepzava* (*La Voix du Peuple*), huit personnes, dont des policiers, sont tuées et une centaine d'autres blessées. Bela Kun et son équipe sont arrêtés et emprisonnés, malgré les protestations de deux ministres juifs, Sigismund Kunfi, de son vrai nom Kunstädter, et William Böhm, tous deux socialistes. Pendant ce temps, l'afflux continu en Hongrie de prisonniers libérés par les bolcheviks pour répandre l'évangile du communisme plonge le pays dans un état d'agitation extrême.

Le Premier ministre Mihály Károlyi, le nouveau Kerensky, donne à Bela Kun toutes les chances de forger l'union des partis socialiste et communiste avec Kunfi et Böhm, qui a lieu le 21 mars et entraîne la démission du gouvernement du comte Károlyi, soi-disant dépassé par les événements. Bela Kun est immédiatement libéré et la République soviétique de Hongrie est proclamée. Déjà chef du gouvernement et leader incontesté de la nouvelle république, Bela Kun se considère comme l'homme appelé à répandre la révolution mondiale en Europe. En fait, il se proclame le principal représentant de Lénine en Europe centrale et occidentale. Parmi ses priorités figure l'extension immédiate de la révolution à la Slovaquie et à l'Autriche afin de promouvoir la "dictature mondiale du prolétariat". L'Armée rouge hongroise commence donc par répandre le communisme en Slovaquie, occupée au printemps. Le 16 juin 1919, l'éphémère République soviétique slovaque est proclamée. Elle est rapidement pillée avant d'être renversée par l'avancée des Tchèques et des Roumains.

Lors de la première réunion des commissaires communistes en Hongrie, les cours de justice sont abolies et des tribunaux révolutionnaires sont mis en place, dont les juges seront élus par le peuple. Stéphan Courtois et Jean-Louis Panné écrivent dans *Le Livre noir du communisme* que Bela Kun a été en contact télégraphique permanent avec Lénine à partir du 22 mars. Ces auteurs avancent le chiffre de deux cent dix-huit messages échangés. Lénine salue Bela Kun comme le chef du prolétariat mondial et lui conseille d'abattre les sociaux-démocrates et les petits bourgeois. L'une des premières mesures est la libération massive des prisonniers condamnés pour crimes contre la propriété. Dans un discours prononcé le 27 mars devant les travailleurs hongrois, Bela Kun justifie l'usage de la terreur en ces termes : "La dictature du prolétariat exige l'exercice d'une violence implacable, prompte et résolue afin de mettre fin à l'opposition des exploiteurs, des capitalistes, des grands propriétaires terriens et de leurs hommes de main. Celui qui n'a pas compris cela n'est pas un révolutionnaire".

Comme en Russie, à Berlin et en Bavière, la plupart des dirigeants de la Hongrie soviétique étaient juifs. Le gouvernement est composé d'un conseil de cinq personnes, dont quatre sont juives : Bela Kun, Bela Vago, l'un des juges du tribunal révolutionnaire, Sigmund Kunfi, chargé des affaires croates, et Joseph Pogany, commissaire à l'éducation. Le commissaire au commerce, Mátyás Rákosi (Matthias Roth), était également juif. Capturé pendant la guerre, Rákosi, comme Bela Kun, avait été endoctriné en Russie et était revenu en Hongrie. Eugen Varga, un autre juif, est le commissaire aux affaires économiques. Le département des enquêtes politiques est dirigé par un juif bossu, Otto Korvin-Klein, un vengeur responsable de milliers de morts qui s'amuse à enfoncer une règle dans la gorge de ses victimes lors des interrogatoires. Jüri Lina cite *Bela Kun et la révolution bolchevique en Hongrie* d'A. Melsky pour dénoncer les crimes d'un autre commissaire juif, Isidor Bergfeld, qui a admis avoir brûlé vif soixante Hongrois et s'est vanté d'en avoir tué cent autres à mains nues.

Outre la direction juive du commissariat, dans *Racines du radicalisme*, les Américains Stanley Rothman et Robert Lichter notent que sur deux cents hauts fonctionnaires, cent soixante et un sont juifs. En 1919, *le Times* de Londres qualifie le régime de Bela Kun de "mafia juive". Les criminels sanguinaires prédominent. Bela Vago explique ainsi la nature du régime : "Rien ne s'obtient sans sang. Sans sang, il n'y a pas de terreur, et sans terreur, il n'y a pas de dictature". Bela Kun lui-même corrobore ces idées : "Nous devons inspirer la révolution avec le sang des bourgeois exploiteurs." Un autre exemple de la férocité de ces sinistres communistes juifs est le ministre de l'Éducation, Joseph Pogany, à qui l'on attribue la mort de quelque cent cinquante personnes, principalement des instituteurs et des professeurs, éliminés lors de ses tournées d'inspection de l'enseignement. Pour le poste de commissaire à la culture, Bela Kun a nommé un intellectuel juif, fils du directeur de la banque Rothschild, le mythifié Georg Lukacs, que beaucoup classent parmi les intellectuels marxistes les plus importants du XXe siècle. Lukacs était également commissaire politique de la 5e division et a fait fusiller huit personnes par un tribunal de guerre. Il portait un uniforme de cuir et était connu par certains comme le "Robespierre de Budapest".

La "démocratisation" de l'armée commence en mai par une formule très simple : les officiers sont fusillés et remplacés par des agents de Moscou. La guerre impitoyable et sauvage contre la culture chrétienne est l'un des traits essentiels de la politique de Bela Kun. Selon le livre *Visegrader Straße* (*Rue Visegrader*), le raisonnement de la Maison soviétique de Budapest était le suivant : "Nous, les communistes, sommes comme Judas. Notre travail sanglant consiste à crucifier le Christ. Mais cette œuvre pécheresse est en même temps notre vocation". La religion est ridiculisée et des prêtres sont assassinés dans les rues. Sur le plan socio-économique, les mesures ne tardent pas à entraîner le pays dans un désordre général. Les entreprises de plus de vingt travailleurs sont bientôt expropriées, mais celles de dix, voire de cinq ou six travailleurs le sont également. De nombreuses maisons privées ont été confisquées et déclarées propriété de l'État. Les salles de bains privées sont nationalisées et rendues publiques le samedi soir, une mesure qui ne peut que nuire gravement au ton social et moral de la société hongroise. Les banques non contrôlées par le cartel juif international sont nationalisées. Les dépôts bancaires sont saisis et plus d'un million de livres sterling en devises étrangères sont sorties du pays pour être utilisées à des fins de propagande. La chasse aux "goyim" qui possèdent des richesses est constante. D'énormes quantités d'or sont envoyées de Hongrie vers des banques juives à l'étranger. La revendication de socialisation des ressources de l'industrie et de l'agriculture provoque une famine dans les villes et la colère de la paysannerie.

La terreur déclenchée par le commissaire à l'agriculture, le juif Tibor Szamuely, qui, comme tant d'autres, avait été capturé pendant la guerre et formé en Russie par Bela Kun lui-même et les dirigeants communistes, mérite une mention spéciale. Szamuely, qui avait participé avec Rosa Luxemburg et Karl Liebknecht à la formation du parti communiste allemand, fut l'un des principaux dirigeants de la République soviétique de Hongrie, où il occupa divers postes, dont le dernier fut celui de commissaire aux affaires militaires. En tant que commissaire à l'agriculture, il est devenu l'un des plus grands criminels du régime. Pour terroriser les paysans qui ne se soumettent pas à ses diktats de collectivisation, il se déplace dans un train peint en rouge qui devient une cheka mobile. Ses hommes de main, après avoir torturé les victimes, les jettent par les fenêtres lors de la traversée des villages et des villes. Il oblige les paysans condamnés à mort à creuser leur propre tombe devant leurs proches, puis à s'y jeter avec une corde autour du cou. Szamuely s'est allié à József Czerny, le chef d'un commando de terroristes qui sont entrés dans l'histoire sous le nom de "garçons de Lénine". Arthur Koestler, l'auteur de *La treizième tribu*, estime le nombre de victimes de Czerny et de ses hommes de main à environ cinq cents, mais d'autres auteurs estiment que ce chiffre est beaucoup plus élevé.

Un gouvernement provisoire de vrais Hongrois est formé à Szeged. Les pays alliés, incapables, comme en Russie, de réagir contre le totalitarisme criminel du régime communiste, acceptent au moins l'intervention de la Roumanie. Le 31 juillet, Bela Kun publie un manifeste appelant au soutien des travailleurs du monde entier. Le 1er août, alors que la ville est en plein chaos et après avoir transféré 50 000 livres sterling à Bâle, il quitte Budapest avec ses principaux lieutenants pour Vienne. Avant de s'enfuir, il déclare qu'il aurait aimé que les prolétaires donnent leur vie sur les barricades pour défendre la cause de la révolution. Ses dernières paroles publiques furent les suivantes : "Allons-nous monter nous-mêmes sur les barricades sans que les masses nous soutiennent ? Heureusement, nous nous serions sacrifiés, mais ce sacrifice profiterait-il à la cause de la révolution prolétarienne internationale ? Le 6 août 1919, les troupes roumaines déposent définitivement les communistes hongrois. Kun est arrêté en Autriche, mais le franc-maçon juif Friedrich Adler, dont le père Victor Adler était un bon ami de Trotsky, organise sa libération. Friedrich Adler avait été condamné à mort en 1916 pour le meurtre du premier ministre autrichien, le comte Karl von Stürghk, mais sa peine avait été commuée en 18 ans de prison. En 1918, il est libéré grâce à la révolution qui a également éclaté en Autriche et devient le chef du parti communiste autrichien.

Bela Kun retourne en Russie en 1920 et est nommé commissaire politique de l'Armée rouge sur le front sud, où il travaille avec deux autres Juifs, Roza Zemlyachka (Rozalia Zalkind), connue comme la "furie de la terreur communiste", et Boris Feldman. Tous trois ont dirigé la terreur rouge dans une cheka de Crimée, où ils sont devenus d'impitoyables meurtriers de masse. Zemlyachka et Kun, qui violait fréquemment ses victimes féminines, formaient un couple idéal. Outre leur sadisme et leur cruauté dans les meurtres, ils étaient avides et ne manquaient jamais une occasion d'accumuler de grandes richesses. À Sébastopol, tout en s'appropriant d'énormes quantités d'or, ils ont assassiné plus de huit mille personnes au cours de la première semaine de novembre 1920. Selon les sources officielles, cinquante mille "ennemis du peuple" ont été exécutés en Crimée, mais certaines sources avancent le chiffre de 120 000. Bela Kun est envoyé en Allemagne en 1921, où il mène une tentative de coup d'État, comme nous le verrons dans le chapitre suivant. Avant d'être emprisonné par Staline pour trotskisme, Kun se rend à Barcelone en 1936 avec pour mission d'explorer l'atmosphère politique et de fomenter l'agitation.

Le caractère juif de la République soviétique hongroise était aussi évident que celui de la Russie bolchevique ; mais alors que dans le cas de la Russie, on a tenté, et on tente toujours, de dissimuler et de falsifier la réalité, dans le cas hongrois, tout le monde s'accorde à dire que la Hongrie avait "un gouvernement des Juifs", "une république juive" ou, comme le préfère Nathaniel Katzburg, "en grande partie une entreprise juive". Il est certain que les Hongrois l'ont perçu comme tel. Ainsi, comme on pouvait s'y attendre, après l'effondrement de la domination juive, il y eut une réaction violente que certains auteurs ont qualifiée de "terreur blanche". La communauté juive de Pest elle-même a tenté d'éviter la haine et les représailles du peuple hongrois en excluant ceux qui avaient été associés d'une manière ou d'une autre au régime de Bela Kun. Selon certaines sources, entre 2000 et 3000 citoyens juifs ont perdu la vie à la suite des nombreux actes de vengeance.

# AUTRES TITRES

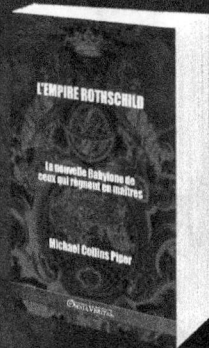

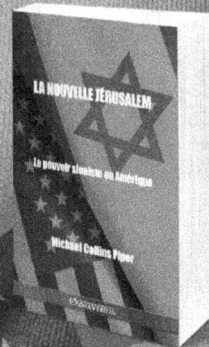

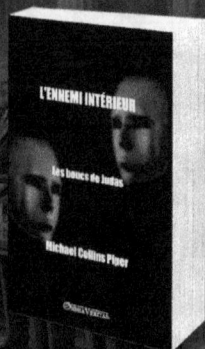

www.ingramcontent.com/pod-product-compliance
Lightning Source LLC
Chambersburg PA
CBHW070713280326
41926CB00087B/1859